मानवाधिकार
जेन्डर एवम् पर्यावरण

मानवाधिकार जेन्डर एवम् पर्यावरण

डॉ. तपन बिसवाल

Viva Books

New Delhi | Mumbai | Chennai | Kolkata | Bangalore | Hyderabad | Kochi

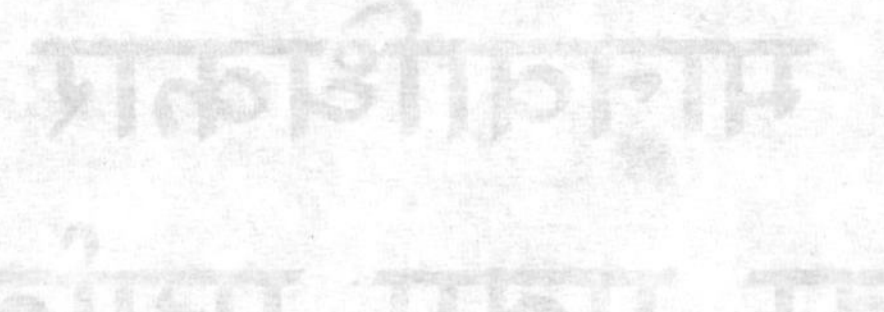

Publisher's note

Every possible effort has been made to ensure that the information contained in this book is accurate at the time of going to press, and the publisher and author cannot accept responsibility for any errors or omissions, however caused. No responsibility for loss or damage occasioned to any person acting, or refraining from action, as a result of the material in this publication can be accepted by the editor, the publisher or the author.

Every effort has been made to trace the owners of copyright material used in this book. The author and the publisher will be grateful for any omission brought to their notice for acknowledgment in the future editions of the book.

First Published 2008
Reprinted 2009, 2010, 2011, 2012, 2013, 2014, 2015, 2018

VIVA BOOKS PRIVATE LIMITED

- 4737/23, Ansari Road, Daryaganj, New Delhi 110 002
  Tel. 011-42242200, 23258325, 23283121, Email: vivadelhi@vivagroupindia.net
- 76, Service Industries, Shirvane, Sector 1, Nerul, Navi Mumbai 400 706
  Tel. 022-27721273, 27721274, Email: vivamumbai@vivagroupindia.net
- Megh Tower, Old No. 307, New No. 165, Poonamallee High Road, Maduravoyal, Chennai 600 095
  Tel. 044-23780991, 23780992, 23780994, Email: vivachennai@vivagroupindia.net
- B-103, Jindal Towers, 21/1A/3 Darga Road, Kolkata 700 017
  Tel. 033-22816713, Email: vivakolkata@vivagroupindia.net
- 7, Sovereign Park Aptts., 56-58, K.R. Road, Basavanagudi, Bengaluru 560 004
  Tel. 080-26607409, Email: vivabangalore@vivagroupindia.net
- 101-102, Moghal Marc Apartments, 3-4-637 to 641, Narayanguda, Hyderabad 500 029
  Tel. 040-27564481, Email: vivahyderabad@vivagroupindia.net
- First Floor, Beevi Towers, SRM Road, Kaloor, Kochi 682 018
  Tel. 0484-2403055, 2403056, Email: vivakochi@vivagroupindia.net
- 232, GNB Road, Beside UCO Bank, Silpukhuri, Guwahati 781 003
  Tel. 0361-2666386, Email: vivaguwahati@vivagroupindia.net

www.vivagroupindia.com

ISBN: 978-81-309-0927-1

Published by Vinod Vasishtha for Viva Books Private Limited, 4737/23 Ansari Road, Daryaganj, New Delhi 110 002.

Printed and bound by Raj Press, R-3, Inderpuri, New Delhi - 110 012.

विषय सूची

प्राक्कथन *vii*

I - सामाजिक असमानता के बारे में समझ

1. एक विशिष्ट श्रेणी के रूप में जाति, वर्ग, जेंडर एवं नृजातीयता तथा उनका अन्तर्संबंध
तीला कुमार और हेमन्त कुमार भट्टू 3

2. **(Unit-I)** दलितों पर भूमण्डलीकरण का प्रभाव
तीला कुमार 21

(Unit-II) किसानों, श्रमिकों, महिलाओं एवं आदिवासियों पर भूमण्डलीकरण का प्रभाव
इन्द्रजीत कुमार झा 37

II - मानव अधिकार

3. मानव अधिकार : विभिन्न अर्थ
डॉ. नचिकेता सिंह 57

4. संयुक्त राष्ट्रसंघ की घोषणाएं तथा प्रसंविदाएं
डॉ. तपन बिसवाल और मिथिलेश कुमार सिंह 73

5. मानवाधिकार तथा नागरिकता का अधिकार
करूणाकर पात्रा 99

6. मानवाधिकार तथा भारतीय संविधान
डॉ. जितेन्द्रर कौर 113

7. भारत में मानवाधिकार, कानून एवं संस्थाएं : राष्ट्रीय मानवाधिकार आयोग की भूमिका
डॉ. निरंजन साहू 125

8. आश्रित वर्गों के मानव अधिकार : दलित, आदिवासी, महिलायें, अल्पसंख्यक और असंगठित श्रमिक
विष्णु सतपथी 145

9. उपभोक्ता अधिकार : उपभोक्ता संरक्षण अधिनियम तथा उपभोक्ता शिकायत निवारण तंत्र
डॉ. सविता हंसपाल 161

10. भारत में मानवाधिकार आंदोलन
डॉ. निरंजन साहू 175

III - जेंडर

11. पितृसत्तात्मक व्यवस्था : एक विश्लेषण
ज्ञान रंजन स्वाई 193

12. जेंडर, संस्कृति एवं इतिहास
तान्या मोहन्ती 215

13. आर्थिक विकास एवं महिलाएं
अराधना नन्दा एवं पी.जी. अरूल 235

14. भारत में महिलाओं की राजनीतिक सहभागिता एवं प्रतिनिधित्व का मुद्दा
डॉ. संगीता धल 259

15. भारत में कानून, संस्थायें एवं महिलाओं के अधिकार
डॉ. निवेदिता गिरि 275

16. भारत में महिला आंदोलन
डॉ. तपन बिसवाल एवं तान्या मोहन्ती 301

IV - पर्यावरण

17. पर्यावरण तथा सम्पोषित विकास
ज्ञान रंजन स्वाई 325

18. संयुक्त राष्ट्र पर्यावरण कार्यक्रम : रियो, जोहान्सबर्ग तथा उपरांत
डॉ. तपन बिसवाल 343

19. औद्योगिक प्रदूषण, ग्लोबल वार्मिंग और जीव-विभिन्नता के लिए संकट
डॉ. सस्मिता मिश्र और संजय मिश्र 359

20. भारत की पर्यावरण नीति
डॉ. शुभेन्दु रंजन राज 391

21. भारत में पर्यावरणीय आंदोलन
संजीव कुमार 405

अनुक्रमणिका 423

प्राक्कथन

प्रस्तुत पुस्तक मानवाधिकार, जेंडर एवं पर्यावरण अंग्रेजी मूल संस्करण का हिन्दी अनुवाद है। इस पुस्तक की रचना में दिल्ली विश्वविद्यालय के पाठ्यक्रम के साथ-साथ भारत के अन्य विश्वविद्यालयों के पाठ्यक्रमों को भी ध्यान में रखा गया है। यह पुस्तक स्नातक तथा स्नात्तकोतर स्तर के छात्रों के हितों को ध्यान में रखकर लिखी गई है।

प्रस्तुत पुस्तक तीन खंडों में विभाजित है। पहला खंड मानवाधिकार के विभिन्न पहलुओं को उजागर करता है। राष्ट्रीय तथा अन्तर्राष्ट्रीय संदर्भ में मानवाधिकारों की समस्याओं को अनेक दृष्टिकोणों से समझने का प्रयास किया गया है। दूसरा खण्ड जेंडर से संबंधित है। पितृसत्तात्मक समाज में सदियों से पुरूषों और महिलाओं का जेंडर के आधार पर भेदभाव किया गया है। तीसरा खण्ड पर्यावरण से संबंधित है जिसमें पर्यावरण के विनाश, ग्लोबल वार्मिंग, संपोषित विकास तथा इससे संबंधित अन्तर्राष्ट्रीय एवं राष्ट्रीय मुद्दों पर चर्चा की गयी है। इन तीन खंडों में, विभिन्न मुद्दों को अन्तर्राष्ट्रीय के साथ-साथ राष्ट्रीय परिप्रेक्ष्य में भी उभारने की कोशिश की गयी है।

मानवाधिकार का मुद्दा प्रत्येक व्यक्ति से संबंधित है। मानवाधिकार का इतिहास काफी पुराना है। मानव सभ्यता का इतिहास व्यक्तिगत स्वतंत्रताओं की निश्चित घोषणा का इतिहास है। अमरीकी स्वतंत्रता की घोषणा तथा फ्रांस की क्रांति मानव इतिहास की सबसे बड़ी क्रांति है जिसमें व्यक्तिगत स्वतंत्रताओं की घोषणा की गयी थी। वर्त्तमान समय में उदारवादी दर्शन ने मानवाधिकार के विषय को काफी व्यापक बना दिया है। इतिहास गवाह है कि विभिन्न कालों में मानवाधिकारों को प्रदान करने में काफी भेदभाव किया गया है। हमारे वर्त्तमान समाज में अधिकारों को उपेक्षित, आश्रित और अन्य संबंधित समूहों का यंत्र माना गया है। मानवाधिकारों की उद्घोषणा का विस्तार नागरिक और राजनीतिक अधिकारों से आर्थिक और सामाजिक-सांस्कृतिक अधिकार तक किया गया है। नागरिकता का अधिकार जिसमें नागरिक, राजनीतिक और आर्थिक अधिकार सम्मिलित है, इसमें मानवाधिकारों को भी शामिल किया गया है। व्यापक रूप में नागरिक और राजनीतिक अधिकार प्रत्येक व्यक्ति के विकास के लिए जरूरी है। इसमें समानता का व्यवहार तथा अभिव्यक्ति की स्वतंत्रता भी शामिल है। दूसरी तरफ आर्थिक, सामाजिक औंर सांस्कृतिक अधिकार व्यापक तौर पर मानव के कल्याण के लिये भी जरूरी है। इन अधिकारों के उपभोग के लिए आवश्यक है कि एक ऐसा वातावरण बनाया जाये जिसमें सभी लोग अपने अधिकारों का प्रयोग बेरोकटोक और एक-दूसरे के मामले में हस्तक्षेप किये बगैर निर्बाध रूप से करें।

जेंडर का आधार महिला और पुरूष की जैविक भिन्नता की सामाजिक-सांस्कृतिक संरचना है। हमारा समाज जटिल है जिसमें महिलाओं और पुरूषों से अपने-अपने कार्यों के संपादन की अपेक्षा पितृसत्तात्मक समाज में की जाती है। संपूर्ण प्रक्रिया में महिलाओं को पुरूषों के अधीन रखा जाता है। हमारा समाज शुरू से ही पितृसत्तात्मक के आधार पर कार्य करता रहा है। जिसमें महिलाओं का जेंडर

के आधार पर भेदभाव किया जाता रहा है और निम्न समझा जाता रहा है। परिवार इसमें महत्वपूर्ण भूमिका निभाता है। पितृसत्तात्मक की विचारधारा एक महत्वपूर्ण यंत्र है, जिससे समाज में पुरूष और महिला के बीच श्रेष्ठता और निम्नता का भेद किया जाता रहा है। नारी के उत्थान और समानता की बात विभिन्न नारीवादियों द्वारा समय-समय पर किया जाता रहा है। नारीवादी पितृसत्ता और पुरूष के अधिपत्य की समाप्ति की बात करते हैं। मेरी वोल्स्टनक्राप्ट ने अपनी पुस्तक 'विंडिकेशन ऑफ दी राइट्स ऑफ वुमेन 1972' में महिलाओं के अधिकार की बात की है। आज 21वीं शताब्दी में नारीवादी आंदोलन के द्वारा नारी का समाज के प्रत्येक क्षेत्र बिना भेदभाव के समान रूप से विकास के सारे अवसर की उपलब्धता पर बल दिया जा रहा है।

21वीं शताब्दी में वैश्विक स्तर पर पर्यावरण के विषय पर जनचेतना का विकास हो रहा है। संपोषित विकास का विचार तब आया जब पृथ्वी का दोहन अपने चरम पर था। प्राकृतिक संसाधनों की सीमितता के बावजूद मानव इसका दोहन अपने लाभ के लिए कर रहा है। आज पर्यावरण के संरक्षण के लिए अनेक प्रयास किये जा रहे हैं। संयुक्त राष्ट्र पर्यावरण सम्मेलन (1972) के द्वारा संयुक्त राष्ट्र पर्यावरणिक कार्यक्रम (UNEP) की शुरूआत की गई। इसने पर्यावरण के संरक्षण में महत्वपूर्ण योगदान दिया है। आज ग्लोबल वार्मिंग, ओज़ोन परत का क्षरण और ग्रीन हाऊस गैस आदि पर्यावरण के लिए घातक साबित होते जा रहे हैं। भारत में भी पर्यावरण के संरक्षण के लिए अनेक आंदोलन चलाये जा रहे हैं। आज पर्यावरण संरक्षण और पोषणकारी विकास का मुद्दा वैश्विक हो गया है। पर्यावरण मानव-जीवन के लिए आवश्यक है। इसके बगैर मानव जीवन संकट में पड़ जायेगा। अतः पर्यावरण ऐसा मुद्दा है जो पृथ्वी पर सभी जीवों के लिए आवश्यक है।

इस पुस्तक का हिन्दी संस्करण का मकसद इन विभिन्न मुद्दों को समाज में सभी छात्रों और पाठकों तक पंहुचाना है। इस पुस्तक की रचना में जिन साथी अध्यापकों ने सुझाव व सहयोग दिया है मैं उन सबके प्रति आभार प्रकट करता हूँ। इस पुस्तक के हिन्दी अनुवाद के लिए पारूल अरोड़ा और बेबी सरताज के प्रति भी आभार व्यक्त करता हूँ। इस पुस्तक के अध्याय 2 में भाग II नया अध्याय है जिसके लिए मैं इन्द्रजीत झा का आभारी हूँ। मैं मिथिलेश कुमार सिंह के प्रति भी आभार व्यक्त करता हूँ जिसके सहयोग से यह काम पूरा हुआ है। और अंत में, मैं अपनी पत्नी रश्मि और पुत्र प्रत्युष का विशेष रूप से आभारी हूँ जिन्होंने मेरी अत्यधिक व्यस्तताओं को धैयपूर्वक सहा है और मेरा उत्साहवर्द्धन किया है।

इस पुस्तक की त्रुटियों को दूर करने के लिये मैं सभी के सुझावों का स्वागत करूंगा। आशा है कि छात्र और पाठकवर्ग इस पुस्तक से लाभान्वित होंगे।

डॉ. तपन बिसवाल

लेखकों की सूची

डॉ. तपन बिसवाल, रीडर,
राजनीति विज्ञान विभाग, कैम्पस ऑफ
ओपन लर्निंग, दिल्ली विश्वविद्यालय

तीला कुमार लेक्चर्र,
समाजशास्त्र विभाग, दिल्ली स्कूल ऑफ
इकोनॉमिक्स, दिल्ली विश्वविद्यालय

हेमन्त कुमार भट्टू (शोधार्थी),
राजनीति विज्ञान विभाग,
दिल्ली विश्वविद्यालय

इन्द्रजीत कुमार झा, शोधार्थी,
राजनीति विज्ञान विभाग,
दिल्ली विश्वविद्यालय

डॉ. नचिकेता सिंह, लेक्चर्र,
राजनीति विज्ञान विभाग, खालसा कॉलेज,
दिल्ली विश्वविद्यालय

मिथिलेश कुमार सिंह, लेक्चर्र,
राजनीति विज्ञान विभाग,
जाकिर हुसैन कॉलेज,
दिल्ली विश्वविद्यालय

करूणाकर पात्रा, लेक्चरर,
राजनीति विज्ञान विभाग,
दयाल सिंह कॉलेज,
दिल्ली विश्वविद्यालय

डॉ. जितेन्दर कौर, प्रधानाचार्य,
शहीद भगत सिंह कॉलेज,
दिल्ली विश्वविद्यालय

डॉ. निरंजन साहू, रिसर्च फेलो,
आब्जर्वर रिसर्च फाउंडेशन, नई दिल्ली

विष्णु सतपथी, लेक्चर्र,
राजनीति विज्ञान विभाग,
जाकिर हुसैन कॉलेज,
दिल्ली विश्वविद्यालय

डॉ. सविता हंसपाल, रीडर,
कॉमर्स विभाग, कमला नेहरू कॉलेज,
दिल्ली विश्वविद्यालय

ज्ञान रंजन स्वाई, लेक्चर्र,
राजनीति विज्ञान विभाग,
रामलाल आनन्द कॉलेज (सांध्य),
दिल्ली विश्वविद्यालय

तान्या महान्ती शोधार्थी,
जवाहरलाल नेहरू विश्वविद्यालय, दिल्ली

अराधना नन्दा, लेक्चर्र,
अर्थशास्त्र विभाग, गुरू गोविंद सिंह
कालेज ऑफ कॉमर्स,
दिल्ली विश्वविद्यालय

पी.जी.अरूल, लेक्चर्र, वाणिज्य विभाग,
शहीद भगत सिंह कॉलेज,
दिल्ली विश्वविद्यालय

डॉ. संगीता धल, लेक्चर्र,
राजनीति विज्ञान विभाग, कालिन्दी कॉलेज,
दिल्ली विश्वविद्यालय

डॉ. निवेदिता गिरि,
कार्यक्रम प्रबंधक, शूमेकर केंद्र, दिल्ली

डॉ. सस्मिता मिश्र,
वनस्पति विज्ञान विभाग,
दिल्ली विश्वविद्यालय

संजय मिश्र, कंस्लटेंट, इकोनॉमिक
कॉरपोरेट, नई दिल्ली

डॉ. शुभेन्दु रंजन राज, रीडर,
राजनीति विज्ञान विभाग,
पी.जी.डी.ए.वी. कॉलेज (सांध्य),
दिल्ली विश्वविद्यालय

संजीव कुमार, लेक्चर्र,
राजनीति विज्ञान विभाग,
जाकिर हुसैन कॉलेज,
दिल्ली विश्वविद्यालय

I

सामाजिक असमानता के बारे में समझ

अध्याय - 1

एक विशिष्ट श्रेणी के रूप में जाति, वर्ग, जेंडर एवं नृजातीयता तथा उनका अन्तर्संबंध

(Caste, Class, Gender and Ethnicity as Distinct Categories and their Interconnections)

तीला कुमार

हेमन्त कुमार भट्टू

एक समतावादी सामाजिक व्यवस्था की स्थापना के लिए सच्चे सामाजिक न्याय का विचार एवं समानता का दृष्टिकोण दो महत्वपूर्ण शर्तें हैं। उत्तर-औपनिवेशिक भारतीय राज्य के उदय के साथ भारतीय नेताओं के दिलों में भी भारत को एक समतावादी सामाजिक व्यवस्था के रूप में देखने की चाहत थी। उनकी यह इच्छा समय-समय पर सामाजिक न्याय एवं समानता पर चलने वाले वाद-विवाद एवं विचार-विमर्शों में खुलकर दिखाई दे रही थी। इस संदर्भ में संविधान सभा में डॉ. भीमराव अम्बेडकर के द्वारा बताए गए आदर्श हमेशा ही प्रासंगिक रहे एवं पथप्रदर्शक के रूप में कार्य किया। हालांकि 'सामाजिक-न्याय' की शब्दावली का प्रयोग तो 1850 से ही होने लगा था पर यदि हम सिंहावलोकन करें तो पाते हैं कि 'सामाजिक-न्याय' का विचार अपेक्षाकृत नया ही है। इसने एक ऐसा दर्शन प्रस्तुत किया जिसने नैतिक एवं राजनीतिक अन्वेषण के लिए एक विषय के रूप में समाज के प्रमुख सामाजिक एवं आर्थिक संस्थाओं को सामने लाया जो सुविधाओं एवं समस्याओं के वितरण को निर्णायक रूप से सुनिश्चित कर रहे थे। अधिकांश राजनीतिक दार्शनिकों के अनुसार सामाजिक-न्याय की अवधारणा प्रसिद्ध अमेरिकी दार्शनिक जॉन रॉल्स की किताब "ए थ्योरी ऑफ जस्टिस" (1971) के प्रकाशन के साथ अस्तित्व में आयी। इन्होंने एक ओर दर्शन की विद्या के स्वरूप को बदलकर उसमें एक नयी जान डाल दी एवं दूसरी तरफ सामाजिक न्याय के विचार को भी एक नयी अंर्तदृष्टि प्रदान की। रॉल्स का कहना था कि "न्याय किसी सामाजिक संस्था का प्रथम सद्गुण है।" दूसरी तरफ फ्रेड्रिक वॉन हेयक ने पूर्ण सामाजिक न्याय के विचार को एक मृगतृष्णा की संज्ञा दी। उनके अनुसार यह विचार कि समाज कुछ इस प्रकार का होता है कि वह न्यायपूर्ण या अन्यायपूर्ण हो सकता है, वस्तुतः न्याय की अवधारणा के संदर्भ में एक गलत-फहमी (नासमझी) को दर्शाता है। न्याय तो कर्त्ता का एक गुण (विधेय) एवं कार्य की एक विशेषता है।

एक बार फिर जब हम भारतीय संदर्भ में देखते हैं तो पाते हैं कि भारत में सामाजिक न्याय की अवधारणा यहाँ के समाज में व्याप्त भेदभाव एवं पक्षपात के प्रतिक्रिया स्वरूप उभरकर सामने आयी। इस भेदभाव से युक्त सामाजिक व्यवस्था के अंदर समाज के चंद मुट्ठी भर लोगों को ही सारी

सुविधाएँ उपलब्ध कराने पर ध्यान दिया जाता था। वस्तुतः ब्राह्मणवादी हिंदू जो कि मूलतः आर्य थे, ने एक असमान सामाजिक व्यवस्था का प्रसार किया जो मानवता की विरोधी थी।

इसलिए भारतीय राज्य ने सामाजिक व्यवस्था के दोषों एवं खतरों से निजात पाने के लिए कुछ निश्चित कदम उठाए हैं। यह सामाजिक व्यवस्था समाज के कुछ खास वर्गों या समूहों के प्रति एक विरोधी रवैया को धारण किए हुए थी जिसकी वजह से ये लोग सामाजिक, आर्थिक एवं राजनीतिक रूप से पिछड़ते चले गए। इन समूहों में अनुसूचित जाति, अनुसूचित जनजाति एवं अन्य पिछड़े वर्ग (एस.सी., एस.टी एवं ओबीसी) आते हैं। ये समूह सामाजिक रूप से समाज के वंचित समूह के अंतर्गत आते हैं जो अब तक समाज के सुख-सुविधाओं से वंचित ही रहे हैं। अतः इन्हें ऊपर उठाकर समाज की मुख्य धारा से जोड़ने के लिए संविधान में कुछ विशेष प्रावधानों की व्यवस्था की गई है तथा सरकार ने भी इस दिशा में कुछ प्रभावी कदम उठाए हैं। उदाहरण के लिए इनके लिए आरक्षण की नीति एवं सकारात्मक कार्यवाहियों को एक महत्वपूर्ण कदम के रूप में देखा जा सकता है। इस प्रकार एक समतावादी सामाजिक व्यवस्था की स्थापना की इच्छा के साथ सामाजिक न्याय एवं समानता का विचार घनिष्ठता से जुड़ गया है और भारत में उत्तर-औपनिवेशिक आधुनिक राज्य के निर्माण के लिए सामाजिक परिवर्तन एवं सामाजिक न्याय का विचार दो महत्वपूर्ण शर्तें बन गई हैं।

भारतीय नेताओं के सामने 1950 के दशक में ही सामाजिक परिवर्तन का मुद्दा एक बड़ी चुनौती थी जो आज भी बनी हुई है। सामाजिक परिवर्तन का सीधा-सा तात्पर्य उन परंपरागत कार्यप्रणालियों को त्यागना है जो सामाजिक, आर्थिक एवं राजनीतिक क्षेत्र में भेदभाव एवं पक्षपात को उत्पन्न करने के भाव से युक्त होते हैं। भारतीय समाज में जाति प्रथा, वर्गीय प्रवृत्तियाँ, लैंगिक असमानता एवं नृजातीय संघर्ष जैसी सामाजिक कुरीतियाँ काफी गहराई से जड़ जमाए हुए हैं। अतः भारत में सामाजिक परिवर्तन पर होने वाले सारे वाद-विवाद इन्हीं चारों मुद्दों पर केन्द्रित हैं तथा इसी के फलस्वरूप यहाँ सामाजिक-न्याय का विचार भी सामने आया। अतः यहाँ जाति, वर्ग, जेंडर एवं नृजातीयता से संबंधित चार विशिष्ट श्रेणियाँ दिखाई देती हैं जिनपर हम बारी-बारी से विस्तृत चर्चा करेंगे।

भारत में जाति व्यवस्था: उत्पत्ति की कहानी (Caste System in India: Its Genesis)

भारत में जाति एवं छुआछूत की उत्पत्ति अति प्राचीन काल में आर्यों के आगमन के साथ हुआ। लगभग 1500 ई॰ पू॰ के आसपास आर्यों ने उत्तर-पश्चिमी दिशा से भारत में प्रवेश किया। यहाँ उनका देशज लोगों से संघर्ष हुआ तथा यह संघर्ष शताब्दियों तक चला। आर्य लोग यहाँ के देशज लोगों को सांस्कृतिक रूप से निकृष्ट मानकर हेय दृष्टि से देखने लगे। एक बार अपने से उन्नत सैन्य-तकनीक के हाथों पराजित हो जाने के बाद इनमें से कुछ देशज लोग उन क्षेत्रों में चले गए जहाँ आर्यों ने अब तक अधिकार नहीं जमाया था जबकि दूसरे अन्य लोग प्रभावी आर्य समाज में पृथक एवं निकृष्ट जाति के रूप में शामिल कर लिए गए। उत्तर-ऋग्वैदिक काल के साहित्यों में इन आदिम वनवासियों के स्पष्ट प्रसंग देखने को मिलते हैं जो आर्य समाज के विजित क्षेत्रों में सीमाओं के पास (सीमांत पर) बसाए गए थे। ये लोग यहाँ चाण्डाल के रूप में थे (एस॰एम॰ माइकल, 1999:13)। बाद के वैदिक काल में ये चाण्डाल कहे जाने वाले लोग एक पराधीन जीवन जीने लगे। तथापि छुआछूत अपने चरम रूप में 600 ई॰ पू॰ से 200 ई॰ सन् के बीच ही सामने आया (वेबस्टर, 1994)।

धर्मशास्त्र में, बल्कि कौटिल्य के अर्थशास्त्र में भी चाण्डाल को अछूतों के रूप में दिखाया गया है। इस प्रकार यहाँ जाति के उत्पत्ति के संदर्भ में मिश्रित जाति का सिद्धांत प्रसारित हुआ। यद्यपि मनुस्मृति में वर्ण-व्यवस्था एवं पद-श्रेणी में जाति का व्यवस्थित श्रेणीकरण व्यवसाय पर आधारित था। अत: यह 'पवित्रता' एवं 'अपवित्रता' के विचार के आने के बाद ही जटिल हो गया।

भारतीय समाज में अछूत होने से तात्पर्य जाति व्यवस्था में काफी निम्न स्तर पर होना था। अछूत लोग निम्न जातियों का एक दयनीय भाग थे जो अपवित्र होने के कारण उच्च लोगों से अलग थे। ये भारत की आबादी में करीब 16 प्रतिशत हैं तथा इनकी संख्या तकरीबन 140 मिलीयन है। इन्हें विभिन्न नामों से पुकारा जाता रहा है। जैसे- अछूत, हरिजन (यह शब्दावली नरसिम्हा मेहता के द्वारा दिया गया था जिसे गाँधी ने अपनाकर लोकप्रिय बनाया), बाहरी जाति (जे.एच.हट्टन द्वारा प्रयुक्त), पद्दलित वर्ग (ब्रिटिश अधिकारियों द्वारा दिया गया)। अनुसूचित जाति शब्द का प्रयोग सबसे पहले अप्रैल 1935 में सामने आया। 'दलित' 'शब्दावली' का सर्वप्रथम प्रयोग पत्रकारिता की भाषा के रूप में 1931 के आसपास अछूतों के लिए किया गया तथापि यह 1971 के बाद ही खुलकर प्रचलन में आया जब महाराष्ट्र में दलित पैंथर्स ने इसे लोकप्रिय बनाया।

आधुनिक समय में यह सभी प्रकार के अधिकारों से वंचित उन पददलितों को दर्शाता है जो सामाजिक, आर्थिक एवं राजनीतिक रूप से उत्पीड़ित हैं।

समानता की तलाश में जाति-विरोधी आंदोलन (Anti-Caste movement in search or equality)

'दलित' शब्द का प्रयोग केवल गंदगी, अपवित्रता या छुआछूत के विचारों के प्रति अस्वीकृति को ही नहीं दर्शाता है बल्कि यह एकीकृत वर्ग की एक चेतना अथवा समानता के दिशा में एक आंदोलन को भी दर्शाता है (एस.एम.माइकल, 1999:29)। उदारवादी दृष्टिकोण के अनुसार देखें तो ये अंतिम समुदाय (हाशिये पर स्थित समुदाय) के रूप में ही दिखाई देते हैं। आधुनिक संदर्भ में दलितों की आवाज की प्रथम पीढ़ी में ज्योतिबा फूले का नाम आता है। फूले महाराष्ट्र में सामाजिक एवं लैंगिक समानता के अग्रणी समर्थक थे। उदारवादी मूल्यों से प्रभावित दूसरे दलित नेता केरल के इझावा नेता नारायण गुरु थे। इन्होंने जाति की संस्थाओं पर एक क्षेत्रीय समाज के रूप में प्रहार किया, जहाँ बहुत पहले आदि गुरु शंकर ने सत्य के वास्तविक आधार के रूप में अद्वैतवाद के आध्यात्मिक दर्शन की स्थापना करते हुए वस्तुओं के ऐक्य की आवश्यकता पर बल दिया था। हालांकि उनके विचार पददलितों को ज्यादा प्रभावित तो नहीं कर सके लेकिन कम से कम दलित नेता डॉ॰ बी. आर. अम्बेडकर के लिए एक आधार तैयार कर दिया। उन्होंने अपने समुदाय के दयनीय स्थिति को आधुनिक राजनीति के परिक्षेत्र में ला खड़ा किया। डॉ॰ अम्बेडकर ने प्रथम पीढ़ी के दलित नेताओं के विचारों का प्रसार किया। तथा दलितों में अपनी पहचान के प्रति एक जागृति उत्पन्न की। 1919 में साउथबोरो कमेटी के सामने मताधिकार पर साक्ष्य प्रस्तुत करते हुए उनमें पहचान के प्रति एक चेतना फैलायी। उन्होंने इस बात पर भी बल दिया कि व्यक्ति के व्यक्तित्व का विकास ही किसी समाज का सबसे बड़ा उद्देश्य है।

अम्बेडकर का कहना था कि ब्राह्मणवादी हिन्दुओं द्वारा स्थापित समाज की इस संगठित व्यवस्था में दलित निम्नतम स्तर पर ही हैं। इसलिए उन्होंने दलितों की मुक्ति के लिए उन्हें इस

हिन्दुवादी बेड़े से निकलने तथा बौद्ध धर्म को स्वीकार करने का सुझाव दिया जो कि एक उन्मुक्त एवं समतावादी धर्म है।

अम्बेडकर के आदर्शों के आधार पर दलित आंदोलन ने 1920 के दशक से राजनीति में सक्रिय रूप से अपनी उपस्थिति दर्ज करायी। अम्बेडकर का मानना था कि राजनीतिक सत्ता दलितों को अपनी उन्नति में मदद करेगी। इसलिए अपनी पहचान को प्राप्त करने एवं अपनी माँगों को सामने रखने के लिए दलितों को राजनीतिक परिदृश्य में दो तरीकों को अपनाना पड़ेगा। प्रथम तो प्रतिदिन के संघर्ष के द्वारा आन्दोलन या स्पष्ट क्रियाओं को अपनाना होगा एवं द्वितीय, चुनाव के द्वारा प्रतिनिधि संस्थाओं में पहुँचकर एवं विभिन्न संस्थाओं में विभिन्न पदों को प्राप्त कर नीति-निर्माण प्रक्रिया को प्रभावित करना पड़ेगा।

उत्तर औपनिवेशिक भारत में दलित आंदोलन का एक बड़ा स्वरूप हिन्दू धर्म को त्याग कर बौद्ध धर्म को अपनाना रहा है। यह धर्म-परिवर्तन महज किसी व्यक्ति विशेष की मुक्ति का प्रयास नहीं था बल्कि सामूहिक मुक्ति हेतु एक अभियान था। इसका संदेश पूरे देश में जोर-शोर से फैला। तथापि दलितों की एक बड़ी संख्या ने औपचारिक रूप से बौद्ध धर्म को स्वीकार नहीं किया (घनश्याम शाह, 2002:34) इतिहास में पीछे मुड़कर देखने पर हम पाते हैं कि दलितों के द्वारा राजनीतिक लामबंदी कोई ऐसी आश्चर्यजनक घटना नहीं थी जो उत्तर-औपनिवेशिक भारत में ही विकसित हुई हो। बल्कि यह पहले से चला आ रहा था जिसकी शुरुआत डॉ॰ अम्बेडकर ने ही 1936 में इण्डिपेन्डेन्ट लेबर पार्टी की स्थापना के साथ कर दी थी। यह पार्टी 1942 में विघटित हो गई एवं अखिल भारतीय अनुसूचित जाति संघ (ए.आई.एस.सी.एफ) का गठन हुआ लेकिन 1957 के चुनावी राजनीति में यह कोई बड़ी सफलता प्राप्त नहीं कर सकी। डॉ॰ अम्बेडकर की मृत्यु के पश्चात् उनके निकट संबंधियों ने रिपब्लिकन पार्टी की स्थापना की। किन्तु चुनावी समर्थन प्राप्त करने की दिशा में यह प्रयास भी असफल ही सिद्ध हुआ।

महाराष्ट्र का दलित साहित्य एवं वहाँ चलाया जा रहा पेंथर आन्दोलन जो कि धर्म-परिवर्तन की राजनीति की ही एक शाखा थी, 1970 के दशक में दलितों के प्रतिष्ठा एवं अधिकार के मुद्दे को लेकर पूरे देश में फैल गयी। लेकिन आगे चलकर अन्य आन्दोलन की तरह ही यह आंदोलन भी ज्यादा लोकप्रियता प्राप्त नहीं कर सका। इस प्रकार 1980 के दशक के मध्य तक शायद ही ऐसा कोई आंदोलन था जो दलितों का समर्थन प्राप्त कर सकने एवं उसके वोट बैंक को एकत्रित कर सकने में सक्षम हो।

दलित आंदोलन एवं उत्तर प्रदेश में बसपा (Dalit movement and BSP in Uttar Pradesh)

1980 के दशक से उत्तर प्रदेश में बहुजन समाज पार्टी (बसपा) की लहर ने सामाजिक न्याय एवं लोकतांत्रिक परिवर्तन के एक नवीन दृष्टिकोण को मजबूत किया। इसने राज्य एवं दलित आंदोलन के संबंध को लेकर भी एक नया परिदृश्य तैयार किया। अब तक जितने भी साहित्य थे उसमें कुछ सामाजिक विसंगतियों के प्रति राज्य के ढीले-ढाले रवैये की वजह से दलित आंदोलन को सामान्यत: राज्य के विरुद्ध माना जाता था। उदाहरण के लिए जाति-प्रथा के उन्मूलन एवं दलितों के सामाजिक-आर्थिक स्थिति को ऊँचा उठाने की दिशा में राज्य ने ज्यादा कुछ नहीं किया था। कुछ

विद्वानों ने दक्षिण भारत में जाति विरोधी आंदोलनों के द्वारा एक 'पृथक पहचान' की तलाश पर प्रकाश डाला है (पाण्डियन, 1994)।

बसपा के द्वारा चलाए जा रहे इस दलित आंदोलन की विचारधारा एवं नेतृत्व रिपब्लिकन पार्टी ऑफ इंडिया की तुलना में काफी उग्र है। इसे पहले के आंदोलनों की तरह सहयोजित नहीं किया जा सकता है तथा इसमें गरीबों एवं शोषितों के रूप में दलितों की एक नयी पहचान उभरी है जो जाति-प्रथा के प्रति अपने व्यवहार से कोई समझौता करने वाला नहीं है। इसने जाति व्यवस्था को मानने से इंकार कर दिया है तथा इसमें ये परिवर्तन लाना चाहते हैं (सुधा पाई, 2001) । यह दलित आंदोलन प्रतिकारी भी है अर्थात् यह ऐतिहासिक गलतियों को सुधारने की भी कोशिश करती है।

बहुजन समाजवादी पार्टी इस दिशा में काफी आशान्वित है कि राज्य की शक्ति का प्रयोग करके ऊपर से सामाजिक इंजीनियरी हो सकेगी। बसपा के द्वारा चलाए जा रहे दलित आंदोलन की अपनी कुछ खास विशिष्टताएँ हैं जो उसे दक्षिण एवं पश्चिम भारत में चलाए जा रहे आंदोलन से पृथक करता है। उदाहरण के लिए बसपा की उत्पत्ति निम्न मध्यम-वर्गीय सरकारी कर्मचारियों के ट्रेड यूनियन संगठन से हुई है जो 1976 में कांशीराम द्वारा बैकवर्ड एण्ड माइनोरिटी क्लास इम्पलॉयी फेडरेशन (BAMCEF) की स्थापना के साथ सामने आयी। इसके पश्चात् दलित शोषित समाज संघर्ष समिति (डी.एस.-4) की स्थापना के साथ इसका आधार और मजबूत हुआ। बसपा के नेतृत्व में चले रहे दलित आंदोलन को अपनी पहचान के लिए एक संघर्ष के रूप में देखा जा सकता है। यह परंपरागत समाज के लोकतांत्रिकरण की प्रक्रिया के कारण ही उभर पाया जिसने स्वतंत्रता प्राप्ति के समय से ही पुराने मूल्यों एवं मानकों को लोकतंत्र के तकाजे पर कसना शुरू किया। एक पार्टी के रूप में आंदोलन का संचालन करते हुए इसने लामबंदी के लिए परंपरागत एवं आधुनिक दोनों ही प्रकार के साधनों का प्रयोग किया है। इस प्रकार यह जाति, चुनावी राजनीति एवं राज्य की संस्थाओं आदि को एक साधन के रूप में प्रयोग करता है जिसके अंतर्गत सामाजिक-सांस्कृतिक क्रियाओं से लेकर आंदोलनकारी क्रियाएँ भी आ सकती हैं। संक्षेप में कहें तो बसपा के नेतृत्व में चल रहा दलित आंदोलन व्यवस्था-विरोधी आंदोलन नहीं है क्योंकि यह सामाजिक एवं राजनीतिक संस्थाओं को समाप्त करने की बात नहीं करता है बल्कि अपनी विचारधारा के अनुकूल इसका नवीनीकरण करना चाहता है।

इस प्रकार बसपा के नेतृत्व में दलित आंदोलन ने अपनी एक राजनीतिक पहचान बनाकर दलितों के अंदर एक जागृति उत्पन्न की है। इसकी वजह से आज दलित अपने अधिकारों के प्रति सजग हो रहे हैं एवं अपनी पहचान को प्राप्त करने का प्रयास कर रहे हैं। इसी वजह से क्रिस्टोफे जेफरेलॉट बसपा के आंदोलन को एक ''मौन क्रांति'' (साइलेन्ट रेवोल्युशन) की संज्ञा देते हैं(जेफरेलॉट, 2003)।

किन्तु पिछले कुछ वर्षों से मायावती के नेतृत्व में बसपा की विचारधारा में भी व्यापक परिवर्तन दिखाई दे रहा है। पहले जहाँ इसमें सवर्ण जातियों के प्रति उग्र रवैया दिखाई देता था वहीं हाल के वर्षों में यह काफी परिवर्तित हुआ है। अब इसमें ब्राह्मणवादी जातियों का भी प्रवेश हो रहा है। गत 2007 की विधान सभा चुनाव में तो यह खुलकर सामने आ गया जिसमें भारी संख्या में ब्राह्मणों को टिकट दिया गया एवं वे चुनाव भी जीतने में भी सफल हुए। इस ब्राह्मण-दलित समीकरण की बदौलत बसपा उत्तर प्रदेश में मायावती के नेतृत्व में सकार बनाने में भी सफल हुई। सरकार बनाने के लिए ब्राह्मणवादी जातियों के समर्थन लिए जाने के कारण बसपा के दलित आंदोलन की दिशा पर

एक प्रश्नचिह्न भी लग गया है। अनेक विद्वानों ने जहाँ इसे एक सोची समझी रणनीति के रूप में देखा वहीं कई विद्वानों ने इसे अपनी विचारधारा से भटकाव के रूप में भी देखा है।

जाति एवं वर्ग: समाज की एक नई हकीकत (Caste and class: A new social reality)

जाति का दृष्टिकोण लोकतांत्रिक प्रक्रिया को उत्प्रेरित एवं गहरा करने के लिए किसी की नीति से संबंधित है। एम. एन. श्रीनिवास एवं दूसरे अन्य लोगों ने बहुत पहले ही कहा था कि लोकतंत्र के ऊपर से नीचे प्रसार के साथ जाति को एक नया जीवनदान मिला है।

यह दृष्टिकोण आगे चलकर रजनी कोठारी ने 1970 में प्रकाशित अपनी किताब ''कास्ट इन इंडियन पॉलिटिक्स'' में और विकसित किया। इसमें यह कहा गया कि राजनीति के अंदर जातिवाद वस्तुत: जाति का राजनीतिकरण ही है जो दूसरी तरफ जाति-व्यवस्था में भी परिवर्तन लाता है। यह संरचनात्मक के साथ-साथ वैचारिक स्तर पर भी होता है। जाति की सामाजिक संरचना के अंदर बिल्कुल नए प्रकार का एक गुट तैयार होता है जो व्यवस्था की कठोरता को कम करता है। दूसरी ओर वैचारिक स्तर पर पदानुक्रमता से बहुलता, शक्ति के आदेशात्मक स्थिति से मोल-तोल (समझौता) वाली स्थिति में तथा पद एवं कार्य की कर्मकांडीय परिभाषा से इनकी नागरिक एवं राजनीतिक परिभाषा की ओर एक बदलाव होता है (कोठारी, 1970)।

औपनिवेशिक काल के दौरान जाति-व्यवस्था में कई महत्वपूर्ण परिवर्तन हुए क्योंकि इस समय भारतीय समाज पर आधुनिकीकरण, धर्मनिरपेक्षीकरण एवं शहरीकरण की अंतर्संबंधित ताकतें अपना प्रभाव जमा रही थी। इसके साथ-साथ औपनिवेशिक काल में महत्वपूर्ण नीतियों का उद्देश्य भी विद्यमान समाज के कुलीन वर्गों के शक्ति को अवैध करार देकर अपने शासन के प्रति समर्थन जुटाना था, अत: यहाँ ऐतिहासिक कारक भी कार्य कर रहे थे।

औपनिवेशिक शासन के इस नीयत के परिणामस्वरूप विभिन्न स्तरों में विभाजित भारतीय व्यवस्था में कुछ खास एवं व्यापक परिवर्तन हुए (मार्क गेलेन्टर, 1984:18-40)। डी॰ एल॰ सेठ के अनुसार इस समय सबसे महत्वपूर्ण जो परिवर्तन हुआ था वह यह था कि परंपरागत पदानुक्रमिक व्यवस्था (ऊँच-नीच वाली व्यवस्था) के अंतर्गत सामूहिक रूप से उत्पीड़न की शिकार निम्न जातियों के बीच एक नए प्रकार के परा-स्थानीय (ट्रान्स-लोकल) पहचान का निर्माण हुआ। सामाजिक न्याय के जैसी नवीन वैचारिक अवधारणाओं ने धार्मिक पवित्रता एवं अपवित्रता के विचार पर प्रश्न उठाने शुरू किए। इसके अनुसार परंपरागत व्यवस्था वंशानुगत आधार पर प्रतिष्ठित लोगों को ही सम्पत्ति एवं सुविधा प्रदान करती है। इस प्रकार धर्माधिकारियों की पदानुक्रमता के आधार पर स्थापित श्रेणियों को 'पद दलित' एवं 'उत्पीड़ित' जातियों की एक नवीन श्रेणी से चुनौती मिलनी शुरू हुई (डी.एल.सेठ, 1999:331-56)। औपनिवेशिक राज्य ने लोगों को अपने मूल पहचान के अनुकूल राजनीति में अपने हितों को प्रस्तुत करने तथा औपनिवेशिक शासन द्वारा स्थापित शर्तों के आधार पर एवं तकनीकों के द्वारा अर्थव्यवस्था में भाग लेने के लिए प्रेरित किया। इसका परिणाम यह हुआ कि इस प्रक्रिया में पदानुक्रमता पर आधारित जाति-व्यवस्था को जातियों के बीच समस्तर की राजनीतिक प्रतिस्पर्धा एवं संघर्ष ने तेजी से दबा दिया। इस प्रकार कर्मकांडीय पदानुक्रमिक व्यवस्था की अपनी वैचारिक वैधता समाप्त होने लगी। इसी बीच स्थानीय पदानुक्रमिक व्यवस्थाओं में रह रही कई जातियाँ जिनमें थोड़ी

बहुत साम्यता थी, ने अपने आपको समस्तर पर(एक समान स्तर पर) संगठित करना शुरू कर दिया। धीरे-धीरे उनके लिए यह आवश्यक होता जा रहा था कि वे राज्य के साथ मोल-तोल करें तथा इस प्रक्रिया में अपनी विस्तृत सामाजिक एवं सांख्यिकीय ताकत को दिखा सकें। परिणाम स्वरूप निम्न-जातियों का आंदोलन हल्ला बोलते हुए और भी तेज एवं प्रभावशाली हो गया। अब उसने बौद्ध एवं भक्ति आंदोलनों से अलग हटकर नया आयाम ग्रहण किया और 'न्याय' एवं 'समानता' के आधुनिक वैचारिक मूल्यों का प्रयोग करते हुए कर्मकांडीय पदानुक्रमता के सबसे महत्वपूर्ण वैचारिक नींव पर प्रहार करना शुरू किया।

स्वतंत्रता के पश्चात् उदारवादी राज्य एवं प्रतिस्पर्धात्मक प्रतिनिधिक लोकतांत्रिक संस्थाओं की स्थापना के साथ और भी व्यापक परिवर्तन दिखाई दिए। इस प्रकार परंपरागत पदानुक्रमिक व्यवस्था पर आधारित जाति-व्यवस्था अब तेजी से समस्तर के समूहों के रूप में कार्य करने लगे हैं। अब वे अर्थव्यवस्था के आधुनिकीकरण एवं राजनीतिक संस्थाओं के लोकतांत्रिकरण की प्रक्रिया के द्वारा समाज के नवीन आर्थिक एवं राजनीतिक शक्तियों के लिए एक-दूसरे से सहयोग एवं प्रतिस्पर्धा कर रहे हैं। (डी.एल.सेठ, 1999:331-56)।

इस प्रकार नवीन शक्ति संरचना के अंतर्गत परंपरागत व्यवस्था क्षीण हो चुकी है। सकारात्मक क्रियाओं तथा व्यवसाय की संरचना में परिवर्तन की नीतियों ने अब तक पंरपरागत व्यवसायों में लगे समूहों के बीच एक नए सामाजिक संबंध को जन्म दिया है। इस प्रकार पहले जो जाति एवं व्यवसाय के बीच एक घनिष्ठ संबंध था वह टूट रहा है। तथापि हम देखते हैं कि यह परिवर्तन शहरों में ही प्रभावी रूप से हो रहा है एवं ग्रामीण क्षेत्रों में इस परिवर्तन की रफ्तार काफी धीमी है।

मध्यम वर्ग का उदय (The emergence of middle class)

जाति के राजनीतिकरण की प्रक्रिया के बहस ने जाति बनाम वर्ग के मुद्दे पर सैद्धांतिक वैचारिक स्थिति को बिल्कुल ही दरकिनार कर दिया। यह जाति को एक ऐसी सामाजिक-आर्थिक व्यवस्था के रूप में देखता है जो राजनीतिक फायदे के लिए अपनी पहचान को विस्तारित कर विभिन्न हितों को जोड़ देता है। दो विशिष्ट प्रकार के वर्गों के बीच इसमें केवल राष्ट्रीय सरकार को लेकर राजनीतिक संबंधों में ही सहयोग नहीं होता है बल्कि विभिन्न क्षेत्रों के बीच भी सहयोग होता है जैसे शहरी औद्योगिक विशिष्ट वर्गों का ग्रामीण कृषकीय विशिष्ट वर्गों के साथ सामंजस्य होता है।

परंपरागत प्रतिष्ठा वाली व्यवस्था एवं नवीन शक्ति संरचना के बीच एक नया संबंध दिखाई देने लगा है। इसने अनेकों निम्न जातियों को इस नवीन शक्ति संरचना में उनके तरीके से मोल-भाव करने का अवसर दिया है। स्वतंत्रता प्राप्ति के पश्चात् निम्न जाति के किसानों, कलाकारों, पूर्व में अछूत माने जाने वाले लोगों एवं आदिवासियों ने संरक्षक-आश्रित संबंध के बारे में अपनी नाराजगी को अभिव्यक्त करने में लगभग तीन दशक का समय लिया। इस संरक्षक- आश्रित संबंध ने किसी खास राजनीतिक रचना (सरकार) के निर्माण के लिए राजनीतिक रूप से बंधक बना लिया। उनकी यह नाराजगी कुछ ही समय के पश्चात् राजनीतिक संक्रिया के रूप में प्रकट हुई। 1970 के दशक के मध्य तक इन विकासीय परिवर्तनों ने भारत में राजनीति के सामाजिक आधार को आमूल-चूल रूप से बदल डाला।

राजनीतिक क्षेत्र में जातियों के सुसंगठित होने से जो लाभ सुनिश्चित हुआ उसका फायदा प्रत्येक संघटना (समूह) के सदस्यों ने उठाया जो पूरे जोश से आपस में तथा दूसरे समूहों के लोगों के साथ प्रतिस्पर्धा कर रहे थे ताकि एक नयी जातिगत सामाजिक श्रेणी ''मध्यम वर्ग'' में प्रवेश कर सके (डी.एल.सेठ, 1999)।'' जाति के राजनीतिकरण एवं कर्मकांडीय पदानुक्रमिक व्यवस्था से इसके पृथक्करण ने इस वर्ग के उद्‌भव एवं विकास का रास्ता तैयार किया। परंपरागत पदानुक्रमिक व्यवस्था से भिन्न इसकी सदस्यता स्वैच्छिक एवं धर्मनिरपेक्ष थी तथा यह आधुनिक उपभोग की पद्धति के साथ नयी जीवन पद्धति से जुड़ी हुई थी। तथापि यह नवीन भारतीय वर्ग अभी भी विशुद्ध वर्ग की विशिष्टताओं से काफी दूर है। अत: भारत का मध्यम वर्ग आज केवल एक साधारण जनसांख्यिकी श्रेणी नहीं है जो विभिन्न जातियों एवं समुदायों को सम्मिलित करती हों। बल्कि अब यह एक सामाजिक-सांस्कृतिक संघटन (समूह) है जिसमें इसके सदस्यों की जातिगत पहचान तो अभी भी जीवित है किन्तु उसकी कर्मकांडीय पदानुक्रमिक प्रतिष्ठा अपनी प्रासंगिकता खो चुकी है।

इस मध्यम वर्ग में प्रवेश कर विभिन्न जातियों एवं समुदायों के व्यक्ति न केवल अपने आर्थिक हितों एवं आधुनिक जीवन पद्धति को प्राप्त करते हैं बल्कि मध्यम वर्ग के एक सदस्य के रूप में अपनी एक नई छवि एवं सामाजिक पहचान भी बना लेते हैं।

जेंडर (Gender)

जेंडर के आधार पर सामाजिक विभेद के ऊपर परंपरागत रूप से सामाजिक वर्ग जैसी अवधारणा की तुलना में कम ही ध्यान दिया गया। महिलाओं के अल्प-प्रतिनिधित्व का मुद्दा भी लम्बे समय से ही स्वीकृत ही समझ लिया गया था किन्तु नारीवाद की ''दूसरी लहर'' (सेकेण्ड वेभ) ने इस गलती को सुधारने का बीड़ा उठाया। यद्यपि 'जेंडर' एवं 'सेक्स' को प्राय: एक ही समझ लिया जाता है एवं एक के स्थान पर दूसरे शब्द का प्रयोग आम बात है तथापि सामाजिक एवं राजनीतिक विज्ञान में इसका अंतर काफी महत्वपूर्ण हो जाता है। इस संदर्भ में देखने पर हम पाते हैं कि जहाँ 'जेंडर' शब्द का प्रयोग पुरुषों एवं महिलाओं के सामाजिक एवं सांस्कृतिक विभेद को दर्शाने के लिए होता है वहीं 'सेक्स' पुरुषों एवं महिलाओं के जैविक भिन्नता को दर्शाने के लिए प्रयुक्त होता है। जेंडर वस्तुत: पुरुषत्व एवं स्त्रीत्व के व्यवहार के रुढ़िवादी धारणा पर आधारित होता है। नारीवादी विचारधारा के अंतर्गत पुरुषों एवं महिलाओं के लिए निर्धारित अलग-अलग सामाजिक क्रियाकलापों पर प्रश्न आरोपित किए जाते हैं। संक्षेप में कहें तो लैंगिक समानता की तलाश इस विश्वास को अभिव्यक्त करता है कि लैंगिक भिन्नता का न तो सामाजिक क्षेत्र से कुछ लेना देना है और न ही राजनीतिक क्षेत्र से। जबकि नारीवाद-विरोधी जैविकी को एक नियति मानते हैं तथा सेक्स एवं जेंडर को अलग-अलग बताए जाने का विरोध करते हैं। जो भी हो, 1960 के दशक से जेंडर आधारित असमानता को मिटाने की दिशा में उठाए गए महत्वपूर्ण कदमों के बावजूद भी संयुक्त राष्ट्र के रिपोर्ट के अनुसार पूरे विश्व में काम किए गए कुल घंटे में महिलाओं का योगदान 66 प्रतिशत होता है तथा कुल वैश्विक आय का महज10 प्रतिशत ही वे कमाती हैं और विश्व की कुल सम्पत्ति में उसका हिस्सा केवल 1 प्रतिशत ही है (यू.एन.डी.पी. रिपोर्ट, 2002)।

यही कारण है कि रेडिकल नारीवादी चिंतक जेंडर विभेद को किसी भी सामाजिक विभेद से ज्यादा गहरा एवं राजनीतिक रूप से महत्वपूर्ण मानते हैं।

नारीवाद (Feminism)

समाज में नारीवादी सोच के अंश तो अति-प्राचीन काल में ही प्रकट हो गए थे। किन्तु यह विचार प्रभावी रूप से मैरी वोल्सटॉनक्राफ्ट की किताब ''ए विन्डीकेशन ऑफ द राइटस् ऑफ वूमैन'' (1792) के प्रकाशन के साथ सामने आयी। ये नारीवादी विचार 1840 के दशक में चले महिलाओं के मताधिकार आंदोलन में खुलकर प्रकट हुए। इसे ''नारीवाद की पहली लहर''(फर्स्ट वेभ फेमिनिज़्म) के रूप में भी जाना जाता है। इसके परिणामस्वरूप ही 20वीं शताब्दी में अधिकांश पश्चिमी देशों में महिलाओं को मताधिकार प्रदान किया गया। किन्तु महिलाओं को मताधिकार प्राप्त हो जाने का परिणाम यह हुआ कि इसने महिला आंदोलन के मूल उद्देश्य एवं महिलाओं को संगठित किए जाने के मूल सिद्धांत को ही कमजोर कर दिया। इस वजह से नारीवादी आंदोलन में एक ठहराव सा आ गया। लेकिन पुनः 1960 के दशक में ''नारीवाद की दूसरी लहर''(सेकेण्ड वेभ फेमिनिज़्म) के उत्पन्न होने के बाद इसने अधिक रेडिकल एवं कभी-कभी क्रांतिकारी माँगों को सामने रखा तथा नारी मुक्ति आंदोलन को मजबूती प्रदान किया। नारीवादी सिद्धांतों को यदि हम देखें तो ये भिन्न-भिन्न प्रकार के दिखाई देते हैं किंतु उन सबके अंदर एक सामान्य विशेषता दिखायी देती है कि वे सभी महिलाओं की सामाजिक स्थिति एवं उनकी भूमिका को बढ़ाना चाहते हैं। यदि हम नारीवाद के द्वारा उठाये गए प्रमुख मुद्दों को देखें तो सर्वप्रथम तो वे समाज में व्याप्त जेंडर या लैंगिक असमानता एवं द्वितीय पितृसत्तात्मक व्यवस्था को समाप्त करने की बात करती हैं जो पुरुषों की शक्ति को ही मजबूत करती हैं। नारीवाद के अंतर्गत हम कम से कम तीन धाराएँ देख सकते हैं, ये हैं - उदारवादी नारीवादी, सुधारवादी नारीवादी एवं रेडिकल नारीवादी। उदारवादी नारीवादियों में वोल्सटॉनक्राफ्ट एवं बेट्टी फ्रीडेन के नाम उल्लेखनीय हैं। ये महिलाओं के शोषण को अधिकारों एवं अवसरों के असमान वितरण के रूप में देखती हैं। इसे ''समान अधिकारवादी नारीवाद'' भी कहते हैं। यह महिलाओं की स्थिति को ध्यान में रखते हुए मुख्यतः सार्वजनिक क्षेत्र के अंतर्गत कुछ परिवर्तन लाने पर बल देती हैं। इससे अलग-सुधारवादी नारीवादियों ने महिलाओं के उत्पीड़न के कारणों को पूँजीवादी उत्पादन प्रणाली के साथ जोड़कर दिखाया है। वे आर्थिक क्षेत्र में महिलाओं के महत्व को उभारने का प्रयास करती हैं। ये महिलाओं की स्थिति में सुधार लाने के लिए कुछ मानकों के आधार पर समाज में परिवर्तन लाना चाहती हैं। इन नारीवादियों को समाजवादी नारीवादी भी कहा जाता है।

दूसरी तरफ रेडिकल नारीवाद मूलतः नारीवाद की दूसरी लहर के परिणामस्वरूप ही सामने आया। ये मानती हैं कि जेंडर के आधार पर भेदभाव ही समाज की सबसे मौलिक एवं राजनीतिक रूप से महत्वपूर्ण समस्या है। इनके अनुसार ऐतिहासिक से लेकर समकालीन समय तक चाहे कोई भी समाज हो वह पितृसत्तात्मक ही है। इसलिए ये नारीवादी चिंतक 'सेक्सुअल क्रांति' की आवश्यकता बताती हैं। यह ऐसी क्रांति होगी जो विशेषकर व्यक्तिगत, घरेलू एवं पारिवारिक जीवन को नए शिरे से स्थापित करेगी। वे इस नारे को बुलंद करती हैं कि ''द पर्सनल इज द पॉलिटिकल'' अर्थात् ''जो कुछ भी व्यक्तिगत है वह राजनीतिक है।''

स्त्री एवं लैंगिक न्याय से संबंधित मुद्दे सामाजिक सुधार से संबंधित कई विमर्शों के अंतर्गत भी सर्वोपरि रहे हैं। 19वीं शताब्दी में सामाजिक सुधार की दिशा में व्यापक प्रयास हुए। सर्वप्रथम सामाजिक सुधार के अग्रदूत राजाराम मोहन राय ने सती-प्रथा के खिलाफ एवं विधवा-विवाह के समर्थन में अभियान चलाया। विद्या सागर ने भी विधवा-पुनर्विवाह को वैधता दिलाने के लिए अथक प्रयास किए लेकिन विवाह कानून एवं इसकी उम्र को लेकर ब्रह्म समाज में फूट भी पड़ा और इसी

वजह से ये मुद्दे धीरे-धीरे सार्वजनिक बहस के एजेंडा से हटा दिए गये। तथापि इन आंदोलनों के द्वारा जो चिनगारी उत्पन्न हुई उसने महिलाओं के मुद्दों से संबंधित बहस की नींव (पृष्ठभूमि) तैयार कर दी।

भारत में महिला आंदोलन (The women's movement in India)

1970 के दशक के अंत में एवं 1980 के दशक के प्रारंभिक वर्षों के बीच कुछ स्वायत्त महिला आंदोलन उभरकर सामने आए। इसने दहेज हत्या एवं बलात्कार को प्रमुख मुद्दे के रूप में उठाया। इसमें वामपंथी से उदारवादी सभी विचारधाराओं की महिलाएँ तथा समाज के मध्यम एवं उच्च वर्ग की कई व्यवसायी महिलाएँ भी थी। ये सभी समूह विभिन्न शहरों में फैले हुए थे। इसमें जो सबसे महत्वपूर्ण बात थी वह यह थी कि इसमें महिलाएँ विरोध प्रदर्शन हेतु सड़कों एवं गलियों में उतरी एवं नारे भी लगाए। इसके प्रारंम्भिक विरोध-प्रदर्शन ने परामर्श एवं सहायता केन्द्र आदि के द्वारा अधिक प्रोत्साहनीय क्रियाओं को सामने लाया। उच्च एवं मध्यम दोनों ही वर्गों की महिलाएँ संकट की स्थिति में मदद करने के लिए इन केन्द्रों पर पहुँची। ये केन्द्र महिलाओं के हितों के लिए आवाज उठाने वाली विचारधारा जिसे हम विस्तृत अर्थ में ''नारीवाद'' कह सकते हैं के प्रति समर्पित थीं। उन्होंने सामाजिक एवं पारिवारिक संबंधों में महिलाओं की अधीनस्थ (गौण) पार्टनर वाली परंपरागत एवं रुढ़िवादी भूमिका को चुनौती दिया। यद्यपि यह समूह संख्या के हिसाब से छोटी थी तथापि इसने एक दबाव बनाने की रणनीति के रूप में कार्य किया। जिसका जवाब देने के लिए राज्य पर काफी दबाव था। अत: राज्य द्वारा समर्थित विकास की योजनाओं, समाज सेवी कार्यक्रमों एवं सामाजिक शोध के एजेंडा आदि में महिलाओं के मुद्दों को जगह दिया गया। सरकार ने घरेलू हिंसा से पीड़ित महिलाओं के लिए दहेज विरोधी पुलिस सेल की स्थापना की। खासकर असंगठित क्षेत्रों के मामलों में कुछ गैर-सरकारी संगठनों ने भी महिलाओं से संबंधित समस्याओं के प्रति कार्यक्रम चलाए। सामुदायिक संघर्षों एवं मानवीय त्रासदी के मामलों में जेंडर के प्रश्न को ये मानव-अधिकार एवं नागरिक-स्वतंत्रता के एजेंडा पर स्थापित कर सकने में सक्षम थे।

इस आंदोलन ने विभिन्न वर्गों, जातियों एवं संस्कृति की महिलाओं तक अपने विचार फैलाने के लिए शक्तिशाली एवं दृढ़ संकल्पित महिलाओं की एक नई विचारधारा का समर्थन किया। इसने पौराणिक प्रतीकों जैसे शक्ति, दुर्गा एवं काली का सहारा लेकर लोकप्रिय दृष्टिकोण को अपनाया। इस आंदोलन ने बहुलवादी समाज के इतिहास की बजाय पौराणिक कथाओं एवं कथा साहित्यों पर ज्यादा निर्भरता दिखाई और संस्कृति एवं अल्प संख्यक समुदायों के मुहावरों को भी अपने फ्रेमवर्क में समाहित कर लिया (फ्लेविया अग्नेस, 1995)।

महिला आंदोलन के माँगों का विलय (Merging demands of women's movement)

महिला आंदोलन कई विचारधारात्मक आंदोलन के साथ एकाकार हो गया है। इसके फलस्वरूप इसने खास प्रकार की गति को प्राप्त किया है एवं कुछ खास प्रकार की माँगों के साथ इसकी अभिव्यक्ति हुई है। इन्हीं में से एक मुद्दा था जिसके खिलाफ महिला समूहों ने मीडिया के क्षेत्र में एक अभियान चलाया। इस अभियान का उद्देश्य महिलाओं के शरीर को सेक्स की वस्तु के रूप में प्रस्तुत किए

जाने अथवा अपमानजनक (अप्रतिष्ठात्मक) एवं आज्ञाकारी महिला की भूमिका में चित्रित किए जाने का विरोध करना था। इसने नैतिकतावादियों से लेकर संस्कृति के उन्नायकों तक सभी का ध्यान अपनी ओर आकृष्ट किया। यह मुद्दा साम्प्रदायिक दलों के लिए भी काफी लोकप्रिय बन गया।

इसी प्रकार समान नागरिक-संहिता की मांग को भी देख सकते हैं। महिला आंदोलनों ने धर्म पर आधारित विवाह को कानूनों के खिलाफ अभियान चलाया तथा राज्यों पर गैर-लैंगिक सेक्युलर संहिता को बनाने के लिए दबाव बनाया। इस माँग को साम्प्रदायिक ताकतों ने हाथों-हाथ लिया। हालांकि संविधान में समान नागरिक संहिता के स्थापना की बात की गई है किन्तु किसी सरकार ने अल्पसंख्यकों के वोट का ख्याल करते हुए इसे बनाने का कार्य नहीं किया। इस प्रकार अल्पसंख्यक महिलाएँ इसके कारण लगातार दुख झेलती रहीं एवं अपना बलिदान देती रहीं। इसमें कोई आश्चर्य नहीं होना चाहिए कि समान नागरिक-संहिता के मुद्दे पर महिला आंदोलन को बहुसंख्यक एवं अल्पसंख्यक दोनों की कट्टरपंथियों से विरोधाभासी प्रतिक्रिया ही प्राप्त हुई। मुस्लिम एवं इसाई दोनों ही धर्म के धार्मिक नेताओं ने इसे अपनी सांस्कृतिक पहचान पर हमला एवं संविधान द्वारा प्रदत्त मौलिक अधिकार के हनन के रूप में देखा (मेनन, 1999)।

चूंकि महिला आंदोलन कोई एक ही आंदोलन नहीं है तथा इसके बीच समानता एवं मुक्ति को भी समझने का अलग-अलग तरीका है। अतः राज्य के संदर्भ में भी उनके दृष्टिकोण में भिन्नताएँ हैं। संक्षेप में कहें तो अब वे मुक्ति के सिद्धांत जैसे अपने पुराने सिद्धांतों पर ही आश्रित नहीं है। बल्कि अब वे मुक्ति की स्थानीय परिभाषा एवं समझ के अनुरूप सिद्धांत से एक नए संबंध की तलाश में है।

नृजातीयता (Ethnicity)

नृजातीयता को समझने का विचार एवं इस अवधारणा का अत्यधिक विस्तार अपने आप में एक समस्या का विषय है। सबसे पहले नृजातीयता को ही समस्या के रूप में विचार करते हैं। क्या 'नृजातीयता' शब्द का प्रयोग अपने आप में उपयुक्त है? क्या यह अतीत के किसी काल से संबंधित है? क्या हम 19वीं शताब्दी के एक बोझ तले दबकर 21वीं शताब्दी का निर्माण कर रहे हैं? हाल के वर्षों में शैक्षणिक विमर्श के अंतर्गत मानव-विज्ञान एवं समाज विज्ञान में नृजातीयता का परिप्रेक्ष्य तेजी से समस्या ग्रस्त होता जा रहा है (जेकिन्स, 1999)। आगे हम देखते हैं कि नृजातीयता का विचार नस्ल, राष्ट्रवाद, बहुसंस्कृतिवाद या पहचान की राजनीति एवं समुदाय की अवधारणा के साथ मन्द भी पड़ गया। वस्तुतः इसकी महत्ता एवं सक्रियता पारिस्थितिजन्य, अनुमानित एवं अनिश्चित है।

नृजातीयता के ऊपर तुलनात्मक राजनीति में जो पहले परिचर्चा होती थी उसमें राजनीति विज्ञान के अंतर्गत राजनीतिक आधुनिकीकरण के प्रतिमान का ही अनुसरण किया जाता था। यहाँ इन सभी भिन्नताओं की वजह से राष्ट्रीय एकीकरण एवं राष्ट्र निर्माण के विचार सामने आए। 1970 के दशक से यह विचार फैला कि आधुनिकीकरण नृजातीयता को और अधिक दबा सकता है एवं 1990 के दशक से मुख्य ध्यान नृजातीय संघर्षों पर दिया जाने लगा। इन सभी चर्चाओं में सबसे रोचक बात यह है कि नृजातीयता को एक स्वतंत्र चर (variable) के रूप में प्रस्तुत किया गया। फिर भी जो सबसे अनसुलझा प्रश्न रह गया वह यह था कि आखिर नृजातीयता क्या है एवं यह कहाँ से आया? यह हमेशा एक अनुत्तरित प्रश्न ही रहा। जैसा कि वुल्मर एवं सॉलमॉस का कहना है कि नृजातीयता को

स्वभाविक बनाने, अनिवार्य बनाने या मूर्त्त रूप प्रदान करने का कोई वजह या फायदा नहीं है। नृजातीयता के बारे में कुछ भी 'प्राकृतिक' नहीं है। कुल मिलाकर कहा जाय तो नृजातीयता कुछ खास प्रकार के सांस्कृतिक भिन्नता के साथ सामने आता है इसमें राष्ट्रीयता, राष्ट्रवादी भाषाएँ, धर्म, क्षेत्र, समुदाय एवं नस्ल से संबंधित चीजें आती हैं तथा ये सभी सांस्कृतिक रूप से निर्मित हैं।

कुछ ऐसे क्षेत्र हैं जहाँ नृजातीयता को एक निश्चित विचार के रूप में प्रस्तुत किया जाता है तथा यहाँ प्राय: इसे संघर्ष के मुद्दे के साथ पहचाना जाता है। जब संघर्ष में राजनीति स्पष्ट होती है तो उसे राजनीतिक-संघर्ष कहा जाता है जबकि यदि राजनीति अस्पष्ट होता है तो उसे नृजातीय-संषर्ष का नाम दे दिया जाता है। यह भी देखा जाता है कि 'बहुसंख्यकों की राजनीति' को 'राजनीतिक' एवं 'अल्पसंख्यकों राजनीति' को 'नृजातीय' की संज्ञा दे दी जाती है। इस प्रकार नृजातीयता को 'अल्पसंख्यक प्रकृतिवाद' (माइनोरिटी नेचुरलिज्म) के रूप में पहचाना जाता है। यह भी काफी रोचक तथ्य है कि राष्ट्रवाद से जहाँ शहरी-राष्ट्रवाद को व्यक्त किया जाता है वहीं ग्रामीण-राष्ट्रवाद को नृजातीयता की संज्ञा दे दी जाती है।

नृजातीयता के प्रकार (Types of Ethnicity)

जेन रेटेरेब ने नृजातीयता के चार प्रकार बताए हैं- (1) प्रभुत्व नृजातीयता (डोमिनेशन इथनिसिटी), (2) संलग्न नृजातीयता (इनक्लोज़र इथनिसिटी), (3) प्रतिस्पर्धी नृजातीयता (कॉम्पिटिशन इथनिसिटी) एवं (4) वैकल्पिक नृजातीयता (ऑप्शनल इथनिसिटी)।

प्रभुत्व नृजातीयता (Domination Ethnicity)

इसमें नृजातीयता को स्वयं प्रभुत्व का एक विषय माना जाता है तथा राष्ट्र एवं नृजातीयता के बीच अंतर काफी धुंधला होता है। यदि राष्ट्रवाद किसी एक संस्कृति के नियंत्रण का रूप ले तो यह भी नृजातीयता का एक रूप कहलाता है। नृजातीय लामबंदी प्राय: एक-सांस्कृतिक शासन के थोपने के विरुद्ध भी होता है अथवा भेदभाव या असंतुलित क्षेत्रीय विकास का भी परिणाम होता है।

संलग्न नृजातीयता (Enclosure Ethnicity)

यह नृजातीयता तीन रूपों में पायी जाती है। प्रसुप्त नृजातीयता, सांस्कृतिक परिरोध एवं आंतरिक-स्वरूप नृजातीयता। प्रसुप्त या अप्रकट नृजातीयता प्राय: अलग-अलग रहने वाले समूहों में या ऐसे समूहों में होता है जहाँ एक समूह से दूसरे समूह के बीच सम्पर्क नहीं के बराबर होता है। सांस्कृतिक परिरोध विदेशी आरोपण या विजेय के शाखा-विस्तार के रूप में होता है। जबकि आन्तरिक स्वरूप नृजातीयता या अन्तर्दृष्टि नृजातीयता समूह के अंदर अपने आपको शक्तिशाली बनाने के लिए एक रणनीति के रूप में अपनी पसंद से दूसरे से सम्बन्ध विच्छेद करने को दर्शाता है।

प्रतिस्पर्धात्मक नृजातीयता (Competition Ethnicity)

यह राज्य की शक्ति, संसाधन एवं विकास की प्रक्रिया को अपने पक्ष में करने के लिए राज्य या अन्य सांस्कृतिक संरचनाओं के साथ प्रतियोगिता को दर्शाता है। यह नृजातीयता का सबसे समस्यात्मक क्षेत्र है।

वैकल्पिक नृजातीयता (Optional Ethnicity)

यह धीमी नृजातीयता है जो हल्की तीव्रता वाली तथा अस्थिर होती है?

अब प्रश्न उत्पन्न होता है कि नृजातीयता के ये सभी प्रकार एक दूसरे से कैसे संबंधित हैं? अर्थात् एक प्रकार दूसरे प्रकार में परिवर्तित कैसे होता है ? इसके संदर्भ में एक साधारण समझ यह है कि राष्ट्रवाद प्रभुत्व नृजातीयता को जगाता है एवं इसके स्थिति या महत्व को आरोपित करता है या यूं कहें कि नृजातीयता को संलग्न करता है तथा समय के साथ संलग्न नृजातीयता सांस्कृतिक संबंधों के निर्धारण हेतु विकल्प को विस्तृत कर देता है क्योंकि प्रतियोगिता स्वयं ही परा-सांस्कृतिक पूँजी के संचयन को जन्म देता है। इस प्रकार जब अनेक संस्कृतियाँ हमारे समक्ष होती हैं तो यह अन्ततः वैकल्पिक नृजातीयता को उत्पन्न करता है।

नृजातीयता की उत्पत्ति (Genesis of Ethnicity)

'नृजातीयता' शब्द अंग्रेजी के 'इथनिक' का हिन्दी रूपान्तरण है जो ग्रीक शब्द 'इथनो' (मजीदव) से बना है जिसका अर्थ 'राष्ट्र' होता है। इसका प्रयोग वस्तुतया उन प्राचीन आदिवासियों या आदि कालीन समाज को दर्शाने के लिए होता है जिन्होंने अपनी सरकार एवं अर्थव्यवस्था के साधारण स्वरूप के आधार पर एक राष्ट्र का निर्माण कर रखा था।

लेकिन समाज-शास्त्री एवं सामाजिक-मनोवैज्ञानिक 'इथनिक' शब्द का प्रयोग अधिक विस्तृत अर्थ में करते हैं जो उनके पूर्व-औपनिवेशिक एवं बहुलवादी समाजों के अध्ययन पर आधारित है। उनके अध्ययन से बहुत सारे समूहों के सह-अस्तित्व का पता चला जिन्हें एक राष्ट्र के अंदर 'नृजातीय समूह' कहा जा सकता है। इसलिए समय के साथ 'नृजातीय' का तात्पर्य लोगों के एक ऐसे समूह से हो गया है जिसे नस्ल, भाषा या संस्कृति अथवा किसी अन्य पहलू से संबंधित कुछ खास विशेषताओं के आधार पर दूसरों से अलग किया जा सकता हो। इस प्रकार इथनिक समूह एक सांस्कृतिक समूह है जिसके सदस्य एक सामान्य- भाषा, क्षेत्र, धर्म, नस्ल, सगोत्र एवं विश्वास में से कुछ विशेषताओं या इनमें से किसी भी एक विशेषता से युक्त होते हैं।

नृजातीय समूह एक व्यक्ति के सामाजिक व्यक्तित्व को स्पष्ट करता है। यह सांस्कृतिक एवं नस्लीय एकरूपता के आधार पर निर्मित होता है। इस समूह की तात्विकता दूसरे सदस्यों में अंतर्निहित होती है। इस समूह में सदस्यों की सदस्यता जन्म के आधार पर होती है। अतः इसकी सदस्यता काफी प्रतिबन्धित है। तथापि इसके कुछ अपवाद भी होते हैं। उदाहरण के लिए 'धर्म-परिवर्तन' के द्वारा दूसरे समूह की सदस्यता ली जा सकती है। 'धर्म-परिवर्तन' पर हम आगे चर्चा करेंगे।

नृजातीयता, नृजातीय समूहों के बीच अंतर्संबंधो को भी दर्शाता है। इस प्रकार पारस्परिक क्रियात्मक स्तर पर देखने पर नृजातीयता का आभास और भी स्पष्ट हो जाता है। कोहेन (1974) नृजातीयता को "एक समान सामाजिक परिप्रेक्ष्य के अंदर कार्य कर रहे सांस्कृतिक समूह के अन्योन्यक्रिया" की एक प्रक्रिया के रूप में दर्शाते हैं। नृजातीय पहचान 'सादृश्यता' एवं 'अद्वितीयता' दोनों को दशाते हैं। अर्थात् एक ओर तो यह इस बात पर प्रकाश डालता है कि किसी एक नृजातीय समूह के बीच क्या सादृश्यता (समानता) है एवं दूसरी तरफ यह इन्हें दूसरे नृजातीय समूहों से अलग भी दर्शाता है।

यहाँ यह भी उल्लेखनीय है कि नृजातीय-सीमा का तात्पर्य सामाजिक सीमा से होता है तथा यह क्षेत्रीय सीमा से अलग भी हो सकता है। व्यक्ति अपने-आपको नृजातीय पहचान के द्वारा व्यक्त करता है क्योंकि नृजातीय-सीमा नृजातीय समूह के सामाजिक सीमा को परिभाषित करता है।

नृजातीयता को समझने के उपागम (Approaches to Understand Ethnicity)

नृजातीय संबंधों की व्याख्या के सामान्यत: दो उपागम हैं– सामंजस्य उपागम (कॉन्सेन्सस एप्रोच) एवं संघर्षात्मक उपागम या परस्पर विरोधी उपागम (कॉनफ्लिक्ट एप्रोच)।

सामंजस्य उपागम (कॉनसेन्सस एप्रोच) नृजातीय अंतर्संबंध के परिदृश्य को संरचनात्मक-क्रियात्मक परिप्रेक्ष्य में रखकर देखता है। संरचनात्मक-क्रियात्मकतावादी मानते हैं कि समाज मानव शरीर के समान संस्थाओं की एक संतुलित व्यवस्था है। इस समाज को बनाए रखने के लिए प्रत्येक इकाई या संस्था एक कार्य संपादित करती है। समाज के बाहर या अंदर होने वाली घटनाएँ उस समाज की सामाजिक व्यवस्था को बिगाड़ सकती हैं पर ये सामाजिक संस्थाएँ इसके स्थायित्व को बरकरार रखने के लिए आवश्यक समंजन करते रहते हैं। अमेरिकी समाज के अध्ययन पर आधारित 'सांस्कृतिक आत्मसात्करण' (परिपाचन) का सिद्धांत या 'मेल्टींग पॉट थ्योरी' सामंजस्य उपागम पर आधारित है।

संघर्षात्मक उपागम नृजातीय समूहों को हित समूह के रूप में देखते हैं जो असमानता के संबंध में जुड़े रहते हैं, एवं समान लक्ष्य की प्राप्ति के लिए प्रतिस्पर्धा करते हैं। ये सामाजिक व्यवस्था को पूरी तरह से परिवर्तित भी कर सकते हैं। इस सिद्धांत के समर्थक तर्क देते हैं कि चूंकि समाज में संघर्ष पूरी तरह से व्याप्त हैं अत: कोई भी उपागम जो इस पहलू को नजर अंदाज करता है वह अपूर्ण ही है। ये चिंतक नृजातीय संघर्ष को विरोध-प्रदर्शन के एक साधन के रूप में देखते हैं जिसका उद्देश्य या तो विद्यमान व्यवस्था में सुधार लाना होता है अथवा व्यवस्था में पूर्ण परिवर्तन की मांग करना होता है।

नृजातीयता एवं इसका भारतीय परिप्रेक्ष्य (Ethnicity and its Indian Dimensions)

भारत विविधताओं से भरा हुआ एक देश है। पुनेकर (1974) के अनुसार भारत में मुख्यत: भाषा, क्षेत्र, धर्म एवं जाति इन चार आधारों पर नृजातीयता कार्य करती है। यहाँ यह भी उल्लेखनीय है कि जातियाँ विभिन्न उपजातियों में, भाषाएँ, विभिन्न उपभाषाओं में, क्षेत्र विभिन्न उपक्षेत्रों में एवं धर्म विभिन्न मतों में विभाजित हो सकती हैं। औपनिवेशिक काल के दौरान भारत प्रशासनिक उद्देश्यों से विभिन्न प्रान्तों में बँटा हुआ था। इस विभाजन ने उत्तर-औपनिवेशिक काल में दूसरे भाषायी समुदायों के लिए एक पृथक राज्य की मांग हेतु रास्ता तैयार किया। 1953 में मद्रास प्रांत के तेलगुभाषी लोगों के लिए अलग राज्य आन्ध्र प्रदेश की स्थापना ने दूसरे भाषायी समूहों को भी इसी प्रकार की माँग के लिए प्रेरित किया।

भारत में नृजातीय पहचान का दूसरा स्वरूप धर्म है। भारत में हिन्दू, ईस्लाम, इसाई, सिक्ख, पारसी आदि कुछ धर्म हैं जिसमें यहाँ के लोग आस्था रखते हैं। अनेक ऐतिहासिक प्रमाणों से यह सिद्ध किया जा सकता है कि एक लम्बे समय तक भारत में विभन्न धार्मिक समुदायों के लोग शांतिपूर्ण सौहार्द्र के साथ रहते थे। यहाँ धार्मिक समुदायों के बीच संघर्ष के भी प्रमाण मिलते हैं। इसमें सबसे ज्यादा संघर्ष हिन्दुओं एवं मुस्लिमों के बीच रहा है। 1980 के दशक में साम्प्रदायिक अलगाव की समस्या भारतीय समाज की एक बड़ी सामाजिक समस्या रही है।

भारतीय समाज में नृजातीयता का एक महत्वपूर्ण आधार जाति भी रहा है। जाति इन नृजातीय संबंधों को निर्धारित करने में विभिन्न तरीकों से काम करती है। प्राय: ऐसा भी कहा जाता है कि विभिन्न भाषायी राज्यों के होने के बावजूद समान जाति के के लोग एक ही नृजातीयता से संबंधित होते हैं। हालांकि ऐसा शायद ही होता है। इसीलिए कई विद्वानों का मानना है कि भाषायी सीमा के बाहर जाति के नाम पर कोई एकता की भावना नहीं होती है। जबकि कुछ अन्य लोगों के अनुसार किसी खास नृजातीय समूह के अंदर जाति एक प्रकार के विभाजन को उत्पन्न करता है। जब आर्थिक एवं राजनीतिक शक्ति के साथ सामाजिक लामबंदी होती है तो यह खुद ही निम्न जातियों की स्थिति में सुधार लाता है। किन्तु अधिकांश परिस्थितियाँ धार्मिक पवित्रता, आर्थिक एवं राजनीतिक शक्ति तथा शिक्षा में एक घनिष्ठ संबंध को दर्शाती है जिसकी छवि 'वर्ण-व्यवस्था' में दिखती है।

यद्यपि अंग्रेजी शासन के समय से विभिन्न जातियों के बीच राजनीतिक एवं आर्थिक शक्ति-समीकरण बदल गया है। भारतीय संविधान में भी विभिन्न जातियों के बीच असमानता को समाप्त करने के लिए कानूनी प्रावधान किए गए हैं। 19वीं एवं 20वीं शताब्दी में उभरे पिछड़ा-वर्ग आंदोलन ने भी अनुसूचित-जातियों, अनुसूचित-जनजातियों एवं अन्य पिछड़े-वर्गों के सामाजिक लामबंदी को बढ़ाने का कार्य किया।

हाल के वर्षों में भाषा के नाम पर संघर्ष एवं विवाद काफी बढ़ा है। सरकार के द्वारा अन्य आधारों पर विभाजित नृजातीय समाजों को विस्तृत राष्ट्रीय आंदोलन में समाविष्ट करने की इच्छा भी देश के विभिन्न भागों में तनाव को ही जन्म दिया। सरकार ने हिन्दी को राष्ट्र भाषा के रूप में चुना ताकि विभिन्न नृजातीय समूहों को जोड़कर एक राष्ट्रीय समुदाय की स्थापना की जा सके। किन्तु इससे काफी तनाव बढ़ा। 1972 में असम में असमी एवं अप्रवासी बंगाली लोगों के बीच हिंसा हुई। इससे पूर्व भी असमी भाषा को क्षेत्रीय भाषा का दर्जा दिलाने के लिए हिंसा हो चुकी थी। पिछले कुछ दिनों से असम में हिन्दी भाषी लोगों के साथ हिंसा की घटनाएँ हो रही हैं। अत: यह एक बड़ी समस्या है। भारत में धार्मिक संघर्षों की उत्पत्ति को प्राय: मुस्लिमों के भारत आगमन के साथ जोड़ा जाता है। किंतु इस प्रकार का सैद्धांतीकरण ठीक नहीं है क्योंकि एक सामाजिक-राजनीतिक समस्या के रूप में साम्प्रदायिकता का उदय आधुनिक समय में ही हुआ है।

यद्यपि राष्ट्रवादी नेताओं का मानना है कि उत्तर-स्वातंत्र्य काल में साम्प्रदायिक समस्याएँ समाप्त हो जाएँगीं पर यहाँ वे बिल्कुल ही गलत हैं। वस्तुत: नृजातीय संघर्ष एक संगठित साम्प्रदायिक निकाय के द्वारा संचालित होता है जिसे पीछे से राजनीतिक दलों का समर्थन होता है ताकि नृजातीय विषयों को चुनावी मुद्दा बनाया जा सके। नृजातीय संघर्ष चाहे भाषा, क्षेत्र या धर्म किसी भी आधार पर हों, उसका मुख्य कारण सांस्कृतिक विभिन्नता नहीं होता है बल्कि विवादपूर्ण आर्थिक एवं राजनीतिक हित ही इसका महत्वपूर्ण कारण होता है। जब अल्पसंख्यक समुदाय अपने आपको बहुसंख्यकों की तुलना में आर्थिक या राजनीतिक क्षेत्र के अवसर एवं सुविधाओं से वंचित अनुभव करते हैं तो वे अपने नृजातीय समूह को दूसरे प्रभावशाली समूहों के खिलाफ एकत्रित होने के लिए प्रेरित करते हैं।

कुछ लोगों के अनुसार जब तक समाज में आर्थिक विसमताएँ विद्यमान रहेंगी, तब तक इस प्रकार के संघर्ष होते रहेंगे। जबकि अन्य लोगों का कहना है कि जब तक हम इसका स्थायी समाधान न ढूँढ लें तब तक कुछ आवश्यक कदम उठाए जा सकते हैं। इन लोगों ने सर्व प्रथम उन कारणों को ढूँढने की बात की है जिसकी वजह से साम्प्रदायिकता भड़कती है। ये कारण हैं– (क) अफवाह

(ख) दूसरे समुदायों के प्रति संदेह की भावना (ग) धर्म के नेतृत्वकर्त्ताओं, स्थानीय राजनीतिक दलों एवं अपने ढंग से काम करने वाले नेताओं द्वारा धार्मिक कट्टरता की भावना उत्पन्न करना। अतः इन कारणों का समाधान इस समस्या से निजात दिलाने में तत्काल मदद कर सकता है। इन नृजातीय संघर्षों को रोकने के लिंए विभिन्न संस्कृतियों के बीच खासकर उनके पर्व-त्यौहारों में दूसरे लोगों को शामिल होना चाहिए।

निष्कर्ष (Conclusion)

मानवीय सम्यता का एक सुनहरा सपना है कि एक समतावादी समाज का निर्माण हो जहाँ सभी व्यक्ति की प्रतिष्ठा समान हो। वस्तुतः हर समाज के अंदर चाहे वह अति साधारण हो या सबसे अधिक जटिल हो, सबके अंदर सामाजिक विषमता किसी न किसी रूप में विद्यमान रहती है। भारत में तो स्थिति और भी जटिल है। यहाँ की सामाजिक हकीकत को देखें तो जाति, वर्ग, जेंडर एवं नृजातीयता के आधार पर असमानता की उपस्थिति चिरस्थायी रूप से स्वयंसिद्ध बनी हुई है। इसका एक प्रमुख कारण समाज में शक्ति, प्रतिष्ठा, संपत्ति आदि का असमान वितरण है। यहाँ हमें सामाजिक विषमता एवं सामाजिक स्तरण में अंतर कर देना चाहिए। सामाजिक विषमता को यदि निचोड़ में कहें तो यह समाज द्वारा निर्मित असमानता की पद्धति को कायम रखने से संबंधित है जबकि सामाजिक स्तरण एक अलग तरह की सामाजिक विषमता के रूप को दर्शाता है। उदाहरण के लिए भारत में जाति व्यवस्था सामाजिक समूहों के एक पदानुक्रमता को समाविष्ट करता है। कभी-कभी भारतीय समाज की जटिलता को समझने के लिए जाति, वर्ग, जेंडर एवं नृजातीयता के अंतर्संबंधों की पड़ताल करना भी महत्वपूर्ण हो जाता है। हालांकि ये सभी श्रेणियाँ वर्ग की श्रेणी को दर्शाती हैं तथापि विशिष्ट रूप में वर्ग से तात्पर्य आर्थिक वर्ग से है। जातीय-वर्ग हाल के अतीत की एक नवीन सच्चाई है जो जाति के 'सेकुलरीकरण' के शीर्षक के अंतर्गत 'वर्गीकरण' की प्रक्रिया को दर्शाता है। यह भारत में जाति को 'कर्मकाण्ड से बाहर निकालने' एवं इसके राजनीतिकरण के दो आयामों के साथ देखी जा रही है (डी.एल.सेठ,2000)।

इसी प्रकार लैंगिक भिन्नता एवं नृजातीय संघर्षों के जैसी भी कई सामाजिक समस्याएँ भारतीय समाज में अंदर तक जड़ जमाए हुए हैं। लैंगिक असमानता की समूची प्रक्रिया में भी एक वर्गीय विशेषता दिखाई देती है। जेंडर की श्रेणी के अंदर भी निम्न जाति की महिलाएँ एवं सुविधाओं से वंचित महिलाएँ सुविधा सम्पन्न ऊँची जाति की महिलाओं की तुलना में कहीं अधिक दयनीय स्थिति में हैं। इसप्रकार यदि जेंडर को एक अलग नृजातीय समूह के रूप में भी देखा जाय तो इसमें भी भिन्नताएँ मौजूद हैं। अतः भारतीय समाज की सच्चाई को समझने के लिए जाति, वर्ग, जेंडर, नृजातीयता आदि सभी को एक विशिष्ट श्रेणी मानते हुए इसके अंतर्संबंधों को जानना अपरिहार्य हो जाता है और शायद तभी भारत की एक सच्ची तस्वीर भी उभरकर सामने आ पाती है।

References:

Beteille, Andre (1983), *The Idea of Natural Inequality and Other Essays,* OUP, Publication, Delhi.

De'Souza Peter. R.(2000) (ed), Contemporary India: Transitions, Sage, Publication, Delhi.

Gupta, Dipankar (1991) (ed). *Social* Stratification, OUP, Delhji.

Jaffrelot, Christophe (2003), India's Silent Revolution: The Rise of the Low Castes in North Indian Politics, Permanent Black, Delhi.

Kamala (2000), *Understanding Gender,* Kali for Women, New Delhi.

Kaviraj, Sudipta (1996) (ed). *Politics in India,* OUP, Delhi.

Kothari, Rajni (1970), Caste in Indian Politics, Orient Longman, Delhi.

Menon, Nivedita (1999) (ed). *Gender, and Politics in India,* OUP, Delhi Bhasin.

Michael. S.M. (1999) (ed). *Dalits in Modern India : Vision and Values, Vistar Publication,* New Delhi.

Pandian, M.S.S.(2002), One Step Outside Modernity, *Economic and Political Weekly,* May 4.

Rudolph. I and S. Rudolph (1967), *The Modernity of Tradition : Political Development in India,* University of Chicago Press, Chicago.

अध्याय - 2

दलित, किसान, श्रमिक, महिलाओं और अदिवासियों पर भूमंडलीकरण का प्रभाव

(Globalization and its impact on Dalits, Peasants, Labours, Women and Adivasis)

Unit - I

दलितों पर प्रभाव (Impact on Dalits)

तीला कुमार

भूमिका

क्षेत्रीय असंतुलित विकास तो इतिहास में अति प्राचीन काल से ही देखा जाता रहा है। लेकिन आज इस पूँजीवादी व्यवस्था के अंदर पूरी दुनिया के एकीकरण के फलस्वरूप जो 'ध्रुवीकरण' सर्वव्यापी हो गया है वह पहले कभी नहीं हुआ था। यह आधुनिक पूँजीवादी ध्रुवीकरण अपने सफल रूप में पूँजीवादी उत्पादन प्रणाली के साथ ही अस्तित्व में आ चुका था। इसने सबसे पहले वाणिज्यवादी स्वरूप को (1500-1800 ई० सन्) ग्रहण किया जो कि औद्योगिक क्रांति के आसपास का समय था। फिर आगे एवं युद्धोपरांत काल (1945-90) में इसने प्रभावशाली अटलांटिक केन्द्रों में व्यापारिक पूँजी के 'प्रभुत्व' तथा परिधीय क्षेत्रों के निर्माण के द्वारा आकार ग्रहण किया। यहाँ इसने औद्योगिक क्रांति के विस्तार के बदौलत अपना एक निश्चित आकार प्राप्त किया एवं 1990 से इस तरह के परिवर्तनों ने कुल मिलाकर विश्व-व्यवस्था की 'साम्यावस्था' के गुण को भी समाप्त कर दिया।

यह क्रमिक विकास केवल ध्रुवीकृत स्वरूप में नई विश्व-व्यवस्था को ही सामने नहीं ला रहा है बल्कि यह एक वैश्विक-अव्यवस्था भी उत्पन्न कर रहा है और इस प्रकार की नई विश्व-अव्यवस्था का जो परिदृश्य दिखाई दे रहा है उसे 'भूमंडलीकरण' की जय-जयकार करके ढक दिया गया है परिणाम स्वरूप सभी जगह संयुक्त राज्य का 'वर्चस्व' निर्विरोध प्रतीत हो रहा है। लेकिन यह उतना ही दुर्बल एवं अस्थिर है जितना कि उन संरचनाओं का भूमंडलीकरण, जिनके द्वारा यह संचालित होता है। और तो और, यह देखकर कितना दुख होता है कि इस वैश्विक पदानुक्रमता में किसी देश की प्रतिष्ठा (स्थिति) उस विश्व-बाजार में प्रतिस्पर्धा कर सकने की क्षमता से निर्धारित होती है जो 'आम जनता' के सुख-सुविधाओं की बजाय 'मुनाफे' को महत्व देता है।

भूमंडलीकरण : अर्थ (Globalization: As is meant)

सामान्य अर्थ में भूमंडलीकरण एक ''वैश्विक सांस्कृतिक व्यवस्था'' की उत्पत्ति की ओर इशारा करता है। यह एक 'वैश्विक संस्कृति' को प्रस्तुत करता है जो अनेक प्रकार के सामाजिक एवं सांस्कृतिक प्रगतियों के फलस्वरूप उत्पन्न होता है। इस सामाजिक एवं सांस्कृतिक विकास के अंतर्गत कई चीजें आती हैं, जैसे-उपग्रह आधारित सूचना तकनीक का अस्तित्व, उपभोग एवं उपभोक्तावाद की वैश्विक पद्धति का जन्म, विश्वव्यापी जीवन-पद्धति का परिष्करण, फुटबॉल एवं क्रिकेट-विश्वकप जैसे विश्व स्तर के खेलों का आयोजन पर्यटन का विस्तार, राष्ट्र-राज्य की संप्रभुता का ह्रास, एड्स जैसी विश्व-व्यापी स्वास्थ्य समस्या, संयुक्त राष्ट्रसंघ एवं सबसे ज्यादा जो महत्वपूर्ण है वह है ''वैश्विक ग्राम'' के जैसी वैश्विक चेतना का प्रसार।

तथापि यदि इसकी सबसे संक्षिप्त परिभाषा पर गौर करें तो भूमंडलीकरण एक सामाजिक प्रक्रिया है जिसमें सामाजिक एवं सांस्कृतिक व्यवस्था पर भौगोलिक सीमाओं का महत्व कम हो जाता है तथा लोग भी इस बात को पूरी तरह से समझ रहे होते हैं। समकालीन भूमंडलीकरण सिद्धांत के अंतर्गत यह माना जाता है कि भूमंडलीकरण दो विरोधाभासी प्रक्रियाओं को साथ लेकर चलता है : 'एकरूपीकरण' (सजातीय बनाना) एवं 'विभेदीकरण'। इसका कारण यह है कि 'स्थानीयकरण' एवं 'भूमंडलीकरण' दोनों आपस में गूँथे हुए हैं एवं इस तरह यह एक प्रकार की 'वैश्विकता' (गलोबलिज्म) ही है। इसके अतिरिक्त इस 'वैश्विकता' के विरोध में कई आंदोलन भी चल रहे हैं तथा पिछले करीब एक दशक से यह चिंताजनक बहस चल रही है कि आखिर भूंडलीकृत हुआ जाय या नहीं हुआ जाय।

यहाँ यह उल्लेखनीय है कि वैश्वीकरण तेजी से एवं खासकर 1990 के दशक से समाजशास्त्रियों के पारंपरिक ज्ञान का एक हिस्सा बन गया। समाजशास्त्र से संबंधित लगभग प्रत्येक विषय जिसके ऊपर वैश्विकता का मुलम्मा चढ़ाया जा सकता था, उसे इस चमक-दमक से साथ जोड़ा गया। वर्तमान समय में विश्व-व्यवस्था सिद्धांत 'सांस्कृतिक' वैश्विीकरण को उदारीकरण एवं बाजारीकरण के ताकतों के साथ जोड़कर महज आर्थिक वैश्वीकरण के प्रभाव के रूप में ही व्याख्या करता है। इसमें कोई दो राय नहीं है कि हमारी संपूर्ण धरती पर फैशन की वस्तुएँ प्रत्येक महाद्वीप पर बनायी व बेची जा सकती हैं। कालाहाण्डी में कोई इलेक्ट्रानिक मेल की सहायता से ब्राजील से सूचनाएँ प्राप्त कर सकता है एवं भेज सकता है। मॉस्को या ब्राजील में मेकडोनॉल्ड का बर्गर खा सकते हैं एवं मद्रास के बैंक-खाते से जुड़े मास्टर कार्ड द्वारा इसका भुगतान कर सकते हैं। और तब सचमुच पूरी दुनिया तेजी से 'वैश्विक' होती हुई दिखती है।

परन्तु सच्चाई क्या है? इस प्रकार की प्रक्रिया का छिछला या सतही विश्लेषण हमें सही जानकारी से अवगत नहीं करा सकता है। इसके लिए हमें दैनिक जीवन के अनुभवों एवं रोजमर्रा की जिंदगी में घटने वाली घटनाओं को भी देखना पड़ेगा। अत: अब हम लोग जरा यह देखने का प्रयास करते हैं कि इस वैश्विक स्तर पर कौन रहता है एवं वे लोग कौन हैं जिन्हें इस वैश्विकता से फायदा हो रहा है?

भूमंडलीकरण : जो चल रहा है (Globalization: As it Goes)

हमारा ''वैश्विक गाँव'' जो कि अपना आकार ग्रहण कर रहा है वह वर्तमान में लगभग 200 राष्ट्र के तकरीबन 6 बिलियन लोगों को समाहित करता है। अब यदि इस 'गाँव' की जनसंख्या को 1000 मान लिया जाय तो इसके आधे से अधिक यानि तकरीबन 575 एशिया में रहने वाले लोग होंगे जिनमें 200 लोग जनवादी चीन से होंगें, 130 लोग अफ्रीकी, 125 यूरोपियन, 100 लैटिन अमेरिकी, 65 संयुक्त राज्य, मैक्सिको एवं कनाडा से तथा शेष 5 लोग विश्व के बाकी बचे हिस्से से होंगे।

सावधानी पूर्वक किए गए एक अध्ययन को देखने पर इनके रहन-सहन के बारे में काफी चौकाने वाला तथ्य सामने आता है। कुल मिलाकर यह गाँव काफी उत्पादनकारी है एवं प्रतीयमानतः असीमित मात्रा में वस्तुओं एवं सेवाओं को उत्पन्न करता है। किन्तु फिर भी अधिकांश आबादी इस खजाने (सम्पत्ति) को चुपचाप देखने के सिवा और कुछ नहीं कर सकता है। क्योंकि लगभग आधे गाँव की आय महज 120 व्यक्तियों के द्वारा ही कमाया जाता है। अब हम मनुष्य की मूलभूत आवश्यकता : रोटी, कपड़ा और मकान को देखते हैं। प्रत्येक वर्ष गाँव के श्रमिक प्रत्येक आदमी का पेट भरने के लिए आवश्यक भोजन से कहीं अधिक उत्पादन करते हैं। किन्तु इनके बावजूद इस गाँव में 500 से अधिक लोगों को मुश्किल से भोजन नसीब होता है एवं उन्हें भूखे सोना पड़ता है। भोजन एवं शुद्ध पेय जल नहीं मिलने के कारण 200 लोग असाध्य रोगों से ग्रसित हैं एवं काम करने में अक्षम हैं। मकान की सुविधा को देखें तो जहाँ 60 लोग सभी सुविधाओं के साथ विलासपूर्ण जीवन व्यतीत करते हैं वहीं उसके 600 पड़ोसी झोपड़पट्टियों में रहते हैं जहाँ न तो न्यूनतम सुविधा होती है और न ही सुरक्षा की ही गारंटी होती है। शिक्षा के क्षेत्र में हमारे पास ढेर सारे स्कूल, कॉलेज एवं विश्वविद्यालय हैं लेकिन करीब 75 लोग ही कॉलेज स्तर तक पढ़े-लिखे हैं। जबकि दूसरी तरफ लगभग आधी आबादी यानि गाँव के 535 लोगों को ग्रामीण स्कूल का भी क्लास-रूम देखने को नहीं मिलता है। कुल मिलाकर देखें तो इस गाँव के तकरीबन 700 लोग न तो कुछ पढ़ सकते हैं और न ही कुछ लिख सकते हैं। अंत में, इस गाँव के लोगों ने विज्ञान एवं तकनीक के क्षेत्र में अभूतपूर्व सफलता प्राप्त की है। पीढ़ी दर पीढ़ी उसने अधिक से अधिक दूरी को आसानी से यात्रा करने में सक्षमता प्राप्त की है। किन्तु यह भी एक कड़वी सच्चाई है कि उनकी इस बढ़ रही क्षमता ने उनके परिवेश को काफी प्रभावित किया है एवं वे इसे एक ऊँची कीमत चुकाकर ही प्राप्त कर पाते हैं। इससे भी बुरी स्थिति यह है कि इस गाँव की आबादी राष्ट्रीयता, धर्म, भाषा एवं यहाँ तक कि त्वचा के रंग के अभिमान के कारण आपस में बँटे हुए है। इस वजह से यहाँ सामुदायिक संघर्ष भी देखे जा सकते हैं जो शांति को भंग करता है। अतः लागों को इसे नियंत्रित करने के तकनीक की भी आवश्यकता है।

भूमंडलीकरण : एक प्रभुत्वशाली विषय (Globalization: A Hegemonic Discourse)

ऐसा महसूस किया जाता है कि यद्यपि औपनिवेशिक शासन कब का खत्म हो चुका है लेकिन इसके बावजूद भी अधिकांश गैर-पश्चिमी देशों पर अभी भी पश्चिमी देशों का ही प्रभुत्व कायम है। जैसा कि हम देख रहे हैं कि नव स्वतंत्र राष्ट्र विकास को आगे बढ़ाने के लिए आवश्यक आर्थिक सहायता हेतु अपने उन्हीं औपनिवेशिक देशों के सामने हाथ फैला रहे हैं। ऐसे में इन सम्पन्न देशों ने मौके का

फायदा उठाया तथा इनके उद्धारकर्त्ता बनकर सामने आए। लेकिन इसके पीछे उनका मकसद नव उपनिवेशवाद का ही था एवं उनकी नीतियों के अंदर कई शर्तें विद्यमान थी। परिणाम स्वरूप यद्यपि ये देश औपचारिक रूप से स्वतंत्र हैं किन्तु हकीकत यही है कि पूरी वैश्विक राजनीति जिसमें समाज एवं अर्थव्यवस्था भी सम्मिलित है, के ऊपर किसी न किसी तरीके से शक्तिशाली पश्चिमी देशों का ही नियंत्रण स्थापित है।

राजनीति के क्षेत्र में, यह जहाँ संयुक्त राष्ट्रसंघ के नाम पर नियंत्रण स्थापित करता है वहीं आर्थिक क्षेत्र में यह अंतर्राष्ट्रीय मुद्रा कोष (आई. एम. एफ.), विश्व बैंक, विश्व व्यापार संगठन (डब्ल्यु. टी. ओ.) आदि के द्वारा विश्व पर अपना प्रभुत्व जमाए हुए हैं। इतना ही नहीं विश्व समाचार एवं सूचना तकनीक के ऊपर भी इन प्रभुत्वशाली पश्चिमी देशों ने अपना नियंत्रण स्थापित कर लिया है। इस तरह पश्चिमी संगीत, पश्चिमी सिनेमा, पश्चिमी फैशन एवं पश्चिमी खान-पान एक 'वैश्विक संस्कृति' का निर्माण कर रहा है। यह पश्चिमी देशों के महज एकाधिकार को ही नहीं दर्शाता है बल्कि इसके साथ अपने आपको समायोजित कर सकने के प्रति गैर-पश्चिमी देशों के संस्कृति की अक्षमता को भी दर्शाता है। इन सबके अतिरिक्त यह अपने वैश्विक आतंक को बनाए रखने के लिए खतरनाक हथियारों का भी सहारा लेता है तथा अभी यह सभी देशों को सी.टी.बी.टी. (कॉम्प्रीहेन्सिव टेस्ट बेन ट्रीटी) पर हस्ताक्षर करने के लिए दबाव डाल रहा है। ये सभी व्यापक स्तर पर प्रभुत्व एवं वर्चस्व को दर्शाते हैं।

हमें इस बात पर भी गौर करना चाहिए कि भूमंडलीकरण एक साधारण प्रक्रिया न होकर कई जटिल प्रक्रियाओं का समुच्चय है जो राजनीतिक, आर्थिक एवं सांस्कृतिक कई स्तरों पर संचालित होता है। इस संदर्भ में रिचर्ड फॉक (फॉक, रिचर्ड, 1993) के विचार काफी उल्लेखनीय है। फॉक दो तरह के भूमंडलीकरण के बीच एक द्वन्द्वात्मक संबंध को देखते हैं। ये दोनों निम्नलिखित हैं–

(1) ऊपर के स्तर से भूमंडलकरण एवं

(2) नीचे के स्तर से भूमंडलीकरण

ऊपर के स्तर से भूमंडलीकरण (Globalization from Above)

शीर्ष स्तर से जो भूमंडलीकरण की प्रक्रिया चलती है उसे हम तीन प्रमुख स्तरों पर समझ सकते हैं– राज व्यवस्था, अर्थव्यवस्था एवं संस्कृति। ऊपर के स्तर से राजनीतिक भूमंडलीकरण वैश्विक वित्तीय संस्थाओं (जो जेनेवा एवं वाशिंगटन में स्थित हैं) पर पश्चिमी प्रभुत्व में दिखाई देता है। यह पूर्वी देशों पर लोकतांत्रिकरण के लिए दबाव डालता है। यह शासन की पश्चिमी पद्धति- उदार लोकतांत्रिक व्यवस्था, बहु-दलीय चुनाव, व्यक्तिगत-राजनीतिक-नागरिक अधिकारों का सम्मान आदि रूपों में व्यक्त होता है। यह ''तुच्छ'' (Pariah) राष्ट्रों के प्रतिरोध को भी कुचलने की बात करता है। अर्थात् ईरान, वियतनाम, ताजिकिस्तान जैसे राष्ट्र जो इनसे अलग चलने का साहस करते हैं उसे ये कुचलने के लिए किसी भी सीमा तक जा सकते हैं। यद्यपि यहाँ शासन या सरकार का लोकतांत्रिकरण अपने आप में कोई समस्या नहीं है। बल्कि मुख्य समस्या यह है कि इस तरह के लोकतांत्रिकरण का उद्देश्य कोई 'सहभागी' लोकतंत्र को स्थापित करना नहीं होता है बल्कि यह महज 'औपचारिक' लोकतंत्र को ही स्थापित करने का प्रयास करता है।

शीर्ष स्तर से आर्थिक क्षेत्र में जो भूमंडलीकरण होता है वह भी इसके राजनीतिक पहलू से ही जुड़ा हुआ है क्योंकि इसमें भी परिवर्तन लाने के लिए दबाव डालने का श्रोत एक ही होता है तथा स्वतंत्र बाजार एवं स्वतंत्र समाज के विचारों के साथ यह निकटता से जुड़ा हुआ होता है। शीर्षस्तर से आर्थिक भूमंडलीकरण दक्षिण एवं पूर्व के देशों को प्रभावशाली विश्व पूंजीवादी व्यवस्था को अपनाने के लिए बाध्य करता है। इसमें जी-7 समूह द्वारा नियंत्रित वित्तीय संस्थाओं द्वारा संरचनात्मक समायोजन कार्यक्रमों (SAPs) का आरोपण; कर्ज का अत्यधिक भार; नव-उदारवादी आर्थिक नीतियाँ, जिसमें पूरे घरेलू अर्थव्यवस्था के उदारीकरण की बात भी समाहित है ताकि पराराष्ट्रीय पूँजी में बिना किसी बाधा के इसका प्रवेश हो सके; तथा बहुपक्षीय समझौतों जैसे गैट, डब्ल्यू. टी.ओ. नाफ्टा आदि के द्वारा पश्चिमी निर्देशनों को सुनिश्चित करना सम्मिलित हैं। कुल मिलाकर के नीतियाँ विभिन्न देशों के बीच एवं देशों के अन्दर आय एवं रहन-सहन के सुविधाओं के ध्रुवीकरण के रूप में सामने आता है।

सांस्कृतिक स्तर पर यह वैश्विक सूचना एवं संचार के नेटवर्क पर पश्चिमी मीडिया के नियंत्रण को दर्शाता है। यह उपभोक्तावादी संस्कृति का प्रसार करता है तथा पश्चिमी संस्कृति को वैश्विक संस्कृति के रूप में प्रस्तुत करता है।

अत: भूमंडलीकरण की इस प्रक्रिया को जो लोग स्व-प्रेरित या बाजार द्वारा निर्देशित या अपरिहार्य रूप में देखते हैं वे या तो आशाविहीन भोले-भाले लोग हैं अथवा ये वे लोग हैं जिनका इसमें स्वार्थ निहित हैं। शीर्ष स्तर से होने वाले राजनीतिक, आर्थिक एवं सांस्कृतिक भूमंडलीकरण के जो समर्थक हैं उन सब के बीच आपस में साँठ-गाँठ हैं तथा खासकर तीसरी दुनिया के शासकीय विशिष्ट वर्ग ऐसे प्रभुत्व के प्रसार को बढ़ाने में बराबर के भागीदार हैं क्योंकि ऐसी किसी भी चीज से उनके निहित स्वार्थ की पूर्ति होती है जो आम लोगों के वास्तविक भागीदारी को कम करता हो। इस प्रकार यहाँ एक सांस्कृतिक दासता कायम है।

नीचे के स्तर से भूमंडलीकरण (Globalization from Below)

शीर्षस्तर से संचालित होने वाली भूमंडलीकरण की प्रक्रिया से बिल्कुल अलग यह भूमंडलीकरण विभिन्न प्रकार के आंदोलन के द्वारा संचालित होता है। ये आंदोलन विस्तृत मुद्दों को लेकर संचालित होते हैं तथा राष्ट्र की सीमाओं से भी परे होते हैं। देश के अंदर एवं देशों के बीच बढ़ रही विषमता, विभिन्न वैचारिक प्रवृत्तियों को समेटने में समाज की विफलता, उत्तर एवं दक्षिण के देशों के बीच एवं इन देशों के अंदर व्याप्त चिरकालिक सामाजिक असमानता, एवं नियत कालीन मतदान से परे राजनीतिक सत्ता की अनुपस्थिति ने पूरी दुनिया में इस तरह के आन्दोलनों को जन्म दिया है। ये आन्दोलन पर्यावरण, मानवाधिकार, महिलाओं के मुद्दे, अक्षय विकास, शांति, न्याय, साक्षरता एवं विमुक्ति से संबंधित मामलों को लेकर चलाए जाते हैं।

राजीनतिक स्तर पर इस तरह का भूमंडलीकरण मानव अधिकार आंदोलनों में खासकर एक राष्ट्र से दूसरे राष्ट्र के लोगों में पारस्परिक भाई-चारे के रूप में प्रकट होता है। नीचे के स्तर से संचालित होने वाला यह भूमंडलीकरण सत्तावादी शासन के ऊपर उदारवादी लोकतंत्र को अपनाने के लिए व्यापक आन्तरिक दबाव उत्पन्न करता है। इसीलिए जापानी विद्वान साकमॉटो योशिकाजु (Yoshikazu, Sakamoto, 1991:127) कहते हैं कि- "दुनिया में लोकतंत्र की जड़ें तभी गहरी हो

सकती हैं जब यह वैश्विक हो जाये एवं यह तभी वैश्विक हो सकती हैं यदि इसकी जड़ें गहरी हो जायें''। कहने का तात्पर्य है कि लोकतंत्र के प्रसार के लिए इसका वैश्वीकरण आवश्यक है एवं इसे वैश्विक बनाने के लिए समाज में इसे मजबूत करना आवश्यक है।

वस्तुत: **ग्रास-रूट** आंदोलन सरकार के एक वैकल्पिक स्वरूप का नेतृत्व करता है, यह स्थानीय परंपराओं में निवास करता है तथा लोगों के अधिक से अधिक भागीदारी, लोकतांत्रिक विकेन्द्रीकरण एवं उत्तरदायित्व को तरजीह देता है। प्रसिद्ध भारतीय विद्वान एवं सामाजिक कार्यकर्त्ता स्मितु कोठारी (Kothari, Smitua, 1993:162) अपना विचार व्यक्त करते हुए कहते हैं कि ये आंदोलन केवल शोषित एवं उत्पीडित समुदायों का सशक्तिकरण ही नहीं करते बल्कि विभिन्न राजनीतिक दृष्टियों (स्वैर-कल्पनाओं) को भी सक्रिय रूप से जोड़ने का कार्य करते हैं। इस प्रकार सोचने एवं कार्य करने के ये विविध प्रकार विकास, लोकतंत्र, शक्ति एवं शासन के परंपरागत दृष्टिकोणों में व्यापक परिवर्तन लाता है।

नीचे के स्तर से चलने वाला आर्थिक भूमंडलीकरण भी काफी प्रचलित प्रक्रिया है। यह निम्न बातों के द्वारा प्रकट होती है:–

i) प्रगति एवं विकास की पद्धति तथा आधुनिकीकरण की मौलिक आलोचनाओं के द्वारा,

ii) राष्ट्र की सीमाओं से परे नव-उदारवादी आर्थिक सुधारों, व्यापारिक संबंधों, संरचनात्मक समायोजन कार्यक्रमों, वस्तुओं के मूल्यों एवं जीवन-निर्वाह के खर्च में वृद्धि, रोजगार के अवसरों को कम किया जाना (छँटनी) तथा बढ़ रही आय की विषमता के साथ-साथ उन सभी चीजों का प्रतिरोध जो इन देशों में सुविधाओं से वंचित बहुसंख्यक लोगों को नाकारात्मक रूप से प्रभावित करते हैं,

iii) स्थानीय स्तर पर खेती की संपोषित पद्धति के लिए विभिन्न किसान आंदोलनों के जागरूक अभियानों के अंतर्गत, एवं

iv) अनौपचारिक अर्थव्यवस्था की संवृद्धि को परंपरागत आर्थिक गणना में महत्व नहीं दिया जाना।

इस प्रकार नीचे के स्तर से जो भूमंडलीकरण की प्रक्रिया होती है वह दक्षिण के देशों में प्रभावी विकास के मॉडल पर कई सवाल उठाता है जो उत्तरी देशों के अर्थव्यवस्थाओं के साथ अपने को समायोजित करने का प्रयास कर रहे हैं।

इस संदर्भ में पर्यावरण एवं पारिस्थितिकी के साथ-साथ कम खर्च का ख्याल रखते हुए विकासशील देशों द्वारा संपोषित विकास को अपनाने का यह तात्पर्य नहीं है कि दक्षिण के देश उत्तर के देश के मॉडल को वहन नहीं कर सकते बल्कि इसका कारण यह है कि उत्तर की अर्थव्यवस्थाएँ अपने जिस वर्तमान जीवन-पद्धति को लेकर चल रही हैं उसे वे सतत रूप से ज्यादा दिन तक कायम नहीं रख पाएँगी। कहने का तात्पर्य है कि पश्चिमी देशों के जीवन की यह पद्धति टिकाऊ नहीं है।

इसी प्रकार नीचे के स्तर से होने वाले सांस्कृतिक भूमंडलीकरण भी काफी महत्वपूर्ण है। इस सांस्कृतिक भूमंडलीकरण को तीसरी दुनिया के देशों में पश्चिमी संस्कृति के प्रसार के खिलाफ हो रहे प्रतिरोधों में देख सकते हैं। सांस्कृतिक स्तर पर भी सभी शोषितों के बीच शोषकों के खिलाफ परस्पर भाईचारा एवं एकता का प्रसार हो रहा है। इसी तरह तुच्छ उपनिवेशों के सामने श्रेष्ठ औपनिवेशिक देश भी संगठित दिख रहे हैं।

भारत में भूमंडलीकरण (Globalization in India)

भारत में भूमंडलीकरण, बाजारीकरण एवं उदारीकरण की शब्दावलियाँ वस्तुतः समाज, अर्थव्यवस्था एवं राजव्यवस्था से संबंधित हैं। भूमंडलीकरण की पूरी प्रक्रिया को अंतराष्ट्रीय वित्त ने अपने प्रभाव में ले लिया है जिसके कारण यह स्वयं ही संकट में जूझती हुई एक प्रक्रिया बन गई है। भारत की स्थिति पर गौर करें तो यहाँ हम पाते हैं कि भारत में वैश्विकता ने अपना आकार 1990 के दशक में किए गए आर्थिक सुधारों एवं उदारीकरण की प्रक्रिया के फलस्वरूप ग्रहण किया। आजकल भारत में आर्थिक उदारीकरण एवं पूंजीवादी वैश्विकता की आवाज काफी तेज सुनाई दे रही है। उदारवाद के पैरवीकारों ने बाजार व्यवस्था के 'माया जाल' में लगातार अपना विश्वास प्रकट किया है। आलोचक इसे एक घोर विपत्ति के रूप में देखते हैं। सबसे बड़ी विडंबना यह है कि इस बहस की विषय वस्तु में भारत की आम जनता से संबंधित समस्याएँ एवं मुद्दे कहीं गुम हो गए हैं।

जैसा कि हम जानते हैं कि भारत की इस धरती पर अनेकों संघर्ष एवं विद्रोह हुए हैं या फिर हम यह भी कह सकते हैं कि भारत ने अनेक संकट की स्थितियों का सामना किया है। यह संकट संपूर्ण आर्थिक एवं सामाजिक स्तर पर भले ही नहीं दिखा हो पर रोजमर्रा की जिंदगी में तो यहाँ के लोग कई तरह की समस्याओं का सामना करते ही रहते हैं। आबादी के एक बड़े तबके (यद्यपि गरीबी रेखा से नीचे रहने वाले लोगों की संख्या 48 प्रतिशत ही है) के अंदर आर्थिक वंचना (कंगाली) अपने चरम पर है जो उनकी आजीविका एवं रोजी-रोटी के लिए भी दिन-प्रतिदिन एक संकट को दर्शा रहा है। इस प्रकार यहाँ से देखने पर पता चलता है कि औपनिवेशिक शासन से मिली आजादी के 50 वर्ष बीत जाने के बाद भी भारत अपनी आबादी के बहुसंख्यक भाग की मूलभूत आवश्यकताओं को भी पूरा कर पाने में अक्षम ही है। गरीबों के पास न तो रहने के लिए घर हैं न ही स्वास्थ्य-सुरक्षा एवं शिक्षा की सुविधाएँ ही हैं। उन्हें पर्याप्त भोजन एवं कपड़े तक नसीब नहीं होते हैं। साधारण लोगों को इस देश में गरीबी, कुपोषण, अशिक्षा, या बेरोजगारी के सांख्यिकीय विवरणों की कोई जानकारी नहीं है और न ही वे इसे जानना चाहते हैं। तकनीकी सोच पर आधारित आर्थिक नीतियों से नागरिकों का दैनिक जीवन प्रभावित हो रहा है तथा वे इसे नहीं समझते हैं अतः यह एक बड़ी समस्या है। खासकर एक लोकतंत्र के लिए यह शुभ संकेत नहीं है। जैसा कि दीपक नय्यर एवं अमित भादुड़ी (भादुड़ी,अमित, नय्यर,दीपक, 1996:10) का कहना है-

आय एवं धन के वितरण पर अत्यधिक बल दिया जाना बाजार तंत्र के बारे में कुछ शंकाएँ भी उत्पन्न करता है। बाजार व्यवस्था में खरीदने की शक्ति (क्रय शक्ति) के आधार पर देखें तो एक गरीब की तुलना में एक अमीर आदमी के पास ज्यादा 'वोट' (विकल्प) होते हैं। इसका परिणाम बाजार व्यवस्था में 'आर्थिक लोकतंत्र' के अभाव के रूप में दिखता है एवं यह अभाव 'राजनीतिक लोकतंत्र' की मूलभावना की विरोधी होती है क्योंकि यह एक-व्यक्ति-एक-वोट के सिद्धांत पर आधारित होता है। अतः इस प्रकार के सिद्धांत की वैधता अत्याचारपूर्ण हो जाती है तथा नीतियाँ बनाने में एक निर्देशक के रूप में इसका व्यवहारिक प्रयोग तो और भी समस्यात्मक हो जाता है।

दूसरी तरफ सरकार पर काबिज तकनीकशाहों एवं आम जनता की मान्यताएँ यदि अलग-अलग होंगी तो निःसन्देह इनकी आर्थिक प्राथमिकताएँ भी भिन्न होंगी। अतः इसका तात्पर्य यह होगा कि सरकार एवं जनता दोनों की दो अलग-अलग दुनिया है। वस्तुतः किसी नीति के संदर्भ में तकनीकशाहों की संतुष्टि या असंतुष्टि का एक आम आदमी के दैनिक जीवन से शायद ही कोई तात्कालिक सम्बन्ध होता है। एक आम आदमी तो अपने लिए एक अच्छी नौकरी, अपने परिवार के

लोगों के लिए अच्छी स्वास्थ्य सुरक्षा, अपने बच्चों के लिए शिक्षा की उन्नत सुविधा, दैनिक आवश्यकता के चीजों की कम कीमत एवं ऐसी ही अन्य बातों को तरजीह देता है तथा भारत में एक आम आदमी इन्हीं बातों के लिए सबसे ज्यादा परेशान एवं चिन्तित होता है।

लेकिन हमारे यहाँ उदारीकरण एवं भूमंडलीकरण के नीति निर्माता मशीनी एवं तकनीकी आवाज के साथ लोगों के इस दृष्टिकोण को अपने अनुसार मोड़ना चाहते हैं। हम यहाँ नहीं कहना चाहते हैं कि तकनीकी पहलू महत्वपूर्ण नहीं हैं, बल्कि यह भी उतना ही महत्वपूर्ण है लेकिन इसका वास्तविक महत्व तो तभी दिखेगा जब इससे आम लोगों का दैनिक जीवन सुव्यवस्थित हो जाएगा। हमें यहाँ यह भी ध्यान रखना चाहिए कि केवल तकनीकशाहों एवं सामान्य लोगों के ही आर्थिक प्राथमिकताओं में अंतर नहीं पाया जाता है बल्कि अलग-अलग सामाजिक-आर्थिक परिवेश में रहने वाले लोगों के प्राथमिकताओं में भी अंतर होता है।

अपने कार्यरूप में देखें तो आर्थिक उदारीकरण या वैश्वीकरण का तात्पर्य स्वतंत्र विदेशी निवेश होता है तथा यह विदेशी निवेश खासकर उपभोक्तावादी वस्तुओं (Consumer goods) के क्षेत्र में होता है। साथ ही यह कोकाकोला, कैलोग्स एवं मेकडोनॉल्ड, के जैसे उत्पादों के प्रति अधिक से अधिक क्रयशक्ति को बढ़ाने के लिए प्रेरित करता है। लेकिन यहाँ हमारा संबंध स्वदेशी के समक्ष पश्चिमी उपभोक्तावादी वस्तुओं के वाद-विवाद से नहीं है। यह मुद्दा पूरी तरह से अलग प्रकार का है। यद्यपि उपभोक्तावादी वस्तुएँ भी वांछनीय हैं तथापि यहाँ यह भी देखना चाहिए कि कौन कितना आवश्यक है। यह सही है कि अच्छी कारें होनी चाहिए लेकिन इसी के समान लोगों के यातायात के लिए अच्छी बसें भी होनी चाहिए। मोबाइल फोन एवं अच्छे सॉफ्ट-ड्रिंक होनी चाहिए पर साथ में खेतों में अच्छी जुताई की व्यवस्था, स्वच्छ पेय जल एवं सूखे जमीन के लिए सिंचाई का प्रबंध भी तो होना चाहिए। इस तरह के अनगिनत उदाहरण हो सकते हैं। लेकिन कौन सी चीज हमारे लिए ज्यादा अपरिहार्य है एवं किस चीज पर ज्यादा बल दिया जाय, इसकी समझ भी हमारे अन्दर ही होनी चाहिए। हमें खुद यह देखना पड़ेगा कि किस चीज से समाज के बहुसंख्यक लोगों की मूलभूत आवश्यकताएँ पूरी हो रही हैं। वस्तुतः यही वह समस्या है जो मुक्त बाजार के लिए किए गए आर्थिक सुधारों में देखने को मिलती है। भारत में जो आर्थिक भूमंडलीकरण के मुख्य विषय-वस्तु के रूप में मुक्त बाजार की अवधारणा उभरकर सामने आयी है वह इस प्राथमिकता का निर्धारण ठीक से नहीं करता है। बाजार का कार्य चूंकि मुनाफा कमाना होता है, अतः वह वैसे उत्पादों को प्रस्तुत करता है जिससे ज्यादा मुनाफे की उम्मीद होती है। यह उन लोगों के लिए वस्तुएँ बाजार में उतारता है जिनके पास पर्याप्त 'क्रय शक्ति' होती है। चूंकि बाजार व्यवस्था के अंदर अमीर लोगों के पास ज्यादा 'क्रय शक्ति' होती है। इसलिए ये उन्हीं की आवश्यकताओं के अनुरूप अच्छी कार, मोबाइल फोन एवं अच्छे शीतल पेय आदि को प्रस्तुत करता है तथा अच्छी बसें, जुताई की अच्छी तकनीक, एवं स्वच्छ पेय जल आदि उपलब्ध कराने के विचार पीछे चले जाते हैं।

भूमंडलीकरण : भारतीय दलितों के निहितार्थ (Globalization: Implications for Indian Dalits)

आज भूमंडलीकरण एवं बाजारीकरण का प्रभाव जीवन के हर क्षेत्र में फैल चुका है। चाहे शहरी हो या ग्रामीण, शिक्षित हो या अशिक्षित, अमीर हो या गरीब, जीवन के हर क्षेत्र में इसके प्रभाव को देख

सकते हैं। लेकिन जब हम भारत में दलितों की स्थिति पर ध्यान देते हैं तो समस्याएँ कहीं ज्यादा गहरी दिखाई देती हैं एवं हमारे दिलों को छू जाती हैं।

जाति-प्रथा जैसी कुरीतियों के साथ भारत की समस्या काफी नाजुक होती जा रही है। नए वैश्विक परिवेश में आधुनिक जातिगत समाज क्षीण हो रहा है क्योंकि यह इस नई व्यवस्था से सामंजस्य स्थापित कर पाने में अक्षम होता जा रहा है। ऐसा महसूस किया जाता है कि हमारे देश की जाति से अभिभूत यह व्यवस्था उदारीकृत वैश्विक बाजार का मुश्किल से ही सामना कर सकता है। यह हमारे देश में सामाजिक संकट के साथ-साथ आर्थिक, राजनीतिक एवं सांस्कृतिक संकट को भी बढ़ा दिया है और भूमंडलीकरण की इस प्रक्रिया का आघात एवं दर्द मजदूरों, गरीबों एवं हाशिये पर स्थित दलितों के कंधों पर ही पड़ा है।

पिछले दशक से भूमंडलीकरण के समर्थकों एवं विरोधियों के बीच एक चिंताजनक बहस देखा जा रहा है जो सभी समस्याओं के समाधान के रूप में भूमंडलीकरण की प्रक्रिया से अलग होने के तर्क को लेकर है। वस्तुतः भूमंडलीकरण एक ऐसी प्रक्रिया है जिससे कदम वापस नहीं खींचा जा सकता है एवं हमें इसके साथ चलना ही है। यहाँ मैंने भूमंडलीकरण के युग में भारत के दलितों से संबंधित कुछ बिन्दुओं पर विचार करने का प्रयास किया है।

भूमंडलीकरण एवं दो दुनिया के बीच की खाई (Globalization and the Chasm of Dual World)

भूमंडलीकरण सबसे पहले तो देश के अंदर ही 'दो दुनिया' का निर्माण कर देता है। एक तरफ तो यह समाज के उच्च एवं प्रतिष्ठित स्थानों पर काबिज लोगों को असीम रूप से धनवान बना देता है एवं दूसरी तरफ समाज से कटे हुए या निम्न स्थिति में रहने वाले लोगों को गरीब एवं कंगाल बना देता है। इस तरह एक एम.बी.ए. छुट्टी बिताने के लिए विदेश जा सकता है एवं उपभोक्तावादी जीवन-पद्धति का पूरा आनंद उठा सकता है वहीं गरीब लोग द्वितीय दर्जे का जीवन जीने के लिए भी आवश्यक मूलभूत चीजों से वंचित रह जाते हैं तथा अपनी न्यूनतम जीविका के लिए दिन-रात जी तोड़ परिश्रम करते हैं। यहाँ इस दो प्रकार की दुनिया के निर्माण में जातीय दृष्टिकोण की गहरी भूमिका होती है। यह शारीरिक एवं मानसिक श्रम के बीच विभाजन करता है जो निम्न जाति एवं ऊँची जाति के बीच के वर्गीकरण में ही अंतर्निहित होता है।

कुछ हद तक यह कहना सच ही है कि समाज के अंदर हमेशा 'दो दुनिया' विद्यमान रही है तथापि अभी के समय में इन सबसे अलग एवं कुछ बिल्कुल नई बातें दिखाई दे रही हैं। इन दोनों दुनिया के बीच की खाईं की विस्तृत होती चौड़ाई, अमीरी एवं गरीबी दोनों के उत्पत्ति की यह तेज रफ्तार एवं अमीरों के उपभोक्तावादी जीवन पद्धति के सामने गरीबों को गंवार के रूप में दर्शाने की प्रवृत्ति आदि जिस रूप में दिखाई दे रही है यह सचमुच पहले नहीं था। वस्तुतः जो भूमंडलीकरण की प्रक्रिया से लाभ उठा पाने की स्थिति में है उसके लिए तो भूमंडलीकरण असीमित मात्रा में अवसर उपलब्ध करा देता है पर जो लोग इसका लाभ उठाने में सक्षम नहीं हैं वे इस वैश्विक पूँजीवाद के जंगल में जिन्दा रहने के लिए भी जद्दोजहद कर रहे हैं।

लामबंदी या सांस्कृतिक हमला? (Mobilization or Cultural Invasion)

आज सुदूर ग्रामीण क्षेत्रों तक दूरदर्शन के विभिन्न चैनलों का प्रसार हो चुका है। यह शायद भूमंडलीकरण के सबसे स्पष्ट तस्वीर को दर्शाता है। इन चैनलों के माध्यम से जन संचार ने पाश्चात्य संस्कृति एवं उपभोक्तावादी विज्ञापनों का इस कदर प्रचार किया है कि इसने समाज के लोगों के अंदर अनंत प्रेरणाओं एवं संभावनाओं का संचार किया है। किंतु लोगों की इस तरह की इच्छाओं को संतुष्ट करने में समाज सक्षम नहीं दिखाई दे रहा। सचमुच ऐसी कोई सुसंस्कृत पद्धति नहीं है जिसके द्वारा रोजगार एवं शिक्षा से विमुख पूरी युवा-पीढ़ी जन संचार द्वारा प्रस्तुत जीवन-स्तर के करीब पहुँच सके। इसलिए वैश्विक अर्थव्यवस्था की कृपाओं से वंचित लाखों लोग जाति के आधार पर संगठित (लामबंद) हो रहे हैं। देश के वे भाग जो इस वैश्विक अर्थव्यवस्था में अलग-थलग पड़ गए हैं वहाँ लोगों ने धन उगाही के लिए गलत रास्तों को भी अपनाया है। उत्तर प्रदेश एवं बिहार में रेलवे लाइन के समीप के कई गांव के लोग रेल में लूट-पाट के द्वारा जीविका चलाते हैं। यहाँ पर जाति आधारित सेनाएँ भी खड़ी की गई हैं।

लेकिन क्या आधुनिक भूमंडलीकृत सेक्टर उस द्वीप की उन्नति कर सकता है जो चारों ओर से विरोधी एवं वंचित आबादी से घिरा हुआ हो और जहाँ की गलियों में इस तरह की संगठित सेनाएँ शासन करती हों? क्या ये समाज उस विदेशी पूँजी को अपनी ओर आकर्षित कर सकते हैं जिसका स्वप्न हमारी सरकार देखती रहती है? जब तक कोई जाति किसी लिंक के अभाव में अपने आपको हाशिये पर स्थित महसूस करती रहेगी तब तक क्या आर्थिक जीवन में स्थिरता आ पाएगी?

परंपरा, अंतर्विरोध एवं भूमंडलीकरण (Tradition, Contradiction and Globalization)

भारत की धरा से लगातार यह आवाज उठ रही है कि पश्चिमीकरण एवं भूमंडलीकरण भारतीय परंपरा एवं संस्कृति को बर्बाद कर रहा है। भारत की जिस परंपरा को भूमंडलीकरण कमजोर कर रहा है वह 'जातीय-संस्कृति' का बंधन ही है। इसका सबसे ज्यादा प्रभाव परिवार एवं जाति की एकात्मकता पर महसूस किया गया जो आंतरिक संघर्षों एवं वैर-भावनाओं से जकड़ी हुई थी और अब इसे बाहरी दुनिया के सामने थोड़ी बहुत एकता का दिखावा करना पड़ता है। अब परिवार अपने परंपरागत भूमिकाओं जैसे आवश्यकता पड़ने पर अपने सदस्यों को सुरक्षा प्रदान करने के जैसे कृत्यों को पूरा करने की स्थिति में नहीं है। इस पूँजीवाद के जंगल में परिवार एवं जातीय-संबंध अपने सदस्यों को जो कुछ थोड़ी बहुत मदद एवं सहायता प्रदान कर सकते थे वे धीरे-धीरे क्षीण होते रहे हैं जबकि आज जाति अपनी मौलिकता खो चुकी है तब भी खोखले धार्मिक अनुष्ठानों की भाँति जातियों पर भी अपने संस्कृति की सुरक्षा करने के लिए दबाव डाला जा रहा है।

भूमंडलीकरण के लिए एक मजबूत सामाजिक एकता, अपने उद्देश्यों के प्रति एक समझ, उच्च स्तर के राजनीतिक संगठन एवं प्रबंध तथा आबादी के अंदर संस्कृति के ऊँचे स्तर के साथ-साथ जीविका का न्यूनतम मानवीय स्तर भी होना चाहिए (Bhatkal and Lancy, 1999:104)। भट्कल एवं लेन्सी के अनुसार इन गुणवत्ताओं को पूरा करने के पश्चात् ही कोई देश अंतर्राष्ट्रीय वित्तीय पूँजी की खतरनाक धारा में तैर सकता है। हमारा जातीय समाज एक विखंडित समाज है जिसमें सभी गुट अपने-अपने हितों को पूरा करने का प्रयास करते रहते हैं तथा इसमें न तो सामाजिक सामंजस्य है

और न ही राजनीतिक सामंजस्य ही है। वह तो इस भूमंडलीकृत अर्थव्यवस्था के अंदर एक शराबी की भाँति लड़खड़ा कर ही चल सकता है। (Bhatkal and Lancy 1999:104)।

यह हमारे समाज की एक विडंबना है कि इसके अंदर उपस्थित जातीय विभाजन के कारण आज यह भूमंडलीकरण की दौर में आन्तरिक एवं बाह्य दोनों ही ओर से चुनौतियों का सामना कर रहा है। यह हमारे यहाँ पूँजीवाद को केवल विकृत रूप में ही सामने नहीं लाता है बल्कि यह सामाजिक एवं राजनीतिक संकट के साथ-साथ एक वैचारिक संकट को भी उत्पन्न करता है। आज भूमंडलीकरण को 'अपनाने' का प्रश्न एक गंभीर एवं महत्वपूर्ण मुद्दा बन गया है। यहाँ भूमंडलीकरण के प्रभाव खासकर दलितों के ऊपर भूमंडलीकरण के प्रभाव के संदर्भ में दो विचार उभरकर सामने आते हैं-

(1) विद्वानों के एक गुट का कहना है कि वर्तमान भारतीय लोकतांत्रिक व्यवस्था में भूमंडलीकरण लोगों को प्रभावशाली शक्ति संरचना के दमन एवं शोषण से मुक्ति नहीं दिला पाएगा। बल्कि यह उनके शोषण करने वाली ताकतों को अस्पष्ट एवं परोक्ष रूप से और भी मजबूत कर देंगी। चूंकि दलित अधिकांशतः मजदूर एवं भूमिहीन किसान ही हैं अतः भूमंडलीकरण के अंतर्गत ये अकुशल एवं अशिक्षित होने के कारण और भी दुख उठाते हैं क्योंकि भूमंडलीकरण के अंतर्गत जो आर्थिक विकास होता है वह दूसरी तरफ इन अकुशल एवं अशिक्षित लोगों के लिए बेरोजगारी भी उत्पन्न करता है।

अतः इस आर्थिक सुधार के विरोधी दलित नेताओं ने इसे ऊँची जातियों की एक साजिश के रूप में देखा है जिसके द्वारा दलित एवं पिछड़ी जातियों को कठिन संघर्ष से प्राप्त अधिकारों से वंचित करने का प्रयास किया जा रहा है। साथ ही उन्हें यह भी डर है कि उदारीकरण एवं निजीकरण के द्वारा आरक्षण की नीति को समाप्त कर दिया जाएगा। जबकि अभी उनकी स्थिति ऐसी नहीं बन पायी है कि वे अपने बलबूते मुक्त बाजार में खड़े हो सकें (Pahini, M.N. 1995)।

(2) जबकि दूसरा दृष्टिकोण इससे बिल्कुल अलग है। इसके अनुसार भूमंडलीकरण के फलस्वरूप व्यापक स्तर पर विकास होगा। इससे सेवा क्षेत्र का विस्तार होगा, रोजगार के ज्यादा अवसर उत्पन्न होंगे तथा इससे विशेष रूप से समाज के सबसे नीचे के पायदान पर रह रहे लोगों को लाभ मिलेगा। ये विश्वास करते हैं कि भूमंडलीकरण के फलस्वरूप ज्यादा आय भी उत्पन्न होगा जिससे गरीबी का उन्मूलन हो पाएगा, तथा यह दलितों एवं जनसंख्या के दूसरे वंचित समूहों के हितों की सुरक्षा एवं अभिवृद्धि में सहायक होगा।

हालांकि विश्व में पूँजीवाद के इतिहास को उलट कर देखते हैं तो इसमें कई ऐसे उदाहरण देखने को मिलते हैं जिसमें नागरिक समाज (सिविल सोसाइटी) सीधे अथवा राज्य की संस्थाओं द्वारा लोगों को काफी हद तक पूँजीवाद के दुष्प्रभाव से बचाया है। लेकिन भारत में आधुनिक जातिगत समाज ने नागरिक समाज के विकास को ही परिरोधित कर दिया है। ऐसे में जन-जागृति के विकृत स्वरूपों ने राज्य की संस्थाओं को परजीवी बना दिया है। अतः भूमंडलीकरण से होने वाले विनाश से लोगों को बचाने के लिए भारत में कोई शक्तिशाली नागरिक समाज नहीं है। इसका स्पष्ट उदाहरण हम हाल में घटे 'प्याज-संकट' (ओनियन क्राइसिस) में देख सकते हैं। इस संकट के समय जहाँ पूरा नागरिक समाज पंगू दिखाई दे रहा था वहीं हमारे परम देशभक्त लोग केवल खोखले दावे ही करते रह गए।

क्या एक ऐसा राज्य जो प्याज के आयात एवं निर्यात को भी नियंत्रित नहीं कर सका वह पूँजी के निरंतर प्रवाह को नियंत्रित सकता है? जबकि पूंजी का यह प्रवाह भूमंडलीकृत अर्थव्यवस्था की

एक खास विशेषता है। वस्तुतः सबसे जो दुखद बात है वह यह है कि ''भूमंडलीकरण विश्व को इस प्रकार से ध्रुवीकृत करता है जिसमें कुछ ही लोग आपस में जुड़े होते हैं तथा अधिकांश लोग अलग-थलग ही रह जाते हैं (Oommen, T.K. 1999) । साथ ही गरीब दलितों की आवश्यकताओं एवं अभिलाषाओं तथा भूमंडलीकरण के एजेंडा के बीच की दरार में एक सघन गहराई से घुसा हुआ है जो इस दरार को और चौड़ा कर रहा है।

ये सब तो मुख्यतः आर्थिक पक्षों से संबंधित बातें थीं। लेकिन भूमंडलीकरण के सांस्कृतिक प्रभाव पर ध्यान दें तो दलितों की आवश्यकता बिल्कुल स्पष्ट दिखती है और वह यह है कि दलितों को भी भूमंडलीकरण की आवश्यकता है। चूंकि दलित विश्व की मुख्य धारा में शामिल होना चाहते हैं, वे युगों के धरोहर पर अपना दावा करना चाहते हैं तथा वे इसके मुख्य प्रतिरोध को ब्राह्मणवादी विशिष्ट वर्ग के प्रयासों का परिणाम मानते हैं, जो उन आर्यों के वंशज हैं जिन्होंने देश के अंदर एवं बाहर जाने-आने के मार्ग को पूरी तरह से बंद करने का प्रयास किया था और अंदर एवं बाहर के लोगों को 'मलेच्छ' या अपवित्र बर्बरों के रूप में देखा था। अतः इन कारणों से दलितों को भूमंडलीकरण की आवश्यकता है।

दलितों के प्रश्न : सभ्यता का एक संकट (Dalit Question: A Civilizational Crisis)

जैसा कि हम जानते हैं कि भारत के अंदर मौलिक अन्तर्विरोध आधुनिक जातीय समाज एवं भूमंडलीकरण के साथ जुड़ी बुर्जुआवादी उत्पादन प्रणाली के बीच है। अतः यह सभ्यता का एक संकट है एवं यह सामाजिक अंतर्विरोध तभी समाप्त हो सकता है जब इस सभ्यता में एक निश्चित बदलाव हो। यह वैकल्पिक व्यवस्था सांस्कृतिक बहुलवाद की भाँति अपने स्वरूप में केवल लोकतांत्रिक ही नहीं होना चाहिए बल्कि प्रगतिशील भी होनी चाहिए। यही इस सभ्यता के वैकल्पिक परिप्रेक्ष्य की कुंजी है। सांस्कृतिक बहुलवाद एक ओर तो आधुनिकता को बढ़ावा देता है जो जाति-व्यवस्था से इसके कदमों को पीछे खींचता है और दूसरी तरफ वर्ण के प्रभाव के साथ एक ऐसा मैदान तैयार करता है जिसमें सभी जाति के लोग समान रूप से खेल सकें। वैकल्पिक सभ्यता की सभी क्रियाएँ निश्चित रूप से ऐसे आबन्धों पर आधारित होनी चाहिए। बिना इस तरह के आबन्ध के हम आधुनिकता एवं वर्ण व्यवस्था के बीच खंडित मानसिकता को ही बढ़ाएँगे।

अतः समाज, अर्थव्यवस्था एवं राजव्यवस्था के घटकों के अनुरूप भूमंडलीकरण के प्रसार पर चिन्तन करना भी आवश्यक है। खासकर किसानों, श्रमिकों, आदिवासियों एवं महिलाओं की एक श्रेणी के रूप में अंतर्निहित समस्याओं को प्रश्नगत कर विचार किया जाना चाहिए। जब हम महिलाओं के ऊपर विचार करते हैं तो मुख्य प्रश्न पूंजीवादी वैश्वीकरण के जंगल राज के खिलाफ वैश्विक नारीवादी सक्रियता एवं भूमंडलीकरण के बुरे प्रभावों के इर्द-गिर्द ही घूमते रहता है। हालांकि भगवती (भगवती, 2004, 73-91) ने भूमण्डलीकरण के दौर में जापान की कई महिलाओं के सक्रिय योगदान को उभारा है। तथापि यह भी सत्य है कि उत्तरी एवं दक्षिणी दोनों ही देशों में वर्तमान अर्थव्यवस्था के भूमंडलीकरण में महिलाओं का वैश्विक स्तर पर हाशियाकरण एवं देह-व्यापार भी हो रहा है।

भूमंडलीकरण का दूसरा महत्वपूर्ण एवं समस्यात्मक पहलू भूमंडलीकरण के प्रसार में ही अंतर्निहित है क्योंकि यह वस्तु, कारिन्दों, एवं तकनीक के अंतर्राष्ट्रीय एकीकरण की बात करता है। इसने पिछले दशक से श्रमिकों की माँग में खासा परिवर्तन लाया है। उच्च तकनीकी योग्यताओं से निपुण श्रमिकों के सामने कम योग्यता वाले मजदूरों की माँग कम हो गई है। इसने मजदूरों के दो ग्रुपों के बीच मजदूरी में भी काफी अंतर कर दिया है। इसके साथ आय की असमानता, बेरोजगारी आदि की भी समस्याएँ उत्पन्न हुई हैं और यह समस्या मुख्य रूप से कम योग्यता वाले मजदूरों के बीच ज्यादा है।

इसी प्रकार से यदि हम आदिवासियों की स्थिति को देखें तो भूमंडलीकरण के कथनी एवं करनी में व्यापक अंतर दिखाई देता है। यहाँ हम पाते हैं कि भूमंडलीकरण धनी लोगों से गरीबों के बीच धन का पुनर्वितरण भी नहीं करता है बल्कि स्थानीय समुदायों से खासकर आदिवासियों एवं जनजातीय समुदायों से उनकी सुविधा छीनने का ही कार्य करता है।

एक विकल्प की तलाश (The search for Alternatives)

इस प्रकार एक बार फिर नीचे के स्तर से चलने वाली भूमंडलीकरण की प्रक्रिया पर ध्यान दें तो हम पाते हैं कि यह 'मानव-अधिकार' के इर्द-गिर्द ही घूम रहा है। विभिन्न सामाजिक आंदोलन चाहे वे पर्यावरण से संबंधित हों या किसानों, आदिवासियों, महिलाओं या दलितों से, सभी तीसरी दुनिया में विभिन्न मुद्दों को लेकर संघर्ष करते हुए देखें जा सकते हैं। यहाँ उनके मुद्दे अलग-अलग जरूर होते हैं। पर उनके अंदर मानव अधिकार एवं प्रतिष्ठा के प्रति निश्चित रूप से एक दिलचस्पी देखी जा सकती है। बल्कि इनमें से कई आंदोलन तो अपने को 'मानव अधिकार आंदोलन' के रूप में अभिव्यक्त करते हैं (कोठारी, स्मितु एवं सेठी, हर्ष, 1989) । यहाँ यह भी उल्लेखनीय है कि मानव अधिकार के संदर्भ में इनका दृष्टिकोण पश्चिमी सरकारों एवं विद्वानों द्वारा की गई व्याख्या से कहीं ज्यादा विस्तृत एवं सबको समाहित करने वाली भी है। उनके द्वारा आर्थिक, सामाजिक एवं सांस्कृतिक क्षेत्र में सामूहिक अधिकार पर जो बल दिया जा रहा है वह किसी भी मायने में नागरिक एवं राजनीतिक अधिकार को बाहर नहीं करता है। अत: वे जिस चीज के लिए संघर्ष कर रहे हैं वह अधिकार का कहीं ज्यादा परिष्कृत एवं एकीकृत रूप है।

यहाँ स्पष्टत: मानव अधिकार के बहस पर पश्चिमी प्रभुत्व का नियंत्रण नहीं दिखाई देता है। वस्तुत: प्रभुत्व की समस्या सबसे ज्यादा ऊपर के स्तर से संचालित होने वाले राजनीतिक, आर्थिक एवं सांस्कृतिक भूमंडलीकरण की संपूर्ण प्रक्रिया में अंतर्निहित हैं। इसलिए अंतत: मानव अधिकार के वर्चश्ववादी डिसकोर्स को 'सोपेक्षिक' संदर्भ में देखा जाना चाहिए यानी इसे नीचे के स्तर के राजनीतिक, आर्थिक एवं सांस्कृतिक भूमंडलीकरण से चुनौती भी मिलती रहनी चाहिए।

इस प्रकार समाज के निचले स्तर से सामाजिक आंदोलन तेजी से वैश्वीकृत होता जा रहा है। यह अपने आपको विभिन्न प्रकार के मुद्दों को आवाज प्रदान करने के लिए नियुक्त प्रतिनिधि के रूप में देखता है। यह अपने लिए प्रयुक्त विभिन्न परंपरागत दृष्टिकोणों एवं संबोधनों जैसे 'स्थान विशेष तक सीमित', 'एक ही मुद्दे पर आधारित' आदि के खिलाफ हैं। इसके प्रबुद्ध कार्यकर्त्ता एक वैकल्पिक डिसकोर्स की तलाश में हैं। इस प्रकार ये सभी बातें नीचे के स्तर से चलने वाली भूमंडलीकरण की इस प्रक्रिया के सबसे प्रभावी तत्व कहे जा सकते हैं। इसने 'गैर-वर्चश्ववादी

भूमंडलीकरण' के अपने संघर्ष में सिद्धांतों को व्यवहार के साथ बैठाने का प्रयास किया है। अर्थात् इनकी कथनी एवं करनी में कोई अंतर नहीं है। अतः अब हमें यही देखना है कि टैगोर का रथ कहाँ तक इसे खींचकर सामने ला पाता है।

References:

Abu-Lughod, L; Writing Agaisnt Culture, in *Recapturing Anthropology*, (ed). R.G. Fox, Santa Fe, NM: School of American Research Press 1991.

Akkara, Anto, Globalization : 'Forced March to Poverty', *Indian Currents,* 6-12 Decemebr 1999.

Aloysius, G. Nationalism without a Nation in INdia, Oxford University Press, Delhi, 1997.

Alvares, Claude, *Decolonizing History : Technology and Culture in India*, China and the West, 1492 to the Present Day, Mapusa, Goa, The other India Book Press, 1991.

Aziz, Nikhil, The Human Rights Debate in an era of Globalization : Hegemony of Discourse, *Bulletin of Concerned Asian Scholars (BCAS),* vol, 27, No. 4, Oct. Dec., 1995.

Bhaduri, Amit and Nayyar, Deepak, *The intelligeny Person's Guide to Liberalization*, Penguin Books, New Delhi, 1996.

Bhagwati, Jagdish*, In Defense of Globalization*, Oxford University Press, New Delhi, 2004.

Chattopadhyay, Paresh, Neither Liberalization nor Statist Regime : A materialist point of view, *BCAS*, vol, 27, No. 4. Oct-Dec., 1995.

Falk, Richard, The Making of Global Citizenship in *Global Visions : Beyond the New Wrold Order*, (eds) Jeremy Brecher, John Brown Childs, and Jill Cutler, Boston MA: South Ed. Press, 1993.

Fernandes, Lancy and Bhatkal, Satyajit, The *Fractured civilization, Bharatiya* Janwadi Agadhi, Mumbai, 1999.

Fox, R.G. Cultural Disintegration and the invention of new Peace Fares, in *Articulating Hidden Histories*, Berkeley, University of California Press, 1995.

Galanter, Marc, *Competing Equalities*, London, Oxford University Press, 1984.

Gardezi, Hassan N., *Courting the Washington Twins at the cost of Economic Justice, Bulletin of Concerned Asian Scholars*, vol. 27, No. 4, Oct-Dec. 1995.

Gokhale, Jayashree, *From Concessions to Confrontation : The Politics of an Indian Untouchable Community*, Bombay, Popular Prakashan, 1993.

Gore, M.S., *The Social Context of the Ideology : Ambedkar's Political and Social Thought,* New Delhi, page, 1993.

Gorostiga, Xabier, Latin Amercia in the New World Order, in Global visions, (edited by Jeremy Brecher et.al. 1993.

Govt. of Maharashtra, Department of Education, *Baba Saheb Ambedkar, Writings and Speeches*, Vol. 3,5,9.

Joshi, Barbara, *Democracy in search of Equality : Untouchable Politics and Indian Social Change*, Delhi, Hindustan Publishing Corporation, 1982.

Kothari, Smitu, Social Movements and the Redefinition of Democracy in *India Briefing* (ed). Philip Oldenburg, Boulder Co. West View Press, 1993.

Kothari, Smitu and Sethi, Harsh (eds) *Rethinking Human Rights : Challenges for Theory and Action*, Delhi, Lokayan and New York, New Horizons Press, 1989.

Kumar, Raj, Dalit Culture : A perspective from Below, *Social Action*, New Delhi, Vol. 50. No. 1 (Jan – March) 2000.

Kumar, Tila, Social Justice : Forging a Thoughtful Quest, *The Sun Times*, Bhubaneswar, July 26, 1998.

Kumar, Tila, Breaking the Culture of Silence : A Reformative Epoch on Dalit Movement, *The Sun Times*, Bhubaneswar, Decemebr 26, 1998.

Kumar, Tila, Cultural Politics in Hindu Society and Identity crisis among Educated Dalits, *Mainstream*, New Delhi, April 17, 1999.

Kumar, Tila, Dalit Protest Movement : A Study in Hegemony, Equality and Identity, M.Phil, Dissertation submitted to Centre for the Study of Social System, School of Social Sciences, Jawaharlal Nehru University, New Delhi, India, 2001.

Macionis, John, J., *Sociology*, Prentice Hall, Englewood cliffs, New Jersey, 1995.

Mandelbaum, David G; *Society in India*, Berkeley, Unversity of California Press, 1970, Indian Reprint, 1996 by Popular Prakashan Pvt. Ltd., Bombay.

Muzaffar, Chandra, *From Human Rights to Human Dignity, BCAS*, Vol, 27, No. 4, Oct-Dec. 1995.

Nandy, Ashis, *The Intimate Enemy : Loss And Recovery Of Self under Colonialism*, Delhi, Oxford University Press. 1983.

Omvedt, Gail, *Dalits and Democratic Revolution : Dr. Ambedkar and the dalit, Movement in Colonial India*, Delhi, Sage, 1994.

Omvedt, Gali, Reflections on the World Bank and Liberalization, *BCAS*, vol, 27, No. 4, Oct-Dec. 1995.

Oommen, T.K., *Protest and Change : Studies in Social Movements*, New Delhi, Sage, 1990.

Oommen, T.K., Deepening Disparities : Working out a New Global Ethics, *Times of India*, 9, December, 1999.

Panini, M.N., The Social Logic of Liberalization, *Sociological Bulletin*, Vol. 44(1), March 1995.

Panini, M.N., The Political Economy of Caste in M.N. Srinivas (ed.), *Caste : Its Twentieth Century Avatar*, New Delhi, Penguin Books India, 1997.

Perkinson, Robert, Adjusting the World Bank : Can the Monster be Tamed ? *Bulletin of Concerned Asian Scholars*, vol, 27, No. 4, Oct-Dec. 1995.

Pam, Nandu, Beyond *Ambedkar : Essays on Dalits in India*, New Delhi, Har Ananad Publishing House, 1995.

Rodrigues, Valcrian, Dalits and Cultural Identity : Ambedkar's Prevarications on the Question of Culture. *Social Action* Vol. 50, No. 1 (Jan B March) 2000.

Seminar (Special Issue on Dalit), No. 471, Nov. 1998, Particularly essays by Gajendran A, Transforming Dalit Politics, Ramesh Kamble, Dalit interpretations of Society, Gopal Guru. The Politics of Naming and Eleanor Zelliot, The Roots of Dalit Consciousness.

Sassen, S., Women's Burden : Counter Geographies of Globalization and the Feminization of Survival, *Nordic Journal of International Law*, Issue : VOL. 71. No : 2 January 2002.

Shalom, Stephen, R., Why the World bank can't lead us to a Just World Order, *Bulletin of Concerned Asian Scholars*, vol. 27, No. 4, Oct-Dec. 1995.

Shariff, Abusaleh, *Emerging Global Markets : Implications for South Asia, an unpublished draft*, NCAER (National Council of Applied Research), New Delhi, March, 2000.

Sharma, Hari, The Bretton Woods Institutions and Concerned Asian Scholarship, *Bulletin of Concerned Asian Scholars*, vol. 27, No. 4., Oct-Dec. 1995.

Singh, Yogendra, *Modernization of Indian Tradition*, Rawat Publishers, jaipur, 1988.

Srinivas, M.N., *Social Change in Modern India*, Berkeley, University of California Press, 1966, Indian Reprint 1995, Orient Longman Ltd., New Delhi.

Tagore, Rabindra Nath, quoted in Kothari, Smitu, *Social movements and the Redefinition of Democracy*, 1993.

Tharoor, Shashi, The 20th Century : Looking back, Looking Forward, *Manorama Year Book*, Millenium Edition, Malayala Manorama Press, Kottayam, 2000.

Thomas, Pradip N. Communication, Culture and Social Change, in Religion *and Society*, Vol. 44, No. 2, 1997.

Toffler, Alvin, *Future Shock*, Bantam Publishing group in arrangement with Random House Inc. New Yourk united Staes of America, 1971.

Trouillot, M.R. *Silencing the Past : Power and the Production of History,* Boston, Beacon Press, 1995.

Wallerstein, Immanuel, Ideological Tensions of Capitalism : Universalism versus Racism and Sexism, in *Race, Nation, Class : Ambiguous Identities*, (eds) Balibar Etienne and Wallerstein, Immanuel, London : Verso, 1991.

Voshikazu, Sakamoto, The Global Context of Democratization, *Alternatives*, Boulder Co., Vol. 16, No. 2. Spring 1991.

Zelliot, Eleanor Mae, *From Untouchables to Dalit : Essays on the Ambedkar Movement*, New Delhi, Manohar, 1992.

Unit - II

किसान, श्रमिक, महिलाएँ एवं आदिवासियों पर भूमंडलीकरण का प्रभाव

(Impact of Globalisation on Peasant, Labour, Women & Adivasis)

इन्द्रजीत कुमार झा

भूमंडलीकरण दो शब्दो 'भू' एवं 'मंडलीकरण' से मिलकर बना है। 'भू' का अर्थ होता है- भूमि एवं 'मंडलीकरण' का अर्थ होता है- समाहित करना। अर्थात संपूर्ण विश्व का एक मंडल या परिधि में समा जाना या यों कहें कि विश्व के समस्त देशों का अपनी सीमाओं को पार कर आर्थिक, राजनीतिक एवं सांस्कृतिक क्षेत्रों में या इनमें से किसी भी क्षेत्र में परस्पर सहयोग हेतु एक छाते के नीचे आ जाने को ही भूमंडलीकरण कहते हैं। वस्तुत: प्रत्येक देश का अन्य देशों के साथ वस्तु, सेवा, पूँजी, मानवीय संसाधनों आदि का अबाध रूप से आदान-प्रदान ही भूमंडलीकरण कहलाता है।

हालांकि भूमंडलीकरण की छवि आज से कई सौ साल पहले चक्रवर्त्ती सम्राटों के शासन काल में दिखाई देता है किंतु इस भूमंडलीकरण का सिलसिला 15वीं शताब्दी में भौगोलिक खोजों के साथ शुरू हुआ तथा 1980 के दशक के प्रारंभिक दिनों में इसने अपना वास्तविक आकार ग्रहण किया और 1980 के दशक के अंत तक एवं 1990 के दशक के प्रारंभिक वर्षों के आते-आते यह संपूर्ण विश्व में फैल गया। वस्तुत: 1970 के दशक में तेल निर्यातक देशों के संगठन ओपेक ने तेल की कीमत में चार गुनी वृद्धि कर दी। इसके फलस्वरूप पश्चिमी देशों खासकर अमेरिका एवं ब्रिटेन में भयंकर आर्थिक संकट उत्पन्न हो गया। दूसरी ओर इस आर्थिक संकट के दौरान प्रसिद्ध अर्थशास्त्रवेत्ता जॉन मेनार्ड केन्स(1883-1946) की आर्थिक नीतियाँ भी असफल होती दिख रही थीं जिन्होंने प्रथम विश्वयुद्ध के पश्चात् 1929-30 में उभरे आर्थिक संकट से निपटने के लिए एवं विश्व में फैल रही साम्यवादी विचारधारा का सामना करने के लिए राज्य को बाजार में हस्तक्षेप करने एवं लोक कल्याणकारी भूमिकाओं को अपनाने की सलाह दी थी। इसी आर्थिक संकट के दौर में ब्रिटेन एवं अमेरिका में सत्ता परिवर्त्तन हुआ तथा ब्रिटेन में 1979 में जहाँ मारग्रेट थैचर प्रधानमंत्री बनीं वहीं 1980 में संयुक्त राज्य अमेरिका में रोनाल्ड रीगन राष्ट्रपति बने। इन दोनों ने मिलकर फ्रेड्रिक ए. हेयक(1899-1992) एवं मिल्टन फ्रीडमैन(1912-2006) जैसे नोबेल पुरुस्कार से सम्मानित अर्थशास्त्रियों के निर्देश पर 1981 में एक नवीन आर्थिक नीति को अपनाया जो एलपीजी (एल-लिबरलाइजेशन, पी-प्राइवेटाइजेशन एवं जी- ग्लोबलाइजेशन) सिद्धांत के नाम से जाना गया(विस्तृत

चर्चा के लिए देखिए, बलाम, डेविड एन. एवं वी. सेठ, माइकल, 2001:45-65)। इस तरह से इस सिद्धांत के आने के साथ वैश्वीकरण की प्रक्रिया तेज हो गयी।

अब चूंकि वैश्वीकरण के लिए यह आवश्यक है कि वस्तु, सेवा, पूँजी आदि का आदान-प्रदान एक अंतर्राष्ट्रीय संस्था द्वारा संचालित हो ताकि इसमें किसी देश द्वारा कोई अवरोध उत्पन्न नहीं किया जा सके। अतः यहाँ विश्व-बैंक एवं अंतर्राष्ट्रीय मुद्रा कोष की भूमिका अहम हो गई जो द्वितीय विश्व युद्ध के अंतिम दिनों के दौरान न्यु हेम्पशायर में राष्ट्रों के प्रतिनिधियों के बीच हुए ब्रेटनवुड्स सम्मेलन का एक प्रतिफल था। इस प्रकार यहाँ से नव-उदारवाद का दृष्टिकोण प्रकाश में आया जो एडम स्मिथ(1723-1790) एवं डेविड रिकार्डो(1772-1823) जैसे अर्थशास्त्रीयों के सिद्धांत पर आधारित क्लासिकल उदारवाद का ही एक विकसित रूप है एवं अहस्तक्षेपकारी राज्य के सिद्धांत पर आधारित है।

उल्लेखनीय है कि इस समय जो वैश्वीकरण की अवधारणा सामने आयी वह ऐसा नहीं था कि बिल्कुल नया हो बल्कि जैसा कि दीपक नय्यर (नय्यर, 'भूमंडलीकरण एवं विकास') ने भी दर्शाया है कि 1870 के आस-पास भी इसी प्रकार के भूमंडलीकरण का एक और युग देखा गया था जो 1914 तक चला। इस समय चूँकि राष्ट्रीय सीमाओं के आर-पार वस्तु, पूँजी एवं श्रम के आवागमन पर कोई प्रतिबंध नहीं था अतः अंतर्राष्ट्रीय आर्थिक कार्यों के सम्पादन के लिए सीमाओं को तोड़ने या शासन व्यवस्था के उदारीकरण की कोई आवश्यकता नहीं थी। दूसरी तरफ पैक्स ब्रिटानिका के प्रभुत्व ने पाउण्ड स्टर्लिंग के रूप में एक सुरक्षित मुद्रा उपलब्ध करायी जो उस समय अंतर्राष्ट्रीय मुद्रा के तुल्य था क्योंकि यह एक साम्राज्यवादी युग था और पूरे विश्व पर कमोबेश ब्रिटेन का ही शासन था। किंतु भूमंडलीकरण के उस काल एवं वर्तमान काल के बीच एक मौलिक अंतर है जो श्रम के आवागमन से संबंधित है। पहले चूँकि लोगों के आवागमन पर कोई प्रतिबंध नहीं था इसलिए एक देश से दूसरे देश में लोग काम करने के लिए आसानी से ले जाए जाते थे। पर आज कठोर अप्रवासी कानून एवं वाणिज्य दूतावास के प्रतिबन्धात्मक व्यवहार की वजह से श्रम का आवागमन सीमित हो गया है। लेकिन आज के युग में एक महत्वपूर्ण प्रगति हुई है और वह है सूचना-तकनीक के क्षेत्र में क्रांति जिसने विभिन्न स्थानो के बीच की दूरी को गौण कर दिया है।

एन्थॉनी गिडेन्स (दि कॉन्सीक्वेन्सेज ऑफ मॉडरनिटी,1990) एवं डी॰ हार्वे (दि कन्डीशन ऑफ पोस्ट-मॉडरनिटी,1989) ने भी समय एवं स्थान के दूरीकरण की चर्चा की है। वस्तुतः आज सूचना एवं संचार के साधनों के विकास ने विभिन्न स्थानों के बीच की दूरी को कम कर दिया है। उदाहरण के लिए आज हम भारत में बैठे-बैठे अमेरिका के लोगों को देख सकते हैं एवं उनसे बातें भी कर सकते हैं। अतः अब एक स्थान से दूसरे स्थान की दूरी ज्यादा मायने नहीं रखता है। इस सूचना तकनीक के विकास के कारण श्रमिकों को एक स्थान से दूसरे स्थान पर ले जाने की आवश्यकता नहीं रह गयी है बल्कि जहाँ आसानी से संसाधन मिल रहे हैं वहीं उत्पाद को तैयार किया जा रहा है। इस प्रकार भूमंडलीकरण के वर्तमान चरण ने श्रम के आवागमन के एवज में व्यापार एवं निवेश के प्रवाह को अपनाया है।

कई विचारकों के अनुसार भूमंडलीकरण ने 19वीं शताब्दी के अंतिम काल में तेजी से औद्योगीकरण को बढ़ाया है तथा विश्व अर्थव्यवस्था में आर्थिक समाभिरूपता (कनवर्जेन्स) भी लाया है। इसके साथ यह तर्क जोड़ा जाता है कि आज जो देश भूमंडलीकरण की प्रक्रिया से जुड़ेंगे वहाँ सम्पन्नता आएगी तथा जो इससे अलग-थलग रहेंगे वे आर्थिक दृष्टिकोण से विपन्न हो जाएँगे। भारत

ने भी राजनीतिक अस्थिरता एवं लोक लुभावनवादी राजनीति के परिणाम स्वरूप उत्पन्न आर्थिक संकट के दौर में 24 जुलाई 1991 को विश्व-बैंक एवं अंतर्राष्ट्रीय मुद्रा कोष के शर्तों को स्वीकार कर लिया और इस तरह से यह भी भूमंडलीकरण की इस प्रक्रिया में शामिल हो गया।

पर कहते हैं कि भविष्य की छवियाँ ज्यों-ज्यों उम्रदराज होती हैं उसकी कमियाँ खुलकर दिखाई देने लगती हैं। भूमंडलीकरण की प्रक्रिया भी इससे अछूती नहीं है। आज जैसे-जैसे भूमंडलीकरण की प्रक्रिया का प्रसार हो रहा है इसके भी दोष उजागर होते जा रहे हैं। समकालीन दौर में विदर्भ में किसानों के द्वारा की जा रही आत्महत्याएँ ; उड़ीसा, छत्तीसगढ़ एवं मध्य-प्रदेश जैसे राज्यों में अपने अधिकारों के लिए राज्य के साथ संघर्ष कर रहे आदिवासी समुदाय के लोग ; सुरसा के मुँह की तरह बढ़ रही बेरोजगारी एवं असंगठित मजदूरों की दयनीय स्थिति तथा जन-संचार माध्यमों द्वारा प्रसार किए जा रहे उपभोक्तावादी संस्कृति के अंतर्गत महिलाओं के शरीर को वस्तु के रूप में प्रस्तुत करने की प्रवृत्तियाँ आदि ऐसी अनेक घटनाएँ देखी जा सकती हैं जो किसी भी पढ़े-लिखे मनुष्य को सोचने के लिए विवश कर देती हैं। आज हम किसी कंपनी में जाएँ, रेस्टोरेन्ट में जाएँ, कॉल सेन्टरों को देखें, मार्केटिंग के क्षेत्र पर गौर करें या दूरदर्शन के विभिन्न चैनलों के ऐंकरों पर नजर डालें, सभी जगह निश्चित उम्र के लोग ही दिखाई देते हैं जिनमें 40 वर्ष के अधिक उम्र के लोग बिरले ही होते हैं। सब जगह उदारीकरण एवं निजीकरण की आँधी चल रही है। इससे रोजगार की संभावनाएँ सिमट रही हैं तथा बेरोजगारी काफी बढ़ रही है। ये सभी घटनाएँ इस विकास की प्रक्रिया पर न केवल प्रश्न चिन्ह आरोपित करती हैं बल्कि भूमंडलीकरण के उन पैरवीकारों के दावों को भी झुठला देती हैं जो 24 जुलाई 1991 के दिन को भारत की आर्थिक आजादी के रूप में प्रचारित कर रहे थे।

ऐसा भी नहीं है कि भूमंडलीकरण की इस प्रक्रिया से केवल हानि ही हुई हो बल्कि इससे देश की आर्थिक प्रगति भी हुई है। पिछले 50 वर्षों में विश्व के सकल घरेलु उत्पाद (जी.डी.पी.) में जहाँ 10 गुना वृद्धि हुई है वहीं प्रति व्यक्ति आय में भी तीन गुना वृद्धि दर्ज की गई है(यू.एन. डी.पी. रिपोर्ट, 1999:25)। भूमंडलीकरण के इस परिवेश में जिसमें सभी एकत्रित होते जा रहे हैं, विश्व अर्थव्यवस्था में व्यापक परिवर्त्तन आया है। वैश्विक उत्पादन का एक हिस्सा, जिसमें कि लगातार वृद्धि हो रही है विश्व व्यापार में प्रवेश कर रहा है वहीं विश्वव्यापार के अनुपात में आई बढ़ोतरी ने अंतः-कंपनी व्यापार (इंट्रा-फर्म ट्रेड) को स्थापित किया है। 1970 के दशक के प्रारंभिक दिनों एवं 1990 के दशक के अंतिम काल के बीच विश्व के सकल घरेलु उत्पाद (जी.डी.पी.) में वैश्विक निर्यात (वर्ल्ड एक्सपोर्ट) का हिस्सा 1/8 से बढ़कर तकरीबन 1/5 हो गया। विश्व व्यापार में अंतः-कंपनी व्यापार (इंट्रा-फर्म ट्रेड) का हिस्सा भी जहाँ 1970 के दशक के आरंभ में 1/5 था वहीं 1990 के दशक के आरंभिक काल में बढ़कर 1/3 हो गया। अंतर्राष्ट्रीय निवेश के प्रवाह के महत्व में भी तेजी से बढ़ोतरी दर्ज की गई। 1980 से 1996 के बीच वैश्विक उत्पादन के अनुपात (हिस्से) के रूप में विश्व में प्रत्यक्ष विदेशी निवेश (डायरेक्ट फॉरेन इनवेस्टमेंट) का स्टॉक बढ़कर 10% से भी अधिक हो गया जो कि पहले 5% से भी कम था। इसी तरह वैश्विक-सकल जमा-पूंजी निर्माण (वर्ल्ड ग्रॉस फिक्स्ड कैपिटल फॉरमेशन) के अनुपात (हिस्से) के रूप में वैश्विक प्रत्यक्ष विदेशी निवेश का प्रवाह 2% से बढ़कर तकरीबन 6% हो गया। अंतराष्ट्रीय वित्त के सामने व्यापार एवं निवेश का महत्व बौना (कम) लगने लगा है। अंतर्राष्ट्रीय विदेशी विनिमय बाजार का आकार भी परिवर्तित हो रहा है। वैश्विक विदेशी विनिमय का आदान-प्रदान 1983 में जहाँ 60 बिलियन डॉलर प्रतिदिन था वहीं 1997 में बढ़कर 1500 बिलियन डॉलर प्रतिदिन हो गया। यदि तुलना करें तो 1997 में विश्व के सकल घरेलु उत्पाद (जी.डी.पी.) में 82 बिलियन डॉलर प्रतिदिन एवं विश्व निर्यात में

16 बिलियन डॉलर प्रतिदिन की दर से वृद्धि हुई (आंकड़े, अंकटाड एवं यू.एन.डी.पी. रिपोर्टों पर आधारित हैं)

निश्चित रूप से यह संवृद्धि काफी प्रभाव उत्पन्न करने वाला है। यहाँ तक कि विकासशील दुनिया में भी जब हम इसकी तुलना 20वीं शताब्दी के औपनिवेशिक शासन के दौरान अविकसित एवं गतिहीन अर्थव्यवस्था से करते हैं तो यहाँ भी यह काफी प्रभावी दिखाई देती है। भारत की ही स्थिति को लें तो यहाँ काफी तीव्र गति से आर्थिक विकास हो रहा है। देश में प्रति-व्यक्ति आय में लगातार वृद्धि हो रही है तथा भारत की गिनती आज सर्वाधिक विकासशील अर्थव्यवस्था वाले देश के रूप में हो रही है। 8-9 प्रतिशत के विकास दर के साथ यह पूरे विश्व में अपना दबदबा बना रहा है। सूचना-तकनीक के क्षेत्र में व्यापक प्रगति एवं अपने विस्तृत बाजार के साथ यह एक बड़ी आर्थिक शक्ति के रूप में उभर रहा है। लेकिन जैसा कि बौद्ध धर्म में कहावत है- "जिस चाबी से स्वर्ग का द्वार खुलता है उसी चाबी से नर्क का द्वार भी खुलता है।" ऐसा ही कुछ हम भूमंडलीकरण की प्रक्रिया के साथ भी देखते हैं।

वस्तुत: आर्थिक विकास के संदर्भ में इस तरह का औसत आकलन जितनी बातों को उद्‌घाटित करता है, उससे कहीं ज्यादा चीजों के ऊपर पर्दा डाल देता है। आज भले ही भूमंडलीकरण के चकाचौंध में आर्थिक विकास का ताना-बाना खड़ा किया जा रहा हो पर वास्तविकता में यह लोगों को भ्रमित करने का ही एक प्रयास है। आज जिस विकास का हौवा खड़ा किया जा रहा है यदि उस पर गौर करें तो इसने औद्योगिक एवं गैर-औद्योगिक देशों के बीच एक असंतुलन को ही उत्पन्न किया है। विकास की गति ऐसी हो गयी है कि इसने औद्योगिक दुनिया एवं अधिकांश विकासशील दुनिया के बीच के आर्थिक खायी को और चौड़ा कर दिया है। इसने एक ओर नव-औद्योगिकृत देशों एवं दूसरी तरफ अल्प-विकसित देशों के बीच की दूरी को भी बढ़ाया है। इसके साथ-साथ विभिन्न क्षेत्रों एवं देश के अंदर विभिन्न लोगों के बीच आर्थिक विषमताओं में भी एक बढ़ोतरी देखी गई है। दूसरे शब्दों में, दुनिया के कई हिस्से एवं इसकी आबादी के एक खास तबके के लोग विकास प्रक्रिया से व्यापक रूप से बाहर हो गए हैं। अत: जब यहाँ आकर देखते हैं तो यह भूमंडलीकरण एक भयंकर त्रासदी के रूप में दिखायी देता है।

आज इस त्रासदी का आलम यह है कि औद्योगीकृत दुनिया में हर आठ में से एक आदमी या तो गरीबी से प्रभावित है अथवा इसमें जीवन गुजारता है। विकासशील दुनिया के लगभग एक तिहाई लोग - जो कि एक अनुमान के अनुसार तकरीबन 1.5 बिलियन हैं - गरीबी में जीते हैं तथा इस हद तक अभाव से ग्रसित हैं कि उन्हें मूलभूत मानवीय आवश्यकता की चीजें भी उपलब्ध नहीं हो पाती हैं। लगभग इतनी ही जनसंख्या को स्वच्छ पानी तक नसीब नहीं हो पाता है। कम से कम 840 मिलियन लोग कुपोषण के शिकार हैं। 260 मिलियन से ज्यादा बच्चे जिन्हें स्कूल में होना चाहिए, उन्हें स्कूल नसीब नहीं होता है। तकरीबन 340 मिलियन औरतें 40 वर्ष से ज्यादा उम्र तक जीवित नहीं रह पाती हैं। और तो और आज जबकि हम 21वीं सदी में प्रवेश कर चुके हैं तब भी यह स्थिति है कि 850 मिलियन से अधिक वयस्क लोग निरक्षर हैं। इनमें से अधिकांश लोग विकासशील दुनिया में रहते हैं। इतना ही नहीं यदि हम कार्यात्मक दृष्टिकोण से भी देखें तो औद्योगिकृत दुनिया में भी तकरीबन 100 मिलियन लोग निरक्षर हैं (यू.एन.डी.पी. रिपोर्ट, 1999, दीपक नय्यर के लेख 'भूमंडलीकरण एवं विकास' में उल्लेखित)।

वस्तुत: बाजारवादी अर्थव्यवस्था के चकाचौंध में भूमंडलीकरण के पैरवीकार इतिहास को भी पलटकर देखने की कोशिश नहीं करते हैं। वे यह भी नहीं देखते हैं कि 19वीं शताब्दी के अंतिम वर्षों में भी ऐसे ही भूमंडलीकरण का एक और युग विद्यमान था एवं जिस प्रकार उस भूमंडलीकरण के युग ने हर जगह को ब्रिटेन ही नहीं बना दिया था उसी प्रकार आज का यह भूमंडलीकरण भी ऐसा नहीं है कि सभी जगह संयुक्त राज्य अमेरिका की ही प्रतिकृति तैयार कर देगा। यह इस बात को उद्घाटित करता है कि यह वैश्वीकरण भी पहले की तरह ही असंतुलित विकास को ही आगे बढ़ाएगा।

आज वैश्वीकरण एवं उदारीकरण की प्रक्रिया के प्रभाव में भारतीय राज्य का लोक कल्याणकारी स्वरूप समाप्त होता जा रहा है। राज्य के क्रियाकलाप सिमट रहे हैं एवं सब जगह बाजार हावी होता जा रहा है। चूँकि बाजार मुनाफे पर आधारित होता है, अत: इस बाजारवादी अर्थव्यवस्था ने देश के अंदर व्यापक असमानता उत्पन्न की है। इसका सबसे बुरा प्रभाव उन लोगों पर पड़ा है जो अभी तक समाज में पिछड़े हुए थे एवं राज्य के लोक कल्याणकारी उपायों की बदौलत धीरे-धीरे समाज की मुख्य धारा से जुड़ने का प्रयास कर रहे थे। इस प्रकार किसानों, श्रमिकों, महिलाओं एवं आदिवासियों के लिए यह एक त्रासदी के रूप में ही सामने आया है। यहाँ हम बारी-बारी से इन सभी के ऊपर भूमंडलीकरण के प्रभाव की चर्चा करेंगे।

किसानों पर प्रभाव (Impact on Peasant)

भूमंडलीकरण का सबसे नकारात्मक प्रभाव यदि किसी पर पड़ा है तो वे किसान ही हैं। आज देश में बड़ी संख्या में किसानों के आत्म-हत्या की घटनाएँ देखी जा रही हैं। टाइम्स ऑफ इंडिया में प्रकाशित अभिजीत घोष के एक रिपोर्ट पर गौर करें तो अकेले महाराष्ट्र में ही 2001 के बाद से तकरीबन 2,150 किसानों ने कर्ज न चुका पाने के कारण खुदकुशी की है। इसमें महराष्ट्र के विदर्भ क्षेत्र में 11 जिले में से 6 जिले में सबसे ज्यादा आत्महत्या की घटना घटी है। महाराष्ट्र में 2001 में जहाँ 49 किसानों के आत्महत्या के मामले सामने आए थे, वहीं 2002 में 105, 2003 में 143, 2004 में 442, 2005 में 429 तथा 2006 में सबसे ज्यादा 976 किसानों ने खुदकुशी कर ली। (टाइम्स ऑफ इंडिया, 8 अक्टुबर 2006 : पेज-8)।

वस्तुत: ये किसान भारी कर्ज के बोझ से दबे हुए हैं एवं इनकी फसल बर्बाद हो जाती है तो इनके पास आत्महत्या के सिवाय और कोई रास्ता नहीं बचता है। 2003 में भारत सरकार के 'नेशनल सेम्पल सर्वे ऑर्ग्रेनाइजेशन' (NSSO) ने भी अपना एक सर्वे रिपोर्ट तैयार किया जो 2005 में प्रकाशित हुआ तथा संसद में भी इस पर बहस हुई। इस सर्वेक्षण रिपोर्ट पर गौर करें तो भारत का किसान गले तक कर्ज में डूबा हुआ है। भारत में 89.35 लाख किसान परिवार है एवं उनमें से 43.2 लाख (46.8 प्रतिशत) परिवार ऋण में जकड़े हुए हैं। रिपोर्ट में कर्ज तथा खुदकुशी के बीच एक गहरा सम्बन्ध पाया गया है। इसके अनुसार आंध्र-प्रदेश में ऋण का प्रतिशत सबसे ज्यादा(82 प्रतिशत, जिसमें 4.9 लाख परिवार शामिल) है। दिसम्बर 2003 में यहाँ लगभग 3000 किसानों ने आत्महत्या की थी। आंध्र-प्रदेश के बाद तमिलनाडु का नम्बर आता है, जहाँ 74.5 प्रतिशत किसान ऋण में डूबे हुए थे। इसी तरह पंजाब में 64.4 प्रतिशत, कर्नाटक में 61.6 प्रतिशत एवं महाराष्ट्र में 54.8 प्रतिशत किसान कर्ज के बोझ तले दबे हुए थे (अग्रवाल,गंगा प्रसाद, 2005 : 21)।

किसानों के इस तंगहाल स्थिति के कारणों को जब ढूँढते हैं तो इसकी जड़ में काफी हद तक भूमंडलीकरण एवं उदारीकरण की नीति को जिम्मेवार पाते हैं। 1985 से 1990 तक ग्रामीण विकास का खर्च सकल घरेलू उत्पाद (जीडीपी) का 14.5 प्रतिशत था। 1990 तक आते-आते इसे जीडीपी के आठ प्रतिशत तक घटा दिया गया तथा 1998 तक तो ग्रामीण विकास पर खर्च की यह मात्रा घटकर जीडीपी के छह प्रतिशत से भी कम हो गई। गंगा प्रसाद अग्रवाल के अनुसार यह ब्रेटनवुड्स संस्थाओं विश्व-बैंक और अंतराष्ट्रीय मुद्रा-कोष के दबाव में आए नीतिगत बदलावों का ही परिणाम था, जिसने विकासशील एवं गरीब मुल्कों की सरकारों पर बहुराष्ट्रीय कंपनियों का दबदबा स्थापित कर दिया। उनके अनुसार वैश्वीकरण, उदारीकरण एवं निजीकरण किसानों को कैसे खुदकुशी की ओर धकेल रहा है उसका यह एक नमूना माना जा सकता है (अग्रवाल,गंगा प्रसाद, 2005:21)।

पहले प्रदेश की सरकारें भी किसानों की भलाई के लिए कुछ न कुछ प्रयास करती थीं। इसके तहत मुफ्त बिजली, खाद, दवाईयाँ आदि सस्ते दामों पर उपलब्ध कराना, संकर बीज मुहैया कराना आदि प्रयास किए जाते थे। किंतु उदारीकरण के साथ बहुराष्ट्रीय कंपनियों के दबाव की वजह से इसमें परिवर्तन हो रहा है। आंध्र-प्रदेश में ही देखें तो 1998 से 2003 के बीच बिजली के दाम में पांच गुना वृद्धि हुई है। 1990 के पश्चात् से किसानों की लागत में भी तीन गुना वृद्धि हुई है। उदारीकरण के कारण संकर बीज, रासायनिक खाद और कीटनाशकों के दाम बराबर बढ़ते जा रहे हैं। अखबार, रेडियो एवं टेलीवीजन के विज्ञापन किसानों को इस ओर आकर्षित करते हैं। कृषि विश्वविद्यालय एवं सरकार का कृषि विभाग भी बहुराष्ट्रीय कंपनियों का पिछलग्गू बन जाता है और नतीजे में मार तो किसानों पर ही पड़ती है। इससे खेती की लागत बढ़ जाती है, भूमि की उर्वरा शक्ति निरंतर घटती जाती है। कम उपज एवं कम आमदनी की वजह से किसानों पर ऋण का बोझ बढ़ता जाता है।

हालांकि किसानों को कर्ज के बोझ से बचाने के लिए सरकार ने भी कुछ कदम उठाए हैं। उदाहरण के लिए मध्य प्रदेश के एक सरकारी संकल्प (संदिग्ध दायित्व निर्धारण नियम) के अंतर्गत यह व्यवस्था की गई है कि किसी आदिवासी या किसी अनुसूचित जाति के सदस्य को किसी योजना के तहत कर्ज दिया जाता है तो उस कर्ज की देनदारी उस पर तभी आयेगी जब उस योजना का लाभ उसे मिलने लगेगा। इस संकल्प का मूल सिद्धांत है– 'लाभ नहीं तो देनदारी नहीं'। इसी प्रकार राजस्थान में भी साहूकारी कानून में 'अभद्र व्यवहार और शील भंग' को परिभाषित किया गया है और ऐसा व्यवहार करने वालों के लिए सजा का प्रावधान है। राजस्थान साहूकार अधिनियम 1963 की धारा 39 में शीलभंग के संदर्भ में कहा गया है कि अगर कोई कर्जदार के रास्ते में रुकावट डालता है या ऐसा काम करने से रोकता है जिसे करने का वह अधिकारी है तो उसे उसका 'शीलभंग' माना जाएगा। इतना ही नहीं वसूली के लिए यदि कोई कर्जदार के घर का बार-बार चक्कर लगाता है या जानबूझकर ऐसा कोई काम करता है जिससे वह अपमानित महसूस करे तो वह भी 'शीलभंग' के अंतर्गत आता है जिसके लिए कम से कम 3 महीने की सजा या 500 रुपये तक जुर्माने का प्रावधान है। लेकिन जैसा कि ब्रह्मदेव शर्मा का कहना है, व्यवहारिकता में ये प्रावधान कार्यान्वित नहीं हो पाते हैं (शर्मा, ब्रह्मदेव, 2005 : 23)।

इसके अतिरिक्त विदेशी कंपनियाँ एवं बैंक भी ऋण प्रदान करते हैं जिन पर ये प्रावधान लागू नहीं होते हैं। ये कंपनियाँ एवं बैंक ऋण तो बड़े प्रलोभन के साथ घर बैठे पहुँचा देते हैं पर वसूली में रियायत तो दूर तरह-तरह के हथकंडे भी अपनाते हैं। यहाँ तक कि ये वसूली के लिए निजी गुण्डे तक पालते हैं। और तो और 2002 के पश्चात् से तो भारत सरकार ने भी सिक्योरिटाइजेशन एक्ट पास करके व्यवसायियों को खुली छूट दे दी है। इसके तहत यह प्रावधान किया गया है कि अगर कर्जदार

ने बैंक से कर्ज लेते समय अपनी जमीन–जायदाद बंधक रखी है तो कर्ज नहीं चुका पाने की हालत में उस जमीन–जायदाद पर अपने आप बैंक का कब्जा हो जाएगा और यदि उस जमीन–जायदाद पर कब्जा करने में कोई बाधा खड़ी की जाती है तो बैंक जिला मजिस्ट्रेट की सहायता ले सकता है (प्रसाद, ब्रह्मदेव, 2005 : 23)। अत: ऐसी स्थिति में किसान कर्ज को चुकाने के लिए कर्ज लेता है और लगातार कर्ज के बोझ से दब जाता है जो उसे खुदकुशी के लिए मजबूर कर देता है।

इन कर्जदार किसानों में से एक बड़ा हिस्सा उन किसानों का है जो कपास की खेती में संलग्न हैं। कपास की खेती में कीटनाशक का प्रयोग बड़ी मात्रा में होता है जिसके कारण लागत क़ाफी बढ़ जाता है। लेकिन जब किसी कारणवश उनका फसल बर्बाद हो जाता है या फसलों की उचित कीमत नहीं मिल पाती है तो वे कर्ज चुकाने में अक्षम हो जाते हैं।

कपास के बीटी कॉटन बीज ने तो मानों किसानों की कमर ही तोड़ दी। सरकारी अफसर तक इस बायोटेक बीज को बड़ी तरजीह दे रहे थे। व्यापक स्तर पर प्रचार किया गया कि यह नया अमेरिकी बीज है जिसमें कीटनाशकों की आवश्यकता नहीं रहेगी। पर्यावरणवादियों के भारी विरोध के बावजूद कर्नाटक, आंध्र–प्रदेश एवं मध्य–प्रदेश में इस किस्म के बीज बाजार में उतारे गए। इस कपास के बारे में दिखाए गए दिवास्वप्न पर विश्वास करके किसानों ने इसे खेतों में बोया लेकिन इसकी पहली फसल ने ही सारे दावों को खोखला साबित कर दिया। इसके बावजूद भी 2004 में बोलगार्ड कपास की तीन किस्मों को बाजार में उतारा गया। आंध्र–प्रदेश में कंपनी की इस जालसाजी से वहाँ के किसान काफी हताश हुए। आचार्य एन.जी. रंगा कृषि विश्वविद्यालय के कुछ वैज्ञानिकों ने आंध्र–प्रदेश के उन खेतों का सर्वे किया जहाँ बीटी कपास बोया गया था। उन्होंने पाया कि संकर बीज की फसल से जहाँ 10 से 15 क्विंटल प्रति एकड़ फसल हो जाती थी, वहीं बीटी कपास की पैदावार दो से आठ क्विंटल ही रही। ग्रीनपीस ऑफ इंडिया नामक गैरसरकारी संगठन ने कर्नाटक के तीन जिलों रायचूर, धारवाड़ और हवेरी में बीटी कपास वाले खेतों की जाँच के दौरान पाया कि यहाँ 77 फीसदी किसानों ने फसल में इल्ली लगने की भी शिकायत की। जबकि दावा किया गया था कि इस कपास में कीट नहीं लगते इसलिए प्रति एकड़ 700 से 1000 रुपए की बचत होगी लेकिन हुआ उल्टा एवं यहाँ कुछ ज्यादा ही कीटनाशक लगा। इसमें खाद भी लगा एवं प्रति एकड़ 600 से 1000 रुपये अधिक खर्च बैठा। साथ ही इस कपास का फूल भी छोटा था जिसकी वजह से रुई निकालने में भी मजदूरी ज्यादा लगी (चतुर्वेदी, पंकज, 2004:33)।

अब यदि ऐसी स्थिति होगी तो किसानों का क्या होगा? वे तो कर्ज में डूबेंगे ही और नहीं चुका पाने की स्थिति में तथा परिवार का भरण–पोषण नहीं कर पाने की स्थिति में आत्महत्या तो करेंगे ही। अत: इस भूमंडलीकरण की प्रक्रिया ने किसानों की हालत और खराब कर दी है। इसके अलावा भूमंडलीकरण के युग में किसानों को और परेशान करने वाली बात अंतर्राष्ट्रीय प्रतिस्पर्धा एवं सब्सिडी का मुद्दा है।

1994 में गेट की उरुग्वे वार्त्ताओं के अंत में समझौता हुआ जिसे डंकल प्रस्ताव के नाम से जाना जाता है। इसके फलस्वरूप विश्व व्यापार संगठन का जन्म हुआ तथा इसमें 'कृषि करार' भी एक प्रमुख स्थान था। लेकिन प्रारंभिक पाँच वर्षों में इस पर ज्यादा जोर नहीं दिया गया क्योंकि यूरोप, जापान, अमरीका आदि देश अपने यहाँ ऊँचे कृषि अनुदानों (सब्सिडी) को कम करना नहीं चाहते थे। किंतु 2001 के दोहा सम्मेलन में कृषि एक प्रमुख मुद्दा रहा। लेकिन खेती के और ज्यादा उदारीकरण, कृषि अनुदानों में कमी और आयात शुल्कों में कमी के एजेंडा के साथ शुरू हुई इन

वार्त्ताओं को ज्यादा सफलता नहीं मिल पायी। आगे चलकर 2003 में विश्व व्यापार संगठन का कानकून सम्मेलन भी असफल हो गया क्योंकि यूरोप, अमेरिका और जापान अपने भारी कृषि अनुदानों में कोई कटौती नहीं करना चाहते हैं।

विश्व व्यापार संगठन के इन वार्त्ताओं एवं कानकून सम्मेलन से कुछ लोग यह उम्मीद लगा रहे थे कि अब अमीर देशों को अपना कृषि अनुदान कम करना पड़ेगा तथा इससे भारत जैसे देशों का कृषि निर्यात बढ़ेगा एवं किसानों को फायदा होगा। इसी प्रकार का सब्जबाग 1994 में डंकल प्रस्ताव के समय भी गरीब देशों के किसानों को दिखाया गया था। भारत के किसान नेता शरद जोशी भी इससे काफी प्रभावित थे। लेकिन हुआ बिल्कुल उल्टा। लगातार विदेशी दबाव में भारत ने तो अप्रैल 2001 में अनेक उत्पादों पर से आयात प्रतिबंध हटा लिये, पर विकसित देशों ने अपने यहाँ लगातार सब्सिडी जारी रखा। परिणाम यह हुआ कि भारत का कृषि निर्यात बढ़ने की बजाय कृषि आयात बढ़ता गया और भारतीय किसान तबाह होने लगे।

दरअसल जैसा कि **सुनील** का कहना है कि दुनिया में व्यापार के अन्य क्षेत्रों के समान खेती में भी अमीर देशों ने काफी चालाकी से काम लिया। गरीब देशों को अनुदान और आयात शुल्क में कमी का उपदेश देते रहे और अपने यहाँ भारी कृषि अनुदान को न केवल बरकरार रखा बल्कि लगातार बढ़ाया। इसके लिए विश्व व्यापार संगठन के 'कृषि करार' में बड़ी चतुराई से कृषि अनुदानों को तीन भागों में बाँटा गया– पीला बक्सा अनुदान, हरा बक्सा अनुदान और नीला बक्सा अनुदान।

पीले बक्से के अनुदान वे हैं जिनको व्यापार में बाधक माना गया है और इन अनुदानों को कम करने के लक्ष्य विभिन्न देशों को दिए गए थे। ये मुख्य रूप से वे अनुदान हैं जो अत्यधिक उत्पादन को बढ़ावा देते हैं। उदाहरण के लिए समर्थन मूल्य की व्यवस्था, जिसमें उत्पादन की कोई सीमा न हो, पीले बक्से के अनुदान के अंतर्गत आएगा। नीले बक्से के अनुदानों को व्यापार में कम बाधक माना गया है। इसमें अनुदानों को उत्पादन से जोड़ा जाता है और कोटा निर्धारित करके सीमा लगाई जाती है। हरे बक्से के अनुदानों को व्यापार में बाधक नहीं माना गया है और इन्हें विश्व व्यापार संगठन ने पूरी हरी झंडी दिखा रखी है। उत्पादन से जोड़कर किसानों को सीधे मदद देना व आमदनी में इजाफा करना इसके उदाहरण हैं। इसमें परती जमीन के लिए अनुदान भी आता है (सुनील, 2003 : 11–13)।

उरुग्वे वार्त्ता के बाद जो कृषि समझौता हुआ उसमें सिर्फ पीले अनुदानों को कम करने की बात की गई थी। इसलिए अमीर देशों ने यहाँ चालाकी करते हुए पीले अनुदानों को कम करके उन्हें हरे व नीले अनुदानों में परिवर्तित कर दिया। इस प्रकार गेट की उरुग्वे वार्त्ताओं के पश्चात् वास्तविकता में देखें तो कृषि अनुदान कम होने की बजाय बढ़े ही हैं। वर्ष 1986–88 में दुनिया के कृषि अनुदान 23,800 करोड़ डॉलर थे, जो 1999–2001 में बढ़कर 24,800 करोड़ डॉलर हो गए (सुनील, 2003, वही.)।

दुनिया के अमीर देश आज 100 करोड़ डॉलर का अनुदान रोज अपने किसानों को दे रहे हैं। गरीब देशों को साल भर में जितनी मदद वे देते हैं उससे 6 गुना उनके अपने कृषि अनुदान हैं। इससे गरीब देशों के अंदर 4000 करोड़ का कृषि निर्यात नहीं हो पाता है, (सुनील, 2003, वही.)। विकसित राष्ट्रों के संगठन 'यूरोपीय सहयोग एवं विकास संगठन' (OECD) के सचिवालय द्वारा करवाए गए सर्वेक्षण के अनुसार विकसित राष्ट्रों में कुल कृषि उत्पादन के 40 प्रतिशत के बराबर सब्सिडी प्रदान की जाती है। ओइसीडी द्वारा सन् 2000 में कराए गए अध्ययन से पता चलता है कि

विकसित राष्ट्रों में घरेलू सब्सिडी सन् 1986-88 के दौरान 27.6 अरब डॉलर प्रतिवर्ष थी जो सन् 1999 के दौरान 32.6 डॉलर तक पहुँच गयी (दास, भागीरथ लाल, 2004:18)।

अकेले संयुक्त राज्य अमेरिका को ही देखें तो यह अपने कपास उत्पादकों को एक करोड़ डॉलर का अनुदान प्रतिदिन देता है। अमेरिका, यूरोप आदि देश मिलकर कपास के लिए 600 करोड़ डॉलर प्रतिवर्ष का अनुदान देते हैं। संयुक्त राज्य अमेरिका दुनिया के बाजार में गेहूँ अपनी लागत से 46 प्रतिशत कम दामों पर और मक्का लागत से 20 प्रतिशत कम पर बेचता है। सन् 2001 में उसने सोयाबीन लागत से 30 प्रतिशत कम, कपास 57 प्रतिशत कम तथा चावल 20 प्रतिशत कम दाम पर निर्यात किया (सुनील, 2003:12)। यहाँ तक कि 2004 के जेनेवा बैठक के उपरांत भी स्थिति में ज्यादा बदलाव नहीं आया। जेनेवा वार्त्ता में हरे बक्से के अनुदानों को छुआ भी नहीं गया तथा नीले बक्से के अनुदान को भी कम करने की बात नहीं की गई है एवं सिर्फ इतना कहा गया है कि यह देश के कुल कृषि उत्पादन के मूल्य के 5 प्रतिशत से अधिक नहीं होना चाहिए तथा सिर्फ पीले बक्से के अनुदानों में 20 प्रतिशत के कटौती की बात की गई है (सुनील, 2004:26)। जबकि संयुक्त राज्य अमेरिका का 70 प्रतिशत कृषि अनुदान हरे बक्से में आता है। अमेरिका पहले नीले बक्से में अनुदान नहीं देता था पर अब वह इस क्षेत्र में भी अपनी पैदावार का पाँच प्रतिशत तक अनुदान दे सकता है। 2002 में अमेरिका ने 'संयुक्त राज्य कृषि विधेयक-2002' पारित किया जिसमें अनुदानों में बढ़ोत्तरी की बात की गई थी।

इस प्रकार विकसित राष्ट्र अपने कृषि उत्पादों पर भारी अनुदान देकर कीमत को कृत्रिम रूप से काफी कम कर देते हैं और भारत जैसे विकासशील राष्ट्रों से खुली प्रतिस्पर्धा की माँग करते हैं। इस प्रकार वे किसानों के जीवन एवं जीविका दोनों को तबाह करने पर तुले हुए हैं। यद्यपि व्यापार समझौते के अनुसार विकासशील राष्ट्र भी अपने उत्पाद पर अनुदान दे सकते हैं। किंतु वास्तविकता यह है कि उनके पास इतने वित्तीय संसाधन नहीं हैं कि वे विकसित राष्ट्रों के मुकाबले अपने किसानों को सब्सिडी प्रदान कर सकें। ऐसे में जब विश्व-बाजार में खुली प्रतिस्पर्धा होगी तो विकसित राज्यों के कृषि उत्पाद सस्ते होंगे एवं भारत जैसे विकासशील देशों के कृषि उत्पाद मँहगे होंगे। अत: अंतर्राष्ट्रीय प्रतिस्पर्धा में यहाँ के किसान पिछड़ जाएँगे और पिछले कुछ वर्षों से सोयाबीन, नारियल, रबर, गन्ना, सरसों आदि के क्षेत्र में भारतीय किसान इसका सामना कर रहे हैं।

वर्तमान में भारत गेहूँ और चावल का निर्यात घाटा उठाकर लागत से कम दामों पर अनुदानों के साथ ही कर पा रहा है। अत: यहाँ यह भी सवाल उठता है कि एक गरीब देश का भूखमरी, कुपोषण, एवं कंगाली से ग्रस्त अपनी जनता की उपेक्षा करके विदेशियों को सस्ता अनाज देने के लिए अनुदान देना कहाँ तक जायज है ?

इन सबके अतिरिक्त आज भूमंडलीकरण की वजह से कॉन्ट्रेक्ट फार्मिंग के विचार का भी प्रसार हो रहा है। पिछले दिनों उत्तरप्रदेश की मायावती सरकार ने भी कॉन्ट्रेक्ट फार्मिंग को स्वीकृति दे दी थी जिसे काफी विरोध के पश्चात् वापस लेना पड़ा। इस कॉन्ट्रेक्ट फार्मिंग का छोटे किसानों पर काफी बुरा प्रभाव पड़ता है। इसी प्रकार आज सेज के नाम पर उपजाऊ भूमि के ऊपर उद्योग स्थापित किए जा रहे हैं। सचमुच आज यह विडंबना ही है कि वर्ष 2007-08 की पहली तिमाही के दौरान भारत ने जहाँ 9.3 प्रतिशत के विकास दर को छू लिया है वहीं कृषि के क्षेत्र में यह विकास दर महज 3.8 प्रतिशत ही रही है (दैनिक भास्कर, 1 सितंबर 2007:10)। जबकि हमारी लगभग दो तिहाई आबादी आज भी अपनी आजीविका के लिए खेती पर निर्भर है। अत: कहने का तात्पर्य

यह हुआ कि इस विकास की गाड़ी को खींचने में देश के दो तिहाई लोगों की न तो कोई हिस्सेदारी है और न ही उन्हें इससे कोई फायदा ही पहुँच रहा है। यानि कुल मिलाकर भूमंडलीकरण ने भारत के किसानों की हालत और भी ज्यादा बदतर कर डाली है।

श्रमिकों पर प्रभाव (Impact on Labour)

श्रमिकों के संदर्भ में भी भूमंडलीकरण का अनुभव किसानों से अलग नहीं है। श्रमिक आंदोलनों के इतिहास पर नजर डालने पर हम पाते हैं कि विभिन्न ट्रेड-यूनियनों की बदौलत यह काफी हद तक संगठित रहा है। यद्यपि मजदूरों के हितों की सुरक्षा के लिए भारत में ट्रेड-यूनियनों का जन्म औपनिवेशिक काल में ही हो गया था तथा इसकी पृष्ठभूमि तैयार करने में ब्रिटेन के लंकाशायर के व्यापारियों की अहम भूमिका रही। इन्होंने भारत में तैयार माल की कीमत बढ़वाने के लिए ब्रिटिश सरकार पर दबाव बनाया कि यहाँ मजदूरी कानूनों को लागू करे ताकि उत्पाद के लागत मूल्य में वृद्धि होने से बाजार में भी यहाँ के वस्तुओं की कीमतों में वृद्धि हो जाय एवं उनकी प्रतिस्पर्धा कम हो सके। जो भी हो, इन सब की वजह से यहाँ धीरे-धीरे ट्रेड-यूनियन अस्तित्व में आया तथा आजादी के आंदोलन में भी महत्वपूर्ण भूमिका निभायी। इन ट्रेड-यूनियनों की शक्ति का सबसे बड़ा कारण शायद यह था कि ये राजनीतिक दलों के साथ सम्बद्ध थीं, लेकिन यही सम्बद्धता उसके लिए शायद सबसे बड़ा अभिशाप भी बन गई। आगे चलकर जैसे-जैसे राजनीतिक दलों में बिखराव आता गया उनकी विचारधारा एवं हितों के अनुकूल ट्रेड-यूनियन भी टूटते चले गए। उदाहरण के लिए 1947 में कांग्रेस ने 'अखिल भारतीय ट्रेड यूनियन कांग्रेस' (AITUC) से अलग होकर 'भारतीय राष्ट्रीय ट्रेड यूनियन कांग्रेस'(INTUC) की स्थापना केवल इसलिए की ताकि स्वतंत्र भारत में उनकी सरकार की नीतियों के अनुकूल ट्रेड-यूनियन को संचालित किया जा सके (विस्तृत चर्चा के लिए देखिए- भोमिक, शारित के०, 1995:263-277 ; 1998:311-332)। इन सबका असर यह हुआ है कि आज हर दल का कोई न कोई ट्रेड-यूनियन है एवं आज जबकि लगभग सभी दलों ने भूमंडलीकरण के दौर में उदारीकरण एवं निजीकरण की नीति को समर्थन दे दिया है तो ऐसे में मजदूरों की आवाजें लगभग दब सी गई है।

इसके अलावे भूमंडलीकरण के दौर में निजीकरण पर अत्यधिक जोर दिया जा रहा है। निजीकरण के साथ व्यापक स्तर पर मजदूरों की छँटनी हो रही है। स्थायी मजदूरों की संख्या कम होती जा रही है। लेकिन दूसरी तरफ उत्पादन में वृद्धि भी हो रही है। इसका एक कारण तो यह है कि आज उन्नत तकनीक वाली मशीनों का प्रयोग किया जा रहा है जिसे चलाने के लिए कम श्रमिकों की आवश्यकता होती है। लेकिन जैसा कि शरित के० भोमिक 12 कारखानों में किए गए एक सर्वेक्षण का उल्लेख करते हुए बताते हैं कि जिन कारखानों में इन अत्याधुनिक तकनीकों का प्रयोग नहीं हो रहा है वहाँ भी श्रमिकों की संख्या में कमी आने के बावजूद उत्पादन में वृद्धि हो रही है(भोमिक, 1995:275)। इसलिए जब इस मुद्दे पर विचार करते हैं तो दो तथ्य सामने आते हैं। प्रथम तो अब स्थायी रोजगार की संख्या में कमी कर अस्थायी एवं अनौपचारिक मजदूरी पर बल दिया जा रहा है तथा ठेके पर काम कराने की प्रवृत्ति बढ़ रही है। चूंकि स्थायी रोजगार के क्षेत्र में मजदूर संगठित होते है एवं ट्रेड-युनियनों का दबाव होता है जिसकी वजह से कई कानूनी अधिनियमों एवं मजदूरों के हितों से संबंधित कई सुविधाओं का खयाल रखना पड़ता है इसीलिए आज ठेके पर काम करवाया जा रहा है जिसमें मजदूर असंगठित होते है। ये असंगठित मजदूर न केवल सस्ते होते हैं बल्कि इन्हे नियंत्रित

करना भी आसान होता है। इसका दूसरा कारण यह है कि अब बड़ी-बड़ी कंपनियाँ छोटी कंपनियों से ठेके पर काम करवा रही हैं। चूँकि छोटी कंपनियों की पूँजी कम होती है एवं इसके मजदूरों की संख्या भी कम होती है इसीलिए ये मजदूरी कानूनों के दायरे में नहीं आती हैं अत: यहाँ सस्ते मजदूर होने के कारण उत्पादन की लागत कम होती है।

आज कृषि के क्षेत्र में पिछड़ापन एवं ग्रामीण व्यवसायों के नष्ट होने के कारण बड़ी संख्या में लोग बेरोजगार हो चुके हैं। ऐसे में इन छोटी कंपनियों में तथा ठेके पर काफी सस्ती कीमत पर मजदूर उपलब्ध हो जाते हैं। एक मजदूर की बीमारी या कार्य कर पाने की अक्षमता दूसरों के लिए रोजगार के अवसर लेकर सामने आता है। इन छोटे-छोटे कारखानों में मजदूरों के स्वास्थ्य का भी ख्याल नहीं रखा जाता है। लौह-पदार्थों एवं अन्य धातुओं की वेल्डिंग एवं घिसाई के साथ-साथ इन्हें रासायनिक पदार्थों के बीच कार्य करना पड़ता है जहाँ इन्हें श्वास लेने के लिए आवश्यक मास्क तक नहीं दिया जाता है। इन कारणों से ये मजदूर टी.बी. एवं कैंसर जैसी बीमारियों के शिकार हो जाते हैं।

असंगठित क्षेत्र के मजदूरों की भी अपनी समस्याएँ हैं। न तो इनके कार्य करने के घंटों की कोई सीमा होती है और न ही इन्हें उचित मजदूरी ही मिलती है। हालांकि समय-समय पर सरकार इनके लिए भी मजदूरी आदि की दरें निश्चित करती हैं लेकिन इन मजदूरों का न तो कोई पंजीकरण होता है और न ही कोई सशक्त ट्रेड-युनियन ही होता है। इन्हें हमेशा अपने रोजगार के प्रति आशंकाएँ बनी रहती हैं। अत: ठेकेदार के द्वारा शोषण किए जाने के बावजूद भी वे इनके इशारों पर काम करने के लिए विवश रहते हैं। इतना ही नहीं, जब कोई इन मजदूरों को संगठित कर इनके हितों को उठाने का प्रयास करता है तो इसमें भी काफी समस्याएँ आती हैं। सर्वप्रथम तो इसमें कोई एक नेतृत्वकर्त्ता नहीं उभर पाता है जिसकी बातों को सभी स्वीकार करें एवं यदि कोई ऐसा नेतृत्वकर्त्ता होता भी है तो उसे रास्ते से हटाने का प्रयास किया जाता है। उदाहरण के लिए हम शंकर गुहा नियोगी की घटना को ले सकते हैं जिनकी 1990 में हत्या कर दी गई। इन्होंने मध्य-प्रदेश में भिलाई के समीप डल्ली राजहारा के लौह-अयस्क खादान में ठेके पर काम करने वाले मजदूरों को संगठित कर इनके लिए आवाज उठायी। ऐसा कहा जाता है कि इनकी हत्या के पीछे कुछ उद्योगपतियों का हाथ था(भोमिक, 1995: 270-271)। भूमंडलीकरण के दौर में इन असंगठित मजदूरों की संख्या और बढ़ रही है, जो एक चिन्ता का विषय है।

इसके अलावे असंगठित मजदूरों में फुटपाथ पर हॉकर लगाने वाले, सब्जी बेचने वाले, रिक्शा चालक आदि भी आते हैं। इन पर भी भूमंडलीकरण का काफी बुरा प्रभाव पड़ा है। शहरों के सौंदर्यीकरण के नाम पर इन्हें वहाँ से हटाया जा रहा है। आज बड़े-बड़े बिग बाजार एवं सुपर मार्केट खोले जा रहे हैं जहाँ सब्जी एवं फल से लेकर हर तरह की छोटी-से-छोटी चीजें भी उपलब्ध रहती हैं तथा ये मोल-भाव के द्वारा उत्पाद पर अंकित मूल्य से कम कीमत पर भी वस्तु को बेचने का दावा करते हैं। एक नजर में देखने पर यह काफी आकर्षक भी लगता है किन्तु दूसरी तरफ यह संबंधित व्यापार में लगे छोटे दुकानदारों की जीविका को नष्ट कर रहा है। आज बड़ी-बड़ी विकास योजनाओं के नाम पर झुग्गी-झोपड़ियों को शहरों से हटाया जा रहा है। इन झुग्गी-झोपड़ियों में अधिकांशत: दैनिक मजदूरी करने वाले, सब्जी एवं फल बेचने वाले, हॉकर लगाने वाले एवं रिक्शा चलाने वाले जैसे लोग रहते हैं। ये लोग रोजगार की तलाश में गाँव से शहर की ओर आए हैं। ऐसे में यदि इन्हें शहर से हटाकर दूसरी जगह बसाया जाता है तो इनके घर से इनका कार्य-स्थल काफी दूर हो जाता है जहाँ पहुँचने के लिए समय के साथ काफी पैसे भी खर्च होते हैं। अब यदि ये लोग शहर में न

रहें तो हम अपनी दैनिक आवश्यकता की चीजें कहाँ से खरीदेंगे? तो इसका सीधा सा जवाब आएगा कि हम सुपर मार्केट एवं बड़े-बड़े शॉपिंग मॉल से हर तरह के सामान खरीद सकते हैं। रिक्शे के अभाव में टेंडर पर चलाए जाने वाले छोटे-छोटे बसों से चल सकते हैं जो सस्ता भी होगा। अर्थात् कुल मिलाकर सभी काम बड़ी-बड़ी कंपनियाँ ही चलाएँगी, सारे मुनाफे उन्हीं को होंगे और आम लोगों को भी सुविधा होगी। लेकिन इन सबके पीछे इन असंगठित मजदूरों की जीविका का क्या होगा, इसका कोई जवाब नहीं मिलता है।

अत: कहने की जरूरत नहीं है कि भूमंडलीकरण ने किस कदर मजदूरों को लाचार कर दिया है। इसने न केवल मजदूरों के शोषण को बढ़ाया है बल्कि इनकी आजीविका के लिए भी संकट खड़े कर दिए हैं।

महिलाओं पर प्रभाव (Impact on women)

एक नजर में देखने पर ऐसा लगता है मानो भूमंडलीकरण ने महिलाओं को वे तमाम चीजें मुहैया करा दी है जिनसे उन्हें आज तक वंचित रखा गया था तथा जो थोड़ी-बहुत कसर है, आने वाले दिनों में उसकी भी पूर्त्ति हो जाएगी। आज भूमंडलीकरण के दौर में महिला सशक्तिकरण का विचार उभरकर सामने आया है। आज महिलाएँ राजनीति में सक्रिय भागीदारी के साथ-साथ कारखानों एवं फैक्ट्रियों में भी काम कर रही हैं। फिल्म, मॉडलिंग, टीवी सीरियल, रेडियो के एफएम चैनलों पर रेडियो जॉकी, समाचार चैनलों, पॉप संगीत, विज्ञापन, सौंदर्य प्रतियोगिताओं आदि सभी जगह छायी हुई हैं। शासन में भी वे बड़े पदों को धारण कर रही हैं तथा प्रबंधन क्षमता तो ऐसी है कि उन्हें अपनी ओर आकर्षित करने के लिए निगमों के बीच एक होड़ सी मची हुई है। इस प्रकार बाजार के पैरवीकार महिलाओं के आजादी की तुरही बजानी शुरू कर दी है। बाजार ने उन्हें घर की चाहरदिवारी से बाहर निकाल कर आजादी का रसस्वादन करवाया है। लेकिन महिला सशक्तीकरण के इस भूमंडलीकृत अभियान का एक दूसरा पहलू भी है जो कहीं अधिक भयावह प्रतीत होता है। यह पहलू यह सिद्ध करता है कि इस भूमंडलीकरण की प्रक्रिया ने उन्हें अतीत के किसी भी कालावधि के मुकाबले अधिक निर्ममता और संपूर्णता से एक बाजार में बिकने के लिए तैयार एक वस्तु में बदल दिया है। आज भूमंडलीकरण के इस युग में स्थिति यह है कि महिलाओं का बड़े पैमाने पर आयात-निर्यात हो रहा है एवं औरतों के इस आयात-निर्यात के जरिए अरबों-खरबों डालर की रकम कमायी जा रही है।

जैसा कि अभय कुमार दुबे का कहना है कि औरतों के निर्यातक देशों की आय के मुकाबले इनके आयातक देशों की प्रति व्यक्ति आय तकरीबन दोगुनी है तथा ये निर्यातक देश वही देश हैं जिन्होंने अंतर्राष्ट्रीय मुद्रा कोष और विश्व बैंक की सलाह पर ढाँचागत समायोजन कार्यक्रमों को अपनाया था (दुबे, 2003 : 223)। वस्तुतः ये देश विदेशी पूँजी के आवागमन पर लगी बंदिशों को हटाकर भूमंडलीकरण की प्रक्रिया में शामिल हुए किन्तु इस चक्कर में वे कर्ज के बोझ तले दबते चले गए और जब उन्हें कृषि एवं उद्योग के क्षेत्रों से कर्ज उतारने के लिए आवश्यक विदेशी मुद्रा नहीं मिल पा रही है तो वे डॉलर एवं पाउंड हासिल करने के लिए औरतों का निर्यात करने लगे हैं। सासिया साकेन इस देह व्यापार पर नजर डालते हुए लिखती हैं– "........ संयुक्त राष्ट्र का अनुमान है कि 1998 में चालीस लाख औरतों का निर्यात हुआ जिससे अपराधी गिरोहों ने सात अरब डॉलर का लाभ कमाया। इस रकम में वेश्याओं द्वारा भेजी जाने वाली रकमें और इस व्यापार के आयोजकों और व्यवस्थाओं को किया गया भुगतान भी शामिल है। पिछले कुछ वर्षों से जापान का यौन-उद्योग

लगभग 4.2 खरब येन प्रति वर्ष अर्जित कर रहा है। पोलैंड में पुलिस का अनुमान है कि एक पोलिश औरत का निर्यात करने पर निर्यात कर्त्ता को सात सौ अमेरिकी डॉलर मिलते हैं। आस्ट्रेलिया में संघीय पुलिस का अंदाजा है कि दो सौ औरतों के निर्यात से नौ लाख आस्ट्रेलियाई डॉलर प्रति सप्ताह की आमदनी होती है। यौन बाजार में उक्रेन एवं रूस की औरतों की कीमत बहुत ज्यादा है। उनकी तस्करी करके अपराधी गिरोह प्रति औरत पाँच सौ से एक हजार डॉलर कमा लेते हैं। इन औरतों से अपेक्षा की जाती है कि एक दिन में 15 ग्राहकों को संतुष्ट करके अपने गिरोह के लिए 21,500 डॉलर प्रतिमाह कमाएँगी'' (दुबे, 2003 : 223 में उल्लेखित)।

आज सेक्स टूरिज्म के नाम पर व्यापक मात्रा में धन की उगाही की जा रही है। फिलीपींस में तो औरतों के निर्यात से प्राप्त होने वाली आय उसके विदेशी मुद्रा का तीसरा सबसे बड़ा स्रोत है। बंग्लादेश भी मध्य पूर्व जापान और यूरोपीय देशों में अपनी औरतों का निर्यात करता है एवं विदेशी मुद्रा का तीसरा हिस्सा इसी से प्राप्त करता है (दुबे, 2003 : 224)। एशियाई एवं अन्य गरीब देशों ने भी 1990 के दशक में उदारीकरण को तो अपना लिया लेकिन पूँजी के आवागमन पर से निर्बन्धनों को कमजोर करने का नतीजा यह हुआ कि ये देश आर्थिक संकट में फँसने लगे। अत: ऐसी स्थिति में धन की उगाही करने के लिए इन देशों में भी औरतों का व्यापार शुरू हुआ क्योंकि आर्थिक अवसरों के घटने से व्यक्ति, उद्यम, सरकार और अपराधी गिरोह आमदनी के अवैध और अनैतिक रास्ते अपनाने को मजबूर होते हैं। जैसा कि अभय कुमार दूबे का कहना है कि ''औरत का ऐसा जघन्य अपमान और इस कदर भीषण शोषण किसी भी युग में नहीं हुआ। इससे पहले अनगिनत बार औरत व्यभिचार की शिकार हुई, उसे मात्र एक कोख में सीमित किया गया, वह पुरुष का वंश चलाने के लिए अभिशप्त रहीं, उसके श्रम का मूल्य उसे नहीं मिला, उसके ऊपर भयानक और सतत् हिंसा हुई, उसके यौनांगों को विकृत करके और तरह-तरह के नियम बनाकर उसकी यौनिकता को काबू में करने की कोशिशें की गयीं, उसे मताधिकार भी सबके बाद मिला, कार्यस्थल पर उसका यौन-शोषण हुआ लेकिन ऐसा कभी नहीं हुआ कि अंतर्राष्ट्रीय स्तर पर बड़े और छोटे देशों ने अपने-अपने स्वार्थ में करोड़ों औरतों को आयात निर्यात की मंडी में बेचा-खरीदा हो। दास प्रथा में औरत के साथ मर्द भी बिकता था लेकिन भूमंडलीकरण के इस दौर में औरत को मर्द के बिकाऊपन से अलग करके विशेष रूप से बेचा जा रहा है। वह केवल अपने या अपने परिवार के लिए गुलामी नहीं कर रही है वरन् पूरे अर्थतंत्र के लिए गुलामी कर रही है। वह प्रवासी मजदूर है। नाचने, गाने और मनोरंजन के नाम पर उसका यौन-शोषण होता है। वधू बनाने के नाम पर वह यौन-दास है या सीधे-सीधे कॉलगर्ल के पेशे में लगी है या चकलाघरों में है। और, ये सभी भूमिकाएँ उसे विदेशी जमीन पर अजनबी आबो-हवा में पूरी तरह आरक्षित होकर निभानी पड़ रही है'' (दुबे, 2003: 226)।

अत: महिलाओं का यह व्यापार भूमंडलीकरण की कलई खोलकर रख देता है। भूमंडलीकरण के संदर्भ में यह भी तर्क दिया जाता है कि इसने महिलाओं को घर की चाहरदिवारी से बाहर निकालकर सार्वजनिक क्षेत्रों में रोजगार मुहैया कराया है। इससे पारिवारिक बंधन भी कमजोर हुआ है एवं उनका शोषण कम हुआ है। लेकिन जब हम वस्तुस्थिति पर नजर डालते हैं तो पाते हैं कि इसने महिलाओं के ऊपर और भी ज्यादा काम का बोझ डाल दिया है। आज महिलाओं के संदर्भ में ''आजकल की नारी'' का विचार खड़ा किया जा रहा है। इस ''आजकल की नारी'' से काफी आशाएँ रखी जाती हैं। वे ऑफिस का काम संभालने के साथ-साथ घर के भी सारे कार्यों को बखूबी निपटा लेती हैं एवं इस तरह की 'नारी' के विचार को मास-मीडिया द्वारा हवा दिया जा रहा है। इस

प्रकार आज औरतों से ऐसी आशा की जाती है कि वे ऑफिस के साथ-साथ घर के सभी सदस्यों की सेवा करके उन्हें खुश रखें। यहाँ तक कि आज जिस पावर वूमैन की बात की जाती है, उसकी भी स्थिति बहुत अच्छी नहीं है। अभय कुमार दूबे पेप्सी-कोला की महिला अध्यक्ष इंदिरा नूई का उदाहरण प्रस्तुत कर बताते हैं कि उन्हें भी रात को अपने बच्चों को सुलाने के बाद ही बिस्तर नसीब होता है (दुबे, 2003 : 241)। कहने का तात्पर्य है कि आज 'पावर वूमेन' भी अपनी पारंपरिक जिम्मेदारियों से मुक्त नहीं हो पायी हैं तथा नर-नारी के इस श्रम विभाजन को तोड़ पाने की बाजार के पास न तो कोई तकनीक है और न ही उसकी ऐसी इच्छा है।

इसके अलावा कार्यस्थल पर महिलाओं का यौन शोषण भी बढ़ा है। अभय कुमार दुबे के अनुसार भूमंडलीकृत कार्यस्थल ने महिलाओं को अपने पदोन्नति की खातिर भी अपने शरीर के इस्तेमाल करने के लिए प्रोत्साहित किया है। उन्होंने ब्रिटेन के एक सर्वेक्षण का उदाहरण प्रस्तुत किया है, (दुबे, 2003 : 240), जिसमें दफ्तरों में काम करने वाली 28 प्रतिशत औरतों को शारीरिक संबंध बनाने पड़े तथा इसमें 65 प्रतिशत औरतों को इसका कोई खेद भी नहीं था। यह सर्वेक्षण न्यू वूमेन कंपनी, यूके नामक वेबसाइट द्वारा इंटरनेट पर लगभग 2000 कार्मिक महिलाओं से बातचीत करके सम्पन्न किया गया। इसमें बताया गया है कि कार-पार्किंग में, बॉस की डेस्क पर, कैंटीन में और क्लॉक रूम में कितने प्रतिशत महिलाओं को यौन-क्रिया करनी पड़ी। इसमें लगभग 20 प्रतिशत महिला कर्मचारी अपनी पदोन्नति हेतु बॉस के साथ यौन-क्रिया करने के लिए तैयार भी मिलीं। अत: यह सर्वेक्षण दिखाता है कि किस प्रकार दफ्तर अपने आप में एक तरह के पोर्नोग्राफी का स्थल भी बन गया है।

इस सबके अतिरिक्त भूमंडलीकरण का नकारात्मक प्रभाव यदि हमें देखना हो तो हम गाँव की असंगठित महिलाओं पर देख सकते हैं। चूंकि भूमंडलीकरण की वजह से गाँव में रोजगार के अवसर कम हुए हैं, अत: मजदूरों का गाँव से शहर की ओर पलायन हुआ है। ऐसे में इन मजदूरों का परिवार गाँव में होता है जिसे चलाने की जिम्मेवारी महिलाओं की होती है। ये मजदूर शहरों में मजदूरी करके घर पैसे भेजते हैं जिनसे इनके परिवार का भरण-पोषण होता है लेकिन यदि किसी कारणवश ये पैसा नहीं भेज पाते हैं तो सारी जिम्मेवारी तो महिलाओं पर ही आ पड़ती है।

इस प्रकार से यद्यपि भूमंडलीकरण के दौर में महिला सशक्तीकरण का ताना-बाना खड़ा किया जाता है, पर कुल मिलाकर देखें तो इसने औरतों पर काफी नकारात्मक प्रभाव डाला है। आज औरतों में उपभोक्तावादी संस्कृति का प्रसार इस तरह से हो रहा है कि वे समझती हैं कि चंद उपभोक्तावादी वस्तुओं के बल पर, श्रृंगार प्रसाधनों द्वारा वे कुछ भी प्राप्त कर सकती हैं। विभिन्न सौंदर्य प्रतियोगिताओं द्वारा इन वस्तुओं का मार्केट तैयार किया जा रहा है तथा दूरदर्शन के विज्ञापनों द्वारा ऐसा प्रचार किया जा रहा है, मानो यदि वे इन वस्तुओं को अपना लें तो कहीं भी सफल हो जाएँगी। चाहे फेयर एण्ड लवली का विज्ञापन हो या सनसिल्क या पैंटीन शैंपू अथवा लेकमे की लिपीस्टीक, इन में औरतों की सफलता के लिए इन वस्तुओं को ही क्रेडिट दिया जाता है। भूमंडलीकरण ने एक ऐसी मिथ्या चेतना तैयार की है जिसमें औरतें स्वयं ही अपना शोषण करवाने एवं अपने-आपको वस्तु के रूप में अभिव्यक्त करने के लिए प्रवृत्त हो रही हैं। इस प्रकार इसने महिलाओं पर काफी नकारात्मक प्रभाव डाला है।

आदिवासियों पर प्रभाव (Impact on Adivasis)

आदिवासी समुदाय तो हमेशा से ही विकास प्रक्रिया में समाज के हाशिये पर ही रहा है किन्तु 1991 में शुरू हुई भूमंडलीकरण की प्रक्रिया ने इस पर और भी बुरा प्रभाव डाला है। आज कभी बड़े-बड़े बाँधों के निर्माण के नाम पर, कभी खनिजों के उत्खनन के नाम पर, कभी फायरिंग रेंज के नाम पर, तो कभी विशेष आर्थिक क्षेत्र(सेज) के नाम पर आदिवासी समुदाय के लोगों को विस्थापित किया जा रहा है। जैसा कि हम जानते हैं कि आदिवासी देश के मूल निवासी हैं एवं जैसे-जैसे सभ्यता का विकास हुआ वैसे-वैसे इनका दमन शुरू हुआ। उन्हें अपनी एवं अपनी संस्कृति की सुरक्षा हेतु जंगलों एवं बीहर क्षेत्रों में पलायन करना पड़ा। अमेरिका के ही उदाहरण को लें तो कोलम्बस के अमेरिका पहुँचने के बाद कई लोग वहाँ पहुँचे। इन लोगों ने उस अजनबी दुनिया में बसे मूलनिवासी आदिवासियों को गुलाम बना दिया और उनका नामोनिशान मिट जाने की स्थिति में ला दिया। शंकर तड़वले इस पर नजर डालते हुए बताते हैं कि कैसे **एजटक** साम्राज्य की आबादी 3 करोड़ से घटकर 1 करोड़ रह गई। स्पेन में हिस्पोनियोला द्वीप से कैरोबी आदिवासी को उखाड़ कर अफ्रीकी गुलामों के साथ बसा दिया गया। प्रशांत में मारियाना द्वीप के चमेरो आदिवासियों की आबादी 60 साल से भी कम समय में 70,000 से घटकर 1600 हो गई। इनके अनुसार आज स्थिति यह है कि दुनिया के लगभग 70 देशों में 3000 लाख से ज्यादा आदिवासी हैं एवं आज उनकी स्थिति काफी दयनीय है (तड़वले, शंकर, 2004: 24)।

भारत में भी आर्यों के आगमन के समय से ही आदिवासी जंगलों एवं बीहड़ क्षेत्रों में रहते आ रहे हैं लेकिन आज उन्हें इससे बेदखल किया जा रहा है। हालांकि आदिवासियों की जंगलों से बेदखली कोई नवीन बात नहीं है एवं अंग्रेजी शासन के दौरान भी पर्यावरण एवं जंगलों की सुरक्षा के नाम पर 1878 एवं 1927 के वन अधिनियमों के द्वारा इन्हें इससे बेदखल करने का प्रयास किया गया था जिसके पीछे मुख्य मंशा जंगलों के दोहन का ही था क्योंकि इस समय अंग्रेजी सरकार को रेल की पटरियाँ आदि बिछाने के लिए कीमती लकड़ियों की जरूरत थी। आज भी विभिन्न विकास की योजनाओं के नाम पर आदिवासियों के घड़ों को उजारा जा रहा है एवं इसके पीछे भी मुख्य मंशा इनकी संपत्ति को हड़पना ही है। चूँकि आदिवासी लोग ज्यादा पढ़े-लिखे नहीं होते हैं एवं उन्हे कोर्ट-कचहरी का ज्यादा ज्ञान नहीं होता है इसीलिए वे जमीन के कागजात वगैरह भी नहीं रखते हैं। अत: कानूनी दस्तावेजों के अभाव में उन्हें उनकी ही जमीन पर अतिक्रमणकारी बताया जाता है। (हालांकि दिसबर 2006 में संसद ने अनुसूचित जनजाति विधेयक-2005 को पारित किया है जिसमें उनके कई अधिकारो को सुरक्षित करने का प्रयास किया गया है। लेकिन इसमें भी कई तरह के दाँव-पेंच हैं।)

आज बड़ी-बड़ी देशी-विदेशी कंपनीयों को आदिवासियों के जमीनों पर खनन का अधिकार दिया जा रहा है। अमित भादुड़ी के अनुसार जमीन लेने के मामले में ऐसा प्रावधान है कि पहले पंचायतों की मंजुरी ली जाय लेकिन झारखंड एवं उड़ीसा में एक भी मामले में ऐसा नहीं हुआ। उनके अनुसार अपने पारंपरिक कानूनों के अनुसार आदिवासी अकेले अपनी जमीन नहीं बेच सकते हैं लेकिन राज्य सरकारें केन्द्र सरकार की शह पर उनसे कौडियों के मोल जमीन लेकर बड़ी कंपनीयों को देती जा रही हैं (भादुड़ी,अमित, 2007:8)। वर्ष 2006 का आरंभ ही उड़ीसा के कलिंग नगर में पुलिस द्वारा 6 आदिवासियों की हत्या से हुआ। ये आदिवासी खादान के लिए अपनी जमीन टाटा को दिए जाने का विरोध कर रहे थे। भादुड़ी के अनुसार राज्य सरकार टाटा को जिस कीमत पर जमीन दे रही

थी उससे दहाई कम कीमत पर आदिवासियों से जमीन ले रही थी, जबकि टाटा से लिया जाने वाला मुल्य भी बाजार भाव से काफी कम था (भादुड़ी, वही.)।

इससे पहले भी उडीसा के ही काशीपुर में भी बॉक्साइट-एल्युमिना प्रोजेक्ट के खिलाफ कई बार विरोध प्रदर्शन हो चुके हैं। उत्कल एल्युमिना इंटरनेशनल लिमिटेड के नाम से बॉक्साइट खनन के लिए बने इस संयुक्त उपक्रम में आलकॉन(आस्ट्रेलियाई कंपनी) एवं हिंडालको कंपनी जुड़े हुए हैं। इस परियोजना का भी काफी विरोध हुआ एवं इस प्रतिरोध को कुचलने के लिए भी व्यापक प्रयास किए गए। इसी दमन चक्र में 16 दिसंबर 2000 को माइकंच गाँव के 3 आदिवासी पुलिस की गोली से मारे गए एवं 50 से ज्यादा घायल हुए (लिंगराज, 2005: 40)। भरत डोगरा ने उड़ीसा के ही रायगढ़ा में बॉक्साइट उत्खनन की एक परियोजना की चर्चा की है जिसमें भारत की कंपनी के साथ कनाडा की एक कंपनी भी शामिल है। 4500 करोड़ रूपए की इस परियोजना में इसके आरंभिक दौर में दस लाख टन प्रतिवर्ष एवं आगे चलकर 30 लाख टन प्रनिवर्ष अल्यूमिनियम उत्पादन की चर्चा है। 30 लाख टन अल्युमिनियम प्राप्त करने के लिए एक वर्ष में तकरीबन 90 लाख टन बॉक्साइट की खपत का अनुमान है एवं रायगढ़ा के आसपास कोरापुट एवं कालाहांडी जिलों को मिलाकर इस तरह की पाँच परियोजनाएँ प्रस्तावित हैं। इन क्षेत्रों में कुल मिलाकर लगभग 100 करोड़ टन बॉक्साइट की उपलब्धता बतायी जाती है जिसका दोहन अगले 20-25 वर्षों में करने की योजना है (डोगरा,भरत, 2005: 33)। इस परियोजना के फलस्वरूप न केवल यहाँ रह रहे लोगों का विस्थापन होगा बल्कि आने वाले दिनों में आस-पास के इलाके भी जल-श्रोत की कमी से प्रभावित होंगे। इसके अलावा अल्यूमिनियम तैयार करने का काम तो अगले 20-25 वर्षों में समाप्त हो जाएगा एवं कंपनियाँ भी यहाँ से चली जाएँगी लेकिन इस दौरान जो यहाँ के लोगों की स्थायी आजीविका प्रभावित होगी वह कैसे वापिस आएगी। भरत डोगरा के अनुसार समस्या बाक्साइट के उत्खनन से नहीं है। बल्कि यदि धीरे-धीरे एवं सावधानियों को ध्यान में रखकर खनन किया जाय तो शायद कृषि भूमि एवं जल श्रोतों को बचाया जा सकता है, लेकिन मुनाफा कमाने की होड़ में ये कंपनियाँ इन चीजों का ध्यान नहीं रखती हैं (डोगरा, वही.)। यही कारण है कि इसके विरोध में आदिवासी लोग सामने आ गए है एवं आन्दोलन चला रहे हैं।

लिंगराज ने यहाँ इन आंदोलनों के संदर्भ में पनप रही कुछ खतरनाक प्रवृत्तियों की ओर संकेत किया है। प्रथम तो यहाँ मिडिया भी आदिवासियों की छवि को विकास विरोधी रूप में प्रस्तुत करने का कार्य कर रही है एवं दूसरी प्रवृत्ति यह है कि अब कंपनियों ने अपने गुंडे पालकर खुद दमन का तंत्र विकसित कर लिया है तथा आंदोलन समर्थकों को धमकाने एवं उनपर हमले करवाने का कार्य कर रही हैं (लिंगराज, 2005:41)। इसी प्रकार का कहर मध्य प्रदेश, छत्तीसगढ़ जैसे राज्यों में भी आदिवासियों पर ढ़ाया जा रहा है। उदाहरण के लिए मध्य प्रदेश के बैतुल जिले में वनभूमि से आदिवासियों को हटाने के लिए प्रशासन, वनविभाग व पुलिस ने मिलकर भंडारपानी गाँव में कोरकू आदिवासियों पर काफी अत्याचार किए(मोदी,अनुराग, 2004: 34)।

इनके अतिरिक्त आज बड़े-बड़े बाँधों के निर्माण के नाम पर भी आदिवासियो को विस्थापित किया जा रहा है। नर्मदा बचाओ आन्दोलन के द्वारा यह बात स्पष्ट रूप से उभरकर सामने आयी है कि इन बाँधों के निर्माण के नाम पर किस प्रकार गाँव के गाँव डूबोए जा रहे है। यहाँ से विस्थापित हुए लोगों को उचित मुआवजा तक नहीं मिला है। इतना ही नहीं, इन मुआवजों की भी बात तो केवल उनके लिए होती है जिसके घर एवं जमीन डूब गए लेकिन यहाँ रह रहे भूमिहीन मजदूरों, बटाईदारों, मछुआरों और इस तरह के काफी सारे लोगों का जीवन भी तो दूसरों की या सार्वजनिक जमीन में

ही चलता है। लेकिन जैसा कि अमित भादुड़ी का भी कहना है, उन्हें न तो कोई मुआवजा मिलता है और न ही ढंग से उनका पुनर्वास ही हो पाता है। वे तो सरकारी फाइलों की भूल-भूलैया में ही भूला दिए जाते हैं(भादुड़ी, 2007:8)।

और तो और, इसके बदले में तर्क भी दिया जाता है। कहा जाता है कि विकास के लिए कुछ न कुछ कुर्बानी तो देनी ही पड़ेगी। लेकिन सवाल उत्पन्न होता है कि यह कुर्बानी हमेशा गरीब या शोषित ही क्यों देता है? आखिर यह विकास किसके लिए है? क्या मुट्ठी भर लोगों को सारी सुविधाएँ उपलब्ध कराने के लिए किसी के घर को उजाड़ देना एवं उसकी जिंदगी को बर्बाद कर देना ही विकास है?

ये तो चंद उदाहरण हैं, इनके अलावे ऐसी अनेकों घटनाएँ हैं जो आदिवासियों पर हो रहे जुल्म की दास्तान बयान करती हैं। आज उदारीकरण के दौर में सार्वजनिक क्षेत्र में रोजगार के अवसर भी सिमटते जा रहे हैं। राज्य की भूमिका सिमट रही है। ऐसे में राज्य के थोड़े बहुत लोक-कल्याणकारी भूमिका के द्वारा जो आदिवासी समुदाय के लोग समाज की मुख्य धारा में जुड़ रहे थे, उसमें भी एक ठहराव आ रहा है। अत: कुल मिलाकर भूमंडलीकरण का आदिवासियों पर भी नकारात्मक प्रभाव ही पड़ा है।

निष्कर्ष (Conclusion)

इस प्रकार से हम देखते हैं कि चाहे किसान हों या मजदूर, आदिवासी हो या महिलाएँ सभी पर भूमंडलीकरण का कहीं न कहीं नकारात्मक प्रभाव ही पड़ा है। इस भूमंडलीकरण ने दुनिया के अंदर विभिन्न देशों के बीच तथा विभिन्न देशों के अंदर विभिन्न क्षेत्रों एवं विभिन्न समूहों के बीच असमानता को बढ़ाया है। लेकिन जैसा कि रजनी कोठारी कहते हैं ''यह सब जानते हुए भी हर क्षेत्र में पूँजीवादी कॉरपोरेट संस्कृति का प्रभाव बढ़ता जा रहा है। समाजवादी दुनिया हो, तीसरी दुनिया हो, पश्चिम के लोकोपकारी राज्य के दायरे हों, या फिर 'जनता के प्रतिनिधि'(चुने हुए प्रतिनिधि या खुद को प्रतिनिधि कहने वाले स्वयंसेवी संगठन) हों; सभी इस संस्कृति के सामने झुक गये हैं, बावजूद इसके की इन लोगों को पता है कि इस मॉडल का नतीजा केवल एक ही होगा: कुछ लोगों को लाभ, बड़े पैमाने पर जनता की विपन्नता, अशांति, विद्वेष और कलह में बढ़ोतरी और परिणामस्वरूप राजनीतिक अस्थिरता''(कोठारी, 2003:96)।

इसी प्रकार, अभय कुमार दुबे ने भूमंडलीकरण की प्रक्रिया की तुलना हिन्दू धर्म में प्रसिद्ध समुद्र मंथन की पुराणगाथा से की है जिसमें सभी पक्ष जुटे हुए थे और किसी को यह ठीक-ठीक पता नहीं था कि सुमेरू पर्वत से बनी उस विराट मथनी से क्या-क्या निकलेगा। लेकिन, मंथन में शामिल होने के कारण वे सभी उन परिणामों का फल भोगने के लिए अभिशप्त थे(दुबे, 2003: 27)। लेकिन मैं यहाँ अभय कुमार दुबे से थोड़ा आगे जाना चाहूँगा। समुद्र मंथन में तो किसी को परिणाम पता नहीं था लेकिन भूमंडलीकरण का परिणाम तो हमें पहले से पता था क्योंकि इतिहास को पलटकर देखने पर हम पाते हैं कि 1870 के आसपास भी भूमंडलीकरण का एक ऐसा ही काल था जो 1914 तक चला तथा इस भूमंडलीकरण ने भी विश्व में विषमता को ही बढ़ाया था।

वस्तुत: 1980 से 1990 के बीच भारत जिस आर्थिक संकट के दौर से गुजर रहा था उसमें हमारे पास विश्व-बैंक एवं अंतर्राष्ट्रीय मुद्रा कोष के शर्त्तों को मानने के सिवाय कोई चारा नहीं था।

साथ ही यह भी एक सच्चाई है कि इसकी बदौलत भारत इस संकट से उबरने में भी सफल हुआ। लेकिन इसके शर्तों को मानने के कारण यहाँ आर्थिक विषमताएँ भी काफी बढ़ी हैं। राज्य की लोक कल्याणकारी भूमिकाओं में कमी आने के कारण कमजोर तबकों का विकास अवरूद्ध हो गया है। साथ ही यह भी एक सच्चाई है कि भूमंडलीकरण की प्रक्रिया में अब हम जिस मोड़ पर पहुँच गए हैं वहाँ से कदम वापस खींचना भी आसान नहीं होगा। अत: आज के अंतर्राष्ट्रीय परिवेश में हमें विश्व-बैंक, डब्ल्यु.टी.ओ. एवं अंतर्राष्ट्रीय मुद्रा-कोष पर इसकी नीतियों में परिवर्तन हेतु दबाव बनाना पड़ेगा और इसके लिए सभी विकासशील देशों को एक मंच पर आकर आवाज उठानी पड़ेगी। हमें देश के अंदर फैल रहे असंतुलित विकास को भी नियंत्रित करना पड़ेगा तथा समाज के कमजोर तबकों को कुछ विशेष सुविधाएँ भी देनी पड़ेंगी ताकि वे समाज की मुख्य-धारा से जुड़ सकें। कहा भी गया है कि समस्या की प्रकृति पर ही समाधान की प्रकृति निर्भर करती है। हमें आज केवल खेल के नियमों को ही सुसंगत बनाने की आवश्यकता नहीं है बल्कि खिलाड़ियों पर भी ध्यान देने की आवश्यकता है कि वे खेल खेलने के लिए सक्षम भी हैं या नहीं। यदि वे सक्षम नहीं हैं तो उन्हें कुछ विशेष सुविधाएँ देकर सक्षम बनाना पड़ेगा और शायद तभी इस खेल का कोई मतलब भी रह पाएगा।

References:

Economic survey, 2006-07, Ministry of Finanace, Govt. of India.

Ghosh, Abhijit, 'Kiss of Debts, Times of India (special report), New Delhi, 8 October 2006.

Nayyar, Deepak, Globalisation & Development.

Nirja Gopal Jayal, (ed.), Democracy in India, New Delhi, OUP, Deepak Nayyar, 'Economic development and Political democracy: Introduction of Economic and Politics in Independent of India, 2001.

Balam, David N., and Veseth, Michel, Introduction to International Political Economy, New Delhi, Prentice Hall, 2001.

Bhomik, Sharitk, 'Trade Union Movement, Indian Political system (ed.), M.P. Singh & Himanshu Roy, New Delhi, Gynanada Prakashan, 1995.

Bhomik, Sharit K., The working class movement in India : Trade Unions and the state, peoples Rights: Social movement and the state in the Third world, (ed.) Manoranjan mohanti and P.N. Mukherjee, New delhi, Sage Publication, 1998.

U.N.D.P., Human Development Report, 1999, New york, O.U.P.

II

मानव अधिकार

अध्याय – 3

मानव अधिकार : विभिन्न अर्थ
(Human Rights : Various Meanings)

डॉ॰ नचिकेता सिंह,

अर्थ तथा परिभाषा (Meaning and definition)

मानवाधिकार की अवधारणा का सबसे महत्वपूर्ण लक्षण यह है कि इनको परिभाषित करना यद्यपि कठिन हो सकता है परन्तु इनकी अवहेलना नहीं की जा सकती। सरकार के प्रकार या राज्य के सिद्धातों को लेकर सिद्धांतवादियो तथा आदर्शवादियों, राजनेताओं या राजनितिज्ञों में मतभेद हो सकता है परन्तु वे असहनीय यातना, क्रूरता, अमानवीय और निम्नस्तर का व्यवहार, भूख, जनसंहार, सर्वसत्तावाद, गिरफ्तारी और नजरबंदी जैसी अन्य प्रकार के प्रश्नों को अस्वीकार नहीं कर सकते। चमड़ी का रंग काला या सफेद, मानसिक स्तर निम्न या उच्च, जीवन व्यतीत करने का ढंग पुरातन या नवीन हो सकता है मानवजाति से सम्बन्धित समस्त आवश्यकताओं को कल्पना के किसी समर्थन से किनारा नहीं किया जा सकता। (J.C. Johari, Human Rights and New World Order: Towards perfection of the Democratic way of life 1992, p. 2)

अंतर्राष्ट्रीय समुदाय और राज्यों के अंतर्गत सभी संगठित समाजों के आवश्यक तत्वों का निर्माण व्यक्ति ही करता है। आधुनिक समाज के संगठन में राज्य का एक आवश्यक कार्य पर्याप्त व्यक्तिगत सुरक्षा की व्यवस्था करना तथा व्यक्ति के व्यत्तित्व के पूर्ण विकास के लिए परिस्थितियों को निर्मित करना है। दूसरे शब्दों में, राज्य का प्रारंभिक और अंतिम कार्य सदैव मानव अधिकारों का संरक्षण करना है, और भविष्य में भी राज्य का यही आवश्यक कार्य रहेगा।

राष्ट्रीय और अंतर्राष्ट्रीय दोनों ही स्तरों पर तथा लगभग पूरे विश्व में आज मानवाधिकार एक जीवंत मुद्दा बन गया है। मानवाधिकार का आधार रंग, जाति, लिंग, धर्म या अन्य भेदभाव के बिना मानवीय गरिमा और उसके पूर्ण उपयोगिता के लिए सम्मान की भावना है। मानवाधिकारों को व्यापक रूप में व्यक्ति के ऐसे अधिकार समझा जा सकता है जो व्यक्ति के गरिमामयी जीवन के लिए आवश्यक है। यह अधिकार व्यक्ति के व्यक्तित्व के पर्याप्त विकास और खुशहाली के लिए जरूरी हैं। मानवाधिकारों की सर्वव्यापी व्यवस्था का उद्देश्य सभी समाजों में व्यक्ति के सम्मानपूर्ण जीवन

के लिये परिस्थितियों का पुर्ननिर्माण और पुनरीक्षण करना है। साथ ही, जिस भी समाज में राजनीतिक और आर्थिक उत्पीड़न का अस्तित्व है, वहां से मानवीय कष्ट को दूर करना है और विश्व के सभी हिस्सों में मानव जीवन को समृद्ध और परिष्कृत करना है। पारिभाषिक मतभेदों में उलझे बिना सामान्य शब्दों में कहा जा सकता है कि मानवधिकार वह आधारभूत अधिकार है जो विश्व के किसी भी हिस्से में निवास करने वाले प्रत्येक व्यक्ति को मानवोचित गुण होने के कारण मिलने चाहिए। इस संदर्भ में, मानवाधिकार भेदभाव के बिना प्रत्येक व्यक्ति को न्यूनतम जीवन स्तर की गारंटी देता है। फ्रांसिस फुकुयामा के अनुसार प्रत्येक व्यक्ति का सम्मान किया जाना चाहिए और यह विचार व्यक्तिगत गरिमा के ढांचे के पर्याप्त निर्णायक मानवाधिकार हैं, वह तर्क देते हैं कि इतिहास की प्रगति लोगों को मानवाधिकारों के समर्थन की प्रेरणा प्रदान करती है। क्योंकि मानवाधिकार मानवीय गरिमा में सहायक सर्वाधिक त्रुटिरहित आदर्श का निर्माण करता है। उनके अनुसार तत्कालीन विश्व एक उदार लोकतांत्रिक विश्व है और मानवाधिकारों की रक्षा के लिए एक आदर्श स्थिति है। (F. Fukuyama, The End of History and the Last Man, 1992 pp. 10-15)

मानवाधिकार वे अधिकार हैं जो प्रत्येक व्यक्ति को जन्म से ही मानवोचित गुण होने के कारण प्राप्त होते हैं। ये हमारी मानवीय सदभावना पर आधारित होते हैं। डेविड सेलबी के अनुसार, विश्व में प्रत्येक व्यक्ति मानव होने के नाते मानवाधिकारों का उपयोग करता है मानवाधिकार कमाए नहीं जाते और न किसी द्वारा किसी को दिए जा सकते हैं ओर न ही किसी समझौते द्वारा इनका निर्माण किया जा सकता है। यह अधिकार प्रत्येक व्यक्ति से सम्बन्धित होता हैं। ए.ए. सईद के अनुसार, मानव अधिकार व्यक्ति की गरिमा से सम्बन्धित हैं। व्यक्तिगत पहचान का स्तर आत्म-सम्मान को संरक्षित करता है और मानवीय समुदाय को बढ़ावा देता है। प्लेनो और ऑलटन लिखते हैं - मानवाधिकार वे अधिकार हैं जो व्यक्ति के जीवन, अस्तित्व और व्यक्तिगत विकास के लिए सर्वाधिक आवश्यक समझे जाते हैं।' स्कॉट डेविडसन के अनुसार, 'मानवाधिकार की अवधारणा राज्य द्वारा व्यक्ति की सुरक्षा के लिए किए गए कार्य से निकटता से जुड़ी हुई है यह राज्य द्वारा निर्मित उन सामाजिक परिस्थितियों और जीवन को विभिन्न क्षेत्रों की ओर भी संकेत करती हैं जिसके अंतर्गत व्यक्ति अपने व्यक्तित्व का पूर्ण विकास कर सके।' एम. फ्रीडमैन के अनुसार, 'मानवाधिकार एक वैचारिक युक्ति हैं जिसकी अभिव्यक्ति भाषागत रूपरेखा में होती है जो निश्चित मानवीय या सामाजिक विशेषताओं को प्राथमिकता देते हुए व्यक्ति के पर्याप्त कार्यों के लिए आवश्यकता के रूप में महत्व प्रदान करती है जो कि इन विशेषताओं की रक्षा के संक्षिप्त योजना बनाने के लिए प्रोत्साहित करके इस प्रकार के संरक्षण की पुष्टि के विचार विमर्श के कार्यों की अपील करती है।'

मानवाधिकार का प्रश्न कई कारणों से एक प्राचीन तर्क का विषय है। अधिकांश मूल सिद्धांत निसन्देह सत्ता के अंर्तगत व्यक्ति से व्यक्ति के संबंधों और व्यापक रूप से बाकी समाज से उसके संबंधों को निधारित करते हैं। यदि एक व्यक्ति के पास मानवाधिकार है तो वह समाज के अन्य हिस्सों के व्यक्तियों के लिए मूल अधिकारों के लिए दावा करने के लिए अधिकृत हैं और यदि किसी कार्य को करने से व्यक्ति की गरिमा को क्षति पहुंचती है तो वह उस कार्य को भी निर्णायक तरीके से रोक सकता है। (Ronald Dworkin, Taking Rights Seriously, 1977, pp. 1-10)

पूरे इतिहास में हर जगह, हर स्थान पर प्रत्येक व्यक्ति और उसके सामाजिक सम्बन्धों में निहित मूल्यों और गुणों को मानवीय गरिमा की अवधारणा के रूप में समझा गया है। इन प्रश्नों का उत्तर कई तरीकों - व्यक्ति द्वारा अपनाए गए सामाजिक दायित्वों और मूल्यों के अधिकार पर, विशेष रूप से जन्म और लिंग पर आधारित सामाजिक वर्णक्रम, शाही या दैविक इच्छा की सहमति के

समर्थन द्वारा, या फिर सामाजिक शांति को बनाए रखने के महत्व द्वारा, उत्तर दिया जा सकता है। (Human Rights Manual, Department of Foreign Affairs and trade, Canberra: Australian Govt. Publication Service, 1993, p. 10)

मानवाधिकार स्वयं एक सामाजिक साध्य है और यह वैधानिक व्यवस्था हमें बताती है कि किस समय में कौन से अधिकार समाज में अधिक महत्वपूर्ण समझे जाते हैं। अगर मानवाधिकारों के विचार को अहस्तांतरणीय समझा जाता है तो लोगों की यह मान्यता है कि राज्य अधिकारों का उल्लंघन नहीं कर सकता। इस आदर्श को समझना चाहिए अर्थात् कानून व्यवस्था में अधिकारों की नियमावली का निर्माण किया जाना चाहिए। मानवाधिकारों की अवधारणा विशेष रूप से भेदभाव की मनाही की अवधारणा है परन्तु यदि हम मानव इतिहास के पन्नों को उलट कर देखें तो हम पाते हैं कि मानवाधिकारों का मूल सिद्धांत व्यक्तियों के बीच भेदभाव की मनाही के सर्वव्यापी सिद्धांत के रूप में सदैव स्वयंसिद्ध नहीं रहा है। विशिष्ट वर्ग और साधारण व्यक्ति के बीच मौलिक अधिकारों और स्वतंत्रता के प्रति आग्रह को लेकर निरन्तर विवाद की स्थिति बनी रही है। अव्यवहारिक सिद्धांतों और उनके उपयोग और कार्यान्वियन के व्यवहार और सिद्धांत की निरन्तर वास्तविकता के बीच सदैव एक व्यापक दूरी बनी रही है।

मौलिक या आधारभूत मानवाधिकार या व्यक्ति के प्रतीक या अहस्तांतरणीय अधिकारों की अवधारणा एक परिवर्तनशील और प्रगतिशील अवधारणा बन चुकी है। वास्तव में यह अवधारणा पीढ़ी दर पीढ़ी भिन्न-भिन्न और निरन्तर बदलती हुई परिस्थितियों के अंतर्गत विकसित होती रही है। कोई भी अधिकार पूर्ण और असीमित नहीं हो सकता और न ही कोई अधिकार पूर्णतया अपरिवर्तनीय और सामाजिक सांस्कृतिक व्यवस्था और राजनीतिक आर्थिक परिस्थितियों से परे हो सकता है। यद्यपि एक समान समाजों में भी निरन्तर बदलती परिस्थितियों के अनुसार अधिकारों का स्वरूप भिन्न हो सकता है परन्तु इसका अर्थ मानवाधिकार के विशेष परिस्थितियों में विशेष लोगों को विशेष अधिकार और कर्तव्यों की प्राप्ति होती है। मानव अधिकार सामान्य और सर्वव्यापी हैं यह सबको प्राप्त होने चाहिए और इनका संबंध किसी विशेष स्थिति से नहीं होना चाहिए। मानवाधिकारों की प्रकृति में विशेषाधिकार का कोई अर्थ नहीं है। विभिन्न परिस्थितियों में विभिन्न मुद्दों पर क्या होना चाहिए, इन प्रश्नों का विस्तार मानवाधिकारों के लागू करने की स्थितियों पर सीमायें लगाते हैं। मानवाधिकार व्यक्ति और समाज, समूहों, अल्पसंख्यकों और बहुसंख्यकों सबके अधिकार है।

दूसरे विश्वयुद्ध के पश्चात हिंसा को रोकने और विश्व के पुनर्निर्माण के लिए मानवाधिकारों की घोषणा की गई। युद्ध जनित विवादों और अतीत के विवादों के निरीक्षण के बाद पता चला कि मानवाधिकारों की रक्षा, हिंसा के स्तर और समाज में व्याप्त दमन तथा उनकी आर्थिक और राजनीतिक स्थिरता के बीच निकटता का संबंध है जो एक जटिल संबंध है। औद्योगीकरण और वैश्वीकरण की प्रक्रिया से आर्थिक और सामाजिक पुनर्वितरण द्वारा अहिंसा में सहायक परिस्थितियों का निर्माण हो सकता है। वैश्वीकरण की प्रक्रिया से पश्चिमी यूरोप, अमेरिका, कनाडा और आस्ट्रेलिया में शांति और समृद्धि की परिस्थितियों का निर्माण हो सकता है परन्तु बाकी विश्व के लिए भी यही परिणाम हो यह आवश्यक नहीं है।

मानव अधिकार : ऐतिहासिक विकास (Human Rights: Historical Development)

इस बात पर वास्तव में ध्यान देना चाहिए कि 1945 से (द्वितीय विश्व युद्ध के बाद से) मानवाधिकार की धारणा ने पाश्चात्य इतिहास और अंतराष्ट्रीय संबंधों में एक महत्वपूर्ण भूमिका निभाई है परन्तु अभी भी कोई इन अधिकारों की वास्तविक उत्पत्ति और प्रकृति से सम्बन्धित प्रश्नों की विश्वसनीय व्याख्या नहीं कर सका है। जहाँ एक ओर यह कहा जाता है कि मानवाधिकारों की धारणा का जन्म ब्रह्मविद्या, दर्शन और कानून से हुआ था वहीं पाश्चात्य विचारकों के अनुसार प्राकृतिक अधिकारों की अवधारणा का विकास सबसे पहले सम्पत्ति के ईसाई सिद्धातों को स्पष्ट करने के लिए हुआ था। 17वीं शताब्दी में पूर्ण निरंकुश शासन और सम्पत्ति के अधिकार को आलोचना से बचाने के लिए आज नागरिक और राजनतिक अधिकार कहे जाने वाले, अधिकारों का जन्म हुआ था। इन अधिकारों की अवधारणा व्यक्ति के आपस में व्यवहार करने वाले मानकों को निर्धारित करती थी। समकालीन मानवाधिकारों में व्यवहार के इस मानकीकरण का विस्तार किया गया है अर्थात् मानवाधिकारों का प्रारंभ इस बात के निर्धारण के लिए हुआ कि सरकार को कौन से कार्य करने चाहिए और कौन से कार्य नहीं करने चाहिए।

मानवाधिकारों के इतिहास को मानवाधिकारों पर प्रकाश डालने वाले कारणों और अर्थ के रूप में समझा जा सकता है। कुछ विचारकों का मत है कि 1945 में संयुक्त राष्ट्रसंघ की स्थापना से पूर्व मानवाधिकारों का इतिहास नाममात्र का था फिर भी सामान्य विचार यही है कि आज के मानवाधिकारों की अवधारणा का एक लम्बा इतिहास रहा है। इस मान्यता से इसकी आधुनिक अवधारणा, ऐतिहासिक आधार और आदर्शों के निरीक्षण में सहायता मिलती है। मानवाधिकारों की उत्पत्ति के प्रश्न के बारे में विभिन्न मान्यताएं है और उत्पत्ति के स्थान की अलग-अलग मान्यताओं के कारण यह प्रश्न सदैव विवादों से घिरा रहता है। कुछ विचारकों का तर्क है कि संसार के विभिन्न धर्मों और दर्शनों में मानवाधिकारों का सार्वभौमिक इतिहास मौजूद हैं जबकि कुछ विचारकों का मानना है कि इनका जन्म पश्चिम में हुआ था और द्वितीय विश्व युद्ध के बाद, हाल ही में इनका स्वरूप सार्वभौमिक हुआ है। इन विभिन्न मान्यताओं के बावजूद सबसे अधिक मान्यता है कि मानवाधिकारों का जन्म पश्चिमी राज्यों में हुआ था।

परन्तु फिर भी गैर पाश्चात्य संस्कृतियों में मानव अधिकार एक नैतिक अवधारणा के रूप में विद्यमान है जबकि इन राष्ट्रों की परम्पराओं में मानवाधिकारों की अवधारणा का अभाव है। व्यक्ति के अधिकारों को लेकर पश्चिम में गहन बौद्धिक वाद-विवाद हुआ था जिन्हें आज हम व्यक्ति के निजी अधिकारों के रूप में जानते हैं। सामाजिक न्याय के अर्थ में अन्य देशों और संस्कृतियों में व्यक्ति के साथ गरिमापूर्ण और सम्मानजनक व्यवहार किया जाता था। उनका ऐसा व्यवहार करने का कारण निजी अधिकार न होकर विचार और नैतिक सिद्धांत थे। उदारणार्थः- इस्लामिक संस्कृति में शरीयत और कुरान दोनों में लोगों के बीच सहनशीलता के मार्ग के बारे में बताया गया है और इस सहनशीलता के सिद्धांत को अल्लाह और उसके पैगम्बर के आदेश के रूप में इसका पालन आवश्यक बताया गया है परन्तु लोगों के आपसी व्यवहार के बारे में सही और न्यायिक व्यवस्था के बारे में कुछ नहीं कहा गया है। इसी प्रकार चीनी कन्फ्यूशियन संस्कृति में भी (सदगुणी) सर्वगुणसम्पन्न शासक और उसके नागरिकों के प्रति कर्तव्यों का पालन भी सभी नागरिकों के लिए एक समान नहीं है। शासक की नियुक्ति या पद विमुक्ति के लिए व्यक्तिगत अधिकार प्रदान किए गए हैं।

मानवाधिकारों को समझने के लिए यह समझना जरूरी है कि यह केवल स्थिर वस्तुएं, सम्पत्ति या कुछ वस्तुओं तक सीमित ही नहीं है बल्कि मानवाधिकार एक व्यापक व्यावहारिक सामाजिक प्रक्रिया है और इसमें व्यक्ति, राज्य और समाज सम्मिलित है। नागरिक और सामाजिक सत्ता या नागरिक और समाज के बीच सम्बन्धों पर ध्यान देने का विचार नितान्त ही नवीन है। ग्रीक और रोमन समय में भी मानवाधिकारों का अस्तित्व देखा जा सकता है। मानवाधिकारों की पश्चिम में उत्पत्ति के विचार विशेषरूप से अधिकारों की प्राप्ति की प्रक्रिया को लेकर वाद-विवाद का एक लम्बा इतिहास रहा है। (B. Weston, Human Rights, "Encyclopeda Britanica, 1985, pp. 714-22) फिर भी कुछ विचारकों का मत है कि ग्रीक साहित्य तथा कला से सम्बन्धित विचारक राज्य के विरूद्ध व्यक्ति के बारे में नहीं सोच सकते थे क्योंकि वह राज्य को साध्य और व्यक्ति को साधन मानते थे और व्यक्ति राज्य के सावयवी रूप का एक हिस्सा मात्र है। प्राचीन रोम में अधिकारों की धारणा थी या नहीं परन्तु शक्ति और इसके दुरूपयोग की धारणा निश्चित रूप से विद्यमान थी। मध्यकालीन युग में जिसका काल विभाजन का प्रारम्भ मौटे तौर पर 13वीं शताब्दी से माना जाता है। इस समय में समाज में कुछ मौलिक परिवर्तन देखे गए जैसे वेस्टफेलिया की सन्धि, पुनर्जागरण और सामन्त प्रथा की समाप्ति, इत्यादि। इन परिवर्तनों के कारण समाज के विश्वास में भी परिवर्तन हुए और अब लोगों ने मानवाधिकारों को एक सामान्य सामाजिक आवश्यकता के रूप में महत्वपूर्ण समझा।

मानवाधिकारों का जन्म इंग्लैण्ड में हुआ था। इग्लैंण्ड में मानवाधिकारों के इतिहास का प्रारंभ मैग्नाकार्टा के समय आतंरिक कानून के क्षेत्र से हुआ था। परन्तु मानव अधिकारों की वास्तविक नींव 17वीं शताब्दी में संवैधानिक कानून में देखने को मिलती है। मैग्नाकार्टा के आधार पर 1628 में अधिकारों का प्रार्थनापत्र' (Petition of Rights) और बाद में 1688 में अधिकारों का घोषणापत्र पास किया गया। अंग्रेजों की इन तीनों परिवर्तनों ने शब्दावली और आध्यात्मिक उमंग प्रदान की। बाद में मानव अधिकारों की आधुनिक घोषणापत्र को फ्रांसिसी क्रांति और अमेरिकन संविधान ने भी बहुत प्रभावित किया। मानवाधिकारों के व्यवहार का इतिहास काफी लंबा है। 18वीं शताब्दी में मानवाधिकारों को अमेरिका और फ्रांस की क्रांति को आधार बनाकर निर्मित किया गया। अधिकतर आधुनिक संविधानों में फ्रांस तथा अमेरिका के प्रभावी सिद्धातों को अपनाकर अधिकारों की औपचारिक घोषणा करके सम्मिलित किया गया है। फ्रांस की राष्ट्रीय सभा ने 1789 में अमेरिका के अधिकारों के घोषणापत्र को प्रारंभिक संवैधानिक संशोधनों के रूप में अपना कर 1791 में संविधान में सम्मिलित कर दिया। आधुनिक राज्यों ने मानव में निहित अधिकारों की पहचान करके सुधारवादी परिवर्तन के रूप में स्वीकृति प्रदान की है। इसके बाद से सभ्य समाजों के संविधान में मौलिक अधिकार के कानून एक सामान्य सिद्धान्त बन गए। और 19वीं शताब्दी में लगभग सभी यूरोपीय देशों के कानूनों में मानवाधिकार एक आवश्यक अंग बन गए।

हालांकि मानवाधिकारों की जड़े विभिन्न रूपों में अतीतकाल में भी विद्यमान थीं परन्तु 20वीं शताब्दी में यह एक लोकप्रिय विषय बन गया। आधुनिक इतिहास में मानव अधिकारों के प्रति अंतर्राष्ट्रीय रूचि समय-समय पर दास व्यापार और दासता के विरूद्ध एक योजनाबद्ध कार्यक्रम के रूप में दिखाई देती है। इसके अतिरिक्त युद्ध के मानवीय कानून, अल्पसंरक्षकों का संरक्षण, महिलाओं का उद्धार, इंग्लैण्ड का मैगनाकार्टा (1215), अमेरिका की स्वतंत्रता का घोषणापत्र (1776) और रूस की बोल्शेविक क्रांति (1917) मानवाधिकारों की अवधारणा के विकास के महत्वपूर्ण उदाहरण माने जा सकते हैं। इन सब घोषणाओं और क्रांतियों ने मानवाधिकार की अवधारणा के विकास में महत्वपूर्ण सहयोग दिया है। तत्कालीन विशिष्ट परिस्थितियों की उपज होने के कारण ये अधिकार

अपने कार्यक्षेत्र और प्रयासों में सीमित थे। उदाहरणार्थ:- मैग्नाकार्टा ने निरंकुशता पर कानून की सीमाएं लगाकर कानून के शासन की नींव रखी, परन्तु इसके द्वारा केवल सामंतों को ही विशिष्ट सुविधाएं प्राप्त हो सकीं। इसी प्रकार अमेरिका के स्वातंत्र्य घोषणापत्र और अधिकारों के घोषणापत्र से केवल (White Anglo-Sexon and Protestant) को निर्मित करने वाले लोग ही लाभान्वित हुए। दास प्रथा अमेरिका की सामाजिक और राजनीतिक व्यवस्था का एक हिस्सा बनी रही है। 1864 में कहीं जाकर अमेरिका में दास प्रथा का कानून बनाकर उन्मूलन किया गया और 1890 में अंतर्राष्ट्रीय संधि द्वारा दास व्यापार का उन्मूलन किया गया। 1920 में दासता के उन्मूलन के लिए मसौदा तैयार किया गया। (M. Freeman, op. cit, p. 32) 19वीं शताब्दी के अंत तक, यूरोप तथा उत्तरी अमेरिका में प्राकृतिक अधिकारों की अवधारणा का स्वरूप धर्म-निरपेक्ष, तार्किक और लोकतांत्रिक हो गया था अर्थात् मानवाधिकारों की अवधारणा की पुन: खोज की गई थी जिन्हें आज हम व्यक्ति के अधिकार के रूप में जानते हैं। फ्रांसिसी घोषणापत्र में स्वतंत्रता, समानता तथा भ्रातृत्व जैसे सर्वाधिक क्रांतिकारी सामाजिक अवधारणा का प्रतिनिधित्व करने वाले सिद्धान्तों की घोषणा की गई थी परन्तु यह घोषणापत्र भी श्रमिक वर्ग की सामाजिक और आर्थिक न्याय की आवश्यकताओं के बारे में मौन था। 19वीं शताब्दी के उत्तराद्ध के प्रारम्भ में नागरिक तथा राजनीतिक अधिकारों के साथ-साथ समाजवादी आन्दोलन के अन्तर्गत सामाजिक न्याय और आर्थिक संरक्षण की मांग सर्वाधिक महत्वपूर्ण रूप से सामने आई। इस प्रकार, रूस की बोल्शेविक क्रांति ने आर्थिक तथा सामाजिक अधिकारों को नागरिक और राजनीतिक अधिकार के समान महत्व दिया।

दो विश्वयुद्धों के बीच के समय में मानवाधिकारों का विचार मुख्यत: श्रमिकों के अंतर्राष्ट्रीय संगठनों के कुछ कार्यों और राष्ट्र संघ द्वारा अल्पसंख्यकों के संरक्षण के निश्चित प्रावधानों तक ही सीमित था और यह भी उत्तरकालीन कुछ देशों पर ही लागू होता था। (J. Donnelly, Universal Human Rights in Theory and Practice, 1989, p. 210) प्रथम विश्व युद्ध के बाद से अधिकारों की घोषणा लगभग सभी देशों के संविधानों का एक सामान्य लक्षण बन गई। रूस में 1917 की बोल्शेविक क्रांति ने मानव अधिकार के क्षेत्र का लोगों के सामाजिक-आर्थिक न्याय और सामाजिक और आर्थिक अधिकारों तक विस्तार करके मानवाधिकारों को एक नया आयाम दिया। 20वीं शताब्दी के मध्य तक कुछ ऐतिहासिक तत्वों के परिणामस्वरूप मानवाधिकारों की अवधारणा को व्यापक समर्थन मिला और यह एक सर्वव्यापक अवधारणा के रूप में उभरी। द्वितीय विश्वयुद्ध से उत्पन्न भय ने आधुनिक मानवाधिकारों की पहचान और जन्म का नेतृत्व किया। युद्ध के बाद अंतर्राष्ट्रीय कानून में मानवाधिकारों को प्रमुखता से शामिल किया गया। युद्ध के बाद मानवाधिकारों का आधार 1841 में अमेरिका के राष्ट्रपति फ्रेंकलिन रूजवेल्ट द्वारा चार स्वतंत्रताओं के बारे में अमेरिकी संघ में दिया गया भाषण था जिसे सर्वत्र सराहा गया और बाद में मानवाधिकारों के चार्टर में शामिल कर लिया गया। 1945 तक मानवाधिकारों के सिद्धांत और इसकी विषयवस्तु के प्रति एक सर्वव्यापक सहमति का माहौल बन चुका था। द्वितीय विश्वयुद्ध के बाद यह मान्यता बन गई थी कि अंतर्राष्ट्रीय चार्टर और राष्ट्रीय संविधानों और देशों के आंतरिक और आपसी सम्बन्धों की वास्तविकता में तभी स्थायित्व आ सकता है जबकि यह सम्बन्ध सामाजिक-आर्थिक न्याय और मानवाधिकारों पर आधारित हो। अत: परम्परागत राजनीतिक और नागरिक अधिकारों और नई सामाजिक-आर्थिक अधिकारों में पुन: अपेक्षित विश्वास करते हुए मानवाधिकारों को प्रत्यक्ष प्रभावशाली स्थान प्रदान किया। इस प्रकार से 20वीं शताब्दी में राजनीतिक संदर्भ में मानवाधिकारों में नवीन परिवर्तन किए गए और मानवाधिकारों के आदर्श और सिद्धांतों के मतभेद में भी स्वाभाविक परिवर्तन हुए। (L. Heukin, The Right of Man Today, 1978, pp. 18-19)

जहां एक ओर, हिटलर की निरकुंशता, संविधानवाद, प्रतिनिध्यात्मक सरकार, सार्वभौमिक मतदान, साक्षरता की दर में वृद्धि हो रही थी, वही दूसरी ओर सोवियत संघ और चीन के विश्वशक्ति के रूप में उदय ने इस नई परिस्थिति को जन्म दिया था परन्तु मानवाधिकारों की पुनः स्थापना का तत्कालीन कारण नाजियों की निरकुंशता से उत्पन्न भय था। मित्र राष्ट्र संयुक्त राष्ट्र संघ की इस उद्घोषणा पर बल दे रहे थे कि मानवाधिकारों के संरक्षण और न्याय के आदर्शों की प्राप्ति के लिए मित्र राष्ट्रों की विजय आवश्यक है। 19वीं शताब्दी की प्राकृतिक अधिकारों की अवधारणा उपयोगितावाद और वैज्ञानिक सापेक्षता के दर्शन दोनों ही सिद्धांतों का विरोध किया था और अब ये नाजीवाद के हानिकारक चरित्र की व्याख्या भली भांति कर रहे थे।

मानवाधिकार को संयुक्त राष्ट्र संघ में सबसे पहले अंतर्राष्ट्रीय साधन के रूप में अभिव्यक्ति प्रदान की गई। संयुक्त राष्ट्र संघ में जाति, लिंग, भाषा और धर्म के भेदभाव के बिना सभी व्यक्तियों को मानव अधिकारों की मौलिक स्वतंत्रता प्रदान की गई इस प्रकार संयुक्त राष्ट्र संघ ने एक नए स्वरूप के मानवाधिकारों का सूत्रपात किया गया। 10 दिसम्बर 1948 को संयुक्त राष्ट्र संघ की महासभा में मानवाधिकारों की उद्घोषणा की गई। संयुक्त राष्ट्र संघ के चार्टर के अंतर्गत 1945, 1948 में मानव अधिकारों का पहला महत्वपूर्ण अंतर्राष्ट्रीय कानून बना। चार्टर में सार्वभौमिक मानवाधिकारों के संदर्भ तो दिए गए थे, परन्तु उनकी पुष्टि नहीं की गई थी। आरंभिक संयुक्त राष्ट्र संघ की कूटनीति ने इस रिक्तता को भरने के लिए हल खोजा। आज सार्वभौमिक मानवाधिकार के रूप में पहचाने जाने वाले अधिकारों को संयुक्त राष्ट्र की महासभा में बिना किसी मतभेद के स्वीकार कर लिया गया और उनकी उदघोषणा कर दी गई। इसे मानव अधिकारों की सबसे पहला नियमावली बनाने का प्रयत्न कहा जा सकता है। यहाँ यह बताना महत्वपूर्ण है कि जो देश उद्घोषणा के कुछ प्रावधानों के प्रबल विरोधी थे वह भी इनको सिद्धांत के रूप में अस्वीकार करने के लिए तैयार नहीं थे। यह उदघोषणा कई प्रसंविदाओं और अधिवेशनों का परिणाम थी। मानवाधिकारों की सार्वभौमिक उद्घोषणा 1948 की पहली धारा में घोषित किया गया है कि सभी व्यक्ति स्वतंत्र रूप से जन्म लेते हैं और मानवीय गरिमा और अधिकारों में समान है और हम सबको भ्रातृत्व की भावना के साथ एक-दूसरे के साथ व्यवहार करना चाहिए। यह प्रस्ताव संयुक्त राष्ट्र संघ की महासभा में पास हुआ था। यह कोई बाध्यकारी संधि नहीं है बल्कि यह लक्ष्य की प्राप्ति के लिए एक कथन है। तब से यह लगभग सभी देशों में एक स्पष्ट अंतर्राष्ट्रीय प्रथा के रूप में परिवर्तित हो गया है। मानवाधिकारों की पहली अभिव्यक्ति प्रथम विश्व युद्ध के बाद लीग ऑफ नेशन्स (राष्ट्रसंघ) के प्रावधानों में की गई थी जिसके कारण अंतर्राष्ट्रीय श्रमिक संघ का जन्म हुआ। 1945 में सेन-फ्रांसिस्को में संयुक्त राष्ट्र संघ के चार्टर का एक मसौदा तैयार किया गया। 'मानव के लिए आवश्यक कानूनों' की उद्घोषणा को साकार करने के लिए एक प्रस्ताव लाया गया परन्तु उसकी जांच-पड़ताल नहीं की गई। यह उस समय संभवतः सबसे विस्तृत आवश्यक विचार था। संयुक्त राष्ट्र संघ के प्रांरभिक सेन-फ्रांसिस्को के सम्मेलन के अंतिम सत्र के बाद सुझाव दिए गए कि पहले सत्र द्वारा निर्धारित आर्थिक और सामाजिक परिषद का गठन किया जाए जो एक ऐसा संगठन अंग बने जो मानवाधिकारों को बढ़ावा दे जैसा कि चार्टर के अनुच्छेद 68 में कहा गया था। इन सुझावों के अनुसार मानवाधिकारों पर जितनी जल्दी हो सके 1946 तक यह एक संगठन का गठन करे। इस संगठन ने अपने पहले सत्र में 1947 में मानवाधिकारों के घोषणा-पत्र का मसौदा तैयार करने के लिए कुछ लोगों को अधिकृत किया। बाद में यह कार्य मसौदा समिति द्वारा किया गया। मसौदा समिति ने एक अंतर्राष्ट्रीय सम्मेलन और अंतर्राष्ट्रीय की धाराओं का मानव अधिकारों का मसौदा आयोग को सौंपा।

अतः सार्वभौमिक मानवाधिकारों को स्वीकार किया गया और महासभा द्वारा उनकी उद्घोषणा की गई। इस उदघोषणा को निरन्तर ध्यान में रखते हुए राष्ट्रीय और अंतर्राष्ट्रीय स्तर पर इन अधिकारों और स्वतंत्रताओं को शिक्षण-प्रशिक्षण तथा प्रगतिशील साधनों से इन अधिकारों और स्वतंत्रताओं के प्रति सम्मान को बढ़ावा दिया जाना चाहिए ताकि न्यायिक प्रक्रिया के अंतर्गत सार्वभौमिकता तथा प्रभावी मान्यता एवं निरीक्षण को सदस्य राष्ट्रों तथा प्रदेशों के लोगों के लिए उनकी सुरक्षा को सुनिश्चित किया जा सकेगा।

अंतर्राष्ट्रीय सम्बन्धों में मानवाधिकार (Human rights in international relations)

मानवाधिकारों का विषय हालांकि प्राचीन है, परन्तु इस संदर्भ में नई बात इसका अंतर्राष्ट्रीय संबंधों के रूप में उदय है। मौटे तौर पर 1648 की वेस्टफेलिया की शांति संधि ने राष्ट्र को सर्वोच्च सत्ता प्रदान की। 1945 में संयुक्त राष्ट्रसंघ के युग में राष्ट्र-राज्यों की सक्षमता के रूप में मानव अधिकारों को महत्वपूर्ण स्थिति प्रदान की जाती थी। कानूनी सिद्धांत और कूटनीतिक व्यवहार दोनों में यह परिवर्तन संयुक्त राष्ट्र संघ ने जाति, लिंग, भाषा, धर्म के आधार के बिना भेदभाव के व्यवहार की उद्घोषणा और 1945 के संयुक्त राष्ट्र संघ के चार्टर के प्रावधानों को बढ़ावा देने के प्रचलन के कारण हुआ। संयुक्त राष्ट्र संघ की महासभा ने दिसम्बर 1948 में सर्वव्यापक मानवाधिकारों की घोषणा की थी। उस समय से ही समकालीन अंतर्राष्ट्रीय राजनीति में मानवाधिकारों की अवधारणा एक शक्तिशाली कारक बन गई है। फ्रांस की क्रांति से द्वितीय विश्वयुद्ध तक मानवाधिकारों का अंधकार युग था। अंतर्राष्ट्रीय कानून के अंतर्गत मानवाधिकारों का अर्थ प्रभुत्व सम्पन्न नागरिक और एक समान अधिकारों का वास्तविक नहीं वरन् संभावित उपयोग करने वाले लोगों पर निर्भर करता है। इस विचार का कारण एक व्यक्ति का अपने साथी से अलग रहना था वह वातावरण जिसमें वह रहता है के दृष्टिकोण पर निर्भर हो सकता है। या वह 'लोग' जिन को आधार बनाकर 'शक्तित्व' की प्रकृति की योजना बनाई जाती है। दोनों ही परिस्थितियों में एकरूपता की पहचान आवश्यक प्रतीत होती है। लिंग, वर्ग, आयु और जाति व्यक्तित्व के विषय पर मानव अधिकारों की प्रकृति को रेखांकित करते हैं जहां वास्तविक रूप में इन वर्गों की समानता के दावे को नकारा जाता है। इस व्यैक्तिक एकरूपता और समानता के दावे का विस्तार राष्ट्र राज्यों तक हुआ है। अब मानवाधिकार इस बात पर बल देते हैं कि व्यक्ति को एक साधन न मानकर साध्य माना जाना चाहिए। मानवाधिकार के अंतर्गत साध्य स्वयं की सम्प्रभुता और स्वशासन के विचार पर कम से कम कुछ क्षेत्र तक विश्वास किया जाता है।

अंतर्राष्ट्रीय संबंधों में उदार लोकतांत्रिक देश एक महत्वपूर्ण भूमिका निभाते हैं। यह केवल एक महत्वपूर्ण हित समूह नहीं है बल्कि ये पर्याप्त सेना, कूटनीतिक तथा आर्थिक शक्तियों का प्रयोग भी करते हैं। ये देश अंतर्राष्ट्रीय सम्बन्धों में पाश्चात्यकरण की प्रक्रिया के साथ एक उन्नतिशील सामूहिक शक्ति का निर्माण करते हैं। 1945 से यह देश और विशेष रूप से गैर सरकारी संगठन कार्यकर्ता वैश्विक मामलों में मानवाधिकारों को प्रस्तुत करते रहे हैं। उदार लोकतांत्रिक देश मानवाधिकारों का प्रयोग करते हैं क्योंकि वह शक्तियों का वैधानीकरण करने के अंहिसात्मक तरीकों का प्रयोग करते हैं। उदार लोकतांत्रिक देशों में यह माना जाता है कि शक्ति का प्रयोग मुख्यतः व्यक्ति के नागरिक और राजनीतिक अधिकारों की वार्ता के अनुरूप होना चाहिए। यदि द्वितीय विश्व युद्ध में धुरी राष्ट्र विजयी होते या फिर शीत युद्ध में साम्यवादी गुट विजयी होता तो आज अंतर्राष्ट्रीय संबंधों का स्वरूप

भिन्न होता। इन शक्तियों का मानवाधिकारों के प्रति दृष्टिकोण अधिक अनुकूल नहीं था। इसका अर्थ यह नहीं है कि लोकतांत्रिक देशों का मानवाधिकारों के प्रति रूख वास्तविक रूप से सच्चा है। यह भी सत्य नहीं है कि जब-जब मानवाधिकारों के प्रश्न सामने आए हैं तो इन लोकतांत्रिक देशों ने सदैव मानवाधिकारों का समर्थन किया है। उदाहरणार्थ फ्रांस और अमेरिका दोनों ही देशों का अंतर्राष्ट्रीय संबंधों की तुलना में भिन्न-भिन्न रिकॉर्ड रहा है। यह बिल्कुल स्पष्ट है कि शीत युद्ध के दौरान लोकतांत्रिक पश्चिमी देशों ने अपने देश के मानवाधिकारों की रक्षा के लिए विश्व के अन्य हिस्सों में मानवाधिकारों का हनन किया और असहयोग का रूख अपनाया। शीतयुद्ध के दौरान संयुक्त राज्य अमेरिका ने मध्य अमेरिका में कई व्यक्तिगत स्वतंत्रताओं का समर्थन नहीं किया। ग्वाटेमाला, अल-साल्बाडोर और निकारागुआ जैसे स्थानों पर अमेरिकी राष्ट्रपति बहुत-सी राजनीतिक हत्याओं और दमन के अन्य तरीकों से अप्रत्यक्ष रूप से संबंधित रहे।

द्वितीय विश्वयुद्ध ने विश्व की सामाजिक और राजनीतिक व्यवस्था को छिन्न-भिन्न कर दिया और मानवाधिकारों के विचार को एक गंभीर आघात पहुंचाया। द्वितीय विश्व युद्ध के बाद समानता, स्वतंत्रता और सामाजिक न्याय को मानवाधिकारों को मूलभूत सिद्धातों के रूप में अपनाने की घोषणा की गई। युद्ध समाप्त करने और एक नई शांतिपूर्ण वैश्विक व्यवस्था को बनाने, एक ऐसी व्यवस्था जो सर्वसम्मति और आपसी समझ पर आधारित हो का विचार रखा गया। एक ऐसे अंतर्राष्ट्रीय संगठन की स्थापना की जाए जो मानवता के मौलिक अधिकारों की पहचान करके उनको कानूनी लिखित रूप प्रदान करे और उस संगठन द्वारा प्रस्तावित अधिकारों को मानवाधिकार माना जाए। द्वितीय विश्व युद्ध के अंत के बाद, सैनिक राष्ट्रवाद के चरित्र का प्रतिनिधित्व करने वाले नाजीवाद और फासीवाद की पराजय के बाद जिसने समस्त विश्व में भय और जड़ता के द्वारा भय और आतंक की स्थिति पैदा करके सर्वनाश की सी स्थिति पैदा कर दी थी। ऐसी परिस्थितियों के कारण अंतर्राष्ट्रीय समुदाय में अपने नागरिकों के लिए धर्म, राष्ट्र और जाति के आधार पर हिंसात्मक और पाशविक दमन की नीतियों के व्यवहार के विरूद्ध राष्ट्र राज्यों की सक्षम चेतना का विकास हुआ। संयुक्त राष्ट्रसंघ में अधिकारों की रक्षा के लिए सर्वव्यापक अधिकारों के घोषणापत्र की घोषणा की गई जो राज्य की दमनकारी नीतियों के विरूद्ध निरीक्षण कर सके। इसके साथ ही स्वतंत्र समुदाय बनाने का अधिकार, अल्पसंख्यकों के अधिकार, सांस्कृतिक अधिकार, भेदभाव की मनाही के सिद्धांत इत्यादि क्षेत्रीय प्रावधान और प्रलेख बनाए गए जिन्हें मानवाधिकारों के वैश्विक नमूनों के रूप में स्वीकार किया गया।

मानवाधिकारों ने वैश्वीकरण की प्रक्रिया और लोकतांत्रिक देशों के कारण, नागरिकों और देशों के बीच संबंधों के नए मानकों का निर्धारण करने वाली हाल ही की सहमति की लहर में वैधता प्राप्त कर ली है। द्वितीय विश्व युद्ध के बाद विश्व में एक शासन पद्धति के रूप में इस व्यवस्था को सर्वाधिक अपनाया गया है। आज अधिकतर देश पहले से अधिक लोकतांत्रिक शासन पद्धति से लाभान्वित हो रहे हैं और इसी लोकतांत्रिक प्रक्रिया ने वैश्विक स्तर पर मानवाधिकारों के प्रति संवेदनशीलता पैदा की है। आज मानवाधिकार अंतर्राष्ट्रीय कानून, राजनीति और सम्बन्धों का केन्द्र बिन्दु बन गए हैं।

मानवाधिकार केवल लोकतांत्रिक देशों का ही मुद्‌दा नहीं है बल्कि एक व्यापक क्षेत्र द्वारा स्वीकृत और प्रगतिशील कार्यों का केन्द्र बिन्दु है। मानवाधिकारों के अंतर्राष्ट्रीय कानून उदारवाद पर आधारित हैं, परन्तु इनका प्रयोग प्रायः यथार्थवादी विश्व में होता है व्यक्ति के अधिकारों पर प्रायः राज्य के हितों को महत्व दिया जाता है। दो व्यक्तियों की आपसी असमानता यदि अन्य व्यक्तियों को नापसन्द नहीं है तो यह प्रायः सम्मानहीनता के लिए मार्ग प्रशस्त करती है। हालांकि मानव अधिकारों

के अंतर्राष्ट्रीयकरण और सार्वभौमिकरण से वास्तविक मानवाधिकारों की प्रगति न हो सकी हो फिर भी इन अधिकारों का महत्व यह है कि मानव इतिहास में पहली बार अधिकारों को महत्व दिया गया। इन अधिकारों के अंतर्गत प्रत्येक व्यक्ति जन्म, धर्म, जाति, रंग और राष्ट्रीयता के भेदभाव के बिना मानव समुदाय का सदस्य होने के नाते मानवाधिकारों की मांग करने का अधिकारी है। यह मानवाधिकार सार्वभौमिक है इन अधिकारों को सभी राज्यों ने अपने ऐतिहासिक, आर्थिक सामाजिक और सांस्कृतिक या सैद्धान्तिक विचारों में भिन्नताओं के बावजूद स्वीकार किया है। इन अधिकारों में कानूनी, राजनीतिक, आर्थिक, सामाजिक तथा सांस्कृतिक, व्यक्ति के जीवन संबंधित प्रत्येक क्षेत्र को शामिल किया गया है।

मानवाधिकार के मुद्दे : विकास, वैश्वीकरण और महिलाएं

(Development, Globalization and women: The human rights issues)

तीसरे विश्व के देशों में वैश्विक आर्थिक असमानता उत्तर औपनिवेशक समय से ही परेशानी का कारण रही है। इन देशों ने मानवाधिकारों की अवधारणा को अत्यंत महत्वपूर्ण सिद्धांत के रूप में स्वीकार किया है परन्तु फिर भी आत्मनिर्णय और विकास के मुद्दे इन देशों के लिए अत्यंत महत्वपूर्ण है। मानवाधिकारों की अवधारणा की पुनः व्याख्या केवल राज्य के नागरिकों के कानूनी बन्धनों को बताने के लिए नहीं की गई थी बल्कि वैश्विक असमानता के ढ़ांचागत कारकों को बताने के लिए भी की गई थी। 1960 में नव स्वाधीन देशों का तर्क था कि विश्व के आर्थिक संसाधनों के न्यायपूर्ण बंटवारे के बिना कानूनी समानता और औपचारिक स्वतंत्रता निरर्थक हैं। हालांकि संयुक्त राष्ट्र संघ की महासभा में 1980 में विकास के अधिकार को मानवाधिकार घोषित किया गया था। जबसे थोड़े समय पूर्व तक विकास तथा मानवाधिकार के मुद्दों पर अलग-अलग कार्यवाही की जाती थी। इस आधार पर यह निष्कर्ष निकाला गया कि तीव्र आर्थिक विकास को नगारिक और राजनीतिक अधिकारों के उल्लंघन के साथ जोड़ा जा सकता है।

शीतयुद्ध की समाप्ति से सत्तावादी साम्यवाद पर उदारवादी पूंजीवाद की विजय हुई। इसी दौरान समाजवादी देशों में अचानक नागरिक और राजनीतिक अधिकारों को लेकर कुछ नाटकीय सुधार भी हुए। मानवाधिकारों को वैश्विक पूंजीवाद द्वारा प्रभुत्व किए गए देशों में भी लागू किया गया। पाश्चात्य पूंजीवादी समाज मानवाधिकारों और स्वतंत्र बाजार दोनों को पारस्परिक सम्बन्धों के लिए आवश्यक मानते हैं। परन्तु फिर भी सार्वभौमिक आर्थिक और सामाजिक अधिकार का भविष्य विशेष रूप में विकासशील देशो में असंभावित है। शीत युद्ध के बाद अवलोकन किया गया कि कई देशों में नागरिक और राजनीतिक अधिकारों में सुधार हुआ है परन्तु अन्य कई देशों में सामाजिक और आर्थिक अधिकारों के संरक्षण में कमी भी देखी गई।

वैश्वीकरण की अवधारणा के कारण नई आर्थिक अर्थव्यवस्था का विचार प्रकाश में आया और यह अवधारणा बहुआयामी है। आर्थिक वैश्वीकरण ने समकालीन विचारों को प्रभावित किया है तथा यह नव-उदारवाद की विचारधारा से परस्पर जुड़ा हुआ है। यह नई आर्थिक व्यवस्था सरकार द्वारा बाजार तथा आर्थिक मामलों में हस्तक्षेप का विरोधी है। इस प्रकार वैश्वीकरण से अंतर्राष्ट्रीय मानवाधिकारों में सामाजिक और आर्थिक आधकार भी सम्मिलित हैं।

नारीवादी परिप्रेक्ष्य में मानवाधिकार (Feminist perspective on Human rights)

वैश्वीकरण की प्रक्रिया के चलते समस्त विश्व में अधिकतर महिलाएं श्रमिक के रूप में हमारे सामने आई हैं। महिला श्रमिक के भीतर ही एक अत्यधिक शोषित महिला वर्ग भी है, इस शोषित वर्ग में अत्यधिक निर्धनता विद्यमान है। नीति निर्माण करने वाली संस्थाओं के भीतर और बाहर दोनों ही स्थानों पर महिलाएं वैश्वीकरण से पीड़ित वर्ग का प्रतिनिधित्व करती है। इसी कारण वैश्वीकरण के इस दौर में महिलाओं का विकास एक मुख्य मुद्दा बन गया है। वियना (1993 में महिलाओं पर संयुक्त राष्ट्र संघ का विश्व सम्मेलन) और बीजिंग (1995 में महिलाओं पर संयुक्त राष्ट्रसंघ का विश्व सम्मेलन) दोनों ही जगह महिला अधिकारों को मानवाधिकारों के रूप में मान्यता प्रदान की गई। अंतर्राष्ट्रीय कानून की रूपरेखा के अंतर्गत मानवाधिकार के साथ महिला अधिकारों का समर्थन, महिलाओं के अधिकारों के विशेष मांग मानवाधिकारों की नीति में महत्वपूर्ण परिवर्तन के रूप में उदय हुआ। परन्तु फिर भी, महिला अधिकार अन्य क्षेत्रों की तुलना में अधिक कमजोर है। उनको लागू करने की कार्यवाही ढीली-ढाली है और संयुक्त राष्ट्र संघ से पर्याप्त आर्थिक सहायता भी प्राप्त नहीं होती। 1995 में महिलाओं के विकास पर आयोजित बीजिंग में तत्कालीन महासचिव बुतरस बुतरस घाली ने अपने वक्तव्य में कहा कि महिलाओं पर हिंसा का प्रयोग एक सर्वव्यापक समस्या है और इसे वैश्विक स्तर पर अपराध घोषित किया जाना चाहिए। बीजिंग सम्मेलन के मुख्य प्रलेख में सरकारों ने घोषणा की कि महिलाओं के विरूद्ध हिंसा मौलिक अधिकारों का हनन है और यह समानता, विकास और शांति के लक्ष्य को प्राप्त करने के मार्ग में एक बाधा है।

संयुक्त राष्ट्र संघ के प्रारंभ से ही महिलाओं के अधिकारों की उन्नति संयुक्त राष्ट्र संघ की प्राथमिकताओं में से एक प्राथमिकता रही है। दिसम्बर 1993 से पहले जब संयुक्त राष्ट्र संघ की महासभा ने महिलाओं के विरूद्ध हिंसा की समाप्ति की घोषणा की थी, तब वैश्विक समुदाय महिलाओं के प्रति तेजी से बढ़ती हिंसा के प्रति सचेत नहीं था। प्रारंभिक समय में, अंतर्राष्ट्रीय मानवाधिकार कानून और महिलाओं से संबंधित मुद्दों के परस्पर संबंध रचनात्मक नहीं थे इसीलिए मानवाधिकारों के कानून नारीवादियों की आलोचनाओं का शिकार होते रहे हैं। नारीवादियों का तर्क है कि ऐसे कानून अपनी प्रकृति में व्यक्तिवादी होते हैं और राज्य के साथ चलते हैं इन कानूनों की रूपरेखा और अपील पुरूषों से संबंधित विषयों पर केवल दिखावा किया जाता है। सबसे महत्वपूर्ण बात यह है कि मानवाधिकारों से जुड़े कानून विश्व और जीवन के बीच निजीकरण के विभाजन को लागू करते हैं। राज्य के आंतरिक प्रयोग से जांच पड़ताल को स्वीकृत करके यह समुदाय और निजी जीवन में अंतर्राष्ट्रीय मानकों के बिना निरंतरता की पुष्टि करते हैं। उत्तरी अमेरिका, यूरोप और लैटिन अमेरिका की नारीवादी लॉबी घरेलू हिंसा, बलात्कार और यौन शोषण के मुद्दों पर ध्यान केन्द्रित कर रही है। अन्य लॉबी जो इन प्रारंभिक विषयों पर महत्वपूर्ण भूमिका निभा रही है जैसे:- इस्लामी कानून के अंतर्गत जीवन व्यतीत करने वाली महिलाएं जिनके अधिकारों का हनन धार्मिक कट्टरता के परिणामस्वरूप हो रहा है और यह एक गहन चिंता का विषय है। अंतिम रूप से यह दक्षिण पूर्वी एशिया और पूर्वी एशिया की लॉबी है जो बलात् वैश्यावृत्ति और देह व्यापार से संबंधित समस्याओं का निराकरण करती है। यह लॉबी क्षेत्रीय और राष्ट्रीय दोनों ही स्तरों पर बहुत सक्रिय है।

नारीवादी मानवाधिकारों के महत्वपूर्ण सिद्धांत का गहन विश्लेषण करते हैं। यह समानता का सिद्धात मानवाधिकारों की पहचान के लिए पहला कदम है। नारीवादी इन प्रलेखों का निरीक्षण मानवाधिकारों की धारणा के साथ विषमता के मुद्दे को प्रकाश में लाने के लिए करते हैं - जो कि

नारीवादी दृष्टिकोण का एक विशेष पहलू है और जिसका सैद्धांतिक रूप, नारीवादी लिंगभेद के विपरीत लैंगिक समानता को स्वीकार करता हैं और लिंगभेद पर आधारित विषमताओं को समाप्त करना चाहता हैं। महिलाओं के अनुभव अलग हैं और उनके इन अनुभवों का सम्मान पुरूषों के विशेषाधिकारों का आश्रय लिए बिना करना चाहिए। मानवाधिकारों में सांस्कृतिक बहुलवाद के अंतर्गत चयन के विचार की समझ के लिए आवश्यक हैं। नारीवादी तर्क देते हैं कि बहुलवाद आवश्यक हैं परन्तु इसका निर्माण मानवाधिकारों की दृढ़ नींव पर आधारित होना चाहिए। महिलाओं के स्वैच्छिक नीति निर्माण और एकता तथा चुनाव की सुरक्षा की विविधता और महिलाओं के मानवाधिकारों की विषम परिस्थितियों के बीच सामंजस्य स्थापित करना चाहिए।

मानवाधिकार का विषय राज्यों की आलोचना करने का एक सशक्त साधन है इस विषय को लगभग सार्वभौमिकता प्राप्त हो चुकी है और यह सर्वव्यापकता और वैधता की स्थिति को प्राप्त करने की ओर अग्रसर है। फिर भी जहां तक महिला अधिकारों का संबंध है तो बहुत से राज्यों में परिवार और सामुदायिक संबंधों के संदर्भ में यह वास्तविक रूप से एक कमजोर विषय है।

राज्यों पर मानवाधिकारो को लागू करने के लिए कुछ बंधन लगाए जाते है परन्तु नव उदारवाद शक्तिशाली राज्य का विरोध करता हे। इन परिस्थितियों के कारण अंतर्राष्ट्रीय समुदाय द्वारा कुछ असंबद्धता का नेतृत्व किया जाता है। संयुक्त राष्ट्र संघ की मानवाधिकार एजेंसिया मानवाधिकारों को लागू करने के लिए राज्यों को उत्तदायी बनाती हैं जबकि आर्थिक संस्थाओं को सरकारों पर मानवाधिकार लागू करने और अधिकारों के संरक्षण करने विशेष रूप से सामाजिक और आर्थिक अधिकारों को लागू करने के कार्य को और अधिक मुश्किल बनाती है। हाल ही में संयुक्त राष्ट्र संघ के प्रगतिशील कार्यक्रम के द्वारा अंतर्राष्ट्रीय विकास और मानवाधिकारों की नीतियों के एकीकरण करने के प्रयत्न किए गए हैं परन्तु यह प्रयत्न अभी तक अपर्याप्त ही सिद्ध हुए हैं।

मार्क्सवादी परिप्रेक्ष्य में मानवाधिकार (Marxist perspective on human rights)

कार्ल-मार्क्स, एंगेल्स, लेनिन और मार्क्सवाद से संबंध रखने वाले अन्य विचारकों के लेखों से मानवाधिकार पर मार्क्सवादी परिप्रेक्ष्य की जानकारी मिलती है। मानवाधिकारों की मार्क्सवादी अवधारणा व्यक्तिगत अधिकारों से ज्यादा सामाजिक अधिकारों पर बल देती है। मार्क्स का मानना है कि मानव के व्यक्तित्व का वास्तविक विकास समाज द्वारा ही संभव हो सकता है। समाज व्यक्ति के व्यक्तित्व के विकास में सहायता प्रदान करने वाली संस्था है। राज्य के अपने नागरिकों के प्रति कुछ दायित्व है जो राज्य की प्रकृति भी है और जो व्यक्ति के सामाजिक और आर्थिक अधिकारों की मांग भी हैं। व्यक्ति के सामाजिक और आर्थिक अधिकार राज्य से भी ज्यादा महत्वपूर्ण हैं। मानवाधिकारों के उदारवादी दृष्टिकोण की आलोचना करते हुए मार्क्स ने अपने प्रलेख 'On the Jewsih Question' में प्राकृतिक अधिकारों के सिद्धांत को बुर्जुआ वर्ग के स्वार्थ और सामाजिक भेदभाव की विचारधारा माना है। मानव के अधिकार कहे जाने वाले तथाकथित मानवाधिकारों की ओर इंगित करते हुए लिखते हैं कि यह अधिकार स्वार्थ पर आधारित हैं इस स्वार्थ ने ही एक व्यक्ति को दूसरे व्यक्ति से और समाज से अलग किया है। यह अधिकार स्वार्थ के अतिरिक्त कुछ नहीं है। मार्क्स अपनी मूल कल्पना पर बल देते हुए कहते हैं कि बुर्जुआ समाज और मानवाधिकारों के विचार के बीच महत्वपूर्ण संबंध हैं।

मार्क्स और एंगेल्स अपनी कृति 'Holy family' में राज्य के बारे में लिखते हैं कि आधुनिक समाजों ने मानवाधिकारों को उसी प्रकार मान्यता दी है जिस प्रकार प्राचीन समाज में दास प्रथा को मान्यता दी गई थी। आधुनिक राज्यों में एक व्यक्ति दूसरे व्यक्ति से निजी हितों और अचेतन प्राकृतिक आवश्यकताओं के कारण जुड़ा हुआ है। मार्क्स स्पष्ट करते हैं कि बुर्जुआ शोषण की प्रक्रिया के कारण पूरा समाज बाजारी शक्तियों पर निर्भर हो गया है। यह व्यक्ति पर शोषण का एक अमानवीय, अवैयक्तिक और अलगाववादी प्रभाव है। पूंजीवादी व्यवस्था एक व्यक्ति को खुद उससे, एक व्यक्ति को दूसरे व्यक्ति से, प्रकृति से और समाज से और उसके काम से अलगाव की भावना पैदा की है।

मार्क्स के अनुसार, समाज का अर्थ एक व्यक्ति का दूसरे व्यक्ति से संबंध न होकर एक वर्ग का दूसरे वर्ग से संबंध है यह वर्ग या तो किसान और जमींदार या फिर श्रमिक और पूंजीपति होता है। वर्ग संघर्ष का परिणाम अन्ततः श्रमिक वर्ग की विजय होगी। वर्ग समाप्त हो जाएंगे और शोषण का अन्त हो जाएगा। यह समाज एक साम्यवादी समाज होगा जिसमें व्यक्ति वास्तव में व्यक्ति होगा। मार्क्सवाद की मानवाधिकारों की धारणा के संबंध में दो बातों पर ध्यान देने की आवश्यकता है। पहली, मार्क्सवादी परिप्रेक्ष्य सामाजिक-अधिकारों और समानता की अवधारणा पर प्रकाश डालने में सफल रहा है जबकि उदारवादी विचारों में इसे अनदेखा किया गया है। दूसरा, मार्क्सवादी लेनिनवादी सिद्धातों में अधिकार कानून और सरकार से प्राप्त होते हैं और किसी भी समाज के आर्थिक संबंधों में अन्तर्निहित संबंधों का प्रतिबिंब हैं।

मानवाधिकार और तीसरे विश्व के संदर्भ में गांधीवादी विचार (The Third World Context and Gandhian view on Human Rights)

तीसरे विश्व के देशों की संस्कृति और सामाजिक-आर्थिक वास्तविकताओं के संदर्भ में एक असाधारण अंतर यह है कि उनकी विविध सामाजिक आर्थिक व्यवस्थाएं मानवाधिकारों के प्रभावी संरक्षण और समर्थन के लिए सहमति प्रदान नहीं करते। अधिकतर विकासशील देशों में मानवाधिकारों का हनन एक सामान्य लक्षण है। यहां पर राजनीति का अपराधीकरण और उत्तरदायित्व का अभाव प्रतिदिन का नियम बन गया है। न्यायिक व्यवस्था से थोड़ी सहायता के साथ राज्य की शक्ति का पाश्वीकरण, राज्य के दमन के रूप में प्रदर्शित होता है। अधिकतर तीसरे विश्व के देशों में आर्थिक विकास की स्थिति और राष्ट्र निर्माण की प्रक्रिया से संबंधित मुद्दों ने मानवाधिकार का हनन करने वाली परिस्थितियों को जन्म दिया है। मानवाधिकार और शांति, स्वतंत्रता, राष्ट्रीय आत्मनिर्णय, आर्थिक सांस्कृतिक और तकनीकी विकास के बीच निकट का संबंध है। तीसरे विश्व के देशों में 1976 में तीन महत्वपूर्ण समझौते - आर्थिक, सामाजिक, सांस्कृतिक अधिकारों की सहमति से मानवाधिकारों के संरक्षण और उन्नति के लिए बड़े पैमाने पर रिक्तता की पूर्ति की लिए आवश्यकताओं को समझते हुए, समझौते किए गए। परन्तु यह पर्याप्त नहीं है।

मानवाधिकार पर गांधीजी के विचार उनके समस्त जीवन दर्शन का एक हिस्सा है। गांधीजी के विचारों को दो पहलुओं के द्वारा आधुनिक पाश्चात्य सभ्यता की आलोचना और उनकी आधुनिक व्यवस्था जैसे राज्य, तकनीक और सम्पत्ति के लिए दूसरी व्यवस्था की खोज के परिप्रेक्ष्य में समझा जा सकता है। उनके विचारों के यह पहलू परस्पर पूरक और अभिन्न हैं। गांधी जी उसकी बुनियाद को चुनौती देते हैं। उनके अनुसार पश्चिम की औद्योगिक सभ्यता कमजोर लोगों के शोषण पर

आधारित होने के कारण यह आधुनिक व्यवस्था रोग और बीमारी के समान है। गांधीजी राजनीतिक समाजवाद और पूर्वाभिमुख आध्यात्मिक अर्थव्यवस्था को स्वीकार करते थे।

गांधीजी अपने पूरे जीवन में रंगभेद, साम्राज्यवाद, सम्प्रदायवाद और छुआछूत जैसी मुख्य बुराइयों के विरूद्ध लड़ते रहे। दक्षिण अफ्रीका में उन्होंने गोरों की रंगभेद और भेदभाव की नीति के विरूद्ध संघर्ष किया। भारत में एक सुधारक के रूप में ब्रिटिश सरकार की रंगभेद, दमनकारी नीतियों, अन्याय और अत्याचारी शासन के विरूद्ध आवाज उठाई। गांधीजी का विश्वास था कि प्रत्येक क्षेत्र में न्याय का होना सबसे पहली स्थिति है। वह सत्य और अहिंसा में विश्वास रखते थे और मानव इतिहास में धर्म की रचनात्मक शक्ति का समर्थन करते थे। उनके लिए संसार में नैतिकता का महत्व धार्मिक विश्वासों में था। उनके अनुसार, धर्म, ब्रह्मविद्या के विचार, सहिष्णुता, न्याय, भ्रातृत्व और सबसे प्रेम, विश्व के अस्तित्व का आधार है।

गांधीजी एक नैतिक विचारों वाले व्यक्ति थे। वह व्यक्ति की चेतना की पवित्रता और गरिमा पर बल देते थे। वह व्यक्ति को बल द्वारा शासित करने के स्थान पर उसकी इच्छा के अनुसार जीवन व्यतीत करने पर अधिक बल देते थे। उन्होंने सत्ता के केन्द्रीकरण की कटु आलोचना की। वह राज्य के कार्यों को कानून और व्यवस्था के संचालन तक सीमित रखना चाहते थे और राज्य के सदस्य के रूप में व्यक्ति को उसके व्यक्तित्व के पूर्ण विकास के अवसर दिए जाने के समर्थक थे। उन्होंने डॉक्टर, वकील, अध्यापक और सफाई कर्मचारी के समान परिश्रमिक के सिद्धांत को बार-बार दोहराया। वह भारत में एक वास्तविक लोकतंत्र की स्थापना करना चाहते थे और इसलिए वह हिंसा के बिना वास्तविक लोकतंत्र की प्रगति के इच्छुक थे। उनके लोकतंत्र के सिद्धांत का केन्द्र बिन्दु शक्ति का विकेन्द्रीकरण था। उनके समस्त नैतिक और राजनीतिक-दर्शन का मूल्यांकन उनकी मानवाधिकारों के प्रति वास्तविक समझ का पुष्टिकरण करता है उनकी यह कल्पना समस्त विश्व के लिए थी।

हम मानवाधिकारों के भविष्य के बारे में अधिक नहीं कह सकते, क्योंकि मानवाधिकारों के इतिहास से हमें पता चलता है कि यह अवधारणा विवादित रही है। 1993 की वियना सम्मेलन में सर्वव्यापक मानवाधिकारों के सिद्धांत पर अंतर्राष्ट्रीय समुदाय की वचनबद्धता पर बल दिया गया था। अधिकतर देशों ने मानवाधिकारों की प्रभावपूर्ण सामूहिक शक्ति को बढ़ावा दिया है। परन्तु फिर भी मानवाधिकार का हनन विशेषरूप से कमजोर समूहों जैसे कि महिलाएं, बच्चे, सहजातीय व्यक्ति, अल्पसंख्यकों और दूसरे देशों में कार्य करने वाले श्रमिकों के अधिकारों का गंभीर हनन विश्व के कई हिस्सों में हो रहा है। द्वितीय विश्वयुद्ध के बाद पश्चिमी नीति निर्माताओं ने मानवाधिकार, लोकतंत्र और बाजारी अर्थव्यवस्था को एक साथ सामूहिक रूप से प्रस्तुत किया। परन्तु फिर भी बाजार और मानवाधिकार तथा लोकतंत्र के बीच भी संबंध समस्यागत हैं। क्योंकि लोकतंत्र में सामान्य रूप से तो शासन तंत्र की तुलना में मानवाधिकारों का सम्मान किया जाता है, परन्तु लोकतंत्र में वास्तव में मानवाधिकारों का हनन होता है और मानवाधिकारों के संरक्षण के लिए लोकतंत्र पर सीमाओं की आवश्यकता हो सकती है।

हालांकि 21वीं शताब्दी का प्रारम्भ मानव अधिकारों के भविष्य के प्रति अनिश्चिता के साथ हुआ है फिर भी भविष्य के बारे में बहुत से वचन लिए गए हैं। 1945 से मानवाधिकारों के क्षेत्र केवल मानकों की स्थापना और संस्थाओं के निर्माण तक ही सीमित नहीं है, बल्कि बहुत से देशों में लोगों के जीवन स्तर में सुधार हुआ है और स्वतंत्रता भी दिलवाई गई है। डानैली कहते हैं, 'कि राष्ट्रीय स्तर

पर मानवाधिकारों की जीत और हार दोनों ही हो सकती है। वैश्वीकरण के बावजूद यह सत्य है कि राज्य एक सबसे महत्वपूर्ण शक्ति हैं और इसकी अपनी संस्थाएं हैं जो मानवाधिकारों को प्रभावित करती हैं।'

यह राज्य और इसके संस्थागत ढांचे, मुख्य रूप से कानून को बनाने वाली और कानून को लागू करने वाली संस्थाओं पर निर्भर करता है कि कहां तक यह मानवाधिकारों की बढ़ती आवश्यकताओं के बारे में सजग है। राज्य के दमनकारी साधन मानवाधिकारों का संरक्षण करने वाले वातावरण के प्रतिकूल हैं।

References:

Brown, C., 'Universal Human Rights: A Critique', in T.Dunne and N.J.Wheeler (eds.), *Human Rights in Global Politics*, Cambridge: Cambridge University Press, 1999

Campbell, T., (eds.), *Human Right: Rhetoric to Reality*, Oxford: Blackwell, 1986

Cranston, M., *What Are Human Rights?* , London: Bodley Head, 1973

Davie, P. (ed.), *Human Rights*, London: Routledge, 1988

Donnelly, J., *The Concept of Human Rights*, London: CroomHelm, 1985

Dworkin, Ronald, *Taking Rights Seriously*, Cambridge: Harvard University Press, 1977

Freeman, M., *Human Rights: An Interdisciplinary Approach*, Cambridge: Polity Press, 2003

Freeden, M., *Rights*, Delhi: World View,1998

L.Henkin, *The Rights of Man Today*, USA: West view Press, 1978

Human Rights Manual, Department of Foreign Affairs and Trade, Canberra: Australian Government Publication Service, 1993

अध्याय - 4

संयुक्त राष्ट्र संघ की घोषणाएं तथा प्रसंविदाएं
(UN Declarations and Covenants)

डॉ. तपन बिसवाल

मिथिलेश कुमार सिंह

मानवाधिकार की अवधारणा उतनी ही पुरानी है जितना कि मानव इतिहास। इतिहास व्यक्ति की गरिमा के सम्मान की पुष्टि के प्रयत्नों से भरा पडा है। सामान्य शब्दों में, मानव अधिकारों को ऐसे अधिकार कहा जा सकता है जो प्रत्येक व्यक्ति को अधिकार के रूप में मिलने ही चाहिए और जिनका संरक्षण अवश्य किया जाना चाहिए। लेकिन व्यवहार में, राजनीतिक, आर्थिक, सामाजिक और सांस्कृतिक दमन, अन्याय और असमानता के विरूद्ध संघर्ष और मानवाधिकारों की मान्यता सभी मानव समाजों के इतिहास का एक अभिन्न हिस्सा रहा है।

मानवाधिकार प्रत्येक व्यक्ति का जन्मसिद्ध अधिकार है। मानवाधिकार प्रत्येक व्यक्ति में निहित है और प्रत्येक व्यक्ति से अभिन्न रूप से जुड़ा है और इसको प्रत्येक देश के संविधान में सम्मिलित किया गया है। मानवाधिकार का क्रमिक विकास पिछली कई शताब्दियों में हुआ है। इन अधिकारों को व्यक्ति में निहित अधिकार, मौलिक अधिकार या किसी अन्य नाम से भी जाना जाता है।

समकालीन विश्व में, मानवाधिकारों की अवधारणा को प्रत्येक समाज ने चाहे उस समाज या राज्य में ऐतिहासिक, सांस्कृतिक, वैचारिक आर्थिक या अन्य विभिन्नताएं कितनी ही क्यों न हो, सार्वकालिक अनुपात के मूल्य के रूप में स्वीकार कर लिया है। अब मानवाधिकार सार्वभौमिक है और अंतर्राष्ट्रीय कूटनीति, कानून और संस्थाओं का विषय है और इनके आदर्श रूप का बहुत सम्मान किया जाता है और अब यह एक राजनीतिक वास्तविकता है। मानवाधिकारों की उद्घोषणा को संयुक्त राष्ट्रसंघ की महासभा ने 10 दिसम्बर 1948 में स्वीकृति प्रदान की। इस उद्घोषणा के मूल्यों को सभी राज्यों, उन राज्यों ने भी जो उद्घोषणा के समय अनुपस्थिति थे, ने स्वीकार किया। वे राष्ट्र भी इसे सम्मेलन में मानवाधिकारों की सुरक्षा और सहयोग पर अंतिम कानून के रूप में औपचारिक मान्यता प्रदान कर चुके हैं। प्रत्येक राज्य कम से कम एक मानव अधिकार के समझौते का तो समर्थन करता ही है। संक्षिप्त रूप से, विश्व के एक तिहाई से अधिक देश नागरिक और राजनीतिक अधिकारों की अंतर्राष्ट्रीय प्रसंविदा के साथ-साथ आर्थिक, सामाजिक और सांस्कृतिक अधिकारों की अंतर्राष्ट्रीय

प्रसंविदा के विस्तृत समझौते को भी स्वीकार कर चुके हैं और हर साल इन्हें स्वीकार करने वाले देशों की संख्या बढ़ती जा रही है।

मानवाधिकार अंतर्राष्ट्रीय स्तर पर मानवीय मूल्यों, मानको और अंतर्राष्ट्रीय कानूनों को मान्यता प्रदान करते हैं, और यह नागरिकों और गैर नागरिकों के प्रति राज्यों के व्यवहार को भी सुनिश्चित करते हैं। मानवाधिकारों की अंतर्राष्ट्रीय उद्घोषणा की प्रस्तावना में मानवाधिकारों का अर्थ सभी राष्ट्रों और लोगों के लिए उपलब्धियों के सामान्य मानक हैं। ये ऐसे प्रतिबन्ध हैं जिनको राज्य अपने ऊपर आरोपित करता है। ये राज्य को अपनी समस्त जनसंख्या के साथ मनमाना व्यवहार करने से रोकते हैं। नागरिक या विदेशी, महिला या पुरूष, प्रौढ़ या बच्चा, गोरों या कालों के प्रति समान व्यवहार में विश्वास करने वाले या विश्वास न करने वाले, विवाहित या अविवाहित, समलिंगी या विपरीत लिंगी, सबके साथ न्यायपूर्ण व्यवहार करने का निर्देश देते हैं। यह उस पूर्व स्थिति से भिन्न है जब राज्य और राजा पूर्णसत्ताधारी होते थे और अपनी प्रजा के साथ मनमाना व्यवहार कर सकते थे। परन्तु आज मानवजाति के कुछ अधिकार हैं और वह अधिकार है मानव अधिकार।

मानवाधिकार असीम नहीं हैं और इनका निर्धारण करना जरूरी है। यदि दो अधिकारों में आपस में कोई विवाद उत्पन्न होता है तो स्वतंत्र न्यायपालिका अधिकार पर सीमाएं आरोपित करती है। ओलिवर हॉल्मस के अनुसार, ''19वीं शताब्दी में संयुक्त राज्य अमेरिका में जनसाधारण की सभा या सम्मेलन में व्यक्तियों को एक साथ बोलना निषेध था। इसके साथ-साथ, राष्ट्रीय रंगभेद या धार्मिक घृणा का किसी भी प्रकार से समर्थन, जो भेदभाव, दमन या हिंसा को पैदा करता है, को कानून के द्वारा निषेध किया गया था।'' जर्मनी और फ्रांस में 'सर्वनाश की मनाही' को कानून द्वारा अवैध घोषित किया गया है और इन देशों में इस प्रकार के निषेध से संबंधित कुछ निश्चित कानून भी है। ईरान के भूतपूर्व आध्यात्मिक नेता अयातुल्ला खुमैनी का सलमान रूशदी को फांसी पर लटकाने का आह्वान, क्योंकि सलमान रूशदी पैगम्बर साहब की निंदा के दोषी थे, यह घटनाएं इस प्रकार के कानूनों का एक उल्लंघन है।

मानव इतिहास में मानवाधिकार के कारको के बारे में सदैव विचार परिवर्तित होते रहे हैं। प्राचीन ऐथेन्स में दास को तभी स्वीकार किया जाता था जब वह पीढ़ी दर पीढ़ी का शिकार रहा हो। मध्यकाल में दमन को प्रमाणों का प्रमाण समझा जाता था। आज विचार पूर्णतः परिवर्तित हो चुके है और दमन को मानवाधिकारों का अस्वीकार्य हनन और गैर मानवीय व्यवहार समझा जाता है। यातना या किसी नये तरीके से स्वीकार कराए गए अपराध को सबूत नहीं माना जाता है, क्योंकि पीड़ित व्यक्ति हर प्रकार के अपराध को दर्द से छुटकारे के लिए कबूल कर सकता है।

मानवाधिकारों की सर्वकालिक सहमति और महत्व कुछ प्रसंगों में स्पष्टतया औपचारिक या सतही प्रतीत हो सकता है, परन्तु आज कोई भी देश मानवाधिकारों की विचारधारा से असहमत नहीं हो सकता। और अब तक इसका कोई अन्य विकल्प भी प्रस्तुत नहीं किया गया है। मानवाधिकारों का स्थायी अन्तर्राष्ट्रीयकरण प्रभावी है। द्वितीय विश्व युद्ध के प्रारंभ में कोई भी राष्ट्र अपने नागरिकों के साथ किए गए व्यवहार को निजी मामला, आन्तरिक न्यायिक व्यवस्था का मुद्दा और राष्ट्रीय चिन्ता का विषय नही मानता था और न ही अंतर्राष्ट्रीय चिंता का विषय कह सकता था, परन्तु आज यह राज्यों के बीच प्रतिदिन की राजनीति का विषय है। कितने ही अंतर्राष्ट्रीय संगठन रोजाना इनको प्रयोग करते हैं और यह हमेशा संयुक्त राष्ट्र संघ और क्षेत्रीय संगठनों के सभी अभिकरणों में विमर्श का मुद्दा रहता हैं। दर्जनों अंतर्राष्ट्रीय समझौते हैं जिनमें से कुछ को सौ वर्षों से भी अधिक समय से समर्थन

प्राप्त है। नए अंतर्राष्ट्रीय संगठन-संस्थाएं, समितियां, और न्यायालय आदि मानवाधिकारों के अनुसार कार्य व्यवहार करते हैं। आज मानवाधिकारों के प्रति आध्यात्मिक सम्मान भी सराहनीय है।

मानवजाति के सभी सदस्यों की गरिमा और सम्मान के मूल्य तथा अन्य मूलभूत सिद्धांत जिन्हें हम आज मानवाधिकार के रूप में जानते हैं एक प्रकार से प्रत्येक सभ्यता और संस्कृति, धर्म तथा आध्यात्मिक परम्परा में विद्यमान रहे हैं, परन्तु इतिहास में आज भी गैर मानवीय सिद्धान्तों एवं भेदभाव के अस्तित्व के कारण इनकी निरन्तर अवहेलना की जा रही है। अज्ञानता, पक्षपात और असमानता ऐसे कुछ सिद्धातों का प्रयोग लिंग, जाति, रंग, पूर्वज जाति और वर्ग पर आधारित व्यवस्था का प्रतिवाद करने के लिए किया जाता है। दुर्भाग्यवश आज भी और समस्त इतिहास मावाधिकार पर आधारित है। ऐसे अधिकार बढ़ती हुई जीवन की मांग, जिसके अंतर्गत प्रत्येक व्यक्ति को सम्मान और संरक्षण प्राप्त हो सके। यह अधिकार व्यक्ति को अपनी योग्यता और बुद्धि का प्रयोग करके आध्यात्मिक और अन्य आवश्यकताओं की पूर्ति में सक्षम बनाते हैं।

मानवाधिकार ऐसे अधिकार हैं जो प्रत्येक व्यक्ति को समाज से प्राप्त होने चाहिए। यदि समाज इन अधिकारों का सही प्रकार से प्रयोग करता है तो किसी भी अंतर्राष्ट्रीय कानून या संगठन की सहायता और संरक्षण के लिए आवश्यकता नहीं है। अंतर्राष्ट्रीय मानवाधिकार कानून और संगठनों को राज्य के राष्ट्रीय कानून और संस्थाओं की अपर्याप्ताओं की ठीक करके प्रोत्साहन देने के लिए बनाया गया है ताकि मानव अधिकारों को न्यायसंगत ठहराया जा सके और उनका सम्मान किया जाए।

प्रत्येक व्यक्ति को अपने अधिकार कानून और सामाजिक संस्थाओं से प्राप्त होने चाहिए। यदि राष्ट्रीय कानून और संस्थाएं इन्हें प्रदान करने में असमर्थ हों तो अंतर्राष्ट्रीय कानून और संस्थाएं इन्हें प्रदान करने के लिए बाध्य कर सकते हैं। अंतराष्ट्रीय मानवाधिकारों के समझौते अंतर्राष्ट्रीय समझौते हैं। यह समझौते राज्यों के बीच अधिकार और कर्तव्य का निर्माण करते हैं तथा तीसरे सदस्य राज्य या व्यक्ति के बीच अधिकारों की रचना करते हैं।

वास्तव में, मानव अधिकार वह अधिकार हैं जिनका प्रयोग व्यक्ति को अपने समाज में करना चाहिए और राज्य के कानून और संस्थाओं के अंतर्गत इनका कार्यान्वयन किया जाना चाहिए। अंतर्राष्ट्रीय संस्थाओं ने राष्ट्रीय संस्थाओ और समाजों की सहायता के लिए सुनिश्चित योजनाएं बनाई हैं जिसमें सर्वप्रमुख है मानवाधिकारों के प्रति सम्मान की भावना। अंतर्राष्ट्रीय उपकरणों को राज्य की आवश्यकता इसलिए है कि राज्य विधान बनाए और अधिकारों को मान्यता तथा उचित होने की पुष्टि करे। मानवाधिकार के दायित्व कुछ कानूनी व्यवथाओं में 'आत्म-कार्यान्वित' हो सकते हैं और अंतर्राष्ट्रीय व्यवस्था में आंतरिक विधान के बिना अधिकारियों और न्यायालय द्वारा प्रभावी परिणाम प्राप्त किए जा सकते हैं। अंतर्राष्ट्रीय व्यवस्थाएं इन अधिकारों के कार्यान्वयन के लिए 'बाध्यकारी मशीनरी (यंत्र)' (Enforcement Machinery) भी प्रदान करती हैं। परन्तु इस प्रकार की अंतर्राष्ट्रीय मशीनरी व्यैक्तिक अधिकारों के लिए प्रत्यक्ष रूप में कार्य नहीं करती हैं, बल्कि राज्य के स्तर पर कार्य करती हैं और राज्यों पर दायित्वों के पालन के लिए प्रभाव डालने के लिए बनाए जाते हैं।

मानव अधिकारों की अवधारणा मानवजाति की आधारभूत गरिमा और मूल्य को परिभाषित करने के लिए विस्तृत प्रयासों और मूलभूत अधिकारों के बारे में बताती है। मानवाधिकारों और मूलभूत स्वतंत्रताओं की अस्वीकृति केवल एक व्यैक्तिक पीड़ा का कारण नहीं है, बल्कि यह सामाजिक और राजनीतिक अशांति की परिस्थितियों का कारण भी बनती है, यह हिंसा की नींव रखती है, और समाज के अंदर तथा राष्ट्रों के बीच विवादों का कारण बनती है। इन समस्याओं के समाधान के लिए बहुत

सी अंतर्राष्ट्रीय संस्थाएं जिनमें संयुक्त राष्ट्र संघ भी शामिल है, कार्यरत है। संयुक्त राष्ट्र संघ मानवाधिकारों के स्थायी संरक्षण का प्रबल पक्षधर है। हालांकि संयुक्त राष्ट्र संघ में इन्हें पहले ही सम्मिलित कर लिया गया है।

यह बात सराहनीय है कि मानवाधिकार और मौलिक स्वतंत्रताएं हमारे पूर्ण विकास, मानवोचित गुण, बुद्धि, चेतना, योग्यता, आध्यात्मिक और अन्य आवश्यकताओं की पूर्ति के लिए सुविधाएं प्रदान करते हैं। यह एक ऐसे जीवन की मांग करते है जिसमें प्रत्येक व्यक्ति समान संरक्षण और सम्मान प्राप्त कर सके तथा प्रत्येक व्यक्ति की गरिमा का सहज सम्मान किया जाए। संयुक्त राष्ट्र संघ के मानवाधिकारों के केन्द्र की भाषा में – सामान्य रूप से मानवाधिकारों को ऐसे अधिकारों के रूप में परिभाषित किया जा सकता है जो हमारी प्रकृति में निहित हैं और जिनके अभाव में हम व्यक्ति के रूप में जीवन व्यतीत नहीं कर सकते।

जहां तक मानवाधिकारों के प्रादुर्भाव का संबंध है इसे शास्त्रीय उदारवाद के प्रादुर्भाव में देखा जा सकता है। शास्त्रीय उदारवाद में प्रतियोगी व्यक्तिवाद, निजी सम्पत्ति, बाजार के नैतिक नियम इत्यादि सिद्धातों का प्रबल समर्थन किया गया। उन सिद्धांतों के पर्यवेक्षण से व्यक्ति की वास्तविक स्वतंत्रता, विकास ओर मानवीय प्रक्रिया का पोषण किया गया। 17वीं और 18वीं शताब्दी के गैर राष्ट्रवादी विचारधारा की विशेषताएं थीं – कानून का शासन, सीमित सरकार और व्यक्तिवाद। डोबेली ने मानवाधिकारों को परिभाषित किया है – 'मानवाधिकार न्यायिक कानूनी अधिकार है, क्योंकि इनके स्रोत अधिनियम है और अनुबंधसंबंधी अधिकारों का जन्म अनुबंधों से होता है। मानवता मानवीय प्रकृति या सभी व्यक्तियों के कुछ अन्य पहलू मानव अधिकारों के स्रोत प्रतीत होते हैं।''

मानवाधिकार मात्र आदर्श या कल्पना नहीं है। न ही यह कुछ ऐसे अधिकार है जो हमें विशेष कानून के अस्तित्व के कारण प्रदान किए जाते है। वास्तव में मानवाधिकार ऐसें दावे हैं जो व्यक्तियों के मानवोचित गुणों से संबंधित हैं। इसलिए हम इन अधिकारों को परिभाषित करने का अधिकार कुछ लोगों की सत्ता को नहीं सौंप सकते। सभी व्यक्तियों को यह अधिकार स्वयं निर्देशित विकास को प्राप्त करने के लिए प्रदान किए जाते हैं।

भूतपूर्व, मानवाधिकार न्यायविद् वैंकेट चलैया ने इसे इस प्रकार परिभाषित किया है: "मानवाधिकार हमारी प्रकृति में निहित हैं और इनके बिना हम व्यक्ति के रूप में जीवन व्यतीत नहीं कर सकते।"

भूतपूर्व संयुक्त राष्ट्र संघ मानवाधिकार समिति के अध्यक्ष न्यायमूर्ती पी.एन. भगवती के विचार थे कि ''मानवाधिकार व्यक्तिक स्वतंत्रता के लिए मौलिक अधिकार रूप में अत्यंत आवश्यक हैं, परन्तु यह मौलिक अधिकार, अधिकारों का एक बहुत छोटा समूह मात्र है इसलिए मानव अधिकार जिनकी उत्पत्ति व्यक्ति की गरिमा से हुई है और जो जीवन के प्रत्येक क्षेत्र को अपने में समाविष्ट करते हैं केवल राज्य के विरूद्ध कुछ वरीयता प्राप्त स्वतंत्रताएं ही नहीं है, बल्कि इनका असाधारण महत्व भी है।" भारत जैसे विकासशील देश के बहुसंख्यक लोगों के लिए मौलिक अधिकारों को अर्थपूर्ण बनाने का एकमात्र हल सामाजिक और आर्थिक अधिकारों की पुर्नरचना है ताकि आर्थिक अधिकार वास्तविक बनाने में सक्षम हो सकें।

मानवाधिकार संरक्षण अधिनियम 1993 की धारा 2 (डी) के अनुसार, "मानवाधिकार ऐसे अधिकार हैं जो जीवन, स्वतंत्रता, समानता और मानवीय गरिमा से संबंधित हैं जिनकी गारंटी को

संविधान या 'अन्तर्राष्ट्रीय प्रसंविदा' में सम्मिलित किया गया है और जिनका कार्यान्वयन भारतीय न्यायालयों से कराया जा सकता है। मानवाधिकारों की अवधारणा का प्रादुर्भाव स्पष्ट रूप से पिछली कई शताब्दियों में हुआ है।

संयुक्त राष्ट्र संघ के चार्टर ने व्यक्ति की स्थिति के (उसके अपने राज्य में) आगामी परिवर्तन को संवैधानिक आधार प्रदान किया है। संयुक्त राष्ट्र संघ प्रारम्भ से ही मानवाधिकारों के साथ गहन रूप से प्रतिबद्ध रहा है। इस प्रकार मानवाधिकारों को इस प्रकार परिभाषित किया जा सकता है कि यह अधिकार व्यक्ति और रूचि के ऐसे अधिकार हैं जिन्हें राष्ट्रीय और अन्तर्राष्ट्रीय स्तर पर अनुसरण के लिए राज्यों के सामूहिक हस्तक्षेप से इच्छित लक्ष्यों की प्राप्ति के लिए संरक्षित किया जाना चाहिए। इस संदर्भ में यह स्पष्ट रूप से कहा जा सकता है कि व्यक्ति के जन्मस्थान को आधार बनाए बिना उसे सबसे पहले व्यक्ति समझना चाहिए।

यह स्पष्ट है कि मानवाधिकारों की कोई भी अवधारणा, जिसकी आधुनिक उदारवादी लोकतांत्रिक समाजों में स्वीकृति हो, उन्हें दो मान्यताओं पर खरा उतरना चाहिए (1) अधिकार प्रभावी तरीके से समान होने चाहिए (2) प्राकृतिक अधिकारों की प्रत्येक धारणा की स्वीकृति अन्यों नागरिको का दायित्व होना चाहिए।

मानवाधिकारों का स्वरूप लोकतांत्रिक समाजों में व्यापक है। आर्थिक, सामाजिक और सांस्कृतिक अधिकार सम्प्रोषित विकास के आवश्यक तत्व हैं और यह विकास मानवाधिकारों के प्रति सम्मान के बिना असंभव हैं। मानवाधिकारों का सम्मान अधिकारों को अर्थपूर्ण बनाता है और मानवाधिकार गरीबी और अभाव के वातावरण में अर्थहीन है। यह व्यक्तिगत विकास और शांति के प्रतीक हैं तथा समाज की सम्पूर्ण व्यवस्था मानवाधिकारों के स्वरूप पर निर्भर करती है। मानवाधिकारों के बिना समाज के कार्यकलाप सही ढंग से सम्पन्न नहीं हो सकते और इससे समाज में अपराध और अव्यवस्था की बहुत सी संभावनाओं का जन्म होता है। आज मानवाधिकारों का संरक्षण निरंतर संघर्षरत है जिसे प्रत्येक स्त्री और पुरूष की सहभागिता के बिना जीता नहीं जा सकता।

मानवाधिकारों के विकास के तीन चरण **(Three generation theory)**

राजनीतिक विचारकों की मान्यता है कि अधिकारों का विकास अलग-अलग समय में तीन चरणों में हुआ है। एक चरण में कुछ अधिकारों की प्राप्ति हुई। दूसरे चरण में अन्य अधिकारों के लिए संघर्ष हुआ तथा तीसरे चरण द्वारा अलग प्रकार के अधिकारों की घोषणा की गई। अधिकारों के विकास का अलग-अलग काल विभाजन भी किया गया है। इसके साथ-साथ यह विचार भी है कि इन तीन पीढ़ियों का अस्तित्व है और इनको ध्यान में रखना जरूरी है। आत्मनिर्णय का अधिकार - पहले तथा दूसरे दोनों ही चरणों के अधिकारों से संबंधित है। नागरिक और राजनीतिक अधिकारों की अंतर्राष्ट्रीय प्रसंविदा तथा आर्थिक, सामाजिक और सांस्कृतिक अधिकारों की अंतर्राष्ट्रीय प्रसंविदा में इसका उल्लेख किया गया है। इस अधिकार को अंतर्राष्ट्रीय प्रसंविदा में शामिल किए जाने का कारण यह है कि 1966 में महासभा द्वारा अंतर्राष्ट्रीय प्रसंविदा को स्वीकार करते के समय अफ्रीकी और एशियन राज्य बहुसंख्यक थे और इन राज्यों ने इस अधिकार के महत्व पर बहुत बल दिया कि यह अधिकार जन अधिकार हैं और इसलिए यह मानव अधिकार के तीसरे चरण में संबंधित हैं।

मानवाधिकारों की उत्पत्ति के तीन चरण इस प्रकार हैं:-

1. पहले चरण के अधिकारों में वह अधिकार शामिल हैं जिनका जन्म 18वीं शताब्दी में यूरोप में हुआ। इन अधिकारों का उदय फ्रांसीसी और अमेरिका की क्रांति से हुआ। इन अधिकारों का उद्देश्य व्यक्ति को राज्य के मनमाने व्यवहार से सुरक्षित रखना था। यह अधिकार अंतर्राष्ट्रीय नागरिक और राजनीतिक अधिकारों के घोषणापत्र के इन अधिकारों के अनुकूल है। इन अधिकारों में व्यक्तिगत स्वतंत्रता का अधिकार, विचार की स्वतंत्रता, अभिव्यक्ति, विश्वास, सम्पत्ति तथा इसी प्रकार की अन्य स्वतंत्रताएं शामिल थी। यह अधिकार अपनी प्रकृति से नकारात्मक थे। 19वीं शताब्दी के सभी उदारवादी और लोकतांत्रिक आन्दोलनों ने इन अधिकारों की मांग की।
2. मानवाधिकारों के दूसरे चरण का प्रारंभ श्रमिक वर्ग के राजनीतिक और आर्थिक अधिकारों की मांग के लिए हुए आंदोलन के परिणामस्वरूप हुआ। इस चरण में राजनीतिक और आर्थिक मांगे जैसे राजनीतिक सत्ता में सहभागिता का अधिकार, मतदान का अधिकार, कार्य के निश्चित घंटों का अधिकार, न्यूनतम भत्ते का अधिकार, संघ बनाने तथा इसी प्रकार के अन्य अधिकार सम्मिलित थे। इन अधिकारों की प्रकृति सकारामक थी। यह अधिकार इन अधिकारों को वास्तविक बनाने के लिए राज्यों पर कर्तव्य आरोपित करते थे। मानवाधिकारों की अंतर्राष्ट्रीय घोषणा पहली और दूसरी पीढ़ी के अधिकारों पर आधारित है।
3. मानवाधिकारों के तीसरे चरण का उदय 20वीं शताब्दी में दो विश्वयुद्धों की सामाजिक और आर्थिक परिस्थितियों से हुआ। यह अधिकार वैश्विक निर्भरता के सिद्धांत पर आधारित हैं। यह अधिकार वास्तविक रूप से हाल ही के मुद्दों से संबंधित हैं। इन अधिकारों में पर्यावरण, सांस्कृतिक और विकासात्मक अधिकार समाहित हैं। इन अधिकारों में आत्मनिर्णय का अधिकार तथा विकास का अधिकार शामिल है। संयुक्त राष्ट्र संघ की महासभा द्वारा 1966 में स्वीकार की गई विकास के अधिकार की घोषणा, इन अधिकारों का अत्यधिक महत्वपूर्ण उदाहरण है।

मानवाधिकार और संयुक्त राष्ट्र संघ (Human Rights and United Nation organization)

संयुक्त राष्ट्र संघ के प्रावधान राष्ट्र संघ के प्रावधानों से भिन्न हैं। संयुक्त राष्ट्र संघ में मानवाधिकारों के विशेष अनुच्छेद हैं। अनुच्छेद 1 पैराग्राफ 3 के अनुसार, ''संघ का एक प्रमुख उद्देश्य यह है कि मूल वंश, लिंग, भाषा या धर्म के आधार पर विभेद किए बिना सभी के लिए मानवाधिकारों और मूल स्वतंत्रताओं के प्रति सम्मान की अभिवृद्धि करने और उसको प्रोत्साहित करने के लिए अन्तर्राष्ट्रीय सहयोग प्राप्त करना है।'' इस कार्य के लिए महासभा को पर्यवेक्षण प्रारंभ करने और संबंधित सरकार को सुझाव देने की शक्ति प्रदान की गई है। अनुच्छेद 13 द्वारा महासभा को मूल वंश, लिंग, भाषा या धर्म के आधार पर विभेद किए बिना सभी के लिए मानवाधिकारों और मूल स्वतंत्रताओं को प्राप्त करने में सहायता करने के प्रयोजन के लिए अध्ययन करने तथा सिफारिश करने के लिए सशक्त किया गया। अनुच्छेद 55 प्रावधांन करता है कि, 'संयुक्त राष्ट्र मूल वंश, लिंग, भाषा और धर्म के आधार पर विभेद किए बिना सभी के लिए मानवाधिकारों और मूल स्वतंत्रताओं के प्रति विश्वव्यापी आदर और उनके पालन की अभिवृद्धि करेगा।' सभी सदस्य, अनुच्छेद 55 में स्थापित उद्देश्यों की

प्राप्ति के लिए संगठन के सहयोग से मिलकर या अकेले कार्यवाही करने की प्रतिज्ञा करते हैं। संयुक्त राष्ट्र संघ चार्टर ने आर्थिक तथा सामाजिक परिषद को मानव अधिकारों को प्रोत्साहित करने का अधिकार प्रदान किया है। चार्टर का अनुच्छेद 62 और पैराग्राफ 13 आर्थिक और सामाजिक परिषद को मानवाधिकारों और मूल स्वतंत्रताओं के प्रति आदर बढ़ाने के प्रयोजन के लिए और उनके पालन के लिए सिफारिशें करने के लिए शक्ति प्रदान करता है। अनुच्छेद 68 आर्थिक और सामाजिक परिषद को आर्थिक और सामाजिक क्षेत्र में मानवाधिकारों की अभिवृद्धि के लिए आयोग तथा ऐसे अन्य आयोगों को स्थापित करने का निर्देश देता है, जिन्हे वह अपने कार्यों के पालन के लिए आवश्यक समझता है। अन्तिम रूप से न्यासिता प्रणाली के मूल उद्देश्यों में से एक मूल वंश, लिंग, भाषा और धर्म के विभेद के बिना सभी के लिए मानवाधिकारों के प्रति और मूल स्वतंत्रताओं के प्रति आदर को प्रोत्साहन देना है। (अनुच्छेद 76)

संयुक्त राष्ट्र संघ ने सभी के लिए मानवाधिकार स्पष्ट किए हैं। यह इतिहास में इस प्रकार का पहला दस्तावेज था। इस महत्वाकांक्षी कार्य का प्रारंभ 1946 में मानवाधिकार आयोग के गठन के साथ-साथ हुआ। इसकी सभापति इनिलारे रूजवेल्ट, संयुक्त राज्य अमेरिका के राष्ट्रपति फ्रेंकलिन रूजवेल्ट की पत्नी, जो कि अपने अधिकारों के प्रति एक सशक्त व्यक्तित्व थी, के नेतृत्व में 'आर्थिक और सामाजिक परिषद' नए आयोग के गठन के लिए कुछ निम्नलिखित सुझाव रखेः

- अधिकारों का एक अंतर्राष्ट्रीय घोषणापत्र।
- नागरिक स्वतंत्रताएं, महिलाओं की स्थिति, जानकारी की स्वतंत्रता तथा इसी प्रकार के विषयों से संबंधित अन्तर्राष्ट्रीय घोषणाएं या प्रासंविदाएं।
- अल्पसंख्यकों का संरक्षण।
- रंग, लिंग, भाषा, धर्म के आधार पर भेदभाव की मनाही।
- मानवाधिकारों से संबंधित अन्य मुद्दे।

मानवाधिकारों आयोग का सत्र वार्षिक रूप से बसंत ऋतु में 5 या 6 सप्ताह के लिए होता है।

अनुच्छेद 68 में कहा गया है कि ECOSOC मानवाधिकारों के लिए एक स्थायी आयोग का गठन करेगा। अंतः अनुच्छेद 76(सी) में कहा गया है कि न्याय क्षेत्र में रहने वाले लोगों की स्वतंत्रताओं तथा मानवाधिकारों को बढ़ावा दिया जाएगा। इन सबके अतिरिक्त, चार्टर की प्रस्तावना का संबोधन 'संयुक्त राष्ट्र संघ के लोग' से आरम्भ किया गया है। इन प्रारंभिक शब्दों का अर्थ यह है कि चार्टर विश्व के लोगों की इच्छा की अभिव्यक्ति है।

संयुक्त राष्ट्र संघ ने 1946 में मानवाधिकार आयोग का गठन किया। इस आयोग ने अंतर्राष्ट्रीय अधिकारों की घोषणा पर कार्य प्रारंभ किया। इस कार्यक्रम के पहले चरण 1946-48 के दौरान आयोग ने मानवाधिकारों के सार्वभौमिक घोषणापत्र के सुझाव का मसौदा महासभा के समक्ष रखा जिसे 10 दिसम्बर 1948 को सर्वसम्मति से पास कर दिया गया। घोषणापत्र में "सभी राज्यों और लोगों के लिए सामान्य मानकों के रूप में उपलब्धियां" (वह राज्य भी जो इसके अधिवेशन में उपस्थिति नहीं थे ने भी) इस चार्टर की सर्वसम्मत व्याख्या के रूप में सर्वाधिक शक्तिशाली अंग महासभा द्वारा स्वीकार किया गया। इसमें लगभग सभी महत्वपूर्ण अधिकार सम्मिलित थे - नागरिक और राजनीतिक अधिकार, आर्थिक, सामाजिक तथा सांस्कृतिक अधिकार - जिन्हें चार्टर में परिभाषित नहीं किया गया था।

मानवाधिकार व्यवस्था (Human rights machinery)

व्यवस्था की मुख्य संरचना (The main structure of the machinery)

मानवाधिकार व्यवस्था की मुख्य संरचना को संकुचित और व्यापक दोनों ही अर्थों में समझा जा सकता है। पहला, यह विचार संयुक्त राष्ट्र संघ के अंतर्गत अंगों को सम्मिलित करता है और स्पष्ट व्यवहार की स्पष्ट और प्रत्यक्ष कार्यवाहियों, कार्यप्रणालियों और मानवाधिकार के अर्थ को सम्मलित करता है। इस वर्ग में निम्न बातें शामिल हैं:-

1. संयुक्त राष्ट्र संघ के चार्टर पर आधारित आंतरिक सरकारी अंगों की स्थापना - महासभा, सुरक्षा परिषद, आर्थिक तथा सामाजिक परिषद और मानवाधिकार आयोग। महिलाओं की स्थिति से संबंधित आयोग, अपराध निरोध आयोग और आपराधिक आयोग भी अपनी अलग-अलग अनिवार्यता के अंतर्गत मानवाधिकारों को संबोधित करते हैं;
2. मानवाधिकार संधियों पर स्थापित अभिकरण;
3. नीति-निर्माता अभिकरण और सन्धि पर आधारित अभिकरणों द्वारा तैयार रिपोर्ट, सन्देश और अन्वेषण कार्यवाहियों की स्थापना;
4. मानवाधिकारों की कार्यवाहियां मुख्य रूप से मानवाधिकार का संयुक्त राष्ट्र उच्चायुक्त मानवाधिकार सचिवालय के प्रति उत्तदायी है। महिलाओं की प्रोन्नति और अंतर्राष्ट्रीय अपराध निरोधक मुख्यालय के प्रशासनिक खण्ड भी मानवाधिकारों के लिए उत्तरदायी है। महिला अधिकारों के कार्यालय के उच्चायुक्त तथा महिला अधिकार प्रोन्नति खण्ड ने सम्मिलित कार्य प्रणाली की योजनाओं को स्वीकार किया है।

मानवाधिकारों में विस्तृत रूप से, संयुक्त राष्ट्र संघ में वह अभिकरण और कार्यवाहियां भी शामिल हैं जिन्हें संयुक्त राष्ट्र संघ की विशेष एजेंसियों और कार्यप्रणालियों के अंतर्गत स्थापित किया जा रहा है।

नीति-निर्धारक अभिकरण (Policy making bodies)

महासभा को संयुक्त राष्ट्र संघ के चार्टर के सभी मामलों के निपटारा करने में सक्षम बनाया गया है और मानवाधिकारों के मुद्दे प्रारंभिक रूप से इसकी तीसरी समिति (सामाजिक, मानवतावादी और सांस्कृतिक समिति) की चर्चा का विषय है। तथापि महासभा की अन्य नीति-निर्धारक समितियां भी इस क्षेत्र को प्रभावित करती हैं। उदाहरणार्थ पांचवी समिति (प्रशासनिक और बजट), संगठन के बजट को स्वीकार करने के दौरान संयुक्त राष्ट्र संघ के मानवाधिकार कार्यवाहियों की आर्थिक रूपरेखा के निर्णयों के बारे में महत्वपूर्ण भूमिका अदा करती है।

महासभा ने मानवाधिकारों के सार्वभौमिक घोषणापत्र को स्वीकृति प्रदान की है। मानवाधिकारों की अंतर्राष्ट्रीय प्रसंविदा, संयुक्त राष्ट्र की अन्य सभी संधियां और इस क्षेत्र से संबंधित घोषणाएं दोनों को ही मानवाधिकारों के घोषणापत्र में स्वीकृति प्रदान की गई। इस घोषणापत्र को स्वीकार करने से पहले संयुक्त राष्ट्र के मसौदों के विषय में महासभा को भी सम्मिलित किया गया था। हालांकि मानवाधिकारों के क्षेत्र में महासभा के कार्यों का नीति निर्धारकों ने विस्तृत विवेचन नहीं किया लेकिन फिर भी महासभा इस क्षेत्र के सर्वाधिक महत्वपूर्ण निर्णयों को स्थापित करती है। महासभा ने

मानवाधिकारों के दोनों विश्व सम्मेलनों (तेहरान 1965 तथा वियना 1993), मानवाधिकारों के उच्चायुक्त के पद की स्थापना (1993), संयुक्त राष्ट्र संघ की जैसे- मानवाधिकारों की शिक्षा की (1995-2004), रंगभेद और जातिवाद के विरूद्ध (1973-83, 1983-93, 1993-2003) और सजातीय लोगों के अधिकारों के अंतर्राष्ट्रीय सम्मेलन का आयोजन किया।

सुरक्षा परिषद (Security council)

संयुक्त राष्ट्र संघ के अनुच्छेद 24 में, 'अंतर्राष्ट्रीय शांति एवं सुरक्षा को बनाए रखने का प्राथमिक उत्तरदायित्व सुरक्षा परिषद को सौंपा गया है। मानवाधिकार सामान्य रूप से मानवतावादी समस्याओं से संबंधित था। परन्तु 1990 तक परिस्थितियां धीरे-धीरे परिवर्तित हो गई। आज मानवाधिकारों के लिए सबसे बड़ी चुनौती सशस्त्र विवाद है। मानवाधिकार संरक्षण को शांति बनाए रखने और शांति निर्माण के लिए महत्वपूर्ण तत्व समझा जाता है। आज के समय में ही रवान्डा और बाल्कन में हजारों लोगों के मानवाधिकारों का गंभीर हनन हुआ है जो कि एक दुखद घटना है। सुरक्षा परिषद के निर्णय आज प्राय: शांति और सुरक्षा के संबंध में मानवाधिकार से संबंधित मुद्दों को संबोधित करते हैं। शांति समर्थकों का कहना है कि मानवाधिकारों के सन्दर्भों को सुरक्षा परिषद सम्मिलित करती है। अब यह कानून बन गया है कि जब सुरक्षा परिषद किसी शांति प्रक्रिया का निर्धारण करेगी तो इसमें मानवाधिकारों को भी सम्मिलित किया जाएगा। महासचिव द्वारा सुरक्षा परिषद को सौंपी गई रिपोर्ट में मानवाधिकारों से संबंधित विश्लेषण और सुझाव होते हैं। सुरक्षा परिषद उच्चायुक्त से मानवाधिकारों की रिपोर्ट मांगती है, क्योंकि मानवाधिकारों का हनन शांति और सुरक्षा के लिए खतरा बन गया है। सुरक्षा परिषद ने कई बार मानवाधिकारों से संबंधित मुद्दों पर आयुक्तों की नियुक्ति की है (भूतपूर्व यूगोस्लाविया पर 1992 में विशेषज्ञों का आयोग, 1994 में रूआडा में विशेषज्ञों का आयोग)।

मानवाधिकार विशेषज्ञों को, सुरक्षा परिषद के सदस्यों को संबोधित करने के लिए विशेष रूप से आमंत्रित किया जाता है। उदारहणार्थ कांगों में मानवाधिकारों की परिस्थितियों के लिए विशेष रेर्पोटियर को जानकारी प्रदान करने के लिए कई बार बुलाया गया। ऐसा प्रतीत होता है कि इस अंग से पहले उच्चायुक्त का अगला कदम अधिक नियमित होगा।

आर्थिक और सामाजिक परिषद (Economic and Social Council)

अनुच्छेद 62 के पैरा 2 के अनुसार, "परिषद सभी व्यक्तियों के लिए मानवाधिकारों और मूल स्वतंत्रताओं के प्रति आदर बढ़ाने के प्रयोजन के लिए और उनके पालन के लिए सिफारिश कर सकेगी"। सामाजिक और आर्थिक परिषद सबके लिए सम्मान, मानवाधिकार पर्यवेक्षण और सबके लिए स्वतंत्रता के लक्ष्य को बढ़ावा देने के लिए सुझावों को महासभा में स्वीकृति के लिए पेश करती है और इसकी निपुणता के अनुसार अंतर्राष्ट्रीय सम्मेलनों को इन विषयों के लिए आमंत्रित करती है। आर्थिक और सामाजिक परिषद के 2001 के एजेंडें में विभिन्न अंगों की रिपोर्ट पर सुझाव शामिल किए गए थे - 57वें सत्र में मानवाधिकार आयोग, मानवाधिकार समिति, आर्थिक सामाजिक और सांस्कृतिक आधिकार से संबंधित समिति संयुक्त राष्ट्र संघ का मानवाधिकार उच्चायुक्त (UNHCR)।

संयुक्त राष्ट्र संघ के चार्टर के अंतर्गत, आर्थिक, सामाजिक परिषद आर्थिक और सामाजिक क्षेत्रों में तथा मानवाधिकारों की अभिवृद्धि के लिए आयोग और ऐसे अन्य आयोग स्थापित करेगी

जिनकी परिषद के कृत्यों के पालन के लिए आवश्यकता है। मानवाधिकार आयोग तथा महिलाओं की स्थिति पर आयोग का गठन मानवाधिकारों के क्षेत्र से संबंधित मुद्दों को निर्धारित करने के लिए किया गया था। आर्थिक, सामाजिक और सांस्कृतिक परिषद को यह आयोग वार्षिक रिर्पोट के आधार पर निर्णयों के मसौदे, प्रसविदाएं तथा घोषणाओं के मसौदे बनाएगी इन दो अंगों के अतिरिक्त (अन्य कार्यकारी आयोग) आर्थिक, सामाजिक व सांस्कृतिक परिषद के अन्य कार्यकारी आयोग भी मानवाधिकारों के क्षेत्र से संबद्ध हैं, जैसेः- अपराध निरोधक विशिष्ट आयोग, अपराधिक न्यायिक आयोग। मानवाधिकारों के उच्चायुक्त का कार्यालय क्षेत्रीय आर्थिक और सामाजिक व सांस्कृतिक परिषद के बीच सहयोग का विकास कर रहा है।

आर्थिक, सामाजिक और सांस्कृतिक आयोग ने मानवाधिकारों के मुद्दों पर आयोग तथा महिलाओं की स्थिति पर आयोग से संबंधित कार्यवाहियों के विकास में महत्वपूर्ण योगदान दिया है।

आर्थिक, सामाजिक और सांस्कृतिक परिषद परामर्शदात्री स्थिति का निर्धारण करती है और गैर सरकारी संगठनों का चुनाव करती है जो सामाजिक, आर्थिक और सांस्कृतिक प्रस्तावना (1996/31) के अर्न्तगत अधिकार का प्रयोग कर सके।

मानवाधिकार आयोग (The Commission on Human Rights)

अंतर्राष्ट्रीय अधिकारों के प्रारंभिक घोषणापत्र का मसौदा तैयार करने के लिए 1946 में मानवाधिकार आयोग की स्थापना की गई थी। हालांकि मानवाधिकार आयोग की स्थापना संयुक्त राष्ट्र संघ के अंर्तगत एक सामाजिक, आर्थिक और सांस्कृतिक परिषद के सहायक अंग के रूप में की गई थी, परन्तु इसकी वास्तविक भूमिका और महत्व यथेष्ट महत्वपूर्ण बन चुका है। इसके सदस्यों की संख्या प्रारंभ में 18 थी, परन्तु धीरे-धीरे आयोग के सदस्यों की संख्या 53 हो गई है। और इसकी रूपरेखा एक पूर्ण सरकारी अभिकरण के रूप में विकसित हो चुकी है जिसने अंतर्राष्ट्रीय संबंधों में आयोग को एक स्थायी महत्व प्रदान किया है। तथापि इसका अपना राजनीतिक महत्व है। अनुच्छेद 68 में मानवाधिकारों को बढ़ावा देने के लिए सामाजिक, आर्थिक और सांस्कृतिक परिषद के एक गौण आयोग के गठन के बारे में कहा गया है।

इस अभिकरण की रचना क्षेत्रीय संतुलन के सिद्धांत पर आधारित है।

अफ्रीकन समूह	–	15
एशियन समूह	–	12
पूर्वी यूरोप समूह	–	05
लैटिन और कैरेबियन समूह	–	11
पश्चिमी यूरोपीय और अन्य समूह	–	10
कुल	–	53

आर्थिक और सामाजिक आयोग के कार्यों और कार्यवाहियों को अंतर्राष्ट्रीय कानूनों द्वारा मुख्य रूप से संहिताबद्ध किया गया है।

प्रत्येक सत्र में आयोग अपने एक सभापति, तीन उपसभापति और एक रेपोर्टियर का चुनाव करता है जो क्षेत्रीय समूहों के सहयोग से एक साथ इसके विस्तृत ब्योरे का निर्माण करते हैं। सभापति का चुनाव करते समय आयोग यह ध्यान रखता है कि बारी-बारी से क्षेत्रीय आधार पर सभापति का चुनाव हो।

आयोग वास्तव में संयुक्त राष्ट्र संघ का अंग है इसके बावजूद यह संगठन मानवाधिकारों के एजेंडे के विकास में महत्वपूर्ण भूमिका अदा कर रहा है। न्याय व्यवस्था का अनुसरण करते हुए, मानवाधिकार आयोग ने केवल मानवाधिकार घोषणा और वो प्रसंविदाएं ही तैयार नहीं की है, बल्कि इसके साथ-साथ मूल्यों का निर्धारण और मानवाधिकारों से संबंधित विस्तृत सम्मेलन भी किए हैं।

नवगठित संयुक्त राष्ट्र मानवाधिकार परिषद (United Nations Human Right Council - UNHRC)

नवगठित संयुक्त राष्ट्र मानवाधिकार परिषद ने 16 जून 2006 से औपचारिक रूप से मानवाधिकार आयोग का स्थान ले लिया है। 47 सदस्यीय मानवाधिकार परिषद सीधे ही संयुक्त राष्ट्र महासभा के अधीन कार्यरत् है। सदस्यों का कार्यकाल 3 वर्ष रखा गया। एक-तिहाई सदस्य प्रतिवर्ष सेवानिवृत होंगे। सदस्यों की संख्या महाद्वीप (Continent wise) के आधार पर निम्न हैं:

एशिया	–	13
अफ्रीका	–	13
पूर्वी यूरोप	–	06
पश्चिमी यूरोप	–	07
लैटिन अमेरिका व कैरीबियाई क्षेत्र	–	08

जून, 2007 में प्रत्येक महादेश से निर्वाचित सदस्य राष्ट्रों का विवरण निम्न है:

एशिया: भारत, बांग्लादेश, चीन, इण्डोनेशिया, जापान, जॉर्डन, मलेशिया, पाकिस्तान, फिलीपींस, दक्षिण कोरिया, सऊदी अरब, श्रीलंका, और कतार।

अफ्रीका: कैमरून, जीबूति, गेबोन, घाना, माली, मारीशस, नाइजीरिया, सेनेगल, दक्षिण अफ्रीका, जांबिया, मेडागास्कर, अंगोला और इजिप्ट।

पूर्वी यूरोप: रूस, रोमानिया, अजरबेजान, स्लोवेनिया, यूक्रेन, तथा बोस्निया और हर्जेगोबिना।

पश्चिमी यूरोप: कनाडा, इटली, फ्रांस, जर्मनी, नीदरलैण्ड, स्विटजरलैंड और ब्रिटेन।

उप आयोग (Sub-Commission)

आर्थिक और सामाजिक परिषद ने 1947 में एक उप आयोग की स्थापना की जो मानवाधिकार आयोग के कार्य करता है। इस आयोग में 26 स्वतंत्र सदस्य हैं ये सभी सदस्य अपनी व्यक्तिगत योग्यता से कार्य करते है। उप आयोग कुछ शर्तों के अनुसार कार्य करता है जो इस प्रकार है:-

1. मानवाधिकारों के सार्वभौमिक घोषणापत्र के अंतर्गत मानवाधिकार आयोग को सुझाव देना और मूल वंश लिंग, भाषा, धर्म या किसी भी प्रकार के भेदभाव का अध्ययन करके इन्हे रोकने आदि के लिए सलाह एवं सहयोग देना।
2. आर्थिक और सामाजिक परिषद तथा मानवाधिकार आयोग द्वारा दिए गए किसी भी कार्य को संपन्न करना।

यह उप आयोग पहले भेदभाव की मनाही तथा अल्पसंख्यकों के संरक्षण के उपआयोग के नाम से जाना जाता था। इस आयोग में अब 24 सदस्य हैं जिनका चुनाव चार साल के लिए किया जाता है और यह चुनाव समान भौगोलिक प्रतिनिधित्व के सिद्धांत के आधार पर किया जाता है। इस समय आयोग में 7 अफ्रीका, 5 एशिया, 5 लैटिन अमेरिका और कैरेबियन, 6 पूर्वी यूरोप और 6 सदस्य पश्चिमी यूरोप तथा अन्य राज्यों से हैं।

उप आयोगों में बहुत से अध्ययन और प्रस्ताव शामिल हैं। जिन्हें मानवाधिकार आयोग की स्वीकृति और आगे की कार्यवाही के लिए पेश किया जाता है। उप आयोग द्वारा विस्तृत विचार और जांच परिणाम की कार्यवाही के लिए ही नही किए जाते, बल्कि अन्य कार्यक्रमों को प्रोत्साहित करने के लिए भी किया जाता है। उप आयोग को अधिकारों का प्रारूप बनाने का सर्वाधिक महत्वपूर्ण योगदान कहा जा सकता है। अंत में मानवाधिकारों के अंतर्राष्ट्रीय नियंत्रण का कार्यान्वयन मुख्यतः '1503 की कार्यवाही' के अंतर्गत एक महत्वपूर्ण घटक के रूप में विकसित हो चुका है।

53वें सत्र (2001) की कार्यसूची उप आयोग के सुधारों का परिणाम थी। इसमें बहुत से मौलिक मुद्दों को निम्नलिखित शीर्षकों के अंतर्गत विवेचन किया गया।

1. मानवाधिकारों और मौलिक अधिकारों के उन्मूलन का प्रश्न
2. न्याय प्रशासन
3. आर्थिक, सामाजिक और सांस्कृतिक अधिकार
4. भेदभाव की मनाही
5. मानवाधिकारों के अन्य मुद्दे

उप आयोग ने 'सजातीय लोग और उनका जीवन से संबंध' विषय पर एक अध्ययन किया तथा मानवाधिकारों पर सुझाव पेश किए साथ ही 'पेय जल और स्वच्छता के अधिकारों की वास्तविकता को प्रोत्साहन' के विषय पर अध्ययन के कार्य को पूर्ण किया।

संयुक्त राष्ट्रसंघ मानवाधिकार पर उच्चायुक्त (United Nations High Commission for Human Rights)

वियना घोषणा और कार्यवाही के कार्यक्रम (1993) ने मानवाधिकारों के प्रोत्साहन और संरक्षण की वर्तमान और भविष्य की संयुक्त राष्ट्र संघ के तंत्र की स्वीकृति को मान्यता प्रदान की और मानवाधिकारों पर एक आयोग की नियुक्ति का सुझाव दिया। महासभा ने 20 दिसम्बर 1993 को प्रस्ताव 48/141 के द्वारा मानवाधिकारों के उच्चायुक्त के पद का सृजन किया। उच्च आयुक्त का कार्यालय जेनेवा में स्थित है।

उच्चायुक्त का कार्यकाल 4 साल के लिए होता है और उसका चुनाव दुबारा भी किया जा सकता है। उच्चायुक्त संयुक्त राष्ट्र संघ के चार्टर की रूपरेखा के अंतर्गत कार्य करता है। उच्च आयुक्त की नियुक्ति महासचिव द्वारा की जाती हैं, लेकिन उसका नाम महासभा द्वारा अनुमोदित किया जाता है।

उच्चायुक्त को निम्नलिखित प्रमुख जिम्मेदारियाँ सौंपी गई हैं:-

- संयुक्त राष्ट्र संघ की व्यवस्था के अंतर्गत मानवाधिकारों की समन्वयकारी नितियों से मानवाधिकारों को संरक्षण और प्रोत्साहन;
- मानवाधिकार केन्द्र द्वारा तकनीकी, आर्थिक सहायता और सलाहकारी सुविधाएं प्रदान करना;
- मानवाधिकारों के वक्ता और प्रभाव को सुधारने के लिए इस क्षेत्र में संयुक्त राष्ट्र संयंत्र को युक्तियुक्त बनाना, अनुकूल बनाना, मजबूत तथा सरल बनाना।
- मानवाधिकारों के लिए सम्मान सुनिश्चित करने हेतु सरकारों से वार्तालाप करना;
- मानवाधिकारों को प्रदान करने तथा उसके लिए बाधाओं को हटाने में और सम्पूर्ण विश्व में मानवाधिकारों के उल्लंघन की निरन्तरता को निवारित करने में सक्रिय भूमिका अदा करना।

व्यक्तिगत राष्ट्र राज्य बनाम् अन्तर्राष्ट्रीय मानवाधिकार संवीक्षा (Individual Nation States Vs International Scrutiny of Compliance of Human Rights)

आज यह बहुत विवादित विषय के रूप में उभरकर हमारे सामने आया है कि क्या राज्य मानवाधिकारों का संरक्षक और गारंटीकर्ता है या नहीं? क्या राज्य, 'राज्य और सरकारों' के मध्य संबंधों को निर्धारित करता है? राज्य को किसी अन्य राज्य के कार्य में हस्तक्षेप करने का अधिकार नहीं है। परन्तु यह सिद्धांत अंतर्राष्ट्रीय संदर्भ में एक प्रथागत सिद्धांत के सिवाय कुछ नहीं है। एक लम्बे समय तक मानवाधिकारों को राज्य का आतंरिक कार्य या उत्तरदायित्व समझा जाता रहा, परन्तु आज सभी राष्ट्र इस वास्तविकता को भली-भांति समझ चुके हैं कि आज विश्व के किसी भी हिस्से में मानवाधिकारों का हनन अंतर्राष्ट्रीय शांति और व्यवस्था के लिए गंभीर चुनौती हैं। 1993 में मानवाधिकार विश्व सम्मेलन वियना घोषणा और कार्यवाही कार्यक्रम में कहा गया कि मानवाधिकारों का संरक्षण और प्रोत्साहन अंतर्राष्ट्रीय समुदाय के लिए गंभीर चिंता का विषय है। (अनुच्छेद 4)। इसी प्रकार 20 दिसम्बर 1993 के प्रस्ताव के पेराग्राफ 3 और 5 के प्रवर्ती हिस्से में संयुक्त राष्ट्र संघ की महासभा ने फिर से कहा कि "संयुक्त राष्ट्र संघ तथा अन्य सभी सदस्य राष्ट्रों का उद्देश्य तथा लक्ष्य........ मानवाधिकारों और मौलिक स्वतंत्रताओं को प्रोत्साहन तथा बढ़ावा देना है और विश्व के किसी भी हिस्से में मानवाधिकारों के हनन पर निगरानी रखना है। इस बात की भी पुष्टि की गई कि मानवाधिकारों और मौलिक अधिकारों का संरक्षण, प्रोत्साहन और पूर्ण वास्तविकता विश्व समुदाय की एक वैध चिंता के रूप में, वस्तुनिष्ठता, निष्पक्षता और चयनात्मकता के सिद्धांतों द्वारा मार्गदर्शित होनी चाहिए।

आमतौर पर राज्य अपने मानवाधिकारों के रिकॉर्ड और छानबीन के प्रति अति संवेदनशील और प्रतिरक्षात्मक होते हैं और संयुक्त राष्ट्र संघ के अनुच्छेद 2 (7) निरंतर आह्वान करते हैं जिसमें राज्यों द्वारा करार किया गया है कि संयुक्त राष्ट्र संघ को आधारभूत रूप से किसी भी राष्ट्र के आंतरिक न्यायिक मामलों में हस्तक्षेप नहीं करना चाहिए।

संयुक्त राष्ट्र संघ चार्टर और मानवाधिकारों का सार्वभौमिक घोषणापत्र (UN Charter and Universal Declaration of Human Rights)

सार्वभौमिक घोषणापत्र मानवाधिकारों का पहला ऐसा साधन था जिसमें अवैध भेदभाव के आधार की सूची को बढ़ाकर दस तक कर दिया गया। घोषणापत्र के अनुच्छेद 2 के अनुसार, ''प्रत्येक व्यक्ति को (1) जाति (2) रंग (3) लिंग (4) भाषा (5) धर्म (6) राजनीतिक या अन्य मत विभिन्नता (7) राष्ट्रीय तथा सामाजिक उत्पत्ति (8) सम्पत्ति (9) जन्म स्थान या (10) अन्य स्थान के भेदभाव के बिना चार्टर में दी गई स्वतंत्रताओं तथा अधिकारों का उपभोग करने का अधिकार है।

पहली मानवाधिकारों से संबंधित अन्तर्राष्ट्रीय संधि (उदाहरणार्थ 1648 में वेस्टफेलिया की संधि) धर्म की स्वतंत्रता तथा दासता उन्मूलन से संबंधित थी। वियना कांग्रेस में दास प्रथा को पहले ही अपराध घोषित कर दिया गया था जिसके परिणामस्वरूप 19वीं शताब्दी के उत्तरार्ध में दासता उन्मूलन की संधियाँ प्रकाश में आई (उदाहरणार्थ 1862 की वाशिंगटन की संधि, 1867, 1890 में बुसेल्स सम्मेलन तथा 1885 में बर्लिन का दस्तावेज)। अंतर्राष्ट्रीय सहयोग अन्य क्षेत्र में युद्ध कानून के रूप में प्रकाश में आया (पैरिस का घोषणापत्र, 1856, 1864 में जेनेवा की पहली प्रसंविदा और दूसरी 1906 की प्रसंविदा तथा हवेग की 1899 और 1907 की प्रसंविदाएं)। 1864 में गठित रेडक्रॉस की अंतर्राष्ट्रीय समिति ने इसके विकास में महत्वपूर्ण योगदान दिया है।

मानवाधिकार घोषणापत्र बनाने, मानवाधिकारों व चार्टर में दी गई स्वतंत्रताओं को पारिभाषित करने का कार्य मानव अधिकार आयोग को सौंपा गया था जिसका गठन 1945 में हुआ था। यह आयोग संयुक्त राष्ट्र संघ के प्रमुख अंग (संस्था) सामाजिक आर्थिक परिषद का सहकारी अंग था। मानवाधिकार आयोग को अंतर्राष्ट्रीय मानवाधिकार घोषणापत्र, संविदाएं अन्य मानवाधिकार सम्बंधी मुद्दों पर प्रस्ताव तथा अल्पसंख्यकों के संरक्षण व रिपोर्ट तैयार करने का कार्य सौंपा गया था।

मानवाधिकारों का सार्वभौमिक घोषणापत्र (Universal Declaration of Human Rights)

मानवाधिकार सार्वभोमिक घोषणापत्र ने संयुक्त राष्ट्र संघ की प्रसंविदाओं और सम्मेलनों के विशिष्ट पहलुओं के निर्माण के लिए आधार प्रदान किया। मानवाधिकारों की उद्घोषणा के अधिकारों को मौटे तौर पर दो भागों में विभाजित किया जा सकता है। प्रथम अधिकार नागरिक और राजनीतिक अधिकारों से संबंधित है जिसमें जीवन का अधिकार, स्वतंत्रता, कानून के समक्ष समानता, दासता और दमन से स्वतंत्रता, व्यक्ति की सुरक्षा, मनमानी गिरफ्तारी के विरूद्ध संरक्षण, नजरबंदी और निर्वासन, मुकदमे की उचित प्रक्रिया, निजी सम्पत्ति का अधिकार राजनीतिक सहभागिता, विवाह का अधिकार, विचार, चेतना तथा धर्म की स्वतंत्रता, मत और अभिव्यक्ति की स्वतंत्रता, शांतिपूर्ण ढंग से बिना हथियारों के सभा और सम्मेलन करने का अधिकार, अपने देश की सरकार में स्वतंत्र रूप से प्रत्यक्ष या परोक्ष रूप से निर्वाचित प्रतिनिधियों द्वारा भाग लेने का अधिकार, सम्मिलित है। द्वितीय अधिकार, आर्थिक सामाजिक और सांस्कृतिक अधिकार हैं जो दूसरों के साथ व्यवहार से संबंधित है, काम का अधिकार, समान कार्य के लिए समान वेतन, व्यावसायिक संघ बनाने या उनका सदस्य बनने का अधिकार तथा सांस्कृतिक जीवन में स्वतंत्र रूप से हिस्सा लेने के अधिकार।

मानवाधिकार सार्वभोमिक घोषणापत्र (UDHR) में 30 अनुच्छेद हैं। अनुच्छेद 1 और 2 में कहा गया है कि सभी व्यक्ति जन्म और प्रतिष्ठा में समान हैं और सभी को घोषणापत्र में दी गई स्वतंत्रताओं तथा अधिकारों को बिना जाति, रंग, लिंग, भाषा, धर्म, राजनीतिक और अन्य मत, राष्ट्रीय या सामाजिक उत्पत्ति, सम्पत्ति, जन्म या अन्य स्थिति के भेद के उपभोग करने का अधिकार है। अनुच्छेद 3 से 21 में नागरिक और राजनीतिक अधिकारों का वर्णन किया गया है:-

- जीवन, स्वतंत्रता और संरक्षण का अधिकार
- दासता और गुलामी से स्वतंत्रता
- पाश्विक और अमानवीय सजा से स्वतंत्रता
- कानून के समक्ष कहीं भी व्यक्ति के रूप में मान्यता का अधिकार; प्रभावी न्यायिक सहायता पाने का अधिकार; मनमानी गिरफ्तारी से स्वतंत्रता, नजरबंदी और निर्वासन, निष्पक्ष अधिकरण द्वारा उचित मुकदमे और सार्वजनिक सुनवाई का अधिकार, अपराधी सिद्ध होने से पहले निर्दोष माने जाने का अधिकार
- निजी जीवन, परिवार, घर और पत्राचार में मनमाने हस्तक्षेप से स्वतंत्रता, सम्मान और ख्याति पर प्रतिकूल आलोचना से सुरक्षा, इस प्रकार के हमलों से कानून से सुरक्षा अधिकार
- आन्दोलन की स्वतंत्रता, कहीं भी बस जाने की स्वतंत्रता, राष्ट्रीयता का अधिकार
- मत और अभिव्यक्ति की स्वतंत्रता
- शांतिपूर्ण सभा और सम्मेलन का अधिकार
- सरकार में हिस्सा लेने और सरकारी नौकरी पाने का समान अधिकार। घोषणा के अनुच्छेद 22-27 में आर्थिक, सामाजिक और सांस्कृतिक अधिकारों का वर्णन भी किया गया है
- सामाजिक संरक्षण का अधिकार
- काम करने का अधिकार, समान कार्य के लिए समान वेतन का अधिकार, व्यवसायिक संघ बनाने और सदस्यता ग्रहण करने का अधिकार
- आराम और अवकाश का अधिकार
- उचित स्वास्थ्य और जीवन स्तर का अधिकार
- शिक्षा का अधिकार
- समुदाय के सांस्कृतिक जीवन में हिस्सा लेने का अधिकार

अनुच्छेद 28 और 30 में कहा गया है कि प्रत्येक व्यक्ति को घोषणापत्र में दिए गए अधिकारों का सामाजिक और अंतर्राष्ट्रीय परिप्रेक्ष्य में उपभोग करने का अधिकार है। इन अधिकारों के लिए सम्मान और अन्य व्यक्तियों की स्वतंत्रता तथा पहचान को सुरक्षित रखने के अतिरिक्त अन्य किसी कारण से सीमित नहीं किया जा सकता।

घोषणापत्र का महत्व (Significance of the Declaration)

हालांकि मानवाधिकारों का घोषणापत्र किसी भी राष्ट्र पर बाध्यकारी नहीं हैं। घोषणापत्र अन्तर्राष्ट्रीय समुदाय के लिए उपलब्धि के सामान्य मानक नियत करता है। महासभा ने इस घोषणापत्र को सभी

लोगों और सभी राष्ट्रों के लिए उपलब्धि के सामान्य मानक के रूप में घोषित किया है और सभी सदस्य राज्यों तथा सभी व्यक्तियों से उसमें उपबंधित अधिकारों तथा स्वतंत्रताओं में अभिवृद्धि करने और उसके अनुपालन को सुनिश्चित करने का अनुरोध किया है। घोषणापत्र की स्वीकृति के समय केवल 58 सदस्य राष्ट्र शामिल थे, परन्तु जब से अब तक यह संख्या लगभग तिगुनी हो गई है। घोषणापत्र का प्रभाव और प्रयोग निरंतर बना हुआ है। इसके प्रयोग ने ही इसे मजबूत बनाया है और यह अंतर्राष्ट्रीय सहमति को और अधिक मजबूत बनाया रहा है। घोषणापत्र के मानवाधिकार सभी राष्ट्रों के लिए सामान्य निर्देश हैं। घोषणापत्र का महत्व सारांश में इस प्रकार है:-

- मानवाधिकारों का अंतर्राष्ट्रीय घोषणापत्र अंतर्राष्ट्रीय इतिहास में इस प्रकार का प्रथम घोषणापत्र है। घोषणा में समस्त विश्व के व्यक्तियों के विकास के लिए आवश्यक मानवाधिकारों का विवेचन किया गया है। हालांकि घोषणापत्र सदस्य राष्ट्रों पर बाध्यपूर्ण नहीं है फिर भी यह ऐसे मानक का निर्धारण करता है जिसके आधार पर राज्य तथा व्यक्ति का विश्लेषण मानवाधिकारों के अंतर्गत किया जा सकता है।
- राष्ट्रों के कानून के विकास में घोषणापत्र ने महत्वपूर्ण भूमिका अदा की है। यह ऐसी शक्ति के रूप में उभरा है जो न केवल कानून का एक स्रोत है, बल्कि कानूनों को बाध्यकारी भी बनाता है।
- समाज के सभी हिस्सों से जिस प्रकार की नैतिक तथा राजनीतिक स्वीकृति घोषणापत्र को प्राप्त है इस प्रकार की अंतर्राष्ट्रीय स्वीकृति किसी अंतर्राष्ट्रीय संगठन को कभी प्राप्त नहीं हुई है। इस घोषणापत्र का अपना एक विशिष्ट महत्व है।
- अंतर्राष्ट्रीय संबंधों में घोषणापत्र ने एक महत्वपूर्ण भूमिका निभाई है। अंतर्राष्ट्रीय संबंधों में प्रायः मानवाधिकारों का समर्थन किया जाता रहा है उदाहरणार्थ :- दक्षिण अफ्रीका में रंगभेद की नीति का विरोध मानवाधिकारों के हनन के आधार पर किया गया। रंगभेद की नीति से घोषणापत्र की आत्मा का हनन होता है। इसी प्रकार शीतयुद्ध के दौरान हंगरी, रूमानिया, बुल्गारिया की आलोचना की गई, क्योंकि वह शांति संधियों और मानवाधिकारों के घोषणापत्र की वचनबद्धता को पूरा करने में असमर्थ रहे थे। संयुक्त राष्ट्र संघ ने मानवाधिकारों के हनन को रोकने के लिए कई देशों को बाध्य भी किया है क्योंकि मानवाधिकारों का हनन देश के मैत्री पूर्ण संबंधों में बाधक है।
- मानवाधिकारों की घोषणा से नवस्वतंत्र देशों के संविधान तथा क्षेत्रीय अनुबन्ध बहुत प्रभावित हुए जिसके कारण इंडोनेशिया, सीरिया, अल-साल्वाडोर, हैती, लिबिया, जॉर्डन तथा अन्य कई देशों के संविधानों में काफी कुछ घोषणापत्र से ग्रहण किया गया है। संधियों तथा क्षेत्रीय अनुबंधों में घोषणापत्र का स्पष्ट प्रभाव परिलक्षित होता है।

अतः संक्षेप में कहा जा सकता है कि हालांकि घोषणा पत्र कानूनी रूप से प्रवर्तनीय नहीं है परन्तु फिर भी बहुसंख्यक देशों की सहमति के लिए मानवाधिकार आदर्श रूप में एक महत्वपूर्ण साधन सिद्ध हुए हैं।

संयुक्त राष्ट्र संघ की प्रसंविदायें (Covenants of the United Nations)

आर्थिक, सामाजिक और सांस्कृतिक अधिकारों की प्रसंविदा तथा नागरिक और राजनीतिक अधिकारों की प्रसंविदा दोनों ही प्रसंविदाएं संयुक्त राष्ट्र संघ के मानवाधिकारों के अनुच्छेद 2 के अंतर्गत दिए गए आधारों के आधार पर भेदभाव की मनाही करते हैं और दोनों प्रसंविदाओं के अनुच्छेद राज्यों को महिला तथा पुरूष दोनों के लिए समान अधिकारों के उपभोग को सुनिश्चित करते हैं। इन प्रसंविदाओं के सामान्य अनुच्छेदों में एक असंगति यह है कि अंतर्राष्ट्रीय आर्थिक, सामाजिक और सांस्कृतिक अधिकारों में 'भेदभाव की मनाही' शब्द का प्रयोग किया गया है, जबकि अंतर्राष्ट्रीय राजनीतिक और नागरिक अधिकारों में 'भिन्नता' शब्द का प्रयोग किया गया है।

अंतर्राष्ट्रीय सम्मेलन और प्रसंविदाएं तथा वैकल्पिक प्रोटोकॉल

(International Convention and Covenants and Optional Protocol)

मानवाधिकारों के अंतर्राष्ट्रीय घोषणापत्र की स्वीकृति के कार्य का प्रारंभ मानवाधिकारों की दो अंतर्राष्ट्रीय प्रसंविदाओं के निर्माण की प्रक्रिया से हुआ। इन अधिकारों को प्रवर्तनीय बनाने के लिए इनकी उद्घोषणा में की गई ICESCR, ICCPR तथा ऐच्छिक प्रोटोकोल की बाद की प्रसंविदाओं को 16 दिसम्बर 1966 में महासभा ने सर्वसम्मति से स्वीकार कर लिया। दूसरा ऐच्छिक प्रोटोकोल तथा इन प्रसंविदाओं के साथ घोषणापत्र, जो 1989 में स्वीकार किया गया था, को व्यापक रूप में आज मानवाधिकारों के अंर्तराष्ट्रीय घोषणापत्र से भिन्न प्रसविदाएं कानूनी रूप से प्रवर्तनीय हैं जो स्वस्थ राज्य इन प्रसंविदाओं में शामिल हैं। इसके साथ-साथ यह राज्य इनको लागू करने की कार्यवाहियों के प्रति सद्भावनापूर्ण व्यवहार के लिए बाध्य हैं जिसमें प्रसंविदा के अंतर्गत उनके दायित्व के अनुरूप नियतकालीन रिपोर्ट का प्रस्तुतीकरण भी शामिल है।

आर्थिक, सांस्कृतिक और सामाजिक अधिकारों की अन्तर्राष्ट्रीय प्रसंविदा (The International Covenant on Economic, Cultural and Social Rights)

मानवाधिकारों के अंतर्राष्ट्रीय आर्थिक सामाजिक तथा सांस्कृतिक अधिकारों को प्रोत्साहन और संरक्षण के तीन प्रकार हैं जो संक्षिप्त में इस प्रकार हैं :-

- काम की उचित और न्यायपूर्ण दशा का अधिकार
- सामाजिक संरक्षण का अधिकार, निवास के लिए उचित मानवीय दशाओं का अधिकार तथा
- शिक्षा का अधिकार, सांस्कृतिक स्वतंत्रताओं के लाभों एवं वैज्ञानिक प्रगति का उपभोग करने का अधिकार

किसी भी प्रकार के भेदभाव के बिना इन अधिकारों को प्रगतिशील पूर्ण वास्तविकता प्रसंविदा में प्रदान की गई है।

ICESCR के कार्यान्वयन को आर्थिक सामाजिक और सांस्कृतिक अधिकारों की समिति देखती है। इस समिति की स्थापना 1965 में ECOSOC द्वारा की गई थी। इसमें 18 विशेषज्ञों की

सदस्यता का प्रावधान है जो राज्य के सदस्यों द्वारा नामित करने के बाद चुने जाते हैं। इस प्रसंविदा के अंतर्गत उनके कर्तव्यों, सम्मेलन द्वारा किए गए विकास तथा स्वीकार किए गए सुझावों को प्रतिबिंब (छानबीन) किया जाता हैं।

सांस्कृतिक और राजनीतिक अधिकारों की अंतर्राष्ट्रीय प्रसविदा (The International Convenant on Cultural and Political Rights - ICCPR)

नागरिक और राजनीतिक अधिकारों की अंतर्राष्ट्रीय प्रसंविदा में सार्वभौमिक घोषणा में स्वीकार किए गए राजनीतिक और नागरिक अधिकारों का विस्तृत विवेचन किया गया है। इसमें निम्न अधिकार शामिल हैं

- जीवन, एकातंता और निष्पक्ष रूप से न्याय पाने का अधिकार
- धर्म का अधिकार, दमन से स्वतंत्रता, कानून के समक्ष समानता

राष्ट्र की सुरक्षा को ध्यान में रखते हुए आपातकाल की स्थिति में कुछ अधिकारों को निलंबित किया जा सकता है। इसमें यह भी व्यवस्था की गई है कि रंग, जाति, भाषा, लिंग, धर्म या सामाजिक स्रोत (मूल उत्पत्ति) के आधार पर भेद नहीं किया जाएगा। इन अधिकारों को लागू करने के लिए घोषणा में बहुत से उपाय किए गए हैं। प्रसविंदा के अनुच्छेद 28 से मानव अधिकार समिति की स्थापना की गई है जिसमें 18 विशषज्ञ सम्मिलित होते हैं जिनका चुनाव प्रसविंदा में शामिल राज्यों के नामाकंन के बाद होता है और यह विशेषज्ञ अपनी योग्यता के अनुसार कार्य करते हैं।

ICCPR ही एकमात्र ऐसा साधन है जिसमें भेदभाव की मनाही का एक खंड है (अनुच्छेद 26 के अंतगत) और यह खंड अपने कार्यान्वयन के क्षेत्र में बहुत विस्तृत है। हालांकि इसी प्रकार का एक प्रावधान UDHR में भी किया गया है, परन्तु UDHR केवल घोषणा में दिए गए अधिकारों के क्षेत्र तक सीमित है।

अनुच्छेद 26 का मसौदा बनाने का इतिहास भेदभाव की अवधारणा के उद्देश्य तथा अर्थ को एक स्पष्ट प्रतिरूप प्रदान करता है। दोनों ही प्रसंविदाओं के निर्माण के समय यह स्वीकार किया गया था कि उपाश्रित वर्ग के लिए उठाए गए सकारात्मक कदमों के मार्ग में रूकावट नहीं बनेगी।

सार्वभौमिक घोषणापत्र का निर्माण निश्चित अधिकारों के संरक्षण के लिए राज्यों को निर्देश देने के लिए किया गया था तथा ICCPR को मानवाधिकारों के संरक्षण की व्यवहारिक समस्याओं के समाधान के लिए बनाया गया था। इसलिए प्रसंविदा में अधिकारों का अधिक निश्चित रूप से सविस्तार उल्लेख किया गया है और स्पष्ट तार्किक सोपानों के साथ सीमिततताओं का भी उल्लेख है जिनके कारण तत्कालीन परिस्थितियों का भी उल्लेख है जिनके कारण तत्कालीन परिस्थितियों में मानवाधिकारों की संरक्षण में बाधा आती है। प्रसंविदाओं के अनुसार राज्य का यह दायित्व है कि राज्य किसी नैतिक धार्मिक या भाषागत अल्पसंख्य वर्ग से संबंधित व्यक्ति को अपनी संस्कृति का पालन करने, अध्यापन करने, अपने धर्म का प्रयोग करने तथा अपनी भाषा का अपने समाज के अन्य सदस्यों के साथ प्रयोग करने का अधिकार देगा (अनुच्छेद 27) संविदात्मक दायित्व को पूरा करने के लिए असमर्थता के कारण कारावास से स्वतंत्रता (अनुचछेद 11), दण्ड विधि के मूलभूत रूप से लागू न होने की स्वतंत्रता, विधि के समक्ष व्यक्ति के रूप में मान्यता का अधिकार (अनु. 10.1), बच्चों के अधिकारों के लिए विशेष संरक्षण (अनु. 24), आश्रय का अधिकार, राष्ट्रीयता का अधिकार और पूर्व

और पश्चिम की वैचारिक भिन्नता के परिणामस्वरूप व्यापक रूप से निजी सम्पत्ति के अधिकार को प्रसंविदा में वर्जित किया गया है।

हालांकि प्रसंविदा में दिए गए अधिकार किसी भी स्थिति में निलबिंत नहीं किए जा सकते। अनुच्छेद 4 में व्यवस्था की गई है कि अधिकारों को आपातकाल और राष्ट्र पर खतरे की स्थिति, में ही निलंबित किए जा सकते हैं। जहां तक निलंबन का संबंध है तो यह आनुपातिक और भेदभाव रहित होना चाहिए। संयुक्त राष्ट्र के महासचिव की मध्यस्थता को तत्काल ही राज्य के अन्य पक्षकारी के साथ आवश्यक व्यवहार करके यह मालूम करना चाहिए कि किन परिस्थितियों में यह कदम उठाए गए थे।

प्रसंविदा का कार्यान्वयन (Implementation of The Covenant)

प्रसंविदा को कार्यान्वित करने के लिए मानवाधिकार समिति निम्नलिखित तरीकों से नियंत्रण रखती है।

- समिति राज्य की प्रसंविदा रिपोर्टों का अपनी अनुरूपता के साथ निरीक्षण करती है (अनुच्छेद 40) और इसके अनुसार संबंधित सरकारों को सुझाव और निर्देश प्रदान करती है और उन तरीकों का उल्लेख करती है जिनके द्वारा प्रसंविदा को सर्वश्रेष्ठ तरीके से कार्यान्वित किया जा सकता है।
- मानवाधिकार समिति प्रसंविदा के अनुच्छेदों के विशिष्ट अर्थ और तत्वों को व्याख्या करती है।
- समिति अपने कार्यों की वार्षिक रिपोर्ट आर्थक और सामाजिक परिषद के माध्यम से संयुक्त राष्ट्र संघ की महासभा को सौंपती है।

जब से मानवाधिकार संरक्षण का कार्य राष्ट्रीय स्तर के अनुमोदन पर निर्भर हुआ है तब से मानवाधिकार समिति के कार्य सीमित हो गए है, क्योंकि इसके पास टिप्पणी करने के अतिरिक्त अन्य कोई साधन नहीं है। फिर भी सार्वजनिक जांच रिपोर्ट में प्रभावपूर्ण महत्व निहित है, क्योंकि आमतौर पर सरकारें मानवाधिकारों की उपलब्धियों के सार्वजनिक प्रदर्शन के प्रति अत्यंत संवेदनशील होती हैं। इसके अतिरिक्त समिति का सैद्धांतिक विकल्प राज्यों के बीच रचनात्मक वार्ता का विकास करना और प्रसंविदा के प्रावधानो से राज्यों के आज्ञापालन को प्रोत्साहित करना है।

अभिकरणों को नियंत्रित करने वाली संधियां (Treaty Monitoring Bodies)

मानवाधिकार संधियों का पुष्टिकरण (Ratification of Human Rights Treaties)

इस उद्देश्य के लिए स्थापित मानवाधिकारों की छः मुख्य संधियों का कार्यान्वयन विशेष अभिकरणों की निगरानी से होता है जो इस प्रकार है:-

- आर्थिक, सामाजिक और सांस्कृतिक अधिकारों की 1966 को आर्थिक, सामाजिक और सांस्कृतिक अधिकारों की प्रसंविदा की समिति
- 1966 की अंतर्राष्ट्रीय प्रसांविदा पर आधारित नागरिक और नागरिक अधिकारों (ICCER) की मानवाधिकार समिति (HRC)

- रंगभेद के सभी रूपों के उन्मूलन हेतु (ICERD) अंतर्राष्ट्रीय प्रसंविदा 1995 पर आधारित की सभी रूपों में भेदभाव की मनाही की समिति (CERD)
- महिलाओं के विरूद्ध किसी भी प्रकार के भेदभाव (ICEDAW) की अंतर्राष्ट्रीय प्रसविदा –1979 की प्रसंविदा पर आधारित महिलाओं के विरूद्ध सभी प्रकार के भेदभाव उन्मूलन की समिति (ICEDAW)
- 1984 की अंतर्राष्ट्रीय प्रसंविदा यातना और अन्य क्रूर, गैर मानवीय व्यवहार और दण्ड (ICAT) पर यातना के विरूद्ध समिति (CAT)
- 1989 की अंतर्राष्ट्रीय अंतर्राष्ट्रीय प्रसविदा बच्चों के अधिकार (ICRC) पर आधारित बच्चों के अधिकारों की समिति (CRC)

संधियों पर आधारित अंगों का प्रभाव तथा वास्तविक स्थिति मुख्य रूप से संधियों के पुष्टिकरण के स्तर द्वारा निश्चित होता है। 8 फरवरी 2002 तक मुख्य 6 प्रसंविदाओं की समस्त पुष्टियों की संख्या 941 हो चुकी है विवरण निम्नलिखित है :

मानवाधिकार संधियों के समर्थन की स्थिति

ICESCR	ICCPR	CERD	CEDAW	CAT	CRC
145	148	161	168	128	191

मानवाधिकारों के घोषणापत्र की 50वीं वर्षगांठ के अवसर पर महासचिव तथा उच्चायुक्त ने सभी राज्यों को मुख्य छः अधिकारों के लिए 2003 तक सार्वभौमिक समर्थन का सुझाव दिया है। मानवाधिकार संधियों के अंतर्राष्ट्रीय समर्थन की मांग सितम्बर 2003 के सहस्राब्दि सम्मेलन में भी की गई थी।

संधिपत्रों के अभिकरण महासभा में अपने कार्यों का वार्षिक प्रतिवेदन (रिपोंट) पेश करते हैं। दमन के विरूद्ध समिति के संदर्भ में राज्यों के लिए भी सार्थक प्रसंविदाओं का उल्लेख किया जाता है और आर्थिक सामाजिक और सांस्कृतिक आधिकारों की समिति ECOSOC को रिपोर्ट पेश करती है और ECOSOC इस प्रतिवेदन को महासभा में पेश करती है। बच्चों के अधिकारों से संबंधित समिति प्रत्येक 2 वर्ष बाद अपनी रिपोर्ट पेश करती है। राज्य पक्षकारों की स्थिति पर विचार करते समय राज्य पक्षकारों के साथ उस पर की गई टिप्पणियों, जिसमें संधि अभिकरणों द्वारा किया गया पर्यवेक्षण भी शामिल है, वार्षिक रिपोर्ट के विभिन्न अंगों का निर्माण करता है।

व्यक्तिगत संधि अभिकरण (Individiual Treaty Bodies)

आर्थिक, सामाजिक और सांस्कृतिक अधिकारों की समिति (Committee on Economic, Social and Cultural Rights): आर्थिक सांस्कृतिक और सामाजिक कार्यों को नियंत्रित करती है। यही एक मात्र ऐसा संधि नियंत्रित अभिकरण है जिसकी रचना किसी संधि द्वारा नहीं हुई है। प्रसंविदा को स्वीकार करते समय महासभा ने निर्णय लिया कि इसके नियतकालीन प्रतिवेदनों के लागू करने वाले (कार्यान्वयन) सदस्य राज्यों तथा ECOSOC द्वारा विचार किया जा सकता है। 1976 में ECOSOC ने प्रतिवेदन पर विचार करने में इसकी सहायता के लिए एक कार्यकारी समूह की स्थापना की। 1981 से इसे सामाजिक और सांस्कृतिक अधिकारों की अंतर्राष्ट्रीय प्रसविंदा के कार्यान्वयन पर आधारित

वार्षिक कार्यकारी समूह कहा जाता है। 1985 में इस समूह को आर्थिक और सांस्कृतिक अधिकारों की समिति से स्थानांतरित कर दिया गया। यह समूह अपने चरित्र में संधि पर आधारित अभिकरण के समान ही है और ECOSOC की स्थिरता का माध्यम बना हुआ है। समिति के 18 सदस्यों का चुनाव प्रसंविदा के राज्यों द्वारा न होकर ECOSOC द्वारा किया जाता है। इसका सत्र जेनेवा मे साल में दो बार तीन सप्ताह के लिए होता है। इसके वार्षिक सम्मेलनों को 2000-2001 में तीन सत्रों तक व्यापक कर दिया गया था। समिति के अधिकारों में निम्न अधिकार शामिल हैं :-

1. राज्य पाटियों के नियतकालीन विचारों से प्रसंविदा के कार्यान्वियन को नियंत्रित करना।
2. प्रसंविदा के कार्यान्वियन से सम्बन्धित सामान्य टिप्पणियों को स्वीकृत करना।

मानवाधिकार समिति (Human Rights Committee)

नागरिक और राजनीतिक अधिकारों की अंतर्राष्ट्रीय प्रसंविदा द्वारा 1976 में मानव अधिकार समिति की स्थापना की गई। इसके सदस्यों का चुनाव राज्यों द्वारा किया जाता है और इसकी बैठक जेनेवा में तीन सप्ताह के सत्र में साल में तीन बार होती है।

1. प्रसंविदा द्वारा मान्यता प्रदान किए गए अधिकारों को प्रभावशाली बनाने के लिए राज्य द्वारा किए गए उपायों और उनके प्रयोग के लिए राज्यों द्वारा की गई प्रगति की राज्य द्वारा पेश की गई नियतकालीन प्रतिवेदनों की जांच करना।
2. प्रसंविदा के कार्यान्वयन से संबंधित सामान्य विचारों को स्वीकार करना।
3. प्रसंविदा के अंतर्गत राज्य पक्षकारों के वायदों के जबरदस्ती उन्मूलन से संबंधित राज्य और व्यक्ति के संचार पर विचार करना।

मानवाधिकार समिति की टिप्पणियां ही इस प्रसंविदा को लागू करने के साधन नहीं है, बल्कि मानवाधिकारों के विकास के लिए आवश्यक आकंड़े भी प्रस्तुत किए जाते हैं। समिति औसतन एक से अधिक सामान्य वार्षिक टिप्पणी स्वीकार करती है।

रंगभेद उन्मूलन समिति : किसी भी प्रकार के रंगभेद उन्मूलन के लिए अंतर्राष्ट्रीय प्रसंविदा 1969 में बनाई गई थी। रंगभेद उन्मूलन समिति अब तक की सबसे पहली संधि आधारित अभिकरण थी। इसमें 18 सदस्य हैं और इनका चुनाव राज्यों द्वारा किया जाता है। इस समिति का सम्मेलन साल में दो बार होता है जो तीन सप्ताह तक चलता है। यह संयुक्त राष्ट्र संघ के जाति, रंग, पूर्वज, राष्ट्रीय या भिन्न उत्पत्ति के आधार पर भेदभाव की मनाही के सर्वाधिक विस्तृत वक्तव्य को प्रकट करती है।

दमन के विरूद्ध समिति : (दमन और अन्य क्रूर अमानवीय दण्ड के विरूद्ध प्रसंविदा) इस समिति की स्थापना 1987 में, 1984 की दमन और अन्य गैर-मानवीय व्यवहार और दण्ड के विरूद्ध प्रसंविदा से हुई थी। यह समिति 10 सदस्यों से निर्मित है। इन सदस्यों का चुनाव राज्यों द्वारा होता है और इनकी बैठक साल में दो बार दो सप्ताह के सत्र के लिए जेनेवा में होती है। प्रसंविदा राज्य पक्षकारों के सार्थक मानवाधिकारों के हनन से संबंधित दायित्वों, अपराधियों के दण्ड और दमन के संभावित और वास्तविक पीड़ितों के संरक्षण का विस्तारपूर्वक वर्णन करता है।

बच्चों के अधिकारों की प्रसंविदा 2 सितम्बर 1990 में लागू हुई। इसको संयुक्त राष्ट्र संघ की महासभा द्वारा 20 नवम्बर 1989 में एक साल से भी कम समय में महासभा द्वारा स्वीकृत होने

के बाद स्वीकार कर लिया गया। प्रसंविदा के पक्षकार प्रसंविदा द्वारा मान्य अधिकारों को लागू करने के लिए सभी उचित उपायों के लिए सहमत हैं और ऐसा करने में बच्चों के सर्वोच्च विकास का विचार मार्गदर्शक सिद्धांत होना चाहिए। यह अधिकार विस्तृत है और इनमें बच्चों के लिए परिवार के महत्व की मान्यता भी सम्मिलित है। संयुक्त राष्ट्र बाल फंड (UNICEF) इन कार्यवाहियों में एक महत्वपूर्ण सहभागी है और प्रसंविदा के प्रोत्साहन में महत्वपूर्ण भूमिका निभा रहा है।

महिलाओं के विरूद्ध सभी प्रकार के भेदभाव की मनाही को UN की महासभा द्वारा 18 दिसम्बर 1979 को स्वीकार किया गया तथा 2 दिसम्बर 1981 को लागू किया गया। प्रसंविदा के आधार पर समिति का गठन 1982 में हुआ। प्रसंविदा का उद्देश्य महिलाओं तथा पुरूषों के बीच समानता को लागू करना तथा महिलाओं हैं। महिलाओं के विरूद्ध भेदभाव विशेष रूप से भेदभाव के विशिष्ट प्रकार जैसे जबरन विवाह, घरेलू हिंसा और शिक्षा को प्राप्त करने की असमर्थता, स्वास्थ्य, सार्वजनिक जीवन और कार्य में भेदभाव को रोकना है। मार्च 1994 में आयोग ने महिलाओं के विरूद्ध हिंसा के कारणों और परिणामों की जांच की अनिवार्यता के साथ एक विशेष रेपोर्टियर की नियुक्ति की।

नरसंहार के रोकने तथा अपराध के दण्ड की अंतर्राष्ट्रीय प्रसंविदा UN की महासभा द्वारा दिसम्बर 1948 में स्वीकार की गई तथा 1951 में लागू की गई। प्रसंविदा में नरसंहार को कुछ निश्चित कार्य, एक राष्ट्रीय, नस्लीय, जातिय या धार्मिक समूह के सम्पूर्ण या एक हिस्से को समाप्त करने को जानकर की गई कार्यवाही के रूप में पारिभाषित किया गया। अंतर्राष्ट्रीय कानून के अंतर्गत नरसंहार, चाहे यह युद्ध के समय में हो या शांति के समय में, एक अपराध है और इसे मानवता के विरूद्ध अपराध के रूप में पारिभाषित किया गया है।

राष्ट्रीय या भिन्न देशीय, धार्मिक और भाषाई अल्प संख्यकों से संबंधित व्यक्ति के अधिकारों की प्रसंविदा संयुक्त राष्ट्र संघ के मानवाधिकारों के साधनों में सर्वाधिक विस्तृत साधन है। इसे 1992 के प्रारंभ में महासभा द्वारा स्वीकृति प्रदान की गई थी।

स्वतंत्र देशों में सजातीय लोगों के अधिकारों के संरक्षण के लिए सजातीय तथा जनजातीय लोगों से संबंधित अंतर्राष्ट्रीय साधन अंतर्राष्ट्रीय श्रमिक प्रसंविदा संख्या 169 है। इसे जून 1989 में स्वीकार किया गया तथा सितम्बर 1991 से लागू किया गया। इसके अनुसार किसी राज्य या सामाजिक समूह को सजातीय लोगों की पहचान तथा स्थान को अस्वीकार करने का अधिकार नहीं है और राज्यों का यह दायत्वि है कि सजातीय लोगों की पहचान, उनके अधिकार तथा सहभागिता को सुनिश्चित करे। संयुक्त राष्ट्र की सजातीय लोगों के कार्यकारी समूह की रचना 1982 में हुई। यह संयुक्त राष्ट्र संघ के अंतर्गत सजातीय अधिकारों की कार्यवाहियों का केन्द्र है।

शरणार्थियों के मानव अधिकार का संरक्षण शरणार्थियों की स्थिति से संबंधित प्रसविदों (1951) और इसके प्रोटोकोल (1966) द्वारा होता है। संयुक्त राष्ट्र संघ शरणार्थी कार्यालय (UNHCR) शरणार्थियों के अंतर्राष्ट्रीय प्रावधानों के निरीक्षण के लिए उत्तरदायी हैं और देशों की सहायता करके शरणार्थियों की उन्नति में सहयोग कर स्वैच्छिक देशीयकरण या नए अंतर्राष्ट्रीय समुदायों में उनका एकीकरण करने के लिए स्थायी हल चाहता है।

मानवाधिकार संरक्षण की क्षेत्रीय-व्यवस्था (Regional system for the protection of human rights)

आज के समय में मानवाधिकार संरक्षण की तीन क्षेत्रीय व्यवस्थाएं हैं। ये हैं – **यूरोपीय मानवाधिकार व्यवस्था, आतंरिक अमेरिकी मानवाधिकार व्यवस्था तथा व्यक्ति और लोगों के अधिकारों का अफ्रीकी एकता संगठन का चार्टर।** इसके अतिरिक्त कभी-कभी इस्लामिक मानवाधिकार संधि के सुझाव भी दिए जाते रहते हैं। हाल ही में इस्लामी कांफ्रेंस के संगठन द्वारा 1990 में काहिरा की घोषणा की गई, परन्तु अभी भी पर्याप्त परिणाम प्राप्त नहीं किए जा सके हैं। प्रशांत तथा दक्षिण पूर्वी देशों के लिए भी मानवाधिकारों की क्षेत्रीय संधि का सुझाव दिया गया है, परन्तु इसकी मांग LAW-ASIA द्वारा की गई थी जो कि न्यायाधीशों का एक निजी समूह है और इसका क्षेत्रीय सरकारों पर अधिक प्रभाव भी नहीं है।

1. **मानवाधिकारों के संरक्षण के लिए यूरोपीय व्यवस्था**- शीतयुद्ध में पश्चिमी यूरोपीय संघवादी प्रवृत्तियों तथा विचारधारा की पहचान के रूप में यूरोपीय परिषद की स्थापना 1949 में हुई। 1950 में यूरोपीय परिषद के तत्वाधान में मानवाधिकारों के संरक्षण के लिए यूरोपीय प्रसंविदा तथा मौलिक स्वतंत्रता विशेष रूप से जिसे मानवाधिकारों की यूरोपीय परिषद कहा जाता था। इसने बहुत से नागरिक और राजनीतिक अधिकारों की बिना किसी भेदभाव के उपभोग करने के लिए परिभाषित किया। जिसमें जीवन का अधिकार, यातना के विरूद्ध संरक्षण, बालश्रम तथा बंधुआ मजदूरी का प्रतिषेध, स्वतंत्रता तथा लोगों की सुरक्षा उचित न्यायिक प्रक्रिया का अधिकार, अभिव्यक्ति और संघ बनाने की स्वतंत्रता, विवाह तथा परिवार बनाने का अधिकार शामिल है। कुछ समय बाद आयोग ने राज्य और व्यैक्तिक शिकायती प्रक्रिया के लिए एक स्वतंत्र आयोग, मानवाधिकारों के यूरोपीय आयोग की नियुक्ति की, जो मानवाधिकारों के यूरोपीय कोर्ट द्वारा जारी किए गए निर्णयों तथा क्षतिपूर्तियों को लागू करने के लिए बाध्य कर सकते हैं। मानव अधिकारों की यूरोपीय प्रसंविदा का प्रबल प्रभाव यूरोप के देशों के साथ विश्व के अन्य हिस्सों में भी था। 1998 में मानवाधिकारों की यूरोपीय प्रसंविदा की पुन:संरचना की गई। प्रोटोकॉल नं 11 की प्रविष्टि के लागू किए जाने के बाद, व्यक्ति एक वादी के रूप में अपनी शिकायतों को मानवाधिकारों के नवनिर्मित न्यायालय के समक्ष प्रस्तुत कर सकता है।

2. **मानवाधिकारों के संरक्षण की उत्तर अमेरिकी व्यवस्था** - सेन जोंस कोस्टा-रिका में 22 नवम्बर 1969 को मानवाधिकार अमेरिकी प्रसंविदा को अमेरिकी सम्मेलन ने स्वीकार किया था जो 11 देशों के पुष्टिकरण के बाद 18 जुलाई 1978 को यह प्रसंविदा लागू हो गई।

   इस व्यवस्था में दो अंगों का उल्लेख किया गया है - आयोग और न्यायालय। अमेरिकी प्रसंविदा नागरिक और राजनीतिक अधिकार तथा आर्थिक, सामाजिक और सांस्कृतिक अधिकारों में निर्मित है।

3. **अफ्रीका में मानवाधिकारों का संरक्षण**- मानव तथा अफ्रीका लोगों के अधिकारों का चार्टर (1981) जांबिया की राजधानी के नाम पर 'बांजुल चार्टर' (Banjul Charter), जहां इसका निर्माण हुआ था, कहा जाता है। चार्टर ने मानवाधिकारों के साधन की भांति अंतर्राष्ट्रीय रूप

धारण कर लिया है। यह चार्टर 1981 में नैरोबी में अफ्रीकी एकता संगठन द्वारा स्वीकृत हुआ और 1986 से लागू हुआ। इसमें नागरिक और राजनीतिक अधिकारों के साथ-साथ आर्थिक, सामाजिक, और सांस्कृतिक अधिकारों को भी शामिल किया गया है जिसके कारण यह अन्य क्षेत्रीय संघों से भिन्न है। इस चार्टर में आत्मनिर्णय का अधिकार, शांति का अधिकार तथा अच्छे पर्यावरण का अधिकार भी शामिल है। इन अधिकारों को मानवाधिकार अफ्रीकी आयोग के प्रयत्नो द्वारा लागू किया जाता है, क्योंकि इसमें अफ्रीकी मानव अधिकार आयोग के लिए कोई स्थान नहीं है। अफ्रीकी संगठन (African Commission) अब अस्तित्वान हैं और यह विभिन्न राज्यों से अधिकारों के संरक्षण के लिए प्रतिवेदन तथा व्यक्तिक संचार प्राप्त करता है परन्तु अभी भी इन संचारों पर कोई निर्णय नहीं लिया गया है।

निष्कर्ष (Conclusion)

UN की महासभा द्वारा मानवाधिकारों के संरक्षण के लिए 10 दिसम्बर 1948 को स्वीकृति मानवाधिकारों का घोषणापत्र एक अत्यधिक महत्वपूर्ण उपलब्धि है तब से व्यक्तियों, संस्थाओं और कुछ मामलों में राज्यों द्वारा अधिकारों के अतिक्रमण की घटनाएं सामने आई हैं। ऐसे बहुत से उदाहरण दिए जा सकते हैं। हालांकि मानवाधिकारों के प्रति फैलाई गई जागरूकता किसी क्रांति से कम नहीं है, परन्तु फिर भी इस दिशा में अभी बहुत कुछ किया जाना बाकी है। यह समानता और न्याय के सिद्धांतों को रेखांकित करता है कि किसी भी व्यक्ति के साथ रंग, जाति, धर्म और क्षेत्र के आधार पर भेदभाव की मनाही है। हम सभी इस सभ्यता से संबंधित है और कोई भी मानवाधिकारों के अहरणीय अधिकारों से वंचित नहीं किया जा सकता। विश्व के विभिन्न भागों में मानवाधिकारों के क्षेत्र में काफी अपर्याप्ताएं है। हमें पीछे मुड़कर नहीं देखना है और इनकी प्रगति के लिए निरंतर प्रयास करने हैं। और एक न्यायपूर्ण व्यवस्था द्वारा प्रत्येक व्यक्ति के अधिकारों तथा स्वतंत्रता को गारंटी प्रदान करनी है और प्रत्येक व्यक्ति को इस विश्व को सम्पोषित तथा सुरक्षित रखने के लिए योगदान करना है।

References:

Yasin, Adil-ul and Archana Upadhyay, Human Rights (Akansha Pub-lishing House, New Delhi, 2004)

Syed, M.H., Human Rights : The New Era, (Kilaso Book, New Delhi, 2003)

Baehr. R. Peter, Human Rights : Universality in Practice, (Macmillan Press Ltd., Great Britain, 1999).

Abdul Rahim, P. Vijaypur, The United Nations at fifty : Studies in Human Rights. (South Asian Publisher Pvt. Ltd., New Delhi. 1996).

Symondis Janusz (ed.), Human Rights : International Protection. Monitoring. Enforcement, (UNESCO Publishing, Ashgate Publishing Ltd, England, 2003)

syed, M.H., Human Rights : The Global Perspective, (Reference Press, New Delhi, 2003).

Resolution of Commission on Human Rights adopted with 5th session in 1949.

UDHR Basic Fact about United Nations (1994), Department of Public Information,

United Nations, New York, pp. 151-153.

United Nations Millenium Delcarations, UN Doc. A/55/2; A/56/326.

United Nations Millenium Declarations, Adopted by Resolution 47/235 of 18 December, 1992.

Alston, Philop and crawford, James (2000) (ed.), The future of UN Human Rights treaty monitoring, Cambridge Univesity Press.

Haynes, Christof and Viljoen, Frans, (2002), The impact of the United Nations Human Rights, Treaties on the Domestic Level, Kluwer Law International.

Hanski, Raija and Suksim Markku (1999) An Introduction to the International Protection of Human Rights, Abo Academy University.

Nowak, Manfred (1993), UN Covenant on Civil and Political Rights, CCPR Comment, Kehl, strasbourg Arlington, N.P. Engel.

अध्याय – 5

मानवाधिकार तथा नागरिकता का अधिकार
(Human Rights and Citizenship Rights)

करूणाकर पात्रा

अधिकारों की संकल्पना (Conceptualizing Rights)

सदियों से मानवाधिकारों का विषय राजनीतिक प्रश्न का विषय और उद्देश्य रहा है तथा मानवाधिकारों के द्वारा विचार और अभिव्यक्ति की स्वतंत्रता तथा सरकार के मनमाने कार्यों से व्यक्ति की सुरक्षा की मांग की जाती रही है। कानून का शासन तथा राजनीतिक अधिकारों का प्रयोग एवं अन्य अधिकारों के प्रति स्वीकृति हमें सबसे पहले अधिकारों के घोषणापत्र में देखने को मिलती है। आज इन मानवाधिकारों को किसी न किसी रूप में संविधान द्वारा संरक्षण प्रदान किया जा रहा है। लोकतांत्रिक संवैधानिक उदारवादी राज्य अधिकारों को बहुत महत्व देते हैं और इन्हें एक संवैधानिक उपकरण मानते हैं। मानवाधिकारों को व्यापक अर्थ में ऐसे अधिकार कहा जा सकता है जो व्यक्ति में निहित अहरणीय अधिकार है तथा राष्ट्रीय, सामाजिक तथा सांस्कृतिक विभिन्नताओं से परे हैं। दूसरे शब्दों में मानवाधिकार नैतिक मौलिक अधिकार हैं जिनके अभाव में व्यक्ति गरिमामय जीवन व्यतीत नहीं कर सकता और इनका अस्तित्व व्यक्ति के पर्याप्त विकास तथा उन्नति के लिए आवश्यक है। मानवाधिकारों की कोई एक संकल्पना नहीं है क्योंकि इनका विकास क्रमिक रूप से धीरे-धीरे हुआ है। राज्य के मनमाने कार्यों से व्यक्ति की रक्षा के लिए, मानवाधिकार की एक अवधारणा के रूप में इस संकल्पना का जन्म हुआ। इस अवधारणा के द्वारा व्यक्ति को राजनीतिक तथा नागरिक अधिकारों को प्रदान किया गया है। इस विकास क्रम में आगे चलकर मानवाधिकारों के अन्तर्गत आर्थिक, सामाजिक तथा सांस्कृतिक अधिकारों को भी सम्मिलित कर लिया गया। 20वीं शताब्दी के मध्य में मानवाधिकारों की पुष्टि की गई जिसमें संस्थाओं की स्थापना, महिलाओं, बच्चों, अल्पसंख्यकों, वयोवृद्ध और शारीरिक रूप से विकलांग लोगों के अधिकारों को राज्य द्वारा प्रदान किए जाने को सुनिश्चित किया गया। आज मानवाधिकारों की अवधारणा लोगों को अधिकारों के बारे में जागरूक बनाने के साथ-साथ संस्थाओं के वास्तविक कार्यों के लिए एक आधार प्रदान करती है।

मानवाधिकारों की अवधारणा को इसके मूल में निहित अवधारणाओं के विश्लेषण से भली प्रकार समझा जा सकता है। मानवाधिकारों की अवधारणा का स्वतंत्रता तथा समानता से घनिष्ठ संबंध है और मानवाधिकारों के विकास में इन्होंने महत्वपूर्ण भूमिका निभाई है।

अधिकारों की अवधारणा को 'मानकीय पद्धति' के द्वारा परिभाषित किया जा सकता है। यह मानकीय पद्धति व्यक्ति को केन्द्र में रखती है। कुछ विद्वान उसे 'चयन का अधिकार' और कुछ 'मानवीय हित से विशेष रूप से संबंधित' अधिकार मानते हैं। माइकेल फ्रीडमैन ने मानव अधिकारों के विचार को इसकी सम्पूर्णता में समझाने का प्रयास किया। उनके अनुसार, 'मानवाधिकार एक संकल्पनात्मक युक्ति है जो भाषागत रूपों में अभिव्यक्त होती है जो व्यक्ति के कुछ सामाजिक गुणों को निर्धारित करती है, व्यक्ति के संतोषजनक कार्यों को आधारभूत सिद्धांत के रूप में महत्व प्रदान करती है और व्यक्ति के सामाजिक गुणों को संरक्षात्मक योजना के रूप में प्रोत्साहित करती है और विचारों के संरक्षण की मांग करती है।

नागरिकता के अधिकार की स्थापना (Situating Citizenship Rights)

मानवाधिकारों को प्राय: नैतिक जागरूकता या सहानुभूति की अपील के रूप में प्रयोग किया जाता है नागरिकता का अधिकार विशिष्ट समूह द्वारा किया गया दावा है यदि राज्य इस दावे को सहमति प्रदान करके अधिनियम बना देता है तो यह अधिकार के रूप में परिवर्तित हो जाता है। नागरिकता के अधिकार को मापने के लिए कोई अंतर्राष्ट्रीय पैमाना नहीं है। प्रत्येक राष्ट्र के नागरिक समाजों में यह नागरिक अधिकार किसी न किसी रूप में सम्बद्ध रहे हैं। किसी राष्ट्र के समुदाय द्वारा व्यक्ति को प्रदान किए गए यह अधिकार नागरिक अधिकारों के विलक्षण नमूने नहीं हैं। अधिकारों के साथ सामान्यत: कर्तव्य भी जुड़े होते हैं। जब हम अधिकारों की बात करते हैं तो इन अधिकारों के साथ नागरिक के सामाजिक और राजनीतिक दायित्व सदैव जुड़े होते हैं। प्राचीन समय में सम्पूर्ण जनसंख्या के दसवें भाग द्वारा अधिकारों का उपभोग किया जाता था। अधिकारों का विकास राष्ट्र-निर्माण की प्रक्रिया के साथ-साथ हुआ और आज नागरिकता एक सार्वभौमिक अपील है। यह आर्थिक, न्यायिक और सांस्कृतिक प्रयोगों का समूह है जो व्यक्ति को समाज के एक योग्य सदस्य के रूप में परिभाषित करती है और उनके संसाधनों का निर्बाध प्रवाह प्रदान करती है। टर्नर नागरिकता की परिभाषा में व्यक्ति की क्षमता को भी सम्मिलित करते हैं। नागरिकता को व्यक्तिगत विकास करने की सक्षमता का गुण समझा जाता है। इस सक्षमता को सक्रिय नागरिकता के सिद्धांत में तो शामिल किया जा सकता है परन्तु निष्क्रिय नागरिक इसके प्रतिकूल हैं। मार्शल के अनुसार, नागरिकता का अर्थ एक ऐसे समुदाय की पूर्ण सदस्यता है जो व्यक्तियों को अपने समुदायों के कार्यों में सहभागी बनने की स्थिति को सुनिश्चित करता है। यह माना जाता है कि नागरिकता एक ऐसी स्थिति है जिसमें व्यक्ति को समान अधिकार तथा कर्तव्य, स्वतंत्रता तथा सीमाएं और शक्ति तथा उत्तरदायित्व प्रदान किए जाते हैं।

नागरिकता के प्रारंभिक लेख नागरिक और राजनीतिक सहभागिता पर केन्द्रित हैं। थॉमस एच मार्शल नागरिक अधिकारों के सामाजिकता के सिद्धांत और दायित्व का समर्थन करते हैं। मार्शल का नागरिक सिद्धांत ब्रिटेन के संदर्भ में विकसित हुआ। मार्शल के अनुसार, ग्रेट ब्रिटेन में नागरिक, राजनीतिक और सामाजिक अधिकारों का विकास तीन शताब्दियों के वर्ग संघर्ष के परिणामस्वरूप

हुआ। उनके अनुसार नागरिक के दायित्वों में कर देना, सैनिक सेवा और राष्ट्र के लिए अन्य सेवाएं शामिल हैं। नागरिक अधिकार मुख्य रूप से पूंजीवाद और समानता के बीच संघर्ष का परिणाम है। मार्शल के समर्थक रिहनार्ड बेंडिक्स (1964) नागरिकता के अधिकारों की चर्चा इंग्लैण्ड और जर्मनी के संदर्भ में करते हैं और कहते हैं कि वर्ग असमानता की स्थिति में अधिकारों में परिवर्तन का कारण औद्योगीकरण है। वह समुदाय की अधिकार, शिक्षा तथा वोट के अधिकारों को श्रमिक वर्ग पर केन्द्रित करके अधिकारों का गहन विश्लेषण करते हैं। मार्शल की तीनों तत्वों के ऐतिहासिक संबंधों के स्थान पर तीनों तत्वों के ऐतिहासिक विकास का अवलोकन करने में गहन रूचि थी। 'नागरिकता और सामाजिक वर्ग' में भी मार्शल ने नागरिकता के विरोधाभासों की बजाय वर्ग संघर्ष का गहन अवलोकन किया है। उनके अनुसार सामाजिक वर्गों में विविध प्रकार की श्रेणियां होती हैं (1) वर्ग सामाजिक स्थिति के पदसोपान पर आधारित होता है। वर्गों के बीच कानूनी अधिकारों के द्वारा अन्तर की अभिव्यक्ति होती है तथा प्रथा के रूप में विद्यमान होता है जो कानून के आवश्यक चरित्र के लिए आवश्यक हैं। इस अर्थ में, इसमें किसान, साधारण जन, बंधुआ मजदूर और दास इत्यादि भी शामिल हैं। यदि यह माना जाए तो एक संस्था के अपने स्वयं के अधिकार होते हैं और पूरे समुदाय की संरचना में उद्देश्य की एकता होती हैं अर्थात् इसमें अर्थ और उद्देश्य की स्थायी व्यवस्था की जाती है तथा इसे स्वाभाविक व्यवस्था के रूप में स्वीकारा जाता है। इस प्रकार की व्यवस्था में नागरिकता का हनन और एक बहुत बड़ी समस्या था। जिस अधिकार के तहत नागरिकता को सामान्य स्थिति का अधिकार दिया गया था वो सामाजिक वर्ग की श्रेणी व्यवस्था के परिणामस्वरूप प्राप्त की गई व्यवस्था थी जिसने नागरिकता के आवश्यक तत्व को ही शामिल नहीं किया था।

दुर्खिम नागरिक गुण (civic Virtue) के प्रश्न की चर्चा करते हुए कहते हैं कि नागरिक गुण का मुख्य विचार राज्य द्वारा कानूनी अधिकारों के नागरिक अधिकारों को मान्यता देने से परे है। ऐच्छिकवाद (Voluntarism) का एक अन्य आयाम नागरिक के गैर लाभ के आधार पर कार्य करता है नागरिक समाज के एक आवश्यक तत्व के रूप में ऐच्छिकवाद और नागरिक गुणों को 18वीं शताब्दी के प्रारंभ में दी ताकेविल से 19वीं शताब्दी की साम्यवादी आलोचना (Bellah et al. (1985, 1991), Etzionl (1993), Walzer (1983, 1990) Waldrone (1981) तक देखा जा सकता है।

मार्क्स का सिद्धांत नागरिक समाज की पुन: स्थापना से संबंधित है और निकाय सिद्धांत (World System theory) उपनिवेशवाद के चारों ओर घूमता है। मार्क्स और हीगल के विचारों के प्रारंभिक प्रयासों में नागरिक समाज की अभिव्यक्ति होती है। कम्यूनिज्म के समाप्त हो जाने और समाजवाद के प्रति रूचि की समाप्ति के बाद समकालीन मार्क्सवादी सिद्धांत ग्राम्शी के नागरिक समाज के लेखों पर निर्भर है। ग्राम्शी का सिद्धांत नागरिक को राज्य के खतरों और प्रतियोगिता पर आधारित मुक्त बाजार की अर्थव्यवस्था के दुगुने शिकंजे से संरक्षण प्रदान करता है। यह जटिल लोकतंत्र, सामाजिक आंदोलन और लोंकतांत्रिक संपर्क के माध्यमों पर केन्द्रित है।

नागरिकता की सैद्धांतिक परम्परा (Theoretical traditions of Citizenshipship)

आधुनिक राजनीतिक अध्ययन में नागरिकता के कई सिद्धातों का प्रतिपादन किया गया है जिनका उदारवादी, साम्यवादी तथा गणतंत्रवादी के अन्तर्गत विस्तृत अध्ययन किया जा सकता है।

नागरिकता के उदारवादी विचार (Liberal Citizenship)

आधुनिक नागरिकता का विचार उदारवादी राज्य के विकास के साथ जुड़ा हुआ है और जिसकी आधारशिला 16वीं शताब्दी के अन्त में रखी गई थी। उदारवादी लोकतंत्र का आधार लोकप्रिय प्रभुसत्ता और इसके द्वारा नागरिक अधिकारों का संस्थागत किया जाना है। एक आदर्श नागरिकता का आधार सभी व्यक्तियों के लिए समानता के नैतिक मूल्य है यह विचार नागरिकता की एक स्थिति के रूप में सभी व्यक्तियों के साथ एक जैसा व्यवहार पर बल देता है। कानून और नियम किसी भी प्रकार के भेदभाव और पक्षपातपूर्ण व्यवहार पर आधारित नहीं होने चाहिए। राज्य का कार्य केवल कानून की रूपरेखा का निर्माण करना है जिसके अंतर्गत व्यक्ति शांतिपूर्ण जीवन व्यतीत कर सके। प्रत्येक व्यक्ति जन्म से ही स्वतंत्र है। व्यक्ति को अपने हित को परिभाषित करने, निर्माण करने, पुनरीक्षण करने और प्राप्त करने का अधिकार है।

परम्परागत उदारवाद के इन विचारों का समर्थन फ्रेडरिक हेयक ने किया है। हेयक की चिंता का प्रारम्भिक विषय व्यक्ति का अकेले रहने के अधिकार का संरक्षण (नकरात्मक स्वतंत्रता) और बिना किसी अन्य व्यक्ति के हस्तक्षेप के कार्य करने का अधिकार का संरक्षण है। परम्परागत उदारवादी व्यक्ति को साध्य और राज्य को साधन मानते हैं। व्यक्ति का अस्तित्व, आवश्यकता, इच्छा और हित समाज से अधिक महत्वपूर्ण हैं। उदारवाद में अधिकार व्यक्ति को बाह्य हस्तक्षेप से संरक्षण प्रदान करते हैं। गणतंत्रवाद में, नागरिक अधिकार नागरिक को सार्वजनिक कार्यों में अन्य व्यक्तियों के साथ सक्रिय रूप से हिसा लेने की आज्ञा देते हैं। अन्य नागरिकों के साथ पारस्परिक पहचान के आधार पर अन्य नागरिकों के साथ नागरिक स्वायत्त समाज की स्थापना करने में प्रतिभागी बनने का विचार है। व्यक्ति एक राजनीतिक समाज के अंतर्गत ही स्वतंत्रता का उपभोग कर सकता है। उदारवादी परम्परा के अनुसार ही गणतंत्रीय विचारधारा के अनुसार भी राजनीतिक संदर्भ में समाज के बाहर अभिव्यक्ति की स्वतंत्रता अर्थहीन है। राजनीतिक स्वतंत्रता नागरिकों के साथ अभिन्न रूप से जुड़ी हुई है।

नागरिकता के समुदायवादी विचार (Communitarion Citizenship)

समुदायवादियों का मानना है कि व्यक्ति अपने हित की अवधारणा को समुदाय से प्राप्त करता है। समुदायवादी हित की राजनीति की वकालत करते हैं। सामान्य हित का विचार समुदायवाद का केन्द्र बिन्दु है। समुदायवाद व्यक्ति के कर्तव्यों और दायित्वों पर अपना ध्यान केंद्रित करता है।

नागरिकता के गणतंत्रवादी विचार (Republican Citizenship)

उदारवाद को चुनौती देने वाली तथा नागरिक सहभागिता की अवधारणा का समर्थन करने वाली विचारधारा गणतंत्रवाद है। गणतंत्रवादी सामान्यत: उदारवाद की व्यक्तिवादी विचारधारा के लिए एक मूल विकल्प का सुझाव देते हैं तथा सामान्य हित की परमावश्यकता को अत्यधिक महत्व देते हैं। उदारवादी (परंपरागत और नवउदारवादी) राज्य के हस्तक्षेप से व्यक्ति की स्वतंत्रता को अत्यंत महत्वपूर्ण समझते हैं। गणतंत्रवादी विचारधारा नागरिक अधिकारों की अवहेलना तो नहीं करती परन्तु सक्रिय नागरिकों द्वारा समान रूप से अन्य नागरिकों के साथ मिलकर राजनीतिक सहभागिता के द्वारा अपने समाज की दिशा निर्धारण में हिस्सा लेने के विचार पर अधिक बल देती है। दूसरे शब्दों में

गणतंत्रवाद की भावना यह मांग करती है कि कानून बदलने और बनाने का कार्य सक्रिय नागरिकों को मिल-जुलकर करना चाहिए। गणतंत्रवाद के अनुसार, राजनीतिक सक्रियता आत्मसंतुष्टि के लिए आवश्यक है व्यक्ति को स्वतंत्रता को गणतंत्रीय समाज के आत्म शासित रूप के अंतर्गत ही पूर्णत: सुनिश्चित किया जा सकता है। नागरिकता एक प्रतिष्ठा की सम्माननीय स्थिति है जबकि उदारवाद में व्यक्ति अधिकारों का धारक है और उन अधिकारों का सक्रिय रूप से उपभोग करता है। गणतंत्रवाद में नागरिकता हमारे जीवन का केन्द्र बिन्दु है। उदारवाद जीवन के बाहरी ढांचे का निर्माण करता है। गणतंत्रवादी मान्यता के अनुसार, समाज नागरिकों की परस्पर बुनी हुई संस्था है तथा इसके सदस्य एक दूसरे के प्रति प्रतिबद्ध होते हैं जबकि दूसरी मान्यता के अनुसार, समाज एक विविध लोगों से मिलकर बनी ढीली ढाली संस्था है तथा इसके सदस्य कहीं और प्रतिबद्ध होते हैं। (Walzer 1989: 216)

गणतंत्रीय परम्परा को अरस्तू के विचारों में भी देखा जा सकता है। अरस्तू के अनुसार समाज एक सहभागी संरचना है। यह सामान्य उद्देश्य की प्राप्ति के लिए एकत्रित लोगों का संगठन है इस समाज का साध्य सदजीवन की प्राप्ति है। नागरिक समाज में लोग परस्पर हित के लिए कार्य करते हैं और राजनीति में हित का अर्थ न्याय है जिसे दूसरे शब्दों में सामान्य हित कहते हैं। व्यक्ति नैतिक प्राणी के नाते राज्य के अंतर्गत सदजीवन की प्राप्ति के लिए विभिन्न संधियां, नियम और संगठन स्थापित करता है और राजनीतिक गतिविधियों में भाग लेता है। इस प्रकार राजनीतिक जीवन व्यक्ति की सावयिक स्थिति है। इस राजनीतिक समुदाय की सदस्यता का अर्थ राजनीतिक प्रक्रिया में नागरिकों की सक्रिय भागीदारी है। नागरिकता का अर्थ आत्मशासित समुदाय का आत्मशासित सदस्य है। नागरिक का अर्थ है कि वह समुदाय के विचारात्मक तथा न्यायिक प्रशासन में हिस्सा लेने का अधिकारी है तथा अपने अधिकारों का प्रयोग करके स्वयं को शासित करता हैं। नागरिकों की सक्रिय भागीदारी से बनी सरकार सामान्य हित से संबंधित होनी चाहिए। समकालीन विचारक मैकियावेली को भी गणतंत्रीय परम्परा का समर्थक मानते है। मैकियावेली ने अपनी गणतंत्रवाद की व्याख्या सैनिक शक्ति तथा विस्तारवाद को ध्यान में रखते हुए की है।

20वीं शताब्दी में गणतंत्रीय परम्परा का हन्ना आरेन्ट ने समर्थन किया। परन्तु हन्ना आरेन्ट का दृष्टिकोण अरस्तू तथा मैकियावेली दोनों से ही भिन्न था। अरस्तू के विपरीत उन्होंने कहा कि राज्य स्वाभाविक न होकर कृत्रिम है। गणतंत्रवाद का मूल्यांकन करते हुए वह सैनिक शक्ति के बारे में लिखती हैं और इस प्रकार से मैकियावेली के साथ हो जाती हैं। व्यक्तिगत नैतिकता के राजनीतिक प्रासंगिकता के अपने मूल्यांकन में वह स्वयं को मैकियावेली की परम्परा के अंतर्गत रखती है। कांट का यह तर्क है कि यदि दानव भी तार्किक है तो वह एक न्यायपूर्ण गणतंत्र की स्थापना कर सकता है, को स्वीकारते हुए कहता है कि व्यक्ति को एक सामान्य विश्व की स्थापना में सक्षम होने के लिए अच्छा बनने की आवश्यकता नहीं है। और जैसा कि मारग्रेट केवानन जोरदार तर्क देते हुए कहती हैं कि फासीवादी और स्टालिनवादी पूर्ण सत्तावाद के अनुभवों के कारण वह विश्वास करती है कि निजी नैतिकता व्यक्ति को इसका समर्थन करने से रोक सकती है परन्तु घटित होने से नहीं रोक सकती। इसका एक निश्चित राजनीतिक उत्तर था – समान अधिकारों के आधार पर एक गणतंत्र की स्थापना तथा इसे बनाए रखने का समझौता। नागरिकता एक अद्वितीय व्यवहार है – यह एक आम विचार है कि नागरिक को प्रभावी रूप से कार्य करना चाहिए परन्तु आवश्यक कार्य क्या होने चाहिए इस बात को लेकर विवाद है।

उदार नागरिकता की समस्याएं : व्यक्तिगत तथा समूह अधिकार

(Problems of Liberal Citizenship: Individual and Group Rights)

उदारवादी विचारधारा में नागरिकता का संबंध मुख्य रूप से अधिकारों से है। तथा इन अधिकारों में सर्वाधिक महत्वपूर्ण अधिकार व्यैक्तिक स्वायत्तता से जुड़ा हुआ है। प्रारंभिक उदारवादी जैसे लॉक और पेन अधिकारों को बहुत महत्व देते हैं उनका विश्वास था कि व्यक्ति को राज्य की बढ़ती शक्तियों से संरक्षण प्रदान किया जाना चाहिए। जीवन का अधिकार, स्वतंत्रता का अधिकार तथा सम्पत्ति के अधिकार के बिना व्यक्ति सदैव राजनीतिक शक्तियों की दया पर निर्भर रहेगा।

व्यैक्तिक स्वायत्तता का उदारवादी विचार समुदाय की अवधारणा को संदेहास्पद बनाता है। उदारवादियों को इस बात का भय है कि समुदाय व्यक्ति पर दायित्वों को आरोपित करने का प्रयास करेगी जो व्यक्ति के आत्महित के विपरीत या बाधक होगा। उदारवादी राज्य में व्यक्ति को राजनीतिक क्षेत्र में राजनीतिक क्रियाकलापों में भाग लेने को ही समानता समझा जाता है। अपने निजी जीवन में, श्रमिक या पूंजीपति के रूप में, व्यक्ति बाजार की मांग और पूर्ति के कानून का विषय होता है और इसे पूंजीवादी संपन्नता लाने तथा संसाधनों के पुनर्वितरण का सबसे प्रभावकारी तरीका मानते हैं। यह बाजार संबंधी गंभीर असमानताओं के अपरिहार्य परिणाम हैं। मार्क्स उदारवाद के इन परिणाम के कारण उदारवाद की कड़ी आलोचना करता है। मार्क्स के अनुसार अधिकार महत्वहीन हैं। आर्थिक समानता के बिना राजनीतिक समानता का कोई महत्व नहीं है। अर्थव्यवस्था के बाजार आधारित होने के कारण श्रमिकों का शोषण होता है तथा वह दरिद्र जीवन व्यतीत करता है। मार्क्स नागरिकता की सार्वभौमिक अवधारणा को भ्रामक मानते हुए कहते हैं कि यह दमन के स्रोत का वास्तविक मुखौटा है।

कुछ आलोचकों के अनुसार यह विडंबना ही है कि महत्वपूर्ण व्याख्या के रूप में सार्वभौमिकता नितांत दावा ही है। बहुल समाजों के संदर्भ में सार्वभौमिक नागरिकता के विचार को कायम नहीं रखा जा सकता। व्यैक्तिक अधिकारों के अतिरिक्त विशेष सामूहिक अधिकारों को सुनिश्चित करने की आवश्यकता है ताकि कुछ व्यक्तियों को उनके लिंग, जाति या उनकी पहचान के किसी अन्य निर्धारक द्वारा नागरिकता के लाभ से वंचित न किया जा सके।

किमलिका के नागरिकता के अधिकार के उदारवादी रक्षात्मक विचार

(Kymlica's Liberal Defence of Citizenship Rights)

परम्परागत उदारवाद का प्राकृतिक अधिकारों का सिद्धांत समाज में व्याप्त विभिन्नताओं की समस्या का समाधान नहीं कर सकता इसलिए किमलिका ने अल्पसंख्यक अधिकारों के सिद्धांत का प्रतिपादन किया। अपनी कृति 'उदारवाद, समुदाय और संस्कृति' तथा 'बहुसांस्कृतिक नागरिकता : अल्पसंख्यक अधिकारों का सिद्धांत' में किमलिका ने उदारवाद के अंतर्गत स्वतंत्रता तथा समानता के उदार मूल्यों को ध्यान में रखते हुए समूह के अधिकारों (समुदायिक अधिकारों) पर अपना ध्यान केन्द्रित किया है।

किमलिका के अनुसार, बहुसांस्कृतिक राज्यों में न्याय का व्यापक सिद्धांत, व्यक्तियों के समुदाय की सदस्यता को निर्धारित किए बिना, सार्वभौमिक अधिकार तथा विशिष्ट विभिन्नता अधिकार का 'अल्पसंख्यक संस्कृति की विशेष स्थिति' के अधिकार सम्मिलित होते हैं।

प्रथम, राज्य के अंतर्गत स्वशासन के अधिकार में अल्पसंख्यकों में शक्ति का हस्तातंरण किया जाता है। दूसरा, बहुशिल्पीय अधिकार, अल्पसंख्यकों की संस्कृति की सामुदायिक पहचान के कानूनी और सार्वजनिक वित्त के द्वारा संरक्षित करते हैं। तीसरा, समुदाय के राजनीतिक संस्थानों में अल्पसंख्यकों के प्रतिनिधित्व की गारंटी के लिए विशेष प्रतिनिधित्व के अधिकार प्रदान किए जाते हैं।

आइरिस यंग ने तत्कालीन समाज में सांस्कृतिक समुदाय तथा विविधता के अस्तित्व का गहन विश्लेषण किया है। यंग के अनुसार, व्यैक्तिक उदारवाद, व्यक्ति को एक सुदृढ विशिष्ट स्थिति प्रदान करते हैं और आत्मसंतुष्टि की विभिन्नता को नकारते हैं। दूसरी ओर समुदायवाद के समर्थक पृथकता को सुदृढ आदर्श मानने के बजाय राजनीतिक दलों के विलय से विभिन्नता को नकारते हैं। एक सम्पूर्ण अवयव के अन्तर्गत व्यक्तियों के बीच सही संतुलन और पहचान के द्वारा एकता के परस्पर निर्मित संबंध के रूप में ये सामाजिक विषय पर कल्पना करते हैं। समुदायवादी एक पूर्ण में एक दूसरे के साथ अपनी प्रतिभागी एकता को प्रदर्शित करने पर अधिक बल देते हैं। (यंग)

यंग गैर-विभेदित मानवता के दावे के सार्वभौमिकरण के विरूद्ध, सामुदायिक दृढ़ता की राजनीति का समर्थन करते हैं जिसका मूल सिद्धांत यह है कि वंचित लोगों के समुदाय को पृथक संगठन की आवश्यकता है जिससे उन लोगों का कल्याण हो सके और सम्पन्न लोगों को बहिष्कृत किया जा सके। उनके अनुसार उदारवादी मानवता का विकल्प सांस्कृतिक बहुलवाद हैं। वह एक ऐसे सहभागी लोकतांत्रिक सिद्धांत को विकसित करना चाहते हैं जिसमें एक ऐसा तंत्र विद्यमान हो जिसके द्वारा वंचित और अलाभकारी समूहों को प्रभावी सहभागिता तथा मान्यता प्राप्त हो सके।

टी.एच. मार्शल का नागरिकता का विचार (T.H. Marshall's theory of Citizenship)

मार्शल ने अपनी महत्वपूर्ण कृति 'Citizenship and Social Class' (नागरिकता और सामाजिक वर्ग) में नागरिकता की अवधारणा का विकासात्मक परिप्रेक्ष्य में मूल्यांकन किया है तथा अपने सिद्धांत का प्रतिपादन इंग्लैण्ड की औद्योगिक क्रांति के संबंध में किया है। 18वीं शताब्दी के नागरिक अधिकारों से प्रारंभ करके बाद में 19वीं और 20वीं शताब्दी जिसमें राजनीतिक और सामाजिक अधिकार सम्मिलित हुए। राजनीतिक अधिकारों से नागरिक अधिकारों का जन्म हुआ तथा बाद में 1832 का सुधार अधिनियम पारित हुआ। औद्योगिक सन्दर्भ में 20वीं शताब्दी में नागरिकता के अधिकार के अन्तिम चरण के रूप में सामाजिक अधिकारों को मान्यता प्रदान की गई। मार्शल की आर्थिक गणना समाजशास्त्रीय परिकल्पना के साथ स्पष्ट हुई। एक आदर्शवादी के रूप में मार्शल समाज में सर्वहित को प्राप्त करने का प्रयास कर रहे थे। वह अर्थशास्त्र के विज्ञान को नागरिकों के सामान्य हित की नीतियों का निर्धारण करने में प्रयोग करना चाहते थे। वह इंग्लैण्ड के मजदूरों की समस्याओं का समाधान के लिए नीतियां निर्माण करने का प्रयास कर रहे थे। परन्तु मार्शल के उदारवादी विचार का समाजवादी विचारों से मौलिक भिन्नता बाजार व्यवस्था के विचार में थी। वह अपने आदर्शों को व्यवहारिक बनाने के लिए किसी न किसी तरीके से राज्य के सीमित नियंत्रण के पक्षधर थे। नागरिकता अपने सामान्य रूप में पुनर्वितरण के अभिप्राय को बढ़ावा देती है। नागरिकों को कुछ अधिकार प्रदान किए जाते हैं जैसे-निःशुल्क स्वास्थ्य रक्षा, बच्चों के लिए निःशुल्क शिक्षा। जिन न्यूनतम सुविधाओं

को अपनी आर्थिक सीमितता के कारण नगारिक पूर्ण करने में अक्षम होते हैं वह न्यूनतम सुविधाएं नागरिकों को राज्य द्वारा प्रदान की जाती हैं।

फ्रांस की क्रांति से व्यैक्तिक अधिकारों जैसे स्वतंत्रता तथा समानता का सूत्रपात किया गया। इस क्रांति के परिणामस्वरूप इंग्लैण्ड में सामान्य जन तथा संसद के निरंतर संघर्ष में व्यैक्तिक स्वतंत्रता को बल मिला। इसके अतिरिक्त आर्थिक क्षेत्र में काम के अधिकार जैसे आर्थिक अधिकार का समर्थन किया गया।

परम्परागत मान्यता थी कि समूह, स्थानीय एकाधिकारी और पूंजीपति सामान्य हित के लिए कार्य करते हैं। इस मान्यता को लोगों ने स्वतंत्रता के विरूद्ध अपराध के आधार पर चुनौती दी। न्यायिक मामलों में न्यायालयों ने व्यैक्तिक अधिकारों को प्रोत्साहित करने में महत्वपूर्ण भूमिका निभाई। न्यायाधीश सामान्य कानून को इस प्रकार लागू करते थे कि उन्हें बदलती हुई परिस्थितियों के अनुसार समर्थन प्राप्त हो जाएगा।

परिवर्तन के मार्ग की एक अन्य रूकावट प्रथाएं (रूढ़ियाँ) थी और इन प्रथाओं के पतन का प्रारंभ सामान्य कानून के कार्यान्वयन से हुआ। जैसा कि 1614 में कहा गया था कि ऐसे सारे एकाधिकार जो किसी व्यक्ति को कोई कार्य करने से रोकते हैं वह सब कानूनी प्रक्रिया का विषय है। इस दिशा में अन्य रूकावट Statement Law (वक्तव्य अधिनियम) थी। 1756 में लार्ड मेक्सफील्ड ने एलिजाबेथ के शिल्पकारों संबंधी वक्तव्य को Penal Law के रूप में वर्णित किया।

नागरिक अधिकारों का विकास क्रमिक रूप से धीरे-धीरे हुआ। समाज के वयस्क पुरूष तो इन अधिकारों का प्रयोग करते थे जबकि महिलाओं को यह अधिकार प्राप्त नहीं थे। 17वीं शताब्दी तक पुरूष स्वतंत्र थे। इस समय तक दास स्वतंत्र श्रमिक के रूप में परिवर्तित हो चुके थे। इस स्थिति को प्रोफेसर टौनी ने बहुत आकर्षक ढंग से वर्णित किया है "आर्थिक और राजनीतिक दोनों क्षेत्रों के विकास और एक उच्च स्तर की पहचान के रूप में सामान्य कानून की अंतिम विजय चार शताब्दियों तक बहिष्कृत रही थी भविष्य में अंग्रेज किसान समाज का एक सदस्य है जिसमें सब लोगों के लिए एक समान कानून हैं।

स्वतंत्रता के सार्वलौकिक चरित्र ने नागरिकता की स्थिति में स्थानीय से राष्ट्रीय संस्थाओं तक परिवर्तन कर दिया। राजनीतिक अधिकारों का दृष्टिकोण भिन्न था। 19वीं शताब्दी के प्रारंभ में नागरिक अधिकारों ने एक नया रूप प्राप्त किया। परन्तु 18वीं शताब्दी में राजनीतिक अधिकार अपने स्वरूप में ही नहीं परन्तु वितरण में भी त्रुटिपूर्ण थे।

मार्शल की नागरिकता के नागरिक अधिकारों के विचार पूंजीवादी असमानताओं के अनुकूल थे। उनके अनुसार राजनीतिक अधिकार पूंजीवादी व्यवस्था के खतरों से परिपूर्ण थे तथा नागरिक के सामाजिक अधिकारों की उत्पत्ति के बाजार और वर्ग की असमानता के अनुसार नागरिकता के सामाजिक अधिकारों के उदय के समय वर्ग और बाजार की असमानताएं सुस्पष्ट थीं।

नागरिक अधिकारों का क्षेत्र केवल सम्पत्ति तथा समझौता करने के अधिकार तक ही सीमित नहीं है बल्कि इसमें विचार और अभिव्यक्ति की स्वतंत्रता, धार्मिक स्वायत्तता तथा संघ और समुदाय की स्वतंत्रता भी शामिल थी। मार्शल ने अपनी कृति Reflection on Power, (सत्ता पर विचार) 1969, में नागरिक अधिकारों के क्षेत्र का समूह, संघ, निगम और प्रत्येक प्रकार के कार्यकलाप तक विस्तृत किया। इस विचार में यह माना जाता है कि नागरिक अधिकार 'सत्ता का एक रूप' हैं। मार्शल

के अनुसार, नागरिक और सामाजिक अधिकारों में तीव्र विरोधाभास है। सामाजिक अधिकारों को किसी भी प्रकार से सत्ता के लिए निर्मित नहीं किया गया है। सामाजिक अधिकार निश्चित रूप से व्यैक्तिक हैं वह एक कर्त्ता के रूप में नहीं बल्कि व्यक्ति और उपभोक्ता की ओर संकेत करते हैं।

क्या नागरिक अधिकार राज्य पर प्रतिबंध लगा सकता है। नागरिक अधिकारों के नागरिक और सामाजिक दोनों ही आयाम राज्य शक्ति को विभिन्न तरीकों से प्रभावित करते हैं। नागरिक अधिकारों को राज्य के विरूद्ध अधिकार माना जाता है जबकि सामाजिक अधिकार हित के लिए गारंटी प्रदान किए गए दावे हैं। व्यक्ति को एक नागरिक के रूप में कार्य करने के लिए सुविधाएं प्रदान करता है और नागरिकों से विशिष्ट दायित्वों के निर्वाह की आशा रखता है।" मार्शल के अनुसार, नागरिक अधिकार प्रतियोगी बाजार अर्थव्यवस्था के लिए आवश्यक थे तथा आर्थिक संघर्ष में प्रत्येक व्यक्ति को एक स्वतंत्र इकाई के रूप में शक्ति प्रदान करते थे और प्रत्येक व्यक्ति के पास स्वयं को सुरक्षित रखने के साधन मौजूद थे।

नागरिकता राजनीतिक और सामाजिक अधिकारों के साथ जुड़ी है। 19वीं शताब्दी के अन्त तक राजनीतिक अधिकारों के साथ सामाजिक अधिकारों की भी मांग की जाने लगी थी। 19वीं शताब्दी के 'सुधार अधिनियम' द्वारा श्रमिक वर्ग की राजनीतिक अधिकार प्रदान किए गएं श्रमिक वर्ग ने ट्रेड यूनियनों की स्थापना की तथा अधिकारों के सामूहिक प्रयोग से सामूहिक अधिकार के दावे की नींव रखी। उच्च वर्ग तथा वर्ग दोनों को समान राजनीतिक अधिकारों जैसे वोट का अधिकार, गुप्त मतदान तथा सामाजिक शिक्षा जैसे समान अधिकार प्रदान किए गए। 17वीं शताब्दी में अपार सम्पदा, भ्रष्टाचार तथा घूसखोरी ने श्रमिक वर्ग के राजनीतिक अधिकारों को कमजोर कर दिया था। 1883 के 'सुधार अधिनियम' ने चुनावी खर्च को सीमित कर दिया ताकि गरीब व्यक्ति भी सम्पत्ति की योग्यता के बिना हाऊस ऑफ कामन्स का चुनाव लड़ सके।

नागरिक स्वतंत्रताओं के प्रयोग में आने वाली रूकावटों को समाप्त करने के लिए 1846 में आम आदमी को सस्ता न्याय दिलवाने के उद्देश्य हेतु देशी न्यायालयों की स्थापना की गई। यह कदम नागरिक स्वतंत्रताओं का प्रयोग करने की दिशा में महत्वपूर्ण कदम था। 19वीं शताब्दी के अन्त तक भी नागरिकता सामाजिक असमानताओं को कम करने में सफल नहीं हो सकी परन्तु इसने 20वीं शताब्दी की समतावादी नीतियों की दिशा निर्धारण में प्रत्यक्ष रूप से मदद की।

राष्ट्रीय जागरूकता के स्तर में वृद्धि, जनमत का उदय, सामुदायिक सदस्यता और सामान्य विरासत ने सामाजिक असमानता पर कोई महत्वपूर्ण प्रभाव नहीं डाला क्योंकि 19वीं शताब्दी तक श्रमिक वर्ग को प्रभावी राजनीतिक अधिकार प्राप्त नहीं थे। नागरिक अधिकारों से भिन्न नागरिकता के राजनीतिक अधिकार पूंजीवादी व्यवस्था के संभावित खतरों से परिपूर्ण थे। राजनीतिक सत्ता की मुख्य उपलब्धि 19वीं सदी के अन्त में सामूहिक सौदेबाजी की पहचान थी। सामाजिक अधिकारों का जन्म 20वीं शताब्दी में हुआ। इन अधिकारों ने आर्थिक असमानताओं पर बल दिया। आर्थिक समानता को विभिन्न तरीकों जैसे पूर्ण रोजगार, साधारणजन के बाजारों का विस्तार, नई तकनीकों का विकास और इन तकनीकों का उत्पादन में कार्यान्वयन से प्राप्त करने के प्रयास किए गए। इन प्रयासों के परिणामस्वरूप लोगों के जीवन स्तर में सुधार हुआ जिससे आगे चलकर असमानता में कमी हुई। लोगों को कानूनी सहायता की योजना, सामाजिक इंश्योरेंस तथा सेवा लाभों की भी गारंटी दी गई। इन अधिकारों को शैक्षिक संस्थानों तथा सामाजिक सेवाओं ने वास्तविक रूप प्रदान किया।

नागरिकता के सिद्धांत के समक्ष समस्याएं (Problems facing citizenship theory)

टी.एच. मार्शल ने नागरिकता के कानूनी, राजनीतिक और सामाजिक अधिकारों की रूपरेखा की व्याख्या करके नागरिकता के सिद्धांत का समर्थन किया है परन्तु उनके इस तीन स्तरीय वर्गीकरण में संबद्ध आकस्मिक घटनाओं का अभाव है। नागरिकता का कोई निश्चित सिद्धांत नहीं है। नागरिक अधिकारों तथा कर्त्तव्यों को मापने की एक कसौटी है। बेंडिक्स (1964) ने जर्मनी और इंग्लैंण्ड में नागरिकता के विकास का एक विशिष्ट सिद्धांत प्रस्तुत किया तथा जापान, रूस तथा भारत के आर्थिक विकास के विश्लेषण पर नागरिकता के विचार को केंद्रित किया। मार्शल ने इंग्लैंण्ड में अधिकारों के क्रमिक विकास का विवेचन किया है जिसमें पहले बुर्जुआ वर्ग तथा बाद में श्रमिक वर्ग को जोड़ा गया है। टर्नर (1986) ने विशिष्ट वर्गीय संरचना में नागरिक अधिकारों के विकल्प के कारणों का विस्तृत विवेचन किया। मार्शल, टर्नर और पेन अधिकारों और कर्तव्यों के राजनीतिक विकास का समाजशास्त्रीय विवेचन का निर्माण कर रहे हैं जो सामाजिक आंदोलनों तथा सामूहिक संघर्ष के विवादों से जुड़ा हुआ है। अधिकारों के क्रमिक विकास के बावूजद, नागरिक अधिकारों तथा पूंजीवाद, नागरिकता की सामाजिक पहचान के प्रगतिशील आन्दोलन और पददलित वर्गों के अधिकारों के बीच विवाद है और इस दिशा में बहुत कुछ किया जाना शेष है। एक ऐसे नागरिक सिद्धांत की आवश्यकता है जिसमें नागरिकता की स्पष्ट प्रकृति और दायित्व, विकास के सिद्धांत, समाज और नागरिक अधिकारों के बीच संतुलन, राष्ट्र के अन्तर्गत आन्तरिक तथा बाहरी सदस्यता के दायित्व सम्मिलित हों।

एंथनी गिडेन्स का नागरिकता सिद्धांत (Anothony Giddens's theory of Citizenship)

गिडेन्स की नागरिकता की अवधारणा चार बातों पर आधारित है। पहली- कल्याणकारी राज्य से संबंधित है जिसका प्रारंभ हमें 1960 के दशक से व्यापक पैमाने पर परिलक्षित होता है। दूसरा पहलू नागरिक अधिकारों मे महत्व पर आधारित है इसमें गिडेन्स मार्शल के नागरिक सिद्धांत के क्रमिक विकास की आलोचना करते हैं और अधिकारों को निरन्तर संघर्ष का परिणाम मानते हैं। उनके विचारों का तीसरा पहलू समाजवाद के वर्ग और नागरिकता के बीच संबंधों के समाजवादी कार्यक्रम से संबंधित हैं। अन्त में गिडेन्स समकालीन राष्ट्र-राज्य तथा विश्व और नागरिकता के बीच संबंधों पर प्रकाश डालते हैं। मार्शल के विचारों का खंडन करते हुए गिडेन्स चार प्रश्न उठाते हैं।

(1) मार्शल नागरिकता के विकास को ऐसे प्रक्रिया मानते हैं जो आधुनिक विश्व में अपनी आंतरिक तर्क की प्रेरणा से भिन्न-भिन्न रूपों में ढ़लती चली जाती है। इसके विपरीत गिडेन्स का विश्वास है कि नागरिकता से जुड़े अधिकार मुख्यत: वर्ग संघर्ष का परिणाम है।

(2) गिडेन्स के नागरिकता से संबंधित अधिकार नागरिक अधिकारों से संबंधित है। मार्शल ने 18वीं शताब्दी में नागरिकता के अधिकारों का विवेचन विशेष रूप से इंग्लैण्ड के संदर्भ में किया है। गिडेन्स मार्शल के नागरिकता के अधिकारों के तीन श्रेणियों में विभाजन की आलोचना करता है।

(3) गिडेन्स का तीसरा पहलू समाजवाद से संबंधित है गिडेन्स उदारवादी तथा मार्क्सवादी विचारों के रूप में सूचना पर नियत्रंण से सहमत नहीं है। गिडेन्स के अनुसार इस बात में कोई संदेह नहीं है कि सूचना और तकनीक में विकास के कारण राज्य की निगरानी बढ़ी है। गिडेन्स का मानना है कि कल्याणकारी राज्य की सहभागिता में निगरानी विरोधाभासी है।

मार्क्स नागरिक अधिकारों के कट्टर आलोचक थे क्योंकि यह बुर्जुआ समाज में पूंजीवादियों के हितों की रक्षा करते हैं। आज इस बात पर बल दिया जा रहा हे कि लोकतांत्रिक समाज का संरक्षण नागरिक अधिकारों जैसे विशिष्ट तत्वों से निर्देशित होना चाहिए।

चौथा प्रश्न 1960 के समाज का विश्लेषण करता है। गिडेन्स ने अवलोकन के आधार पर यह निष्कर्ष निकाला कि यह समाज आत्मनियंत्रित नहीं होने चाहिए। राष्ट्र राज्य और राष्ट्रवाद का उदारवादी विचार नागरिक अधिकारों के विकास में राष्ट्र राज्य के समान महत्व और योगदान पर बल नहीं देता। परन्तु बाद वाले को पहले पर प्राथमिकता देता है। बेंडिक्स के अनुसार राष्ट्र राज्य वैश्विक राष्ट्र राज्य के एक हिस्सा नहीं हैं बल्कि 'एक ऐसा समुदाय है जिसके अंतर्गत नागरिक अधिकारों को प्राप्त किया जा सकता है।'

वैश्वीकरण तथा नागरिकता (Globalization and Citizenship Rights)

16वीं शताब्दी मे राष्ट्रीय राज्यों का उदय हुआ। नए आर्थिक संबंधों के अतिरिक्त लोग राष्ट्रीयता भाषा और संस्कृति की एकता तथा देश की प्राकृतिक सीमाओं के इत्यादि के विचार से स्थायी समूहों के रूप में जुड़ने लगे थे। प्रारंभिक राष्ट्र राज्यों में राजतंत्र का बोलबाला था जो राज्यों की पहचान के लिए बढ़ती राजनीतिक समुदायों के निर्माण में सहायक हुआ। प्रत्येक देश के राष्ट्रीयता संबंधी दावे ने अन्य देशों को उनकी सीमाओं के अंतर्गत समान प्रभुसत्ता तथा सम्मान प्रदान किया। स्वतंत्र राज्य अपनी सीमाओं के अन्तर्गत सर्वोच्च सत्ता का प्रयोग कर रहे थे जिससे प्रत्येक देश की आपस में पारस्परिक मान्यता की पुष्टि हुई। प्रभुसत्ता से कानूनी अधिकारों का जन्म हुआ। आत्म निर्णय के अधिकार के सिद्धांत ने व्यवहार में सर्वोच्चता प्राप्त कर ली।

लोकतंत्र तथा वैश्वीकरण (Democracy and Globalization)

जटिल संरचनाओं की आंशिक रूप से समान प्रवृत्तियों, व्यवहार और आंदोलनों के परिणामस्वरूप राजनीतिक समुदाय में वैश्वीकरण की प्रक्रिया के कारण किसी भी प्रकार के 'भिन्न समुदाय' नहीं रहेंगे। पद्सोपान तथा संरचनात्मक पद्सोपान का जन्म परिवर्तित प्रक्रियाओं के परिणामस्वरूप हुआ है। वैश्वीकरण केवल कमजोर राज्यों के राजनीतिक समुदायों की शक्तियों को ही सीमित नहीं करता बल्कि पश्चिमी विकसित राष्ट्रों को भी प्रभावित करता है। हेल्ड ने लोकतांत्रिक राज्यों की प्रकृति में होने वाले परिवर्तनों की तीन विशेषताओं का उल्लेख किया है।

पहला- वैश्वीकरण के इस युग में नीतियों के निर्धारण करने में कोई एक राजनीतिक सत्ता ही सर्वोच्च नहीं है बल्कि नीतियों के निर्धारण तथा निर्माण में अन्य शक्तियां भी बहुत महत्वपूर्ण भूमिका निभाती है। इस प्रकार पहले असीम प्रभुसत्ता की अवधारणा कि प्रभुसत्ता को बांटने का अर्थ प्रभुसत्ता का अन्त है समाप्त हो चुकी है। दूसरा - कोई भी राज्य अपने निर्णयों को लेने में पूर्ण रूप

से स्वतंत्र नहीं हैं कई बाहरी सीमाएं से वह बंधा हुआ है जो उसके नीति-निर्माण तथा कार्यान्वयन को प्रभावित करती है। तीसरा - राजनीतिक सत्ता के प्रभुत्व की सर्वोच्चता की अवधारणा कई राष्ट्रीय और अंतर्राष्ट्रीय तत्वों से मेल नहीं खाती। अपने क्षेत्र में राजनीतिक सर्वोच्चता की शक्ति का अधिकार अन्य तत्वों के नियंत्रण के कारण सीमित हो गया है। हेल का मानना है कि राजनीतिक सत्ता विभिन्न अधिकारों के संरक्षण तथा प्रोत्साहन के लिए एक मात्र मध्यस्थ नहीं है।

हेल्ड का मानना है कि वैश्वीकरण के कारण लोकतांत्रिक नागरिकता का महत्व कम हो रहा है। वैश्वीकरण के कारण राज्यों को ऐतिहासिक प्रभुसत्ता में कमी आई है और राज्य नीति-निर्माण करने वाले की भूमिका के स्थान पर नीतियों को मानने वाले बन गए हैं। परन्तु किमलिका इस विचार से सहमत नहीं हैं कि वैश्वीकरण के कारण राज्य की सार्थकता पर प्रश्न चिह्न लगा है। उनका मानना है कि राष्ट्रों ने अपनी संस्कृति को बनाए रखा है और नागरिक अपनी भिन्नता का उपभोग कर रहे हैं। कई पश्चिमी राष्ट्र अपने प्रतिनिधित्व के लिए अपनाए गए तरीकों के आधार पर सुचारू रूप से कार्य नहीं कर रहे हैं। एकल हस्तांतरणीय मत प्रणाली से आश्रित और गैर लाभान्वित समूह बहुलवादी परिस्थितियों में व्यवस्थागत रूप विधानसभाओं में प्रतिनिधित्व प्राप्त नहीं कर सके हैं। राजनीतिक चुनावों के वित्त को प्रभावकारी तरीके से नियमित नहीं किया गया है। जिसके परिणामस्वरूप सम्पन्न लोग चुनावों में प्रभावकारी ढंग से लड़ सकते हैं। इस प्रकार अधिकतर देश राजनीतिक प्रणाली की अक्षमता के कारण कमजोर बने रहते हैं और इन देशों में वैश्वीकरण के लिए कोई स्थान नहीं होता।

वैश्वीकरण के कारण समाज की बहुलवादी संरचना के भीतर नए समूह पुनर्जीवित होकर उभरे हैं। वैश्वीकरण ने उदासीन लोगों को नई शक्ति प्रदान की है। अंतर्राष्ट्रीय राजनीति में आज बहुत से परिवर्तन हो रहे हैं जैसे स्वतंत्र राज्य क्षेत्रीय आधार पर खुद को एकीकृत करने की ओर अग्रसर हैं। (उदाहरणार्थ यूरोपीय यूनियन) यह राष्ट्र बहुलवादी समाज का हिस्सा बनकर विभिन्न अंतर्राष्ट्रीय समझोतों और संस्थाओं के माध्यम से अपने हितों को स्वतंत्र रूप से पूरा कर रहे हैं।

वैश्वीकरण ने राष्ट्रों की प्रभुसत्ता के मूल्य, स्थान और समय के प्रयोग तथा इसका किस प्रकार प्रयोग किया जाए को प्रोत्साहित किया है। वैश्वीकरण राष्ट्रीय राजनीतिक संस्थाओं को विवश करता है परन्तु इसके साथ ही वैश्वीकरण राजनीतिक जीवन में अभिवृद्धि भी करता है तथा नए वैकल्पिक मूल्य प्रदान करता है जिससे राज्य अपने हितों तथा पहचान को सामूहिक रूप से बढ़ावा दे सकते हैं।

समकालीन परिदृश्य में नागरिकता के अधिकार का क्षेत्र बुरी तरह से परिवर्तित हुआ है। शीत युद्ध में सोवियत संघ के अन्त तथा पूर्वी यूरोप की अव्यवस्था तथा निष्क्रियता ने नागरिकता को व्यापक रूप से परिवर्तित किया है। समकालीन परिप्रेक्ष्य में वैश्वीकरण का उदय प्रचलित नागरिकता की धारणा पर प्रश्नचिहन लगाता है। आज के इस आण्विक युग में राज्यों की सुरक्षा भी खतरे में है। इसके अतिरिक्त पारिस्थितिकीयतंत्र तथा पर्यावरण का मुद्दा भी एक मुख्य समस्या के रूप में उभरा है। U.N. ने मानव अधिकारों के मौलिक अधिकारों के उल्लंघन के मामलों के संबंध में कई राज्यों के आंतरिक मामलों में हस्तक्षेप किया है। U.N. के ईराक, रवान्डा तथा बोसनिया में 1990 में हस्तक्षेप का मिला-जुला परिणाम रहा परन्तु इन घटनाओं के आधार पर हस्तक्षेप का सिद्धांत स्थापित हुआ। 1994 में अंतर्राष्ट्रीय युद्ध अपराध अभिकरण की स्थापना हुई। क्षेत्रीय अभिकरण जैसे कि यूरोपीय यूनियन वैश्वीकरण की समस्याओं के समाधान का प्रयास कर रहे हैं। इसके साथ-साथ राष्ट्रों की सीमाओं के पार नागरिकता के अधिकारों को विस्तृत कर रहे हैं। यूरोपीय यूनियन ने मास्ट्रिश्च

की संधि से 1992 में औपचारिक रूप से नागरिकता की रचना की। इसके द्वारा यूरोपीय यूनियन के सभी देशों के व्यक्तियों को कुछ नागरिक तथा राजनीतिक अधिकार प्रदान किए गए।

वैश्वीकरण पारिस्थितिकीय तंत्र के अधिकारों की चुनौतियों के प्रति जागरूकता फैला रहे हैं। आज पारिस्थितिकीय तंत्र का संरक्षण बहुत जरूरी है। हमें अन्य समुदायों की सुरक्षा को ध्यान में रखते हुए उत्तरदायित्व की भावना से आगे बढ़ना है। वैश्वीकरण से सीमाओं के पार पारिस्थितिकी तंत्र की रक्षा के लिए जनचेतना भी फैल रही है। वैश्विक नागरिकता में अधिकारों के साथ कर्तव्य भी सम्मिलित हैं। पारिस्थितिकी तंत्र की नागरिकता का अर्थ है कि हमें अपने अधिकारों के अभिप्राय को कल्याणकारी अधिकारों के प्रति भौतिक चिंता, सम्पत्ति का अधिकार और बाजार विनिमय से आगे बढ़ना है। उदारवादी नागरिकता के साथ बहुत से उत्तरदायित्व भी जुड़े हैं जो बाध्यकारी कर्तव्य न होकर स्वैच्छिक दायित्व है।

References

Marshal, T.H. 1950, Citizenship and social class and other Essays, Cambridge, Cambridge University Press.

Giddens Authony, 1982, Class Division, class conflict and citizenship rights in profiles and critiques in social theory. London: Macmillan Press.

________, 1979, central problems in Social Theory, London : Macmillan Press.

Barbalet, J.M., 1997, Citizenship. Delhi, World view.

Bendix. R. 1964, "Transformations of Western European Soieties since the Eighteen Century" in his Nation: Building and citizenship. New York, John Wileyand Sons.

________, 1974, Work and Authority in Industry, Berkley, University of California Press.

Durkheim, E. 1964, The Division of Labour in Society. New York, Free Press.

Dahrendrof, R. 1973, 'A Personal vote of Thanks,' British Journal of Sociology, 24(4) Turner B.S. 1986. Citizenship and capitalism, London Allen and Unwin.

Janoski. T. 1998, "Citizenship and Civil society, A Framework of Rights and Obligations in Liberal, Traditional and Social Democratic Regimes," Cambridge, Cambridge University Press.

Freidman, Michael, 1998. Rights, Delhi, World view.

Kymlica, Will 1999, 'Citizenship in an era of Globalisation : Commentary on held in Ian shapiro & casino Hacker- Cordon (ed.) Democracy's Edges, Cambridge, Cambridge University Press.

________,1995, Muticultrual Citizenship : Liberal Theory of Minority Rights Clarendon Press, Oxford.

________, 1993 'Group Representation in Canadian Politics', in Leslie Seidle (ed).

Equity and Community : The Charter, Interest, Advocacy, and Representation, (pp. 61-89) Montred. Institute for Policy studies, Queens University.

Held, David, 1999, 'Transformation of Political Community : Rethinking Democracy in the Context of Globalization' in Jan shapiro & Casino Hacber) Cordon (ed) Democracy is Edges. Cambridge, Cambridge University Press.

__________. 1993. Democracy and Global Order: From the Modern state to Cosmopolitan Governance, Cambridge. Polity Press.

_______. 1993. "Prospects of Democracy, North South, East, West. Cambridge Polity Press.

Frid, C. 1985. Rights and the common law in R.G. Fred. ed. Utility and Rights, Oxford, Blackwell.

Ben, S. 1978, 'Human Rights for whom and fare what?, Kaneka and Tay, ed. Human Rights. London, Edward Arnold.

Beitz. C.R. 1984, 'Difficulties with Elathman's Modernation's Modernation Theses.' Social Philosophy and Policy. Vol. 1.

McClosky. H.D. 1976, 'Rights : some conceptual issues'. Australian Journal of Philosophy, Vol. 54.

Mc. Conmick, N. 1982. Legal Rights and Social Democracy Oxford, OUP.

Miller, David, 2000, Citizenship and National Identity Cambridge, Polity Press.

B. Feinberg 1980, Rights, Justice and the Bouns of Liberty, Princeton, Princeton University Press.

While, A.R. 1984, Rights, Oxford, OUP.

Nickel, J.W. Making sense of Human Rights, Birkley & Los Angels University of Catifornia Press.

Steiner, Hillel, 1994, An Essay on Rights. Oxford, Blackwell.

Lipset, S.M., 1997, Class, Citizenship and Social development : Essays by T.H. marshal with an Introduction, London, University of Chicago Press.

Young. I.M., 1990 Justice and Politics of Difference, Princeton University Press, Princeton.

अध्याय - 6

मानव अधिकार तथा भारतीय संविधान
(Human Rights and The Indian Constitution)

डॉ. जितेन्दर कौर

ऐतिहासिक और आध्यात्मिक परिप्रेक्ष्य में मानवाधिकार (Human Rights in Historical and Philosophical Perpectives)

ब्रिटिश शासन के दौरान भारतीय स्वतन्त्रता आन्दोलन को प्रभावित करने वाली शक्तियों के सन्दर्भ को जाने बिना भारतीय संविधान में मानवाधिकारों के संरक्षण, कार्यान्वयन और मान्यता को नहीं समझा जा सकता। ब्रिटिश शासन के दौरान भारतीयों ने अनुभव किया कि मानवाधिकार मौलिक अधिकार ही नहीं है बल्कि उनके सभ्य जीवन का नेतृत्व करने वाले अहस्तांतरीय अधिकार हैं। गांधीजी के जन आंदोलन से जानकारी मिलती है कि अधिकारों को संवैधानिक लोकतंत्र की बैशाखी माना गया था। और राष्ट्रीय आंदोलन का मुख्य उद्देश्य भारत में एक संवैधानिक राज्य की स्थापना करना था। भारतीय राष्ट्रीय कांग्रेस ने 1931 में लाहौर अधिवेशन में नागरिक अधिकारों का प्रस्ताव पारित किया और बाद में स्वतंत्र भारत में इन अधिकारों को मौलिक अधिकारों और नीति-निर्देशक सिद्धांतों के रूप में भारतीय संविधान में सम्मिलित किया गया। भारत में इन अधिकारों की महत्ता से पता चलता है कि पाश्चात्य संवैधानिक लोकतंत्र की स्थापना के राजनीतिक चिंतन का प्रभाव भारत में भी समान रूप से प्राचीन राजनीतिक सामंती परम्परा को राजनीतिक प्रक्रिया में जनसहभागिता पर आधारित तार्किक वैधता के साथ स्थानांतरित किया गया। भारतीय संविधान के संघटक तत्वों तथा मूल्यों, जैसे न्याय, समानता, धर्म निरपेक्षता और सांस्कृतिक बहुलवाद, का प्रतिबिंब हमें भारतीय संविधान में देखने को मिलता है। एक स्थायी लोकतंत्र की स्थापना के लिए समाजवाद और धर्म-निरपेक्षता को आवश्यक तत्व माना गया है। भारत के सर्वोच्च न्यायालय ने भी इन मूल्यों को भारतीय संविधान के आदर्श के रूप में स्वीकार किया है। सुविधा की दृष्टि से सामाजिक क्रांति के लक्ष्य प्राप्ति की दिशा में अधिकारों की उत्पत्ति तथा विकास को राज्य के नकारात्मक तथा सकारात्मक दायित्वों के रूप में दो कालों में विभाजित किया जा सकता है:

1. स्वतंत्रता संघर्ष के दौरान का काल
2. संविधान सभा के निर्माण के दौरान का काल

मानवाधिकार तथा भारतीय स्वतंत्रता संघर्ष (Human Right and the Indian Freedom Struggle)

भारत में सन् 1895 से ही संविधान में लिखित अधिकारों की मांग होने लगी थी। भारत के लिए एक संविधान की परिकल्पना, प्रत्येक नागरिक को अभिव्यक्ति की स्वतंत्रता, प्रत्येक व्यक्ति के घर की अलंघनीयता, कानून के समक्ष समानता, सम्पत्ति का अधिकार तथा निशुल्क शिक्षा जैसे सिद्धांतों को भारतीय संविधान के विचार के रूप में गारंटी दी जाने लगी थी। 1917 से 1919 के बीच कांग्रेस ने कई बार नागरिक अधिकारों तथा भारतीय और अंग्रेजों के बीच स्थिति की समानता की मांग को कई प्रस्तावों में दोहराया। हथियार रखने की समान शर्ते एवं नियम, मुकदमें के दौरान न्यायाधीश द्वारा समान अनुप्रयोग की व्यवस्था एवं यह दावा करने का अधिकार कि कम से कम आधे न्यायाधीश उसके अपने देश के होने चाहिए। जैसे कुछ उदारहण हैं। भारतीयों की एक मांग यह भी थी कि संसद एक अधिनियम पारित करे जिससे भारतीयों को, रानी के नागरिकों के रूप में नागरिक अधिकारों की गारंटी, प्राप्त हो सके और इस गारंटी से एक स्वतंत्र प्रेस, अभिव्यक्ति की स्वतंत्रता और कानून के समान समानता जैसे प्रावधानों को मूर्त रूप प्राप्त हो सके। इस अधिनियम में यह भी उल्लेखित होना चाहिए कि राजनीतिक शक्ति भारतीयों से उसी प्रकार संबंधित है जिस प्रकार ब्रिटिश साम्राज्य के अन्य लोगों या राज्यों से संबंधित है।

प्रथम विश्व युद्ध के परिणामस्वरूप 20वीं शताब्दी के मध्य तक भारतीयों की नागरिक अधिकारों की स्वीकृति संबंधी मांग के स्वरूप और स्वर में एक महत्वपूर्ण परिवर्तन आया। अब भारतीयों का लक्ष्य केवल भारतीयों को अंग्रेजों के समान अधिकारों की प्राप्ति ही नहीं था बल्कि भारतीयों की स्वतंत्रता के लक्ष्य को आश्वस्त करना भी था। मोंटेग्यू चेम्सफोर्ड के सुधारों से एक निराशा का माहौल उत्पन्न हुआ था। उस समय अमेरिका के तत्कालीन राष्ट्रपति वुडरो विल्सन ने इस परिप्रेक्ष्य में कई अन्य तत्वों के साथ आत्म निर्णय के अधिकार को भी सहमति प्रदान की।

इस दिशा में विकास का एक अन्य महत्वपूर्ण चरण ऐनी बेसेंट द्वारा 1925 में राष्ट्रमण्डल का भारतीय विधेयक का निर्माण था। राष्ट्रमण्डल के भारतीय विधेयक में अनुच्छेद 4 के अन्तर्गत सात मौलिक अधिकारों की सूची दी गई थी। यह अधिकार हैं:-

1. व्यक्ति की स्वतंत्रता और प्रत्येक व्यक्ति के निवास स्थान और संपत्ति का संरक्षण
2. चेतना, व्यवसाय और धर्म की स्वतंत्रता
3. विचार को अभिव्यक्त करने, शांतिपूर्ण ढंग से बिना हथियारों के एकत्रित होने तथा संघ व समुदाय बनाने का अधिकार
4. निःशुल्क प्रारंभिक शिक्षा का अधिकार
5. सड़क, न्यायालयों, सार्वजनिक स्थानों एवं इसी प्रकार के अन्य संस्थानो के प्रयोग का अधिकार
6. कानून के समक्ष समानता
7. स्त्री-पुरूष की समानता

मद्रास में 48वें वार्षिक सम्मेलन में, भारतीय राष्ट्रीय कांग्रेस ने अधिकारों के घोषणापत्र के आधार पर 1927 में स्वशासन के संविधान बनाने का एक प्रस्ताव पारित किया। इस समिति का गठन 1928 में

मोतीलाल नेहरू की अध्यक्षता में हुआ। इस समिति की रिपोर्ट को नेहरू रिपोर्ट के नाम से जाना जाता है। इस रिपोर्ट में मौलिक अधिकार भी शामिल थे। इस रिपोर्ट पर अमेरिका और युद्ध पूर्व के संविधानों तथा श्रीमती ऐनी बेसेंट की राष्ट्रमण्डल संबंधी भारतीय विधेयक का प्रभाव स्पष्ट परिलक्षित होता है। ब्रिटिश शासन के अंतर्गत भारतीयों को मौलिक अधिकार प्राप्त नहीं थे इसलिए भारतीय संविधान निर्माता इन अधिकारों को इस प्रकार संरक्षित करना चाहते थे कि इन्हें किसी भी स्थिति में स्थगित न किया जा सके।

भारतीय राष्ट्रीय कांग्रेस ने 1931 में कराची में आयोजित अपने सत्र में पहली बार मौलिक अधिकारों की एक व्यापक योजना बनाई। कांग्रेस का यह राज मौलिक अधिकारों के विकास की प्रक्रिया में एक अन्य महत्वपूर्ण सीमा चिह्न था। इस प्रस्ताव में कहा गया कि राजनीतिक स्वतंत्रता के अन्तर्गत भूख से पीड़ित लाखों लोगों की आर्थिक स्वतंत्रता को भी शामिल किया जाना चाहिए जिससे कि शोषण का वास्तविक अन्त किया जा सके। 1935 के भारतीय शासन अधिनियम के निर्माण से पहले कई भारतीय नेताओं ने गोलमेज सम्मेलन में संवैधानिक दस्तावेज में मौलिक अधिकारों की घोषणा की मांग पर दुबारा बल दिया।

भारतीय संविधान में मौलिक अधिकारों को सम्मिलित करने के प्रति भारतीय बहुत उत्साहित थे। उनका मानना था कि स्वाधीनता का अर्थ स्वतंत्रता है और इस स्वतंत्रता की अभिव्यक्ति अधिकारों से होती है। अत: भारतीयों ने इन अधिकारों की नकारात्मक तथा सकारात्मक दोनों रूपों में इनकी स्थापना की मांग की। संयुक्त राष्ट्र संघ के मानवाधिकार आयोग के कार्यों और संयुक्त राष्ट्र संघ के चार्टर के कारण मानव अधिकारों का पुनरूत्थान हुआ और इसे विस्तृत दिशा 1940 में अटलांटिक चार्टर के अंतर्गत प्राप्त हुई। नकारात्मक अधिकारों की मांग प्राथमिक रूप से राष्ट्रीय क्रांति की ऊपज थी जबकि सामाजिक क्रांति पर सकारात्मक अधिकारों और सामाजिक क्रांति का प्रभाव परिलक्षित होता है और भारत और विदेशों में 20वीं शताब्दी में इन अधिकारों में वृद्धि देखने को मिलती है।

सर तेज बहादुर सप्रु की अध्यक्षता में 1944-45 में सर्वदलीय सम्मेलन द्वारा एक समिति का गठन किया गया। इस समिति की रिपोर्ट 1945 के अन्त में प्रकाशित हुई। इस रिपोर्ट में कहा गया कि संविधान से यह मांग और उम्मीद की जाती है कि संविधान में राजनीतिक और नागरिक अधिकारों के संबंध में समाज के प्रत्येक वर्ग को समानता, स्वतंत्रता तथा संरक्षण की समानता, प्रत्येक व्यक्ति को धर्म तथा पूजा की स्वतंत्रता सुनिश्चित की जाएगी।

मानवाधिकारों के प्रति संविधान सभा में वाद-विवाद (Human Right and debates in the Indian Contitution)

भारतीय संविधान में मौलिक अधिकारों की लिखित गारंटी दी गई है। 1946 के कैबिनेट मिशन योजना में भारतीय संविधान निर्माण के लिए एक संविधान सभा के निर्माण का विचार व्यक्त किया गया था, जिसके कारण एक सलाहकारी समिति का निर्माण किया गया जो संविधान सभा को मौलिक अधिकारों के सुझावों की एक रिपोर्ट पेश करे। कैबिनेट मिशन के सुझाव के अनुसार 24 जनवरी 1947 को संविधान सभा ने सलाहकारी समिति की स्थापना को समर्थन दिया और सरदार पटेल इसके अध्यक्ष नियुक्त हुए। समिति को मौलिक अधिकारों की सूची, अल्पसंरक्षकों के संरक्षण संबंधी खंड इत्यादि की रिपोर्ट संविधान सभा को पेश करनी थी। सलाहकारी समिति द्वारा एक मौलिक अधिकारों

की एक उप समिति की नियुक्ति की गई और इस उप समिति का अध्यक्ष आचार्य कृपलानी को नियुक्त किया गया। इस उप समिति का पहला अधिवेशन 24 फरवरी 1947 को वी.एन. राव, के. टी. शाह, के.एम. मुंशी, डा.बी.आर. अम्बेडकर, हरनाम सिंह तथा कांग्रेस विशेषज्ञों द्वारा तैयार की गई सूची के मसौदे के साथ-साथ विविध टिप्पणियों और अधिकारों के विभिन्न पहलुओं पर चर्चा के लिए हुआ। यह सूची अत्यंत लंबी और विस्तृत थी क्योंकि इनमें भारत एवं अन्य स्रोतों से लिए गए सिद्धातों की व्याख्याएं तथा नकारात्मक एवम् सकारात्मक अधिकारों को भी समाविष्ट किया गया था। संविधान निर्माताओं के समक्ष व्यक्तिगत स्वतंत्रता एवम् सामाजिक व्यवस्था के बीच संतुलन स्थापित करने की समस्या बड़ी जटिल थी। संविधान निर्माताओं के बीच हालांकि तकनीक को लेकर विवाद था परन्तु मौलिक सिद्धांतों के प्रति संभवतया एकमत था। यह निर्णय लिया गया कि मौलिक अधिकार वाद योग्य होने चाहिए। मौलिक स्वतंत्रताओं तथा संवैधानिक उपचारों के अधिकारों को स्वीकृत कर लिया गया। मौलिक अधिकारों को हालांकि वादयोग्य माना गया था परन्तु यह असीम नहीं थे। इन अधिकारों को विशेष परिस्थितियों के अंतर्गत सीमित भी किया जा सकता था और निलंबित भी, अर्थात् मौलिक अधिकारों पर कुछ सीमाएं लगाई गई थी। व्यक्तिगत स्वतंत्रता, समानता का अधिकार, मौलिक स्वतंत्रताएं इत्यादि को कुछ सीमाओं के साथ पारित किया गया। इन सात मौलिक अधिकारों के साथ मानव अधिकारों का घनिष्ठ संबंध है।

के.एम. मुंशी, अम्बेडकर तथा के.टी. शाह जैसे व्यक्ति वृहद सामाजिक कार्यक्रम के समर्थक थे। इसलिए इन्होंने नीति-निर्देशक सिद्धातों को वाद योगय बनाने के लिए निश्चित समय सीमा पर बल दिया। संविधान निर्माण के समय दो प्रकार की विचारधाराएं विद्यमान थीं। नीति निर्देशक सिद्धांत एक समाजवादी राज्य की स्थापना के लिए पर्याप्त नहीं थे इसलिए विभिन्न सिद्धातों तथा संस्थाओं की स्थापना करनी चाहिए जो भारतीय हिन्दू विचारों - मुख्य रूप से गांधी जी के सिद्धांतों को स्पष्ट करते हों। ग्राम्य जीवन और आर्थिक व्यवस्था के लिए संशोधन, गांव के संगठन की पंचायती व्यवस्था, सरकारी उत्तरदायित्व पर कुटीर उद्योग को प्रोत्साहन, गोहत्या का निषेध, पशुपालन और कृषि के तरीकों में सुधार - विभिन्न उद्योगों के राष्ट्रीयकरण संबंधी संशोधन इस विचार के प्रमाण हैं। परन्तु इनमें से अधिकतर संशोधनों को इनके प्रवर्तकों द्वारा ही समर्थन नहीं किया गया। परिणामस्वरूप, संविधान सभा ने राज्य के नीति निर्देशक सिद्धातों के रूप में इन्हें संविधान के चौथे भाग में समाविष्ट किया गया।

नागरिक और राजनीतिक अधिकार बनाम् आर्थिक, सामाजिक और सांस्कृतिक अधिकार (Civil and Political Rights Vs. Economic, Social and Cultural Rights)

भारतीय संविधान में एक ओर जहां नागरिक और राजनीतिक अधिकार दिखाई देते है तो वहीं दूसरी ओर आर्थिक, सामाजिक और सांस्कृतिक अधिकारों का प्रतिबिंब भी दिखाई देता है। हालांकि दोनों ही अधिकारों में विभिन्नता है परन्तु दोनों ही मानव अधिकारों के अभिन्न अंग है। नागरिक और राजनीतिक अधिकारों को तत्कालीन पहुंच के रूप में स्वीकार किया गया था और आर्थिक, सामाजिक और सांस्कृतिक अधिकारों को आदर्श माना गया था। और इन्हें प्राप्त करने के लिए राज्य को प्रयासरत रहना चाहिए। इन दोनों के बीच कोई स्पष्ट अंतर नहीं है इसलिए कोई भी व्यक्ति कुछ सामाजिक, आर्थिक और सांस्कृतिक अधिकार भारत के संविधान के भाग-3 द्वारा प्राप्त कर सकता है। इन दोनों

प्रकार के अधिकारों के बीच अन्तर का आधार इनके तत्व और लागू करने के तरीके हैं। नागरिक और राजनीतिक अधिकारों को प्राय: नकारात्मक अधिकार के रूप में अभिव्यक्त किया जाता है और इन्हें राज्य की शक्ति से स्वतन्त्रता प्रदान की गई है। दूसरी ओर सामाजिक, आर्थिक और सांस्कृतिक अधिकार सकारात्मक है और इन अधिकारों को प्रगतिशील अधिकार के रूप में जाना जाता है।

कुछ विद्वान सुविधा की दृष्टि से इन संवैधानिक अधिकारों को दो वर्गों में विभाजित करते हैं – प्रवर्तनीय अधिकार और अप्रवर्तनीय अधिकार। मौलिक अधिकार भारतीय संविधान के भाग-3 में तथा राज्य के नीति-निर्देशक सिद्धांत भाग-4 में वर्णित नीति-निर्देशक सिद्धातों को अप्रवर्तनीय अधिकारों की श्रेणी में रखा जाता है। मौलिक अधिकार केवल भारतीय संविधान में ही समाविष्ट नहीं है बल्कि न्यायिक सक्रियता के चलते न्यायालय से भी प्राप्त किए जा सकते हैं।

आर्थिक, सामाजिक और सांस्कृतिक अधिकार:

अधिकारों की 18वीं और 19वीं शताब्दी में संविधान और वैधानिक कानूनों में गणना की गई थी। 20वीं शताब्दी के प्रारम्भ से बहुत से राज्यों के संविधानों में सामाजिक और आर्थिक अधिकारों पर अत्याधिक बल दिया। आज यह अधिकार कानूनी व्यवस्था में बहुत महत्वपूर्ण स्थान प्राप्त कर चुके हैं। संयुक्त राष्ट्र संघ और अन्य अंतर्राष्ट्रीय संगठनों द्वारा भी आर्थिक, सामाजिक और सांस्कृतिक अधिकारों पर बहुत ध्यान दिया जा रहा है। इन अधिकारों की महत्ता, उपयोग और कार्यान्वयन संबंधी दृष्टिकोण के अनुसार, मूल्य के एक पद्सोपान का प्रतिनिधित्व करने वाले एक सिद्धांत के रूप में मानवाधिकारों को वर्गीकृत नहीं किया जा सकता जिससे कि मूल्यों के श्रेणीक्रम का प्रतिनिधित्व कर सकें। यह एक अविभाजित आवश्यक तत्व का निर्माण करते हैं और इन अधिकारों को प्रोत्साहित और संरक्षित किया जाना चाहिए। आर्थिक, सामाजिक और सांस्कृतिक अधिकारों को नागरिक और राजनीतिक अधिकारों के बिना लंबे समय तक सुनिश्चित नहीं किया जा सकता। दूसरा विचार सामाजिक, सांस्कृतिक और आर्थिक अधिकार के विचार का विरोध करता है। इस विचार के अनुसार, नागरिक और राजनीतिक अधिकार बाध्य किए जा सकने वाले या न्यायिक अधिकार और तत्कालीन कार्यान्वित किए जा सकने वाले अधिकार हैं। दूसरा- नागरिक और राजनीतिक अधिकार व्यक्ति को राज्य के मनमाने व्यवहार से संरक्षण प्रदान करते हैं। तो दूसरी ओर आर्थिक, सामाजिक और सांस्कृतिक अधिकार राज्य को सकारात्मक कदम उठाने के लिए प्रोत्साहित करते हैं। इसके अतिरिक्त नागरिक और राजनीतिक अधिकार कानूनी अधिकार हैं जिनके कार्यान्वयन के लिए अलग-अलग साधनों तथा तरीकों के प्रयोग की आवश्यकता होती है। फिर भी राजनीतिक और नागरिक अधिकार तथा आर्थिक, सामाजिक और सांस्कृतिक अधिकारों का प्रयोग परस्पर संबंधित और एक दूसरे पर निर्भर है। ''सार्वभौमिक घोषणापत्र में मानवीय प्रतिष्ठा को स्वतंत्र व्यक्ति के आदर्श के रूप में परिभाषित किया गया है। यदि किसी व्यक्ति को आर्थिक, सामाजिक और सांस्कृतिक अधिकारों से वंचित किया जाता है तो वह अधिकारों के घोषणापत्र का उल्लंघन है।''।

जैसा कि पहले कहा गया है कि राज्य के नीति-निर्देशक सिद्धांतों को संविधान के भाग-4 में स्थान प्रदान किया गया है। यह संकेत और दिशा निर्देश राज्य की सरकार के लिए आधारभूत घोषित किए गए हैं। संविधान के इन सिद्धांतों से संविधान निर्माताओं की महत्वाकांक्षाओं तथा लक्ष्यों की जानकारी मिलती है कि संविधान निर्माता भारत को सामाजिक, आर्थिक और राजनीतिक न्याय पर आधारित एक कल्याणकारी राज्य बनाना चाहते थे। इस प्रकार राज्य को पूर्व कथित महत्वाकांक्षाओं

और लक्ष्यों को संपन्न करने के लिए दायित्व सौंपे गए हैं। हालांकि नीति-निर्देशक सिद्धातों का मौलिक अधिकारों के समान कार्यान्वयन के लिए न्यायालय द्वारा बाध्य नहीं किया जा सकता परन्तु न्यायालय का यह कर्तव्य है कि वह मौलिक अधिकारों की व्याख्या इन नीति-निर्देशक सिद्धातों द्वारा स्थापित आर्थिक, सामाजिक और सांस्कृतिक मूल्यों के प्रकाश में करे। नीति-निर्देशक सिद्धातों को लागू करने के लिए संविधान के मौलिक ढांचे में परिवर्तन के बिना मौलिक अधिकारों में परिवर्तन करने की शक्ति न्यायपालिका को सौंपी गई है। हालांकि नीति-निर्देशक सिद्धातों को कानूनी सहमति प्राप्त नहीं है परन्तु इन्हें वास्तविक जनसहमति प्राप्त है और यह जनसहमति ही लोकतंत्र का आधार है। सरकार द्वारा इन सिद्धान्तों की अवहेलना से जननीति सरकार के विरूद्ध हो सकती है जिसके परिणामस्वरूप उस सरकार को आगामी चुनावों में सत्ता से हाथ धोना पड़ सकता है।

भारतीय संविधान के अनुच्छेद 23, 24 और 39 (एफ) में बच्चों को संरक्षण प्रदान किया गया है। अनुच्छेद 23 मानव व्यापार पर रोक लगाता है। अनुच्छेद 24 में 14 वर्ष से कम आयु के बच्चों को जोखिम भरे काम जैसे- खानों और कारखानों में काम की मनाही की गई है। अनुच्छेद 39 (एफ) में बच्चों के साथ-साथ युवाओं को भी शोषण से संरक्षण की व्यवस्था की गई है परन्तु फिर भी दुर्भागयवश भारत में बच्चों को उचित सरंक्षण नहीं दिया जा रहा है। उच्च शिशु मृत्युदर के साथ ही 50% से अधिक बच्चे भूख, कुपोषण एवम् बीमारियों से पीड़ित हैं। स्थिति बहुत ही असंतोजनक है निर्धनता के कारण माता-पिता अपने बच्चों को किसी भी कार्य में लगाने के लिए मजबूर हो जाते हैं।

आज आर्थिक अधिकारों में काम के अधिकार को सबसे महत्वपूर्ण माना जा रहा है भारतीय संविधान के अनुच्छेद 41 में राज्य को कार्य के अधिकार के संरक्षण के लिए प्रभावकारी प्रावधान करने का निर्देश दिया गया है। भारत में हाल ही में काम के अधिकार को मौलिक अधिकारों में सम्मिलित करने के लिए व्यापक सहमति का माहौल बन रहा है परन्तु अभी इसका कार्यान्वयन किया जाना बाकी है भारत में बेरोजगारी की समस्या के संतोषजनक हल के लिए गतिशील मार्ग की आवश्यकता है। वैश्वीकरण और उदारीकरण के कारण स्थिति और भी भयंकर होती जा रही है। इसका भयंकर प्रभाव विशेषरूप से जनसंख्या के हाशिए के वर्गों पर पड़ रहा है।

भारतीय संविधान के नीति-निर्देशक सिद्धातों के अंतर्गत अनुच्छेद 43 में, राज्य कर्मकारों को निर्वाह मजदूरी, काम की मानवोचित दशाएं, प्रसूति, शिफ्ट जीवन स्तर तथा अवकाश का पूर्ण उपभोग और सामाजिक तथा सांस्कृतिक अवसर सुनिश्चित करने का प्रयास करेगा।

किसी व्यक्ति का जीवन स्तर उसकी सामाजिक स्थिति, सामाजिक परिवेश जिसमें वह रहता है और उस स्थान की जलवायु संबंधी परिस्थितियों पर निर्भर करता है। किसी व्यक्ति का जीवन स्तर, सुविधाएं और आवश्यकताएं, व्यक्ति, समय और स्थान के साथ-साथ भिन्न होती हैं। उदाहरणार्थ- भारतीय श्रमिक वर्ग के जीवन स्तर को आधुनिक मानकों के अनुसार पर्याप्त भोजन और कपड़े प्राप्त नहीं होते और उनका जीवन स्तर निम्न है और वह अच्छे जीवन का नेतृत्व भी नहीं करते हैं। अनुच्छेद 43 में राज्य द्वारा सभी कामगारों को विश्राम, अवकाश और सामाजिक और सांस्कृतिक अवसर प्रदान करने का निर्देश दिया गया है। इस अधिनियम को ध्यान में रखते हुए भारत सरकार ने बहुत से अधिनियम जैसे 1948 का फैक्ट्री अधिनियम, 1961 का खान अधिनियम, 1951 का बागान श्रमिक अधिनियम, कार्य के घंटों, अवकाश और आराम, स्वास्थ्य सुरक्षा और कल्याण से संबंधित विभिन्न अधिनियम बनाए हैं।

मानवाधिकार और भारत की न्यायपालिका (Human Rights and the Indian Judiciary)

मानवाधिकारों का संरक्षण कभी भी स्थिर कानूनों द्वारा सुनिश्चित नहीं किया जा सकता। एक न्यायपूर्ण समाज के लक्ष्य की प्राप्ति के लिए कानून सदैव निरंतर और गतिशील होने चाहिए। इस दिशा में भारत के संवैधानिक कानून अपवाद नहीं है। कानून की व्याख्या करते समय न्यायिक व्यवहार समय के साथ-साथ परिवर्तित होता रहता है और यह परम्परागत कार्यविधि की बाधाओं से आगे जा चुका है। मानवाधिकारों के संबंध में न्यायपालिका की भूमिका बहुत ही प्रशंसनीय और उत्साहजनक रही है। न्यायपालिका ने मौलिक अधिकारों की व्याख्या करके समाज के कमजोर वर्गों जैसे - बच्चों, महिलाओं, वृद्धों तथा विकलांगो के अधिकारों का बचाव किया है। यदि आज नीति-निर्देशक सिद्धातों ने लगभग अधिकारों की सी स्थिति प्राप्त कर ली है तो इसका सारा श्रेय न्यायपालिका द्वारा संविधान की गतिशील पुर्न-व्याख्या को ही जाता है जिसके कारण मौलिक अधिकारों और राज्य के नीति-निर्देशक सिद्धांत के बीच की दूरी तेजी से घट रही है। उदाहरणार्थः- भारतीय संविधान के अनुच्छेद 21 में जीवन तथा व्यक्तिगत स्वतंत्रता का सरंक्षण प्रदान किया गया है। हाल के वर्षों में न्यायपालिका ने न्यायिक प्रक्रिया को अधिक कारगर बनाया है जिससे न्यायिक सक्रियता की भूमिका भी महत्वपूर्ण बनती जा रही है। मेनका गांधी बनाम् भारत संघ के मामले में भारत के सर्वोच्च न्यायालय ने अनुच्छेद 21 के क्षेत्र को विस्तृत कर इस सिद्धांत को प्रतिपादित किया कि व्यक्तिगत स्वतंत्रता से वंचित करने की प्रक्रिया 'न्यायिक, उचित और निष्पक्ष' होनी चाहिए। इसके परिणामस्वरूप भारतीय संविधान में कुछ अन्य अधिकारों को भी सम्मिलित किया गया और आज वह अधिकार भारत के नागरिकों को प्राप्त हैं।

जैसा कि पहले कहा गया है भारत के अनुच्छेद 19 के अंतर्गत जीवन का अधिकार एक मौलिक अधिकार है परन्तु आजीविका को अनुच्छेद 39 (ए) के अंतर्गत राज्य के नीति-निर्देशक सिद्धातों में स्थान दिया गया है। यह अनुच्छेद राज्य को निर्देश देता है कि 'राज्य अपनी नीति का संचालन इस प्रकार करेगा कि सभी स्त्रियों तथा पुरूषों को जीवन के पर्याप्त साधन प्राप्त करने का अधिकार सुनिश्चित हो।' अनुच्छेद 41 में काम के अधिकार पर ध्यान केन्द्रित किया गया है। संविधान निर्माताओं का मानना था कि आजीविका के लिए काम का अधिकार आवश्यक है। 'जीवन के अधिकार' में क्या आजीविका के अधिकार को शामिल किया जाये, इस प्रश्न को लेकर दो दृष्टिकोण हैं। पहले दृष्टिकोण के अनुसार जीवन के अधिकार में आजीविका का अधिकार सम्मिलित नहीं है। दूसरा दृष्टिकोण आज की न्यायिक व्यवस्था से अधिक निकटता का संबंध रखता है। इस दृष्टिकोण के अनुसार, जीवन के अधिकार में आजीविका के अधिकार को समाविष्ट किया गया है इस दृष्टिकोण के कई उदाहरण दिए जा सकते हैं जैसे एशियाड वर्कर्स केस, बन्धुआ मुक्ति मोर्चा केस, ओलगा टेल्लीस केस। एशियाड वर्कर्स केस में न्यायालय ने कहा कि कर्मकारों को न्यूनतम मजदूरी का भुगतान न करना उन्हें मूलभूत मानवीय गरिमा के साथ जीवित रहने के अधिकार से वंचित करने के तुल्य है। और यह अनुच्देद 21 का उल्लघंन है। आमतौर से पटरीवालों के केस के नाम से विख्यात केस में, उच्चतम न्यायालय ने विचार व्यक्त किया कि अनुच्छेद 21 में 'जीवन' शब्द में आजीविका का अधिकार समाहित है। उसने कहा कि यदि आजीविका के अधिकार को संविधान में दिए गए जीवन के अधिकार का हिस्सा नहीं माना जाता तो किसी व्यक्ति को उसके जीवन के अधिकार से वंचित कर दिया जाए। अनुच्छेद 21 के अन्तर्गत मौलिक अधिकार के रूप में न्यायालय ने केवल

आजीविका के अधिकार से वंचित न किए जाने के नकारात्मक पहलू को ही ध्यान में रखा है और आजीविका के अधिकार के सकारात्मक पहलू को संरक्षण नहीं दिया है।

सर्वोच्च न्यायालय ने यह भी कहा कि अमानवीय व्यवहार और दमन का कोई भी रूप मानवीय गरिमा के विरूद्ध अपराध होगा और इस प्रकार यह भारतीय संविधान के अनुच्छेद 21 का उल्लंघन होगा। सर्वोच्च न्यायालय ने यह घोषणा सरकार द्वारा अपने राजनीतिक विद्रोहियों को दबाने और दमन का प्रयोग करने की वास्तविकता को ध्यान में रखते हुए की परन्तु फिर भी आज राजनीतिक विद्रोहियों का सत्ताधारी दल द्वारा दमन एक आम घटना बन चुका है।

जीवन का अधिकार एक प्रतिष्ठा संपन्न जीवन का अधिकार है एक ऐसे परिवेश में रहना जो बीमारी और संक्रामक रोग से स्वतंत्र हो। लोगों का जीवन स्तर उनके देश के परिवेशिक स्वास्थ्य पर निर्भर करता है। आज आधुनिक सभ्यता की तकनीकी, उन्नत औद्योगीकरण और शहरीकरण ने पर्यावरण के स्तर को क्षति पहुंचाई है। सम्पोषित विकास आज की और आने वाली पीढ़ियों की महत्वपूर्ण आवश्यकता बन गया है। जिस समय संविधान निर्माण हुआ उस समय पर्यावरण संरक्षण का मुद्दा इतना गंभीर नहीं था जितना आज है इसीलिए भारतीय संविधान में पर्यावरण संरक्षण संबंधी स्पष्ट प्रावधान नहीं हैं। इसके बावजूद भारतीय संविधान के अनुच्छेद 47 (जनस्वास्थ्य का सुधार), अनुच्छेद 48 (कृषि और पशुपालन का संगठन तथा गौवध का निषेध), अनुच्छेद 49 (राष्ट्रीय स्मारकों का संरक्षण), पर्यावरण के संरक्षण से संबधित हैं। यह सारे अनुच्छेद भाग-4 में वर्णित नीति-निर्देशक सिद्धातों के अंतर्गत आते हैं। नीति निर्देशक सिद्धांत होने के कारण यह अनुच्छेद अप्रवर्तनीय हैं परन्तु फिर भी यह देश की शासन व्यवस्था में आधारभूत रूप से समाहित हैं। हाल ही में पर्यावरण संरक्षण के प्रति जागरूकता बढ़ी है। जिसके परिणामस्वरूप भारतीय संविधान में उचित सुधारों को प्रोत्साहन दिया गया है। संविधान में मौलिक कर्तव्यों के रूप में पर्यावरण संरक्षण के स्पष्ट प्रावधान किए गए हैं (42वें संविधान संशोधन, 1976)। अनुच्छेद 48 में कहा गया है कि राज्य पर्यावरण के संरक्षण और सुधार तथा वन्यजीवन एवम् जंगलों की रक्षा का प्रयास करेगा। राज्य के दायित्वों के अतिरिक्त प्रत्येक नागरिक के कुछ मौलिक कर्तव्यों का वर्णन 51ए(जी) में किया गया है जिसके अनुसार प्रत्येक नागरिक का कर्तव्य कि वह 'प्राकृतिक पर्यावरण जिस में जंगल, झीलें और वन्य जीवन शामिल हैं का संरक्षण करना एवं वन्य जीवों के प्रति संवेदना की भावना रखना'।

पर्यावरण के संरक्षण के संबंध में न्यायपालिका की भूमिका बहुत ही सराहनीय है। न्यायपालिका ने लोगों को एक प्रदूषण रहित जीवन प्रदान किया है। न्यायपालिका की न्यायिक सक्रियता का नवीनतम उदाहरणः- दिल्ली की सार्वजनिक बसों में सी.एन.जी. के ईंधन को अनिवार्य बनाना है। इस बारे में कोई दो राय नहीं है कि इस निर्णय के बाद दिल्ली की आबोहवा शुद्ध हो गई है। न्यायिक सक्रियता की प्रवृत्ति एक बहुत ही स्वस्थ प्रवृत्ति है। संविधान के अनुच्छेद 21 के अन्तर्गत प्रदूषण रहित वायु और जल उपभोग करने का अधिकार एक मौलिक अधिकार बन चुका है। अब कोई भी व्यक्ति इस अधिकार को लागू करवाने के लिए सर्वोच्च न्यायालय में याचिका दायर कर सकता है।

अब तक की उल्लेखित चर्चा से यह स्पष्ट हो चुका है कि शारीरिक अस्तित्व के परम्परागत विचार में अब परिवर्तन आ गया है। न्यायिक सक्रियता के कारण जीवन और व्यक्तिगत स्वतंत्रता का प्रभावक्षेत्र विस्तृत हो गया है। लोकहित संबंधी मुकदमों के विधायन के लिए अब न्यायपालिका के अधिकार क्षेत्र का विस्तार, न्यायपालिका को इसके लिए उत्तरदायी बनाया जा रहा है। न्यायिक

सक्रियता से लोगों की न्याय के प्रति निष्ठा मजबूत हुई है। एक कैदी द्वारा एक न्यायाधीश को भेजे गए जिसमें उसके साथी कैदी के अधिकारों से वंचित किए जाने संबंधी पत्र को रिट याचिका माना जाता है। समाचारपत्र की रिपोर्ट के आधार पर भी मुकदमा दायर किया जा सकता है। न्यायपालिका ने इस संबंध में बहुत ही सकारात्मक कदम उठाए हैं। संविधान के अनुच्छेद 21 के अन्तर्गत जीवन और निजी स्वतन्त्रता के अधिकार के संरक्षण के लिए 'विधि द्वारा स्थापित प्रक्रिया' का ही प्रयोग किया जा सकता है और सर्वोच्च न्यायालय के न्यायाधीशों ने यह घोषित किया कि यह प्रक्रिया वैध कानून द्वारा स्थापित उचित और न्यायिक होनी चाहिए। इस शब्दावली पर अमेरिकन संविधान की 'विधि की सम्यक व्याख्या' का प्रभाव स्पष्टतया परिलक्षित होती है।

मानव अधिकार : चुनौतियां और संभावनाएं (Human Rights:Challenges and Prospects)

लोकतंत्र में प्रेस एक महत्वपूर्ण भूमिका अदा करती है और भारतीय संविधान के अनुच्छेद 19 के अन्तर्गत विचार और अभिव्यक्ति की स्वतंत्रता प्रदान की गई है। भारत में प्रेस स्वतंत्र है और उस पर सरकार का कोई नियंत्रण नहीं है। भारत की प्रेस परिषद केवल एक प्रेस को नियमित करने वाली संस्था है जिसकी शक्ति 'कोड ऑफ कंडक्ट' का उल्लंघन करने वाले पत्रकारों की निंदा करना भर है। मानवाधिकारों की रक्षा करने में भारत की स्वतंत्र न्यायपालिका और स्वतंत्र तथा निष्पक्ष प्रेस एक महत्वपूर्ण, भूमिका अदा करती है। हाल ही के वर्षों में समाज के हाशिए के वर्गों के दावों के प्रति जागरूकता का प्रचार करने में इन दोनों ने महत्वपूर्ण भूमिका निभाई है जिसके परिणामस्वरूप आज पिछड़ी जातियां, जनजातियां और अन्य पिछड़े वर्ग अपने अधिकारों के प्रति अधिक सचेत हो गए हैं। प्राचीन भारतीय समाज की जाति-व्यवस्था में हाशिए के वर्गों जैसे - महिलाएं, जनजातियों और निम्न जातियों से संबंध रखने वाले व्यक्तियों को उच्च जातियों के समान अधिकार प्राप्त नहीं थे परन्तु आज यह वर्ग अपने आत्म-सम्मान की रक्षा के लिए आंदोलनों का प्रतिनिधित्व कर रहे हैं। दलित और जनजातियां प्रत्येक क्षेत्र में शक्ति के बंटवारे के प्रति दृढ-संकल्प हैं। इन जनजातियों ने पहले अपने लिए प्रतिबंधित क्षेत्रों के स्थान पर आज सफलतापूर्वक सार्वजनिक स्थानों का निर्माण किया है। भारतीय संविधान के समानता के अधिकार से संबंधित अनुच्छेद 14 और 17 ने जाति आधारित सामाजिक व्यवस्था को एक गहरी चोट पहुंचाकर इस घटना में एक महत्वपूर्ण भूमिका निभाई है। राष्ट्रीय महिला आयोग महिलाओं के अधिकारों के संरक्षण और उनके अधिकारों के हनन संबंधी शिकायतों को देखता है यह एक विधायी संस्था है। सर्वोच्च न्यायालय ने भी इस दिशा में कार्यक्षेत्र में यौन उत्पीड़न के विरूद्ध संरक्षण के लिए स्पष्ट दिशा-निर्देश दिए हैं और अब अधीनस्थ न्यायालय लिंग संबंधी भेदभाव को मानव अधिकारों के हनन के रूप में स्वीकार करते हैं।

मानव अधिकारों के सकारात्मक पहलू के साथ ही मानवाधिकारों का एक नकारात्मक पहलू भी है और हम इसकी अवहेलना नहीं कर सकते। आज सरकारों की यह प्रवृति बन गई है कि वह प्राय: मुकदमों या याचिकाओं की आड़ में मानवाधिकारों की अवहेलना करती है और हाल के वर्षों में बढ़ते हुए आतंकवाद का लाभ भी उठा रही है। राज्य ने भारतीय पुलिस को अत्यधिक शक्तियां प्रदान की है लोगों को मात्र संदेह के आधार पर हिरासत में लेना उन पर दमन की कठोर थर्ड डिग्री का प्रयोग करना, झूठी मुठभेड़, कारावास में मृत्यु, इत्यादि कानून को लागू करवाने वाली संस्थाओं द्वारा मानव अधिकारों के हनन के गंभीर उदाहरण हैं। कानून की सीमा के अन्तर्गत आतंकवादी

गतिविधियों पर रोक लगाने तथा उनसे निपटने के लिए पुलिस को आवश्यक शक्तियां प्रदान की गई हैं। परन्तु TADA और POTA जैसे विध्वसंक कानूनों की आड़ में मानवाधिकारों का हनन किया जाता है जो एक अपूरणीय क्षति है। अन्याय के माध्यम यह निरकुंश कानून बड़े पैमाने पर भ्रष्टाचार का स्रोत भी बन चुके हैं। कारावासीय हिंसा- जिसमें कारावास में मौत और महिलाओं का कारावासीय बलात्कार भी शामिल है - एक अन्य अमानवीय, क्रूर और गैर मानवीय व्यवहार है जो मानव अधिकारों के लिए एक गंभीर चुनौती है। हाल ही की कुछ घटनाएं जैसे मैरीन ड्राइव रेप केस जिसमें पुलिस कार्यकर्ता इस प्रकार के जघन्य अपराध में शामिल थे, पुलिस के व्यवहार तथा शक्तियों को बिल्कुल स्पष्ट करता है तथा यह घटना इस प्रसिद्ध तर्क को और मजबूत करती है कि भारतीय पुलिस कानून की रक्षक ने होकर भक्षक है। प्रश्न अब यह है कि 'पुलिस पर कौन निगरानी रखे' और इसने अब एक नए संवेग का रूप धारण कर लिया है। आज समय की आवश्यकता यह है कि सरकारी अधिकारियों द्वारा कानून की सीमा से बाहर की गई हिंसात्मक और दमनकारी कानूनों से लोगों की रक्षा की जाए।

यह मात्र एक संयोग नहीं है कि गरीब, अनपढ़, दलित और अल्पसंख्यक समुदाय के सदस्यों को ही कठोर दण्ड, आजीवन कारावास तथा फांसी की सजाएं मिलती हैं। भारतीय संविधान द्वारा समानता का अधिकार दिया गया है परन्तु इस प्रकार की घटनाओं को देखने से प्रतीत होता है कि वर्ग को लेकर पक्षपात की स्थिति विद्यमान है। गरीब और दलित तो कई बार अपराध न करने के बावजूद भी सजा प्राप्त करते हैं जबकि अमीर और प्रभावकारी व्यक्ति जघन्य अपराध करने के बावजूद भी मुश्किल से इस प्रकार के दण्डों के भागी बनते हैं। यह एक विडंबना ही है कि दण्ड गरीब का एक विशेषाधिकार बने हुए है। व्यवहार में भारत की न्यायिक व्यवस्था भेदभाव पर आधारित होती जा रही है। भारतीय संविधान के अनुच्छेद 20-22 प्रत्येक व्यक्ति को चाहे वह कैदी ही क्यों न हो सुरक्षा प्रदान की गई है परन्तु हमारी न्याय व्यवस्था जल्दी न्याय दिलाने में असमर्थ है। भारतीय न्याय व्यवस्था जरूरत से ज्यादा लंबी है और इसमें हजारों केस अनिर्णीत हैं। इस असमर्थता का एक कारण अदालतों में जरूरत से ज्यादा केस होना भी है। यह एक विडंबना है कि किसी व्यक्ति को जमानत के लिए इतना इंतजार करना पड़ता है कि यदि वह गुनहगार होता तो उसको इतनी सजा मिलती।

भारत के जेलों की व्यवस्था निम्न स्तर की है वर्ग- 3 के कैदियों की स्थिति तो बहुत ज्यादा खराब है उन्हें तो पर्याप्त स्वच्छता की सुविधा भी प्राप्त नहीं है। न्यायाधीश कृष्ण अय्यर की रिपोर्ट के अनुसार 2 से 6 प्रतिशत महिला कैदियों के लिए अलग जेल उपलब्ध नहीं है। बाल अधिनियम 1960 और 1986 का किशोर न्याय अधिनियम को संसदीय कानून के रूप में पास होने के बावजूद भारत के कई राज्यों में अभी तक इनका कार्यान्वियन नहीं हुआ है। भारतीय राज्यों को अनुच्छेद 44 के अन्तर्गत 'समान नागरिक संहिता' बनाने का निर्देश दिया गया है परन्तु राज्य अभी तक इस प्रकार का कानून नहीं बना सके हैं, परिणामस्वरूप शोषण से पीड़ित होने वाली विभिन्न धार्मिक समुदायों से संबंध रखने वाली महिलाएं अलग-अलग कानूनों के विषय हैं। भारतीय समाज में महिलाओं की स्थिति निम्न होने के कारण मानव विकास रिपोर्ट में भारत का स्तर बहुत नीचे है।

भारत सरकार ने बालश्रम के उन्मूलन के लिए 1986 में कानून पास किया था। सर्वोच्च न्यायालय ने अपने एक निर्णय में कहा कि बच्चों के लिए स्कूल के अलावा कोई अन्य स्थान नहीं है। इस निर्णय में न्यायालय ने संविधान के अनुच्छेद 21 और 40 को मिलाने का प्रयत्न किया है जो कि एक सराहनीय प्रवृत्ति है। न्यायालय ने कहा कि यदि गरीबी के कारण बच्चे को कार्य करने के

लिए बाध्य होना पड़ा है तो उसे इसका उचित मुआवजा मिलना चाहिए। फैक्ट्री अधिनियम और बालश्रम पंजीकरण अधिनियम के द्वारा बच्चों के काम के घंटों को 4 से 4 1/2 घंटों तक सीमित कर दिया गया है। बच्चों के पुनर्वास को नियमित करने के लिए एक अभिकरण बनाया गया है इन सबके बावजूद भारत में 44 लाख से अधिक बच्चे बाल श्रमिक हैं और यह एक बहुत ही चिंताजनक स्थिति है।

उपसंहार (Conclusion)

मानव अधिकारों के बिना लोकतंत्र संभव नहीं है। इस बात को ध्यान में रखना जरूरी है कि लोकतंत्र का अर्थ केवल बहुमत का शासन नहीं है। यह मानवाधिकारों के साथ बहुमत का शासन है। लोकतंत्र को बनाए रखने के लिए, धार्मिक स्वतंत्रता, समानता और कानून का शासन, इत्यादि सिद्धातों का होना आवश्यक है जिनसे मानव अधिकारों का निर्माण होता है परन्तु मानव अधिकारों का विचार एक स्थिर विचार नहीं है यह लगातार परिवर्तनशील है। आज के विचार पहले के विचारों से भिन्न हैं। मानवाधिकारों के कार्यकर्ता वी.एन.तारकुण्डे के अनुसार, मानव अधिकार राजनीतिक शक्ति की प्रतिलिपि है और यह राज्य को शासित करने वालों में निहित है राज्य शक्ति तथा जनशक्ति दोनों का जन्म मानवाधिकारों से होता है। जनशक्ति में वृद्धि के लिए राज्यशक्ति के स्थान पर अधिक शक्तिशाली लोकशक्ति की आवश्यकता है और यह केवल तभी संभव है जब लोगों में मानवाधिकारों का प्रचार किया जाए और उनके कार्यान्वयन के लिए बाध्य किया जाए। वास्तविक लोकतंत्र तब संभव होता है जब राज्यशक्ति पर लोकशक्ति का नियंत्रण होता है। इसलिए मानवाधिकारों का समस्त आन्दोलन जनआन्दोलन है – लोगों द्वारा एक गैर सरकारी आन्दोलन प्रारंभ करना चाहिए और उसके विकास में जनसंगठनों को भूमिका निभानी चाहिए।

References

Baxi Upendra (ed.), The right to be Human, India International Centre, New Delhi, 1987.

Desai A.R. (ed.), Violations of Democratic Rights in India, Popular Prakashan, Bombay, 1986.

Kothari Rajni and Harsh sethi (ed.), Special Issue on the politics of Human Rights. Lokayan Bulletin 5/4/05.

Lutz Plannum, and Burke (ed.), New Directions in Human Rights. University of Pennsylavania Press, Philadelaphia, 1989.

E. Welch, Jr. and V.a. Leary (ed.), Asian perspective on Human Rights, Western Press, Oxford, 1990.

Nandita Haskar, Women and Justice for All in Women's Liberation and Politics of Religious perosnal laws in India, (ed.) Desai, A.R., Mumbai, 1991.

Bina Agrawal, A field of One, Own. Gender and Land Rights in South Asia, Oxford University Press, 1994.

Flavia Agnes, (ed.) Family Courts : From the Frying Pan into the Fire? In Justice for Women, Indira Jai Singh, Goa, 1996.

अध्याय - 7

भारत में मानव अधिकार, कानून एवं संस्थाएंः राष्ट्रीय मानवाधिकार आयोग की भूमिका

(Human Rights, Laws and Institutions in India: The Role of the National Human Rights Commission)

डॉ. निरंजन साहू

मानवाधिकार की धारणा उतनी ही पुरानी है जितना कि मानव इतिहास और उतना ही विस्तीर्ण है जितना सामाजिक जीवन। हालांकि मानवाधिकारों की अवधारणा का विकास प्राकृतिक सिद्धातों के अहरणीय अधिकार से हुआ है, परन्तु मानवाधिकार शब्द की उत्पत्ति अंतर्राष्ट्रीय कानून से हुई है। युद्ध के बाद यह अवधारणा बहुत महत्वपूर्ण हो गई विशेषकर जब अंतराष्ट्रीय कानून की एक व्यवस्था के रूप में राज्यों ने व्यक्ति की गरिमा को मान्यता प्रदान करना प्रारम्भ किया। भारत में 1950 में संविध ान के लागू होने के बाद मानवाधिकारों को मान्यता मिली, परन्तु इसकी प्रवृत्ति और अंतर्निहित तत्वों की परम्परा काफी पुरानी है। संक्षेप में, भारत में मानवधिकारों का इतिहास भी उतना ही पुराना है जितना कि विश्व में मानव अधिकारों का इतिहास।

मानवाधिकारों का दार्शनिक आधार

मानवाधिकारों का उदय, विचार के रूप में एक लंबी प्रक्रिया का उपज है। यह एक ऐसा विचार है जिसमें बदलती हुई सामाजिक परिस्थितियों और समय के साथ विभिन्न प्रकार के परिवर्तन हुए हैं। प्राचीन काल में, प्लेटो के दर्शन में मानवाधिकारों को एक स्पष्ट स्थिति प्राप्त थी। कौटिल्य ने अपने प्रसिद्ध ग्रंथ 'अर्थशास्त्र' में राजा के द्वारा अपनी प्रजा के अधिकारों तथा प्रतिष्ठा की रक्षा करने की वकालत की थी। प्लेटो ने अपने दर्शन में न्याय की प्रभावशाली योजना में नागरिकों और गैर नागरिकों की रक्षा के लिए व्यवस्थित प्रयास किए। प्लेटो का अनुसरण करते हुए उसके शिष्य अरस्तू ने तत्कालीन ग्रीक समाज में मूल्य, न्याय और व्यक्ति के अधिकारों का विवेचन किया है। सिसरो (106-43 B.C.) ने बाद के प्राकृतिक कानूनी सिद्धातों की दार्शनिक नींव रखी। बाद में धार्मिक सार्वभौमिकतावादी जैसे थॉमस एक्वीनास (1225-1274) तथा अन्य विचारकों ने मानवीय प्रतिष्ठा के मूलभूत मूल्यों और प्राकृतिक कानून की सार्वभौमिकता पर अपने तर्कों को आधार बनाया।

मानवाधिकारों से संबंधित अवधारणा के जन्म के रूप में अत्यधिक व्यापक विचारों का प्रारम्भ सामाजिक समझौते के परापंरागत लेखों में मिलता है। हॉब्स, लॉक, रूसो ने राज्य के मनमाने व्यवहार से व्यक्ति की रक्षा के लिए दृढ़ प्रयत्न किए। तीनों विचारकों ने राजा के दैविक अधिकारों पर प्रश्नचिह्न लगाए तथा इसके साथ-साथ व्यक्ति और राज्य के बीच समझौते को नियमित करने वाली संस्था के रूप में राज्य को सम्पुष्ट किया। इन तीनों विचारकों के सामाजिक समझौते और व्यक्ति के अधिकारों की व्याख्या करने के अपने अलग-अलग तरीके थे, परन्तु फिर भी इन तीनों ही विचारकों में व्यक्ति के अधिकारों की रक्षा करने में राज्य की भूमिका की समानता थी।

थॉमस हॉब्स ने लैवियाथन नामक पुस्तक की रचना की थी। हॉब्स के अनुसार, 'एक समझौता हुआ उस समझौते के द्वारा व्यक्ति ने अपनी रक्षा के लिए अपने सारे अधिकार राजा को सौंप दिए। अब लैवियाथन इतना शक्तिशाली हो गया कि वह राज्य की निरकुंश प्रकृति से व्यक्ति की रक्षा कर सके।' हॉब्स का विश्वास था कि व्यक्ति अपनी प्रकृति से ही लालची तथा हिंसक जीव है। अपनी प्रारंभिक अवस्था में व्यक्ति राज्य में अराजक स्थिति में रहता था परन्तु फिर भी वह अपने अधिकारों को सुनिश्चित करने के मामलों में जागरूक था तथा व्यक्ति के अधिकारों के संरक्षण की आवश्यकता के कारण राज्य का उदय हुआ। इस प्रकार से व्यक्ति को राज्य से कुछ अधिकार प्राप्त हुए। यह अधिकार अहरणीय अधिकार थे और राज्य व्यक्ति के इन अधिकारों का भली प्रकार से संरक्षण करने में असमर्थ होता तो उसे समाप्त किया जा सकता था।

जॉन लॉक ने राज्य की प्रकृति के मूल्यांकन के लिए हॉब्स की तरह सामाजिक समझौते को स्वीकार किया, परन्तु व्यक्तिगत प्रकृति की उसकी धारणा हॉब्स से भिन्न थी। लॉक के अनुसार, प्रारंभिक अवस्था में व्यक्ति शांतिप्रिय, विनम्र और भोला-भाला था। लॉक के अनुसार राज्य का उदय व्यक्ति के सम्पत्ति और जीवन रक्षा के अधिकारों की रक्षा के लिए हुआ था। वास्तव में लॉक अधिकारों का घोषणापत्र तथा ईसाई परम्परा के बीच संतुलन बनाना चाहते थे। इस प्रकार से जॉन लॉक ने बाद में प्रकाश में आने वाले मानवाधिकारों के विचारों की नींव रखी।

जीन जेकस रूसो, समझौतावादी दार्शनिक ने भी मानवाधिकारों के विकास के क्षेत्र में महत्वपूर्ण योगदान दिया। रूसो के समझौतावादी सिद्धांत में केवल समझौते को ही सम्मिलित नहीं किया गया था, बल्कि उनके समझौते में ही सर्वप्रथम स्वतंत्रता तथा व्यवस्था को बनाए रखने की सामूहिक शक्ति को बनाने की क्षमता परिलक्षित होती है। उन्होंने कहा कि सामाजिक समझौते से एक ऐसे समाज का निर्माण होता है जो न्याय की कामना रखते हैं।

रूसो का विश्वास था कि छोटे-छोटे समुदायों के सहभागी लोकतंत्र से लोगों की सामान्य इच्छा को अभिव्यक्त किया जा सकता है। रूसो के अधिकार संबंधी विचारों को समकालीन दार्शनिकों के लेखों में महत्वपूर्ण समर्थन प्राप्त हुआ है। मांटेस्क्यू शक्ति पृथक्करण पर बल देते थे और वाल्टेयर अभिव्यक्ति की स्वतंत्रता को मानवाधिकारों का स्तंभ मानते थे।

सामाजिक समझौतावादी सिद्धातों तथा फ्रांस के 18वीं शताब्दी के ज्ञानोदय आंदोलन ने मानवाधिकारों के दर्शन की दार्शनिक नींव डाली, परन्तु आज के मानवाधिकारों की वास्तविक स्थापना जर्मन दार्शनिक इमेनुएल कांट ने की थी। कांट ने लॉक के अधिकारों के पृथक्करण में इसे अधिक व्यवहारिक और मूल्यात्मक बनाकर सुधार किए। कांट व्यक्ति की किसी लक्ष्य को चुनकर उसका अनुसरण करने की स्वायत्तता में विश्वास रखते थे। राज्य का अर्थ ऐसी परिस्थितियों को प्रोत्साहित करना है जिसमें मानवता की स्वतंत्रता तथा शांति की स्थापना की गारंटी प्रदान हो सके। कांट ने

वास्तविक रूप से नागरिक अधिकारों को अंतर्राष्ट्रीय अधिकार और इसी प्रकार के अन्य अधिकारों से अलग किया। वह मानवता की एकता में विश्वास रखते थे।

थॉमस पेन ने अपनी प्रसिद्ध कृति 'व्यक्ति के अधिकार' में फ्रांसीसी और अमेरिकी क्रांतियों की विवेचना की है और व्यक्ति के आधारभूत अधिकारों को रेखांकित किया है। उन्होंने व्यक्ति की स्वतंत्रता तथा राज्य का व्यक्ति के जीवन में न्यूनतम हस्तक्षेप पर बल दिया। लॉक की तरह पेन भी व्यक्ति के प्राकृतिक अधिकारों के प्रति दृढ़संकल्प थे जैसे विचार का अधिकार और प्रसन्नता तथा स्वतंत्रता का अधिकार। पेन के तार्किक विचारों का अनुसरण करते हुए मैरी वालस्टोन क्राफ्ट ने 'A Vindication of the Rights of Women' की रचना की जो बाद में महिला अधिकारों के आंदोलन के प्रभावशाली स्रोत के रूप में उभरी।

लॉक और कांट जैसे दार्शनिकों ने मानव अधिकारों के विचारों के विकास में योगदान दिया, परन्तु इनके विचारों को बाद के दार्शनिकों की चुनौतियों का भी सामना करना पड़ा। कार्लमार्क्स और जर्मी बेंथम ने अपने से पहले के दार्शनिकों द्वारा निर्मित व्यक्ति के अधिकारों पर टिप्पणियां की। बेंथम के अनुसार, 'न्याय और अधिकार हितों एवं इच्छाओं के गौण रूप के अतिरिक्त कुछ नही है। हालांकि इन अधिकारों को स्वतंत्रता की सबसे बड़ी आवश्यकता समझा जा सकता है।' बेंथम का यह मानना है कि यह अधिकार इस प्रकार दिए जाने चाहिए जिससे अधिकतम लोगों के अधिकतम हित के लक्ष्य की प्राप्ति हो सके। इसी प्रकार 19वीं शताब्दी के महान् विचारक व्यक्ति के प्राकृतिक अधिकारों की कटु आलोचना करते हैं। इन विचारकों का मानना था कि एक ऐसा समाज, जिसमें उत्पादन के साधनों तथा वितरण पर पूंजीपतियों का एकाधिकार हैं उसमें व्यैक्तिक अधिकार जैसे विचार भ्रामक हैं। इन अधिकारों का महत्व केवल शासक वर्ग या बुर्जुआ वर्ग के लिए है। व्यक्तिवादी मार्क्सवादी अधिकारों की व्याख्या को असंगत ठहराते हैं, परन्तु आज भी विकासशील समाजों में मानवाधिकारों के मूल्यांकन के प्रभावशाली सैद्धांतिक साधन के रूप में महत्वपूर्ण माना जाता है।

समकालीन मानवाधिकार विचारों में जॉन राल्स का कार्य भिन्न है। उनकी प्रसिद्ध कृति (A Theory of Justice) 'न्याय का सिद्धांत' इतना अधिक महत्वपूर्ण है कि एक दर्शनशास्त्री ने यह विचार व्यक्त किया कि रॉल्स के सिद्धांत को समझे बिना आज के आधुनिक समाज के राष्ट्रीय और अन्तर्राष्ट्रीय मानवाधिकारों को नहीं समझा जा सकता। रॉल्स ने सामाजिक समझौते के सिद्धान्त पर अपने सिद्धान्त की व्याख्या करने का प्रयास किया है। रॉल्स के अनुसार, 'सामाजिक संस्थाओं में न्याय सर्वप्रमुख मूल्य है और इसलिए मानव अधिकारों को समझने के लिए न्याय को समझना अत्यंत आवश्यक है। समाज की आधारभूत संस्थाओं से अधिकार और कर्तव्यों की उत्पत्ति होती है और यह संस्थान न्याय के आधार पर कार्य करते है।' रॉल्स आगे कहते है कि 'एक न्यायपूर्ण समाज में, प्रत्येक नागरिक को समान स्वतंत्रताएं प्राप्त होती हैं। न्याय द्वारा संरक्षित अधिकार राजनीतिक क्रय-विक्रय तथा सामाजिक हितों के गणित का एक विषय है।' राल्स का न्याय सिद्धांत दो आधारभूत सिद्धातों पर आधारित है जो नागरिक स्वतंत्रताओं तथा लोकतंत्र की विस्तृत शाखाओं में विभाजित है। राल्स के अनुसार प्रत्येक व्यक्ति को सबसे विस्तृत स्वतंत्रता का ऐसा समान अधिकार प्राप्त होना चाहिए जो दूसरों को वैसी ही स्वतंत्रता के साथ निभा सकता हो। तथा सामाजिक और आर्थिक विषमताओं को इस ढंग से व्यवस्थित किया जाए कि (1) इसमें हीनतम स्थिति वाले लोगों को अधिकतम लाभ हो, और (2) ये विषमताएं उन पदों और स्थितियों के साथ जुड़ी हो जो अवसर की उचित समानता की शर्तों पर सबके लिए सुलभ हों। रॉल्स ने प्राथमिक वस्तुओं की पहचान की जिसमें अधिकार और स्वतंत्रताएं, शक्तियों और अवसर, आय और संपदा तथा आत्मसम्मान के साधन शामिल है। संक्षेप में

आज के मानवाधिकारों की व्यापक रूपरेखा सफल दार्शनिकों तथा चिंतकों ने निर्धारित किया। वास्तव में आज के मानवधिकार की नींव असंख्य दार्शनिकों के लेखों पर आधारित है।

दर्शन से व्यवहार : मानवधिकार कानून और संस्थाओं की स्थापना
(From Philosophy to Practice: Establishment of Human Rights Law and Institution)

मानवाधिकार का विषय एक विशिष्ट विषय है और संयुक्त राष्ट्र संघ की स्थापना से इस विषय को वैधता मिली है। नि:संदेह द्वितीय विश्वयुद्ध के दौरान अराजकतावादी शक्तियों के रवैयों के कारण समकालीन मानवाधिकारों का जन्म हुआ। युद्ध के उपरांत व्यैक्तिक अधिकारों के संरक्षण के लिए मानवाधिकारों के व्यवस्थागत संहिताकरण की आवश्यकता को महसूस किया गया जिसके कारण बाद में मानवाधिकारों की नींव रखी गई। वैश्विक नेता मानवाधिकारों के संरक्षण के लिए चिंतित थे। द्वितीय विश्व युद्ध के दौरान राज्यों के अवैध कब्जों की घटनाएं जैसा की इटली, जापान और जर्मनी ने किया। राष्ट्र संघ की इटली द्वारा एबिसीनिया (इथियोपिया) पर आक्रमण (1935) को रोकने की असमर्थता ने व्यक्ति तथा राज्य के संरक्षण के प्रश्न ने अतंराष्ट्रीय कानून की आवश्यकता को बहुत प्रभावित किया। इन घटनाओं के कारण UN की महासभा 10 दिसंबर 1948 को अंतिम रूप से मानवाधिकारों के मार्गदर्शक सिद्वातों की रूपरेखा तैयार की। मानवाधिकार की घोषणापत्र में कहा गया है कि 'समान्य लोगों के लक्ष्य द्वारा ऐसे विश्व का उदय है जिसमें सभी व्यक्ति की अभिव्यक्ति की स्वतंत्रता विश्वास, भय तथा आवश्यकता से स्वतंत्रता का उपभोग कर सके''

UDHR मानवाधिकारों का मार्गदर्शक सिद्वांत है। इसके क्षेत्र और प्रसार को 16 दिसम्बर 1966 से एक नई प्रेरणा मिली। UN की महासभा ने मानवाधिकारों के सरंक्षण तथा लागू करने के लिए 1966 में दो और प्रसंविदाएं स्वीकार कीं। यह दोनों प्रसंविदाएं नागरिक और राजनैतिक अधिकार तथा आर्थिक, सामाजिक और सांस्कृतिक अधिकारों की अंतर्राष्ट्रीय प्रसंविदाएं हैं। पहली प्रसंविदा का संबंध व्यैक्तिक अधिकारों से था तथा दूसरी का इन अधिकारों को वास्तविक बनाने के लिए राज्य के आवश्यक कर्त्तव्यों से था। पहली प्रसंविदा में राज्यों से अपने नागरिकों के जीवन, स्वतंत्रता तथा सुरक्षा की आशा व्यक्त की गई थी, जबकि दूसरी प्रसंविदा में सभी राज्यों से उनके नागरिकों के जीवन स्तर में सुधार तथा अपने देशवासियों के लिए राज्यों द्वारा विशिष्ट आधारभूत सुविधाएं प्रदान करने का अभिप्राय निहित था।

संयुक्त राष्ट्र संघ द्वारा 1966 में स्वीकृत दोनों प्रसंविदाए 23 मार्च 1976 को अन्तिम रूप से अमल में लाई गई तथा इसमें नागरिक और राजनतिक अधिकारों के दो वैकल्पिक प्रोटोकोल भी जोड़े गए। पहले प्रोटोकोल द्वारा व्यक्ति को अपने मानवाधिकारों की शिकायतों के निवारण के लिए अंतर्राष्ट्रीय अभिकरण में याचिका दायर करने का अधिकार दिया गया है। दूसरे प्रोटोकोल में मृत्युदण्ड के उन्मूलन का प्रावधान है। संक्षेप में, यह दोनों प्रोटोकोल नागरिक और राजनीतिक अधिकारों को मजबूत करते हैं।

वैश्विक मानव अधिकारों को मजबूत करने के लिए विश्व के बड़े-बड़े पूंजीपति 1978 में मानवाधिकारों उन्मूलन को रोकने के उपायों की चर्चा के लिए मिनेसटा में मिले। उन्होंने पांच आधारभूत बिन्दुओं का सुझाव दिया। जैसे- आर्थिक विकास को प्रोत्साहित करना, कार्य में निष्पक्षता लाना, कार्य में मानवीय गरिमा का सम्मान करना, पर्यावरण का सम्मान करना इत्यादि। मानव

अधिकारों को लागू करने के लिए विश्व के मुख्य उद्योगपतियों द्वारा श्रमिक अधिकार और पर्यावरण जैसे मुद्दों पर समझौते एक सराहनीय प्रयास था।

मानवाधिकारों की वैश्विक आवश्यकता को एक नई प्रेरणा 1991 में मिली जब UN की महासभा ने सबको एक स्थान पर एकत्रित करने के लिए एक सम्मेलन का आयोजन किया। सम्मेलन के लिए यह आवश्यक था कि तीसरे विश्व द्वारा विकास के मुद्दे को मानवाधिकार के रूप में स्वीकार किए जाने की मांग की समीक्षा करे। तीन प्रारंभिक सम्मेलनों के बाद जून 1993 में वियना में मानवाधिकारों पर विश्व सम्मेलन हुआ। इसमें मानवाधिकार तथा विकास के विस्तृत मुद्दे समाविष्ट थे तथा इस सम्मेलन में मानवाधिकारों को दुबारा दृढ़ता से स्वीकार किया गया। घोषणापत्र का यह केन्द्र बिन्दु था कि ''इन अधिकारों की सर्वव्यापक प्रकृति प्रश्न से परे है'' सभी व्यक्ति, सार्वकालिक, अविभाज्य, परस्पर निर्भर तथा परस्पर संबंधित है और इस सम्मेलन में अंतिम रूप से भविष्य के लिए इस सुझावों को शामिल किया गया कि व्यक्ति विकास का केन्द्र बिन्दु है।

मानवाधिकारों के संरक्षण को विश्व बैंक के अधिकारों से संबंधित सुशासन की नई व्यवस्था से पुनः शक्ति प्राप्त हुई। विश्व बैंक ने सुशासन की प्राप्ति के लिए प्रक्रियाओं और व्यवस्था को मजबूत करने की मांग की। राज्यों में मानवाधिकारों की परिस्थितियों में सुधार तथा विकास के लिए इस दिशा में काम किया गया। मानवाधिकारों की रक्षा के लिए बैंक ने सुशासन, लोकतंत्र, सहभागिता, एक स्वतंत्र न्यायपालिका कानून का शासन और नागरिक शांति को पूर्व शर्त माना। मानवाधिकारों के संरक्षण के लिए विश्व बैंक ने नागरिक समाज की आन्दोलन करने की शक्ति पर बल दिया। संक्षेप में हम यह कह सकते हैं कि मानवाधिकारों के संरक्षण को गहन तथा मजबूत करने के प्रयास धीरे-धीरे तथा नियमित थे, नए परिप्रेक्ष्य के संन्दर्भ ये इन प्रयासों को समर्थन मिलता रहा है। चाहे यह अधिकार विकास के अधिकार हो या सुशासन का अधिकार हो इसके उपागम तथा परिप्रेक्ष्य में सदैव वैकल्पिक परिवर्तन होते रहे हैं। सभी देशों के द्वारा इसका अनुमोदन और प्रगति के बावजूद, मानवाधिकार अभी भी सामाजिक आर्थिक वातावरण तथा व्यक्ति और संस्थाओं के बीच उलझे हुए हैं जिनपर इनकी सामाजिक प्रकृति निर्भर करती है। मानवाधिकार अधिकतर दिखावटी चिंता का ही विषय रहे हैं। नए स्वतंत्र लोकतांत्रिक देश आधारभूत न्यूनतम आवश्यकताएं जैसे पानी, शिक्षा, स्वास्थ्य रक्षा, निर्धनता, भूख और ऋण का समाना कर रहे हैं और यह समस्याएं विकासशील देशों में मानवाधिकारों के लिए गंभीर चुनौती है। 21वीं शताब्दी में UN की मानव विकास रिपोर्ट 2000 में इन समस्याओं को मानवाधिकारों के लिए गंभीर चुनौती मानते हुए, निर्धनता उन्मूलन की आवश्यकता पर बल दिया गया है।

मानव अधिकार : अर्थ और प्रकृति (Human Rights: Meaning and Nature)

मानवाधिकारों के उदय तथा विकास क्रम को बताना तो सरल है, परन्तु मानव अधिकारों जैसे जटिल विषय को परिभाषित करना एक चुनौती है। व्यक्ति में निहित अधिकारों का एक सामान्य समझौता है जिन अधिकारों के बिना कोई भी व्यक्ति सभ्य जीवन व्यतीत नहीं कर सकता। (R.J. Vincent) आर.जे. विन्सेट के अनुसार, ''मानवाधिकार ऐसे अधिकार हैं जो प्रत्येक व्यक्ति में व्यक्तिगत गुणों के कारण प्राप्त होते हैं''। वह मानवीय प्रकृति के आधार पर मानव अधिकारों की व्याख्या करते हैं। जबकि डेविड सेल्बी इस प्रकार की परिभाषाओं के विपरीत कहते हैं कि मानव अधिकार का संबंध हर व्यक्ति से है। विश्व के प्रत्येक व्यक्ति को यह अधिकार प्राप्त है और प्रत्येक व्यक्ति इन अधिकारों

को प्राप्त करने का अधिकारी है, क्योंकि वह मानवीय प्रकृति से संबंधित है। यह कमाए नहीं जाते, उधार नहीं लिए जाते और न ही विरासत में मिलते हैं और न ही इन अधिकारों की स्थापना किसी समझौते को ऐसे अधिकारों के रूप में परिभाषित करते हैं। ''मानव अधिकार ऐसे अधिकार हैं जो व्यक्तिगत गरिमा से संबंधित है और आत्मसम्मान का स्तर है जो मानव समुदाय की पहचान को बढ़ावा देकर संरक्षित करती है।''

इन तीनों परिभाषाओं से यह स्पष्ट है कि यह सभी विद्वान कुछ विशिष्ट परिस्थितियों को स्वीकार करते हैं जैसे: व्यक्तिगत प्रकृति, मानवीय गरिमा और अच्छे जीवन की प्राप्ति की आवश्यकता। इन तीनों तत्वों को समावेश करते हुए आल्टेन तथा प्लेनो ने इस प्रकार स्पष्टीकरण किया है कि ''मानव अधिकार वह अधिकार है जो व्यक्तिगत जीवन, व्यक्तिगत विकास और अस्तित्व के लिए सर्वाधिक महत्वपूर्ण समझे जाते हैं''। डेविडसन की परिभाषा अधिक संक्षिप्त और स्वीकृत है ''मानवाधिकार की अवधारणा व्यक्तिगत क्षेत्रों में सत्ता और सरकार से राज्य की शक्ति प्रयोग से व्यक्ति को सुरक्षा प्रदान करने से अभिन्न रूप से जुड़ी हुई है यह राज्य को उन सामाजिक परिस्थितियों के निर्माण का भी निर्देश देती है जिसके अंतर्गत व्यक्ति अपने व्यक्तित्व का सर्वोच्च विकास कर सके।''

संयुक्त राष्ट्र संघ मानवाधिकार आयोग ने मानवाधिकारों को ऐसे अधिकार माना है जो हमारी प्रकृति में निहित हैं और जिनके अभाव में एक व्यक्ति के रूप में जीवन व्यतीत नहीं कर सकते। यह मानवाधिकार न्याय, समानता और राज्य के मनमाने व्यवहार और भेदभाव से संरक्षण प्रदान करते हैं। यह अधिकार व्यक्ति के पूर्ण विकास के लिए आवश्यक है और इनकी गारंटी बिना किसी भेदभाव के दी जाती है। मानवाधिकारों के वृह्द रूप को चार प्रकार की श्रेणियों में रखा जा सकता है।

1. ऐसे अधिकार जो व्यक्ति के जीवन में निहित है (उदारणार्थ : जीवन का अधिकार)
2. ऐसे अधिकार जो व्यक्ति के जीवन और विकास के लिए आवश्यक है (उदाहरणार्थ : शिक्षा का अधिकार)
3. ऐसे अधिकार जिनका लाभ उचित सामाजिक स्थितियों में ही उठाया जा सकता है (उदाहरणार्थ : सम्पत्ति का अधिकार)
4. ऐसे अधिकार जिनको व्यक्ति की प्राथमिक आवश्यकता के रूप में प्रत्येक देश के संविधान में समावेश करना चाहिए। (उदाहरणार्थ : भारत के संविधान में वर्णित मौलिक अधिकार)

मानवाधिकारों का वर्गीकरण (Classification of Human Rights)

कुछ ऐसे विचारक भी है जिन्होंने मानव-अधिकारों के सारे पहलुओं का विभाजन करने का प्रयास किया है। 1979 चेक न्यायाधीश कारेक वासक द्वारा प्रस्तावित वर्गीकरण को सर्वाधिक समर्थन प्राप्त हुआ। उन्होंने मानव अधिकारों का वर्गीकरण इन तीन चरणों में किया। पहले चरण में मानव अधिकारों का संबंध स्वतंत्रता से था। ये अधिकार प्राकृतिक रूप से मौलिक नागरिक और राजनीतिक अधिकार थे और व्यक्ति की राज्य के मनमाने व्यवहार से रक्षा के लिए प्रदान किए गए थे। पहले चरण के अधिकारों में विचार की स्वतंत्रता, उचित न्यायिक प्रक्रिया और धर्म की स्वतंत्रता सम्मिलित है। अत: पहले चरण के अधिकार नकारात्मक अधिकार थे। इनको सर्वप्रथम वैश्विक स्तर पर 1948 में मानवाधिकारों के घोषणापत्र में शामिल किया गया।

दूसरे चरण के मानवाधिकार समानता से संबंधित है। ये मूल रूप से अपनी प्रकृति से सामाजिक, आर्थिक और सांस्कृतिक अधिकार है। सामाजिक संबंधों में यह अधिकार सब के लिए समान व्यवहार और परिस्थितियों को सुनिश्चित करते हैं। यह लोगों को कार्य का अधिकार प्रदान करके उसके परिवार का भरण-पोषण करने की योग्यता का सरंक्षण करते हैं। यह सकारात्मक अधिकार हैं। यह अधिकार लोगों को न्याय प्रदान करने के लिए राज्य की आवश्यकता की अगुआई करते हैं।

तीसरे चरण के अधिकार को मुख्य रूप से सामाजिक सुदृढ़ता के रूप में देखा जा सकता है यह अधिकार समूह और सामूहिक अधिकार - आर्थिक और सामाजिक विकास, प्राकृतिक संसाधनों पर प्रभुसत्ता, संचार और मानवता की सामान्य विरासत के लिए आत्मनिर्णय का अधिकार, की विवेचना करते है। इन अधिकारों का संक्षिप्त विवेचन नागरिक और राजनीतिक अधिकारों की अंतर्राष्ट्रीय प्रसंविदा में किया गया है। यह प्रावधान दस्तावेज में एक असाधारण सम्मिश्रण है। समाज पर व्यैक्तिक दावों के रूप में अधिकारों की सामान्य कल्पना है। परन्तु तीसरे चरण के अधिकार अन्य अधिकारों के समान कानून द्वारा प्रवर्तनीय नहीं है।

तीन चरणों का वैकल्पिक स्पष्टीकरण शीतयुद्ध के राजनीतिक वर्गीकरण पर निर्भर हैं। पहले चरण के अधिकारों को पश्चिमी देशों ने समर्थन किया, दूसरे चरण के अधिकारों को पूर्व के देशों ने प्रोत्साहित किया तथा तीसरे चरण के सामाजिक सुदृढ़ता के अधिकारों का समर्थन तीसरे विश्व के देशों ने किया। यह वर्गीकरण अंतर्राष्ट्रीय मानवअधिकारों की रूपरेखा निर्माण को भी प्रकट करता है।

भारतीय परिप्रेक्ष्य (Indian Scenario)

इसमें कोई संदेह नहीं है कि वर्तमान भारत के मानवाधिकारों के कानून और संस्थाए, ब्रिटिश भारत में 19वीं शताब्दी में प्रारम्भ हुए सामाजिक और सांस्कृतिक पुनर्जागरण का परिणाम है। इन अधिकारों की उत्पत्ति की जुड़े हमें प्राचीन भारत में शास्त्रों, पुराणों, वेदों और कौटिल्य और मनु की कृतियों में देखने को मिलती हैं। 5000 वर्ष पूर्व ऋग्वेद में तीन नागरिक स्वतंत्रताओं का उल्लेख किया गया था। हॉब्स से बहुत पहले भारतीय धार्मिक ग्रंथों में राज्य में व्यैक्तिक स्वतंत्रता के महत्व का विवेचन किया गया है। धर्म की अवधारणा राजा को स्थापित कानून और नीति के अनुसार व्यक्ति के लाभ के लिए कार्य करने का आदेश देती है। इसके अतिरिक्त कौटिल्य के अर्थशास्त्र में स्पष्ट संधियों, नागरिक और कानूनी अधिकारों की गणना की गई है। मनुस्मृति और महाभारत मानव अधिकारों के महान् स्रोत हैं। अधिकतर मानव अधिकार मध्ययुग तक अपनी पहचान खो चुके थे। आधुनिक काल में राजा राममोहन राय ने इन अधिकारों को पुनर्जीवित किया जिसके परिणामस्वरूप स्वतंत्रता संघर्ष में इन अधिकारों की वास्तविक अभिव्यक्ति प्राप्त हुई।

भारतीय संविधान तथा मानवाधिकार (The Indian Constitution and Human Rights)

नागरिक स्वतंत्रता अपने आधुनिक अभिप्राय और विशेषताओं के साथ मौलिक अधिकार, संसदीय संस्थाएं और संवैधानिक सरकार का विकास ब्रिटिश शासन के समय से ही न्यूनाधिक रूप से समांतर

रहे हैं। परन्तु इन्हें स्पष्ट प्रोत्साहन विदेशी शासन के रूप में तब मिला जब अंग्रेजों ने मनमाने कानूनों जैसे शस्त्रहीन भारतीयों पर पाशविक आक्रमण जैसे दमनकारी व्यवहार भारतीयों के साथ किया। इसका प्रत्यक्ष परिणाम भारतीय राष्ट्रीय कांग्रेस का जन्म था। राष्ट्रीय आन्दोलन किसी भी प्रकार के दमन के विरूद्ध था और रंग, जाति, लिंग, जन्मस्थान, सरकारी नौकरियों की प्राप्ति में बिना भेदभाव के मानवीय अधिकारों को सुरक्षित करता था।

भारतीय राष्ट्रीय कांग्रेस का उदय भारतीय राष्ट्रीय आन्दोलन में आधारभूत मानवाधिकारों के इतिहास को देखा जा सकता है। भारत में पहला औपचारिक दस्तावेज 1928 में मोतीलाल नेहरू की रिपोर्ट के रूप में अस्तित्व में आया। इसमें मोतीलाल नेहरू की रिपोर्ट में निशुल्क प्रारम्भिक शिक्षा, जीवन निर्वाह योग्य भत्ता, मातृत्व सहायता तथा बच्चों के कल्याण से संबंधित अधिकारों को सूचीबद्ध किया गया तथा नेहरू रिपोर्ट के यह अधिकार मौलिक अधिकार तथा नीति-निर्देशिक सिद्धातों के अग्रदूत थे। और इन्हें 22 साल बाद भारतीय संविधान में सम्मिलित किया गया। 1946 में जवाहरलाल नेहरू ने मानवाधिकारों के वैकल्पिक अधिकारों की उदघोषणा की। इस वैकल्पिक प्रस्ताव में पूरे देश के लिए एक ऐसा कानून बनाने की प्रतिबद्धता थी 'जिसमें सब लोगों को पर्याप्त संरक्षण, अल्पसंख्यक, जनजाति, पिछड़े, वंचित और अन्य वर्गों की गारंटी तथा संरक्षण प्रदान किया जाएगा।' यह प्रस्ताव संविधान निर्माताओं के आधारभूत सिद्धातों के सम्मिलन तथा कार्यान्वयन को प्रकट करता है जो अधिकार सार्वभौमिक घोषणापत्र में निरूपित किए गए थे। भारत की संविधान सभा ने इनमें से अधिकतर अधिकारों को भारतीय संविधान में समावेश किया। भारतीय संवधिान के दो भाग - मौलिक अधिकार तथा नीति निर्देशक सिद्धांत मानवाधिकारों की सार्वभौमिक उद्घोषणा के लगभग सम्पूर्ण भाग को अपने में समाविष्ट करते हैं। संक्षेप में, वैकल्पिक प्रस्ताव ने संविधान के विशेष प्रावधानों के संयोजन के लिए आधार प्रदान किया है।

प्रस्तावना और मानवाधिकार (The Preamble and Human Rights)

संविधान की प्रस्तावना का एक अद्वितीय स्थान है और संविधान की प्रस्तावना में अभिव्यक्त महान आदर्शों का अध्ययन और व्याख्या तथा व्यापक दृष्टिकोण से करना चाहिए। भारत की प्रस्तावना इस प्रकार है 'हम भारत के लोग, भारत को पूर्ण प्रभुत्व सम्पन्न, समाजवादी, धर्मनिरपेक्ष .... इस संविधान को अधिनियमित और आत्मसमर्पित करते हैं।'' संक्षिप्त रूप से प्रस्तावना मानवाधिकारों को निर्धारित करती है। और संविधान निर्माताओं की आकांक्षाओं को प्रकट करती है।

मौलिक अधिकार तथा मानवाधिकार (Fundamental Right and Human Rights)

भारतीय संविधान का एक अद्वितीय लक्षण यह है कि इसमें व्यापक मानवाधिकारों को मौलिक अधिकारों का नाम दिया गया है और मौलिक अधिकारों के प्रवर्तन के अधिकार को भी एक मौलिक अधिकार बनाया गया है। भारतीय संविधान के मौलिक अधिकार व्यैक्तिक स्वतंत्रता तथा मानवाधिकारों के मैग्नाकार्टा को स्थापित करता है। भारतीय संविधान के अनुच्छेद 14-31 व्यैक्तिक अधिकार प्रदान करते हैं जिसमें स्वतंत्रता का अधिकार, समानता का अधिकार, शोषण के विरूद्ध अधिकार, धर्म की स्वतंत्रता का अधिकार, सांस्कृतिक और शिक्षा संबंधी अधिकार, व्यैक्तिक अधिकारों पर आधारित है।

यह नकारात्मक अधिकार है और इनके न होने की स्थिति में राज्य द्वारा इनका प्रवर्तन कराया जा सकता है।

इन अधिकारों को सारांश में विभिन्न श्रेणियों में निम्न प्रकार से विभाजित किया जा सकता है।

समानता का अधिकार (अनु. 14 – 18) (Right to Equality)

भारतीय संविधान में मानव अधिकारों में समानता का अधिकार एक आवश्यक अंग है। संविधान की धारा 14 के अनुसार, 'भारत के राज्य क्षेत्र में राज्य किसी भी व्यक्ति को कानून के समक्ष समानता और कानून के समान संरक्षण से वंचित नहीं करेगा।' धारा 15 अधिक विस्तृत रूप से विवरण करती है कि 'राज्य किसी नागरिक के साथ उसके धर्म, नस्ल, जाति, लिंग, अथवा जन्म स्थान आदि के आधार पर किसी प्रकार का भेदभाव नहीं करेगा और इनमें से किसी आधार पर किसी व्यक्ति को दुकानों, होटलों, कुओं, तालाबों, स्नानगृहों तथा मनोरंजन के अन्य स्थानों पर प्रवेश की किसी प्रकार की मनाही नहीं होगी।' जबकि धारा 16 में कहा गया है कि 'सभी–नागरिकों को सरकारी नौकरी पाने के समान अवसर होगें और किसी भी प्रकार के भेदभाव के बिना सरकारी नौकरी या पद प्राप्त करने में भेदभाव नहीं किया जाएगा'। धारा 17 और 18 में 'राज्य को छुआछूत तथा पद्वियों के उन्मूलन का निर्देश दिया गया है।'

स्वतंत्रता का अधिकार (अनु. 19 – 22) (Right to Freedom)

स्वतंत्रता का अधिकार भारत में मानवधिकारों की आत्मा है। धारा 19 के अनुसार, 'सभी व्यक्तियों को विचार और अभिव्यक्ति की स्वतंत्रता, शान्तिपूर्ण ढंग से बिना हथियारों के इकट्ठा होने की स्वतंत्रता, संघ बनाने का अधिकार, भारत राज्य क्षेत्र में घूमने–फिरने का अधिकार, भारत के किसी भाग में रहने या निवास करने की स्वतंत्रता, कोई भी व्यवसाय करने, पेशा अपनाने या व्यापार करने का अधिकार है।'' जबकि धारा 20 के अनुसार, 'किसी व्यक्ति को उस समय प्रचलित कानून के अनुसार दण्ड दिया जा सकता है, कोई भी व्यक्ति को एक अपराध के लिए दो बार दण्डित नहीं किया जा सकता, किसी व्यक्ति को अपने विरूद्ध गवाही के लिए मजबूर नहीं किया जा सकता तथा किसी व्यक्तियों कानून के उल्लंघन किसी व्यक्ति को कानून द्वारा स्थापित उचित प्रक्रिया के बिना जीवन तथा निजी स्वतंत्रता से वंचित नहीं किया जाएगा।''

शोषण के विरूद्ध अधिकार (अनु. 23 – 24) (Right against Exploitation)

भारतीय संविधान के अनुच्छेद 23–24 शोषण, मानव व्यापार तथा इसी प्रकार के अन्य शोषणों की सूची की गणना करता है अनुच्छेद 23 व्यक्तियों के व्यापार, भीख और बलात् श्रम के अन्य प्रकारों का निषेध करता है। भारतीय संविधान में 'दासता' शब्द के स्थान पर अधिक विस्तृत अभिव्यक्ति 'मानव के व्यापार' शब्द का प्रयोग किया गया है, जिसमें केवल दासता का निषेध नहीं किया गया है, बल्कि महिलाओं, बच्चों तथा बच्चों के अनैतिक और अन्य उद्देश्यों के लिए व्यापार का निषेध करता है।

अनुच्छेद 24, '14 वर्ष से कर्म आयु के बच्चे को किसी प्रकार के खतरनाक व्यवसाय जैसे खान या कारखाने में काम का निषेध करता हैं।

इस प्रकार से बालश्रम को निषेध किया गया है और मौलिक अधिकार के रूप में बच्चों को संरक्षित किया जा रहा है।

धार्मिक स्वतंत्रता का अधिकार (अनु. 25 – 28) (Right to Freedom of Religion)

भारतीय संविधान के भाग 3 में अनुच्छेद 25-28 में नागरिकों के लिए विभिन्न धार्मिक स्वतंत्रताओं का वर्णन किया गया है इसके अंतर्गत सार्वजनिक नैतिकता, अनुशासन तथा स्वास्थ्य के नियमों को ध्यान में रखते हुए सभी व्यक्तियों को अपनी इच्छा के अनुसार किसी भी धर्म को मानने, उसका पालन करने तथा प्रचार करने का अधिकार है तथा प्रत्येक धार्मिक सम्प्रदाय अथवा उसके किसी भाग को धर्म अथवा दान संबंधी उद्देश्य के लिए संस्थाएं स्थापित करने उन्हें चलाने, धर्म के मामलों में प्रबंध करने का अधिकार होगा। किसी भी व्यक्ति को ऐसा कर देने के लिए बाध्य नहीं किया जाएगा जिसके पैसे का प्रयोग किसी धार्मिक संस्थान के लिए होता हो तथा सरकारी सहायता प्राप्त संस्थान में दाखिले के लिए मना नहीं किया जाएगा। संक्षेप में यह अधिकार भारत के धार्मिक अल्पसंख्यकों के लिए महत्वपूर्ण है।

सांस्कृतिक और शिक्षा संबंधी अधिकार (अनु. 29 – 30) (Cultural and Educational Rights)

भारतीय संविधान के अनुच्छेद 29 और 30 द्वारा अल्पसंख्यक वर्गों को विशेष सांस्कृतिक तथा शिक्षा संबंधी अधिकार दिए गए हैं। अनुच्छेद 29 के अनुसार भारत में निवास करने वाले प्रत्येक समूह को अपनी निश्चित भाषा, लिपि, तथा संस्कृति को बनाए रखने का अधिकार है और संरक्षित रखने का पूर्ण अधिकार है। अनुच्छेद 30 में कहा गया है कि सभी अल्पसंख्यकों के वर्गों को अपनी इच्छा के अनुसार शिक्षा संस्थाए स्थापित करने और उन्हें चलाने का अधिकार है। संक्षेप में, भारत जैसे बहुसंख्यक समाज में अल्पसंख्यकों के मानव अधिकार सुरक्षित करने के लिए यह अधिकार बहुत महत्वपूर्ण हैं।

संवैधानिक उपचारों का अधिकार (Right to Contitutional Remedies)

भारतीय संविधान के भाग 3 की धारा 32 के अधिकतर मौलिक अधिकारों के न्यायिक संरक्षण और इन अधिकारों के कार्यान्वयन की पवित्रता से संबंधित हैं। अनुच्छेद 32 के अनुसार प्रत्येक व्यक्ति की इन अधिकारों को लागू करने का अधिकार है।

इस अनुच्छेद का परिच्छेद 2 न्यायपालिका को निर्देश, रिट जिसमें बन्दी प्रत्यक्षीकरण, परमादेश, प्रतिषेध, उत्प्रेक्षण, अधिकार पृच्छा शामिल हैं, जारी करने की शक्ति प्राप्त है। इन अधिकारों को आपातकाल के सिवाए किसी अन्य परिस्थिति में निलंबित नहीं किया जा सकता।

राज्य के नीति निर्देशक सिद्धांत (Directive Principles of State policy)

भारतीय संविधान भाग के अनुच्छेद 36-51 को प्राय: नीति-निर्देशक सिद्धांत के नाम से जाना जाता है। नीति निर्देशक सिद्धांत भारत के लोगों के लिए मानवीय नागरिक और आर्थिक अधिकारों की एक

वृहद सूची है। इस भाग के सकारात्मक प्रावधानों को प्रदान करने का उद्देश्य शासन के आधारभूत सिद्धातों द्वारा सबके लिए सामाजिक, आर्थिक और राजनितिक न्याय निर्धारित करना है। इन सिद्धांतों को विधान बनाते और कार्यान्वयन करते समय कार्यकारी सत्ता को ध्यान में रखना आवश्यक है। हालांकि इनका प्रवर्तन न्यायालय द्वारा नहीं कराया जा सकता, परन्तु यह फिर भी भारत के शासन में मौलिक है और राज्य का यह कर्तव्य है कि कानून बनाते समय इन सिद्धातों को स्त्री, पुरूष तथा बच्चों के सामान्य कल्याण को कानून में सम्मिलित करने का प्रयास करे। यह सिद्धांत है – जीविका के पर्याप्त साधन उपलब्ध कराना (अनु. 39 (a)), स्त्री–पुरूष को समान कार्य के लिए समान वेतन (अनु. 39 (d)), स्त्री–पुरूष तथा श्रमिकों के स्वास्थ्य के लिए पर्याप्त संरक्षण प्रदान करना (अनु. 39 (e))।

समान न्याय और निशुल्क कानूनी सहायता (अनु. 39 (d)), प्रत्येक श्रेणी के मजदूरों के लिए अच्छा वेतन, अच्छा जीवन स्तर तथा आवश्यक छुट्टियों का प्रबंध करना (अनु. 43), बच्चों के लिए अनिवार्य तथा निशुल्क शिक्षा (अनु. 45), राज्य लोगों के जीवन स्तर, पोषण के स्तर को ऊंचा उठाने तथा जनस्वास्थ्य में सुधार करने का प्रयास करेगा (अनु. 47)।

गोहत्या का निषेध तथा अन्य दूध देने वाले पशुओं को मारने पर रोक लगाया जाएगा (अनु. 48)।

मौलिक अधिकारों तथा नीति निर्देशक सिद्धातों का सूक्ष्म अध्ययन करने के बाद यह बिल्कुल स्पष्ट है कि सार्वभौमिक अधिकारों के लगभग सम्पूर्ण क्षेत्र को यह दोनों अपने में सम्मिलित किये हुए हैं। इसके अतिरिक्त भारतीय संविधान में प्रवर्तनीय (मौलिक अधिकार) तथा अप्रवर्तनीय (नीति–निर्देशक सिद्धान्त) अधिकारों के बीच संतुलन बनाने का एक सराहनीय प्रयत्न है और अन्यों की उन्नति के लिए अत्यावश्यक है।

भारत में मानवाधिकारों की क्रियाविधि (Mechanisms to Enforce Human Rights in India)

न्यायालय मानव अधिकारों को लागू करने का मुख्य साधन हैं। भारत में मानवाधिकारों को लागू करने में न्यायालयों ने महत्वपूर्ण भूमिका अदा की है। न्यायालयों ने मानव अधिकारों के संरक्षण के साथ–साथ इन अधिकारों की मांग को कई निर्णयों द्वारा व्यापक और मजबूत किया है। मानवाधिकारों से संबंधित मुद्दों के लिए संसद ने कई अभिकरणों की रचना की है। राष्ट्रीय मानव अधिकार आयोग की मुख्य भूमिका मानवाधिकारों के हनन को रोकना है तथा इसके साथ–साथ समाज के विशिष्ट वर्गों के संरक्षण को सुनिश्चित करना है जिसके लिए कई अभिकरणों की रचना की जा चुकी है जिनका संक्षेप में विवरण इस प्रकार है:–

राष्ट्रीय मानवाधिकार आयोग (National Human Rights Commission-NHRC)

मानवाधिकार के हनन से पीड़ित व्यक्ति को उचित और तुरन्त न्याय के लिए तथा संवैधानिक और अंतर्राष्ट्रीय दायित्वों के पालन के लिए भारत सरकार ने मानवाधिकार संरक्षण अधिनियम 1993 में कानून बनाया। इस कानून के प्रावधानों के अनुसार, 'भारत सरकार ने एक राष्ट्रीय मानवाधिकार आयोग

का गठन किया तथा इस आयोग को मानवाधिकार के हनन के मुद्दों के निवारण के लिए सशक्त किया।

आयोग की संरचना (Composition of commission)

राष्ट्रीय मानवाधिकार आयोग में आठ सदस्य हैं जिसमें एक सभापति (भारत के मुख्य न्यायाधीश,) सर्वोच्च न्यायालय के एक वर्तमान या पूर्व न्यायाधीश, मानवाधिकार क्षेत्र का अच्छा ज्ञान रखने वाले व्यक्तियों में से वो सदस्य और राष्ट्रीय महिला आयोग राष्ट्रीय अल्पसंख्यक आयोग के अध्यक्ष। सभापति और अन्य सदस्यों की नियुक्ति (अंतिम तीन को छोड़कर) आपसी परामर्श से की जाती है जिसमें संसद के दोनों सदनों के विपक्ष के नेताओं को भी शामिल किया जाता है। एक और विशेषता यह है कि NHRC के अध्यक्ष (सभापति) और पहले चार किस्म के सदस्यों की नियुक्ति पांच वर्षों के लिए की जाती है। आयोग के अध्यक्ष तथा सदस्यों की नियुक्ति 5 वर्ष के लिए की जाती है तथा दूसरी पदावधि के पात्र होते हैं। कोई भी व्यक्ति 10 वर्ष तक आयोग की सेवा कर सकता है। आयोग का एक महासचिव भी होगा। आयोग के अध्यक्ष या किसी सदस्य को उसके पद से उच्चतम न्यायालय द्वारा की गई जांच के बाद रिपोर्ट देने पर राष्ट्रपति द्वारा निम्न परिस्थितियों में हटाया जा सकता है।

- दिवालिया घोषित किया गया हो
- अपने पद के अतिरिक्त किसी अन्य लाभ के पद पर आसीन हो।
- शारीरिक या मानसिक दुर्बलता के कारण अपने पद पर बने रहने के अयोग्य हो
- किसी ऐसे अपराध में दोषसिद्ध किया गया हो जो राष्ट्रपति के अनुसार नैतिक पतन वाला हो।

मानवाधिकार आयोग के कार्य (Function of the Commission)

- आयोग स्वप्रेरणा से अथवा पीड़ित व्यक्ति द्वारा अथवा उसकी ओर से किसी व्यक्ति के द्वारा अपने समक्ष प्रस्तुत की गई याचिका पर (a) मानवाधिकार के उल्लघंन था उसके लिए प्रेरित करने के लिए अथवा (b) किसी लोक सेवा द्वारा ऐसे उल्लंघन के निवारण में की गई उपेक्षा के परिवाद की जांच करेगा।
- आयोग न्यायालय के समक्ष लम्बित किसी ऐसी कार्यवाही पर न्यायालय के अनुमोदन से हस्तक्षेप कर सकता है जिसमें मानव अधिकारों के उल्लंघन का कोई अभिकथन अंतर्निहित हो।
- आयोग राज्य सरकार को सूचना देकर राज्य सरकार के नियंत्रण में रहने वाले किसी कारागार अथवा किसी अन्य संस्था का जहाँ व्यक्तियों का उपचार, सुधार या संरक्षण के लिए निरूद्ध किया जाता हो, अंतर्वासियों के रहन-सहन की स्थितियों का अध्ययन करने के लिए तथा उस पर सिफारिश करने के लिए निरीक्षण करेगा।
- आयोग मानवाधिकार के संरक्षण के लिए संविधान या तत्सम लागू किसी विधि द्वारा या उसके अधीन प्रावधानित संरक्षणों का पुनर्विलोकन करेगा और उनके प्रभावी कार्यान्वयन के लिए उपायों की सिफारिश करेगा।

- आयोग आतंकवाद की कार्यवाहियों सहित उन कारकों का पुनर्विलोकन करेगा जो किसी के मानवाधिकार एवं उस समय लागू संरक्षणों के प्रयोग को प्रतिषिद्ध करते हैं तथा उपयुक्त सिफारिश भी करेगा।
- आयोग मानवाधिकार से संबंधित संधियों एवं अंतर्राष्ट्रीय विधियों का अध्ययन करेगा और उनके प्रभावी क्रियान्वयन हेतु सिफारिश करेगा।
- आयोग मानव अधिकार के क्षेत्र में शोध करेगा तथा शोध कार्य को बढ़ावा देगा।
- आयोग समाज के विभिन्न वर्गों के बीच मानव अधिकार साक्षरता का प्रसार करेगा तथा उन अधिकारों के संरक्षण हेतु उपलब्ध जानकारी एवं संरक्षण की अभिवृद्धि प्रकाशन, समाचार माध्यम, सेमिनारों एवं अन्य उपलब्ध संसाधनों के माध्यम से करेगा।
- आयोग मानवाधिकार के क्षेत्र में कार्य करने वाली सरकारी एवं गैर-सरकारी संगठनों के प्रयासों को प्रोत्साहित करेगा।

आयोग की शक्तियाँ (Power of the Commission)

मानव अधिकारों के प्रोत्साहन तथा संरक्षण के लिए आयोग निम्नलिखित शक्तियों का प्रयोग करता है।

- आयोग मानवाधिकार हनन के मामलों की जांच करते समय सिविल प्रोसिजर कोड (CPC) 1908 के आधार पर सम्मन भेजने, अनुपस्थिति की बाध्यता, शपथ का निरीक्षण, किसी दस्तावेज की खोज और निर्माण, साक्ष्यों के लिए प्रमाण एकत्रित करना, किसी जन अभिलेख की मांग करना, साक्ष्यों या दस्तावेजों की किसी न्यायालय के कार्यालय में जांच-पड़ताल या अन्य किसी मामले के लिए अधिकारियों की नियुक्ति करना जो भी निर्धारित हो सकता हो, नागरिक न्यायालयों के समान शक्तियों का प्रयोग करते हैं।
- यदि आयोग इस निर्णय पर पहुंचता है कि इसके सुझावों के लिए कोई जानकारी किसी मामले के किसी पहलू के लिए उपयोगी या सार्थक हो सकती है तो आयोग किसी व्यक्ति को इस प्रकार की महत्वपूर्ण जानकारी एकत्रित करने का निर्देश दे सकता है और वह व्यक्ति भारतीय दंड संहिता (IPC) की धारा 176 और 177 के अंतर्गत निर्देशित जानकारी प्रदान करने के लिए कानूनी रूप से बाध्य है।
- आयोग या आयोग द्वारा प्राधिकृत कोई अधिकारी (जिसका पद राजपत्रित सरकारी अधिकारी से कम न हो) किसी संस्थान या इमारत में प्रवेश कर सकता है। यदि आयोग यह मानता हो कि अन्वेषण के मामले से संबधित कोई दस्तावेज प्राप्त हो सकता हो या वहां से जब्त किया जा सकता हो। इस प्रकार के दस्तावेज की कॉपियां कोड ऑफ क्रिमिनल कोड 1973 की प्रक्रिया के अनुसार ली जा सकती हैं जिस क्षेत्र तक यह लागू किया जा सकता हो।
- शिकायतों का अन्वेषण करते समय अपराध साबित करने वाले सबूतों और वक्तव्यों को रिकॉर्ड करने की शक्ति आयोग को भी प्राप्त है और इसका विवरण IPC की धारा 175, 178, 179, 180 तथा 228 में दिया गया है। अपराध के साक्ष्यों को रिकॉर्ड करने के उपरांत कोड ऑफ क्रिमिनल कोड 1973 के अनुसार आयोग को केस सुनवाई के लिए न्यायाधीश को हस्तांतरित करना पड़ता है।

- मानवाधिकारों के हनन का अन्वेषण करते समय आयोग अलग-अलग कार्यवाहियों का प्रयोग कर सकता है। जैसे तुरन्त सुनवाई की आवश्यकता वाले मामले में आयोग केन्द्रीय या राज्य सरकार से निश्चित समय सीमा के अंतर्गत रिपोर्ट मांगना। आयोग संबंधित सरकार या सत्ता की रिपोर्ट के बिना भी अन्वेषण शुरू कर सकता है।
- सशस्त्र सेनाओं की शिकायतों का समाधान करते समय आयोग कानून कानून के प्रावधान के अनुसार विभिन्न तरीकों का प्रयोग कर सकता है जैसे (1) यह स्वयं अपने स्वनिर्णय से या याचिका प्राप्त होने पर केन्द्रीय सरकार को रिपोर्ट जमा करने के लिए कह सकता है (2) सरकार तीन महीने के अंदर सुझावों के दिन से ही आयोग सूचना के लिए उठाए गए कदमों को बताने के लिए बाध्य है। (3) आयोग याचिकाकर्ता की रिपोर्ट को कॉपी और सुझावों का प्रकाशित करता है।
- आयोग शिकायत का अन्वेषण करते समय निम्नलिखित शक्तियों का प्रयोग करता है। (1) आयोग किसी अधिकारी या अन्वेषण की एजेंसी का सहारा ले सकता है (2) इस प्रकार की एजेंसी या अधिकारी अयोग के पर्यवेक्षण में कार्य करेगें (3) इस प्रकार के अधिकारी या एजेंसी के अन्वेषण से अहसमत होने की स्थिति आयोग स्वयं अन्वेषण कर सकता है।
- यदि आयोग को अन्वेषण के किसी चरण में ऐसा प्रतीत होता है कि किसी व्यक्ति के व्यक्तित्व का निरीक्षण करना जरूरी है तो वह ऐसा कर सकता है। परन्तु आयोग इस प्रकार की कोई कार्यवाही नहीं कर सकता जिससे व्यक्ति पर किसी प्रकार का विपरीत प्रभाव पड़ता है।

मानवाधिकार आयोग की क्रियाविधि (Working of the National Human Rights Commission)

मानव अधिकार संरक्षण अधिनियम 1993 द्वारा राष्ट्रीय मानव अधिकार आयोग की स्थापना की गई जो कि भारत में मूलभूत स्वतंत्रताओं को महत्व देने की एक महत्वपूर्ण संवैधानिक घटना है। इस आयोग की नियुक्ति ने न्यायालय द्वारा मानवाधिकारों को प्रवर्तनीय बनाया है। भारत ने इस प्रकार के आयोग की नियुक्ति से UDHR की अंतर्राष्ट्रीय और अन्य प्रावधानों के दायित्व तथा अंतर्राष्ट्रीय संधि के उत्तरदायित्व की अपनी भूमिका को स्पष्ट किया है।

भारत में NHRC मानवाधिकारों को लागू करने वाली एक महत्वपूर्ण संस्था है और इसने अपनी अन्तर्निहित सीमितताओं के बावजूद अपने छोटे से कार्यकाल में प्रशंसनीय प्रगति की है। मानवाधिकारों को सुनिश्चित करने में आयोग की मुख्य भूमिका तथा कार्यों के संक्षिप्त विवरण से हम इसके सफलतापूर्वक वहन किए गए उत्तरदायित्व को भलीभांति समझ सकते हैं।

एक अन्वेषण अभिकरण (As an Inquiry Agency)

NHRC का मुख्य कार्य मानव अधिकारों के हनन की एक अन्वेषण करने वाले अभिकरण के रूप में अतिक्रमण की जांच करना है। इसने हिरासत में मौत, मुठभेड़ की हत्याएं, पुलिस का गुण्डाराज,

बलात्कार तथा देश में भूख से होने वाली मौतें, जैसे मुद्दों का अन्वेषण करके महत्वपूर्ण भूमिका अदा की है। आयोग को लगभग 10 सालों में 3,00,000 से अधिक याचिकाएं प्राप्त हुई जो एक अन्वेषण करने वाले अभिकरण से रूप में इसकी सर्वोच्च भूमिका को स्वयं स्पष्ट करती हैं। मानवाधिकारों के अन्वेषण और रिपोर्टों को दायर करने के अतिरिक्त आयोग ने पीड़ितों को मुआवजा दिलाकर, भत्ते को सुनिश्चित करके, सत्ता की इसके सुझावों को लागू करने की आज्ञा देकर और कई मामलों के समाधान के लिए उन पर नियंत्रण रखकर प्रगति हासिल करके, आयोग ने उदाहरणों का निर्माण किया है। संक्षेप में, विभिन्न संस्थाओं को कम से कम मानव अधिकारों के प्रति सम्मान के लिए उनके संवैधानिक दायित्वों को याद दिलाकर नियंत्रण रखने वाले अधीनस्थ अभिकरणों ने प्रभावी योगदान दिया है।

सुधारों का अभिकरण **(As an agency of Reforms)**

आयोग ने अपने छोटे से कार्यकाल में सुधारों के अभिकरण के रूप में विशेष रूप से सामाजिक मामलों में प्रशंसनीय प्रगति की है। आयोग ने जेलों में कैदियों की अधिक संख्या का ही अन्वेषण नहीं किया, बल्कि इसके साथ-साथ कैदियों की रिहाई के बाद उन्हें उनकी आजीविका कमाने में सक्षम बनाने में भी महत्वपूर्ण योगदान दिया है। इसके साथ ही जेलों को अधिक मानवीय बनाने के सुझाव भी दिए है। इस संबंध में जेलों के सुधार में आयोग की भूमिका बहुत ही सराहनीय रही है। तिहाड़ केस में आयोग ने सूक्ष्म अध्ययन करके अहाते के विस्तार के अतिरिक्त टेलरिंग, बढ़ईगिरी और जिल्दसाजी के वैकल्पिक कोर्सों के सुझाव भी दिए हैं तथा कैदियों को पर्याप्त स्वास्थ्य सहायता प्रदान करने का भी सुझाव दिया। मानवधिकार आयोग ने पुलिस लॉक-अप तथा अधीनस्थ जेलों जैसे उपेक्षित विषयों में अत्याधिक महत्वपूर्ण योगदान दिया है। आयोग ने केवल सतर्क ही नहीं किया है, बल्कि-राज्य सरकारों को इन दायित्वों को पूरा करने के लिए नोटिस तथा सम्मन भी जारी किए हैं। आयोग ने अपराधिक व्यवस्था को अधिक मानवीय बनाने तथा सुधार के लिए दृढ़ प्रयास किए थे।

राष्ट्रीय कानून तथा अंतर्राष्ट्रीय दायित्वों की समीक्षा करने में आयोग की भूमिका **(As an agency of reviewing existing laws and International Obligations)**

मानवाधिकारों के प्रति राष्ट्रीय तथा अंतर्राष्ट्रीय दोनों स्तरों पर मानवाधिकारों के विषय पर चिंता बढ़ रही है। इस दिशा में भारत में राष्ट्रीय मानवाधिकारों आयोग ने महत्वपूर्ण भूमिका निभाई है। राष्ट्रीय मानवाधिकार आयोग ने आतंकवादी विध्वसंक गतिविधि अधिनियम (निरोधक) के क्षेत्र में आयोग ने इस दमनकारी कानून के प्रतिस्थापन के लिए कई सुझाव दिए। TADA के कानून का सूक्ष्म निरीक्षण कर आयोग ने इसके दमनकारी और गलत प्रयोग को उजागर किया। आयोग के निरन्तर प्रयासों के परिणामस्वरूप 2003 में इस कानून का उन्मूलन किया गया। इसके अतिरिक्त अंतर्राष्ट्रीय कानून एवं संधियों की व्याख्या करके बालश्रम तथा वैश्यावृत्ति से संबंधित मुद्दों में आयोग ने महत्वपूर्ण भूमिका निभाई है।

मानवाधिकार शिक्षण को प्रोत्साहित करने में आयोग की भूमिका (Role in Promoting Human Rights Education)

समाज का एक बहुत बड़ा भाग मानवाधिकारों की जानकारी से अनभिज्ञ है। मानवाधिकार आयोग का एक मुख्य कार्य मानव अधिकारों के बारे में लोगों को जागरूक बनाना है। मानव अधिकारों के शिक्षण को बढ़ावा देने के लिए आयोग ने तीन-स्तरीय रणनीति का निर्धारण किया है। पहला, आयोग सभी राजनीतिक दलों का क्षेत्रीय तथा राष्ट्रीय दोनों ही स्तरों पर समर्थन प्राप्त करता है। दूसरा, आयोग मुख्यमंत्रियों की बैठक, सरकारी अधिकारियों को मानवाधिकारों के बारे में संवेदनशील बनाने के लिए सम्मेलन का आयोजन करता है। तीसरा, आयोग मानव संसाधन मंत्रालय तथा (NCERT) एन.सी.ई.आर.टी. के बीच मानव अधिकारों को बढावा देने के लिए वार्ता का आयोजन करता है। स्कूलों में मानवाधिकारों को बढ़ावा देने के लिए NCERT की पाठ्य पुस्तकों के माध्यम से पाठ्यक्रमों को निर्धारित करता है। आयोग ने शिक्षकों तथा अन्य शिक्षाविदों से मानवाधिकारों के प्रोत्साहन और मार्गदर्शन के लिए मानवाधिकारों की स्रोत पुस्तिका की सामग्री को तैयार किया है। आयोग के सुझाव पर ही अधिकतर विश्वविद्यालयों में अध्ययन पाठ्यक्रम में स्नात्तकोत्तर स्तर पर मानवाधिकारों के पाठ्यक्रमों का प्रारम्भ किया है। इसके अतिरिक्त आयोग मानव अधिकारों के विशिष्ट पहलुओं पर विभिन्न संगठनों को सेमिनार, कार्यशालाएं और संवेदनशील कार्यक्रमों के आयोजन के लिए प्रोत्साहित करता रहता है। मानवाधिकार आयोग का अत्यधिक सराहनीय कार्य पुलिस, सेना तथा अर्धसैनिक बलों को मानवाधिकारों के प्रति संवेदनशील बनाना है। आयोग ने पुलिस के लिए आदर्श पाठ्यक्रम तैयार करने के लिए कई राज्यों के पुलिस महानिदेशिकों की बैठक बुलाई है। इन सबके अतिरिक्त आयोग का सबसे प्रशसंनीय कार्य सभी शैक्षणिक संस्थानों में 10 दिसम्बर को मानवाधिकार दिवस के रूप में सुनिश्चित करना है।

मानवाधिकारों को बढ़ावा देने के साथ-साथ आयोग ने प्रभावी अनुसंधान में भी रूचि ली है। आयोग ने मानवाधिकारों के दयनीय मुद्दों के बारे में लोगों की राय को मजबूत किया है। अपनी स्थापना के समय से ही आयोग ने बंधुआ मजदूर, बालश्रम, वेश्यावृत्ति, अस्पतालों में मानसिक विक्षिप्तों की दशा तथा राज्यों के दिन-प्रतिदिन की समस्याओं पर अध्ययन प्रारम्भ किया है।

राष्ट्रीय मानवाधिकारों की भूमिका का मूल्यांकन (A Critical appraisal of the role of the NHRC)

भारत में मानवाधिकारों के मूल्यांकन परिवर्तन में राष्ट्रीय मानवाधिकारों के पर्यवेक्षण ने महत्वपूर्ण भूमिका निभाई है। आयोग के निरन्तर प्रयासों के परिणामस्वरूप पुलिस, सेना और सुरक्षा बलों में मानवाधिकारों के अनुसरण के प्रति बहुत जागरूकता पैदा की है। NHRC पर संवैधानिक प्रतिबंधों और सीमाओं के कारण यह एक शक्तिहीन आयोग है। उदाहरणार्थ NHRC ने गुजरात दंगों की जांच-पड़ताल के बाद दिए गए सुझावों में से नाममात्र के सुझावों को ही माना गया है। इसका आधारभूत कारण यह है कि आयोग की शक्तियां अपनी प्रकृति से ही सुझावों तक सीमित है। आयोग मूलरूप से एक छानबीन और प्रतिवेदन देने वाला अभिकरण है जिसमें नागरिक अदालत की शक्तियां तो निहित हैं, परन्तु जहां तक अपराधी को दण्ड देने का प्रश्न है तो यह एक शक्तिहीन अभिकरण है। दूसरा, यदि कोई राज्य अपने राज्य में मानवाधिकारों के हनन के लिए किसी सरकारी संस्थान की

नियुक्ति कर लेता है तो आयोग की स्वयं द्वारा जांच–पड़ताल की शक्ति सीमित हो जाती है। तीसरा आयोग सशस्त्र सेनाओं से संबंधित मानवाधिकार मुद्दों की छानबीन नहीं कर सकता। चौथा, आयोग की अपनी स्वतंत्र वित्तीय व्यवस्था नहीं है और यह केन्द्र सरकार के सीमित अनुदानों पर निर्भर रहता है जिसके परिणामस्वरूप आयोग के कार्यों पर प्राय: दबाव की स्थिति रहती है। आयोग अन्य कानूनी अभिकरणों जैसे राष्ट्रीय अल्पसंरक्षक आयोग, राष्ट्रीय महिला आयोग तथा अनुसुचितजाति तथा जनजातियों के आयोग के साथ परस्पर निर्भरता की स्थिति में कार्य करते हैं। इस प्रकार आयोग की शक्तियां सीमित हैं। प्रक्रियात्मक और संस्थात्मक प्रतिबंधों के बावजूद आयोग ने मानव अधिकारों को लागू करने में महत्वपूर्ण भूमिका निभाई है। हालांकि आयोग के कार्य परामर्शात्मक हैं, परन्तु आयोग ने फिर भी उन हजारों लोगों में एक नई आशा पैदा की है जिन्हें पहले न्याय की बिल्कुल उम्मीद नहीं थी।

राज्य मानवाधिकार आयोग (State Human Rights Commision-SHRC)

मानवाधिकार संरक्षण अधिनियम 1943 के तहत राज्य मानवाधिकार आयोग (SHRC) की स्थापना की गई। राज्य मानवाधिकार आयोग के अध्यक्ष का चुनाव, सेवाशर्तें तथा कार्यकाल लगभग राष्ट्रीय मानवाधिकार आयोग के समान ही है। इस आयोग का अध्यक्ष ऐसा व्यक्ति होता है जो उच्च न्यायालय के पद पर रहा हो और दो सदस्य जिन्हें मानवाधिकारों का ज्ञान हो। राज्यपाल इसके सदस्यों की नियुक्ति 5 वर्ष के स्थायी कार्यकाल के लिए करता है। इसके सदस्यों को केवल राज्यपाल द्वारा अक्षमता और सिद्ध दुराचरण के आधार पर ही हटाया जा सकता है। मुख्यमंत्री की भूमिका भी राज्य मानवाधिकारों को प्रभावशाली बनाने में महत्वपूर्ण है।

राष्ट्रीय महिला आयोग (National Commision for Women - NCW)

राष्ट्रीय महिला आयोग महिलाओं के विशिष्ट मानव अधिकारों के हनन संबंधी मुद्दों का एक शीर्ष कानूनी निकाय है। राष्ट्रीय महिला आयोग की स्थापना अधिनियम 1990 के तहत 31 जनवरी 1992 को हुआ। इसमें एक अध्यक्ष और पांच अन्य सदस्य होते हैं। आयोग के मुख्य कार्य निम्नलिखित हैं:–

- आयोग संविधान तथा अन्य कानूनों के तहत महिलाओं को प्रदत्त सुरक्षा संबंधी सभी मामलों की जांच–पड़ताल करता है।
- आयोग केन्द्रीय सरकार को प्रतिवर्ष तथा जब भी उचित समझे इन सुरक्षात्मक प्रावधानों पर रिपोर्ट देता है।
- इस प्रकार की रिपोर्टों में आयोग केन्द्र या किसी राज्य की महिलाओं की स्थिति सुधारने के लिए इन सुरक्षात्मक उपायों को प्रभावी ढंग से लागू करने की सिफारिश करता है।
- आयोग संवैधानिक प्रावधानों तथा कानूनी प्रावधानों के कारण उठने वाले मुद्दों को उपयुक्त अधिकारियों के समक्ष उठाया है।
- आयोग मानवाधिकारों के हनन संबंधी शिकायतों का पर्यवेक्षण करता है। लिंग समानता और विकास को लागू करने वाले कानूनों की असफलता की छानबीन करता है तथा महिलाओं के कल्याण को सुनिश्चित करता है।

राष्ट्रीय अल्पसंख्यक आयोग (National Commision for Minorities -NCM)

राष्ट्रीय अल्पसंख्यक आयोग की स्थापना 1992 में की गयी।

अल्पसंख्यकों के राष्ट्रीय अभिकरण 1992 के अंतर्गत राष्ट्रीय अल्पसंख्यक आयोग के अनिवार्य कार्य इस प्रकार हैं:-

- भारत में अल्पसंख्यकों के विकास तथा प्रगति का मूल्यांकन करना।
- संवैधानिक तथा कानूनी सरंक्षण के आधार पर संसद तथा राज्य-विधानमंडलों द्वारा निर्मित कानून पर नियत्रंण रखना।
- केन्द्रीय तथा राज्य सरकारों को मानवाधिकारों के प्रभावी संरक्षण तथा कार्यान्वयन के लिए सुझाव देना।

राष्ट्रीय अनुसूचित जाति तथा अनुसूचित जनजाति आयोग (National Commision for Scheduled Castes and Scheduled Tribes)

राष्ट्रीय अनुसूचित जाति तथा जनजाति आयोग की वास्तविक स्थापना 1978 में हुई थी। आयोग के कुछ मुख्य कार्य इस प्रकार है :-

- अनुसूचित जाति तथा अनुसूचित जनजातियों के सुरक्षात्मक प्रावधानों को सुनिश्चित करना।
- इन सुरक्षात्मक प्रावधानों के बारे में राष्ट्रपति को प्रतिवेदन देना।
- अनुसूचित जाति तथा अनुसूचित जनजाति को अधिकार से वंचित करने तथा सुरक्षात्मक प्रावधानों की विशिष्ट शिकायतों की छानबीन करना।
- केद्रीय तथा राज्य सरकारों को अनुसूचित जाति तथा अनुसूचित जनजातियों की रक्षा, कल्याण, विकास और उन्नति के लिए सुझाव देना।

निष्कर्ष (Conclusion)

भारत में मानवाधिकारों की वृद्धि तथा विकास से संबंधित ऊपर लिखित परिदृश्य से यह स्पष्ट होता है कि इनका विकास तथा वृद्धि धीरे-धीरे तथा लंबे संघर्ष से हुआ है। भारत ही एकमात्र ऐसा देश है जिसने मानवाधिकारों के पर्यवेक्षण तथा प्रोत्साहित करने के लिए इस प्रकार के आयोग की रचना की है। भारतीय संविधान मानवाधिकारों के कार्यान्वयन तथा सशक्तिकरण के लिए UDHR की वास्तविक आत्मा को अभिव्यक्त करता है। तथा इसी प्रकार के अन्य अभिकरणों की स्थापना द्वारा अंतर्राष्ट्रीय संधियों में प्रभावशाली उन्नति की है। हालांकि सब कुछ संभव नहीं हो पाया है और मानवाधिकारों को जड़ से मजबूत करने के लिए अनुकूल प्रक्रिया तथा परिस्थितियों की आवश्यकता है। नौकरशाही, पुलिस तथा नागरिक समाज में अभी कहीं न कहीं ब्रिटिश उपनिवेशी मानसिकता विद्यमान है। शक्तिशाली तत्व, राजनीतिक हित समूह और सम्पन्न वर्ग भी अक्षम वर्गों का शोषण करते हैं। इसके अतिरिक्त निर्धनता और अज्ञानता के कारण समाज के एक बहुत बड़े वर्ग को न्याय नहीं मिल पाता। जब तक साक्षरता, निर्धनता उन्मूलन जैसे मुख्य कार्य पूर्ण नहीं हो पाते मानवाधिकार

समाज के बहुसंख्क्षक लोगों के लिए एक सपना ही रहेगा। संक्षेप में मानवाधिकारों की प्रगति तथा आर्थिक उन्नति एक-दूसरे क पूरक हैं।

References

Blackburn, Robert and dames d. Bussuttil (eds.), Human Rights for 21st Century, London, Pinter, 1997.

Micheal Freeman, Human Rights, Polity Press, Cambridge University Press, 2002.

Sen, Shankar. Human Rights in Developing Society, Delhi NHP Publishing Corporation, 1994.

Peter R. Baechr, Human Rights : University in Practice, London, Macmillan Press, 1999.

Dowahar L. Kavel (ed.), Human Righs : An Introduction, New Delhi, Pearson Education Limited, 2000.

Symonides, dunusz, Human Rights: Concept and standards, New Delhi, Rawat Publication 2002.

Jaswal. Paramjit and Nisha jaswal, Human Rights and the law, New Delhi, APM Publishing Corporation, 1996.

Basu, Durga Das, Human Rights in Constitutional Law, Prentice Hall, 1944.

Alston Philip. United Nations and Human Rights, London Clarendon Press, 1995.

Saxena. K.P. (ed.), Human Rights and the Constitution : Visiion and the Reality, New Delhi, Gyan Publication , 1999.

Evans, Tony, Politics of Human Rights : A Global Perspective, London, Pluto Press, 2001.

Khanna. D.P., Reforming Human Rights New Delhi, Manas Publication 2001.

Madsen, Stig Toft, State, Society and Human Rights in South Asia, New Delhi, Monohar Publication, 1996.

Mishra, R.C. Governance of Human Rights : Challenges in the age of Globalization, Delhi, Autopress, 2003.

Mohapatra, Arun Ray, National Human Rights Commission of India : Formation, Fucntioning and Future Prospects, New Delhi, Radha Publisher, 2004.

Pal. R.M., Protection of Human Rights : A Critique, New Delhi , Indian Social Institute, 2001.

Patnaik, J.K, "Human Rights : The Concept and Perspective : A Third World View". The Indian Journal of Political Science, Vol. LXV No. 4, Oct. - Dec. 2004.

A Annual Reports of National Human Rights Commission (2000-2004)

Protection of Human Rights Act. 1993, Government of India.

Amnesty International, "Teaching and Learning about Human Rights". London.

अध्याय - 8

आश्रित वर्गों के मानव अधिकार : दलित, आदिवासी, महिलाएं, अल्पसंख्यक और असंगठित श्रमिक (Human Rights of Marginalized Groups : Dalits, Adivasis, Women, Minorities and Unorganised Workers)

विष्णु सतपथी

मानवाधिकार ऐसे अधिकार हैं जो व्यक्ति की प्रकृति में निहित हैं और जिनके अभाव में व्यक्ति प्रतिष्ठा सम्पन्न जीवन व्यतीत नहीं कर सकता। लोकतंत्र, निष्पक्ष न्यायपालिका तथा स्वतंत्र मीडिया इन अधिकारों के कार्यान्वयन को सरल बनाती है। एक ऐसे समाज में जहां लोगों को आर्थिक, भौतिक तथा राजनीतिक संसाधनों से वंचित रखा जाता है वहाँ लोग विकास की प्रक्रिया में पिछड़ जाते हैं। ऐसे लोगों में आदिवासी, महिलाएं, दलित, अल्पसंख्यक इत्यादि समूह समाज के सबसे कमजोर वर्गों में सम्मिलित हैं। इन समूहों में पिछड़ेपन तथा जागरूकता के अभाव के कारण आसानी से मानवाधिकारों का हनन होता है।

दलितों के मानवाधिकार (Human Rights of Dalitis)

दलित और अनुसूचित जातियां भारतीय समाज के कमजोर वर्गों में से एक हैं और इन वर्गों के मानवाधिकारों का हनन आज भी निरंतर हो रहा है। भारतीय संविधान में कमजोर वर्गों के संरक्षण के प्रावधान किए गए हैं और राज्य भी इनके संरक्षण और विकास के लिए सकरात्मक कदम उठा रहें हैं, परन्तु फिर भी इन कमजोर वर्गों का उत्पीड़न जारी है। भारतीय संविधान के अनुच्छेद 17 में किसी भी प्रकार के भेदभाव को निषेध किया गया है जिसके आधार पर संसद द्वारा अस्पृश्यता अधिनियम (अपराध) 1955 बनाया गया। 1976 में इस अधिनियम में सशोधन किया गया यह अधिनियम 1955 (सशोधित) लागू कर दिया गया। भारतीय दंड संहिता के सामान्य कानून भी अनुसूचित जाति और अनुसूचित जनजातियों के साथ किए जाने वाले अपराध सिद्ध हुए हैं। भारतीय संसद ने 1989 में अनुसूचित जाति और अनूसूचित जनजाति अधिनियम के नाम से एक प्रस्ताव पारित किया। संसद द्वारा पारित अधिनियम अनुसूचित जाति और जनजातियों के उत्पीडन को कारगर तरीके से रोक नहीं पाए हैं। और इनका उत्पीड़न समाज के विभिन्न हिस्सों में अब भी जारी है। सामाजिक न्याय और सशक्तिकरण मंत्रालय की रिपोर्ट में दलित समुदाय के विरूद्ध किए गए अपराध के 630 मामले दर्ज थे। 1981 से 1997 तक के आंकड़ों के अनुसार अनुसूचित जाति से संबंध रखने वाले 508 लोगों

की हत्या की गई, लगभग 2343 लोग घायल हुए, 847 लोग आगजनी का शिकार हुए, 754 लोग शारीरिक हिंसा से पीड़ित थे। और वार्षिक आधार पर औसतन 12,000 लोग अन्य अपराधों के शिकार थे।

संविधान निर्माताओं ने दलितों के लिए इस प्रकार के संरक्षणात्मक भेदभाव से यह आशा की कि इससे सभी समस्याओं का समाधान हो सकेगा, परन्तु इससे कुछेक समस्याओं का ही समाधान हो सका है। आर्थिक समस्याओं के अतिरिक्त गैर-आर्थिक समस्याएं भी बहुत महत्वपूर्ण है। यह माना जाता है कि सामाजिक-सांस्कृतिक समस्याओं की तुलना में आर्थिक समस्याएं अधिक महत्वपूर्ण हैं और दोनों का आपस में घनिष्ठ संबंध है तथा आर्थिक समस्याओं के समाधान से अन्य सभी समस्याओं का समाधान हो सकेगा। हमारे समाज में जातीय जटिलताएं विद्यमान हैं तथा अस्पृश्यता अभी भी दलितों की एक केन्द्रीय समस्या है। इस समस्या के समाधानों के बारें में सोचने से पूर्व अस्पृश्यता की प्रकृति, कारण और विस्तार को समझना आवश्यक है। आई.पी. देसाई (1976) ने अस्पृश्ता का मुख्य रूप से दो क्षेत्रों में निरीक्षण किया है।

(1) निजी क्षेत्र - जो प्रथाओं से परिचालित होता है।

(2) सार्वजनिक क्षेत्र - जो कानून से परिचालित होता है।

देसाई के अध्ययन के अनुसार, अस्पृश्ता धार्मिक और घरेलू क्षेत्र में प्रबल रूप से विद्यमान है, जबकि व्यवसायिक क्षेत्र में यह शक्तिशाली नहीं है और इसलिए सार्वजनिक क्षेत्र में यह समस्या नहीं है।

उपरोक्त संरक्षणात्मक उपायों के अतिरिक्त दलितों के लिए आरक्षण तथा प्रतिनिधित्व के प्रावधान भी किए गए हैं। राजनीतिक आरक्षण, सरकारी नौकरियों में आरक्षण, शैक्षिक संस्थानों में दाखिला तथा अन्य विभिन्न क्षेत्रों में आरक्षण की व्यवस्था की गई है ताकि अनुसूचित जाति तथा जनजातियों के आर्थिक, सामाजिक व राजनीतिक क्षेत्रों में सहभागिता तथा इन वर्गों के विकासात्मक उपायों को सुनिश्चित किया जा सके। परन्तु समस्या यह है कि इस प्रकार के उपायों से निजी तथा सामाजिक क्षेत्र के भेदभावों को समाप्त नहीं किया जा सकता। दलितों की स्थिति अभी भी संतोषजनक नहीं है। 1991 की जनगणना में दलितों की साक्षरता दर (37-41) जो राष्ट्रीय औसतन (52.21 प्रतिशत) से बहुत कम है। निजी रोजगार, स्कूल छोड़ने की दर, साक्षरता, स्वास्थ्य, उच्च शिक्षा या फिर सरकारी नौकरी प्रत्येक क्षेत्र में दलितों की स्थिति शोचनीय है। दलित मुख्य रूप से भूमिहीन है। यदि कुछ दलितों के पास भूमि है भी तो यह नाममात्र की ही है तथा निम्न स्तर की अनुपजाऊ भूमि है। दलित श्रमिकों की एक बड़ी संख्या आर्थिक क्षेत्र में खेती कार्यों से संलग्न हैं। दलितों की आय तथा उपभोग का स्तर निम्न है और गरीबी का स्तर बहुत उच्च है। यह कृषि श्रमिक बटाईदार खेतिहर के रूप में कार्यशील हैं तथा इन्हें पूरे साल के लिए कार्य उपलब्ध नहीं होता जिसके कारण इनकी परिस्थितियां निम्न हैं। सभी राज्य सरकारों द्वारा संशोधित न्यूनतम पारिश्रमिक अधिनियम के बावजूद इसे सीमित तरीके से कार्यान्वित किया गया है। इसके अतिरिक्त यह श्रमिक पूरे साल एक ही स्थान पर कार्य नहीं करते और इनका पारिश्रमिक ठेके के श्रमिकों से भी कम होता है। इसके अतिरिक्त ठेके पर कार्य करने वाले श्रमिकों की नौकरी सीमित होती है। और उन्हें मकान तथा कपड़े जैसी मूलभूत वस्तुएं भी उपलब्ध नही होती है। यह ठीक हैं कि ठेके पर कार्य करने वाले श्रमिकों का शोषण होता है, परन्तु इनमें दलितों की स्थिति अत्यंत दयनीय है और दलितों का एक बड़ा वर्ग भारतीय समाज में बंधुआ मजदूर के रूप में विद्यमान है। यह मजदूर अपनी रोजमर्रा या फिर विवाह या अन्य समारोह के लिए ऋण लेकर ब्याज के चक्रव्यूह में फंस जाते हैं जिससे वह कभी उबर नहीं

पाते और उनकी पीढ़ी दर पीढ़ी बंधुआ मजदूर बन जाती है। कृषिगत क्षेत्र एक असंगठित क्षेत्र है और इस क्षेत्र में काम करने वाले मजदूरों के मौलिक अधिकारों का हनन मानवाधिकारों के हनन का सबसे बुरा उदाहरण हैं। हालांकि बंधुआ मजदूरी को गैर कानूनी घोषित किया गया है, परन्तु जब तक इसके जन्म देने वाले कारणों को खत्म नहीं किया जाता बंधुआ मजदूरी का अन्त नहीं हो सकता। सम्पन्न किसान अपने मजदूरों की पत्नी तथा लड़कियों का प्रयोग अपने सुख के लिए करते हैं। यह स्थिति अत्यंत ही दुःखद है (देशपांडे ए. 1981)। जिससे यह बेबस महिलाएं सामाजिक आर्थिक और लैंगिक उत्पीड़न का शिकार बनती है।

यह विवाद का विषय है कि किसे संविधान व कानून तथा किसे परंपरागत जातिप्रथा और अस्पृश्यता की प्रथाओं, मूल्यों, शर्तों और रिवाजों में सम्मिलित किया जाए। इन परम्परागत मूल्यों पर आधारित विशेषाधिकार निम्नवर्ग के लिए दुःखद हैं। दूसरी ओर दलितों में जागरूकता का विस्तार हुआ है जिसके कारण वह समान अधिकारों की मांग का प्रयास कर रहे हैं जिसके परिणामस्वरूप सम्पन्न व दलित वर्गों में प्रायः हिंसा की घटनाएं देखने को मिलती हैं और यह घटनाएं किसी न किसी रूप में सम्पत्ति भूमि, पानी, श्रमिक, पारिश्रामिक, ऋणग्रस्तता और बंधुआ मजदूरी से संबंधित होती हैं। इसके अतिरिक्त इनमें मानवीय प्रतिष्ठा के मुद्दे, दलितों की अरूचिकर कार्य करने की बाध्यता, उनकी स्त्रियों का शोषण एवं दुर्वव्यवहार भी सम्मिलित है।

दलितों के मानवाधिकारों के हनन में कई स्थानों पर सैनिक भी सम्मिलित होते हैं और पुलिस भी सैनिकों द्वारा दलितों पर हमले की घटनाओं में सेना का साथ देती है। कुछ मामलों में दलितों का गुरिल्ला संगठनों का सदस्य होने या न होने की स्थिति में पुलिस द्वारा आतंकित करने की रिपोर्ट है। पुलिस पर ग्रामीणों को नियमित रूप से पीटने, महिलाओं का लैंगिक शोषण करने तथा उनकी सम्पत्ति को नष्ट करने के आरोप हैं। यह स्थिति बहुत ही खेदजनक हैं कि इन सैनिक नेताओं पर इस प्रकार की हत्याओं तथा दुर्वव्यवहार के लिए किसी भी प्रकार का अभियोग नहीं चलाया जाता। पुलिस भी सामान्यता इस प्रकार की रिपोर्टों को अपनी पुस्तिकाओं में पंजीकृत नहीं करती। इस प्रकार के मामले भारतीय दण्ड संहिता (IPC)ए नागरिक अधिकारों का संरक्षण (PCR) अधिनियम 1965 के अन्तर्गत आते हैं और यह अधिनियम अधिक कठोर नहीं है जिसके कारण अपराधी प्रायः स्वतंत्र घूमते हैं।

मानवाधिकार के हनन का एक अन्य पहलू पूरे देश में दलितों को उनके वयस्क मताधिकार से वंचित करना है। राजनीतिक दल विशिष्ट उम्मीदवार के पक्ष में वोट डालने के लिए उन पर जोर जबरदस्ती करते हैं।

दलित और वैश्वीकरण (Globalization and Dalits)

दलितों का भूमि आन्दोलन विस्तृत पैमाने पर सफल नहीं हो सका। इसका कारण दलितों में सामाजिक आधारभूत संरचना को परिवर्तित करने की अक्षमता थी। राजनीतिक इच्छा शक्ति की कमी, सफल भूमि सुधारों का अभाव, नौकरशाही की असमर्थता, कानूनी बचाव के रास्ते, जमींदार वर्ग की शक्ति, न्यायालय तक गरीब की पहुंच का अभाव इत्यादि इसके लिए उत्तदायी है।

वैश्वीकरण और बाजारीकरण के परिणामस्वरूप सामुदायिक जीवन ने प्रतियोगिता निरंतर जारी है। इस प्रतियोगिता के साधन अलग-अलग लोगों के लिए अलग है। ग्रामीण लोगों के लिए भूमि एक निर्जीव वस्तु से अधिक है उनका भूमि स्वतंत्रता, आत्मनिर्णय सहअस्तित्व, सामुदायिक भावना और

कुछ के लिए उच्च वर्ग के विरूद्ध संघर्ष की द्योतक है। इसके विपरीत विकास के समर्थकों तथा औद्योगिक वर्गों के लिए भूमि एक निर्जीव वस्तु मात्र है जो व्यवसायिक हितों की पूर्ति के लिए क्रय-विक्रय की वस्तु है। आज विशिष्ट शक्तिशाली शक्तियां प्रशासन को अपने साथ मिलाकर भूमि का क्रय-विक्रय कर रही हैं और अपने लाभों की पूर्ति कर रही हैं। वास्तव में वैश्वीकरण के इस युग में एक आम आदमी के लिए जीवित रहना बहुत मुश्किल हो गया है। सरकार, बहुराष्ट्रीय कम्पनियां तथा उद्योगपति विकास तथा गरीबी उन्मूलन की आड़ में अपने निजी हितों की पूर्ति में रत हैं। न्यायपूर्ति ए.एस. आनन्द, राष्ट्रीय मानवाधिकार समिति के अध्यक्ष, ने हाल ही में अनुसूचित जनजाति की स्थिति पर बोलते हुए सरकार को कल्याण आधारित परियोजना अपनाकर अधिकार आधारित परिप्रेक्ष्य अपनाने के लिए कहा। उन्होंने अनूसूचित जनजाति की दुर्दशा के लिए समाज की अज्ञानता तथा परिवर्तन को अस्वीकार करने की मानसिकता को इसके लिए उत्तदायी ठहराया। निजीकरण और आर्थिक सुधार के निरतंर प्रयास, आरक्षण की नींव को पहले ही कमजोर कर चुके है और राज्य के कल्याणकारी स्वरूप पर प्रश्न चिह्न लगा रहे हैं। भारत राज्य द्वारा न्यूनतम कार्य करने की प्रकृति की ओर अग्रसर है। विश्व बैंक के संस्थागत समायोजन कार्यक्रमों के पालन के साथ सार्वजनिक क्षेत्रों का विनिवेशीकरण और निजीकरण दलितों के विकास में बाधक हैं। भारतीय अर्थव्यवस्था के लगभग सभी क्षेत्रों को निजी निवेश के लिए खोल दिया गया है। (BALCO) जैसे सार्वजनिक उपक्रम का विनिवेशीकरण कर सभी प्रतिबंधों को हटा दिया गया है। दूरसंचार विभाग का BSNL में परिवर्तन इस प्रक्रिया का एक अन्य उदाहरण है। इस प्रकार इन नीतियों के कार्यान्वयन से आरक्षण को लगभग समाप्त किया जा रहा है।

आज शिक्षा के क्षेत्र में भी स्वतंत्र बाजार की विशेषताएं अपनी पैठ बना चुकी है। आज शिक्षा का व्यापारीकरण एक वास्तविकता बन चुकी है। छोटे शहरों में भी शैक्षिक व्यापारिक संस्थान विद्यमान हैं और छात्रों को उनके संस्थाओं में भर्ती होने के लिए निरन्तर प्रोत्साहित कर रहे हैं। शिक्षा के क्षेत्र में भी विदेशी शैक्षिक संस्थान प्रवेश कर रहे हैं। शिक्षा के क्षेत्र में भी विदेशी शैक्षिक संस्थान प्रवेश कर रहे हैं जिससे शिक्षा दिन-ब-दिन महंगी होती जा रही है। विदेशी शैक्षिक संस्थानों से प्रतियोगिता के कारण IIMS तथा IITs जैसे विशिष्ट शैक्षिक व्यवसायिक संस्थानों ने अपनी फीस तथा अन्य खर्चों को कई गुना बढ़ा दिया है। इन भारतीय संस्थानों से शिक्षा प्राप्त करना पहले ही दलितों के लिए मुश्किल था अब तो पूर्णतया असंभव है। कुछ लोगों के लिए वैश्वीकरण पूंजीवाद के विस्तार का पर्याय बन चुका है। इस प्रक्रिया का हानिकारक प्रभाव दलितों पर आसानी से देखा जा सकता है जो थोड़ा बहुत उनको उपलब्ध था। वैश्वीकरण के कारण दलितों को अब उससे भी हाथ धोना पड़ा है।

कानूनी रूपरेखा के समर्थन से ही मानवाधिकारों का संरक्षण नहीं हो सकता, क्योंकि आर्थिक, सामाजिक और धार्मिक धारणाएं मानवाधिकारों के कार्यान्वयन और प्रयोग को कठिन बनाते हैं। जब तक, समाज में सामाजिक, आर्थिक और सांस्कृतिक असमानताएं व्याप्त हैं तब तक दलितों के मानवाधिकारों के संरक्षण के लिए कानूनी उपाय भी पर्याप्त नहीं हैं। दलितों के पिछड़ेपन का एक मात्र कारण निर्धनता नहीं है इसके लिए हिन्दु धर्म की जातिप्रथा भी उत्तरदायी हैं। यहां तक कि पर्यावरण के संबंध में भी भेदभाव का व्यवहार किया जाता है। अन्य जातियों के गरीबों के विपरीत दलित को गरीबी और छुआछुत के दोहरे भेदभाव का सामना करना पड़ता है।

सवैधानिक प्रावधान जैसे कि (1) राजनीतिक आरक्षण (2) व्यवसायिक शैक्षिक संस्थानों में सीटों का आरक्षण (3) सरकारी नौकरियों में आरक्षण से ही निर्धनता का उन्मूलन नहीं किया जा सकता। दलितों का एक बहुत बड़ा वर्ग गरीबी का शिकार है तथा इनमें आर्थिक रूप से सम्पन्न छोटा

सा वर्ग ही सभी आरक्षणों का लाभ उठाता है। गरीबी के परिणामस्वरूप, राजनीतिक चुनावों में बढ़ते चुनावी खर्चों के कारण दलित चुनावों में लड़ नहीं सकता। इस प्रकार आरक्षण और संरक्षणात्मक भेदभाव निर्धनता तथा छुआछुत के लिए पर्याप्त नहीं है।

आदिवासियों के मानवाधिकार (Human Rights of Adivasis)

आदिवासी शब्द मूल निवासियों के लिए प्रयुक्त संस्कृत शब्द है। बहुत से राजनीति शास्त्रियों तथा समाजशास्त्रियों का मानना है कि आर्यों के आगमन के बाद भारत के मूल निवासी आर्यों से अपनी रक्षा के उद्देश्य से नदियों, घाटियों तथा जंगलों में चले गए। किन्तु इन निवासियों को भारत सरकार ने मूल निवासी के रूप में स्वीकार नहीं किया है। इसका कारण यह है कि यदि सरकार इन्हें मूल निवासी स्वीकार करती है तो अंतर्राष्ट्रीय प्रावधानों के अनुसार इन्हें कुछ विशिष्ट अधिकार, जिनमें आत्मनिर्णय का अधिकार भी सम्मिलित है, इन्हें प्रदान करना पड़ेगा। भारत सरकार ने आदिवासियो के संरक्षण तथा विकास के लिए संविधान में स्वशासन तथा संरक्षण के लिए संवैधानिक प्रावधान किए हैं। आदिवासियों की अपनी विशिष्ट, भाषा, संस्कृति रीति-रिवाज तथा कानून हैं। इनके कल्याण के लिए बहुत से मंत्रालय विद्यमान हैं। सरकारी तंत्रों द्वारा इनकी सुरक्षा तथा विकास के कार्यक्रमों पर आज गंभीर विश्लेषण की आवश्यकता है, क्योंकि आदिवासियों की स्थिति संतोषजनक नहीं है। कुछ विद्वानों का मत है कि संसाधनों, भूमिं तथा अधिकारों को लेकर होने वाले विवाद और राष्ट्रीय हित से भविष्य में आदिवासियों के लिए वास्तविक रूप से लाभदायक होंगे। आदिवासियों की स्थिति का विश्लेषण करने वाले विशेषज्ञ प्रमोद पेराजुली का मत है कि आदिवासियों पर वैश्वीकरण का सकारात्मक परिणाम यह है कि इस प्रक्रिया ने आदिवासियों की स्वशासन की परम्परा को मजबूत करके उनमें आत्मविश्वास पैदा किया है।

अनुसूचित जनजातियों की स्थिति सरकारी सेवाओं (नौकरियों) में रोजगार की प्राप्ति को लेकर अनुसूचित जातियों से भी पिछड़ी हुई है। अखिल भारतीय स्तर पर अनुसूचित जनजातियों के लिए 7.5% आरक्षण का प्रावधान है। परन्तु 1995 के आंकड़ों के अनुसार 1 जनवरी 1995 तक 5.83% लोगों के पास नौकरियां थीं। 1991 की जनगणना के अनुसार राष्ट्रीय साक्षरता की औसत दर 52.21% थी, जबकि जनजातियों की साक्षरता दर मात्र 29.60% थी। संविधान के 65वें संविधान संशोधन 1990 के द्वारा अनुसूचित जाति तथा जनजाति आयोग की स्थापना 1992 में की गई। आयोग का महत्वपूर्ण कार्य अनुसूचित जाति तथा जनजातियों के संवैधानिक संरक्षणों को नियंत्रित करना तथा राज्य व केन्द्र शासित प्रदेशों में उनके विकास का मूल्यांकन करना है। सजातीय तथा जनजातीय लोगों के रूप में मान्यता दी गई है और इन्हें जनजातियों के समकक्ष माना गया है। तथा एशिया एवं अफ्रीका की जनजातियों के साथ सजातीय व्यवहार करने के संबंध में प्रयास किए गए हैं।

देश में हाल ही में किए गए मानवाधिकार के सर्वेक्षण के परिप्रेक्ष्य में आदिवासियों की स्थिति संतोषजनक नहीं है। औद्योगिक तथा तकनीकी उपलब्धियों ने विश्व की बहुत सी संस्कृतियों तथा जनजातियों का अन्त कर दिया है और इस अन्त को परिवर्तन का आवश्यक सिद्धांत मान लिया गया है। आज आदिवासी अपने अधिकारों की मांग कर रहे हैं और अपनी सांस्कृतिक विरासत की पुनः खोज कर रहे हैं। इसके बावजूद भी राज्य आदिवासियों की राजनीतिक स्वायत्तता को समाप्त करके उनकी भूमि पर नियंत्रण कर रहे हैं। राज्यों ने विकास के नाम पर विभिन्न कार्यक्रमों का कार्यान्वयन किया है जो उनके जीवन, संस्कृति, भाषा, वैवाहिक रिवाजों और धर्म के लिए गंभीर चुनौती हैं। इन

उपाश्रित लोगों के लिए विकास का अर्थ यह है कि उनके संसाधनों का उपयोग राष्ट्रीय अर्थव्यवस्था के लाभ के लिए किया जा रहा है। राष्ट्र के बहुत से प्राकृतिक संसाधन जैसे खनिज, पवन ऊर्जा के स्रोत, चिकित्सीय जड़ी-बूटियों से भरे हुए जंगल, जनजातीय क्षेत्रों में केन्द्रित हैं। इन संसाधनों का प्रयोग 'जनहित' और 'राष्ट्रहित' में प्रयोग करने से असंख्य आदिवायियों को अपने परम्परागत निवास स्थान से विस्थापित होना पड़ता है या फिर अपने जीवन को बनाए रखने वाले उत्पादक संसाधनों से निष्कासित होना पड़ता है। इस संदर्भ में सिंगूर की समस्या ज्वलंत उदाहरण है। आदिवासियों का इस प्रकार का निष्कासन भारतीय संविधान के अनुच्छेद 20 के अन्तर्गत जीवन के अधिकार का स्पष्ट हनन हैं। इन प्रोजेक्टों से प्रभावित होने वाले लोगों को व्यवस्थित करने के लिए मानवीय और उचित राष्ट्रीय नीति बनाने के प्रयास किए जा रहे हैं, परन्तु इनके कार्यावयन में शक्तिशाली लोगों के स्वार्थ बाधक है। कुछ अनुमानों के अनुसार, विकासात्मक योजनाओं के कारण 1947 से लगभग 40 हजार लोग विस्थापित हुए हैं। इनमे ज्यादातर आदिवासी सरकार के नाम तक से भी परिचित नहीं हैं, क्योंकि एक लंबे समय से राज्यों द्वारा उनका निरन्तर शोषण किया जा रहा है।

इन सब कार्यों के कारण जनजातियों का तेजी से विनाश हुआ है, प्राकृतिक संसाधनों का दोहन जारी है तथा पर्यावरण का विध्वंस हो रहा है। औद्योगिक क्षेत्रों में तेजी से जनसंख्या में वृद्धि हो रही है, परन्तु जनजातीय जनसंख्या की दर उच्च मृत्यु दर तथा अनउत्पादकता के कारण स्थिर है। औद्योगिक क्षेत्रों में जीवन स्तर में विकास हो रहा है, जबकि जनजातियों की उपभोग दर पूर्ववत है। औद्योगीकरण के तीव्र विकास से पर्यावरणरीय समस्याओं में वृद्धि हो रही है जिसका जनजातियों पर भयानक प्रभाव पड़ रहा है। आर्थिक विकास के साथ-साथ बीमारियों में वद्धि हो रही है। मधुमेह, हृदय रोग, मोटापा, तथा उच्च रक्त चाप की बीमारियों को आसानी से देखा जा सकता है। इसका आदिवासियों के खान-पान की आदतों से घनिष्ठ संबंध है। आदिवासियों का अपने प्राकृतिक खान-पान की आदतों से संबंध विच्छेद हुआ है जिसके परिणामस्वरूप उनके स्वास्थ्य पर प्रतिकूल प्रभाव पड़ा है। उनके आहार में विटामिन, खनिज, प्रोटीन तथा अन्य पोषक तत्वों के अभाव से यह आसानी से बीमारियों का शिकार बन जाते हैं।

आदिवासियों को विकास की मुख्य धारा में सम्मिलित करना जरूरी है। यह स्थिति खेदजनक है कि वह विकास की प्रक्रिया में शामिल नहीं होना चाहते। केन्द्रीय तथा राज्य सरकारें जबरन तथा प्रत्यक्ष हेर-फेर से जनजातीय अर्थव्यवस्थाओं को समाप्त करके उन्हें बाजारी अर्थव्यवस्थाओं में परिवर्तित कर रही हैं। भारत में अर्थव्यवस्था में निजीकरण का पथ अपनाकर प्रत्यक्ष विदेशी निवेश के लिए सीमाओं को समाप्त कर दिया है जिससे भारत की अर्थव्यवस्था का विकास हुआ है और उससे विदेशी मुद्रा तथा नौकरियों का विस्तृत पैमाने पर विस्तार हुआ है। वैश्वीकरण की प्रक्रिया के परिणामस्वरूप संसाधनों की दृष्टि से सम्पन्न राज्यों पर दबाव बढ़ रहा है जिससे उस क्षेत्र के निवासियों को अपनी भूमि और घर से हाथ धोना पड़ रहा है। इस संदर्भ में यह तर्क दिया जाता है कि खुदाई के काम से आवश्यक संरचना और नौकरियों का विकास होगा जिसे सरकारी कार्यक्रमों द्वारा कई सालों में भी प्राप्त नहीं किया जा सकता। आदिवासी अपने क्षेत्र में शरणार्थी बनने को तैयार नहीं हैं। सामाजिक संगठनों का विकास शिक्षा, स्वास्थ्य तथा स्वच्छता दावे तथा सरकार द्वारा उन्हें पुनर्वासित करने की प्रशासनिक योजनाएं भी इन्हें स्वीकार्य नहीं है।

मानवाधिकार तथा महिलाएं (Human Rights and Woman)

जाति, वर्ग, लिंग, भाषा, नस्ल इत्यादि के आधार पर शोषण और दमन का व्यवहार दिया जाता है। इस संदर्भ में महिलाओं की स्थिति अत्यंत दुःखद है। एक महिला होने के कारण तथा समाज के विशिष्ट वर्ग से संबंध रखने के कारण महिलाओं को दोहरे शोषण का शिकार होना पड़ता है। महिलाएं आज उपभोक्ता, मैनेजर, वकील, डॉक्टर, जैसी बहुआयामी भूमिकाएं निभा रही हैं परन्तु अधिकतर महिलाओं के कार्य को सरल तथा महत्वहीन समझा जाता है। महिलाओं को समान कार्य के लिए समान वेतन नहीं दिया जाता। महिलाओं को घरेलू हिंसा का शिकार होना पड़ता है। विकासात्मक नीतियों, योजनाओं और समायोजन के उपायों में उनकी भूमिका को आंका नहीं जाता। कृषिगत योजनाओं में महिलाओं का परामर्श नहीं लिया जाता। कृषि तकनीक पुरूषों के अनुकूल होती है। महिलाएं कम वेतन तथा निम्न स्तर की नौकरियों में ही कार्यरत हैं।

संविधान में महिलाओं को पुरूषों के समान ही मौलिक स्वतंत्रताएं तथा अधिकार प्रदान किए गए हैं। लिंग के आधार पर महिलाओं के साथ आहार में भी भेदभाव किया जाता है। विश्व के प्रत्येक हिस्से में महिलाओं के साथ घरेलू हिंसा सामान्य घटना है। महिलाओं को सिद्धांत में तो समान अधिकार प्रदान किए गए हैं, परन्तु व्यवहार में उनके साथ भेदभाव बरता जाता है। भारत जेसे देशों में महिलाओं में व्याप्त अशिक्षा तथा आर्थिक पिछड़ापन उनके शोषण को बढ़ावा देते हैं। सम्पूर्ण भारत के बहुत से गांवों में पीने का पानी की व्यवस्था नहीं हैं और इन गांवों में घरेलू आवश्यकता की पूर्ति के लिए महिलाएं दिन के आठ-आठ घंटे पानी भरती हैं। गरीबी, वंचितता, पानी का अभाव, स्वच्छता की कमी, दूध की कमी इत्यादि तत्व पुरूषों से ज्यादा महिलाओं को प्रभावित करती हैं, क्योंकि स्त्री को समाज में पुरूष से अधिक भूमिका का निर्वाह करना पड़ता है। ILO की रिपोर्ट के अनुसार महिलाओं के पुरूषों से दोगुने घंटों तक कार्य करना पड़ता है, जबकि उन्हें सम्पत्ति में 1/10 भाग भी प्राप्त नहीं होता।

भारतीय संविधान में लिंग के आधार पर किसी भी प्रकार के भेदभाव का निषेध किया गया है। भारतीय संविधान के अनुच्छेद 51(।) में मौलिक कर्तव्यों के अंतर्गत महिलाओं के प्रति सम्मान का विवेचन किया गया है। महिलाओं के अधिकारों के सुनिश्चित करने के लिए बहुत से वैधानिक उपायों को उपबधित किया गया है जैसे महिलाओं के हित के लिए विशेष विवाह अधिनियम (1954), पारिवारिक न्यायालय अधिनियम (1954), दहेज निषेध अधिनियम (1961)। इसे 1984, 86 में संशोधित किया गया। इनके अतिरिक्त बाल विवाह अधिनियम (संशोधित- 1976), समान पारिश्रमिक अधिनियम (1976) इत्यादि अधिनियम महिलाओं की स्थिति में सुधार के लिए सराहनीय कदम हैं।

महिलाओं के साथ हिंसा का मूल कारण समाज में बढ़ता अपराधीकरण, संचार साधनों द्वारा हिंसा की घटनाओं का दिखाया जाना, हिंसा की घटनाओं तथा परिणामों को जानने के अपर्याप्त साधन, कानूनी प्रावधानों के क्रियान्वयन की ढीली-ढाली व्यवस्था और परम्परागत मूल्यों का पतन महिलाओं के साथ होने वाली हिंसा के अन्य कारण है। महिलाओं की स्थिति के संबंध में जागरूकता फैलाने में संचार साधनों की सराहनीय भूमिका रही है। देश के विभिन्न हिस्सों में कानूनी तथा परामर्श केन्द्रों की स्थापना की गई है। महिला पुलिस केन्द्रों की भी स्थापना की गई है, परन्तु अब भी कुल पुलिस संख्या में महिला पुलिस संख्या मात्र 1% है। महिलाओं को सशक्त बनाने के लिए सक्रिय राजनीतिक इच्छा शक्ति की तत्काल आवश्यकता है।

लिंग आधारित हिंसा : कारण तथा परिणाम (Gender based violence : Its causes and Consequences)

विश्व के प्रत्येक देश में महिलाओं के मानवाधिकारों का हनन होता है। लिंग भेद एक जैविक भेद है जबकि लिंग एक सामाजिक संरचना है। महिलाओं के साथ लिंग के आधार पर भेदभाव किया जाता है और उन्हें प्रताड़ित किया जाता है।

लिंग जांच, भ्रूण हत्या, महिलाओं को बालिकाओं को जन्मने के लिए दोषी ठहराना, महिलाओं के साथ महिला होने के कारण शिक्षा तथा आहार में पक्षपात करना, महिलाओं की नीति-निर्माता की भूमिका से वंचित रखना, महिलाओं के साथ जघन्य अपराध जैसे - दहेज, हत्या, शोषण और बलात्कार इस प्रकार के भेदभाव के उदाहरण हैं। महिलाओं के साथ व्यवसाय को अपनाने के संबंध में भी भेदभाव किया जाता है। भारतीय महिलाओं से अपने अस्तित्व की अवहेलना कर बच्चों का लालन-पालन करने वाली, घर को जोड़ने जैसे नैतिक मूल्यों की भूमिका को अपनाने पर बल दिया जाता है।

लिंग आधारित हिंसा का प्राथमिक कारण महिलाओं की परिवार और समाज में निम्न स्थिति का होना है। विश्व स्वास्थ्य संगठन (WHO) के गहन शोध में सम्पूर्ण विश्व के 19 देशों का (1997 में) अध्ययन किया गया (जिसमें विकसित देश भी शामिल थे) के अनुसार 16% से 52% महिलाओं का उनके अपने साथी द्वारा बलात्कार होता है। संयुक्त राष्ट्र संघ की रिपोर्ट (1995) के अनुसार, प्रति आठ सैकेंड में एक महिला का यौन शोषण तथा प्रति छः मिनट में एक महिला का बलात्कार होता है। संयुक्त राष्ट्र संघ जैसे देशों में भी प्रबल नारीवादी आंदोलन निरन्तर जारी हैं। भारत में किए गए एक सर्वेक्षण के अनुसार प्रति 24 मिनट में एक महिला का यौन शोषण, प्रति 43 मिनट में अपहरण, प्रति 54 मिनट में बलात्कार का शिकार हो रही हैं। 2001 की जनगणना के अनुसार महिलाओं का लिंग अनुपात प्रति हजार पुरूष पर 932 है। हाल ही में राष्ट्रीय महिला आयोग द्वारा किए सर्वेक्षण के अनुसार, उत्तराखंड क्षेत्र में 30: विवाहित महिलाओं को उनके पतियों ने बालक शिशु पैदा न कर पाने की अक्षमता के कारण त्याग दिया। टाइम्स ऑफ इंडिया की वार्षिक रिपोर्ट 1997 के अनुसार, राजधानी दिल्ली में 167 दहेज हत्या के मामले, 526 बलात्कार के मामले, 832 मामले पतियों तथा ससुरालियों द्वारा सताए जाने के मामले, 1,649 छेड़छाड़ के मामले, 655 उत्पीडन के मामले दर्ज थे। एमनेस्टी इंटेरनेशनल की एक रिपोर्ट के अनुसार पुरे देश में पुलिस द्वारा महिलाओं का बलात्कार तथा दुर्वव्यहार व्याप्त है। उत्तर पूर्वी क्षेत्र तथा जम्मू और कश्मीर में बागी सैनिकों के समर्थन से सेना तथा अर्धसैनिक बलों द्वारा महिलाओं का बलात्कार किया जाता है।

पितृसत्ता भी महिलाओं के लिए घातक हैं। पुरूषों द्वारा उत्तरदायी भूमिका निभाने की धारणा ने महिलाओं की चिंता से संबंधित समस्याओं की ओर धकेल दिया है। महिलाओं को दोहरी भूमिका का सामना करना पड़ता है। उन्हें अपने व्यवसाय (नौकरी) को भी करना होता है और घर में अपनी घरेलू भूमिका भी अदा करनी पड़ती है। जिससे वह दोहरे तनाव के अंतर्गत जीवन व्यतीत करती हैं जिसके परिणामस्वरूप महिलाओं में हृदय संबंधी बीमारियों (Coronary Artery Disease) में तेजी से वृद्धि हो रही है। आज महानगरों में 30% से 40% महिलाएं इस बीमारी (CAD) से पीड़ित हैं। समानता, न्याय और मानवाधिकारों पर आधारित एक समाज की स्थापना के लिए विकास की प्रक्रिया में महिलाओं की भागीदारी अत्यावश्यक है।

महिला अधिकार बनाम् मानवाधिकार (Women Rights Vs Human Rights)

संयुक्त राष्ट्र संघ के प्रावधान 48/104 (1993) के अनुसार महिलाओं पर हिंसा प्रयोग को मानवाधिकारों का हनन माना गया है। इस हिंसा को महिलाओं का शारीरिक, लैंगिक और मनोवैज्ञानिक उत्पीड़न जिसमें हिंसा की धमकी भी शामिल है, निजी या सार्वजनिक जीवन में स्वतंत्रता से वंचित करने को मानवाधिकार का हनन माना जाता है। लिंग आधारित सामाजिक भेदभाव के कारण ही महिलाओं के विरूद्ध हिंसा प्रयोग को रोकने के लिए एक रेपोर्टियर की स्थापना की गई। भारत महिला संबंधी प्रसंविदा का सदस्य 1993 से है। प्रसंविदा के अनुसार महिलाओं के पक्ष में कानून, नीति तथा अधिनियम बनाने एवम् उनको व्यवहार में लाने के लिए किए गए प्रयासों की रिपोर्ट हर चार साल में संयुक्त राष्ट्र संघ की महिला समिति को सौंपता है। लिंग के आधार पर भेदभाव की गैर सरकारी संगठनों द्वारा पेश की गई रिपोर्ट के आधार पर CEDAW (महिलाओं के विरूद्ध हर प्रकार के भेदभाव के निषेध की समिति) भारतीय प्रतिनिधि से संयुक्त राष्ट्र संघ में प्रश्न पूछ सकती है। भारत जैसे बहुसांस्कृतिक देश में मानवाधिकारों के मुद्दों को इस प्रकार सदृश बनाना चाहिए जिससे मानवाधिकार सार्थक और अर्थवान बन सके।

1995 में बीजिंग में महिलाओं की स्थिति पर एक विश्व सम्मेलन का आयोजन किया गया। यह सम्मेलन मुख्य रूप से महिलाओं के मानवाधिकारों के प्रति जागरूकता के अभाव पर केन्द्रित रहा। बीजिंग कांफ्रेस में सरकारों के दिशा निर्धारण के लिए महिलाओं के स्वास्थ्य, शिक्षा, आर्थिक स्वतंत्रता, सत्ता में भागीदारी, मानवाधिकार और समानता जेसे नए मुद्दों का निर्धारण किया गया। गैर-कानूनी हिरासत, यातना, हिरासतीय मौत, और नजरबंदी ही मानवाधिकारों का हनन नहीं है बल्कि व्यक्ति को जीवन की न्यूनतम सुविधाओं का न मिलना भी मानवाधिकारों का हनन है। जन जागरूकता मानवाधिकारों के हनन को रोकने में महत्वपूर्ण भूमिका निभा सकती है। प्रक्रिया व्यवहार तथा विश्वास में पूर्ण परिवर्तन की आवश्यकता है। हालांकि मानवाधिकारों के प्रति जागरूकता में विस्तार हो रहा है, परन्तु इसकी प्रगति बहुत धीमी है। महिलाओं की स्थिति में सुधार का व्यवहारिक कदम महिलाओं में शिक्षा का व्यापक प्रसार करना तथा लिंग संबंधी भूमिका की घिसी पिटी रूढ़िवाद को समाप्त करना है। महिलाओं के मानवाधिकारों की गारंटी के लिए कानून एवं नीतियों का कार्यान्वयन इस दिशा में बहुत महत्वपूर्ण है। जीवन और सामाजिक आर्थिक तत्वों की बाधा के बिना विवाह करने का अधिकार महिलाओं का मूल अधिकार है। अंतर्राष्ट्रीय मानवाधिकारों को रचनात्मक रूप से लागू करने के लिए पर्याप्त न्यायाधिकरण होने चाहिए और मानवाधिकारों के प्रति जागरूकता का व्यापक प्रसार होना चाहिए।

2001 की जनगणना के अनुसार, भारत में महिलाओं की स्थिति निम्न बनी हुई हैं। 20वीं शताब्दी के प्रारंभ से ही महिला लिंगानुपात में निरन्तर ह्रास हो रहा है। 1902 में लिंगानुपात 972 था जबकि 2001 में यह अनुपात 932 है। 1991 की जनगणना के अनुसार महिलाओं की साक्षरता दर मात्र 39% थी। 1993-94 में शिक्षा विभाग के आंकड़ों के अनुसार लड़कियों द्वारा स्कूल छोड़ने की दर बहुत उच्च थी। प्रो॰ अमर्त्य सेन ने भी पोषकता के अभाव के कारण मातृत्व और बालिका शिशु की उच्च मृत्यु दर की पुष्टि की है। भारत में बाल विवाह महिला उत्पीड़न का एक अन्य रूप हैं भारत में सदियों से बाल विवाह की प्रथा विद्यमान रही है और आज भी निरंतर बनी हुई है। मुम्बई को महिलाओं के लिए सुरक्षित माना जाता था, परन्तु मैरीन ड्राइव कैस के बाद बुम्बई भी महिलाओं के लिए सुरक्षित नहीं है। 1993-95 में बलात्कार के मामलों में 60% वृद्धि हुई।

गांवों में 2/3 महिलाएं गरीबी रेखा से नीचे जीवन व्यतीत करती हैं तथा भारत की श्रमिक शक्ति 22% महिलाएं हैं। परन्तु दुर्भाग्य कि बात यह है कि इसमें अधिकतर महिलाएं गैर-संगठित क्षेत्रों में कार्यरत हैं। इस क्षेत्र में घरों में झाड़ू-बर्तन करने वाली महिलाएं, ठेके पर काम करने वाली महिलाएं, घरेलू सहायता और कृषि कार्य में रत महिला श्रमिक सम्मिलित है। महिलाओं के कार्य की दशाएं बहुत निम्न स्तर की हैं और कल्याणकारी लाभों का अभाव है, नौकरी भी सुरक्षित नहीं है। इस क्षेत्र में श्रमिक संघ का अभाव इनकी समस्याओं को बढ़ाता है। संयुक्त राष्ट्र संघ की मानव विकास रिपोर्ट- 1995 में देश आर्थिक, राजनीतिक तथा व्यवसायिक क्षेत्रों में महिलाओं की सहभागिता की कमी को स्पष्ट किया है। इस रिपोर्ट में 116 देशों के वैश्विक सशक्तिकरण उपायों के सर्वेक्षण में भारत को श्रीलंका तथा बांग्लादेश के बाद 101 स्थान प्राप्त हुआ।

भारत में महिला सशक्तिकरण (Women Empowerment in India)

भारत में महिलाओं के विकास के लिए शिक्षा, स्वास्थ्य रोजगार इत्यादि के लिए प्रगतिशील कानूनों को बनाया गया है। परन्तु इन कानूनों के विलम्बकारी कार्यान्वियन के कारण संभावित परिणाम प्राप्त नहीं किए जा सके हैं। आज प्राय: संसद तथा विधानमण्डलों में महिला सहभागिता के लिए 33% आरक्षण की बात की जाती है। लगभग सभी राजनीतिक दल महिला आरक्षण विधेयक का समर्थन करते है, परन्तु जब-जब इसे संसद में पेश किया गया इस विधेयक को लेकर माहौल गर्मा गया। परिणामस्वरूप यह विधेयक अभी तक पारित नहीं हो सका है। महिलाओं के अधिकारों को अस्वीकार करने का यह एक अन्य प्रकार है। इस विधेयक के आलोचक तर्क देते हुए कहते हैं कि महिलाओं का 33% आरक्षण विशेषाधिकार का एक अन्य रूप होगा तथा महिलाओं के लिए घरेलू क्षेत्र ही उचित है। परन्तु कुछ रिपोर्टों के अनुसार महिलाओं ने राजनीतिक जीवन में भी सराहनीय भूमिका अदा की है उदाहरणार्थ हाल ही में हैदराबाद की महिला संरपच बनने से पूर्व यह महिला अपने घरेलू क्षेत्र तक ही सीमित थी। यह सब कुछ आरक्षण के कारण ही संभव हो सका। भारत के 73वें संविधान संशोधन द्वारा पंचायतों में महिलाओं को आरक्षण प्रदान किया गया है और महिलाओं ने सशक्तीकरण के उपायों का लाभ उठाने में उत्सुकता दिखाई है। पंचायती राज संस्थानों में 10,000 से अधिक महिलाओं ने अपनी योग्यता को सिद्ध किया है। उत्तर भारत के गांवों में पंचपति उभरकर सामने आए है, इन क्षेत्रों में महिलाएं तो कानूनी सरपंच होता हैं, जबकि वास्तविक शक्ति का प्रयोग उनके पतियों द्वारा किया जाता है। महाराष्ट्र के कई हिस्सों में महिला सरपंच चरित्र हनन, सामाजिक बहिष्कार तथा इसी प्रकार के अन्य समस्याओं का सामना कर रही है।

राजनीतिक शक्ति के साथ-साथ महिलाओं को आर्थिक रूप से भी शक्तिशाली बनाया जाना चाहिए। गांवों में भूस्वामित्व तथा राजनीतिक शक्ति के बीच महत्वपूर्ण संबंध है। उतराधिकार तथा वितरण द्वारा प्राप्त भूमि दोनों ही रूपों में महिलाओं को समान अधिकार मिलने चाहिए। गरीबी और अभाव के कारण गांवों में महिलाओं की स्थिति बहुत शोचनीय है। भारत के कई हिस्सों में महिलाओं को परम्परागत रीति-रिवाजों के अनुसार भूमि अधिकार प्रदान किए जाते हैं। प्रशासनिक रिकार्डों में पट्टे को कानूनी रूप प्रदान करते समय घर के मुखिया के नाम पर पति का नाम दर्ज किया गया। पश्चिमी बंगाल में भूमि सुधार का सकारात्मक प्रभाव दृष्टिगोचर होता है। यहां पर 75% लोग दलित, अनुसूचित जाति तथा जनजातियों से संबंधित हैं, परन्तु पंचपति के लिए यहां कोई स्थान नहीं है।

महिलाएं तथा समान नागरिक संहिता (Women and Uniform civil code)

महिलाओं को उनके अपने परिवार में ही शारीरिक और मानसिक उत्पीड़न का शिकार होना पड़ता है। वैश्विक समुदाय ने इस प्रकार की हिंसा विशेषकर अपने परिवार द्वारा होने वाली हिंसा को मानवाधिकारों के हनन के रूप में स्वीकार किया है। समान नागरिक संहिता का मुद्दा विवादित और बहस का मुद्दा है। सामाजिक सांस्कृतिक तत्वों में अंतर के कारण प्रत्येक क्षेत्र के सम्प्रदाय के अपने अलग सम्पत्ति, परिवार विवाह, तलाक इत्यादि के कानून हैं। जिसका महिलाओं के अधिकारों पर बहुत बुरा प्रभाव पड़ता है। समान नागरिक संहिता द्वारा महिलाओं के अधिकारों को राष्ट्रीय स्तर व्यापक पैमाने पर सुनिश्चित तथा संरक्षित किया जा सकता है। नारीवादी सुधारों की प्रक्रिया की निरन्तर मांग कर रहे हैं। परन्तु कुछ लोग समान नागरिक संहिता को अल्पसंख्यकों के लोकतांत्रिक अधिकारों के लिए खतरा मानते हैं।

भारतीय संविधान की धारा 32 के अनुसार पति की मृत्यु के बाद पत्नी अपनी मर्जी से भूमि या सम्पत्ति का हस्तांतरण कर सकती है। इस संवैधानिक धारा का प्रयोग पारिवारिक सदस्य लोग अपने हितों के लिए करते हैं और हर प्रकार के दांव-पेच का प्रयोग करते हैं। भूमि के हस्तातंरण के उपरान्त महिलाओं की दुर्दशा के बहुत से मामले प्रकाश में आते हैं। सम्पत्ति का संयुक्त स्वामित्व, हिंसा से सुरक्षा, पति का घर, हिरासत में समान अधिकार, संरक्षण इत्यादि की मांग विभिन्न, महिला संघों द्वारा की जाती रही है। भारत जैसे देश में जाति, धर्म, समुदाय, आर्थिक स्थिति जैसे निर्धारक तत्व-महिलाओं को सामूहिक रूप से संगठित होकर अपने अधिकारों के लिए लड़ने में बाधक हैं। 'सार्वभौमिक परिप्रेक्ष्य' वैज्ञानिक तार्किकता, धर्म-निरपेक्षता तथा राष्ट्र-राज्य की संकल्पना पर आधारित है जिसका जन्म 18वीं तथा 19वीं शताब्दी में हुआ था तथा जिन्हें आज बहुत से विकासशील देशों द्वारा नकारा जाता है। यह देश मानवाधिकारों की आलोचना यूरोपीय अधिकारों (Eurocentric) पर आधारित कह कर करते हैं। उनके अनुसार यह अधिकार व्यैक्तिक अधिकारों तथा राष्ट्र-राज्य पर केंद्रित हैं तथा इनमें सामूहिक अधिकारों की अवहेलना की गई हैं। धर्म, सम्प्रदाय, प्रदेशीय तथा नैतिक संहिताएं महिलाओं की भूमिका पर सीमाएं लगाती है। अंतर्राष्ट्रीय स्तर पर महिलाओं के मानवीय गरिमा के सार्वभौमिक अधिकारों के मानकों को सभी देशों द्वारा स्वीकृत किया जाना चाहिए। महिलाओं के अधिकारों का हनन विभिन्न सांस्कृतिक संदर्भों में होता है। प्रत्येक समाज में लिंग के आधार पर महिलाएं उत्पीड़न, दमन और शोषण का शिकार हैं। उदारवादियों का मानना है कि कानून के द्वारा भेदभाव का अंत किया जा सकता है। कुछ लंबी प्रक्रिया की रणनिति का समर्थन करते हैं, जबकि कुछ शीघ्र कार्यवाही के द्वारा इस भेदभाव को समाप्त करना चाहते हैं। लोकतंत्र और सहभागिता ऐसे दो केंद्रीय आधार हैं जो दो विभिन्न समूहों की एक सामान्य मंच पर लाकर मानवाधिकारों को सुनिश्चित कर सकते हैं तथा एक सजग मानवीय राजव्यवस्था तथा समाज की रचना कर सकते हैं।

राष्ट्रीय महिला आयोग मानवाधिकारों की केंद्रीय तथा राज्य स्तर पर प्रोत्साहन देने वाली एक मुख्य संस्था है। यह एक विधिक संस्था है। हाल ही में उच्चतम न्यायालय ने अपने निर्णयों में महिलाओं को उनके कार्यस्थल पर उत्पीड़न से संरक्षण प्रदान करने के स्पष्ट दिशा निर्देश दिए हैं। उच्चतम न्यायालय ने किसी भी प्रकार के लैंगिक उत्पीड़न को मानवाधिकारों का हनन करारा दिया है। समान पारिश्रमिक अधिनियम, अनैतिक व्यापार निरोध अधिनियम, सती निषेध अधिनियम, दहेज निषेध अधिनियम जैसे कानून का कार्यान्वयन करने की संस्थाओं की अक्षमता के कारण महिला अधिकारों को सुरक्षित करने में असमर्थ सिद्ध हुए हैं। दहेज हत्या मामलों में शायद ही किसी

अपराधी को दण्ड मिला हो। दिल्ली में 1992-94 में न्यायालय के समक्ष 257 मामले दहेज हत्या के रखे गए। परन्तु इनमें से किसी एक मामले में भी अपराध सिद्ध नहीं हुआ। न्यायमूर्ति कृष्ण मूर्ति की रिपोर्ट के अनुसार 2.6% महिला कैदियों के लिए अलग जेल की व्यवस्था नहीं है। भारतीय संविधान के अनुच्छेद 23 में महिलाओं को हर प्रकार के लैंगिक उत्पीड़न से संरक्षण प्रदान किया गया है। इस संदर्भ में सरकार ने महिलाओं की वैश्यावृत्ति को समाप्त करने के लिए अनैतिक व्यापार अधिनियम बनाया है, परन्तु फिर भी भारत में वैश्यावृत्ति व्यापक रूप में विद्यमान है। नवीन टूरिज्म के प्रारम्भ से बाल वेश्यावृत्ति के मामले भी सामने आए हैं। वृंदावन तथा बनारस जैसे कई धार्मिक स्थानों में वृद्ध महिलाओं के साथ लैंगिक उत्पीड़न के मामले भी प्रकाश में आए हैं। इन मामलों की जांच राष्ट्रीय महिला आयोग द्वारा की जा रही है जो इस बेबस पीड़ितों के पुर्नवास की रणनिति भी बना रहा है।

महिलाएं तथा वैश्वीकरण (Women and Globalization)

वैश्वीकरण तथा निजीकरण का महिलाओं पर प्रत्यक्ष तथा अप्रत्यक्ष प्रभाव पड़ रहा है। महिलाओं के साथ कार्यस्थल पर भेदभाव के कई साक्ष्य विद्यमान हैं। महिलाओं के साथ भेदभाव की घटनाएं तेजी से एक वैश्विक बुराई के रूप में फैल रही हैं। महिलाओं के अपनी इच्छा के विरूद्ध विवाह तथा लैंगिक संबंधों के लिए बाध्य करने की घटनाओं के असंख्य उदाहरण हैं। घर में महिलाओं के साथ शारीरिक हिंसा का व्यवहार होता है और इसका एक प्रत्यक्ष परिणाम HIV-AIDS में तेजी से वृद्धि है। महिलाओं को विवाह के बिना अपनी मर्जी के व्यक्ति से लैंगिक संबंध बनाने पर प्रताडित करने की घटनाओं की कोई कमी नहीं है। परिवार में पति महिलाओं के प्रजनन संबंधी मामलों पर अपना नियंत्रण रखता है। डॉक्टर तथा सरकारी अधिकारी गैर लाभान्वित तथा आश्रित वर्गों की महिलाओं पर परिवार-नियोजन की नीतियों को अपनाने के लिए दबाव डालते हैं। भारत जैसे समाज में जहां नीतियों का निर्माण पुरूषों के समर्थन से हाता है और महिलाओं को नकारा जाता है। उस समाज में नए समाज तथा सभ्यता की पुनर्रचना के निर्माण में महिलाओं की भूमिका तथा सहयोग का समझना जरूरी है।

19वीं शताब्दी के अन्त तथा 20वीं शताब्दी के प्रारम्भ में मिल तथा वोलस्टोनक्राफ्ट ने महिला अधिकारों की मानवाधिकारों के रूप में पहचान की थी। तब से अब तक इस दिशा में बहुत धीमी प्रगति रही है। 19वी शताब्दी में उदारवादी सुधारकों तथा आदर्शवादियों ने महिलाओं के मानवाधिकारों के विस्तार का सुझाव दिया तथा महिला मुक्ति के कारणों को उजागर किया। 20वीं शताब्दी में इसने महिला मुक्ति आन्दोलन का रूप धारण कर लिया। समय के साथ-साथ मानवाधिकारों की धारणा ने विस्तृत रूप धारण कर लिया और इसमें सामाजिक सुरक्षा, आराम एवं अवकाश तथा शिक्षा जैसे सामाजिक हित के मुद्दे सम्मिलित हो गए। महिला अधिकारों के समर्थकों का विचार है कि जीवन के प्रत्येक क्षेत्र में समान सहभागिता तथा अवसर की समानता जैसे महिलाधिकारों का निर्धारण महिलाओं की नीति निर्धारक संस्थाओं द्वारा किया जाना चाहिए। यह संस्थान परिवार से समुदाय, बाजार और राज्य तक विस्तृत हैं। महिलाओं तथा पुरूषों के बीच विद्यमान सामाजिक, आर्थिक तथा राजनीतिक असमानताओं को इन संस्थानों की भूमिका के संबंध में समझने की आवश्यकता है तथा इन संस्थानों को अधिक समान और न्यायिक रणनितियों की संभावनाओं के आधार पर विकसित करने की आवश्यकता है।

पिछली दशाब्दी में महिला श्रमिक तथा लिंग समानता को लेकर महिलाओं के लिए उचित परिस्थितियों के निर्माण सार्वभौमिक चिंता का विषय रहा। विकसित देशों की तुलना में विकासशील

देशों की महिलाओं की स्थिति अधिक दयनीय है। अब तक निजी क्षेत्राधिकार का विषय समझे जाने वालो मुद्दों को नीति-निर्माताओं द्वारा सार्वजनिक बहस में परिवार और कार्यों की भूमिका के संबंध में महिलाओं की भूमिका के मुद्दे उठाए जा रहे हैं।

अल्पसंख्यकों के मानवाधिकार (Human Right of Minorities)

भाषा, लिपि तथा संस्कृति के आधार पर अल्पसंख्यकों के संरक्षण के लिए भारतीय संविधान के अनुच्छेद 29 तथा 30 में व्यवस्थाएं की गई हैं। भारतीय संविधान में अल्पसंख्यकों को अपनी भाषा, लिपि तथा संस्कृति का विकास करने के साथ-साथ शिक्षण संस्थान स्थापित करने का अधिकार भी दिया गया है। परन्तु संविधान में 'अल्पसंख्यक' शब्द को, परिभाषित नहीं किया गया है। संयुक्त राष्ट्र संघ के साक्ष्य पत्र संख्या-18 में अल्पसंख्यकों की पहचान के लिए तीन मापदण्डों का उल्लेख किया गया है (1) संख्या (2) प्रभुत्व का अभाव (3) नस्लीय, धार्मिक और भाषागत स्थिर विशेषता। जो राज्य में बहुसंख्यक नहीं हैं।

1980 के मध्य में भारत सरकार ने अल्पसंख्यकों के कल्याण के लिए 15 सूत्री कार्यक्रम स्वीकार किया। परन्तु कई राज्यों में सरकारें तथा कार्यान्वयन समितियां इन 15 सूत्री कार्यक्रमों की अवहेलना करती हैं। बाबरी मस्जिद का ढहाया जाना, ऐतिहासिक आधार पर मस्जिदों को मंदिरों में परिवर्तित करना, उच्चतम न्यायालय का यह स्वीकारना कि हिन्दुत्व सभी भारतीयों के लिए जीने का एक तरीका है यह किसी एक विशेष धर्म से संबंधित नहीं है, इत्यादि संवैधानिक वचनबद्धता के प्रति अविश्वास का कारण बन चुके हैं। इसके अतिरिक्त अल्पसंख्यकों की प्रतिष्ठा पर चोट तथा शारीरिक हिंसा की घटनाएं निरन्तर जारी हैं। परन्तु इन सब घटनाओं के बीच एक सकारात्मक प्रवृत्ति यह है कि अधिकांश भारतीयों ने भारत के बहुलवादी ढांचे को समाप्त करने के प्रयत्नों का विरोध किया है।

लोकतंत्र का यह अर्थ नहीं है कि यह बहुसंख्यक का शासन है। लोकतंत्र की वास्तविक शक्ति समाज के सांस्कृतिक और धार्मिक बहुलवाद में निहित है। लोकतंत्र प्रत्येक व्यक्ति के लिए धार्मिक स्वतंत्रता तथा अल्पसंख्यकों के सांस्कृतिक विकास के लिए शैक्षिक संस्थानों को चलाने की स्वीकृति प्रदान करता है। अनुच्छेद 25-28 देश के बहुलवादी ढांचे को मजबूत करते हैं, परन्तु इन अनुच्छेदों के अपवाद भी हैं।

कई समूह तथा व्यक्ति अल्पसंख्यकों के धार्मिक और सांस्कृतिक संवैधानिक अधिकारों के प्रावधानों को महत्वहीन मानते हैं। इस दिशा में उच्चतम न्यायालय का यह निर्णय कि धर्मनिरपेक्षता भारतीय संविधान का मूल है और इस पर कोई विवाद नहीं किया जा सकता, एक सकारात्मक कदम है। सरकार ने अल्पसंख्यकों की शिकायतों के निवारण के लिए अल्पसंख्यक आयोग की स्थापना की है। साम्प्रदायिक दंगों के दौरान किसी न किसी रूप में अल्पसंख्यकों के जीवन तथा सम्पत्ति को नुकसान पहुंचाया जाता है, यहां तक कि पुलिस तथा अर्द्धसैनिक बल भी उनके साथ भेदभाव करते हैं। 1992 बम्बई के कृष्णा आयोग ने पाया कि साम्प्रदायिक राजनीतिक समूह साम्प्रदायिक दंगों को बढ़ावा देते हैं। POTA तथा TADA जैसे विध्वंसकारी कानूनों का प्रयोग बहुत से मामलों में अल्पसंख्यकों के विरूद्ध किया जाता है। संवैधानिक प्रावधानों का उल्लंघन देश की धर्मनिरपेक्ष संरचना के लिए एक खतरा है। धार्मिक संस्थान (दुरूपयोग रोक) अधिनियम के अनुसार, राजनितिक उद्देश्य के लिए किसी धार्मिक संस्थान का प्रयोग एक अपराध है, परन्तु फिर भी साम्प्रदायिक संगठन

साम्प्रदायिक सैन्य संगठन के लिए महत्वपूर्ण धार्मिक स्थानों का प्रयोग करते हैं। भारत की धर्म निरपेक्ष लोकतांत्रिक व्यवस्था को बनाए रखने के लिए शीघ्र ही सकारात्मक कदम उठाने की आवश्यकता है।

गैर संगठित श्रमिकों के मानवाधिकार (Human Rights of Unorganised Workers)

भारतीय संविधान क अनुच्छेद 19–22 में व्यापारिक संघ और प्रशासन में श्रमिकों की भागीदारी के राजनीतिक अधिकारों का विवेचन किया गया है। व्यापारिक संघ अधिनियम तथा औद्योगिक विवाद अधिनियम में श्रमिक कानूनों का व्यवस्थित वर्णन करके श्रमिकों को सौदेबाजी की शक्ति प्रदान की गई है। श्रमिक प्रशासन को 16 दिन का नोटिस देकर हड़ताल कर सकते हैं, व्यापारिक संघ, प्रशासन तथा सरकार के प्रतिनिधियों द्वारा गठित समिति की सहायता से अपने पारिश्रमिक को आपसी सौदेबाजी से तय कर सकते हैं। श्रमिक विवादों के निपटारे के लिए पूरे देश में श्रमिक न्यायालय विद्यमान हैं, परन्तु समस्या यह है कि बहुत से मामले सालों से लंबित पड़े हैं। इसके अतिरिक्त संगठित क्षेत्रों के श्रमिकों के समान अनौपचारिक तथा गैर संगठित क्षेत्रों के श्रमिकों के लिए प्रावधान नहीं हैं। गैर संगठित क्षेत्रों में कार्यरत श्रमिक अधिकतर दलित हैं जिनमें अधिकतर भूमिहीन हैं।

ग्रामीण भारत में निर्धन लोग कृषि श्रमिक के रूप में कार्यरत हैं और अधिकतर भूमिहीन हैं। इस क्षेत्र में कृषि संबंधी कार्यों में कार्यरत श्रमिकों को न्यूनतम मजदूरी से भी कम पारिश्रमिक दिया जाता है। देश के कई हिस्सों में अधिकतर कृषि से संबंधित श्रमिक 12 से 30 रूपए कमाते हैं। उदारवाद के समय में इन श्रमिकों की स्थिति अत्यंत दुखद है। इस स्थिति की गंभीरता का पता इस वास्तविकता से चलता है कि पारिश्रमिक कई साल में एक बार संशोधित होता है, जबकि मूल्यों में लगातार वृद्धि हो रही है। दलितों में प्रति व्यक्ति खाद्य पदार्थ उपलब्धता बहुत ही कम हैं और यह अभाव का शिकार हैं। जबकि हमारा देश भारत अनाज की दृष्टि से आत्मनिर्भर है।

1979 में सरकार ने श्रमिकों के शोषण को रोकने के लिए 'बंधुआ मजदूरी निषेध अधिनियम' बनाया। भारत के उच्चतम न्यायालय ने जबरन मजदूरी का निषेध किया है। इन सब उपायों के बावूजद ILO की रिपोर्ट के अनुसार सम्पूर्ण भारत में बंधुआ मजदूरों की एक बड़ी संख्या विद्यमान है।

विकास तथा मानवाधिकार (Human Rights in a Development Context)

आज 'विकास' के सन्दर्भ में विकास की तुलना में मानव विकास पर अधिक बल दिया जा रहा है। नोबेल पुरस्कार विजेता प्रो. अमर्त्य सेन ने 'विकास के अधिकार' का विश्लेषण किया है। इस दृष्टिकोण के अनुसार लोगों द्वारा उपभोग करने वाली वास्तविक विस्तृत प्रक्रिया के रूप में विकास को देखा जा सकता है। GNP में वृद्धि, औद्योगिक तथा तकनीकी उन्नति, स्वतंत्रता तथा अन्य निर्धारकों पर विकास निर्भर करता है। सामाजिक और आर्थिक व्यवस्थाएं, शिक्षा, स्वास्थ्य रक्षा के प्रावधान, सामाजिक सुरक्षा, राजनीतिक और नागरिक अधिकार, विकास के क्रियाकलापों में सक्रियता, सार्वजनिक बहस में सहभागिता की स्वतंत्रता इसके कुछ अन्य निर्धारक हैं। प्रो. अमर्त्य सेन अपनी विकास की अवधारणा में स्वतंत्रता के रूप में विकास के अधिकार को सम्मिलित करते हैं।

प्रो. सेन की 'योग्यता' की अवधारणा इसके साथ अभिन्न रूप से जुड़ी हैं। योग्यता को महत्वपूर्ण क्रियाकलापों को करने की स्वतंत्रता के रूप में परिभाषित किया जाता रहा है। कार्य वह वस्तुएं हैं जो हमारे लिए महत्वपूर्ण है जैसे कि अच्छा स्वास्थ्य, साक्षरता, सामुदायिक जीवन में सहभागिता की समर्थता, बोलने की स्वतंत्रता इत्यादि। इस अर्थ में विकास का अर्थ व्यक्ति की क्षमताओं का विस्तार है।

सामूहिक सार्वजनिक कार्यों में मुख्य रूप से विकास के अधिकार को स्थापित किया जाता है। निजी अधिकार जैसे जीवन और अभिव्यक्ति की स्वतंत्रता, संघ बनाने, मत तथा धर्म की स्वतंत्रता भी इसमें समाहित है। विकास की स्वतंत्रता की अवधारणा एक 'प्रभाव' है जो बहुत से मुद्दों जैसे आय, रोजगार, स्वास्थ्य, शिक्षा तथा अवसर से मिलकर बना है। सामान्य रूप से इसमें सभी प्रकार की स्वतंत्रताएं समाविष्ट हैं। यहां यह तर्क दिया जाता है कि प्रभाव के किसी भी तत्व जैसे प्रति व्यक्ति आय, स्वास्थ्य, पोषण, शिक्षा तथा दीर्घायु के स्तर में अपने आप ही वृद्धि नहीं होती है, बल्कि अन्य तत्त्वों जैसे प्रति व्यक्ति आय इसे सरल बनाती है। भोजन का अधिकार, स्वास्थ्य का अधिकार विकास के अधिकार के सूचक हैं। इन अधिकारों के प्रयोग को सुनिश्चित करने का प्राथमिक उत्तरदायित्व राज्य का है। राज्यों को इन अधिकारों के कार्यान्वयन तथा वृद्धि के लिए नीतियों का निर्माण करना चाहिए। यदि यह सब राज्य द्वारा नहीं किया जाता तो दमन और अन्याय की परिस्थितियों से विद्रोह उत्पन्न हो सकता है। यह प्रतिक्रिया जन आंदोलन को चरम सीमा तक पहुंचा सकती है। जन आंदोलन संभव है यदि लोग इन असमानताओं तथा अन्याय के विरूद्ध संगठित होकर आवाज उठाएं। मानवाधिकारों के संरक्षण के लिए साम्प्रदायिकता तथा कट्टरता के विरूद्ध लड़ना जरूरी है तथा यह साम्प्रदायिकता तथा कट्टरता देश के एकीकरण तथा एकता के लिए गंभीर खतरा हैं तथा एक समान, न्यायपूर्ण लोकतांत्रिक समाज के मार्ग में बाधक हैं। इस प्रकार के बहुल समाजों की स्थापना के बिना अधिकारों की गारंटी नहीं दी जा सकती। इस प्रकार मानवाधिकारों विशेष रूप से उपाश्रित वर्गों, दलितों, आदिवासियों तथा महिलाओं को वैश्वीकरण, साम्प्रदायिकता, जातिवाद और इस प्रकार की अन्य बाधाओं से संरक्षण की आवश्यकता हैं। सामाजिक परिवर्तन के परिणामस्वरूप सामूहिक क्रियाकलाप जन आंदोलन का नेतृत्व कर सकते हैं।

आज भारत का स्वरूप परिवर्तित हो रहा है भारत उदारवाद की ओर अग्रसर है। भारतीय समाज के प्रतिनिधित्व में परिवर्तन ने समाज में नए सामाजिक संरचनात्मक विवादों तथा झगडों का रूप धारण कर लिया है। भारतीय समाज में आंदोलन तथा सामूहिक गतिशीलता ने दलितों, आदिवासियों तथा समाज के अन्य उपाश्रित वर्गों को प्रभुत्व की संरचना के विरूद्ध आंदोलित किया है तथा मानवाधिकारों और पर्यावरण के संरक्षण के लिए जागरूकता का प्रसार हुआ है।

References

Beteille, Andre, 1967, 'The Future of Backward Classes. The competing Demands and Power in Philip Moson (ed.), India and Ceylon : Unity and Diversity. London : Oxford University Press.

________, 1981, The Backward classes and the New Social Order, Delhi : Oxford University Press.

________, 1983, Equality and Inequality: theory and Pracfice, Delhi : Oxford University Press.

Desai, I.P., 1979, Untouchability in Rural Gujarat, Bombay : Popular Prakashan.

Despande. V., 1967, 'Educational Planning : Some Aspects of Protective Discrimination in G.S. Sharma (ed.) Educational Planning, Its legal and constitutional Implications in India Bombay : N.M. Tripathy.

Damont, Louis, 1970, Homo Hierarchias. Chicago : University of Chicago Press.

Dutt. Nripendra Kumar, 1931, Origin of Growth of Caste in India, Vol. 1. London : Kegan Paul, Trencher and Trubner.

Baxi U. (ed.), 1987, The Rights to be Human, India Internatioanl Centre, New Delhi.

Desai, A.R. (ed.), 1986, Violations of Democratic Rights in India, Popular Prakashan, Bombay.

Kothari. S. and Harsh Sethi (ed.), Special issue on the Politics of Human Rights, Lokayan Bulletin, 51415.

Lutz, Plannum and Burke (ed.), 1989, New Directions in Human Rights, University of Pennsylvania Press, Philadelphia.

E. Welch. Jr. and V.A. Leary (ed.), 1990, Asian Perspectives on Human Rights, Western Press, Oxford.

Dolgopal. U., (1986), "Uuman Rights Activists Organizations and Protection of Human Rights." in collection of Lectures (strausberg, International Institute of Human Rights).

Iyer, U.R. Krishna, (1990), Human Rights and Inhuman wrong's Delhi, B.R. Publishing Corporations.

Desai, A.R., (1990), Repression and Resistence in India, Bombay, Popular Prakashan.

Haksar Nandita, "Women and Injustice for All", In A.R. Desai ed. Women's Liberation and Politics of Religious Personal Laws in India, Mumbai, 1986.

Agarwal Bina, "A filed on One's Own. Gender and Lend Rights in South Asia, Oxford University Press 1994.

Jane S. Jaequette, 1989, 'Copnclusion : Women and the New Democratic Politics' in The Women's Movement Latin America (Boston)

Antony M. J., 1995, 'Women's Rights' Delhi, Hind Pocket Books.

Sundari Ravindran, 1989, Health Implications of Sex Discrimination in Childhood (Cetna, Ahemadabad)

Mria Ladi Londono, 1993, 'Sexuality and Reproduction as Human Rights', Legal Perspective, October.

Sen. Amartya, (1999), "Development as Freedom : Knopf, New York.

Windton, Morton E (ed.), The Philosophy of Human Rights, Wadsworth Publishing Company, Belmont.

Alston, Philip ed. (1979), 'The Rights to Development' in the Right to Development at the International Level, Hague Academy of International Law.

अध्याय – 9

उपभोक्ता अधिकार : उपभोक्ता संरक्षण अधिनियम तथा उपभोक्ता शिकायत निवारण तंत्र

(Consumer Rights : The Consumer Protection Act and Grievance Redressal Mechanisms)

डॉ. सविता हंसपाल

अर्थव्यवस्था के उदारीकरण, वैश्वीकरण तथा निजीकरण और जनसंचार माध्यमों में निवेश की अनुमति के परिणामस्वरूप बाजार–अर्थव्यवस्था में बहुत से परिवर्तन दृष्टिगोचर होते हैं। प्रतियोगिता के इस युग में उपभोक्ताओं के पास वस्तुओं की विविधताएं मौजूद हैं। आज उपभोक्ता अपने द्वारा खर्च किए जाने वाले पैसों से अधिक गुणवत्ता वाली वस्तुएं प्राप्त करना चाहता है। उपभोक्ता अपनी पंसद की वस्तुओं को प्राप्त करके संतुष्टि प्राप्त कर सकता है, परन्तु उसमें सदैव विवेकपूर्ण ढंग से वस्तुओं को खरीदने के बारे में आवश्यक योग्यता नहीं होती।

वस्तुओं का उपभोग करते समय उपभोक्ता को बहुत सी समस्याओं का सामना करना पड़ता है। यह समस्याएं मिलावट, नकली वस्तुएं, दोषपूर्ण वजन और तौल, निम्न गुणवत्ता, अपूर्ण एवं धोखा देने वाले विज्ञापन, भ्रामक विज्ञापन, अपूर्ण उपभोक्ता सेवाएं, कीमतों में अस्थिरता, पैक वस्तुओं में भिन्नता, त्रुटिपूर्ण वस्तुएं, निम्न गुणवत्ता, ATM तथा क्रेडिट कार्ड संबंधी धोखे, आर्थिक धोखे तथा जनोपयोगिता से संबंधित समस्याएं होती हैं।

इन समस्याओं का जन्म इसलिए होता है, क्योंकि स्वार्थी व्यापारी उपभोक्ताओं की अज्ञानता और मजबूरी का गलत फायदा उठाते हैं। इसके अतिरिक्त उपभोक्ताओं को उचित मुआवजा न मिलने के कारण वह शोषित होते हैं। आज उपभोक्ताओं को उपभोक्ता अधिकारों के बारे में शिक्षण की आवश्यकता है ताकि वह अपने हितों की रक्षा करके व्यापक रूप से समाज के हितों की रक्षा कर सके।

उपभोक्ता कौन है? (Who is a consumer?)

हममें से प्रत्येक व्यक्ति उपभोक्ता है, क्योंकि हम वस्तुओं को खरीदते हैं और पानी, टेलीफोन और बिजली जैसी जनसुविधाओं का प्रयोग करते हैं।

उपभोक्ता संरक्षण अधिनियम 1986 के अनुसार : "हर वह व्यक्ति उपभोक्ता होता है जो कोई वस्तु खरीदता है या किसी सेवा का भाड़े पर प्रयोग करता है जिसके लिए वह धन देता हे या देने का वायदा करता है।" उपभोक्ता में वह व्यक्ति सम्मिलित नहीं हैं जो इस प्रकार की सेवाओं तथा वस्तुओं का प्रयोग पुन: विक्रय या व्यावसायिक उद्देश्य के लिए करता है अर्थात् ऐसा कोई व्यक्ति उपभोक्ता में शामिल नहीं है और उसके द्वारा खरीदे गए सामान में किसी प्रकार की त्रुटि के लिए वह उपभोक्ता विवाद निवारण मंच में नहीं जा सकता।

वस्तुएं क्या हैं? (What are Goods?)

वस्तुएं वह चल उत्पाद है जिनका विक्रय किया जा सकता है। जमीन, खेत जैसी अचल सम्पत्ति उपभोक्ता संरक्षण अधिनियम 1986 के अंतर्गत नहीं आते हैं।

सेवाएं क्या हैं? (What are Services?)

सेवाओं का अर्थ ऐसी सेवाएं हैं जिनके अन्तर्गत बैंक, वित्त इश्योरेंस, यातायात, बिजली या अन्य ऊर्जा, भोजन, आवास, मनोरंजन, निर्माण, समाचार या अन्य किसी प्रकार की सूचना प्रदान की जाती है।

सेवा में ऐसी सेवा सम्मिलित नहीं है जो व्यैक्तिक सेवा के अनुबंध पर दी जाती है। वास्तविक संपदा के ऐजेंट और दलाल द्वारा दी जाने वाली जानकारी अधिनियम के अंतर्गत आती है।

उपभोक्ता के अधिकार तथा उत्तरदायित्व क्या हैं? (What are the rights and responsibilities of consumers?)

उपभोक्ता अधिकार को संयुक्त राष्ट्र अमेरिका के राष्ट्रपति जॉन एफ कैनेडी ने कांग्रेस के उपभोक्ता संरक्षण के विशेष संदेश में 1962 में सबसे पहले परिभाषित करके मान्यता प्रदान की। UN चार्टर में सुरक्षा का अधिकार, सूचना का अधिकार, चुनाव का अधिकार और सुने जाने के अधिकार मानवाधिकारों के रूप में अभिन्न रूप से जुड़े हुए हैं। बाद में, उपभोक्ता संगठन (CICO) ने तीन और अधिकारों- स्वस्थ वातावरण का अधिकार, उपभोक्ता शिक्षण का अधिकार और निवारण के अधिकार को उपभोक्ता अधिकारों में शामिल किया।

1991 में कलकत्ता में होने वाली CICO की राष्ट्रीय प्रसंविदा में बहिष्कार का अधिकार भी सम्मिलित किया गया। उपभोक्ता के अधिकारों में मूलभूत आवश्यकताओं का अधिकार हाल ही में उभर कर सामने आया है। इन अधिकारों का विस्तार से उल्लेख निम्नलिखित है:-

1. सुरक्षा का अधिकार (Right to Safety)

सुरक्षा का अधिकार यह सुनिश्चित करता है कि उपभोक्ताओं को उनके जीवन, सम्पत्ति, उत्पाद की प्रक्रिया और वस्तु के क्रय-विक्रय के लिए खतरनाक है के विरूद्ध अधिकार है।

2. सूचना पाने का अधिकार (Right to be Information)

प्रत्येक उपभोक्ता को वास्तविक सूचना प्राप्त करने का अधिकार है ताकि वह शुद्धता, मात्रा, मानक, उत्पाद की कीमत, गुणवत्ता से संबंधित निर्णय ले सके।

3. चयन का अधिकार (Right to Choose)

प्रत्येक उपभोक्ता को आधारभूत सेवाओं और उत्पादों में निहित मूल्य, कीमत, आकार और आकृति को जानने का अधिकार है ताकि उपभोक्ता उत्पाद और सेवाओं को प्रतियोगी मूल्यों की गुणवत्ता और सुरक्षा के आधार पर चुनाव कर सके।

4. सुने जाने का अधिकार (Right to be Heard)

इसका अर्थ यह है कि उपभोक्ता को शोषण और अनुचित व्यापारिक व्यवहार के विरूद्ध सुनवाई का अधिकार है।

5. उपभोक्ता शिक्षण का अधिकार (Right to Consumer Education)

इस अधिकार का अर्थ है कि उपभोक्ता को शिक्षण देकर इस प्रकार तैयार किया जाए कि वह उपभोक्ताओं से संबंधित अधिकारों और उपभोक्ता संरक्षण के दर्शन से परिचित हो सके।

6. निवारण का अधिकार (Right to Redressed)

इस अधिकार के अनुसार उपभोक्ताओं के उचित दावों के अन्तर्गत न्यायिक व्यवस्था के उचित न्याय पाने का अधिकार है। उपभोक्ताओं को यह अधिकार है कि वह त्रुटिपूर्ण वस्तुओं, सुविधाओं की अपर्याप्तता और गलत विवरण के विरूद्ध क्षतिपूर्ति प्राप्त कर सके।

7. स्वस्थ वातावरण का अधिकार (Right to a Healthy Environment)

यह अधिकार व्यक्ति के प्रतिष्ठासम्पन्न जीवन जीने को सहमति प्रदान करता है। इस अधिकार के अनुसार उपभोक्ता को ऐसे वातावरण में रहने का अधिकार हैं जो जीवन की गुणवत्ता के अन्तर्गत खतरनाक और हानिकारक न हो।

8. बहिष्कार का अधिकार (Right to Boycott)

उपभोक्ता को अपने हितों से संबंधित विवाद में वस्तुओं और सेवाओं का बहिष्कार करने का अधिकार है।

9. मूलभूत आवश्यकताओं का अधिकार (Right to Basic Needs)

व्यक्ति के जीवन की मूलभूत आवश्यकताओं की प्राप्ति वस्तुओं और सेवाओं की अनिवार्यता, पर्याप्त भोजन, निवास स्थान, कपड़ा, स्वास्थ्य, सुरक्षा और स्वच्छता पर निर्भर है। उपभोक्ता की इन वस्तुओं और सेवाओं तक पहुंच होनी चाहिए।

उपरलिखित सभी अधिकारों को UN के उपाभोक्ता संरक्षण अधिकारों की मार्गदर्शिका में सम्मिलित किया गया है।

उपभोक्ता के दायित्व क्या हैं? (What are the Responsibilities or Duties of a consumer?)

उपभोक्ता को उनके हितों के संरक्षण के लिए जो अधिकार दिए गए हैं उन्हें अपने उन अधिकारों का प्रयोग उत्तर दायित्व की भावना से करना चाहिए। उपभोक्ताओं के निम्नलिखित उत्तरदायित्व होते हैं :-

(1) उपभोक्ताओं को सामान खरीदते समय उपलब्ध किस्मों, कीमतों और गुणवत्ता का भली प्रकार मूल्यांकन करना चाहिए।

(2) उपभोक्ताओं को वस्तुओं को आधिकारिक क्रेताओं तथा विश्वसनीय स्थान से खरीदनी चाहिए ताकि वह स्वार्थी व्यापारियों से बच सके।

(3) सामान खरीदते समय उपभोक्ता को जिस उत्पाद को वह खरीद रहा है, के विवरण की जानकारी को प्राप्त करने का प्रयास करना चाहिए।

(4) उपभोक्ता का यह कर्तव्य है कि वह यह देखे कि उसके द्वारा खरीदी गई वस्तु सुरक्षित होने के साथ-साथ निम्न गुणवत्ता की नहीं है। उपभोक्ता को ISI हॉलमार्क Agmark जैसे चिहनों वाली वस्तुओं को वरीयता देनी चाहिए।

(5) उपभोक्ताओं को वस्तु की रसीद विशेषरूप से लंबे समय तक चलने वाली वस्तुओं की रसीद तथा सन्दर्भित ग्रंथों को विक्रेता से प्राप्त करना चाहिए।

(6) उपभोक्ता को क्रेता द्वारा छोटी से छोटी वस्तु के दुरूपयोग के प्रति सजग रहना चाहिए तथा उसे अपने अधिकारों का गलत प्रयोग करके क्रेता का शोषण नहीं करना चाहिए।

(7) उपभोक्ता को वस्तुओं का संचय नहीं करना चाहिए, क्योंकि संचय से कालाबाजारी को बढ़ावा मिलता है।

(8) उपभोक्ता को प्रयोग और समाप्त करते समय पर्यावरण को प्रदूषित नहीं करना चाहिए।

उपभोक्ता को न केवल अपने अधिकारों के प्रति ही सजग होना चाहिए, बल्कि उसे उसके व्यवहार द्वारा अन्य उपभोक्ताओं पर पड़ने वाले प्रभाव को भी ध्यान में रखना चाहिए।

उपभोक्तावाद क्या है? (What is consumerism?)

उपभोक्तावाद स्वार्थी व्यवसायियों के अनुचित व्यवहार से उपभोक्ताओं के संरक्षण को सुनिश्चित करने के लिए उपभोक्ताओं का सामूहिक आन्दोलन है। यह आन्दोलन उपभोक्ताओं को असुरक्षित या निम्नगुणवता वाले उत्पादों, भ्रामक विज्ञापनों, सीमित प्रतियोगिता वाली व्यावसायिक व्यवहार से संरक्षण प्रदान करता है। यह उत्पादों, सेवाओं और उत्पादकों के बारे में पर्याप्त सूचना उपलब्ध कराने में सहायता करता है। यह आदोलन उपभोक्ताओं को त्रुटिपूर्ण उत्पादों और सेवाओं के द्वारा हुई असुविधा के लिए क्षतिपूर्ति के प्रभावी साधनों को प्राप्त करने के बारे में भी सूचना देता है।

1. उपभोक्ता आंदोलन कई कारणों से आवश्यक कदम उठाने तथा उपभोक्ताओं के अधिकारों को संरक्षित करने के लिए आवश्यक संस्थानों की स्थापना की दिशा में प्रोत्साहित करेगा।
2. यह व्यापारियों को उपभोक्ता से प्राप्त सूचना प्रदान करेगा। विनिर्माता उपभोक्ता की आवश्यकता तथा इच्छाओं को समझकर उपभोक्ताओं की सहायता से वितरण, काला बाजारी, अधिक मूल्य जैसी सूची को न्यूनतम करने में सक्षम हो सकेंगे।

भारत में उपभोक्तावाद की नींव को स्थापित करने में सरकार अग्रदूत के रूप में उभर कर सामने आई है।

उपभोक्तावाद में कौन से समूह सम्मिलित हैं? (Who are the Participant Groups in Consumerism)

उपभोक्तावाद एक आंदोलन है जिसमें उपभोक्ता, उपभोक्ता संगठन, व्यापार के नियमों पर आधारित अभिकरण और व्यापार तथा सरकार को नियमित करने वाले अधिनियम सम्मिलित हैं।

उपभोक्ता (The Consumer)

उपभोक्तावाद की प्रभावकारिता इस बात पर निर्भर है कि उपभोक्ता अपने अधिकारों के प्रति कितना जागरूक है। वह लापरवाही के विरूद्ध कितनी सजगता से अपनी आवाज उठाता है और व्यवसायी से किस प्रकार क्षतिपूर्ति की मांग करता है। यदि उपभोक्ता पहल करने में असफल हो जाता है तो व्यापारी के विरूद्ध किसी प्रकार की जांच नहीं की जा सकती। उपभोक्ता को स्वयं यह समझना चाहिए कि वह सभी प्रकार की व्यवसायिक गतिविधियों का केंद्र बिन्दु है। उपभोक्ता वस्तुओं और सेवाओं की खपत से प्रत्यक्ष या अप्रत्यक्ष रूप से प्रभावित होता है। उपभोक्ता की प्रारंभिक कार्यवाही द्वारा उपभोक्ता को केवल वस्तुओं और सेवाओं से संबधित जानकारी और सूचना ही प्रदान नहीं की जाती, बल्कि उत्पादन में प्रयोग की गई प्रक्रिया से संबंधित जानकारी भी प्रदान की जाती है।

उपभोक्ता संगठन (Consumer Organization)

उपभोक्ता हित को सुरक्षित रखने के लिए कई स्वैच्छिक उपभोक्ता संगठन कार्यरत हैं। महिला उपभोक्ता संगठन ने कार्य का प्रारंभ लखनऊ में 1931 से किया। यह संगठन सबसे बड़ा संगठन है जिसकी ग्रामीण क्षेत्र में 3800 से अधिक शाखाएं हैं और शहरी क्षेत्र में 500 शाखाएं हैं। दिल्ली में भारत सेवक समाज की एक शाखा के रूप में, राष्ट्रीय, राज्य और जिले के स्तर पर उपभोक्ताओं के सहयोग को संगठित करने, उपभोक्ताओं की समस्याओं और उनकी खपत के तरीकों पर शोध करने के गुणवत्ता को सुनिश्चित करने तथा माप-तौल के गलत साधनों पर नियंत्रण रखने के लिए राष्ट्रीय उपभोक्ता सेवा की स्थापना 1963 में की गई। भारत में उपभोक्ता मार्गदर्शक समाज की स्थापना 1966 में की गई। यह संगठन उपभोक्ता जागरूकता बढ़ाने तथा उपभोक्ता की शिकायतों के लिए आवाज उठाने के लिए 'कीमत' नाम से मासिक पत्रिका प्रकाशित करता है।

योजना आयोग द्वारा प्रायोजित 'भारतीय उपभोक्ता परिषद' की स्थापना 1967 में दिल्ली मुख्यालय के साथ की गई। इसने उपभोक्ता हितों को सुरक्षित करने के लिए 'भारतीय उपभोक्ता' समाचार पत्र का प्रारंभ महत्वपूर्ण सूचना के संचार के लिए किया। राष्ट्रीय स्तर पर अखिल भारतीय उपभोक्ता संगठन की स्थापना 1967 में उत्पादों की जांच-पड़ताल करने, प्रकाशन और प्रत्यक्ष शोध को बढ़ावा देने के लिए की गई।

राजनीतिक हस्तक्षेप से मुक्त एक स्वायत्त संगठन 'अखिल भारतीय ग्राहक पंचायत' की स्थापना 1974 में की गई। यह संगठन उत्पादकों को संगठित करता है, सूचना प्रदान करता है तथा आन्दोलन के कार्यक्रमों का संचालन करता है।

उपभोक्ता शिक्षण और शोध संगठन का प्रारंभ 1978 में किया गया। यह व्यैक्तिक शिकायतों न्यायालय के समक्ष मामलों को दर्ज करना, आयोग और फेरा, संसद के सदस्यों के जन शिक्षण की कार्यवाहियों का संचालन और पत्रिकाओं का प्रकाशन करता है। 1983 में उपभोक्ता हित शिक्षण के स्वैच्छिक संगठन की स्थापना दिल्ली विश्वविद्यालय के कुछ अध्यापकों तथा छात्रों द्वारा की गई। उस संगठन ने उपभोक्ता समस्याओं पर शोध का आयोजन, लोगों को इसके बारे में शिक्षित करने तथा उपभोक्ता हितों से संबंधित याचिकाओं का सूत्रपात किया। 1984 में जयपुर में उपभोक्ता एकता और विश्वास समाज की स्थापना की गई। सुरक्षा और स्वास्थ्य पर उपभोक्ता कार्यवाही के संगठन का गठन 1985 में डाक्टरों, वकीलों तथा अध्ययन से संबंधित अन्य समूहों द्वारा उपभोक्ता मुद्दों से संबंधित मामलों और उपभोक्ता अधिकारों के संरक्षण के उद्देश्य से किया गया था।

1990 में भारत के उच्चतम न्यायालय के भूतपूर्व मुख्य न्यायाधीश पी.एन. भगवती ने अखिल भारतीय कार्यवाही तंत्र की स्थापना, देश के सुदूर क्षेत्रों में रहने वाले लोगों के बीच जागरूकता फैलाने के लिए की। उपभोक्ता समन्वय परिषद (CCC) का गठन 1993 में किया गया। आज देश में लगभग 300 से अधिक संगठन विद्यमान हैं, परन्तु उनके पास पूंजी का अभाव है और राज्यों, शहरों और ग्रामीण क्षेत्रों में असमान रूप से विद्यमान हैं।

हाल ही में CCC ने एक उपभोक्ता ऑन लाइन संसाधन तथा सशक्तीकरण की केंद्रित योजना को प्रारंभ किया है और भारतीय विश्वविद्यालय ने उपभोक्ता मामलों के विभाग की सहायता से राष्ट्रीय उपभोक्ता सहायता का गठन किया है।

स्वनियमित व्यवसायिक अभिकरण (Self Regulatory Agencies of Business)

सभी व्यापारी स्वार्थी और नैतिक दृष्टि से हीन नहीं होते हैं। कुछ व्यापारी उपभोक्ताओं के प्रति अपनी जिम्मेदारीं को समझते हैं तथा स्वनियमन और नैतिक चरित्र की पुनः बात करते हैं। उचित व्यवसायिक व्यवहार परिषद की स्थापना 1968 में सही कीमत, माप-तौल में परिशुद्धता को बरकरार रखना, भ्रामक विज्ञापनों का प्रकाशन न करना इत्यादि के लिए हुई थी। फेडरेशन ऑफ चेम्बर ऑफ कॉमर्स एण्ड इंडस्ट्री (FICCI) अपने सदस्य उद्योगों के बीच व्यवसायिक नैतिक नियमों को लागू करने में महत्वपूर्ण भूमिका निभाती है। फिक्की ने अपने सदस्यों से उपभोक्ता शिकायतों के समाधान के लिए उपभोक्ता मामले 'प्रकोष्ठ की स्थापना' के लिए प्रार्थना की है।

विज्ञापनों का नियमन करने के लिए कुछ व्यवसायियों ने उपभोक्ता शिकायत परिषद तथा 'भारतीय मानक विज्ञापन परिषद' की स्थापना की है।

'एसोसिएटेड चेम्बर ऑफ कामर्स' (ASSOCHAM) का उपभोक्ता अनुच्छेद उपभोक्ता शिकायतों पर ध्यान देने तथा संस्थागत आधार पर सुझाव देने के लिए प्रयास करता रहता है। जिसके परिणामस्वरूप बहुत सी कम्पनियों ने पहल कदमी करते हुए उपभोक्ता शिकायतों पर व्यैक्तिक स्तर पर ध्यान देने के लिए एक अलग विभाग का निर्माण किया है। यह एक संगठन स्वैच्छिक हैं और सभी व्यापारी इन संगठनों के सदस्य नहीं हैं और उन्होंने अभी तक उनके द्वारा समर्थित नैतिक मानकों के परिदृश्य से खुद को दूर रखा है।

व्यवसायों को अधिनियमित करने वाले कानून (Legislation for Regulating Businesses)

व्यापारिक व्यवहार से उपभोक्ताओं के संरक्षण के लिए सरकार समय-समय पर कानून बनाती रही है। भारतीय संविधान में उपभोक्ताओं के संरक्षण के लिए समानता (अनुच्छेद 14); उपभोक्ता नीति (अनुच्छेद 39, 39(B), 39(C), 39(F) 43 तथा 47); व्यापार की स्वतंत्रता (अनुच्छेद 19(1), 19(6), अनुच्छेद 301 और 304); उपभोक्ता अधिकारों के हनन पर न्यायालय जाने का अधिकार (अनुच्छेद 226 तथा 32); जैसे प्रावधान सम्मिलित हैं।

उपभोक्ता अधिकारों को संरक्षित करने के लिए भारत सरकार ने विभिन्न कानून बनाए हैं। भारतीय विधि संहिता 1860, अपराधिक कार्यवाही संहिता 1898, ठेका अधिनियम 1872, वस्तु विक्रय अधिनियम 1930, कृषि उत्पाद अधिनियम 1937, खाद्य पदार्थों में मिलावट पर रोक अधिनियम 1954, माप-तौल मानक अधिनियम 1956, आवश्यक वस्तु अधिनियम 1955, MRTP अधिनियम, भारतीय मानक केन्द्र अधिनियम 1986, पर्यावरण संरक्षण अधिनियम 1986, रेलवे दावा अभिकरण अधिनियम 1987 इत्यादि जैसे कानून बनाए। यह सभी कानून अपनी प्रकृति से निवारक न होकर, अपराधियों पर दण्ड और हर्जाने की व्यवस्था करते हैं। 1986 में उपभोक्ता शिकायतों के निवारण के लिए उपभोक्ता संरक्षण अधिनियम बनाया। यह अधिनियम अपनी प्रकृति से निवारक के साथ-साथ दंडात्मक भी हैं।

उपभोक्ता संरक्षण अधिनियम 1986 क्या है? (What is the Consumer Protection Act, 1986?)

यह अधिनियम जम्मू और कश्मीर राज्य को छोड़कर सभी राज्यों में सभी वस्तुओं और सेवाओं पर लागू होता है। यह अधिनियम राष्ट्रीय, राज्य और जिला स्तर पर उपभोक्ता के हितों को संरक्षण और प्रोत्साहन के लिए उपभोक्ता विवाद निवारण केन्द्रों की स्थापना की व्यवस्था करता है। यह निवारण 90 दिनों के भीतर करता है।

शिकायत दर्ज करने के लिए किसी प्रकार की कानूनी औपचारिकता की आवश्यकता नहीं है। उपभोक्ता शिकायत को एक पोस्टकार्ड द्वारा संबंधित मंच में उठाया जा सकता है। गरीबी रेखा से नीचे रहने वालों के लिए शिकायत दर्ज करने के लिए न्यायालय फीस की कोई आवश्यकता नहीं है। अन्य लोगों की शिकायतों के लिए भी यह फीस नाममात्र की ही है।

शिकायतकर्ता कौन है अथवा शिकायत कौन दर्ज कर सकता है? (Who is complainant or who can file a complaint?)

उपभोक्ता संरक्षण अधिनियम 1980 के अनुसार, निम्नलिखित में से कोई भी व्यक्ति शिकायत दर्ज कर सकता है:

1. एक उपभोक्ता या
2. कोई पंजीकृत स्वैच्छिक उपभोक्ता संघ या
3. केंद्रीय सरकार या कोई राज्य सरकार, या
4. एक समान हित वाले एक या एक से अधिक उपभोक्ता, या
5. एक उपभोक्ता जिसकी मृत्यु हो चुकी हो उसका कानूनी उत्तराधिकारी या प्रतिनिधि।

शिकायत को दर्ज करने की समय सीमा क्या है? (What is the period of filing the complaint?)

राष्ट्रीय आयोग, राज्य आयोग, जिला मंच को कोई ऐसी शिकायत स्वीकार नहीं करनी चाहिए जब तक शिकायत को दर्ज किए हुए दो साल का समय नहीं हुआ हो। विलंब के पर्याप्त कारणों को बताने पर विलंब को माफ किया जा सकता है।

किन कारणों के आधार पर किसी शिकायत को दर्ज किया जा सकता है? (What are the causes for which a complaint can be filed?)

एक उपभोक्ता निम्नलिखित क्षेत्रों से संबंधित शिकायतों को दर्ज कर सकता है:-

1. अनुचित व्यापारिक व्यवहार या प्रतिबंधित व्यापारिक व्यवहार
2. त्रुटिपूर्ण वस्तुएं
3. सेवाओं में अपर्याप्तता
4. मूल्यों की अधिकता
5. ऐसी वस्तुओं या सेवाओं को प्रस्तावित करना जो उपभोक्ताओं के सामान्य जीवन और सरंक्षण के लिए खतरनाक हों।

उपरोक्त व्यवहार को निम्नलिखित तरीके से स्पष्ट किया जा सकता है:-

अ. अनुचित व्यापारिक व्यवहार ऐसा व्यवहार है जिसमें विक्रय को प्रोत्साहन देने के लिए किसी वस्तु या सेवा के अनुचित तरीके को अपनाया गया हो। इसमें निम्न प्रकार सम्मिलित है:-

1. उपभोक्ताओं को गुमराह करने के लिए किसी झूठे या गलत कथन का निर्माण करना

(a) विशिष्ट मानक, मूल्य, मात्रा, श्रेणी, बनावट या नमूने की वस्तुएं ओर सेवाएं

(b) किसी पुरानी वस्तु की पुनर्रचना, नवीकरण करके नई वस्तुएं बनाना

(c) वस्तुओं में जिन विशेषताओं का उल्लेख किया गया है वास्तव में उन विशेषताओं का न होना

(d) वस्तुओं और सेवाओं में उल्लेख किए गए संतुष्टि के कारणों का वास्तव में न होना।

(e) विक्रेता या आपूर्तिकर्त्ता को जो सहमति, प्रायोजकर्ता या संबद्धता प्रदान की गई है। वास्तव में उसमें वह न होना।

(f) प्रतिस्थापन, अनुरक्षण या मरम्मत की गारंटी, वारंटी या वायदा करके वस्तु या सेवा के बारे में भ्रमित करना।

(g) वस्तु के वास्तविक मूल्य तथा प्रचारित मूल्य में अंतर होना

(h) वस्तु, सेवा या व्यक्ति से संबंधित प्रतिष्ठा को नुकसान पहुंचाना।

यह प्रस्तुत किए गए कथन लेख में या वस्तु पर लिपटे हुए कागज पर लिखे होते हैं और विक्रेता कथन को इस प्रकार लिखता है जिससे उसकी अभिव्यक्ति के संबंद्ध में अंतर होता है।

2. उपहार, ईनाम या अन्य किसी मद द्वारा उपभोक्ताओं में यह भावना पैदा करना कि कोई वस्तु उन्हें निःशुल्क प्रदान की जा रही है जबकि इस प्रकार की योजना के समापन पर पता चलता है कि उस वस्तु के मूल्य को पहले ही वास्तविक वस्तु में सम्मिलित कर दिया गया है।
3. प्रत्यक्ष या अप्रत्यक्ष रूप से विक्रय को बढ़ावा देने के लिए किसी प्रकार की प्रतियोगिता, लाटरी, खेल या अवसर को सहमति देना।
4. आधिकारिक अधिकारियों द्वारा बताए गए मानकों के बिना वस्तुओं की पूर्ति और विक्रय को सहमति देना।
5. वस्तुओं के मूल्य में वृद्धि के लिए संचय, वस्तु का विनाश, वस्तुओं के विक्रय को असहमति जैसे साधनों को सहमति प्रदान करना।
6. नकली वस्तुओं का विनिर्माण अथवा वस्तुओं को बेचने या सेवा प्रदान करने में अनुचित लाभ हेतु कपटपूर्ण व्यवहार अपनाना। नकली वस्तुओं का अर्थ यह है कि ऐसी वस्तुएं या सेवाएं जो असली होने का दावा तो करती हैं, परन्तु वास्तव में असली नहीं होती।
7. किसी भी संचार साधन में वस्तुओं या सेवाओं के भ्रामक विक्रय या पूर्ति को प्रकाशित करना, जबकि वास्तव में उसका कोई आशय नहीं होता।

प्रतिबंध व्यापारिक व्यवहार (Restrictive trade practice)

यह ऐसा व्यापारिक व्यवहार है जिसमें वस्तुओं और सेवाओं के स्वतंत्र प्रवाह के लिए मूल्यों के साथ जोड़-तोड़ किया जाता है जिसके कारण उपभोक्ता पर अनुचित मूल्य और प्रतिबंध आरोपित होते हैं। इसमें वस्तुओं और सेवाओं की विलंब से की गई आपूर्ति सम्मिलित है जिसके परिणामस्वरूप वस्तुओं के मूल्यों में वृद्धि हो सकती है।

त्रुटिपूर्ण वस्तुएं (Defective goods)

इनमें ऐसी वस्तुएं सम्मिलित हैं जिसमें किसी प्रकार की त्रुटि, अपूर्णता, मूल्य, मात्रा, शुद्धता या मानकों में किसी प्रकार की कमी होती है जिसको कानून के अन्तर्गत बनाए रखना आवश्यकता है।

उपभोक्ता विवाद निवारण अभिकरण क्या है? (What are the consumer disputes redressed agencies?)

उपभोक्ता संरक्षण अधिनियम 1986 के अनुसार निम्न उपभोक्ता विवाद अभिकरण हैं:

1. राष्ट्रीय उपभोक्ता विवाद निवारण आयोग (NCDRC)
2. राज्य उपभोक्ता निवारण आयोग (SCDRC)
3. जिला उपभोक्ता विवाद निवारण मंच (DCDRF)

निम्नलिखित पंक्तियो द्वारा निम्न अभिकरणों के क्रम को समझा जा सकता है।

सर्वोच्च न्यायालय, राष्ट्रीय उपभोक्ता विवाद निवारण मंच, राज्य उपभोक्ता विवाद निवारण आयोग, जिला उपभोक्ता विवाद निवारण मंच।

जिला उपभोक्ता निवारण मंच (District consumer disputes redressed forum)

जिला उपभोक्ता विवाद निवारण मंच को जिला मंच के नाम से भी जाना जाता है। यह उपभोक्ता न्यायालय के पदानुक्रम में सबसे नीचे के सोपान पर स्थित है। इसकी न्यायकारिता का क्षेत्र वस्तुओं और सेवाओं के मूल्यों का हर्जाना, यदि हो तो 20 लाख से कम तक, है। जिला मंच केवल उन्हीं शिकायतों पर विचार करता हे जिसमें व्यक्ति या पक्षकार का प्रतिवादी व्यक्ति, उसके क्षेत्र में निवास करता है या व्यापार करता है या जिस क्षेत्र में विवाद पनपा है उस क्षेत्र की न्यायकारिता जिला के पास है। प्रत्येक शिकायत को दर्ज करने के लिए निर्धारित तरीके से शिकायत पत्र के साथ फीस लगानी होती है। जिन वस्तुओं और सेवाओं की शिकायतों का हर्जाना एक लाख से अधिक होता है उसके लिए निर्धारित फीस 100 रूपए है, एक लाख से पांच लाख तक की शिकायत के लिए यह 200 रूपए है, और पांच लाख से 10 लाख तक के हर्जाने के लिए यह 400 रूपए तथा दस से बीस लाख तक के लिए यह 500 रूपए है।

शिकायत को स्वीकार करने के बाद जिला मंच इस शिकायत पर कार्यवाही कर सकता है या इसे अस्वीकार भी कर सकता है। शिकायत को स्वीकार करने के संबंध में निर्णय, जिस दिन शिकायत प्राप्त की गई थी उस दिन से 21 दिन होता है। एक बार जिला मंच में शिकायत दर्ज होने के बाद न्याय के किसी अन्य अभिकरण या कानून की अन्य सत्ता को हस्तांतरित नहीं किया जा सकता।

शिकायतों को स्वीकार करने की प्रक्रिया (Procedure on admission of the complaint)

शिकायतों को स्वीकारने के लिए निम्न प्रकार की अलग प्रक्रिया अपनाई जाती है।

(अ) वस्तु में ऐसी त्रुटि का होना जिसे बिना उचित जांच तथा परीक्षण के जाना नहीं जा सकता।

(ब) ऐसी वस्तुओं और सेवाओं से संबंधित शिकायतें जिनके लिए मूल्याकंन तथा जांच की आवश्यकता नहीं होती।

वस्तुओं में ऐसी त्रुटि जिनके लिए जांच आवश्यक है (Defects in goods/servieces which requires testing)

जिला मंच शिकायत में उल्लेखित दूसरे पक्ष को स्वीकार की गई शिकायत की एक प्रतिलिपि दाखिल की गई शिकायत की तारीख से 21 दिनों के भीतर भेजता है और दूसरे पक्ष को मामले से संबंधित अपने पक्ष को स्पष्ट करने के लिए 30 दिन के भीतर भेजने का निर्देश देता है। मंच इस समय सीमा को अधिक से अधिक 15 दिनों के लिए बढ़ा सकता है।

यदि प्रतिवादी पक्ष उस पर लगाए गए दोषारोपण को अस्वीकार करता है या जिला मंच द्वारा दी गई समय सीमा के भीतर अपने मामले में कार्यवाही करने में असफल हो जाता है, तो मंच शिकायत कर्ता से वस्तु के नमूने को प्राप्त कर सकता है इसे सील कर सकता है, प्रामाणिकता की जांच कर सकता है, नमुनों को प्रयोगशाला में जांच के लिए भेज सकता है ताकि पता चल सके कि क्या वस्तुओं में लगाए गए दोष सही हैं या नहीं। प्रयोगशाला 45 दिनों की भीतर जांच की रिपोर्ट जिला मंच को सौंपती है। यह समय सीमा जिला मंच द्वारा बढ़ाई भी जा सकती है। प्रयोगशाला जांच के लिए शिकायतकर्ता जिला मंच में पैसे जमा करता है। जिला मंच की टिप्पणी के साथ रिपोर्ट की एक प्रतिलिपि प्रतिवादी पक्ष को भेज दी जाती है।

यदि दोनों पक्षों में से कोई भी एक पक्ष प्रयोगशाला की जांच या जांच के तरीकों से असहमत हो तो अपने विरोध को लिखित रूप में जमा करा सकता है तब जिला मंच दोनों पक्षों को प्रयोगशाला की रिपोर्ट से संबंधित अभिवेदन या रिपोर्ट में किए गए विरोध को युक्तिसंगत अवसर प्रदान करता है।

त्रुटिपूर्ण वस्तुएं या सेवाएं जिन्हें जांच की आवश्यकता नहीं है (Defect in servieces or goods not requiring testing)

जिला मंच प्रतिवादी पक्ष को मामले से संबंधित वर्णन को 30 दिन के भीतर या बढ़ाई गई समय सीमा जो 15 दिन से अधिक नहीं हो सकती के अन्तर्गत, शिकायत की एक प्रतिलिपि भेजता है।

यदि दूसरा पक्ष उस पर लगाए गए दोषों को अस्वीकार करता है या विरोध करता है या फिर दी गई समय सीमा के भीतर अपने मामले को पेश करने में असफल हो जाता है तो जिला मंच प्रस्तुत किए साक्ष्यों के आधार पर निर्णय दे सकता है। यदि शिकायतकर्त्ता जिला मंच के समक्ष कार्यवाही के दिन पेश नहीं हो पाता तो मंच न्यायालय में समय पर उपस्थित न होने के कारण या तो केस को खारिज कर सकता है या फिर गुणों के आधार पर निर्णय दे सकता है। जिला मंच सुनवाई के लिए हर संभव प्रयास करता है। नोटिस की प्राप्ति की तारीख से तीन माह के भीतर, प्रतिवादी पक्ष द्वारा शिकायत का निर्णय लेने का प्रयास किया जाता है।

इस धारा के उद्देश्य से जिला मंच को नागरिक न्यायालय की नागरिक कार्यवाही संहिता 1908 के समान शक्तियां प्रदान की गई हैं। शिकायतकर्ता द्वारा जमा की जाने वाली प्रतिलिपियों की संख्या जिला मंच में सामान्यत: शिकायत की पांच प्रतिलिपियाँ संलग्न की जाती है। यदि प्रतिवादी पक्ष की संख्या एक से अधिक है तो प्रत्येक अतिरिक्त पक्ष के लिए एक प्रतिलिपी भेजी जानी चाहिए।

जिलामंच द्वारा उठाए जाने वाले कदम (Action taken by the district forum)

यदि जिला मंच इस बात से संतुष्ट हो जाए कि वस्तुओं और सेवाओं के विरूद्ध की गई शिकायत सही है। तो मंच प्रतिवादी पक्ष को निम्नलिखित निर्देश दे सकता है।

(a) प्रयोगशाला द्वारा पहचान की गई त्रुटियों को दूर करना।

(b) किसी भी त्रुटि से मुक्त नई वस्तुओं के साथ वस्तुओं का प्रतिस्थापन करना।

(c) शिकायत कर्ता द्वारा वस्तुओं और सेवाओं के लिए अदा किए पैसों को वापिस करना।

(d) अनुचित व्यापारिक व्यवहार को समाप्त करना तथा प्रतिबंधित व्यापार और उस व्यवहार को दोबारा न अपनाना।

(e) खतरनाक वस्तुओं के विक्रय के लिए प्रस्तावित की गई पहले की वस्तुओं को वापिस करना।

(f) पक्षकारों को पर्याप्त मूल्य प्रदान करना।

शिकायतों के निपटारे के लिए, निर्णय को संबंधित पक्षकारों को नि:शुल्क संचारित किया जाता है। निष्पादन न किए जाने की स्थिति में मंच किसी व्यक्ति को एक महीने की सजा दे सकता है जिसे तीन साल तक बढ़ाया जा सकता है। मंच व्यक्ति पर न्यूनतम जुर्माना 2000 तथा अधिकतम जुर्माना 10,000 तक कर सकता है तथा सजा तथा हर्जाना दोनों कर सकता है।

इसके अतिरिक्त मंच को चिंताजनक या निरर्थक शिकायतों को खारिज करने तथा शिकायतकर्ता पर 10,000 तक का जुर्माना लगाने का अधिकार है।

यदि कोई व्यक्ति जिला मंच द्वारा दिए गए निर्णय से सहमत नहीं है तो वह निर्णय की तारीख से 30 दिन के भीतर राज्य विवाद निवारण आयोग में अपील कर सकता है। यदि राज्य आयोग विलंबकारी अपील के कारणों से संतुष्ट हो तो यह समय सीमा 30 दिन से अधिक की जा सकती है तथा अपील पर विचार किया जा सकता है। जिला मंच के निर्णय की एक प्रतिलिपि तथा अपील से संबंधित कारणों के साथ अपील दर्ज की जा सकती है।

राज्य उपभोक्ता निवारण आयोग (State consumer disputes redressed commission)

इसे राज्य आयोग भी कहा जा सकता है। राज्य आयोग उन शिकायतों की जांच करता है जिसमें वस्तुओं और सेवाओं का मूल्य और यदि हर्जाना हो तो 20 लाख से अधिक तथा 1 करोड़ से कम हो। राज्य आयोग जिला मंच के निर्णय पर की गई अपील पर भी विचार करता है राज्य आयोग जिला मंच में लंबित उपभोक्ता विवाद के रिकॉर्ड या आवश्यक सूचना को मंगा सकता है जो जिला मंच के कानूनी क्षेत्र के अंतर्गत नहीं आते हैं और जिला मंच ने उन मामलों का निर्णय अपनी अधिकारिता से बाहर जाकर अपनी शक्ति का दुरूपयोग किया है।

शिकायतकर्ता के प्रार्थनापत्र या अपनी इच्छा से राज्य आयोग किसी शिकायत को जिला मंच के समक्ष सुनवाई के किसी भी चरण में लंबित मामले को यदि उसमें न्याय का प्रश्न निहित है, तो राज्य के एक जिला मंच से दूसरे जिला मंच में स्थानांतरित कर सकता है।

शिकायतों के निपटारे की प्रक्रिया (Procedure for disposal of complaints)

इसमें भी निपटारे की वही प्रक्रिया है जो जिला मंच अपनाता है। यदि कोई व्यक्ति राज्य आयोग के निर्णय और असंतुष्ट हो तो वह राष्ट्रीय आयोग को जिला आयोग के निर्णय की रसीद से 30 दिन के भीतर अपील कर सकता है।

शिकायत दर्ज करने का शुल्क (Fees for filing complaints)

यदि वस्तुओं और सेवाओं का मूल्य 20 लाख से 50 लाख तक हैं तो 2000 रू. का फीस शुल्क और यदि यह 50 लाख से अधिक तथा 1 करोड़ तक है तो इसका फीस शुल्क 4000 रू. है।

राष्ट्रीय उपभोक्ता विवाद निवारण आयोग (National consumer dispute redressal commission)

इसे राष्ट्रीय आयोग के नाम से भी जाना जाता है। यह उन शिकायतों पर विचार करता है जिन वस्तुओं और सेवाओं की क्षतिपूर्ति यदि हो तो 1 करोड़ रूपए से अधिक हो। यह राज्य आयोग ने उन मामलों में अपनी शक्ति का दुरूपयोग करते हुए निर्णय दिया है। उन मामलों की भी राष्ट्रीय आयोग में सुनवाई की जा सकती है।

शिकायतकर्ता के प्रार्थनापत्र या अपनी इच्छा से आयोग राज्य आयोग के समक्ष सुनवाई के किसी चरण में लंबित शिकायतें के किसी मामले को यदि उसमें न्याय का प्रश्न निहित हो तो एक जिला मंच से दूसरे जिला मंच में या एक राज्य आयोग से दूसरे राज्य आयोग में स्थानातंरित कर सकता है। शिकायतों के निपटारे की प्रक्रिया जिला मंच की प्रक्रिया के ही समान है। राष्ट्रीय आयोग के निर्णय के विरूद्ध, सर्वोच्च न्यायालय में, राष्ट्रीय आयोग से प्राप्त किए गए आदेश पर 20 दिन के भीतर अपील की जा सकती है।

शिकायत को दर्ज़ करने के लिए शुल्क (Fees for filing complaint)

वस्तुओं और सेवाओं पर 1 करोड़ से अधिक क्षतिपूर्ति की स्थिति में राष्ट्रीय आयोग में शिकायत दर्ज करने का देय शुल्क 5000 रूपए हैं।

उपभोक्ता संरक्षण परिषद् (Consumer protection councils)

निवारण तंत्र के अतिरिक्त सरकार ने केंद्रीय उपभोक्ता परिषद, राज्य उपभोक्ता परिषद तथा जिला उपभोक्ता परिषद का गठन किया है। केंद्रीय उपभोक्ता परिषद की स्थापना केन्द्र सरकार द्वारा, तथा राज्य तथा जिला परिषद की स्थापना राज्य सरकार द्वारा की गई है।

परिषदों का कार्य उपभोक्ता के अधिकारों को संरक्षण तथा प्रोत्साहन प्रदान करना है। भारत में उपभोक्तावाद अभी अपनी शैशव अवस्था में है। भारत में व्यापक पैमाने पर लोग निरक्षर हैं और अपने उपभोक्ता अधिकारों से अनभिज्ञ है। केवल एक सजग उपभोक्ता ही अपने अधिकारों के लागू करने के प्रति सजग रहता है। कई स्वैच्छिक उपभोक्ता संगठन उपभोक्ता अधिकारों के बारे में

जागरूकता फैलाने में एक महत्वपूर्ण भूमिका अदा कर रहे हैं। स्कूलों में उपभोक्ता अधिकारों के बारे में शिक्षण प्रदान किया जा रहा है, क्योंकि वह भावी उपभोक्ता हैं और उन्हें भविष्य में एक उत्तरदायी उपभोक्ता की भूमिका निभानी है। यह स्वैच्छिक संगठन व्यवसायियों पर उचित आचरण अपनाने तथा शिकायतों के तीव्र निवारण के लिए दबाव डालते हैं। भारत सरकार जागो ग्राहक जागो जैसे अभियानों को बृहद पैमाने पर संगठित करके उपभोक्ता आन्दोलनों को बढ़ावा दे रहे हैं। यह उपभोक्ताओं के हितों को बढ़ावा देने के लिए आवश्यक कानूनों का निर्माण कर रही है। भारत सरकार ने उपभोक्ता अधिकारों के संरक्षण के लिए उपभोक्ता सरंक्षण परिषदों का भी गठन किया है। उपभोक्ता न्यायालय के समक्ष रखी जाने वाली शिकायतों की बढ़ती संख्या को देखते हुए VOICE और CCC जैसे स्वैच्छिक संगठन उपभोक्ता मामले विभाग, भारत सरकार के साथ मिलकर काम कर रहे हैं और उन्होंने पूरे देश में उपभोक्ताओं की सहायता तथा मार्गदर्शन के लिए और स्थायी व्यवसायियों के विरूद्ध कदम उठाने के लिए उपभोक्ता हेल्पलाइन तथा उपभोक्ता ऑन लाइन संसाधन तथा सशक्तीकरण केंद्र का गठन किया है। उपभोक्ता अधिकार, निश्चित ही भविष्य में एक निश्चित दिशा प्राप्त करेगें।

References

The Consumer Protection Act, 1986

Verma, Yogender S. and Chandrakant Sharma, 1994, Consumerism in India, New Delhi, Anamika Prakashan.

Sherlekar, S.A., (1977), Trade Practice and Consumerism, Himalaya Publishing House, New Delhi.

Shiva Prakashan, P. and S. Rajmohan, (2001), Consumer Empowerment: Rights and Responsibilities, New Delhi, Kanishka Publication.

Ghosh, P.K. and kapoor, G.K., (1984), Business and Society, New Delhi, S.Chand and Sons.

अध्याय - 10

भारत में मानवाधिकार आन्दोलन
(Human Rights Movement in India)

डॉ. निरंजन साहू

आज हम जिन मानवाधिकारों से परिचित हैं वह एक लंबे ऐतिहासिक संघर्ष का परिणाम है। मानवाधिकार मानव जाति द्वारा स्वतंत्र जीवन जीने के लिए किए गए निरन्तर प्रयासों का परिणाम है। आधारभूत स्वतंत्रताओं को प्राप्त करने का प्रत्येक समाज का आन्दोलन प्राय: विशिष्ट तथा एक-दूसरे से भिन्न है, परन्तु फिर भी प्रत्येक समाज के मानवाधिकार आन्दोलन ने सार्वकालिक अधिकारों के सिद्धांत से प्रेरणा ली। भारत के मानवाधिकार आन्दोलन पर पश्चिम का सर्वाधिक प्रभाव था। भारत के स्वदेशी आन्दोलन ने मानवाधिकारों के संघर्ष को बृहद आकार प्रदान किया। इस संदर्भ में मानवाधिकारों को समझने में घटनाओं का संक्षिप्त विवरण भलीभांति सहायता करेगा।

वैश्विक मानवाधिकारों का संक्षिप्त इतिहास (A short history of global human rights movement)

प्राचीन श्रुतियों तथा साहित्य में मानवाधिकारों की असंख्य घटनाएं विद्यमान हैं, परन्तु मानवाधिकारों को वास्तविक वैधता मैगनाकार्टा (1215) से मिली। इस चार्टर में नागरिक अधिकारों की घोषणा की गई। राजा की निरंकुश शक्ति को सीमित किया गया तथा चर्च को सरकारी हस्तक्षेप से मुक्त रखा गया। संक्षेप में, मैगनाकार्टा भविष्य की मानवीय स्वतंत्रताओं का सबसे शक्तिशाली साधन बन गया।

इसी समय, विश्व के अन्य हिस्सों की राजनितिक और धार्मिक परम्पराओं में भी मानवाधिकारों की उदघोषणा की गई। 18वीं शताब्दी में विशेष रूप से पाश्चात्य दार्शनिकों के लेखों द्वारा प्राकृतिक अधिकारों का सूत्रपात किया गया। प्राकृतिक अधिकारों की अवधारणा को लेकर गंभीर वाद-विवाद हुआ। मानवाधिकारों की धारणा को अमेरिका की क्रांति (1776) तथा फ्रांस की क्रांति (1789) ने आकार प्रदान किया। अमेरिका को ब्रिटिश उपनिवेशवाद से स्वतंत्रता प्राप्त हुई तथा फ्रांस में पहले गणतंत्र का जन्म हुआ।

प्राकृतिक अधिकारों की धारणा का व्यापक पैमाने पर विरोध किया गया जबकि सार्वभौमिक अधिकारों की धारणा को मजबूत आधार मिला। थॉमस पेन, जॉन स्टुअर्ट मिल और हेनरी डेविड थूरो जैसे बहुत से विद्वानों ने सार्वभौमिक अधिकारों की अवधारणा को विकसित किया। थूरो वास्तव में पहला दार्शनिक था जिसने अपने ग्रंथ 'नागरिक अवज्ञा' (Civil Disobedience) में मानवाधिकार का पहले प्रयोग किया। लियो टॉलस्टाय, मार्टिन लूथर किंग तथा महात्मा गांधी थूरों के 'नागरिक अवज्ञा' के विचार से बहुत प्रभावित हुए। इन विद्वानों ने सरकार के अन्यायपूर्ण कार्यों को रोकने के लिए अंहिंसात्मक तरीके अपनाने पर बल देकर इस विचार को विकसित किया।

19वीं शताब्दी के मध्य तथा अन्त में बहुत से केन्द्रीय मुद्दे उभर कर सामने आए जिनमें से अधिकतर को 20वीं शताब्दी में मानवाधिकार का नाम दिया गया। इन मुद्दों में दासता, बंधुआ मजदूरी, कार्य स्थान की परिस्थितियां, भूख, पारिश्रमिक, बाल श्रमिक और उस समय अमेरिकी समस्या कहे जाने वाले जैसे मुद्दे थे। संयुक्त राष्ट्र अमेरिका में 1776 की क्रांति के बाद सबको समान घोषित किया गया, परन्तु आठ साल बाद ही दासता को लेकर अमेरिका में गृहयुद्ध हुआ। रूस ने अपने बंधुआ मजदूरों को उसी साल स्वतंत्र किया। परन्तु न तो प्रगतिशील अमेरिका के दास तथा न ही रूस के स्वतंत्र दास कई शताब्दियों तक आधारभूत अधिकारों का वास्तविक प्रयोग कर सके।

मानवाधिकार आन्दोलन अपने सीमित साधनों के साथ अभी अपनी शैशव अवस्था में ही था तथा एक विशिष्ट समुदाय से ही संबंधित था। मानवाधिकार कार्यकर्त्ता राजनीतिक और धार्मिक विचारों तथा समूहों से जुड़े हुए थे। इस समय बहुत से मानवाधिकार आन्दोलन तथा विशिष्ट नागरिक अधिकारों ने सामाजिक परिवर्तनों को बहुत प्रभावित किया। श्रमिक संगठनों ने श्रमिकों के हितों के लिए आवाज उठाई। श्रमिक संगठनों ने हड़ताल के अधिकार का अधिनियम कार्य की न्यूनतम परिस्थितियों की स्थापना, बालश्रम का निषेध, संयुक्त राज्य अमेरिका तथा बहुत से यूरोपीय देशों में 40 घंटों के सप्ताह जैसे अधिनियम बनवाए। इसी बीच महिला अधिकार आन्दोलनों के निरन्तर प्रयासों से महिलाओं को वोट का अधिकार प्राप्त हुआ। अफ्रीका तथा एशिया के बहुत से देशों ने उपनिवेशी शक्तियों को उखाड़ फेंका तथा सदियों पुराने दमन से मुक्ति पाई। इन स्वतंत्रता संघर्षों में सर्वाधिक प्रसिद्ध आन्दोलन महात्मा गांधी के नेतृत्व में ब्रिटिश शासन के विरूद्ध चलाया गया आन्दोलन था। 20वीं शताब्दी में मार्टिन लूथर किंग ने अमेरिका में रंगभेद के विरूद्ध नागरिक अधिकारों के सफल आन्दोलन का नेतृत्व किया।

द्वितीय विश्वयुद्ध के दौरान मानवाधिकार आन्दोलन की स्थिति बहुत दयनीय थी। द्वितीय विश्व युद्ध की भयंकरता ने अन्तर्राष्ट्रीय क्षेत्र में आधुनिक मानवाधिकारों की मान्यता का सूत्रपात किया। 1941 में अमेरिकी राष्ट्रपति रूजवेल्ट ने चार स्वतंत्रताओं- विचार और अभिव्यक्ति की स्वतंत्रता, विश्वास की स्वतंत्रता, अभाव और भय से स्वतंत्रता की उदघोषणा की। 1945 में U.N. की स्थापना तथा मानवाधिकारों के प्रति प्रतिबद्धता के कारण इसके कार्यक्षेत्र का विस्तार हुआ। 10 दिसम्बर 1948 को मानवाधिकारों के घोषणापत्र को स्वीकार किया गया। जिसे आज मानवाधिकार दिवस के रूप में जाना जाता है। वास्तव में राजनीतिक संदर्भ में संयुक्त राष्ट्र घोषणापत्र परिवर्तनशील परिस्थितियों, संविधानवाद और उत्तरदायी सरकार की सार्वकालिक मांग, सर्वव्यापक मताधिकार, सबके लिए शिक्षा, सोवियत संघ के एकीकरण, चीन का जनवादी गणतंत्र, और तीसरे विश्व के नव स्वतंत्र देशों की प्रतिक्रिया के रूप में उभरकर सामने आया। प्रत्येक देश ने सैद्धांतिक मतभेदों के बावुजूद सार्वभौमिक मानवाधिकारों को समर्थन दिया।

मानवाधिकारों के इतिहास में 1961 में एक महत्वपूर्ण घटना घटी जिसके परिणामस्वरूप आधुनिक मानवाधिकार आन्दोलन तथा 'एमनेस्टी इंटरनेशनल' का जन्म हुआ। इस नवीन मानवाधिकार आन्दोलन की मांग यह है कि प्रत्येक देश की सरकार को सैद्धांतिक मतभेदों के बावजूद भी अपने नागरिकों के साथ कुछ मूलभूत सिद्धांतों के अनुसार व्यवहार करना चाहिए।

मानवाधिकारों की दिशा में 'एमनेस्टी इंटरनेशनल' एक महत्वपूर्ण भूमिका का निर्वाह कर रहा है। कई अन्य समूह जिनकी रणनीति तथा स्वस्थिति का निर्धारण एमनेस्टी इंटरनेशनल से भिन्न है। उन समूहों ने 1978 में हेलसिंकी में मानवाधिकार वाच के नाम से एक गठबन्धन की स्थापना की। इसके अतिरिक्त कई क्षेत्रीय समूहों का भी जन्म हुआ जो विशेषरूप से सोवियत ब्लॉक में कठिन परिस्थितियों के अंतर्गत कार्य करते थे। हेलसिंकी का बाद में अन्य समूहों के साथ विलय कर दिया गया। अन्य क्षेत्रीय संगठनों की स्थापना चिली में 1973, ईस्ट तिमोर में 1975, अर्जेंटीना में 1976 में सेना द्वारा सत्ता हथियाने के बाद हुआ।

मानवाधिकार आन्दोलन को 1970 के दौरान वैश्विक मान्यता के क्षेत्र में बढावा मिला। उदाहरणार्थः एमनेस्टी इंटरनेशनल को संयुक्त राष्ट्र संघ में एक गैर सरकारी संगठन के स्थायी पर्यवेक्षक के रूप में स्थान प्रदान किया गया। समस्त विश्व की विधानसभाओं, राज्य विभागों तथा विदेश मंत्रालयों में इसकी रिपोर्ट तथा वक्तव्यों को पढ़ना अनिवार्य कर दिया गया। एमनेस्टी इंटरनेशनल को 1977 में मानवाधिकारों के क्षेत्र में सराहनीय योगदान के लिए नोबेल पुरूस्कार दिया गया।

मानवाधिकारों को बढ़ावा देने की दिशा में वैश्विक गठबंधन का प्रभाव बहुत महत्वपूर्ण है। एशिया, अफ्रीका तथा लैटिन अमेरिका में राज्य के निरकुंश स्वरूप के विरूद्ध तथा मूलभूत मानवाधिकारों जीवन का अधिकार, काम का अधिकार, स्वतंत्र अभिव्यक्ति का अधिकार, उचित कार्य दशाओं का अधिकार जैसे अधिकारों के लिए लड़ने के लिए बहुत से नागरिक समाज संगठन उभर कर सामने आए। संक्षेप में, एमनेस्टी इंटरनेशनल तथा इसी प्रकार के अन्य संगठनों ने पूरे विश्व में भविष्य के नागरिक स्वतंत्रता आन्दोलन को दिशा तथा प्रेरणा प्रदान की।

भारत में मानवाधिकार आन्दोलन : प्रारंभिक दौर (Human rights movement in India : Genesis)

इस बात को लेकर किसी प्रकार का कोई मतभेद नहीं है कि आधुनिक मानवाधिकारों के औपचारिक स्वरूप का प्रादुर्भाव ब्रिटिश शासन के दौरान हुआ। भारतीय ऐतिहासिक परम्परा तथा संस्कृति में मानवाधिकारों के सर्वाधिक महत्वपूर्ण तर्क और कारण विद्यमान रहे हैं। 50,000 वर्ष पूर्व प्राचीन दार्शनिकों तथा विचारकों ने उच्च नैतिक कानूनों का प्रचार किया जिसमें सार्वकालिक मान्यता प्राप्त विशिष्ट मूल्य जैसे धर्म (सत्यनिष्ठ), अर्थ (धन), काम (इच्छाएं) और मोक्ष (जीवन मृत्यु से छुटकारा) सम्मिलित थे। यह माना जाता था कि इन गुणों से आत्मिक और बाहरी जीवन के आत्मिक और वस्तुगत पहलुओं के बीच संतुलन से एक शांतिमय समाज का निर्माण होता है। वैदिक युग से ही धर्म लोगों को सत्यनिष्ठ जीवन जीने के लिए विवश करता रहा है। वेदों, पुराणों, महाभारत और भागवत् गीता में बताए गए प्राकृतिक कानूनों का वैदिक काल से ही संत, कवि और दार्शनिकों ने गुणगान किया है। वैदिक युग के दार्शनिकों ने मानवाधिकारों को ऐसे अधिकारों के रूप में परिभाषित

किया है जो हमारी प्रकृति में निहित हैं और जिनके बिना हम मनुष्य के रूप में जीवन व्यतीत नहीं कर सकते। इन विद्वानों की यह दृढ़ मान्यता थी कि यह अधिकार सार्वभौमिक हैं और बिना किसी भेदभाव के सबको प्राप्त होने चाहिए।

वेदों के असंख्य संदर्भ मानवाधिकारों के अस्तित्व पर प्रकाश डालते हैं। वेदों में शरीर की स्वतंत्रता (तन), निवास स्थान (स्कृधि), और जीवन (जीबास) की उदघोषणा की गई है। 1367 B.C. में बहमनी और विजयनगर के शासकों ने कैदियों के साथ मानवीय व्यवहार करने और शत्रु के शस्त्रहीन सैनिक की जान न लेने के समझौते किए। स्मृतियों में राजा द्वारा शासितों के कल्याण के लिए अपनाए जाने वाले सिद्धांतों तथा नीतियों पर प्रकाश डाला गया है।

मानवाधिकारों के क्षेत्र में कौटिल्य की महत्वपूर्ण देन है। कौटिल्य ने अपने ग्रंथ अर्थशास्त्र में लिखा है कि राजा को वृद्धों, निर्बलों, असहायों, दुखियों तथा मजबूरों के कल्याण की व्यवस्था करनी चाहिए। वैदिक युग के बाद मानवाधिकारों तथा मूल्यों का तेजी से पतन हुआ। जैन तथा बौद्ध धर्म के आगमन से जाति व्यवस्था की जटिलता में शिथिलता आई। बौद्ध धर्म ने प्रत्येक क्षेत्र में सबके लिए समानता की बात की। अशोक महान ने बौद्ध धर्म के सिद्धातों को लागू करते हुए अपनी प्रजा के लिए समानता, बंधुता तथा प्रसन्नता को सुनिश्चित करने के लिए सभी संभव प्रयास किए। इस प्रकार प्राचीन भारत में अशोक नागरिक स्वतंत्रताओं का निर्माण करने वाला एक महत्वपूर्ण निर्माता था। प्राचीन युग का अन्तिम हिन्दु राजा जिसने धर्म के अनुसार शासन किया, सम्राट हर्षवर्धन था। राजा हर्षवर्धन ने सक्षम तथा गुणवान व्यक्ति को जाति, रंग, धर्म और मत के भेदभाव के बिना अपने दरबार में आश्रय दिया। हर्षवर्धन के बाद भारत विदेशी विजयों का महत्वपूर्ण गढ़ बन गया जिसके परिणामस्वरूप मानवाधिकारों के क्षेत्र में गिरावट आई।

मध्य युग में मानवाधिकारों की धारणा को गहरा धक्का लगा। मुसलमानों के आगमन से नए प्रकार की व्यवस्था का प्रादुर्भाव हुआ तथा मुसलमानों तथा गैर-मुसलमानों के बीच भेद किया जाने लगा। अकबर महान् जैसे शासकों ने मानवाधिकारों को पुन: जीवित करने के लिए सराहनीय भूमिका का निर्वाह किया। अकबर धार्मिक धर्मान्धता से परे था और उसने सबके साथ समान व्यवहार को सुनिश्चित किया। अकबर के समय में आने वाले यात्रियों के वृतांतों से उसके कानून और अधिकार के प्रति अनुराग का ज्ञान होता है। अकबर द्वारा चलाई गई प्रवृत्ति को औरंगजेब ने भी अपनाया। इसी समय चैतन्य, कबीर, नानक और बहुत से सूफी सन्तों के भक्ति आन्दोलनों ने धर्म की खोई हुई अवधारणा को पुनर्जीवित करने में महत्वपूर्ण योगदान दिया।

ब्रिटिश काल में मानवाधिकार (Human rights in British period)

जैसा कि पहले कहा जा चुका है कि ब्रिटिश काल के दौरान भारतीय समाज में मानवाधिकारों की जड़े गहरी हुई थीं। मानवाधिकार मुख्य रूप से ब्रिटिश शासन की निरंकुशता तथा दमनकारी कार्यों के विरूद्ध संघर्ष के संदर्भ में उभरे। इस आन्दोलन का अर्थ भारतीय समाज में आंतरिक परिवर्तनों के द्वारा अतीत की धर्म की धारणा को पुनर्जीवित करना था। राजा राम मोहन भारतीय समाज में सुधारों के अग्रदुत, नवनिर्माण के प्रवर्तक तथा आधुनिक भारत के जनक थे। राजा राम मोहन राय ने जात-पात, छुआछुत, धार्मिक कर्मकांडों का विरोध किया। उन्होंने स्त्री कल्याण तथा स्त्री शिक्षा पर बल दिया। उनके प्रयासों के कारण ही सती प्रथा को अवैध घोषित किया गया। 1823 में प्रेस की

स्वतंत्रता पर लगाई गई रोक का उन्होंने विरोध किया। ब्रिटिश संसद के दोनों सदनों में नागरिक स्वतंत्रताओं की रक्षा के लिए याचिकाएं दायर कीं। उन्होंने ज्यूरी अधिनियम 1927 के उस प्रावधान का विशेष रूप से विरोध किया जिसके अनुसार, "हिन्दु या मुस्लिम निवासी के अभियोग की सुनवाई कोई भी क्रिश्चियन या यूरोपीय न्यायाधीश कर सकता है, जबकि हिन्दू या मुस्लिम न्यायाधीश द्वारा किसी यूरोपीय के अभियोग की सुनवाई नहीं की जा सकती"। राजा राम मोहन राय ने भारतीय समाज के सुधार में महत्वपूर्ण भूमिका निभाई।

राजा राम मोहन राय के कार्यों को ईश्वर चन्द्र विद्यासागर ने अपने समकालीनों का ध्यान महिलाओं के साथ होने वाली हिंसा की ओर दिलाया। ईश्वरचन्द्र विद्यासागर ने महिलाओं के उद्धार के लिए महत्वपूर्ण भूमिका का निर्वाह किया। उन्होंने बाल विवाह, बहु विवाह तथा महिला हिंसा का विरोध किया। उनके निरंतर प्रयासों के परिणामस्वरूप 1856 में विधवा पुनर्विवाह अधिनियम पारित हुआ। महिला शिक्षा के क्षेत्र में भी उनका महत्वपूर्ण योगदान है।

ईसाई मिशनरियों जैसे विलियम कैरी (1761-1834), जोगुआ मार्शमैन (1766-1837), पाश्चात्य शिक्षाशास्त्री तथा सामाजिक कार्यकर्त्ता जैसे डेविड हेयर, डिराजिओं तथा सिस्टर निवेदिता के कार्यों से भारत में यूरोपीय पुनर्जागरण के लक्षण अभिलक्षित होने लगे। वास्तव में राजा राममोहन राय के आगमन से लगभग दो दशक पहले कैरे सेरेमपुर मिशन के अध्यक्ष बनकर कलकत्ता आए। कैरे ने भारतीय भाषा का प्रचार, साहित्य तथा शिक्षा का प्रसार, भारतीय समाज में व्याप्त अमानवीय तथा पाश्विक व्यवहार के बारे में जनचेतना को जागृत किया। वास्तव में इन्हें भारत के पुनर्जागरण का निर्माता कहा जा सकता है। संक्षेप में, कैरे के प्रयासों ने राजा राम मोहन राय तथा ईश्वरचन्द्र विद्यासागर को समाज सुधारों तथा रूढ़िवादिता के विरूद्ध आवाज उठाने के लिए एक आधार प्रदान किया।

मानवाधिकार तथा मानवीय प्रतिष्ठा के लिए चलाए गए सुधारवादी आन्दोलन धीरे-धीरे चारों ओर फैल गया। महाराष्ट्र में गोविन्द रानाडे (1842-1901) जो भारतीय राष्ट्रीय कांग्रेस का गठन करने वालों में से एक थे, ने जातीय भेदभाव, अस्पृश्यता, बहुविवाह तथा इसी प्रकार की सामाजिक कुरीतियों के विरूद्ध आवाज उठाने के लिए 1887 में 'अखिल भारतीय संगठन' की स्थापना की। रानाडे ने मानवाधिकारों की उस परस्पर निर्भरता तथा अविभाज्यता को समझा जिन्हें आज मानवाधिकारों की दो पीढ़ियां माना जाता है। उनका मानना था कि सामाजिक और राजनीतिक व्यवस्था परस्पर निर्भर हैं और यह परस्पर निर्भरता कोई संयोग नहीं है, बल्कि प्रकृति का एक नियम है। रानाडे ने जिस बात को 100 साल पहले सोचा था उसे 1948 में मानवाधिकारों के अंतर्राष्ट्रीय घोषणापत्र में अभिव्यक्ति मिली।

इसी प्रकार, ज्योतिबा फुले आधुनिक भारत की नागरिक स्वतंत्रताओं के महान अग्रदुत थे। ज्योतिबा फुले ने उत्पीड़ित जातियों को एकत्रित करके उनकी समानता के लिए आंदोलन चलाया। ज्योतिबा फुले ने उत्पीड़ित जातियों विशेषरूप से स्त्री शिक्षा पर विशेष बल दिया। इसी प्रकार वीर सालिंगम (1848-1919) ने आंध्र प्रदेश में विधवा पुनर्विवाह तथा बालिका शिक्षा पर विशेष बल दिया। श्री नारायण गुरू (1855-1928) ने ट्रावनकोर में जातीय उत्पीडन के विरूद्ध संघर्ष का नेतृत्व किया। इसी समय स्वामी विवेकानंद द्वारा गठित रामकृष्ण मिशन (1899) तथा दयानंद सरस्वती द्वारा गठित आर्यसमाज जैसे धर्म सुधार तथा समाज सुधार आन्दोलनों ने सभी वर्गों में शिक्षा का प्रसार किया। अंधविश्वास तथा धर्मांधता जैसी हिन्दु समाज की बुराइयों के विरूद्ध आवाज उठाया गया।

मुस्लिम धर्म सुधार आन्दोलन सर सैय्यद अहमद खान द्वारा चलाया गया अहमदिया आंदोलन (1899) ने मुसलमानों में राष्ट्रीय जागृति इस्लाम की सार्वभौमिकता तथा मानवता का प्रसार किया।

स्वतंत्रता आंदोलन तथा मानवाधिकार (Freedom movement and the human rights)

भारतीय स्वतंत्रता संघर्ष के सम्पूर्ण इतिहास को मानवाधिकारों का इतिहास कहा जा सकता है। अंग्रेज भारतीयों के साथ अमानवीय, क्रूर, पाशविक तथा मनमाना व्यवहार करते थे। अंग्रेज भारतीयों को अपने से निम्न दर्जे का मानते थे। भारतीयों की नागरिक स्वतंत्रताओं की रक्षा के लिए कोई मौलिक कानून नहीं था। अंग्रेजों ने स्वतंत्रता संघर्ष को दबाने के लिए शस्त्रहीन सत्याग्रहियों पर पाशविक हमले, नजरबंदी, निर्वासन, फांसी जैसे साधनों का प्रयोग किया। अंग्रेजों के अनैतिक व्यवहार ने नागरिक स्वतंत्रताओं के लिए लड़ने और कुछ मौलिक अधिकारों की संवैधानिकता की मांग को प्रोत्साहित किया। भारतीय राष्ट्रीय कांग्रेस जैसे संगठनों का प्रारंभिक उद्देश्य कुछ नागरिक स्वतंत्रताओं को सुरक्षित करना, जाति, रंग, लिंग, भाषा के आधार पर भेदभाव की मनाही, सरकारी नौकरियों तथा कार्यालयों में भारतीयों को स्थान दिलाना था। गांधीजी द्वारा चलाए गए स्वतंत्रता आंदोलन का उद्देश्य भारत को विदेशी शासन से मुक्त करने के साथ-साथ हरिजनों (निम्न जातियों) का उद्धार करना भी था।

स्वतंत्रता संघर्ष के परिणामस्वरूप भारतीयों को कई प्रकार का अहरणीय स्वतंत्रताएं प्रदान की गई। 1833 के अधिनियम द्वारा सरकार ने किसी भी प्रकार के भेदभाव का विरोध किया। 1858 में राज्य के धर्मनिरपेक्ष स्वरूप तथा भारतीयों के धार्मिक मामलों में हस्तक्षेप न करने की घोषणा क्वीन विक्टोरिया ने की। 1895 में भारतीय राष्ट्रीय कांग्रेस ने भारतीय संविधान विधेयक तैयार किया जिसमें सभी नागरिकों को मूलभूत मौलिक अधिकारों जैसे अभिव्यक्ति की स्वतंत्रता, प्रत्येक व्यक्ति के निवास की अनुलांघनीयता, सम्पत्ति का अधिकार, कानून के समक्ष समानता इत्यादि की बात की गई थी। बाद में, भारतीय राष्ट्रीय कांग्रेस ने भारतीयों को अंग्रेजों के समान दर्जा देने और नागरिक अधिकारों से संबंधित बहुत से प्रस्ताव पारित किए। कांग्रेस के मद्रास अधिवेशन में मौलिक अधिकारों की घोषणा की गई। मोतीलाल नेहरू की अध्यक्षता में नागरिक और राजनीतिक अधिकारों का मसौदा बनाने के लिए समिति का गठन किया गया। मोतीलाल नेहरू समिति की रिपोर्ट में 19 सूत्री अधिकार, निजी स्वतंत्रता, व्यवसायिक और धार्मिक स्वतंत्रता अभिव्यक्ति की स्वतंत्रता, शांतिपूर्ण ढंग से एकत्रित होने का अधिकार, यूनियन तथा संघ बनाने का अधिकार, कानून के समक्ष समानता जैसे अधिकार सम्मिलित थे। 1950 में लागू किए गए भारतीय संविधान में मोतीलाल नेहरू के 19 सूत्री अधिकारों में से दस अधिकारों को समाहित किया गया था।

अंग्रेज भारतीयों की मौलिक अधिकारों की मांग को दबाते रहे जिसके परिणामस्वरूप यह मांग दिन प्रतिदिन तेज होती गई। कांग्रेस के कराची अधिवेशन 1931 में मौलिक अधिकारों और कर्तव्यों तथा आर्थिक-सामाजिक परिवर्तन का एक विस्तृत प्रस्ताव स्वीकार किया गया। 1945 में सप्रू समिति ने मानवाधिकारों के संहिताकरण पर बल दिया तथा संविधान सभा में मानवाधिकारों को संविधान में सम्मिलित करने की मांग का प्रबल समर्थन किया। संविधान सभा में गंभीर वाद-विवाद के बाद अन्त में संविधान में मौलिक अधिकारों तथा नीति-निर्देशक सिद्धातों को समाहित किया गया। भारत की संविधान सभा अंतर्राष्ट्रीय अधिकारों विशेष रूप से संयुक्त राष्ट्र संघ की मानवाधिकार उद्घोषणा

(1948) के प्रति सजग थी। भारतीय संविधान सभा ने संयुक्त राष्ट्र संघ द्वारा उद्घोषित अधिकतर अधिकारों का समावेश भारतीय संविधान में किया।

स्वतंत्रता के पश्चात् मानवाधिकार आन्दोलन (Human rights movement in the Post-Independence period)

भारतीय संविधान में नीति-निर्देशक सिद्धातों तथा मौलिक अधिकारों की उद्घोषणा के संबंध में किये गए प्रावधानों को लागू करना सबसे बड़ी चुनौती थी। गरीबी, भूख, शोषण तथा भेदभाव से नागरिकों की सुरक्षा के साथ इन अधिकारों को वास्तविक अर्थ प्रदान करने की अपेक्षा राज्य से की गई थी। भारतीय संविधान में बहुत से मानवाधिकारों की उद्घोषणा की गई थी परन्तु इसके साथ ही स्वतंत्र भारत में उपनिवेशी शासन की भारतीय नागरिक सेवाओं का विशिष्ट चरित्र तथा विशेषताएं भी हमें प्राप्त हुई। जवाहरलाल नेहरू के नेतृत्व में बहुत से सकारात्मक तथा कल्याणकारी कदम उठाए गए परन्तु पुलिस तथा नौकरशाही का चरित्र औपनिवेशिक ही बना रहा। भारतीय समाज की जातिवादी, सामंती और सम्प्रदायवादी विशेषताएं औपनिवेशिक विशेषताओं को परिग्रहण करके स्वतंत्रता की भावना, अधिकारों और भारतीय संविधान में विद्यमान सकारात्मक पहलुओं को निरूत्साहित करती थी।

भारतीय स्वतंत्रता के 15 वर्षों बाद समाज में निहित इस प्रकार के विरोधाभासों को नकारने के लिए राजनीतिक दलों, मध्यम वर्ग तथा विशिष्ट वर्ग ने जानबूझकर राष्ट्र निर्माण की गलत व्याख्या की जिससे कि उनके हितों पर कोई आंच न आए। 1960 के दशक में जब यह विरोधाभास व्यापक रूप से दिखाई देने लगे तो राज्य के दमनात्मक चरित्र को छात्र आन्दोलन तथा नक्सलवाद जैसे आन्दोलनों ने चुनौती दी। राज्य ने इस प्रकार की राजनीतिक असहमति तथा मानवाधिकारों को दबाया जिसके परिणामस्वरूप भारतीय समाज के हाशिए पर पड़े वर्गों तथा पीड़ित वर्गों के हितों की रक्षा के लिए बहुत से नागरिक अधिकार समूहों का प्रादुर्भाव हुआ। पहले नागरिक स्वतंत्रता संगठन की स्थापना 1772 में 'लोकतांत्रिक अधिकार संरक्षण संघ' (APDR) के नाम से की गई। आन्ध्र प्रदेश में इस प्रकार के अन्य संगठन की स्थापना 'आन्ध्र प्रदेश नागरिक स्वतंत्रता समूह' (APCLC) के नाम से हुई। इन प्रारंभिक स्वतंत्रता समूहों का कार्य हालांकि सीमित था परन्तु इन्होंने हर संभव तरीके से मानवाधिकारों का प्रचार किया।

मानवाधिकार आंदोलन तथा राष्ट्रीय आपातकाल (The national emergency and Human rights movement)

भारतीय समाज के प्रति बढ़ती अस्वीकृति 60 के दशक के अन्त तथा 70 के दशक के प्रारंभ में विभिन्न आन्दोलनों तथा राजनीतिक निर्माण के माध्यम से परिलक्षित होती है। इंदिरा गांधी के लिए यह असहमति असहनीय थी। 1975 में राष्ट्रीय आपातकाल लगाया गया जिसके परिणामस्वरूप सभी प्रकार के मतभेदों को दबा दिया गया। सरकार द्वारा उठाए गए दमनकारी कदमों ने लोगों में असुरक्षा तथा भय की भावना पैदा कर दी। नागरिक अधिकार आंदोलनों ने मनमानी नजरबंदी, हिरासतीय हिंसा और पुलिस की निरंकुशता को उजागर किया। नागरिक स्वतंत्रता जन संगठन (PUCL) जिसके नेता जय प्रकाश नारायण थे, जैसे संगठनों ने नागरिक अधिकारों के प्रारंभ तथा प्रोत्साहन में महत्वपूर्ण भूमिका अदा की।

आपातकाल के पश्चात की परिस्थितियों ने बहुत से नागरिक संगठनों को राजनीतिक अधिकार संरक्षण से आगे देखने के लिए प्रोत्साहित किया। गरीबों के साथ किया जाने वाला आर्थिक और सामाजिक भेदभाव, धार्मिक और नस्लीय अल्पसंख्यक, बच्चों तथा महिलाओं के आन्दोलनों को भी समान महत्व प्राप्त हुआ। पर्यावरण का अधिकार तथा सम्पोषित विकास के मुद्दों को नए तथा पुराने दोनों ही संगठनों ने उठाया। अधिकारों पर ध्यान देने का प्रमुख कारण यह भी है कि महिला आंदोलन तथा पर्यावरण आन्दोलन जैसे नवीन सामाजिक आंदोलनों ने 1980 के दशक के प्रारंभ में मानवाधिकार विमर्श पर प्रभाव डाला।

भारत में महिला आन्दोलन ने 1980 के दशक के प्रारंभ में मानवाधिकार विमर्श को एक नया आयाम दिया। स्वरोजगार महिला संघ (SEWA), मनुशी, संयुक्त महिला मंच इत्यादि जैसे महिला संगठनों ने महिलाओं की स्थिति, घरेलू हिंसा, दहेज, बलात्कार, हिरासतीय हिंसा, मानव व्यापार जैसे मुद्दों के प्रति नई चेतना तथा वाद-विवाद का सूत्रपात किया। प्रारंभ में यह आंदोलन शहरी थे परन्तु कुछ समय बाद ही पूरे देश में फैल गए। इन महिला आन्दोलनों के दबाव के परिणामस्वरूप 73वें तथा 74वें संविधान संशोधनों में महिलाओं को स्थानीय संस्थाओं में 33% आरक्षण प्रदान किया गया।

1980 के दशक के मध्य से मानवाधिकार विमर्श दलित अधिकार, आदिवासियों के अधिकार, प्राकृतिक संसाधनों पर लोगों का अधिकार जैसे अन्य मुद्दों पर केंद्रित रहा। इस प्रकार के विमर्शों को बांधों, विकास परियोजनाओं, खनन कम्पनियों तथा इसी प्रकार की अन्य योजनाओं के कारण विस्थापित हुए लोगों की दयनीय स्थिति से बल मिला। नर्मदा बचाओ आन्दोलन, मत्स्य श्रमिक संघर्ष और दलित मानवाधिकारों में लोगों के अधिकारों के मुद्दे और उपाश्रित वर्गों को राजनीतिक विमर्श की मुख्यधारा में शामिल किया। इसके अतिरिक्त मजूमदार किसान-शक्ति संगठन (MKSS) ने भत्तों तथा राज्य में पारदर्शिता की कमी के विरूद्ध अभियान चलाया। मानवाधिकारों के इस विमर्श ने सामाजिक न्याय को जन सहभागिता, सकारात्मक कार्यकलाप तथा आर्थिक न्याय पर आधारित करके मानवाधिकारों का समग्र रूप प्रदान किया। इन आन्दोलनों ने एक ऐसे सक्रिय न्यायालय को समर्थन तथा प्रोत्साहन दिया जो इतना शक्तिशाली हो कि राष्ट्रीय आपातकाल में घटित होने वाली घटनाओं की पुनरावृत्ति न होने दे तथा अपनी भूमिका को जनहित याचिका मुद्दे कहे जाने वाली याचिकाओं के माध्यम से अपनी भूमिका को सुधार सके।

न्यायिक सक्रियतावाद तथा मानवाधिकार आन्दोलन (Judicial activism and Human rights movement)

भारतीय न्यायपालिका ने आपातकाल के दौरान जीवन के अधिकार को निलंबित करने में समर्थन दिया था जिसके कारण न्यायपालिका को अविश्वसनीयता का सामना करना पड़ा। न्यायपालिका ने अपनी नकारात्मक भूमिका से उबरने के लिए कुछ सक्रिय कदम उठाए। इस दिशा में न्यायालय ने सबसे पहले मौलिक अधकारों की उदार व्याख्या की। न्यायालय ने न्यायिक प्रक्रिया तथा मूलभूत कानूनों को अधिक सुगम तथा सहभागी बनाया। मेनका गांधी बनाम् भारत संघ के मामले में सर्वोच्च न्यायालय ने अनुच्छेद 21 के क्षेत्र का विस्तार किया। न्यायालय ने इस सिद्धांत का प्रतिपादन किया कि व्यक्तिगत स्वतंत्रता से वंचित करने की प्रक्रिया 'कानून द्वारा स्थापित' होनी चाहिए। संक्षेप में, न्यायपालिका ने बदलती हुई परिस्थितियों के अनुसार कानून की व्याख्या की।

लोकहित संबंधी मुद्दे तथा मानवाधिकार आन्दोलन (Public interest litigation and Human rights movement)

न्यायपालिका ने जन सामान्य के लिए न्याय को सुलभ कराने तथा जनहित को ध्यान में रखते हुए लोकहित संबंधी मुकदमों का प्रारंभ किया जिसमें कोई तीसरा पक्ष भी किसी व्यक्ति के हित के लिए न्यायालय का द्वार खटखटा सकता है।

लोकहित संबंधी मुकदमों का सूत्रपात दो विख्यात न्यायधीशों न्यायमूर्ति बी.आर.कृष्णा अय्यर तथा पी.एन. भगवती ने किया। प्रत्येक व्यक्ति को बिना किसी रूकावट के न्याय उपलब्ध कराने के लिए न्यायमूर्ति कृष्ण अय्यर ने न्याय की प्रकृति और क्षेत्र को उदार बनाया। उन्होंने आधारभूत न्यायिक सुधारों पर बल दिया। पी.एन. भगवती ने एस.पी. गुप्ता बनाम् भारत संघ के मामले में स्पष्ट रूप से कहा कि मौजूदा न्यायिक व्यवस्था निःसहायों को न्याय दिलाने में असमर्थ रही है क्योंकि वह अपने मामलों को न्यायालय के समक्ष कानूनी रूप से रखने तथा साक्ष्य प्रस्तुत करने में असमर्थ है। लोकहित संबंधी मामलों में कोई भी जनहितैषी व्यक्ति या संस्था जनहित संबंधी मामलों को न्यायालय में उठा सकता है। जनता का कोई भी व्यक्ति भले ही उसका वाद से सीधा संबंध न हो उन लोगों के लिए न्याय की गुहार कर सकते हैं जो गरीबी, लाचारी, असमर्थता या सामाजिक एवं आर्थिक विपन्नता के कारण न्याय का द्वार नहीं खटखटा सकते।

सुनवाई के अधिकार को उदार बनाने के अलावा, न्यायालय ने न्यायिक प्रक्रिया में जनसहभागिता को सुनिश्चित करने के लिए कानूनी कार्यवाहियों में समूह के अधिकारों की पहचान को सहमति दी। न्यायालय ने श्रमिकों, नागरिकों और आम जनता को उनके सामूहिक अधिकारों के हनन के लिए अपील करने का अधिकार प्रदान किया है। न्यायालय ने लोकहित संबंधी मुकदमों का विस्तार करके न्यायिक क्षेत्र तथा शक्ति को विस्तृत किया है।

न्यायालय द्वारा तीसरे पक्ष को सुनवाई का अधिकार प्रदान करने से बहुत से संगठनों जैसे गैर सरकारी संगठनों, जनहितैषी व्यक्तियों, वकीलों और नागरिक मंचों को गैर सुविधाप्राप्त वर्गों के हित के लिए मुकदमे दायर करने की दिशा में प्रोत्साहित किया है। न्यायालय में मानवाधिकार हनन, महिला अधिकार, बंधुआ मजदूर, पर्यावरण, प्रदूषण इत्यादि जैसी हजारों याचिकाओं ने खानों में काम करने वाले लोगों की अमानवीय दशाएं, झूठी मुठभेड़ों में निर्दोषों की हत्या, पुलिस हिरासत में मृत्यु, पुलिस द्वारा लोगों को नेत्रहीन करने जैसे मामलों में केन्द्रीय अन्वेषण ब्यूरो (CBI) को जांच के निर्देश दिए हैं।

मौलिक अधिकारों के हनन के मुद्दों के अतिरिक्त शासन व्यवस्था की अनियमितता से संबंधित कई लोकहित याचिकाएं न्यायालय में दायर की गईं। न्यायालय ने याचिकाओं के संदर्भ में सरकार को कुछ कार्यों को न करने तथा दायित्वों को पूरा करने के लिए बाध्य किया। न्यायालय ने 'परमादेश' की रिट जारी करके CBI को छानबीन करने के आदेश दिए। न्यायालय ने मानव व्यापार, यौन उत्पीडन, समय पर अस्पतालों की सुविधा न मिलने जैसे मामलों में भी छानबीन के निर्देश दिए। न्यायालय ने CBI को इस मामले में मार्गदर्शन किया कि अपराधों के सन्दर्भ में किसे और कैसे रिपोर्ट करनी चाहिए। न्यायपालिका ने न्यायिक प्रक्रिया की उदार व्याख्या से नए उत्तरदायित्वों को अपनाया है।

न्यायिक सक्रियता और मानवाधिकार कानूनों का विस्तार (Judicial activism and expansion of human rights Jurisprudence)

देश में मानवाधिकारों की प्रकृति में दो शताब्दियों से न्यायालय की सक्रिय भूमिका के कारण महत्वपूर्ण परिवर्तन हुआ है। विभिन्न मानवाधिकारों और राज्यसत्ता के दायित्वों की सार्थकता और अर्थ की पुर्नरचना करने में लोक हित संबंधी मुकदमें मुख्य साधन के रूप में उभर कर सामने आए हैं। न्यायपालिका ने बदलती हुई परिस्थितियों के अनुसार विभिन्न सामाजिक सन्दर्भों में मौलिक अधिकारों की व्याख्या की है। न्यायपालिका ने अधिकार और कर्तव्यों को पुनर्परिभाषित करने के रूप में जनहित संबंधी याचिकाओं का प्रयोग किया है जिसके कारण बहुत से मानवाधिकार संगठन निर्धनों और मानवाधिकारों से वंचित लोगों के अधिकारों के लिए लड़ने में सक्षम हुए हैं।

मानवीय प्रतिष्ठा का अधिकार (Right to human dignity)

सर्वोच्च न्यायालय ने संविधान में वर्णित मौलिक अधिकारों की व्याख्या करते हुए यह स्पष्ट किया कि अनुच्छेद 21 में दिए गए मानवीय गरिमा के अधिकार में कार्य और जीवन की उचित स्थिति का अधिकार, जिसमें कार्य के घंटे, अवकाश, व्यवसायिक सुरक्षा, स्वास्थ्य, और उचित पारिश्रमिक का अधिकार इत्यादि सम्मिलित हैं। मानवीय गरिमा के अधिकार की अनुकूलता के लिए कल्याणकारी सुविधाएं अनिवार्य हैं।

सर्वोच्च न्यायालय ने न्याय की परम्परागत अवधारणा का विस्तार किया। फ्रांसिस कोरली बनाम् भारतीय संघ तथा सर्वोच्च न्यायालय की कानूनी सहायता समिति बनाम् बिहार एवं अन्य राज्य जैसे मामलों में न्यायालय ने अनुच्छेद 21 में दिए गए प्रावधानों को स्पष्ट करते हुए कहा कि गरिमामय जीवन में जीवन की न्यूनतम आवश्यकताएं तथा पुलिस हिरासत में डॉक्टरी सहायता प्राप्त करने का अधिकार है।

जीविकोपार्जन का अधिकार (Right of livelihood)

सर्वोच्च न्यायालय ने संविधान के अनुच्छेद 21 में दिए शब्द 'जीवन' की विस्तृत व्याख्या करके न्यायालय ने जीविकोपार्जन के मुद्दे को एक नया रूप प्रदान किया। न्यायालय ने कहा कि अनुच्छेद 21 में अभिव्यक्त शब्द 'जीवन' में जीविकोपार्जन का अधिकार निहित है। ओल्गा टेल्लीस बम्बई नगर निगम मामले में जिसमें झुग्गी-झोपड़ी तथा पटरीवालों को हटाने का आदेश दिया गया था, में न्यायालय ने यह तर्क दिया कि जीवन के अधिकार में जीविकोपार्जन का अधिकार सम्मिलित है और यदि उन्हें झोपड़ी तथा पटरी के निवास स्थानों से हटाया जाता है तो यह उनको जीवन के अधिकार से वंचित किए जाने के तुल्य हैं जो गैर कानूनी है। न्यायालय ने आगे कहा कि कोई भी व्यक्ति आध ारभूत साधनों के बिना जीवन व्यतीत नहीं कर सकता। इस प्रकार जीविकोपार्जन जीवन के अधिकार से जुड़ा हुआ है।

न्यायालय ने नीति-निर्देशक सिद्धातों के क्षेत्र को पुनः परिभाषित करते हुए पहली बार स्पष्ट किया कि मौलिक अधिकारों की व्याख्या नीति-निर्देशक सिद्धातों के सन्दर्भ में होनी चाहिए।

शोषण तथा मानव व्यापार के विरूद्ध अधिकार (Right against exploitation and human Trafficking)

न्यायालय ने बंधुआ मजदूरी और मानव व्यापार से संबंधित मामलों में मौलिक अधिकारों के क्षेत्र को विस्तृत किया। बंधुआ मुक्ति मोर्चा मामले में न्यायालय ने स्पष्ट रूप से कहा कि "बंधुआ मजदूरों का पुनर्वासन, न्यूनतम मजदूरी सुनिश्चित करना, शुद्ध पेय जल की व्यवस्था जैसी आधारभूत सुविधाओं से किसी भी मजदूर को वंचित नहीं किया जा सकता।" इसी प्रकार नीरज चौधरी बनाम् मध्य प्रदेश मामले में उच्चतम न्यायालय ने कहा कि बंधुआ मजदूरों की पहचान करके उन्हें स्वतंत्र करना ही पर्याप्त नहीं है बल्कि उनका पुनर्वास करना अत्यावश्यक है क्योंकि पुनर्वास के अभाव में निर्धनता तथा लाचारी के कारण वे दुबारा बंधुआ मजदूर बन सकते हैं। न्यायालय ने श्रम के कानूनों को सुनिश्चित करने वाले अधिकारियों को कानूनों को ठीक ढंग से लागू न कर पाने के कारण कड़ी फटकार लगाई।

न्यायपालिका द्वारा दिए गए एक निर्णय के अनुसार, यदि किसी व्यक्ति को उसकी सेवाओं के बदले न्यूनतम वेतन से कम पारिश्रमिक दिया जाता है तो वह 'बंधुआ मजदूरी' के अन्तर्गत माना जाएगा। संजीत राय बनाम् राजस्थान मामले में सर्वोच्च न्यायालय ने एशियाड वर्कर्स मामले में दिए गए निर्णय को बरकरार रखते हुए कहा कि न्यूनतम मजदूरी से कम दिया गया भत्ता बंधुआ मजदूरों के समान है और संविधान के अनुच्छेद 23 का उल्लंघन है। सर्वोच्च न्यायालय समय-समय पर बंधुआ मजदूरों तथा उनके परिवारों को उचित निवास स्थान, भोजन तथा शिक्षा उपलब्ध कराने के लिए निर्देश जारी करता रहता है।

आश्रय का अधिकार (Right to Shelter)

न्यायालय ने असंख्य गरीबों और बेघरों को घर तथा आधारभूत सुविधाएं उपलब्ध कराने में महत्वपूर्ण योगदान दिया है। पी.एन. भगवती ने फ्रांसिस कोरली बनाम् दिल्ली संघ में दिए गए महत्वपूर्ण निर्णय में कहा कि जीवन के अधिकार का अर्थ शारीरिक सुरक्षा तथा योग्यता की रक्षा करने से कहीं ज्यादा है। इसमें मानवीय गरिमा के साथ जीवन व्यतीत करना, उचित पोषण, कपड़े तथा निवास स्थान जैसी अन्य आवश्यकताएं सम्मिलित हैं। प्रभाकरण नायर बनाम् तमिलनाडु मामले में सर्वोच्च न्यायालय ने राष्ट्रीय आवास नीति की आवश्यकता पर बल दिया। न्यायालय ने आगे कहा कि आवास एक ऐसा स्थान होना चाहिए जहां व्यक्ति अपना शारीरिक, मानिसक तथा आत्मिक विकास कर सके। आवास की महत्ता को ध्यान में रखते हुए न्यायालय ने कहा कि राज्य का यह दायित्व है कि दलितों तथा जनजातियों को आवास की सुविधा उपलब्ध कराकर उन्हें राष्ट्रीय जीवन के मुख्यधारा में शामिल करें।

निजत्व का अधिकार (Right to Privacy)

सर्वोच्च न्यायालय ने अधिकारों में कुछ ऐसे अधिकारों को भी शामिल किया जिनके बारे में कुछ दशाब्दियों पहले सोचा भी नहीं जाता था। इस प्रकार का एक अधिकार निजत्व का अधिकार है। खड़ग सिंह बनाम् उत्तर प्रदेश मामले में न्यायालय ने कहा कि निजत्व के अधिकार को संविधान में अलग से मान्यता नहीं दी गई है परन्तु यह संविधान के अनुच्छेद 21 में अन्तर्निहित है। न्यायालय के वक्तव्य

के अनुसार किसी भी व्यक्ति के घर में गैर-कानूनी हस्तक्षेप व्यक्ति के निजत्व के अधिकार का उल्लंघन है। हालांकि यह अधिकार असीम नहीं है।

शिक्षा का अधिकार (Right to education)

नीति-निर्देशक सिद्धातों के अनुच्छेद 41, 45 तथा 46 के अनुसार, राज्य को 14 वर्ष से कम आयु के बच्चे को निःशुल्क तथा अनिवार्य शिक्षा उपलब्ध कराने का प्रावधान किया गया है। परन्तु इसे संवैधानिक प्रावधान में शामिल किया गया है। परन्तु इस संवैधानिक प्रावधान के बावजूद भी लाखों बच्चों को शिक्षा के मौलिक अधिकार को नकारा जाता है। सर्वोच्च न्यायालय ने सबको शिक्षा प्रदान करने के लिए मानवाधिकार संगठनों की भूमिका को प्रोत्साहित किया है। सर्वोच्च न्यायालय ने अपने कई ऐतिहासिक निर्णयों में शिक्षा को मौलिक अधिकार घोषित किया है। न्यायालय ने कई बार केन्द्र सरकार को उसके संवैधानिक दायित्वों को पूरा करने का निर्देश भी दिया है। इस संबंध में न्यायालय ने राज्यों को यह दायित्व सौंपा है कि निर्धन श्रमिकों के बच्चों के लिए पास के स्कूल में दाखिल करवाने, निःशुल्क शिक्षा उपलब्ध कराने, निःशुल्क पुस्तकें तथा आवागमन के साधन उपलब्ध कराए। न्यायालय ने अपने एक वक्तव्य में कहा कि लंबे समय तक चलने वाले सरकारी निर्माणाधीन कार्य के दौरान सरकार का यह दायित्व है कि वह मजदूरों के बच्चों के लिए पास के स्कूल में शिक्षा की व्यवस्था करे।

उन्नीकृष्णन बनाम् आंध्र प्रदेश मामले में न्यायालय ने कहा कि शिक्षा का अधिकार जीवन के अधिकार में समाहित है और निजी स्वतंत्रता की गारंटी संविधान के अनुच्छेद 21 में प्रदान की गई है। न्यायालय द्वारा शिक्षा संबंधी निर्देशों के कारण बहुत से नागरिक समाज संगठनों द्वारा शिक्षा को मौलिक अधिकार बनाने की मांग की गई। 93वें संविधान संशोधन द्वारा प्रारंभिक शिक्षा को मौलिक अधिकार बनाया गया और इस अधिकार को पूरा कने का दायित्व राज्यों पर सौंपा गया।

बालश्रम अधिकार का संरक्षण (Protection of right of child lobour)

भारतीय संविधान के अनुच्छेद 24 और 47 में बालश्रम की मनाही की गई है परन्तु फिर भी भारत में बालश्रमिकों की एक बड़ी संख्या विद्यमान है। भारत में प्रत्येक बच्चा कार्य करता है, और 5-15 आयु समूह के प्रत्येक चार में से एक बच्चा बंधुआ मजदूर है। अंतर्राष्ट्रीय श्रम संगठन द्वारा किए गए एक सर्वेक्षण के अनुसार भारत में 44 लाख बालश्रमिक है। भारत बाल श्रमिकों का गढ़ है। एक अनुमान के अनुसार यह संख्या 1 करोड़ से भी अधिक है। सर्वोच्च न्यायालय द्वारा बालश्रम के संबंध में दिए गए निर्णयों के कारण यह वाद-विवाद का एक मुख्य मुद्दा बन गया है। अपने एक निर्णय में न्यायालय ने 14 वर्ष से कम आयु के बच्चे को निर्माण कार्य में कार्य करने की मनाही की। बालकों के आधारभूत अधिकारों को ध्यान में रखते हुए न्यायालय ने केन्द्र सरकार को निर्देश दिया कि कार्य के दौरान बालक को उचित आहार तथा स्वास्थ्य सुविधाएं उपलब्ध कराई जानी चाहिए। शीला बारसे बनाम् भारत संघ में सर्वोच्च न्याालय ने संघ सरकार को खेलों में बच्चों के शोषण तथा अमानवीय व्यवहार से संरक्षण का निर्देश दिया। इसके अतिरिक्त न्यायालय ने न्यूनतम भत्ते, मानव व्यापार में बच्चों के लैंगिक शोषण, वैश्याओं के बच्चों का संरक्षण जैसे कई ऐतिहासिक निर्णय दिए। बालश्रम

का उन्मूलन करने के लिए दिए गए सभी निर्णयों ने नागरिक समाज की सकारात्मक कार्यो के प्रयासों की मांग को और भी मजबूत किया है।

महिला अधिकारों का विस्तार (Explansion of women's rights)

न्यायालय ने महिला अधिकारों को मजबूत आधार प्रदान किया है तथा उनके अधिकारों की प्रभावशाली एवं स्पष्ट रूप से प्रस्तुत करने में सक्रिय भूमिका निभाई है। महिलाओं की संवैधानिक प्रावधानों के बावजूद बहुसंख्यक महिलाओं को अन्याय तथा अमानवीय व्यवहार का शिकार होना पड़ता है। न्यायपालिका ने प्रसूति सुविधाएं, नौकरियों में महिलाओं को प्राथमिकता, घरेलू हिंसा से महिलाओं को सुरक्षा, सम्पति में समान अधिकार जैसे महत्वपूर्ण निर्णय दिए हैं। न्यायालय ने अपने निर्णय में यह स्पष्ट किया कि नौकरियों में महिलाओं को प्राथमिकता एक सकारात्मक कार्य है। न्यायालय ने तलाकशुदा महिलाओं को उनके पतियों द्वारा गुजारे लायक भत्ता दिलवाने के लिए कानून की व्यवस्था की है। प्रताप सिंह बनाम् संघ मामले में न्यायालय ने हिन्दू समाज की महिलाओं को पुरूषों के समान सम्पत्ति में अधिकार प्रदान किया है। इसके अतिरिक्त, न्यायालय ने बहुत सी लोकहित संबंधी याचिकाओं पर प्रतिक्रिया व्यक्त करते हुए कहा कि महिलाओं का उनके पति की सम्पत्ति तथा घरेलू वस्तुओं पर समान अधिकार है और पति पत्नी के हिस्से का गलत प्रयोग नहीं कर सकता। न्यायालय ने प्रतिक्रियावादी तत्वों की प्रबल आलोचना के बावजूद मुस्लिम महिलाओं को भरण-पोषण भत्ता दिलवाने के संबंध में महत्वपूर्ण निर्णय दिए।

न्यायालय ने दहेज संबंधी मामलों में कठोर रूख अपनाते हुए दहेज-उत्पीड़न तथा दहेज हत्या के मामलों में भारी हर्जाने के अतिरिक्त आजीवन कारावास के दण्ड के प्रावधान किया है। लैगिंक उत्पीड़न तथा बलात्कार के मामलों में न्यायालय ने निर्भीक निर्णय दिए हैं। विशाखा बनाम् भारत सरकार के मामले में न्यायालय ने सकारात्मक कार्यों को नए आयाम दिए हैं और शैक्षिक संस्थानों में लैंगिक उत्पीड़न समिति की स्थापना को अनिवार्य बना दिया गया है। संक्षेप में, देश में महिला अधिकारों के लिए लड़ने वाले महिला अधिकार संगठनों के लिए उच्चतम न्यायालय का सकारात्मक रूख एक वरदान है।

स्वस्थ वातावरण का अधिकार (Right to have healthy environment)

पर्यावरण संरक्षण संबंधित मामलों में न्यायिक सक्रियता को देखा जा सकता है। 1980 के दशक के प्रारंभ से ही न्यायालय ने खतरनाक उद्योगों द्वारा प्रदूषण, जंगलों का संरक्षण तथा बचाव, यातायात के साधनों द्वारा प्रदूषण, वन्य जीवन का संरक्षण तथा बचाव इत्यादि से संबंधित मामलों में कार्यवाही की है। बांधों के निर्माण का विरोध करने वाली याचिकाएं, पुर्नवास के दावे, किसी योजना को बनाते समय पर्यावरण के मुद्दों को ध्यान में न रखने का सरकारी रवैया, जनजातियों विमर्श के लिए रणनीति बनाई। दूसरे शब्दों में, जनसाधारण की सहायता के लिए लोकहितकारी याचिकाओं को एक रणनीतिक हथियार के रूप में प्रयोग करते हुए न्यायालय ने पर्यावरण संरक्षण के प्रत्येक मामले में कार्यवाही की है।

न्यायालय ने जीवन के अधिकार को स्वस्थ पर्यावरण के साथ जोड़ा। न्यायालय ने अपने वक्तव्य में कहा कि लोगों के स्वस्थ पर्यावरण में रहने के अधिकार के साथ किसी भी प्रकार का

समझौता नहीं किया जा सकता। न्यायालय ने स्वच्छ और स्वस्थ पर्यावरण के अधिकार को अनुच्छेद 21 के हिस्से के रूप में मान्यता प्रदान की। न्यायालय ने एक कदम और आगे बढ़ाते हुए जीवन के अधिकार के साथ जीविकोपार्जन के अधिकार को जोड़ा। इस नई व्याख्या के आधार पर न्यायालय ने राज्यों तथा अन्य अभिकरणों को उचित पुनर्वास सुनिश्चित करने, प्रभावित लोगों को क्षतिपूर्ति देने तथा पुनः स्थापन के निर्देश दिए। न्यायालय ने जल प्रदूषण की जांच करने, नगर-निगमों को नए उद्योग न लगाने के निर्देश देना, केंद्रीय स्कूलों में पर्यावरण शिक्षा को अनिवार्य बनाने, जनसंचार माध्यम तथा विश्वविद्यालय में पर्यावरण जनचेतना के लिए कुछ स्थान निर्धारित करने जैसे नए मार्गदर्शक निर्धारित किए। दूसरे शब्दों में, न्यायिक सक्रियता ने मानवाधिकारों तथा जनहित याचिकाओं को नया रूप दिया।

आपराधिक न्यायिक व्यवस्था से संबंधित मानवाधिकार (Human rights related to criminal justice system)

अपराधिक न्याय एक ऐसा व्यापक क्षेत्र है जो जनसंचार माध्यमों तथा मानवाधिकार संगठनों के कार्यकर्ताओं का ध्यान आकर्षित करता है। अनुच्छेद 20, 21 और 22 में किए गए संवैधानिक प्रावधानों नजरबंदी, हिरासत में मृत्यु, पुलिस यातना, बलपूर्वक जांच पड़ताल जैसे प्रावधानों के बावजूद मानवाधिकार हनन के मामले प्रायः देखने को मिलते हैं। मेनका गांधी केस में न्यायालय ने कहा कि अनुच्छेद 21 के संवैधानिक प्रावधान के अंतर्गत कार्यपालिका से संरक्षण के साथ-साथ विधायिका से भी संरक्षण प्रदान किया गया है। कानून की उचित, न्यायिक और निष्पक्ष प्रक्रिया के बिना किसी भी व्यक्ति को उसके मानवाधिकार से वंचित नहीं किया जा सकता। न्यायालय ने अनुच्छेद 21 की रचनात्मक व्याख्या अमेरिकी संविधान की 'विधि की सम्यक' प्रक्रिया को ध्यान में रखते हुए की।

न्यायिक सक्रियता के परिणामस्वरूप विचाराधीन कैदी का अधिकार, गैर कानूनी नजरबंदी, पुलिस अत्याचार तथा मानवाधिकारों के घोर हनन की याचिकाएं न्यायालय में दायर की गई। हुसनारा खातून केस पर विचार करते हुए न्यायालय ने विचाराधीन कैदियों के संबंध में कहा कि विचाराधीन कैदी चाहे वह दोषी हो या न हो पाँच-पाँच, दस-दस साल तक केस की सुनवाई के इंतजार में जेल में रहते हैं जो कि उनके स्वतंत्रता के अधिकार का हनन है। न्यायालय ने यह उत्तरदायित्व मजिस्ट्रेट को सौंपा कि वह गिरफ्तार व्यक्तियों की तीन महीने के भीतर सुनवाई तथा विचाराधीन कैदियों के मामलों का शीघ्र निपटारा करे। न्यायालय ने कैदियों के बहुत से अधिकारों, जेलों में अत्याचार से संरक्षण, जेल की काल कोठरी में अकेले न रखा जाना, कानूनी सलाह तथा अपनी पसंद के वकील का अधिकार, जेलों में मौलिक अधिकारों का दावा करने का अधिकार, निजत्व का अधिकार, केसों का शीघ्र निपटाने का अधिकार, हथकंडी से संबंधित अधिकार जैसे अधिकारों को मान्यता प्रदान की। न्यायालय ने निर्धनों को न्याय तथा क्षतिपूर्ति दिलवाने की दिशा में भी महत्वपूर्ण भूमिका निभाई है। न्यायपालिका ने अपने वक्तव्य में कहा कि सरकारी अधिकारी द्वारा किए प्रत्येक गैर-कानूनी कार्य के लिए सरकार उत्तरदायी है और सरकार किसी कानूनी अधिकार के बिना नागरिकों के स्वतंत्र के अत्याज्य मौलिक अधिकार के हनन की क्षतिपूर्ति करेगी।

उपरलिखित विवरण को देखने से यह स्पष्ट होता है कि मौलिक अधिकारों को संरक्षित करने में न्यायालय अपनी परम्परावादी भूमिका से बहुत आगे निकल आई है। इस नई भूमिका को अपनाने के कारण न्यायालय के उत्तरदायित्वों में वृद्धि हुई है। न्यायालय ने अपनी सकारात्मक भूमिका निभाते

हुए आयोगों की नियुक्ति, निर्देश जारी करना, सूचनाओं का एकत्रीकरण तथा स्पष्टीकरण, सरकारी संस्थानों का पर्यवेक्षण तथा नियंत्रण जैसे कार्यों को सम्पन्न करता रहता है। न्यायालय ने न्यायपालिका तथा विधानपालिका के बीच की दूरी को भरा है। कई मामलों में न्यायालय ने कानूनों की रूपरेखा देकर कानूनों की पुनर्व्याख्या करके या कानून बनाने के लिए आवश्यक परिस्थितियों की रचना करके विधायी रिक्तता को भरा है। संक्षेप में आज मानवाधिकारों का जो रूप हम देखते हैं उसने अपनी प्रेरणा तथा मार्गदर्शन उच्चतम न्यायालय से लिया है।

नए आंदोलन तथा चुनौतियां (The new movements and challenges)

मानवाधिकार आंदोलन जिसकी जड़े विभिन्न सामाजिक और नागरिक अधिकार आंदोलनों में निहित हैं, अपना पूरा दायरा बना चुका है। इन समूहों का व्यवसायीकरण तथा वैश्वीकरण ने मानवाधिकारों को प्रोत्साहन देने के लिए बनाई गई रणनीतियों तथा सामाजिक परिवर्तन के साधनों को परिवर्तित करने में महत्वपूर्ण योगदान दिया है। मानवाधिकारों के विषय अब स्थानीय न रहकर वैश्विक रूप धारण कर चुके हैं उदाहरणार्थ विश्व व्यापार संगठन तथा ईराक में अमेरिकी हस्तक्षेप को वैश्विक विरोध का सामना करना पड़ा यहाँ तक कि गुजरात दंगों का भी वैश्विक संदर्भ में अभिप्राय है। आज मानवाधिकार, नागरिक स्वतंत्रताएं, विस्थापन, महिला अधिकार तथा पर्यावरण जैसे बहुत से विषयों पर कार्य कर रहे हैं।

मानवाधिकार समूहों को समय तथा प्राथमिकताओ में परिवर्तन के कारण वैश्वीकरण बनाम् मानवाधिकार, सेना बनाम् मानवाधिकार, विकास बनाम् मानवाधिकार जैसी विषम परिस्थितियों का सामना करना पड़ रहा है। कुछ लोगों का यह मानना है कि विकास और मानवाधिकार दो विपरीत अवधारणाएं हैं और इनका आपस में कोई मेल नहीं है। विकास की दिशा में राज्य को कुछ मानवाधिकारों को दबाना ही पड़ता है। चीन इसका स्पष्ट उदाहरण है। वैश्वीकरण तथा बाजारी शक्तियां राज्य द्वारा अत्यधिक कमजोर वर्गो के हितों को सुरक्षित करने की कल्याणकारी भूमिका को प्रतिबंधित करते हैं।

मानव अधिकार संगठन को आज आत्मनिर्णय का प्रश्न, सेना, नक्सलवाद,मुठभेड में हत्या, न्यायिक व्यवस्था की अप्रभावकारिता, टाडा और AFSPA (Armed Forces Special Power Act) जैसे आतंकवादी निरोधक अधिनियम जैसी गंभीर चुनौतियों का सामना करना पड़ रहा है। संक्षेप में मानवाधिकार आन्दोलन जिसका जन्म दर्शन तथा पुनर्जागरण के चिंतकों की सक्रियता से हुआ और जो राष्ट्रीय आपातकाल के बाद मजबूत हुआ आज ऐसे मुद्दों से जूझ रहा है जिनके कोई स्पष्ट उत्तर नहीं है।

References

Anderson, Michel and Sunita Gupta (eds.), Changing concepts of Rights and Justice in South Asia, New Delhi, Oxford University Press, 1998.

Baxi, Upendra, Future of Human Rights, New Delhi, Oxford University Press. 2002

Paul, R.C, stiaution of Human Rights in India, New Delhi, APH Publishing Corporation, 2000.

Casese, Antonio, Human Rights in Changing World, Cambridge, Polity Press, 1994.

Iyer Krishna, Human Rights in India : Yesterday, Today and Tomorrow, Calcutta, Eastern Law House, 1999.

Nirmal, Chiranjivi J. (ed.), Human Rights in India : Historical, Social and Political Perspective, New Delhi, Oxford University Press. 2000.

Alam, Aftab, Human Rights in India: Issue and Challanges, New Delhi; Indian Institute of Public Administration, 2005.

Paul Devika and Nizami Z.A., Human Rights in the third World countries, New Delhi, Kirs Publishers, 1994.

Madsen, Stig Toft, State, Society and Human Rights in South Asia, New Delhi, Manohar, 1996.

Ray Aswini, "Human Rights Movement in India : A Historical Perspective, Economic and Political weely, August 9, 2003.

Ghosh, P.K. and G.K. Kapoor, (1984), Business and Society, New Delhi, Sultan Chand and Sons.

जेंडर

प्रबंध

अध्याय - 11

पितृसत्तात्मक व्यवस्थाः एक विश्लेषण
(Analyzing structures of Patriarchy)

ज्ञान रंजन स्वाई

ईश्वर द्वारा रचित इस दुनिया में आदमी को सबसे बुद्धिमान प्राणी माना जाता है। वह अपनी सूझ-बूझ से हवा की दिशा बदल सकता है, मिट्टी एवं कीचड़ से कलाकृतियों का निर्माण कर सकता है और यदि वह चाहे तो नदी की दिशा भी बदल सकता है। प्रकृति की हर चीज को उसने अपने अधीन करने का प्रयास किया है। वह खतरनाक से खतरनाक एवं खूँखार से खूँखार जानवरों को भी अपनी ताकत, अक्ल एवं तकनीक के द्वारा वश में कर सकता है तथा अपने हित में उसका प्रयोग कर सकता है। इसी की भाँति आदमी ने औरत को भी अपना दास बना लिया एवं इसे अपने वश में करने के लिए उसने जिस तंत्र या तकनीक का प्रयोग किया वह और कुछ नहीं बल्कि पितृसत्तात्मक व्यवस्था ही थी।

पश्चिमी नारीवादी चिंतन के अंतर्गत महिलाओं के दोयम दर्जे की स्थिति के लिए पितृसत्ता एवं जेंडर के बीच के अंतर्संबंधों को आज से नहीं वरन् सदियों से जिम्मेवार माना जाता रहा है। इस पितृसत्तात्मक व्यवस्था ने पिछले 200 सालों से महिलाओं को राजनीतिक एवं कानूनी पहचान से वंचित रखा तथा राजनीतिक एवं कानूनी पहचान प्रदान करने वाले ऐसे किसी विधान को भी नहीं बनने दिया। इस प्रकार राजनीतिक एवं कानूनी अधिकारों से इन्हें वंचित रखने वाली पितृसत्तात्मक विचारधारा ने इनके लिए एक प्रकार के दासता की ही स्थिति उत्पन्न की है। 19वीं शताब्दी के अंतिम समय एवं 20वीं शताब्दी के आरंभिक दिनों के आते-आते नारी-अधिकारों से जुड़े कार्यकर्त्ताओं को कुछ सफलता मिली जब यूनाइटेड किंगडम में पहली बार महिलाओं को कुछ राजनीतिक एवं कानूनी अधिकार प्रदान किए गए। फिर 20वीं शताब्दी के मध्य तक सार्वजनिक एवं निजी (घरेलू) क्षेत्रों में सामाजिक एवं आर्थिक समानता पर बल दिया जाने लगा तथा 1960 के दशक में उभरे महिला आंदोलन ने महिलाओं के शोषण के लिए जिम्मेवार इस पूरी पितृसत्तात्मक व्यवस्था को खुलकर चुनौती दी। यदि हम पितृसत्तात्मक व्यवस्था का विश्लेषण करें तो यह स्वयं ही महिलाओं के साथ युगों से हो रहे अन्याय एवं शोषण की गाथा को स्पष्ट कर देता है। पितृसत्ता केवल उस व्यवस्था को

नहीं दर्शाता है जिसमें हमारा समाज कार्य करता है बल्कि यह इस बात को भी उद्घाटित करता है कि समाज ने महिलाओं के ऊपर कैसे नियंत्रण स्थापित कर लिया है।

पितृसत्ता की परिभाषा (Defining Patriarchy)

'पितृसत्ता' शब्द अंग्रेजी के 'पेट्रिआर्की' का हिन्दी रूपांतरण है जो 'पेट्रिआर्क' शब्द से बना है। पेट्रिआर्क का अर्थ प्राधिधर्माध्यक्ष होता है। यह पद-श्रेणी व्यवस्था पर आधारित कुछ चर्च के बिशपों में से उच्च पद पर आसीन किसी खास बिशप के लिए प्रयुक्त होता है। इस तरह यहाँ पेट्रिआर्की शब्द उसके पद या प्राधिकार को व्यक्त करता है।

नारीवादी राजनीति के अंतर्गत पितृसत्ता एक ऐसी सामाजिक सत्ता को अभिव्यक्त करती है जिसका पलड़ा पुरुषों की ओर झुका होता है। कई लोग इसे जेंडर की ऐसी श्रेणी के रूप में देखते हैं जिसके अंतर्गत हालांकि यह आवश्यक तो नहीं होता है पर प्राय: पुरुष महिलाओं का शोषण एवं दमन ही करते हैं।

कई नारीवादी लेखिकाओं ने पितृसत्ता को एक ऐसे आधार के रूप में देखा है जिसके ऊपर अधिकांश आधुनिक समाज का ढाँचा स्थापित होता है। उनके अनुसार लैंगिक समानता को प्राप्त करने के लिए इस मॉडल को त्यागना आवश्यक एवं अपरिहार्य है (भसिन के., 2000: पृ. 5)। ''महिलाएँ लगातार अपने अधिकार के लिए संघर्ष कर रही हैं एवं कभी-कभी तो वे पुरुषों के अधीनता के बीच शक्तिविहीन एवं नि:सहाय होकर जिंदा रहने के लिए जद्दोजहद करती हुई देखी जाती हैं। बहरहाल कोई महिला पितृसत्ता पर विजय प्राप्त करना चाहती है या नहीं, यह इच्छा तो केवल पुरुषों द्वारा स्थापित व्यवस्था से बाहर एवं स्वतंत्र रहकर ही जागृत हो सकेगी। यद्यपि आज बहुत सी महिलाएँ कारखानों में नौकरी के साथ-साथ राजनीतिक नेतृत्व की भूमिका का भी निर्वहन कर रही हैं तथापि यह इन प्रगतिशील एवं सफलता प्राप्त करने में सक्षम महिलाओं का उन पुरुषों के साथ चलने वाला एक निरंतर संघर्ष ही होता है जिसने महज जैविक प्रकृति के चलते अपनी शक्ति संपन्नता को स्थापित कर लिया है। पुरुषों को समाज में अपना स्थान प्राप्त करने के लिए महिलाओं के समान संघर्ष नहीं करना पड़ता है। हमेशा यही संभावना बनी रहती है कि पुरुष ही समाज के नेतृत्वकर्त्ता बनेंगे क्योंकि पितृसत्ता में इसी तरह की बात होती है'' (भसिन के., वही, पृष्ठ-5)

पितृसत्ता मुख्यत: दो तरीकों से लोगों पर नियंत्रण स्थापित करता है। पहला वातावरण का निर्माण करके एवं दूसरा जनसंचार माध्यमों से सोचने-समझने की क्षमता पर नियंत्रण स्थापित करके। जीव-जन्तुओं पर नियंत्रण स्थापित करने का एक प्रभावी तरीका होता है उसके पर्यावरण पर नियंत्रण स्थापित कर लेना। जैसे, जंगली जानवरों को जंगल से पकड़कर उसे उसके वातावरण से अलग करके चिड़ियाघर में डाल देते हैं। इस प्रकार इस नए परिवेश में ये जानवर जल्द ही अपना स्वाभाविक गुण खोने लगते हैं। इसके स्वाभाविक लक्षणों को इससे छीन लिया जाता है। इसी प्रकार आधुनिक शहरों ने मानव-जाति को भी अपने आगोश में कैद कर लिया है ताकि उसके व्यवहार को नियंत्रित कर सके। आधुनिक स्थापत्य कला लोगों को नियंत्रित करने का एक साधन है। कंक्रीट एवं दूसरे अन्य पदार्थ प्रकृति से मनुष्य को अलग कर देता है। हम कृत्रिम प्रकाश एवं वायु तथा अप्राकृतिक परिवेश में जीवन बसर करते हैं। इस मृतप्राय वातावरण ने हमसे हमारी स्वप्रेरण क्षमता को छीन लिया है। कोई भी संवेदनशील मनुष्य इस शहर के केन्द्र में कार्य कर रहे जीवन के लिए खतरनाक ताकतों को

महसूस कर सकता है। मशीन एवं मशीनों द्वारा उत्पादित वस्तुओं ने हमारे ऊपर एक प्रभुत्व स्थापित कर लिया है। इसने हमारे वास्तविक जीवन को नरक बना दिया है।

पितृसत्ता इस भौतिक दुनिया पर अपना आधिपत्य एवं प्रभाव स्थापित कर लेता है। यह बाहरी दुनिया के साथ-साथ अन्तर्मन एवं दिमाग को भी नियंत्रित कर लेता है। आधुनिक पितृसत्ता ने मनुष्य के सोच को नियंत्रित करने का साधन विकसित कर लिया है जिसने अनेकों लोगों को एक कृत्रिम मानसिक दुनिया में कैद कर लिया है। चलचित्र एवं दूरदर्शन के द्वारा लोगों के अंदर दिखावटी आवश्यकताओं एवं मूल्यों को उत्पन्न किया जा रहा है। यहाँ तक कि दूरदर्शन के द्वारा बच्चों के मन-मस्तिष्क पर भी बुरा प्रभाव पड़ा है। मनोरंजन के कार्यक्रम शोषण एवं स्वार्थलिप्सा से पूर्ण होते हैं जो जीवन पर नकारात्मक प्रभाव डालते हैं। कुर्त कोबियन के शब्दों में, "यहाँ हम लोग अब खुद का मजा लेते हैं"। नेल पोस्टमेन दर्शाते हैं कि कैसे दूरदर्शन के कारण धर्म, राजनीति, समाचार एवं शिक्षा आदि सब कुछ मनोरंजन का साधन बन गया है।

पुरुष के द्वारा प्रभुत्व का सबसे बड़ा जो आधार है वह यौनिकता है एवं इसी यौन के आधार पर महिलाओं को उनके विस्तृत मानव अधिकार एवं प्रतिष्ठा से वंचित रखा जाता है। यह दृष्टिकोण नारीवाद के आमूल परिवर्तनवादी (रेडिकल) दृष्टिकोण से जुड़ा हुआ है। उदाहरण के लिए, केट मिल्लेट एवं शुमालिथ फायरस्टोन जैसी रेडिकल नारीवादी दलील देती हैं कि विपरीत यौन संबंध पुरुष आधिपत्य की एक तकनीक है। फायरस्टोन तो पारिवारिक संरचना को जड़ से समाप्त करने तक की दलील दे देती हैं।

पितृसत्तात्मक सोच के अंतर्गत महिलाओं को वस्तु के रूप में देखने की प्रवृत्ति होती है तथा यह महिलाओं को पूरी तरह से पुरुषों के नियंत्रण में देखना पसंद करता है। उन्नति कर रही महिलाओं के ऊपर इसमें कड़ा प्रहार किया जाता है। पूँजीपति वर्ग के अंदर तो यह समस्या और भी गहरी है। बहुत सी महिलाएँ न्यूनतम मजदूरी पर अपने काम में लगी हुई हैं। बच्चों के लालन-पालन के कार्य की तो कोई गिनती ही नहीं है। महिलाओं को अनेकों तरह के उत्पीड़न का सामना करना पड़ता है। इनमें से एक गंभीर एवं परेशान करने वाला तरीका अश्लील साहित्य एवं सिनेमा है। यह दिनों दिन बढ़ता ही जा रहा है तथा और भी घृणित होता जा रहा है। इसने महिलाओं को काफी कमजोर किया है।

महिलाओं को कमजोर बनाए रखने वाली दूसरी चीज यह है कि यह समय युगांतरकारी परिवर्तन का युग है। हम लोग आज औद्योगिक दुनिया से इलेक्ट्रोनिक दुनिया में प्रवेश कर रहे हैं। इस युगांतरकारी सामाजिक परिवर्तन ने एक प्रकार की अनिश्चितता, कठोरता एवं भय को उत्पन्न किया है। इसने शासक वर्ग को महिलाओं (एवं नृजातीय अल्पसंख्यकों) के जैसे कमजोर वर्गों के ऊपर गुस्सा उतारने एवं उनमें भय उत्पन्न करने में मदद किया है। 16वीं एवं 17वीं शताब्दी में पश्चिमी यूरोप कृषि आधारित अर्थव्यवस्था से औद्योगिक युग में प्रवेश कर रहा था। इस समय महिलाओं को 'डायन' (जादूगरनी) के रूप में प्रताड़ित किया गया तथा जिंदा जलाया गया। महिलाओं को तरह-तरह से यातनाएँ दी गईं। यहाँ तक कि आज भी महिलाओं को चरित्रहीन बताकर यातना दी जाती है।

पितृसत्ता ने लोगों के शरीर एवं मन पर कब्जा करने के लिए दर्शनशास्त्र, अर्थशास्त्र आदि की विचारधाराओं, और विज्ञान एवं अभियांत्रिकी के जैसे साधनों के रूप में एक शक्तिशाली तकनीक को विकसित कर लिया है। शिक्षा पद्धति एवं जनसंचार के माध्यम आदि भी मन-मस्तिष्क को नियंत्रित

करने के तरीके हैं। अधिकांश स्थापत्य कला एवं नगर-योजना आदि मानवीय व्यवहार को नियंत्रित करते हैं। जीवन के जो भी स्वरूप हैं वे वस्तुतः मानव, जानवर, पेड़-पौधों तथा अचेतन पदार्थों पर आधिपत्य स्थापित करने के ही प्रयास हैं। जब किसी चीज पर पूर्ण नियंत्रण संभव नहीं होता है तो उसके विध्वंस के तरीके को अपनाया जाता है। पुरानी दन्तकथाओं में भी ऐसी चर्चा है कि जब शूरवीर ईश्वर हेब्रु मानव को नियंत्रित नहीं कर सका तो उसने सब कुछ तहस-नहस करने के लिए बाढ़ को भेज दिया। यू.एस. के एक जनरल ने वियतनाम में एक रोमन जनरल का उल्लेख करते हुए बताया कि उसे एक गाँव को नष्ट करना पड़ा था। आधुनिक समय में कम्प्यूटर एवं टेलीविजन से लेकर जेनेटिक इंजीनियरिंग जैसे कई खोज आधिपत्य एवं नियंत्रण के साधन ही तो हैं। पितृसत्ता ने तो प्राकृतिक, स्वातंत्र्य एवं नैसर्गिक बातों को नापसंद ही किया है।

प्रभुत्वशाली हमेशा अपने प्रभुत्व को कुछ सिद्धांतों के आधार पर उचित ठहराने का प्रयास करते हैं। एकेश्वरवादी धर्म अपने आपको एक पुरुष ईश्वर की सत्ता के द्वारा उचित ठहराते हैं। अर्थशास्त्री बाजार की अवधारणा का प्रयोग करते हैं। वैज्ञानिक 'नियम' एवं 'कारण' जैसी अवधारणा का प्रयोग करते हैं। इसी प्रकार पितृसत्ता के पास भी हमेशा एक विचारधारा रहता है क्योंकि ताकत के बल पर किसी के मन-मस्तिष्क को ज्यादा समय तक काबू में नहीं रखा जा सकता है। तथापि जब कभी उन्हें आवश्यकता होती है वे अपनी नृशंस शक्ति का भी प्रयोग करते हैं।

पितृसत्ता एक महत्त्वपूर्ण तकनीक के रूप में फूट डालने एवं अधीन बनाने की नीति का भी प्रयोग करता है। पुरुषों एवं महिलाओं के बीच तो विभाजन स्पष्ट ही है। आधुनिक समय का संपूर्ण प्रयास लोगों को हर संभव तरीके से विलग करना है। सच्ची सामुदायिकता की भावना तो अब नहीं के बराबर ही है। यह ऐसा दिखावा करके लोगों को कमजोर बनाता है एवं उसका शोषण करता है। लेकिन इस तरह की उग्र प्रतियोगिता वाणिज्य व्यवसाय के लिए तो उपयुक्त ठहरायी जा सकती है पर दूसरे क्षेत्रों में इसे लागू करना ठीक नहीं है।

पितृसत्ता की जड़ें काफी हद तक धर्म में भी होती है। चाहे बाइबिल हो या मनुस्मृति या कोई भी ऐसा ग्रंथ जिसे कोई धर्म स्वीकार करता है उसमें पुरुषों को ही सभी प्रकार का दायित्व सौंपा गया है। इसाई लोग जिस बाइबिल में पूरी आस्था रखते हैं उसमें पुरुषों के प्रति महिलाओं के समर्पण को दर्शाया गया है। मनुस्मृति में भी कहा गया है कि प्रत्येक महिला को अपने पति को देवता तुल्य मानना चाहिए। उसके सतीत्व की पहचान भी इसी बात से होती है कि वह अपने पति के प्रति कितनी समर्पित है। संस्कृति के द्वारा मन-मस्तिष्क में स्थापित इस विश्वास एवं आस्था की वजह से महिलाएँ उस क्षमता एवं ताकत के साथ खड़ी नहीं हो पाती हैं जो उन्हें लाभ का अवसर प्रदान करे।

पितृसत्ता को पारिवारिक परम्पराओं में भी देख सकते हैं। हम देख सकते हैं कि कैसे विवाह के पश्चात् महिलाएँ अपने नाम में पति के नाम का टाइटल जोड़ती हैं तथा बच्चों का नामकरण भी पिता के नाम के अनुरूप ही होता है। आज कई महिलाएँ अपने विवाह पश्चात् के नाम के साथ अपने विवाह पूर्व नाम को बनाए रखना पसंद कर रही हैं ताकि वे अपनी स्व-पहचान को कायम रख सकें। इसी तरह 'श्री' एवं 'श्रीमति' के संदर्भ में भी हम देखते हैं कि पुरुष की प्रभावी भूमिका होती है।

पितृसत्तात्मक व्यवस्था के अंदर महिलाओं को काबू में रखने के लिए विभिन्न प्रकार के हिंसक कृत्यों का भी प्रयोग हो सकता है। इतना ही नहीं इस प्रकार के हिंसक गतिविधियों को वैध भी मान लिया जाता है। नारीवादी चिंतकों के अनुसार पितृसत्तात्मक व्यवस्था के अंदर महिलाओं के विरुद्ध हिंसा का प्रयोग अत्यधिक ही नहीं बल्कि व्यवस्थित रूप से भी होता है (भसिन के. 2000,

पृष्ठ 22)। फिर भी, पितृसत्ता का तात्पर्य केवल पुरुषों का आधिपत्य या पुरुषों का शासन ही नहीं होता है क्योंकि यह एक चिरंतन सत्य है कि कोई भी विभेदकारी व्यवस्था बिना उत्पीड़ितों के सहयोग के टिक नहीं सकता है। वस्तुतः इन उत्पीड़ित लोगों में से ही कुछ लोग इससे लाभ उठा रहे होते हैं। ठीक यही बात पितृसत्तात्मक व्यवस्था के साथ भी है। हम देखते हैं कि अब महिलाएँ भी सत्ता में हैं, वे कुछ सुविधाओं का भी आनन्द उठा रही हैं। किन्तु इन सबके बावजूद भी सच्चाई यही है कि अभी भी व्यवस्था पर पुरुषों का ही आधिपत्य है। महिलाएँ इसमें विभिन्न तरीकों से रह रही होती हैं। उदाहरण के लिए पूँजीवादी अर्थव्यवस्था के अंतर्गत महिला मजदूर काफी महत्त्वपूर्ण भूमिका का निर्वहन करती हैं। वे प्रबंधन के कार्य में भी संलग्न हो सकती हैं लेकिन इसका तात्पर्य यह नहीं है कि वे नियंत्रण से बाहर हैं। अनेक जटिल कारणों की वजह से वे पितृसत्तात्मक व्यवस्था का समर्थन एवं सहयोग करती हैं। इसे हम आधिपत्य का अन्तःकरण या आत्म-स्वीकृति कह सकते हैं। अपनी सुख-सुविधाओं को कायम रखने के लिए महिलाएँ अपने मोल-भाव की शक्ति से लगातार समझौते पर समझौता करती जाती हैं। यह एक सच्चाई है कि महिलाएँ अपनी बेटी की तुलना में अपने बेटे को ज्यादा लाड़-प्यार करती हैं। वे अपनी बेटी को शिक्षा से वंचित कर देती हैं, उसकी स्वतंत्रता पर निर्बन्धन लगा देती हैं, बहुओं के साथ दुर्व्यवहार करती हैं और ऐसे ही कई कृत्यों को अपनाती हैं। इन सभी चीजों को हमें परिवार के अंदर महिलाओं एवं पुरुषों को प्राप्त शक्ति एवं प्रतिष्ठा के तुलनात्मक संदर्भ में रखकर समझने की आवश्यकता है। इस संदर्भ में यही कहना समीचीन होगा कि "पुरुष सूरज के समान हैं (उनके पास अपने संसाधन हैं, वे गतिशील हैं, उनके पास संसाधन को ग्रहण की स्वतंत्रता है) एवं महिलाएँ महज उसके उपग्रह ही हैं जिसके पास अपना कोई प्रकाश नहीं होता है। वे तभी चमकती हैं जब सूरज का प्रकाश उन्हें स्पर्श करता है। यही कारण है कि महिलाएँ इस सूरज के प्रकाश का अधिक से अधिक हिस्सा प्राप्त करने के लिए आपस में निरंतर प्रतिस्पर्धा करती हैं क्योंकि इस प्रकाश के बिना वे प्रकाशविहीन हैं" (भसिन, 2000 पृ. 22)।

महिलाओं के ऊपर पुरुषों के नियंत्रण को 'आधिपत्य के साथ प्रभुत्व' (डोमिनेन्स विद् हेज्मनी) के रूप में वर्णन किया जा सकता है (भसिन, 200, पृ. 22)। आधिपत्य से तात्पर्य शासक वर्ग के हितों को सार्वभौमिक हित के रूप में प्रस्तुत करने से है। यह सहमति का निर्माण कर अपना प्रभाव जमाता है। विचारों के सार्वभौमिकरण की समुच्चयबोधक (संचयी) प्रकृति शासकवर्ग को शासित लोगों को प्रभावित करने एवं उनसे अपना आदेश मनवाने में और अधिक शक्तिशाली बनाता है। यहाँ भी हमेशा महिलाओं की सहमति प्राप्त होती है। इस प्रकार की सहमति देने के लिए उनके ऊपर दबाव रहता है क्योंकि इसके बदले में उन्हें पुनर्निवेश एवं समर्थन प्राप्त होता है। अतः इसे पितृसुलभ प्रभुत्व कहा जा सकता है। "यहाँ प्रभुत्व है पर यह पितृसुलभ है क्योंकि इसमें महिलाओं को भोजन, आवास एवं सुरक्षा उपलब्ध करायी जाती है। पितृसत्तात्मक प्रभुत्व के उत्पीड़नकारी पहलू भी हैं लेकिन इसमें पारस्परिक दायित्व का भी एक भाव निहित होता है। अतः सीधे तौर पर यह दमनकारी प्रतीत नहीं होता है।" (भसिन, के. 2000, पृष्ठ-13)।

पितृसत्ता के संबंध में विभिन्न नारीवादी दृष्टिकोण (Divergent Feminist approaches to Patriarchy)

'नारीवाद' को सामान्यतः औरतों के शोषण एवं उत्पीड़न के खिलाफ एक एकीकृत आवाज के रूप में देखा जाता है। किन्तु वास्तविकता में देखें तो पितृसत्ता को लेकर नारीवाद के अंदर एक समान

दृष्टिकोण नहीं है। हालांकि नारीवाद की सभी शाखाएँ पितृसत्ता को औरतों के शोषण के लिए जिम्मेवार मानती हैं तथापि इसके समाधान को लेकर उनके तर्कों एवं विचारों में अंतर पाया जाता है। यहाँ पितृसत्ता के संदर्भ में विभिन्न नारीवादी दृष्टिकोणों की पड़ताल की गई है।

उदारवादी नारीवाद (Liberal Feminism)

1950 एवं 1960 के दशक में उदारवादी नारीवाद काफी लोकप्रिय रहा। उदारवादी नारीवाद का मुख्य विचार यह है कि सभी मनुष्य ईश्वर द्वारा समान रूप से बनाए गए हैं एवं सबके अधिकार समान हैं। इनके अनुसार महिलाओं के शोषण का मुख्य कारण वे सामाजिक तौर-तरीके हैं जो पुरुषों को हमेशा सबल स्थिति में रखते हैं। उदारवादी नारीवादियों के अनुसार महिलाओं के अंदर भी पुरुषों के समान मानसिक क्षमता विद्यमान होती है और इसीलिए सामाजिक, आर्थिक एवं राजनीतिक हर क्षेत्र में उन्हें भी समान अवसर दिया जाना चाहिए।

उदारवादी नारीवादियों के अनुसार सामाजिक हितों से तालुक रखने वाले मुद्दों के ऊपर व्यक्तिगत अधिकारों को वरीयता दी जानी चाहिए। यह दृष्टिकोण काफी हद तक जॉन स्टुअर्ट मिल के नारीवादी विचारों से साम्य रखता है जिन्होंने सरकार को नागरिकों के निजी जीवन में हस्तक्षेप नहीं करने की सलाह दी थी। उदारवादी नारीवादी विचारक पितृसत्ता के अन्दर उपस्थित अन्याय के खिलाफ आवाज उठाती हैं जिसमें लिंग के आधार पर इस तरह से कार्यों का विभाजन किया गया है जो महिलाओं की अपेक्षा पुरुषों का ज्यादा पक्षपोषण करती हैं। अत: उदारवादी नारीवाद महिलाओं को इस उत्पीड़नकारी लैंगिक भूमिका से स्वतंत्र कराना चाहती हैं।

उदारवादी नारीवाद के अंदर भी दो पीढ़ियाँ रही हैं: शास्त्रीय उदारवाद एवं लोक कल्याणकारी उदारवाद। शास्त्रीय उदारवाद के अनुसार राज्य को नागरिक स्वतंत्रताओं की रक्षा करनी चाहिए और साथ ही बाजार व्यवस्था में लोगों को अपनी पसंद को चुनने का अधिकार भी दिया जाना चाहिए। दूसरी तरफ लोककल्याणकारी उदारवादियों के अनुसार राज्य को महज नागरिक स्वतंत्रताओं की सुरक्षा करने के बजाय आर्थिक न्याय की स्थापना पर भी बल देना चाहिए। ये समाज में व्याप्त असमानताओं को समाप्त करने के लिए सामाजिक सुरक्षा एवं स्कूल, पाठशाला, अस्पताल आदि के तरह सरकारी कार्यक्रमों की माँग करते हैं।

इसी की भाँति शास्त्रीय उदारवादी नारीवादी महिलाओं को उत्पीड़नकारी पितृसत्तात्मक व्यवस्था से स्वतंत्र कराने के लिए लैंगिक भेदभाव पर आधारित कानूनों एवं किताबों में उल्लेखित नियमों को हटाने की बात करती हैं ताकि महिलाएँ पुरुषों के साथ समान रूप से प्रतिस्पर्धा करने में सक्षम बन सके। दूसरी तरफ लोककल्याणकारी नारीवादी इस बात पर जोर देती हैं कि समाज में महिलाओं के साथ अतीत में हुए अन्याय का उन्हें मुआवजा मिलना चाहिए। साथ ही वे महिलाओं पर लगे सामाजिक-आर्थिक एवं कानूनी बाधाओं को भी हटाने की माँग करती हैं।

उदारवादी नारीवादी उन विधायी कृत्यों का समर्थन करती हैं जो महिलाओं के ऊपर स्थापित प्रतिबन्धों को हटाने का कार्य करती हैं। (Kachuck Beatrice : 2003) इस प्रकार के विधानों में महिलाओं के लिए समान अधिकारों की माँग की जाती है जिसमें रोजगार के समान अवसर आदि भी आते हैं। नारीवादियों का ऐसा विश्वास है कि इन निर्बन्धनों की समाप्ति सीधे तौर पर पितृसत्तात्मक विचारधारा को चुनौती देती है। उदारवादी नारीवादियों के प्रयास से शिक्षा, स्वास्थ्य एवं महिलाओं के

कल्याण से संबंधित कई विधान बनाए गए हैं जिसने निश्चित रूप से महिलाओं की प्रतिष्ठा को बढ़ाया है।

पर दुर्भाग्य से उदारवादी नारीवादी पितृसत्ता के खिलाफ इस संघर्ष में केवल वैधानिक पहलुओं पर ही केन्द्रित होकर रह गयी हैं। इसीलिए आलोचक इस पर यह आक्षेप लगाते हैं कि अपने वैचारिक दृष्टिकोण से भी ये असफल हो चुकी हैं। वे आरोप लगाते हैं कि राजनीति एवं रोजगार की दुनिया में महिलाएँ वास्तविक समानता को प्राप्त करने में असफल ही रही हैं। सार्वजनिक रूप से चंद सुविधाओं को प्राप्त कर महिलाओं ने शक्ति एवं सत्ता के क्षेत्र में स्थापित पुरुषों के आधिपत्य को एक स्वीकृति प्रदान कर दी है। अत: अपने इस संघर्ष के बावजूद महिलाएँ ज्यादा लाभ प्राप्त नहीं कर पायी हैं तथा अभी भी पूर्ण कानूनी समानता का लक्ष्य कोसों दूर है।

आमूल-परिवर्तनवादी नारीवाद (Radical Feminism)

आमूल परिवर्तनवादी नारीवाद में 'आमूल-परिवर्तन' का प्रयोग एक विशेषण के रूप में हुआ है जो मूल कारण को दर्शाता है। यह महिलाओं के उत्पीड़न के लिए जिम्मेवार मूल कारण की तलाश करता है। परम्परागत रेडिकल नारीवादी दृष्टिकोण की छवि हम उन विचारों में देख सकते हैं जिसमें संपूर्ण समाज को पुरुषों एवं महिलाओं के बीच स्थापित ऐसे वर्गीकरण (विभाजन) के रूप में देखा जाता था जिसमें पुरुषों को महिलाओं के शोषक के रूप में दर्शाया जाता था। ये विचारधाराएँ सर्वप्रथम 1960 के अंतिम दशक में नारीवाद के दूसरे लहर के साथ विकसित हुई। ये विचार यूरोप एवं आस्ट्रेलिया में नागरिक अधिकार एवं युद्ध विरोधी आंदोलन के दौरान महिलाओं को प्राप्त अनुभव के फलस्वरूप सामने आए। 1967 में अमेरिका में प्रथम रेडिकल नारीवादी संगठन का निर्माण हुआ जो वामपंथ के अंतर्गत माओवादी विचारधारा से प्रभावित था। ये अपने व्यक्तिगत अनुभवों को बताने तथा इससे निजात पाने के लिए राजनीतिक उपायों एवं रणनीतियों को विकसित करने के लिए सामने आए। यह दृष्टिकोण, 'चेतना की जागृति' के रूप में प्रसिद्ध है। वस्तुत: इसमें यह विचार निहित है कि महिलाएँ अपनी चुप्पी के दिनों से निकलकर अपनी साझी समस्याओं को उद्घाटित कीं। पहले वे इसे केवल अपनी निजी समस्या मानती थीं। लेकिन आगे चलकर कुछ महिलाओं ने इसके समाधान के रूप में एक प्रकार के चेतना को जागृत करने का काम शुरू किया। इसने उन समस्याओं को सामने लाया जिसके लिए व्यक्तिगत समाधान ढूँढ़े जा रहे थे। वास्तव में यह स्व-चेतना पर आधारित राजनीतिक रणनीति थी जो इस तथ्य पर आधारित थी कि महिलाओं की समस्याएँ साझी हैं तथा सामूहिक राजनीतिक प्रयास से ही इसे समाप्त किया जा सकता है। नारीवाद के इस नए समूह का तेजी से प्रसार हुआ। इसका मुख्य संदेश था कि "व्यक्तिगत या निजी चीजें भी राजनीतिक हैं" (पर्सनल इज पॉलिटिकल)।

रेडिकल नारीवाद ने उस पूरी विचारधारा एवं सामाजिक संरचना का विश्लेषण प्रस्तुत किया जिसने पुरुषों के हित में महिलाओं को अधीन बना दिया था। इस संरचना को इसने पितृसत्तात्मक-व्यवस्था का नाम दिया। 1970 के दशक में जैसे-जैसे इस विश्लेषण का प्रसार हुआ रेडिकल नारीवादियों ने बच्चों के लालन-पालन एवं देखभाल आदि को लेकर प्रश्न उठाने शुरू किए। स्त्रियों के बीच समलैंगिक सम्बन्ध (लेस्बियनिज्म) रेडिकल नारीवादियों के लिए एक गंभीर लैंगिक एवं राजनीतिक मुद्दा बन गया। विपरीत लैंगिक संबंध (हेट्रोसेक्सुअल) रखने वाली महिलाओं को 'शत्रु के साथ हमबिस्तर होने वाली औरत' के रूप में देखा जाने लगा। इसके अतिरिक्त लेस्बियनिज्म को महत्त्व

दिया जाने लगा क्योंकि कुछ रेडिकल नारीवादी इस तरह के यौन-संबंधों को स्त्री-केन्द्रित एवं स्त्रियों द्वारा शुरू की गई यौन-क्रिया के रूप में देखने लगी।

रेडिकल नारीवादियों के अनुसार महिलाओं के साथ होने वाला उत्पीड़न एक मौलिक समस्या है जो दूसरे प्रकार के उत्पीड़न के रूप में भी सामने आता है। उनके अनुसार वेश्यावृत्ति में संलग्न महिलाएँ भी अपनी इच्छा से ऐसा नहीं करती हैं बल्कि यहाँ भी वे उत्पीड़न की ही शिकार होती हैं।

इनके अनुसार चूंकि महिलाओं के साथ होने वाला अत्याचार लोगों की सोच से जुड़ा हुआ है इसीलिए महज समाज की संरचना में परिवर्तन लाकर इससे निजात नहीं पाया जा सकता है। बल्कि इसके लिए पुरुषों के व्यवहार में परिवर्तन लाना पड़ेगा तथा पुरुषों एवं महिलाओं को समान महत्त्व देना पड़ेगा।

रेडिकल नारीवादियों ने जागृति का प्रसार कर अथवा कुछ उद्देश्यों को लेकर छोटे संगठनों के रूप में अपने को संगठित किया है। 1970 एवं 1980 के दशक में इस तरह की क्रियाएँ काफी सामान्य थी। पर कई मामलों में 1970 एवं 1980 के दशक में रेडिकल नारीवादियों द्वारा स्थापित संगठन राज्य के दमन अथवा इसके प्रभाव में आकर निष्प्रभावी हो गई। आस्ट्रेलिया में 1980 के दशक में कई नारीवादी सामाजिक संगठनों ने सरकारी धन को लेना स्वीकार कर लिया तथा 1996 के कंजरवेटिव शासन के चुनाव ने इन संगठनों को पंगू बनाकर रख दिया।

रेडिकल नारीवादियों के अनुसार राज्य एवं समाज उत्पीड़नकारी संस्थाएँ हैं जो पितृसत्ता को और मजबूत करता है। कुछ उग्र-नारीवादियों के अनुसार पितृसत्ता के अन्तर्गत केवल महिलाओं का ही शोषण नहीं होता है बल्कि पुरुषों का भी शोषण होता है। इसमें प्रभावशाली पुरुषों द्वारा महिलाओं के साथ-साथ कमजोर एवं निष्प्रभावी पुरुषों का भी उत्पीड़न होता है। अतः रेडिकल नारीवादी विचारक उत्पीड़न के इस तंत्र को जड़ से मिटाना चाहती हैं। कुछ विद्वानों के अनुसार रेडिकल नारीवादी पितृसत्ता के स्थान पर मातृसत्ता की स्थापना करना चाहती हैं। इसी वजह से कुछ लोग ऐसा मानते हैं कि रेडिकल नारीवादी महिलाओं के साथ होने वाले सारे अत्याचार की जड़ पितृसत्ता में ही देखती हैं और इसीलिए पूरी संरचना को बदलने का आह्वान करती हैं।

इसमें कोई दो राय नहीं है कि रेडिकल-नारीवादी सिद्धांत पूरी दुनिया को महिलाओं के दृष्टिकोण से समझने का एक आधार उपलब्ध कराती है। निश्चित रूप से राजनीति सिद्धांत में शक्ति एवं राजनीति के संदर्भ में इस प्रकार का दृष्टिकोण बिल्कुल नए प्रकार का है। निजी जीवन में पुरुषों एवं महिलाओं के बीच के संबंधों को इस प्रकार के राजनीतिक शक्ति-संबंध के रूप में शायद पहले कभी नहीं देखा गया था। इसने महिलाओं एवं पुरुषों के बीच के शक्ति-संबंध में असमानता को दर्शाया। तथापि कई आधारों पर रेडिकल नारीवादी सिद्धांत की आलोचनाएँ भी की जाती रही हैं। इनमें से कुछ आलोचनाएँ निम्न हैं–

पहला, पितृसत्ता के संदर्भ में रेडिकल नारीवादी सिद्धांत विश्लेषणात्मक की अपेक्षा वर्णनात्मक (विवरणात्मक) अधिक है। यह इस बात की व्याख्या करने में असमर्थ रहा है कि पुरुष के हाथ में शक्ति कैसे आ गयी और इसीलिए यह इसके समाधान के लिए यह उपयुक्त रणनीति सुझाने में असमर्थ हैं।

दूसरा, कुछ लोग इसे 'पुरुष को शत्रु के रूप में देखने' के गलत दृष्टिकोण पर आधारित मानती हैं जो तर्कतः लेस्बियनिज्म एवं अलगाववाद को ही बढ़ावा देती है। इस वजह से बहुसंख्यक

महिलाओं को ये अपनी ओर आकर्षित नहीं कर पाती हैं तथा उनके बीच यह विचारधारा ज्यादा प्रासंगिक नहीं बन पाया है।

तीसरा, इस सिद्धांत के संदर्भ में कहा जाता है कि यह सिद्धांत अपने आपको सार्वभौमिक रूप में दर्शाने का प्रयास करता है पर इसकी सार्वभौमिकता मिथ्या ही है। यह केवल गोरी चमड़ी वाली मध्यम-वर्गीय महिलाओं के अनुभवों को ही प्रतिबिम्बित करती हैं तथा श्रमिक वर्ग, अश्वेत एवं तीसरी दुनिया के महिलाओं के समस्याओं की धुँधली तस्वीर ही दिखा पाती हैं।

अंत में, यह शताब्दियों से पुरुषों द्वारा महिलाओं के साथ किए जा रहे गलत व्यवहारों का वर्णन करते समय महिलाओं को महज निष्क्रिय होकर चुपचाप सारे उत्पीड़न को सहन कर लेने वाली के रूप में दर्शाती हैं। जबकि इतिहास के निर्माण में महिलाएँ भी बराबर सहभागी रही हैं एवं भविष्य में होने वाले परिवर्तन में भी इनकी अहम भूमिका है तथा ये भी इस परिवर्तन की एक एजेंट हैं।

इस प्रकार रेडिकल नारीवादी सिद्धांत पर कई आक्षेप लगाए जाते हैं तथापि रेडिकल नारीवादियों ने जिस प्रकार से सार्वजनिक के साथ-साथ निजी क्षेत्रों में पुरुषों के प्रभुत्व को दर्शाया है वह निःसंदेह शक्ति-संरचना के प्रति एक नयी समझ को दर्शाता है। वस्तुतः पुरुषों की शक्ति-संरचना को विभिन्न चिंतकों ने विभिन्न तरीकों से दर्शाया है। उनमें मतान्तर भी हैं तथा उनके निष्कर्ष भी अलग-अलग हो सकते हैं। किन्तु एक स्थान पर आकर ये कहीं न कहीं आपस में जुड़ी हुई दिखायी देती हैं तथा लैंगिक संबंधों के विश्लेषण में इन सभी को मिलाकर देखने से ही ज्यादा सटीक विश्लेषण संभव हो पाता है।

मार्क्सवादी नारीवाद (Marxist Feminism)

मार्क्सवादी नारीवाद का उदय कार्ल मार्क्स के दर्शन से होता है। मार्क्सवादी नारीवादियों के अनुसार समाज में महिलाओं का उत्पीड़न सीधे तौर पर किसी व्यक्ति के इरादतन किए गए कृत्यों से नहीं होता है। बल्कि इसके पीछे वह सामाजिक, राजनीतिक एवं आर्थिक संरचना कार्य करती है जिसमें कि वह व्यक्ति रह रहा होता है। व्यक्ति की समस्त पहचान उत्पादन पर निर्भर करता है। हमारी पहचान इस बात से निर्धारित होती है कि हम क्या उत्पादन करते हैं। चूंकि महिलाओं को दोयम दर्जे की भूमिका में रखा गया है अतः आर्थिक एवं सामाजिक रूप से इस गौण भूमिका के कारण इनकी छवि नकारात्मक बनी है।

हाल के वर्षों में 'औरतों के काम' के विचार के सामने आने से मार्क्सवादी नारीवादियों के बीच एक तेज प्रतिक्रिया देखी जा सकती है। आज घर के अंदर सफाई से लेकर खाना बनाने के कार्यों की जरूरत को ही लेकर महिलाओं की आवश्यकता नहीं हो रही है बल्कि घर की चाहरदिवारी के बाहर भी व्यवसायिक उद्देश्य से घरेलू कृत्यों को सम्पन्न करने के लिए भी महिलाओं की जरूरत हो रही है। लेकिन इतना महत्त्वपूर्ण होते हुए भी 'औरतों के काम' को निम्न स्तर के कार्य के रूप में देखा जाता है। इसीलिए मार्क्सवादी नारीवादी इस पर कड़ी प्रतिक्रिया करती हैं। महिलाएँ कम कीमत एवं तंग हालातों में लम्बे समय तक कार्य करती हैं। कई मार्क्सवादी नारीवादी तो घरेलू कार्यों के लिए भी महिलाओं को मजदूरी देने की बात करती हैं, पर कई लोग इसका विरोध इस तर्क के साथ करती हैं कि ऐसी व्यवस्था पति-पत्नी एवं माँ-बच्चे के संबंधों को घिनौना (ओछा) बना देगीं। अन्य मार्क्सवादी यह भी तर्क देती हैं कि यदि घरेलू कार्यों के लिए महिलाओं को पारिश्रमिक दिया जाएगा

तो यह महिलाओं को घर की चाहरदिवारी में ही कैद कर देगा और वे बाहर काम करने के लिए नहीं आ पाएँगी।

चूँकि मार्क्सवादी नारीवादी घरेलू कार्यों के प्रति लैंगिक विभाजन को पसंद नहीं करती हैं तथा सबको कार्य-स्थल के रूप में ही देखती हैं इसीलिए यहाँ समान कार्य के लिए समान वेतन का विचार सामने आता है। इसीलिए कई मार्क्सवादियों ने तुलनात्मक कार्यों के आधार पर चाहे पुरुष हो या महिला सबको समान पारिश्रमिक देने की माँग रखी है।

मार्क्सवादी नारीवादी मुख्यत: कार्य-स्थलों पर पितृसत्ता के प्रश्न पर विचार करती हैं। हालांकि इसका तात्पर्य यह नहीं है कि परिवार के अन्दर घरेलू कार्यों में वे इसकी उपस्थिति को नजरअंदाज कर देते हैं। बल्कि उनका कहना है कि कार्य-स्थल पर उत्पीड़न का अंत होने से स्वत: ही परिवार से भी पितृसत्ता का लोप हो जाएगा। इसे समझने के लिए हम 'क' और 'ख' का एक उदाहरण लेते हैं। यहाँ 'क' नियोक्ता (मालिक) है एवं 'ख' कर्मचारी है। 'ख' अपने कार्यस्थल पर 'क' के उत्पीड़न का सामना करता है। यहाँ मार्क्सवादी नारीवादियों का कहना है कि यह 'क' अपने परिवार में भी इसी प्रकार का बर्ताव करता है। तथा 'ख' भी अपने उत्पीड़न की वजह से मानसिक तनाव में अपना गुस्सा अपने परिवार पर निकालता है। इस प्रकार दोनों ही मामलों में कार्य-स्थल पर होने वाला उत्पीड़न पितृसत्तात्मक व्यवस्था को मजबूत करता है। अत: कार्य-स्थल पर जब शोषण एवं उत्पीड़न समाप्त होगा तो परिवार में भी पितृसत्ता की पकड़ ढीली होगी।

किन्तु मार्क्सवादी नारीवादियों की कुछ कमियाँ भी हैं। इसकी सबसे बड़ी कमी यह है कि यह आर्थिक कारकों को कुछ ज्यादा ही तरजीह देती हैं। यहाँ सामाजिक एवं राजनीतिक कारक पूरी तरह से पीछे चला जाता है। जबकि पितृसत्तात्मकता के पीछे आर्थिक, सामाजिक एवं राजनीतिक सभी प्रकार के कारक समान रूप से जिम्मेवार हैं। अत: इनमें से न तो किसी को नजरअंदाज किया जा सकता है और न ही केवल किसी एक कारक को सबके लिए जिम्मेवार माना जा सकता है।

समाजवादी नारीवादी (Socialist Feminism)

समाजवादी नारीवादियों का यह मानना है कि वर्गीय संरचना एवं महिलाओं का उत्पीड़न दोनों एक दूसरे से जुड़ी हुई हैं। पश्चिमी देशों में पुरुषों को ज्यादा तरजीह दी जाती है क्योंकि पुरुष लोग कुछ ठोस एवं व्यापार करने लायक वस्तुओं का उत्पादन करते हैं। जबकि दूसरी तरफ घरेलू क्षेत्रों में महिलाओं के कार्यों को ज्यादा महत्त्व नहीं दिया जाता है क्योंकि महिलाएँ व्यापार करने लायक किसी वस्तु का उत्पादन नहीं करती हैं। यह पुरुषों को महिलाओं के ऊपर नियंत्रण की शक्ति प्रदान करता है। समाजवादी नारीवादी इस विचार को अस्वीकार करती हैं कि किसी के जेंडर को उसकी जैविक भिन्नता निर्धारित करता है।

समाजवादी नारीवादी पूँजीवाद एवं पितृसत्ता के विचारधारा को चुनौती देती हैं। रेडिकल नारीवादियों की भाँति ही ये भी मानती हैं कि यद्यपि वर्ग, नस्ल, नृजातीयता एवं धर्म आदि के आधार पर महिलाओं के बीच विभाजन होता है तथापि इन सबके बावजूद एक महिला के रूप में वे सभी एक ही प्रकार के उत्पीड़न का सामना करती हैं। इस उत्पीड़न की समाप्ति के लिए ये वर्ग एवं जेंडर के समाप्ति की बात करती हैं। इनके अनुसार राजनीतिक क्षेत्रों में महिलाओं को पुरुषों के साथ कंधा से कंधा मिलाकर कार्य करना चाहिए। उनके बीच एक गठबंधन होना चाहिए तथा जीवन के हर क्षेत्र

में दोनों को एक दूसरे को समान मानना चाहिए। उदारवादी नारीवादी महिला के व्यक्तिगत अधिकार पर जोर देती हैं किन्तु इनसे अलग हटकर समाजवादी नारीवादी नस्ल, नृजातीयता एवं अन्य दूसरे विभेदों से संबंधित पहलुओं पर आधारित समुदाय में सामाजिक संबंधों के विस्तृत संदर्भ में अधिकार की बात करती हैं।

नारीवादी विमर्श के अंतर्गत एक बहुत बड़ा जो द्वन्द है वह इस बात को लेकर है कि समाजवादी नारीवादी एवं मार्क्सवादी नारीवादी में अंतर कैसे किया जाय? समाजवादी नारीवाद लेनिन के उस कदम की तीखी आलोचना करता है जिसमें वर्ग की बजाय लैंगिक एवं पारिवारिक मुद्दों पर विचार-विमर्श करने की स्वीकृति देने के कारण क्लारा जेटकिन को लेनिन ने फटकार लगायी थी। समाजवादी नारीवादी इस दृष्टिकोण का विरोध करती है। हालांकि दोनों ही विचारों के अंतर्गत यह सहमति है कि मनुष्य की पहचान जिंदा रहने के लिए आवश्यक साधनों के उत्पादन से होता है। तथापि महिलाओं के घरेलू कार्यों के मुद्दे पर दोनों विचारों में अंतर पाया जाता है। मार्क्सवादी विश्वास करती हैं कि घरेलू श्रम का विनिमय मूल्य होता है क्योंकि परिवार के अंदर तो इसका महत्त्व है ही परिवार के बाहर भी यह उपयोगी है। इसीलिए ये दलील देती हैं कि इस श्रम के लिए राज्य अथवा अन्य एजेंसी के द्वारा पारिश्रमिक दिया जाना चाहिए। यह पुनः एक बहस का मुद्दा है जिस पर स्वयं मार्क्सवादी नारीवादी भी आपस में एकमत नहीं हैं (कचुक बेट्रीस, पृष्ठ- 69)।

दूसरी तरफ समाजवादी इसे मार्क्सवाद एवं नारीवाद के बीच बेमतलब का संबंध कहती है। हर्टमैन के अनुसार मार्क्सवादियों की यह जानने की दिलचस्पी कि महिलाएँ पुरुषों के लिए या पूँजीवादियों के लिए काम करती हैं केवल बहकाने वाला बहस है। उनके अनुसार यह कोई ऐसी चीज नहीं है जिसे बदला नहीं जा सकता है। उनके अनुसार मार्क्सवाद लैंगिक समस्या को समझने में असफल रहा है। और इसीलिए समस्या को देखते हुए एक नारीवादी समझ आवश्यक है।

हर्टमैन ने पितृसत्ता को भौतिकवादी आधार के अंतर्गत स्थापित करने का प्रयास किया है। इससे पूर्व मार्क्सवाद पितृसत्ता को ऊपरी ढाँचे के रूप में देखता था जो सीधे तौर पर अर्थव्यवस्था का मनोवैज्ञानिक प्रभाव था। किन्तु हर्टमैन ने पितृसत्ता को इसके समांतर संरचना के रूप में स्थापित किया एवं इसे पूँजीवाद के साथ रखकर देखा। इसका जो भौतिकवादी आधार है वह महिलाओं के श्रम शक्ति, सेक्सुअलिटी आदि के ऊपर पुरुषों का नियंत्रण ही है। अलग-अलग समय में पितृसत्ता ने अलग-अलग आर्थिक तरीके से कार्य किया है। उदाहरण के लिए हम सामंतवाद एवं समाजवाद को देख सकते हैं। इस प्रकार इसने पितृसत्ता को एक ऐसे सामाजिक संबंध के रूप में दर्शाया है जो एक भौतिकवादी आधार के साथ जुड़ा हुआ है। यह हालाँकि ऊँच-नीच पर आधारित है तथापि यह पुरुषों के बीच एक प्रकार की एकता को स्थापित करता है ताकि महिलाओं से इसे अलग दर्शाया जा सके। अतः नारीवादी समस्याओं के समाधान के लिए ये विश्लेषण की एक नई तरकीब को अपनाने की बात करती हैं।

इस प्रकार से हम देखते हैं कि समाजवादी नारीवादियों ने मार्क्सवाद पर कड़े प्रहार किए हैं। जो भी हो, जब हम भारत पर नजर डालते हैं तो पाते हैं कि यहाँ के वामपंथी धारा के लोग अपने आपको पश्चिम के इस समाजवादी/मार्क्सवादी बहस से अलग ही रखे हुए हैं। वे इन सबकी बजाय उत्पीड़न की मूल समस्या तथा जाति, वर्ग एवं जेंडर के बीच के संबंधों को समझने पर ज्यादा बल देते हैं। यह देखने की बजाय कि किसी कार्य-स्थल पर एक सामान्य महिला का कैसे उत्पीड़न होता

है भारतीय वामपंथी यह दर्शाने में ज्यादा रुचि लेते हैं कि कार्य-स्थल पर किसी दलित महिला का कैसे उत्पीड़न होता है।

वस्तुतः ये भारतीय समाज को विभिन्न संरचनाओं एवं विभिन्न स्तरों में विभाजित देखती हैं जहाँ इसी के अनुरूप महिलाएँ भी भिन्न स्तरों में भिन्न-भिन्न प्रकार के सामाजिक क्रियाओं के साथ भिन्न-भिन्न तरह से शोषण एवं उत्पीड़न की शिकार होती हैं।

पितृसत्ता की संरचना (Structures of Patriarchy)

एक विचारधारा के रूप में पितृसत्ता किसी निश्चित संरचना के द्वारा कायम रहती है। वल्बी (1970) इस तथ्य को उजागर करती हैं कि कैसे महिलाओं की अधीनता को बनाए रखने के लिए पितृसत्ता लिंग के आधार पर असमानता को बनाए रखने का कार्य करती है। अपने लेख में उन्होंने दर्शाया है कि कैसे निजी एवं सार्वजनिक दोनों क्षेत्रों में यह अलग-अलग तरीके से कार्य करता है किन्तु दोनों जगह इसका मकसद समान ही रहता है।

वाल्बी ने अपने विश्लेषण में बताया है कि पारिवारिक क्रियाकलाप एवं घरेलू स्तर पर होने वाला उत्पादन महिलाओं के अधीनीकरण हेतु आवश्यक एक स्थान का निर्माण कर देता है। किन्तु साथ ही वे यह भी कहती हैं कि केवल घरेलू क्षेत्र ही एकमात्र ऐसा क्षेत्र नहीं होता है जहाँ महिलाओं के शोषण का आधार तैयार होता है। वह दर्शाती है कि कैसे पितृसत्ता की अवधारणा निजी एवं सार्वजनिक क्षेत्रों में महिलाओं के आपसी संबंधों के द्वारा ही उसे अधीन बना लेता है। उनके अनुसार इस संरचना के अंदर इस अधीनता को स्थापित करने में वे खुद भी बराबर की साझेदारी निभाती हैं तथा स्वयं ही इस अधीनीकरण को बनाए रखने का कार्य करती हैं (वाल्बी, सेल्विया, 1990)।

उन्होंने इस संदर्भ में निम्न बातों को दर्शाया है–

प्रथम, वाल्बी के अनुसार पितृसत्ता की संरचना अपने स्वरूप में अलग-अलग होती हैं। घर के अंदर पितृसत्ता का जो स्वरूप होता है वह संस्थात्मक स्वरूप जैसे कार्यस्थल पर दिखाई देने वाले पितृसत्ता के स्वरूप से अलग प्रकार का होता है। अत: यह एक महत्त्वपूर्ण बिन्दु है क्योंकि यदि पितृसत्ता से संबंधित नारीवादी सिद्धांत को खड़ा करना है तो उन्हें यह दिखाना पड़ेगा कि चाहे निजी क्षेत्र हो या सार्वजनिक क्षेत्र पितृसत्ता के प्रयोग के तरीके अलग-अलग हो सकते हैं पर उनका मकसद एक ही होता है।

द्वितीय, वाल्बी के अनुसार निजी क्षेत्र एवं सार्वजनिक क्षेत्र की संरचना के अंतर्गत पितृसत्ता लैंगिक असमानता को कायम रखने के लिए अलग-अलग रणनीतियों का प्रयोग करता है तथा दोनों ही महिलाओं की अधीनता को स्थापित करता है। घर के अंदर जो यह रणनीति अपनाता है वह बहिष्कृत करने वाला होता है जबकि सार्वजनिक क्षेत्र के अंतर्गत यह पृथक्करण की रणनीति अपनाता है। निजी क्षेत्र में जहाँ किसी व्यक्तिक पितृसत्ता (पर्सनल पैट्रिआर्कि) के द्वारा इसका प्रयोग होता है जो महिलाओं के ऊपर नियंत्रण स्थापित कर लेता है वहीं सार्वजनिक क्षेत्र में यह सार्वजनिक पितृसत्ता के द्वारा प्रयुक्त होता है जो महिलाओं को सार्वजनिक परिदृश्य में सामने नहीं आने देता है। यह रणनीति सीधे तौर पर संस्था को लाभ नहीं पहुँचाता है बल्कि यहाँ यह महिलाओं की कीमत पर

व्यक्तिक पितृसत्ता को लाभ पहुँचाता है और लैंगिक भेदभाव को कायम रखता है (वाल्बी, सेल्विया, 1990)।

एक और नारीवादी चिंतक कैट मिलैट ने भी एक नए तरीके से पितृसत्ता का विश्लेषण किया है। वह कहती हैं कि जितने भी समाज को हम जानते हैं उन सबमें लिंग के आधार पर जो भी संबंध होते हैं सभी शक्ति पर आधारित होते हैं और इसीलिए वे सभी राजनीति के अंतर्गत आते हैं। यह शक्ति-संबंध जीवन के हर क्षेत्र में महिलाओं के ऊपर पुरुषों के प्रभुत्व को स्थापित कर देता है। उनके अनुसार समाज में लैंगिक प्रभुत्व काफी हद तक सभी जगह एक समान होता है और इसीलिए यह स्पष्ट रूप से दिखाई भी देता है। यह हमारी संस्कृति के अंदर अत्यंत विस्तृत विचारधारा है एवं शक्ति की मौलिक अवधारणा को प्रस्तुत करता है। इनके अनुसार हर तरह की सामाजिक क्रियाओं में महिलाओं के ऊपर मूलत: पुरुषों की पितृसत्तात्मक शक्ति स्थापित है तथा यह शक्ति की औपचारिक संस्थाओं से कहीं अधिक विस्तृत एवं परे है। इसके सामने वर्गीय एवं नस्लीय विभेद भी कुछ नहीं है।

समाज में पितृसत्ता की स्थापना एक निरंतर चलने वाली प्रक्रिया के द्वारा होता है। बचपन से ही परिवार के अंदर समाजीकरण के द्वारा बच्चों में यह भावना डाली जाती है तथा आगे चलकर शिक्षा, साहित्य, धर्म आदि के द्वारा इसे स्थापित किया जाता है।

पितृसत्ता के अंतर्गत सार्वजनिक क्षेत्र में भी जो भेदभाव देखा जाता है वह भी पारिवारिक एवं व्यक्तिगत क्षेत्र से पृथक नहीं होता है। वस्तुत: सार्वजनिक क्षेत्र में तो सार्वजनिक संस्थाओं के पास ऐसी कोई शक्ति ही नहीं है कि वह महिलाओं का दमन कर सके। यह तो पारिवारिक क्षेत्र के अंतर्गत स्थापित पितृसत्तात्मक व्यवस्था है जो सार्वजनिक क्षेत्र में भी महिलाओं को दोयम दर्जे की भूमिका में ला खड़ा करता है। उदाहरण के लिए हम भारत में पंचायती राज संस्थाओं में महिलाओं के प्रतिनिधित्व को देख सकते हैं। पंचायती राज संस्थाओं में महिलाओं को पर्याप्त प्रतिनिधित्व दिया गया है। लेकिन क्या पंचायतों में महिलाओं को पुरुषों के समान शक्ति होती है? क्या वे अपनी शक्ति का प्रयोग करने में स्वतंत्र होती हैं? निश्चित रूप से इसका उत्तर नकारात्मक ही है। यहाँ भी उसके आवाज को नहीं सुना जाता है। वे अपने पुरुष प्रतिपक्षियों से कभी भी उस तरह का सम्मान प्राप्त नहीं कर पाती हैं। वस्तुत: वहाँ उनका प्रतिनिधित्व तो महज संवैधानिक प्रावधानों की खानापूर्ति ही होती है। सच्चाई तो यह है कि वहाँ भी उसके कार्यों एवं शक्तियों का निर्वहन पुरुष ही करते हैं।

इस प्रकार से निजी क्षेत्र की पितृसत्तात्मक संरचना एवं सार्वजनिक क्षेत्र की पितृसत्तात्मक संरचना दोनों एक ही सिक्के के दो पहलू हैं। दोनों ही जगह प्रत्यक्ष अथवा अप्रत्यक्ष रूप से पुरुष के द्वारा ही महिलाओं के ऊपर प्रभुत्व का प्रयोग किया जाता है। यहाँ पितृसत्ता की संरचनाओं के विस्तृत विवेचन का प्रयास किया जा रहा है।

पितृसत्ता की संरचना के रूप में राज्य (State as a structure of Patriarchy)

राज्य एक महत्त्वपूर्ण संरचना है जो पितृसत्ता को बल प्रदान करती है। उदारवादी एवं रेडिकल दोनों ने ही महिलाओं के उत्पीड़न के संदर्भ में राज्य की भूमिका पर अपने विचार दिए हैं। रेडिकल नारीवादी राज्य की शक्ति को राजनीतिक मुद्दे का केन्द्रबिन्दु नहीं मानती हैं। उनके अनुसार राज्य की जो भी शक्ति संरचना है उसके पीछे वस्तुतया पितृसत्ता ही है। यह लैंगिक असमानता का कारण न

होकर महज इसकी एक व्याधि है तथा सबकी जड़ में मूल कारण तो पितृसत्ता ही है। दूसरी तरफ उदारवादी नारीवादी राज्य को एक तटस्थ संस्था मानती हैं। उनके अनुसार यद्यपि अतीत में महिलाओं को राज्य की संस्था से अलग रखा गया, लेकिन सैद्धान्तिक रूप से इसका प्रयोग महिलाओं को कई तरह की सुविधा दिलाने के लिए हुआ है। समान कानूनी एवं राजनैतिक अधिकार इसी की वजह से केन्द्रीय माँग के रूप में उभर पाया। सेवाओं के वैधानिक एवं राजनैतिक प्रावधान आदि महिलाओं की स्थिति में सुधार लाने का एक साधन रहा है और इसी की वजह से महिलाएँ अन्य दबाव समूहों की तरह अपने-आपको संगठित कर पायी हैं। दूसरी तरफ रेडिकल नारीवादियों के अनुसार सत्ता से महिलाओं का बहिष्करण कोई संयोग नहीं था। उनके अनुसार चूँकि राज्य की संरचनाओं एवं संस्थाओं का निर्माण पुरुषों के द्वारा किया गया है। इसीलिए उन्होंने महिलाओं के हितों को पीछे धकेल दिया। अतः इनके दृष्टिकोण से नारीवादियों की माँगों को राज्य के द्वारा कभी पूरा नहीं किया जा सकता है। इनके अनुसार उदारवादी नारीवादियों का जो दृष्टिकोण है उसका कोई मतलब नहीं है। उनके अनुसार राज्य द्वारा महिलाओं की स्थिति में सुधार हेतु जो प्रयास किया जाता है वह वस्तुतया औपचारिक समानता के साथ इसको मिलाकर उत्पीड़न को वैधता दिलाने का ही प्रयास है। अतः महिलाओं के स्थिति में सुधार हेतु राज्य द्वारा किए जाने वाले कार्य वास्तविकता में इस पुरुष राज्य की शक्ति में और वृद्धि ही करता है। आइए अब जरा हम भारतीय राज्य की स्थिति पर विचार करते हैं एवं यह देखने का प्रयास करते हैं कि कैसे यह महिलाओं के खिलाफ पूर्वाग्रह से ग्रसित रहा है, क्योंकि इसने महिला सशक्तिकरण के प्रति उदारवादी दृष्टिकोण को अपनाया है।

भारत ब्रिटेन का एक उपनिवेश था। औपनिवेशिक शासन के दौरान यहाँ सामाजिक रीति-रिवाजों एवं परम्पराओं के नाम पर कई तरह की अमानवीय सामाजिक बुराइयाँ विद्यमान थी। महिलाएँ जहाँ इस परम्परा की वाहक थी वहीं सबसे बड़ी शिकार भी रहीं। यद्यपि राजा राममोहन राय, स्वामी दयानंद सरस्वती एवं ईश्वर चन्द्र विद्यासागर आदि समाज-सुधारकों ने समाज से इन कुरीतियों को मिटाने तथा परिवार के अंदर महिलाओं की प्रतिष्ठा को स्थापित करने का भरसक प्रयास किया तथापि चूँकि हर कुरीति की आलोचना करने के लिए इन्होंने वेद को ही आधार बनाया। अतः एक तरह से इन्होंने फिर से उसी भारतीय संस्कृति विशेषकर हिन्दु संस्कृति को स्थापित करने का प्रयास किया जिसमें महिलाओं के धर्म एवं कर्त्तव्य पर बल दिया जाता था। दूसरी तरफ 19वीं शताब्दी के पश्चिमी आधुनिकतावादी विचार भी थे जो किसी राष्ट्र के महत्त्व को उस राष्ट्र में महिलाओं की स्थिति से निर्धारित करते थे। राष्ट्रवादियों ने राष्ट्रीय संस्कृति के अंदर आधुनिकता को स्थापित करके इस द्वैध को समाप्त कर दिया। इस पूरी प्रक्रिया में सती-प्रथा, बाल-विवाह एवं विधवा-विवाह से संबंधित अधिनियमों के द्वारा भारत की महिलाओं को एक नया जीवन प्राप्त हुआ। स्वतंत्र भारत में महिलाओं को पुरुषों के समान ही मताधिकार प्रदान किया गया। जबकि इससे हटकर हम देखें तो कुवैत जैसे सम्पन्न देश में भी महिलाओं को यह अधिकार 2005 में जाकर प्राप्त हुआ (सुदर्शन, 24 अप्रैल 2005, द् हिन्दु)।

इस बात पर भी गौर किया जाना चाहिए कि स्वतंत्रता से पूर्व ही भारतीय राष्ट्रीय कांग्रेस ने स्वतंत्र भारत के विकास की रूपरेखा हेतु एक राष्ट्रीय योजना समिति की स्थापना की थी तथा इसके अंतर्गत 29 समितियाँ बनायी गयी थीं। इनमें से एक समिति नियोजित अर्थव्यवस्था में महिलाओं की भूमिका के ऊपर था। यह समिति इसलिए काफी महत्त्वपूर्ण थी क्योंकि इसमें उस समय से काफी आगे की सोच निहित थी। इसने महिलाओं द्वारा किये जाने वाले घरेलू श्रम पर ध्यान दिया तथा महिलाओं के लिए उत्पादन की इकाई को अलग करने की बात की। राज्य महिलाओं के आर्थिक

स्वतंत्रता के साथ-साथ संपत्ति के अधिकार को भी सुनिश्चित करना चाहती थी। किन्तु आगे चलकर ये सभी बातें न केवल हाशिये पर चली गई बल्कि परिदृश्य से ही गायब हो गईं। 1952 में सामुदायिक विकास कार्यक्रम की शुरुआत की गई एवं इसमें भीं महिलाओं को तभी शामिल किया गया जब सरकार ने पाया कि इसके बिना यह कार्यक्रम सफल नहीं हो सकता है। इस कार्यक्रम के अंतर्गत भी महिलाओं को कुछ व्यवहारिक शिक्षा देकर उन्हें यह सिखाया गया कि एक कुशल गृहिणी कैसे बना जाय। मारिया माईस के अनुसार स्वतंत्रता आंदोलन के समय भी महिलाओं ने अपनी मुक्ति के लिए कोई कार्य नहीं किया तथा उनका उद्देश्य अधीन बने रहना ही था और एक बार फिर महिलाओं ने यहाँ भी खुद को कष्ट देने वाली 'पवित्र नारी' की भूमिका को ही स्वीकार किया।

अत: राज्य के बारे में यदि ये सभी बातें सच हैं तो निश्चित रूप से राज्य के संदर्भ में रेडिकल नारीवादियों ने जो आक्षेप लगाए हैं वह सही प्रतीत होता है। यह एक प्रकार की जटिल शक्ति-संरचना का ही पोषण करता है। उदाहरण के लिए वह कानून जो महिलाओं को गाली-गलौज एवं ताना देने वाले पति से तलाक का अधिकार देती है वह वैवाहिक जीवन में व्याप्त हिंसा से उनकी सुरक्षा करने में पर्याप्त नहीं होता है। क्योंकि यह लिंग-भेद से अभिभूत पुलिस के द्वारा तथा उस संस्कृति में लागू होता है जहाँ सेक्सुअलिटी एवं प्रभुत्व एक दूसरे से अंतर्संबंधित होते हैं। यहाँ महिलाओं के पास अपने आप को सुरक्षित रखने हेतु आर्थिक संसाधन भी नहीं होते हैं। अत: यदि यहाँ नारीवादी परिप्रेक्ष्य में कानून बनाए जाएँ ताकि इस प्रकार की हिंसा को अस्वीकार किया जाय, पुलिस के उत्तरदायित्व को बढ़ाया जाय, महिलाओं के लिए घर सुरक्षित बन सके तथा महिलाओं के लिए रोजगार एवं शिक्षण की सुविधाएँ बेहतर हो सके तो शायद यह एक महत्त्वपूर्ण प्रयास होगा।

अत: राज्य की शक्ति को केवल राज्य द्वारा निर्धारित संदर्भ में रखकर नहीं देख सकते हैं बल्कि पितृसत्तात्मक शक्ति-संरचना के संदर्भ में भी रखकर देखा जाना चाहिए। अत: यह उदासीन या तटस्थ नहीं होता है जो स्वत: ही महिलाओं के हितों में कार्य करे।

पितृसत्ता में आर्थिक व्यवस्था (The Economic System in Patriarchy)

पितृसत्ता केवल राज्य की संरचना में ही नहीं बल्कि आर्थिक व्यवस्था के अंतर्गत भी विद्यमान होता है। श्रम के विभाजन में लैंगिक असमानता के लिए जिम्मेवार लैंगिक भेदभाव को पितृसत्ता के अंतर्गत स्वाभाविक ठहरा दिया जाता है तथा विज्ञान, औषधि एवं लोकप्रिय संस्कृति के द्वारा इसे वैधता प्रदान कर दिया जाता है। लिंग के संबंध में पितृसत्तात्मक अवधारणा की नारीवादी विचारक आलोचना करती रही हैं पर फिर भी श्रम के विभाजन में इसी के अनुरूप कार्य प्रदान किए जाते हैं जिससे लैंगिक असमानता उत्पन्न होती है। इस तरह का दृष्टिकोण गॉर्नसे (1991) ने भी रखा है। शास्त्रीय मार्क्सवादी दृष्टिकोण के अंतर्गत भी महिलाओं के उत्पीड़न के लिए वर्ग विभाजित समाज को ही जिम्मेवार माना जाता है। उनके अनुसार पूँजीवाद की समाप्ति एवं वर्गविहीन समाज की स्थापना के पश्चात् ही इस उत्पीड़न को समाप्त किया जा सकता है। किन्तु रेडिकल नारीवादियों के अनुसार इस तरह की मान्यता को तनिक भी स्वीकार नहीं किया जा सकता है क्योंकि यह गैर-आर्थिक आधार तथा पुरुषों की शक्ति की सर्वव्यापकता को नजरअंदाज कर देता है। साथ ही यह सभी महिलाओं के लगभग एक समान अनुभवों एवं उनके उत्पीड़न के पीछे पुरुषों के निहित स्वार्थों पर भी ध्यान नहीं देता है। अत: इस दृष्टिकोण से केवल आर्थिक परिवर्तन मात्र से कुछ नहीं होगा एवं समाजवादी क्रांति भी कोई क्रांति नहीं होगी बल्कि इससे पुरुषों के बीच ही एक नया शोषक वर्ग तैयार हो जाएगा।

महिलाओं को मुक्त कराने में पिछली क्रांतियों की असफलता मार्क्सवादी आश्वासन को खोखला साबित कर चुका है। रेडिकल नारीवादियों के अनुसार महिलाओं का 'महिला' के रूप में ही आर्थिक रूप से शोषण होता है न कि लैंगिक रूप से उदासीन सर्वहारा वर्ग के एक सदस्य के नाते। इनके श्रम का शोषण वेतनभोगी कार्य एवं गृहकार्य दोनों में होता है। पुरुषों द्वारा इसके उत्पीड़न एवं शोषण की इस सार्वभौमिक प्रकृति को 1980 के संयुक्त राष्ट्र रिपोर्ट में भी दर्शाया गया है। इसमें बताया गया है कि विश्व की आबादी में महिलाओं की संख्या आधी है, इसके काम के घंटे का लगभग दो तिहाई इनके द्वारा संपादित होता है किन्तु ये वैश्विक आमदनी का केवल 1/10 वाँ भाग प्राप्त करती हैं जो कि वैश्विक संपत्ति के सौवें हिस्से से भी कम है।

चाहे विकसित देश हों या विकासशील देश अथवा अविकसित देश सभी जगह महिलाओं को कम से कम वेतन दिया जाता है। इस प्रकार यहाँ महिलाओं को पुरुषों पर आश्रित बना दिया गया है ताकि पुरुष उससे जबरदस्ती गृहकार्य करवा सकें तथा अपनी यौन-इच्छाओं को पूरा कर सकें। किन्तु केवल समान वेतन एवं समान अवसर के द्वारा इस असमानता को समाप्त नहीं किया जा सकता है। उदाहरण के लिए यदि उन्हें बाहर काम करने की स्वतंत्रता मिल भी जाए तब भी यदि उनके ऊपर घर के काम का भी बोझ रहेगा तो वे ठीक से काम नहीं कर सकेंगी। अत: यह पितृसत्तात्मक प्रभुत्व के दूसरे पहलुओं से भी जकड़ी होती हैं। अत: आर्थिक स्वतंत्रता के लिए संघर्ष एक महत्त्वपूर्ण प्रयास हो सकता है किन्तु केवल इसी के द्वारा पितृसत्तात्मक प्रभुत्व से निजात नहीं पाया जा सकता है।

परिवार के अंदर पितृसत्तात्मक संरचना (Patriarchy structure in family)

कैट मिलैट के अनुसार परिवार पितृसत्ता की सर्वोच्च संस्था है। यह वास्तविकता में समाज की शक्ति-संरचना का केन्द्रीय भाग है। यह सार्वजनिक दुनिया में तो पितृसत्तात्मक व्यवस्था को कायम रखता ही है साथ ही महिलाओं के उत्पीड़न का स्वयं एक श्रोत भी है। पारस्परिक प्रेम, सौहार्द्र, आदर पर आधारित सामाजिक समझौता जिसमें भावना, लिंग, एवं घरेलू आवश्यकताओं की पूर्ति के लिए एवं बच्चों के लालन-पालन हेतु, सहयोगी मिलते हो, से परे यह महज एक ऐसी सामाजिक संस्था है जिसमें महिलाओं का शोषण ही होता है।

परिवार में शोषण के विभिन्न तरीके हैं। इनमें से कुछ प्रमुख निम्न हैं-

पारिवारिक-श्रम (Domestic Labour)

किसी भी परिवार में महिलाएँ सबके निशाने पर होती हैं। वे घर के सारे काम-काज करती हैं जिस पर औपचारिक रूप से प्राय: ध्यान नहीं दिया जाता है। परिवार के अंदर भी कार्यों का विभाजन होता है। पति बाहर का काम करता है जिसमें उसकी नौकरी भी शामिल होती है। जबकि महिलाओं को परिवार संभालने की जिम्मेवारी दी जाती है। ऐसा माना जाता है कि वर्तमान व्यवस्था में पुरुषों को दो तरफा लाभ प्राप्त होता है। प्रथम तो घरेलू काम-धंधों से उसे निजात मिल जाता है एवं दूसरी तरफ चूंकि महिलाओं को घर में काम करना पड़ता है। अत: राजनीति एवं रोजगार के क्षेत्र में भी प्रतिस्पर्धा में पुरुष ही आगे रहते हैं। फ्रेंच नारीवादी क्रिस्टीन डेल्फी के अनुसार विवाह एक प्रकार के श्रम का समझौता है जिसके द्वारा पुरुष महिलाओं के श्रम का शोषण करता है तथा आर्थिक क्षेत्र में उसका स्वामी बन जाता है। चूंकि अधिकांश महिलाएँ बिना वेतन वाले इस श्रम में संलग्न होती

हैं इसीलिए रोजगार के क्षेत्र में महिलाओं की स्थिति बदतर ही होती है। घर के अंदर महिलाओं का यह शोषण पूँजीवादी उत्पादन प्रणाली से बाहर होता है इसीलिए यह दलील देती हैं कि महिलाओं के इस उत्पीड़न की सच्ची भौतिकवादी व्याख्या हेतु हमें वर्ग-संघर्ष एवं पूँजीवाद से अलग हटकर सोचना पड़ेगा क्योंकि इस शोषण का एक अलग भौतिकवादी आधार है जो महिलाओं द्वारा बिना वेतन के किए जाने वाले घरेलू श्रम में निहित है।

किन्तु सबसे ज्यादा महत्त्वपूर्ण जो बात है वह यह है कि इस पारिवारिक-श्रम एवं इसके समाधान के ऊपर कोई आम सहमति नहीं है। कुछ लोग इसके समाधान हेतु इस प्रकार के पारिवारिक-श्रम करने की मनाही करती हैं। अत: यहाँ यह पृथकतावादी रूख को दर्शाता है। कुछ अन्य लोगों के अनुसार पुरुषों पर भी इन पारिवारिक कामकाज को करने के लिए दबाव देना चाहिए। जबकि कई अन्य के अनुसार परिवार में केवल श्रम के विभाजन को ठीक करने से कुछ नहीं होगा। अत: पूरे शोषण की जड़ परिवार को ही समाप्त कर देना चाहिए। इस प्रकार परिवार के अन्दर बिना वेतन के घरेलू काम-काज के ऊपर काफी विवाद हैं।

यौन-शोषण (Sexual Exploitation)

कुछ नारीवादियों के अनुसार परिवार के अंदर पारिवारिक शोषण की अपेक्षा यौन-शोषण का मुद्दा कहीं ज्यादा महत्त्वपूर्ण है। कुछ नारीवादियों के अनुसार पितृसत्ता मूलत: पुरुष के हिंसा एवं महिलाओं के सेक्सुअलिटी पर नियंत्रण पर आधारित है। विवाह कोई सेक्सुअल या भावनात्मक स्वतंत्रता प्रदान नहीं करता है बल्कि प्रेम के नाम पर एक प्रभुत्व को स्थापित कर देता है। शुमालिथ फायरस्टोन के अनुसार आज महिलाओं के शोषण की मुख्य जड़ यह प्रेम ही है। उनके अनुसार पितृसत्तात्मक समाज में प्रेम समानता पर आधारित नहीं हो सकता है बल्कि यह महिलाओं के आर्थिक एवं सामाजिक पराश्रिता को दर्शाता है तथा यह सुनिश्चित कर देता है कि वे अपने इस अधीन स्थिति के खिलाफ कोई आवाज नहीं उठाएँगी।

बच्चों का लालन-पालन एवं लैंगिक पहचान का निर्धारण (Parenting and the Acquisition of Adult Sexual Identity)

कैट मिलैट के अनुसार परिवार सामाजिक संस्था का एक महत्त्वपूर्ण तत्व है। इसके द्वारा छोटे-छोटे बच्चे अपने समाज के मूल्यों एवं उद्देश्यों को आत्मसात करते हैं। इस प्रकार सर्वप्रथम परिवार के अंदर ही लड़के एवं लड़कियाँ पितृसत्तात्मक शक्ति-संरचना एवं लिंग के आधार पर विभाजित काम-काज का सामना करती हैं। ये सभी वे अपने माता-पिता के पद-चिन्हों पर चलते हुए सीखते हैं और अपने लिंग के अनुकूल स्वभाव एवं प्रतिष्ठा को अपना लेते हैं। आगे मित्र मंडली, स्कूल एवं मीडिया आदि उन्हें इन सभी प्रकार के तौर-तरीकों को अपनाने के लिए दबाव डालते हैं। इस प्रकार यहाँ से उनके लिंग के अनुकूल ही उनकी पहचान निर्धारित हो जाती है।

इस प्रकार परिवार के अंदर पितृसत्तात्मक शक्ति-संबंध प्रबल होता है और इसी वजह से रेडिकल नारीवादी महिलाओं के उत्पीड़न के समाधान हेतु पारिवारिक व्यवस्था के ही उन्मूलन की बात करती हैं।

पितृसत्ता एवं संतानोत्पत्ति (Patriarchy and Reproduction)

शुमालिथ फायरस्टोन अपनी प्रसिद्ध पुस्तक 'द डायलेक्टिक ऑफ सेक्स' के अंतर्गत कहती हैं कि 'महिलाओं की संतानोत्पत्ति की भूमिका के कारण ही वे पंगू बन जाती हैं और इसी ने सदियों से पुरुषों को पितृसत्तात्मक शक्ति का प्रयोग करने में सक्षम बना दिया है। महिलाओं के उत्पीड़न का मुख्य केन्द्र बच्चों को जन्म देना एवं उनका लालन-पालन करना ही है। फायरस्टोन के अनुसार आर्थिक संरचना की बजाय जैविक सच्चाई ही है जो समाज में पुरुषों एवं महिलाओं के बीच मूल विभाजन हेतु एक भौतिक आधार तैयार कर देता है।

किन्तु आज प्रभावी गर्भनिरोध एवं संतानोत्पत्ति के नवीन तकनीक के विकास के साथ जैविकी से लिंक टूटता हुआ दिखाई दे रहा है एवं यह संभावना बन गई है कि आने वाले दिनों में महिलाएँ संतानोत्पत्ति की क्रिया से मुक्त हो सकेंगी। क्योंकि तब कृत्रिम रूप से बिना गर्भ धारण किये बच्चे को जन्म दिया जा सकेगा। अत: ये कृत्रिम संतानोत्पत्ति में ही महिलाओं की मुक्ति को देखती हैं। किन्तु महज इस तकनीक मात्र के विकास से अपने आप इस प्रकार की मुक्ति नहीं मिल पाएगी क्योंकि पुरुष अपने हित में पितृसत्ता को बनाए रखने के लिए इस नवीन तकनीक का प्रयोग महिलाओं के खिलाफ करेंगे क्योंकि खासकर प्रजनन जैसी क्रियाओं पर पुरुषों का ही नियंत्रण रहेगा। अत: महिलाओं को इस शोषणकारी व्यवस्था में रहने के लिए विवश किया जाएगा। इस प्रकार महिलाएँ एक शोषित वर्ग हैं। जिसे जागृत होकर संतानोत्पत्ति के साधनों (जिसमें बच्चों के जन्म देने से लेकर उसके लालन-पालन के साथ-साथ इसमें संबंधित नवीन तकनीक भी सम्मिलित है।) पर नियंत्रण स्थापित करना पड़ेगा। इसके लिए न केवल पुरुषों को प्राप्त विशेष सुविधाओं को समाप्त करना पड़ेगा बल्कि स्वयं यौन के अंतर को भी मिटाना पड़ेगा ताकि मानव जीव के बीच सांस्कृतिक रूप से जैविक भिन्नता की प्रासंगिकता ही समाप्त हो जाए।

जो भी हो इस प्रकार की क्रांति कैसे होगी और कब होगी, महिलाएँ आपस में कैसे संपर्क स्थापित करेंगी तथा नारीवादी कैसे संगठित होना शुरू करेंगी इस संदर्भ में फायरस्टोन मौन रह जाती हैं। बच्चों को जन्म देने एवं उसके लालन-पालन के जीव-वैज्ञानिक एवं सामाजिक पहलुओं को सुलझाने में भी ये असफल रह जाती हैं। इस प्रकार इनकी पूरी सैद्धांतिक संरचना के ऊपर अतिसाधारण एवं भ्रांति से युक्त होने का आक्षेप लगाया जाता है।

हालांकि संतानोत्पत्ति के प्रश्न पर रेडिकल नारीवादियों के विचारों में मतैक्य का अभाव है। तथापि इस विभाजन के बावजूद इनमें एक बिन्दु पर आम सहमति है कि महिलाओं के संतानोत्पत्ति की क्रिया राजनीतिक रूप से महत्त्वपूर्ण है तथा पुरुषों के द्वारा इसे नियंत्रित करने के प्रयास की वजह से महिलाओं की स्वतंत्रता का हनन होता है और इसीलिए इसका प्रतिरोध तो होना ही चाहिए। अत: इस क्षेत्र में महिलाओं के द्वारा अपने जीवन पर नियंत्रण प्राप्त करने का प्रयास एक सम्मत रेडिकल नारीवादी उद्देश्य है। जो लोग मातृत्व को नकारात्मक रूप में देखते हैं वे आसानी से उपलब्ध गर्भनिरोधक एवं गर्भपात के महत्त्व पर बल दे सकती हैं। जबकि दूसरे इस बात पर बल दे सकते हैं कि महिलाओं को यह अधिकार होना चाहिए कि वे जब चाहें तभी बच्चे को जन्म दें। तथापि दोनों ही समूह की महिलाएँ इस विचार पर एकमत हैं कि बच्चों का लालन-पालन विशुद्ध रूप से निजी मामला नहीं है बल्कि यह दो सेक्स के बीच शक्ति-संबंधों को दर्शाता है।

कामवासना एवं हिंसा (Sexuality and Violence)

कुछ नारीवादियों के अनुसार समाज में विद्यमान कामवासना भी पितृसत्तात्मक समाज का ही एक लक्षण है। यह एक ऐसी दुनिया का उत्पाद कहा जा सकता है जहाँ सत्ता पर पुरुषों का अधिकार रहता है तथा महिलाएँ आर्थिक रूप से उन पर आश्रित रहती हैं। सभी क्षेत्रों में पुरुषों के आवश्यकताओं एवं हितों के अनुरूप ही एजेंडा का निर्धारण होता है। मालिकाना प्रभुत्व एवं सुपुर्दगी के विचार के साथ यौन क्रियाएँ (व्यवहार) बँधी होती हैं एवं इस पर पुरुषों के द्वारा निर्मित इस संस्कृति के द्वारा शर्तें आरोपित होती हैं जिसमें अश्लीलता सर्वव्यापी होता है। यौन-हिंसा को सह लिया जाता है। महिलाओं को सेक्स की वस्तु माना जाता है तथा पुरुषों एवं महिलाओं के लिए अलग-अलग नैतिक नियम होते हैं। इसलिए वेश्यावृत्ति पुरुष शक्ति का प्रतीक बन जाता है जो एक ओर तो पितृसत्तात्मक सामाजिक सबंध का परिणाम होता है तथा दूसरी तरफ इसे वैधता दिलाने का साधन भी होता है। क्योंकि वेश्यावृत्ति के द्वारा पुरुषों के सेक्स के अधिकार को सार्वजनिक सहमति मिल जाती है तथा महिलाओं के यौन स्वामी के रूप में पुरुष को सार्वजनिक स्वीकृति मिल जाती है। इस संदर्भ में पुरुषों एवं महिलाओं के बीच सेक्स एवं प्रेम समानता के आधार पर नहीं पाया जाता है बल्कि यह जघन्य बलात्कार एवं हिंसक टकराव को अपने अंदर धारण किए हुए होता है। यही कारण है कि यौन-स्वायत्तता एवं यौन-तृप्ति की माँग को पितृसत्ता के खिलाफ समान्य राजनीतिक संघर्ष के एक हिस्से के रूप में ही देखा जाता है।

संस्कृति की भूमिका (Role of Culture)

एक संस्कृति से दूसरी संस्कृति की महिलाओं एवं उनके उत्पीड़न के स्वरूप में अंतर होता है। नारीवादियों ने महिलाओं के अधीनीकरण के पीछे जिम्मेवार उस मौलिक कारण का पता लगाया जिसका कोई इतिहास नहीं है। वे मानती हैं कि महिलाओं की सबसे बड़ी दुश्मन पितृसत्ता ही है। यह एक प्रकार की मिथ्या चेतना है जिसकी वजह से महिलाएँ हर प्रकार के दमन एवं उत्पीड़न को सहन कर लेती हैं क्योंकि उन्हें सच्चाई का पता ही नहीं होता है। पश्चिम की महिलाओं ने पितृसत्ता के खिलाफ एक मुहिम छेड़ दी हैं। वे पुरुषों को शोषक मानती हैं तथा एक समतावादी समाज की स्थापना के लिए कार्य कर रही हैं। पर भारत में स्थिति इससे बिल्कुल अलग दिखाई देती है। यहाँ की परम्पराएँ, धरोहर एवं मूल्य जिसे यहाँ की महिलाएँ सहेज कर रखती हैं वही वस्तुत: पितृसत्ता से लड़ने में एवं विमुक्ति के मार्ग में सबसे बड़ा काँटा है। 'पतिव्रता' एवं 'सती-सावित्री' नारी की जिस विचारधारा को यहाँ की महिलाएँ अपना आदर्श मानती हैं पितृसत्ता से लोहा लेने में एक बड़ी समस्या बन जाती हैं। पतिव्रता नारी से तात्पर्य ऐसी महिला से है जो अपने पति को परमेश्वर मानती है। वह अपने पति को भगवान की तरह पूजती हैं और पति के परिवार के सभी बड़े लोगों की आज्ञाओं का पालन करती है। अपने ससुराल के सभी लोगों की सेवा करना ही उसका अंतिम उद्देश्य होता है। भारतीय संस्कृति में परंपरा, धर्म एवं दूसरे अन्य तरीकों के द्वारा इस पतिव्रता नारी की विचारधारा का प्रसार किया जाता है। उदाहरण के लिए सावित्री, सीता, दमयंती के जैसी पात्र को आदर्श भारतीय नारी के रूप में प्रस्तुत किया जाता है। महिलाओं के इस प्रकार की छवि उन्हें हर तरह के कष्ट सहकर पुरुषों की दासी बनने के लिए प्रेरित करती हैं। इतना ही नहीं धार्मिक पर्व-त्यौहारों के द्वारा इस प्रकार के उत्पीड़न को वैधता भी प्रदान किया जाता है। उदाहरण के लिए

सावित्री–आमावस्या को ले सकते हैं जिसमें महिलाओं से अपने पति का पैर धोकर उस पानी को पीने की बात की जाती है। इस प्रकार धार्मिक परम्पराएँ महिलाओं के दमन के साथ जुड़ी हुई हैं।

पितृसत्ता उत्पीड़न की एक संक्रामक व्यवस्था है। यह एक वायरस की तरह है जो महिलाओं के शोषण की एक ऐसी पद्धति तैयार कर देता है जो अनंत काल तक चलता रहता है। यहाँ महिला जिस घर में जन्म लेती है उसी परिवार को देखें तो हम पाते हैं कि जन्म से ही उसे दमन एवं उत्पीड़न का सामना करना पड़ता है। भारतीय हिन्दु परम्परा में यह मान्यता है कि पुत्र के हाथ से मुखाग्नि मिलने पर ही माता–पिता को मुक्ति मिलती है एवं वे स्वर्ग के भागी होते हैं। इसके अतिरिक्त यह भी मान्यता है कि पुत्र ही बुढ़ापे में माँ–बाप का सहारा होता है क्योंकि बेटी तो विवाह के पश्चात् दूसरे घर चली जाती है। इसलिए बेटी को पराया धन माना जाता है। माता–पिता की संपत्ति भी बेटे की ही होती है, बेटी की अपनी कोई संपत्ति नहीं होती है। अपनी छोटी सी उम्र से ही बेटी अपने माँ–बाप के लिए एक मानसिक तनाव का कारण बन जाती है। वस्तुतः वह अपने माता–पिता के लिए कोई समस्या उत्पन्न नहीं करती है बल्कि स्थापित संस्कृति की वजह से इस तरह का विचार उत्पन्न होता है। माता–पिता सोचते हैं कि बेटी पराया धन है अतः उस पर पैसे खर्च करना बेकार ही है। आज न कल उसे ससुराल जाना है एवं तब बेटा ही उसके बुढ़ापे का सहारा होगा। इसलिए माँ–बाप जहाँ बेटे के लालन–पालन, खान–पान एवं शिक्षा पर पर्याप्त खर्च करते हैं वहीं बेटी को स्कूल तक नहीं भेजते हैं। उसे छोटी–सी उम्र से ही घर के काम–काज करने की जिम्मेवारी दे दी जाती है। पहले तो लड़कियों का जन्म माता–पिता के लिए एक गंभीर चिंता का विषय बन जाता था क्योंकि बड़े होने पर उसकी शादी के लिए दहेज हेतु एक मोटी रकम देनी होती है। इसी वजह से जन्म के समय ही कई लड़कियों को जान से मार दिया जाता था। आज भी कन्या भ्रूण हत्या जैसी समस्याएँ देखी जा सकती हैं जिसमें गर्भ में ही लड़की को मार दिया जाता है। प्रायः ऐसा देखा जाता है कि परिवार में लड़कियों का ठीक से लालन–पालन नहीं होता है। जबकि बेटे को ज्यादा पौष्टिक आहार दिया जाता है। जब लड़की जवान होती है तो उसकी शादी कर दी जाती है। यहाँ भी पितृसत्ता की भूमिका काफी प्रबल होती है। चूंकि उसे शादी के बाद दहेज लेकर ससुराल जाना पड़ता है, इसीलिए उसे पिता की संपत्ति से बेदखल कर दिया जाता है। उदाहरण के लिए यदि किसी की संपत्ति एक करोड़ की है एवं लड़की की शादी के दौरान 5 लाख दहेज देना पड़ता है तो यह उस संपत्ति का महज 5% हिस्सा ही होता है। बाकी का 95% हिस्सा बेटे को ही प्राप्त होता है। अपने ससुराल में भी वह हमेशा बाहरी सदस्य के रूप में ही रहती है। एक बार शादी हो जाने के बाद अपने पिता की संपत्ति पर उसका कोई अधिकार नहीं रहता है। ऐसे में यदि बिना दहेज के किसी लड़की की शादी हुई होती है और अगर उसके पति की किसी कारणवश मृत्यु हो जाय तो उसके पास अपनी कोई संपत्ति नहीं होती है क्योंकि परिवार के संपत्ति अर्जन में उसकी कोई भूमिका नही होती है। यद्यपि पिछले कुछ वर्षों से महिलाओं को अपने पिता की संपत्ति में भी समान अधिकार दिया गया है पर वास्तविकता में अभी भी यह कागजी प्रावधानों तक की सिमटा हुआ है। उसकी स्थिति अत्यंत ही दयनीय होती है। परिवार में भी वह दोयम दर्जे की ही सदस्य होती है। चूंकि उसे उपयुक्त शिक्षा एवं प्रशिक्षण नहीं मिल पाता है इसलिए वह रोजगार प्राप्त करने में भी असफल रह जाती है। शादी के बाद यदि उसके पति की मृत्यु हो जाय तो उसका जीवन नरक बन जाता है। अपने मायके से तो उसका नाता पहले ही टूट चुका होता है ससुराल में भी उसे परिवार का सदस्य नहीं माना जाता है। प्राचीन भारत में तो विध वा के जीवन को एक अभिशाप माना जाता था। नहीं तो उसे देवी की प्रतिष्ठा देकर अपने पति के साथ चिता पर जिंदा जला दिया जाता था। अतः यहाँ उसे बलि का बकरा बनाया जाता था। वस्तुतः

यहाँ पितृसत्ता की घिनौनी राजनीति खेली जाती थी। इसका मुख्य मकसद महिलाओं को जलाकर उसे संपत्ति से अलग रखना था। हिन्दु समाज में सामान्य तौर पर माना जाता है कि महिलाएँ स्वभाव से ही अविश्वासी (परगामिनी) होती हैं तथा मौका मिलने पर वह विवाहेत्तर संबंधों का भी आनंद उठाने से नहीं चूकती हैं और चूंकि वह परिवार की इज्जत एवं आबरू होती हैं अत: यह उसके परिवार की प्रतिष्ठा को धूल में मिला सकती है। इस सोच के साथ पितृसत्ता ने इसे घर की इज्जत ही नहीं कुल की इज्जत के रूप में दर्शाकर इसके ऊपर कई तरह के प्रतिबंध आरोपित कर दिए।

यहाँ हम रूप कँवर के उदाहरण को ले सकते हैं जिसे सती बना दिया गया था। यह घटना राजस्थान के देओराला गाँव में हुई। यहाँ के ग्रामीणों के अनुसार उसने अपने पति की चिता पर सहर्ष जलना स्वीकार किया था। किन्तु आगे जब इस मामले की तहकीकात की गई तो पता चला कि इसके बारे में कुछ ही दूरी पर रह रहे उसके माता-पिता को कोई सूचना नहीं दी गई थी। बाद में उसके ससुराल वालों ने उसी सती स्थल पर सती माता के मंदिर का निर्माण करवाया एवं इससे काफी धन एवं प्रतिष्ठा अर्जित की। इस प्रकार यहाँ एक महिला को बलि का बकरा बनाया गया।

आलोचनात्मक मूल्यांकन (Critical evaluation)

पितृसत्ता के ऊपर नारीवादी विमर्श की सबसे बड़ी खूबी यह है कि यह महिलाओं के जिंदगी एवं उसके अनुभवों के परिप्रेक्ष्य में विकसित हुई है। किन्तु इनके बावजूद इन पर कुछ आलोचक आक्षेप भी लगाते हैं। उनके अनुसार यदि पितृसत्ता के बारे में नारीवादी विमर्श को उपयोगी बनाना है तो केवल संरचनात्मक समझ को विकसित करने से कुछ नहीं होगा बल्कि उन्हें हर प्रकार की महिला के जीवन के प्रति समझ विकसित करनी पड़ेगी। लेस्बियन, अश्वेत, तीसरी दुनिया एवं उत्तर औपनिवेशिक दुनिया के आलोचक पश्चिमी नारीवादी एजेंडा पर सीमाएँ लगाते हैं जिसने समानता के पितृसत्तात्मक मानदंड को स्वीकार कर लिया। 1970 के दशक में एक ओर जहाँ पश्चिमी नारीवादी चिंतक महिलाओं के लिए अपनी इच्छा से जब चाहें तभी संतान को जन्म देने के अधिकार को बढ़ावा देने हेतु गर्भनिरोध एवं गर्भपात के अधिकार पर बल दे रही थीं वहीं दूसरी तरफ बहुत सारी महिलाएँ त्वचा के रंग, कामुकता या शारीरिक क्षमता आदि के आधार पर भेदभाव का सामना कर रही थी एवं अपने बच्चे को जन्म देने या नहीं देने के लिए संघर्ष कर रही थी।

आलोचकों के अनुसार पश्चिमी उदारवादी नारीवादियों को अपना दायरा विस्तृत करते हुए और अधिक महिलाओं के अनुभवों को सम्मिलित करने की आवश्यकता है। हालांकि शिक्षा एवं कानूनी सुधार के क्षेत्र में पिछले 20 वर्षों में काफी कुछ प्रगति हुई है। यह सही है कि अब कानून भी परिवार के सदस्यों के द्वारा शोषण के प्रति जागरूक हुआ है तथापि जब तक समाजीकरण की प्रक्रिया एवं पारिवारिक व्यवस्था के ऊपर पुरुषों का आधिपत्य रहेगा तब तक इस सुधारवादी दृष्टिकोण को एक खुले प्रतिदान के रूप में नहीं देखा जा सकता है।

निष्कर्ष (Conclusion)

जहाँ तक पुरुष इस पितृसत्तात्मक संरचना एवं इसकी क्रियाओं से व्यवस्थित ढंग से एवं सर्वसम्मति से लाभान्वित होते हैं वहाँ तक इन संस्थाओं को यह अस्वीकार करती हैं। निश्चित रूप से पितृसत्ता

शक्ति का एक प्रभावशाली स्वरूप है जिसे नारीवादियों ने चुनौती दी है एवं यदि ये समकालीन समाज के साथ केवल सम्पर्क में भी बनी रहें तो व्यापक सामाजिक परिवर्तन लाने में मदद कर सकती हैं। इस प्रकार नारीवादियों ने पितृसत्ता को बेनकाब कर दिया है एवं शक्ति-संरचना में अब परिवर्तन दिखाई दे रहा है।

References :

Bhasin Kamala, *Understanding Gender*, Kali For Women, New Delhi, 2000.

_______, *Understanding Patriarchy*, Kali For Women, New Delhi, 2000.

Bose Mandakranta, Ed., *Faces of the Feminine in Ancient, Medieval, and Modern India*, Oxford University Press, New Delhi, 2000.

Choudhuri Maitrayee, Ed., *Feminism in India*, Kali For Women, New Delhi, 2004.

Dube M.P, Neeta Bora, *Social Justice and Women in India*, Swaraj Prakashan, New Delhi, 1999.

Gould Carol C., Ed., *Gender*, Humanitioes Press, New Jersey, 1997.

Lesile Julia, marry McGee, *Invented Identities the Interplay of Gender, Religiopn and Politics in India*, Oxford University Press, New Delhi, 2000.

Menon Nivedita, *Gender and Politics in India*, Oxford University Press, New Delhi, 1999.

Meyers Tietjens Diana, *Feminist Social Thought : A Reader*, Routledge, New York, 1997.

Ray Bharati, Aparna Basu, *From Independence Towards Freedom*, Oxford University Press, New Delhi, 1999.

Sangari Kumkum, Sudesh Vaid, *Recasting Women Essays in Colonial History*, Kali for Women, New Delhi, 1989.

Shah Ghanshyam, Ed., *Social Movements and the state*, Sage Publications, New Delhi, 2002.

Walby S., *Theorizing Patriarchy*, OUP, New York, 1990.

अध्याय - 12

जेंडर संस्कृति एवं इतिहास
(Gender Culture and History)

तान्या महान्ती

''औरत जन्म नहीं लेती बल्कि बना दी जाती है'' यह सिमॉन द् बुअर् की प्रसिद्ध उक्ति है। यह उक्ति सेक्स एवं जेंडर के बीच के मौलिक अंतर को रेखांकित करता है। इसमें मनोवैज्ञानिक एवं शारीरिक दोनों ही पहलू अंतर्निहित हैं। प्राय: समाज में जैविक विभिन्नता को आधार मानकर ही मनुष्य के क्रियाकलाप एवं स्थितियाँ निर्धारित कर दी जाती है। जेंडर वस्तुत: पुरुष एवं महिला की सामाजिक-सांस्कृतिक परिभाषा को इंगित करता है। यह उन तरीकों की ओर ईशारा करता है जिसके आधार पर समाज स्त्री एवं पुरुष के बीच विभेद करता है और उनके लिए उसी के अनुरूप अलग-अलग भूमिकाएँ निधारित कर देता है। समाज 'जैविक-पुरुष' एवं 'जैविक-स्त्री' के लिए क्रमश: 'पुरुषत्व' एवं 'स्त्रीत्व' के गुणों को निर्धारित (विहित) कर उसे आदमी एवं औरत में बदल देता है। एन्न ऑकले के शब्दों में, ''जेंडर वस्तुत: संस्कृति का मामला है''। वह मानती हैं कि लैंगिक विभेद समाज द्वारा निर्मित होता है जो उस सेक्स के बीच की भिन्नता पर आधारित होता है जो प्रकृति से जैविक होते हैं। (ऑकले, 1985:16)। उनके अनुसार ''केवल यही नहीं है कि सेक्स के आधार पर श्रम का विभाजन सार्वभौमिक नहीं है, बल्कि ऐसा किए जाने का कोई तार्किक कारण भी नहीं है। वे अप्रकट (अदृश्य) वैज्ञानिक ताकत की बजाय इस मानवीय आविष्कार के लिए अपनी सृष्टि का ऋणी है''। मनुष्य की विविध संस्कृतियाँ हैं तथा वह निरंतर परिवर्तनशील है। मनुष्य का व्यवहार अधिकांशत: संस्कृति से ही निर्धारित होता है।

एक प्रसिद्ध अंग्रेज मानव-विज्ञानी संस्कृति को परिभाषित करते हुए कहते हैं- ''इसमें ज्ञान, आस्था, विश्वास, कला, आचरण, रीति-रिवाज के साथ-साथ वे सभी योग्यताएँ एवं आदतें सम्मिलित हैं जो समाज के एक सदस्य के नाते कोई मनुष्य प्राप्त करता है।'' संस्कृति वस्तुत: सामाजिक व्यवहार का (को सीखने का) कुशल तरीका है जो पीढ़ी दर पीढ़ी हस्तांतरित होता रहता है। यह वस्तुत: समूह के द्वारा प्रयोग किया जाता है। राल्फ लिन्टन के शब्दों में कहें तो यह एक सामाजिक धरोहर है जिसे कोई व्यक्ति अपने समूह से ग्रहण करता है। यह कुछ इस तरह की चीज है जो एक कालावधि के दौरान संचित होती रहती है। इसलिए एक ऐतिहासिक संवृद्धि को बचाए रखने की बात की जाती है जिसका अतीत से तो जुड़ाव होता ही है भविष्य की भी कुछ अन्तर्दृष्टि समाहित होती है। प्रत्येक

समाज का कुछ निश्चित मानक, मूल्य एवं विश्वास होता है। जो संस्कृति द्वारा निर्धारित एवं समाज द्वारा प्रेषित (प्रदत्त) होता है। किसी समाज की संस्कृति एक ही समय स्पष्ट (मूर्त्त) भी हो सकती है और धुँधली (अमूर्त्त) भी हो सकती है। इसका जो मूर्त्त रूप होता है वह उस समय के कुछ खास वस्तुओं, प्रतीकों एवं तकनीकों से सम्बन्ध रखता है जबकि जो अमूर्त्त पहलू होता है उसके अंतर्गत विश्वास, विचार, मूल्य एवं समाज की आशाएँ आती हैं। चूंकि संस्कृति का सम्बन्ध विरासत में मिली बातों की बजाय सीखे गए तौर-तरीकों से होता है, इसलिए जिन माध्यमों या तरीके से किसी समाज के बच्चे या अन्य नए सदस्य उस समाज के रहन-सहन की शैली अथवा जीवन के तौर-तरीकों को सीखते हैं उसे समाजीकरण कहते हैं। किसी के लैंगिक पहचान के ऊपर जो विचार होते हैं वह भी व्यवहार के एक तरीके के रूप में एक विद्या (सीख) होती है और यह हमारी संस्कृति खासकर अमूर्त्त संस्कृति की एक देन है।

बच्चे काफी छोटी सी उम्र से ही पुरुषत्व या स्त्रीत्व के गुणों को आत्मसात कर लेते हैं जो कि उनके हावभाव एवं व्यवहार में दिखायी देने लगता है। जैसा कि ऑकले इसपर चर्चा करते हुए बताती हैं कि उनका यह जेंडर संस्कृति से ही संबंधित विषय होता है एवं यदि मार्ग्रेट मीड की कृति ''सेक्स एण्ड टेम्परामेन्ट इन थ्री प्रिमिटीव सोसाइटीज'' को देखें तो यह स्पष्ट हो जाता है कि इस जेंडर का जैविकी से कोई संबंध नहीं होता है। मीड एक मानव-वैज्ञानिक हैं एवं इन्होंने यह सिद्ध करने का प्रयास किया है कि जेंडर के लिए सेक्स कोई निर्धारक तत्व नहीं होता है। किसी के अंदर पुरुषत्व या स्त्रीत्व के गुणों के होने का उसके जैविकी से कोई संबंध नहीं होता है एवं इस भिन्नता की जड़ उसके संस्कृति में ही निहित होती है। मीड ने न्यू-गुयाना के कुछ जनजातियों के आचरण एवं व्यवहार का अध्ययन किया। अपने अध्ययन के अंतर्गत उन्होंने पाया कि न्यू-गुयाना के एरोपेश जनजाति के लोग स्वभाव से सुशील, सौम्य, स्नेही एवं कोमल प्रकृति के थे। पुरुष एवं महिला दोनों ही स्त्रीयोचित् कहे जाने वाले गुणों के अनुसार व्यवहार करते थे। जबकि न्यू-गुयाना के मुन्दुगुमर जनजाति के लोग नरभक्षी थे एवं एक विद्वेषपूर्ण वातावरण में रहते थे। यहाँ पुरुष एवं महिला दोनों ही पुरुषत्व (मर्दानगी) के गुणों से युक्त थे। दोनों क्रूर, कठोर, हिंसक एवं प्रतिस्पर्धी प्रकृति के थे। इन सबसे अलग त्चाम्बुली जनजाति के अंदर पुरुष एवं स्त्री के व्यवहार अधिकांश समाज में आदमी एवं औरत के लिए निर्धारित आदर्श भूमिका के विपरीत पायी गयीं। अर्थात् यहाँ महिलाएँ पुरुषत्व के गुणों से युक्त थीं एवं पुरुष स्त्रियोचित गुणों को धारण किए हुए थे। यहाँ की महिलाएँ ज्यादा प्रभावी थीं तथा परिवार के सभी बड़े कार्यों को वहीं निबटाती थीं। जबकि पुरुष महिलाओं के अपेक्षा कम जिम्मेवारी लिए हुए थे। वे शॉपिंग करने जाते थे, छल्ला पहनते थे एवं दूसरों के बारे में लम्बी-चौड़ी बातें किया करते थे।

निश्चित रूप से यह अध्ययन कुल मिलाकर यही निर्देशित करता है कि जेंडर एवं सेक्स दो अलग-अलग चीजें हैं एवं सेक्स पर जेंडर का लबादा डाल दिया जाता है। अतः जेंडर की असमानता किसी जैविक भिन्नता से निधारित नहीं होता है बल्कि संस्कृति के द्वारा उत्पन्न होता है तथा लैंगिक पहचान को समाजीकरण की प्रक्रिया द्वारा व्यक्ति के अंदर डाला जाता है।

जेंडर का समाजीकरण (Gender Socialization)

समाजीकरण एक प्रक्रिया है जिसके द्वारा कोई व्यक्ति अपने समाज की संस्कृति को आत्मसात करता है। लुन्डबर्ज़ इसे परिभाषित करते हुए कहते हैं कि– ''यह उन सभी पारस्परिक क्रियाओं की एक

सम्मिलित जटिल प्रक्रिया है जिसके द्वारा व्यक्ति उन आदतों, विश्वासों, योग्यता एवं निर्णयन के मानकों को सीखता है जो सामाजिक समूहों एवं समुदायों के अंदर प्रभावपूर्ण भागीदारी के लिए आवश्यक होता है (शंकारो, 1993 : 241 में उल्लेखित)। समाजीकरण एक ऐसी प्रक्रिया है जो न केवल बच्चे को समाज के आधारभूत मानक या मूल्यों को जानने का मौका देता है बल्कि किसी के व्यक्तित्व के क्रमिक विकास में भी सहायक होता है। मीड के अनुसार 'स्व' अथवा 'अहम' के विकास में बच्चे के द्वारा संपादित किए जाने वाले भूमिकाओं का महत्वपूर्ण सहयोग होता है। क्योंकि यहाँ कोई बच्चा/बच्ची अपने आपको किसी और के पद-चिन्हों पर डाल देता है तथा दूसरे के दृष्टिकोणों के अनुकूल ही अपनी छवि को प्राप्त करने का प्रयास करता है। (शंकारो, 1993 : 252 में उल्लेखित)। फिर जब वह दूसरों को (पराये) जानने का प्रयास करता है तो उसे 'अपने' (स्व) का भी ज्ञान होता है। इस प्रकार समाजीकरण की प्रक्रिया के अंतर्गत बच्चे किसी समूह के अंदर मानकों, उद्देश्यों एवं उनके द्वारा खेले जाने वाले विभिन्न भूमिकाओं के बारे में सीखते हैं। दूसरे लोग उससे किस प्रकार की भूमिका की अपेक्षा करते हैं, यह जानने के क्रम में उसे अपने जेंडर की पहचान के बारे में भी जानकारी मिलती है। किसी व्यक्ति के जेंडर की पहचान क्या है, का पता उसे इस बात को सीखकर मिलता है कि वह क्या नहीं है। दूसरे शब्दों में कहें तो दूसरों को जानने के क्रम में व्यक्ति को अपने 'स्व' का पता चलता है। उदाहरण के लिए यदि कोई शिशु लड़का है तो वह एक लड़की शिशु के द्वारा किए जाने वाले सारे क्रियाओं को नकार कर अपने जेंडर समूह के बारे में ज्ञान प्राप्त करता है। इस प्रकार यहाँ एक लड़का हिंसक बनता है एवं खतरनाक खेल खेलता है तथा गुड्डा-गुड़िया एवं रसोई से अलग रहता है क्योंकि ये क्रियाकलाप लड़कियों के लिए निर्धारित हैं।

समाजीकरण एक निरंतर चलने वाली प्रक्रिया है जो समाज द्वारा स्वीकृत व्यवहार को सीखने में सहयोग देता है तथा यह व्यवहार ऐसा होता है कि उसे उसके लिए निर्धारित साँचे में ही ढाला जा सके। इस समाजीकरण की प्रक्रिया में बच्चे सबसे पहले अपने जेंडर की पहचान से संबंधित बातों को ही अपने अंदर उतारते हैं।

एक अध्ययन के अंतर्गत जेंडर के समाजीकरण का एक सटीक उदाहरण देखने के लिए मिलता है। इसमें कुछ लोगों के एक समूह को दो भागों में बाँट दिया गया तथा एक शिशु को बारी-बारी से दोनों भाग के लोगों को सौंपा गया। इसमें एक भाग के लोगों को बताया गया कि शिशु लड़का है एवं दूसरे भाग को बताया गया कि शिशु लड़की है। इस अध्ययन के अंतर्गत पाया गया कि वे लोग जो मान रहे थे कि वे लड़का शिशु के साथ खेल रहे हैं उन्होंने उसे झुनझुना एवं डुगडुगी दिया जबकि जो लोग ये मानकर चल रहे थे कि वे लड़की शिशु के साथ खेल रहे हैं, उन्होंने उसे गुड़िया दिया। यहाँ तक कि उसे छूने के तरीकों में भी अंतर पाया गया। लड़का शिशु मानकर खेलने वाले लोगों ने उसे हवा में भी उछाला जबकि लड़की शिशु मानकर खेलने वालों ने उसे काफी हल्के से एवं आराम से छुआ। (Gleitman, Friedlund and Reisberg 2000)।

एक अन्य अध्ययन में यह पाया गया कि शिशु के वर्णन के क्रम में लड़के के लिए तंदुरुस्त, हैण्डसम एवं बहादुर जैसे शब्दों का प्रयोग किया गया जबकि लड़की के लिए कोमल, स्वीट एवं चार्मिंग जैसे शब्दों का प्रयोग किया गया जबकि उन दोनों के आकार-प्रकार में कोई अंतर नहीं था। (गिडेन्स, 1993)

इस प्रकार यह समाजीकरण की प्रक्रिया ही है, जिसके द्वारा व्यक्ति को उसके जेंडर की पहचान प्रदान कर दी जाती है, तथा व्यक्ति 'जैविक पुरुष' एवं 'जैविक महिला' से क्रमश: 'मर्द' एवं 'औरत' में तब्दील हो जाता है। अत: समाजीकरण जेण्डरीकरण का कार्य करता है।

रुथ हार्टले (भसिन 2000, में उल्लेखित) के अनुसार यह समाजीकरण चार प्रक्रियाओं से होकर गुजरता है- प्रभावित करना (मेनीपुलेशन), एक धारा में समाहित करना (कैनलाइजेशन), शाब्दिक आकर्षण (वर्बल अपीलेशन) एवं क्रियात्मक प्रकटीकरण (एक्टिविटी एक्सपोजर)।

मेनीपुलेशन यह दर्शाता है कि बच्चों की देखभाल कैसे की जाती है। लड़कों को जहाँ ताकतवर बनाने पर बल दिया जाता है वहीं लड़कियों के अंदर स्त्रीयोचित गुणों जैसे खूबसूरती पर जोर दिया जाता है। किसी के शरीर को इस तरह से ढालने का अनुभव ही उसके अंदर लड़का एवं लड़की के व्यक्तित्व एवं छवि को निर्मित करता है।

इसका दूसरा चरण कैनलाइजेशन का संबंध लड़के एवं लड़कियों का कुछ खास वस्तुओं से सुपरिचित होने से है जो आगे चलकर उसके दृष्टिकोणों, प्रेरणाओं एवं सपनों को आकार देते हैं। इसमें बचपन में बच्चों को दिए जाने वाले खिलौने को ले सकते हैं जो बच्चे की सोच को निर्मित करता है। वर्बल अपीलेशन जैसे लड़के के लिए 'ताकतवर' एवं लड़की के लिए 'खूबसूरत' जैसे शब्दों का प्रयोग भी अलग-अलग पहचान को निर्धारित करने में सहयोग देते हैं। चौथी प्रक्रिया एक अलग तरह की प्रक्रिया है जिसमें लड़के एवं लड़कियों के व्यवहार तय होते हैं। लड़कियों को जहाँ माँ के साथ घर में काम करने के लिए कहा जाता है वहीं लड़कों को पिता के साथ बाहर का काम दिया जाता है।

इस तरह से समाज के द्वारा जेंडर का निर्माण होता है। अत: यहाँ यह स्पष्टत: स्त्री एवं पुरुष के बीच भिन्नता का कोई जैविक आधार नहीं दिखायी देता है बल्कि यह संस्कृति का परिणाम होता है। इस संस्कृति को समाजीकरण की प्रक्रिया द्वारा व्यक्ति के अन्तरंग में डाल दिया जाता है।

अब हम समाज में व्याप्त स्त्री एवं पुरुष की भिन्नता को मनोवैज्ञानिक परिप्रेक्ष्य में देखने का प्रयास करते हैं।

जेंडर का निर्माण : मनोवैश्लेषिक दृष्टिकोण (Gender Construction: A Psychoanalytic View)

फ्रायड के अनुसार शिशु एवं नवजात बच्चों में जेंडर की भिन्नता का अध्ययन वस्तुत: शिश्न के होने या नहीं होने पर ही केन्द्रित होता है। ''मेरे पास शिश्न है' यह 'मैं एक लड़का हूँ' के बराबर है जबकि 'मैं एक लड़की हूँ' यह 'मेरे पास शिश्न नहीं है' के बराबर है'' (गिडेन्स 2000:110)।

फ्रायड के अनुसार बचपन से ही लड़के में अपने माँ के प्रति एक आकर्षण होता है। वह अपनी माँ का एक ऑब्जेक्ट केजेंक्सिस विकसित कर लेता है जो वस्तुतया माँ के स्तन से संबंधित होता है......., अपने पिता में वह अपने आपको पहचानता है। कुछ समय तक दोनों संबंध साथ-साथ चलता है और यह तब तक चलता है जब तक कि माँ के प्रति उसके सेक्सुअल इच्छा तीव्र हो जाती है एवं पिता इसमें एक रुकावट लगने लगता है; यह मातृरति (औडिपस कौम्प्लैक्स) को जन्म देता है। तब पिता के साथ तादात्म्य (एकात्मीकरण) सामने आता है (Freud, 1957:219)।

फ्रायड के अनुसार, इसलिए "माँ के प्रति कामुक भावना का निरोध करने एवं पिता को श्रेष्ठ स्वीकार करने की प्रक्रिया में लड़का अपने पिता से तदात्म्य स्थापित करता है और अपनी पुरुष पहचान के प्रति जागरूक हो जाता है" (गिडेन्स 2000 : 110 में उल्लेखित)। पिता सर्व-शक्तिशाली संरक्षक के रूप में प्रस्तुत होता है; वह सर्वशक्तिमान कानून निर्माता भी होता है तथा सजा के लिए दण्ड भी धारण करता है। मनोवैश्लेषिक शब्दावली में पिता माँ-बेटे के युग्म को तोड़ने वाला, बधियाकार, कानून संस्कृति एवं भाषा का अन्तर्ज्ञात (गूढ़) सूचक होता है। यदि बच्चा अपने पिता से संघर्ष की स्थित में होता है तो वह अपने आप से संघर्ष कर रहा होता है (बेकर एवं गलन्सकि, 20001 : 88)। वह निकम्मापन एवं शर्मिन्दगी से पीड़ित होता है एवं तदात्म्य स्थापित करने की प्रक्रिया के द्वारा वह यातना की आवाज को महसूस कर रहा होता है। यह ठीक उसी प्रकार प्रतीत होता है जैसा अंग्रजी शासन के दौरान भारतीय लोग दमनकारियों के बारे में महसूस करते थे (नंदी, 1983 : 7)। मेलौडी के अनुसार इस घटना में पुत्र के लिए पिता 'अन्य' (दूसरे) की भूमिका में होता है (बेकर एवं गलन्सकि, 2001:20 में उल्लेखित)। किन्तु यह 'अन्य' लड़के के अंदर पुरुष पहचान का निर्माण करता है।

फ्रायड ने इस स्थान पर लड़की के मनोविज्ञान के बारे में ज्यादा कुछ नहीं कहा है। वह मानते हैं कि लड़की "शिश्न की ईर्ष्या (कमी)" से आक्रान्त रहती है। भसिन कहती हैं कि "फ्रेड का जो सामान्य मनुष्य है वह पुरुष ही है, स्त्री एक अपूर्ण (डेविएन्ट) मानव जीव है जिसमें शिश्न का अभाव होता है, एवं उसका पूरा मनोविज्ञान संभवत: इस अभाव की क्षतिपूर्ति के लिए संघर्ष के इर्द-गिर्द ही केन्द्रित होता है" (2000:10)। इस प्रकार किसी लड़की का पूरा अस्तित्व इस अभाव पर ही केन्द्रित होता है। वह धीरे-धीरे स्वीकार करती है कि कुछ निश्चित शारीरिक विभिन्नताओं की वजह से वह अपने पिता के समान नहीं है। इसलिए, उसे उसकी माँ के समान होना चाहिए। तब वह अपनी माँ के साथ तादात्म्य (पहचान) स्थापित करती है और जब वह बड़ी होती है तो अपने प्रेमी के अंदर अपने पिता को ढूँढती है। वह पुरुषों के अधीन रहना पसंद करती है, जो कि पिता के प्रभुत्व को दर्शाता है (स्टॉरे 1993:132-133)।

लेकिन नैन्सी कोड्रॉव ने इस संदर्भ में कुछ अलग विचार दिए हैं। वह फ्रायड के कथन को उलटते हुए कहती हैं कि स्त्रीत्व की बजाए पुरुषत्व को अभाव के रूप में व्यक्त किया जाना चाहिए जो माँ के साथ नजदीकी जुड़ाव (संबंध) से वंचित रह जाता है। वह फ्रायड के विपरीत बच्चे के पहचान के विकास में पिता के बजाय माँ की भूमिका को ज्यादा तरजीह देती हैं (गिडेन्स, 2002: 111 में उल्लेखित)। उनके अनुसार एक समय पर आकर अपने 'स्व' की अलग अनुभूति (समझ) हेतु माँ के साथ जुड़ाव टूट जाता है। तथा यह अलगाव की प्रक्रिया लड़के एवं लड़कियों में अलग-अलग तरीके से होता है। लड़कियाँ अपनी माँ के ज्यादा करीब होती हैं तथा उनका अनुकरण करती हैं।

चूंकि लड़की का माँ से पूरी तरह से अलगाव नहीं होता है इसलिए लड़की या औरत 'स्व' की एक ऐसी समझ विकसित कर लेती है जिसमें दूसरे लोगों के साथ ज्यादा जुड़ाव होता है। उसकी पहचान किसी दूसरे के साथ घुल-मिल जाने या निर्भर हो जाने के लिए ज्यादा अनुकूल होती है। इसमें प्रथम तो उसकी माँ ही होती है जिसपर कि वह निर्भर होती है एवं बाद में यह एक पुरूष होता है। कोड्रॉव के अनुसार यह महिलाओं के अंदर संवेदनशीलता एवं भावुक संवेदना (करुणा) के गुणों को उत्पन्न करता है। दूसरी तरफ लड़के स्त्रीयोचित गुणों से भिन्न पुरुषत्व के प्रति अपनी समझ को स्थापित करने के लिए अपनी माँ से नजदीकी को अस्वीकार कर देते हैं। वे ऐसा कुछ नहीं सीखते

जिसमें वे कायर या दब्बू बन जाएँ। इसलिए दूसरों के साथ सामीप्यता बनाने में वे अकुशल रह जाते हैं; वे दुनिया को देखने के लिए और अधिक विश्लेषणात्मक तरीकों को विकसित करते हैं। वे उपलब्धि पर बल देते हैं और अपनी एवं दूसरों के भावनाओं या संवेदनाओं को समझने की क्षमता का दमन कर देते हैं (गिडेन्स, 2002:111)। इस प्रकार पुरुषों की पहचान अलगाव के द्वारा निर्मित होता है।

हिन्दू समाज में लड़के एवं लड़कियों का समाजीकरण (Socialization of boys and girls in Hindu society)

हिन्दू समाज के अंदर मनुष्य के जीवन को विभिन्न चरणों में देखा जाता है। ये चरण विभिन्न धार्मिक संस्कारों के द्वारा संपादित किए जाते हैं। इन संस्कारों को बच्चे के समाजीकरण की प्रक्रिया के विभिन्न चरणों के रूप में देखा जा सकता है तथा यहाँ भी जेंडर के निर्माण की प्रक्रिया दिखाई देती है जिसमें लड़के एवं लड़कियों के लिए अलग-अलग जीवन पद्धति निर्धारित की जाती है।

इन विभिन्न संस्कारों का ककर ने काफी बारीकी से अध्ययन किया है (ककर, 1981 : 205)। सर्वप्रथम बच्चे के जन्म के एक महीने के बाद जब बच्चा प्रसूति गृह से बाहर आता है तब बच्चे का नामकरण संस्कार होता है। यहाँ उसका नामकरण पिता के नाम पर होता है। बच्चे का सूर्य से प्रथम दर्शन निष्क्रमण कहलाता है, जिसमें शिशु का धार्मिक विधि-विधान के साथ दुनिया से परिचय होता है। 6 से 9 महीने की उम्र में अन्नप्रासन संस्कार होता है जिसमें बच्चे को अन्न खिलाया जाता है। इस प्रकार यहाँ से उसे उसकी माँ से अलग करने की प्रक्रिया शुरू होती है। तीन वर्ष की अवस्था में चूड़ाकरण संस्कार होता है जिसमें बच्चे का मुण्डन कर देवी की पूजा की जाती है। यह एक प्रकार से मृत्यु एवं पुनर्जन्म का प्रतीक होता है। यहाँ दुधमुहा-शिशु (मदर-चाइल्ड) की मृत्यु होती है और बच्चा एक अलग व्यक्ति के रूप में सामने आता है। ककर ने इसे 'दूसरे जन्म' की संज्ञा दी है। यहीं से लड़के एवं लड़कियों की जीवन-पद्धति अलग-अलग दिशा में मुड़ जाती है। लड़कियाँ जहाँ माँ के पदचिन्हों पर चलती हैं वहीं लड़के को पिता के पदचिन्हों पर चलने के लिए सिखाया जाता है। इस तरह इस चरण में लड़के एवं लड़की की दुनिया अलग-अलग हो जाती है।

इसके बाद विद्यारम्भ (विद्या आरम्भ) का समय आता है जो 5 से 7 वर्ष की उम्र में होता है। तत्पश्चात् उपनयन संस्कार होता है। इसमें बचपन के अंश की पूरी तरह से समाप्ति हो जाती है। यह सामान्यत: 8 से 12 वर्ष की अवस्था में होता है। उपनयन बच्चे के सामाजिक जीवन की शुरुआत को दर्शाता है। इसमें लड़के को परिवार से पूरी तरह से पृथक किया जाता है जो अंतत: माँ से पृथक्करण को ही दर्शाता है। लड़कियों को इस खास धार्मिक क्रिया से अलग रखा गया है। ककर के अनुसार इस उम्र में बच्चा समाज का सदस्य बनने के लिए पूरी तरह से परिपक्व हो चुका होता है।

ककर के अध्ययन में हिन्दू लड़की के जीवन पर ज्यादा प्रकाश नहीं डाला गया है। ककर के अनुसार यद्यपि हिन्दू परंपरा लड़कियों की शत्रु नहीं रही है तथापि धार्मिक ग्रंथों से इसकी अनुपस्थिति इसे काफी उलझा कर रख देती है एवं कदाचित् यह हिन्दू समाज में महिलाओं के पददलित (दयनीय) स्थिति को ही दर्शाता है। यद्यपि आज के समय समाज में लड़कियों के उत्पीड़न हेतु उस तरह की चीजें नहीं है तथापि हमें अपनी संस्कृति के अंदर विद्यमान उन बातों पर गौर करने की

आवश्यकता है जिसकी वजह से महिलाएँ पीछे रहीं। चूंकि उपनयन आदि संस्कार के बाद ही लड़के विद्या अर्जन करने गुरू के आश्रम में जाते थे लेकिन लड़कियों को इन संस्कारों से पृथक ही रखा गया (हालांकि यहाँ निम्न जाति के पुरूषों को भी इससे पृथक रखा गया था)। अतः इन संस्कारों से पृथक करके इन्हें औपचारिक शिक्षा से भी वंचित कर दिया गया जिसने इन्हें समाज में हीन स्थिति में पहुँचा दिया। उन्हें पूरी तरह से घर की दुनियाँ में ही कैद कर दिया गया तथा आर्थिक, सामाजिक एवं राजनीतिक किसी भी प्रकार की स्वतंत्रता से वंचित रखा गया।

पुरुषत्व एवं स्त्रीत्व का सांस्कृतिक निर्माण (Cultural Construction of Masculinity and Feminity)

पुरुषों एवं स्त्रियों में समाजीकरण की यह प्रक्रिया काफी मजबूत होती है। इसे हम उनके संदर्भों, प्राथमिकताओं, आशाओं, एवं प्रेरणाओं तथा जीवन-पद्धति एवं चीजों को देखने के नजरिए के बीच पाए जाने वाले व्यापक अंतर के परिप्रेक्ष्य में समझ सकते हैं। नेड नोड्डींग्स के अनुसार मानव जीव बिल्कुल अलग-थलग रहने वाला एकाकी प्राणि नहीं होता है। हम समुदाय के अंदर रहते हैं एवं विभिन्न संबंधनात्मक इकाईयों में पलते-बढ़ते हैं। उनके अनुसार जिंदगी का मतलब केवल नियम एवं सिद्धांत ही नहीं होता है बल्कि इसका मतलब व्यक्तियों एवं उत्तरदायित्वों से भी है और यहीं पुरुषों एवं महिलाओं के बीच भिन्नता दिखायी देती है। स्त्रीयोचित गुण (स्त्रीत्व) जिसका संबंध महिलाओं से होता है, की पहचान निष्क्रिय रूप में होती है। नरमी, लिहाज एवं शारीरिक कमजोरी को स्त्रीत्व शैली का पर्याय माना जाता है। जबकि पुरुषत्व को दबंगपन के अर्थ में पारिभाषित किया जाता है तथा औरतों के प्रति पुरुष के हिंसक रवैये को मर्दानगी के साथ जोड़ा जाता है। पुरुषों में अत्यधिक शारीरिक शक्ति एवं बहादुरी की आशा की जाती है। नोड्डींग्स एवं केरॉल गिल्लीगन का मानना है कि पुरुषों एवं महिलाओं के नैतिक अभिविन्यास भी अलग-अलग होते हैं। पुरुष जहाँ अधिकार की भाषा बोलते हैं वहीं महिलाएँ उत्तरदायित्व की भाषा तक ही सिमटी रहती हैं। शिक्षक लड़कियों को न्याय एवं अधिकार की भाषा सिखाते हैं क्योंकि इस स्थापित दुनिया को चलाने के लिए उन्हें इस तरह के भाषा को सीखने की आवश्यकता होती है। पर दूसरी तरफ शिक्षक लड़कों को देखभाल एवं जिम्मेवारी की भाषा नहीं सिखाते हैं क्योंकि बाजार-व्यवस्था में यह उनकी प्रगति को रोक सकता है। अतः उनसे ऐसा करने की अपेक्षा नहीं की जाती है।

बचपन से ही लड़के दूसरों को दबाने एवं नियंत्रित करने का प्रयास करते हैं। वे आक्रामक प्रकृति के होते हैं। वे हमेशा इस बात का परीक्षण करते हैं कि "क्या मैं तुमसे अच्छा हूँ"। किन्तु लड़कियों को अच्छी माँ बनने के लिए सिखाया जाता है। इसलिए उनसे सबसे पहली जो अपेक्षा की जाती है वह किसी पुरुष पर निर्भर होने के लिए उसे आकर्षित करना है। उन्हें भावुक, चंचल, कमजोर एवं अपनी समस्याओं के प्रति सबके सामने रोना-रोने की अपेक्षा की जाती है। उन्हें अपने शारीरिक ताकत या बुद्धि की बजाय रूप रंग पर ज्यादा ध्यान देने की अपेक्षा की जाती है। लड़कियाँ हमेशा अपने संबंधों को बनाने एवं सुधारने का प्रयास करती हैं मानो उन्हें हमेशा दूसरों से यह प्रश्न पूछना चाहिए कि "क्या तुम मुझे पसंद करते हो" (दि एन्जेलिस, 1989)।

एन्थॉनी गिडेन्स के अनुसार सार्वजनिक क्षेत्रों एवं अपने साहचर्यों के बीच पुरुषों का जो पहले से प्रभुत्व होता है वह उन्हें रिश्तेदारी एवं मनोभावों की बात-चीत से दूर रखता है। पुरुषों को माता-पिता के द्वारा बाहर का काम देखने एवं आत्मनिर्भर बनने के लिए प्रेरित किया जाता है। पुरुषों

से अपने मनोभावों को दबाने एवं अपने भावनाओं को व्यक्त नहीं करने की अपेक्षा की जाती है क्योंकि यह महिलाओं का कार्य माना जाता है। किन्तु इस जेंडर के खेल में इसके कारण पुरुषों को भी भारी कीमत चुकानी पड़ती है। चूंकि संस्कृति उसे अपनी भावनाओं को व्यक्त करने से रोकती है। इसलिए वह अपने संवेदनाओं को व्यक्त नहीं कर पाता एवं उसे मन में कैद किए रहता है। परिणाम स्वरूप वह मानसिक तनाव एवं डिप्रेशन का शिकार हो जाता है। अत: कठिन से कठिन समस्याओं के बावजूद उनकी जिस चुप्पी को उनकी ताकत एवं बहादुरी के रूप में सराहा जाता है वह वस्तुतया उसे भीतर से तोड़ देता है।

कमजोर सेक्स कौन है? (Who is the weaker sex?)

वैज्ञानिक अध्ययनों ने यह उद्घाटित किया है कि जैविक रूप से पुरुष महिलाओं की अपेक्षा ज्यादा कमजोर होते हैं। उसकी आयु महिलाओं की अपेक्षा कम होती है। बालक शिशु के जिन्दा बचने की दर भी काफी कम होती है। एश्ले मान्तेग्यू ने अपनी किताब 'द नेचुरल सुपीरीयोरिटी ऑफ वूमेन' के अंतर्गत 62 प्रकार के विकारों की चर्चा की हैं जो अधिकांशत: पुरुषों में ही पाया जाता है। यद्यपि जीवन के अगले पड़ाव में महिलाओं को मेडिकल सहायता की जरूरत होती है किन्तु वे बीमारियाँ जो पुरुषों में होती हैं, जीवन के लिए कहीं ज्यादा खतरनाक होती है।

पुरुषों के द्वारा कार्य करने की पद्धति महिलाओं की अपेक्षा जोखिम एवं खतरे से भरा होता है, क्योंकि महिलाओं के काम में सदाचार एवं नैतिकता की मात्रा काफी अधिक होती है। अत: यह इन्हें हिंसा एवं दुर्घटना से दूर रखता है। इसके अतिरिक्त पुरुषों में हेमोफिलिया, मिस्ट्रलस्टेनोसिस जैसी बीमारियों के होने का खतरा भी अधिक होता है। इतना ही नहीं हाल के अध्ययनों के अंतर्गत पाया गया है कि चूंकि समाज पुरुषत्व के नियमों को बनाए रखने के लिए पुरुषों से अपने मनोभावों एवं संवेदनाओं को दबाए रखने की माँग करता है अत: पुरुष भी मनोवैज्ञानिक रूप से कमजोर होते हैं। चूंकि उनमें संवेदनाओं की अभिव्यक्ति नहीं हो पाती है अत: वे ड्रग्स एवं धुम्रपान के लत के शिकार हो जाते हैं (बेकर एवं गेलसिन्सकी, 2000)। वे अपने-आपको अलग-थलग महसूस करते हैं। यह एक सच्चाई है कि अधिकांश आत्महत्या की घटनाएँ पुरुषों में देखी जाती हैं न कि कमजोर समझी जाने वाली महिलाओं में।

22 फरवरी 2004 को 'टाइम्स ऑफ इंडिया' में छपे एक समाचार ने उन नारीवादियों के अंदर एक नया जोश भर दिया जो महिलाओं के उत्पीड़न की समाप्ति के लिए दुनिया से पुरुषों को मिटा देने की बात करती थीं। एन्ड्रिया डॉर्किन ने "मैन लव डेथ" लिखा। उनके अनुसार पुरुष ऐसी प्रजाति हैं जिसने दुनिया में गंदगी फैला रखी हैं। वे यहाँ तक कहती है कि यदि सिर्फ पुरुषों को हटा दिया जाय तो दुनिया बिल्कुल परिपूर्ण हो जाएगी। ऐसा कहा जाता है कि दक्षिण कोरिया ने हाल में क्लोनिंग की ऐसी तकनीक विकसित की है जो केवल महिला क्लोन तैयार कर सकता है। क्योंकि इसमें XX गुणसूत्र की आवश्यकता होगी। अत: इसमें पुरुषों के सहायता की कोई आवश्यकता नहीं होगी। बल्कि पुरुष क्लोन के लिए ही XY गुणसूत्र की आवश्यकता होगी। जबकि पुरुष यदि क्लोन तैयार करना चाहेंगे तो उसे हमेशा महिलाओं के अण्डाणु की आवश्यकता होगी जो किसी और तरीके से तैयार नहीं हो सकता है। इस प्रकार पुरुष प्रजाति संकटापन्न प्रजाति है न कि महिलाएँ संकट में हैं। चूंकि महिलाएँ पुरुषों की अपेक्षा आर्थिक रूप से वंचित रही हैं तथा गरीबी के कष्ट से जूझती रहती हैं।

इसलिए कुछ नारीवादी ऐसा तर्क देती हैं कि महिलाओं को अपनी स्थिति में सुधार के लिए उन्हें संतानोत्पत्ति का कार्य छोड़ देना चाहिए। इस प्रकार से हम देखते हैं कि यद्यपि जैविक रूप से पुरुष कमजोर होता है किन्तु हमारी संस्कृति ने महिलाओं को कमजोर बना दिया है। जैविक के अतिरिक्त पुरुषों को संस्कृति की वजह से भी दबाव एवं तनाव का सामना करना पड़ता है। उनसे यह अपेक्षा की जाती है कि वे अपने परिवार के भौतिक आवश्यकताओं को पूरा करें। अतः इसमें असफल रहने पर उनपर एक दबाव रहता है।

अतः इस जेंडर विभाजित समाज में महिलाओं के साथ-साथ पुरुषों को भी कष्ट झेलना पड़ता है।

पितृसत्ता (Patriarchy)

पितृसत्ता पुरुष के प्रभुत्व तथा महिलाओं द्वारा इस प्रभुत्व को सहमति एवं आत्मस्वीकृति को दर्शाता है। इसका शाब्दिक अर्थ पिता की सर्वोच्चता है। हाल के बहस में पितृसत्ता को 'पुरुष के शासन' के रूप में वर्णित किया जा सकता है। सेल्विया वाल्बी अपनी कृति 'थ्योराइजिंग पेट्रिआर्की' के अंतर्गत पितृसत्ता की व्याख्या करते हुए इसे सामाजिक संरचना एवं व्यवहार की एक ऐसी व्यवस्था के रूप में देखती हैं जिसमें पुरुष स्त्रियों के ऊपर शासन, दमन एवं शोषण करते हैं। यह एक सामाजिक संरचना के साथ एक विचारधारा भी है जो इस संरचना को बनाए रखने का कार्य करती हैं। समाज की अधिकांश संस्थाएँ चाहे राज्य हो या धर्म, शिक्षण संस्थाएँ, परिवार अथवा मीडिया सभी प्रकृति से पितृसत्तात्मक ही होती हैं। हमारे समाज में पितृसत्ता की जड़ें काफी गहरी हैं जिसकी वजह से महिलाओं के साथ होने वाले हर तरह की हिंसा एवं उनकी अधीनता स्वाभाविक प्रतीत होती है। महिलाओं का तो इस कदर समाजीकरण हुआ है कि वे अपनी अधीनता को पसंद भी करती हैं। नारीवादियों के अनुसार महिलाओं के उत्पीड़न के लिए घर एवं परिवार ही जिम्मेवार है।

हमारी इस पुरुष प्रधान सामाजिक व्यवस्था में यह तर्क दिया जाता है कि बच्चों के समुचित विकास के लिए आवश्यक है कि माँ पूरी तरह से बच्चों के कल्याण के प्रति अपने को समर्पित कर दे और यह माँ का प्राथमिक कर्त्तव्य है कि वह बच्चों के प्रति स्नेह रखे। पिता से ऐसे किसी कर्त्तव्य की आशा नहीं की गई है। यह पुरुष के कार्य क्षेत्र में नहीं आता है। यहाँ यह उल्लेख करना उपयुक्त है कि मातृत्व भी वस्तुतया समाज द्वारा ही निर्मित होता है। हमारी पितृसत्तात्मक व्यवस्था जानती है कि कैसे बिना ज्यादा मेहनत के परिणामों को इसके अनुकूल बनाया जाय। यह अधिकांश समाज की एक खास विशेषता है कि बच्चे अपने पिता के उपनाम को धारण करते हैं। इतना ही नहीं महिलाओं की स्थिति को देखें तो पहले जहाँ यह पिता की सम्पत्ति मानी जाती है वहीं आगे चलकर पति की सम्पत्ति बन जाती है। यदि नारीवादी यह कहें कि महिलाओं को शादी के बाद अपना उपनाम परिवर्तित नहीं करना चाहिए एवं बच्चे को उसी का उपनाम धारण करना चाहिए ताकि पितृसत्ता को चुनौती दी जा सके, तो यह भी निरर्थक ही होगा। वस्तुतः पितृसत्ता की जड़ें काफी गहरी हैं एवं हमें यह बात ध्यान में अवश्य रखनी चाहिए कि माँ का जो (उपनाम) होता है वह भी उसके पिता का ही उपनाम होता है। अतः यह पुनः पितृसत्ता को ही मजबूत करेगा।

पुरुष एवं औरत की दुनिया आधे-आधे दो हिस्सों में विभाजित है। यह दो विरोधी युग्मों का निर्माण करता है। यह दुनिया शरीर बनाम बुद्धि, प्रकृति बनाम संस्कृति, भावना बनाम विवेक, निजी

बनाम सार्वजनिक की एक दुनिया है। ये द्विभाजन एक-दूसरे के साथ जुड़कर पुरुष एवं महिलाओं के लिए सांस्कृतिक रूप से स्थापित भूमिका को आकार प्रदान करते हैं। स्वयं पितृसत्ता इस द्विभाजन को बढ़ावा देता है।

शरीर बनाम बुद्धि (Body Vs. Mind)

एक महिला का अस्तित्व उसके शरीर पर ही केन्द्रित होता है। वह पुरुष को प्रसन्न रखने के लिए होती है। इनके अतिरिक्त उसकी दुग्ध-स्त्रवण की क्रिया उसके शरीर की क्रियात्मक क्षमता को और भी विशिष्टता प्रदान कर देती है। बच्चों के लालन-पालन का सारा भार समाज उसी पर डाल देता है जबकि पुरुषों को इससे पूरी तरह से पृथक रखा जाता है। समाज द्वारा निर्मित मातृत्व को महिलाओं के ऊपर थोप दिया जाता है। जबकि केवल स्तन से दूध पिलाने के कार्य को छोड़ दें तो बच्चों के लालन-पालन से संबंधित ऐसा कोई भी काम नहीं है जो पुरुष नहीं कर सकते हैं। फिर भी हमारी पितृसत्तात्मक संस्कृति मातृत्व के नाम पर इसे महिलाओं का प्राथमिक कर्त्तव्य बताकर उसका शोषण करता है। महिलाएँ अपने शरीर की वजह से और भी कई तरह के परेशानियों का सामना करती हैं। सिमॉन द् बुअर् कहती हैं कि मासिक-स्त्राव की क्रिया महिलाओं के दिनचर्या को तोड़ देता है, उसे एक अवसाद की अवस्था में पहुँचा देता है तथा उसके विभिन्न क्रियाकलापों तथा सामाजिक सम्पर्क के ऊपर तरह-तरह के प्रतिबंध लगा देती हैं।

प्रकृति बनाम संस्कृति (Nature Vs. Culture)

यह पुरुष प्रधान समाज एवं पुरुषों के द्वारा निर्मित संस्कृति यह अभिनिर्धारित करता है कि शासन करना पुरुषों का स्वभाव है एवं शासित तथा अधीन बने रहना महिलाओं की प्रकृति है। महिलाओं को घर की सेवा एवं बच्चों के देखभाल का कार्य सौंपा जाता है। जबकि पुरुषों को इससे निवृत्त रखा जाता है। महिलाओं को दिए गए सीमित कार्य उसे जैविक स्तर तक कैद करके रख देता है जो कि पशुवत् जीवन के समान है। जब कोई शिशु जन्म लेता है तो अधिकांश संस्कृति के अंतर्गत माँ को उसे स्तनपान कराने, पालन-पोषण करने तथा उसके समाजीकरण का कार्य सौंपा जाता है (ऑर्टनर, 1977:16)। शिशु एवं बच्चों को प्रकृति का अंश माना जाता है। पशु के समान ही वे भी असमाजीकृत होते हैं। वह खड़ा होकर चल नहीं पाता है, वे बिना किसी नियंत्रण के जब-तब मल-मूत्र करते रहते हैं, वे बोल भी नहीं पाते हैं। इस प्रकार शिशु एवं बच्चे 'प्रकृति' के नजदीक होते हैं। महिलाएँ शिशु एवं बच्चों के साथ रहकर प्रकृति से सम्बन्ध स्थापित कर लेती हैं। अब चूंकि यहाँ पुरुषों में प्राकृतिक आधार का अभाव होता है अत: वह परिवार की ओर उन्मुख होता है। अर्थात् चूंकि वे बच्चों को जन्म नहीं दे सकते। अत: सांस्कृतिक तर्कों के आधार पर धर्म, अनुष्ठान, राजनीति एवं सांस्कृतिक चिंतन के दूसरे परिक्षेत्र तैयार किए जाते हैं जिस पर पुरुषों का स्वामित्व बताया जाता है। इस प्रकार पुरुष संस्कृति से संबंधित है, अर्थात् मानवीय चिंतन के उच्च स्वरूप के अंतर्गत कला, धर्म एवं कानून का ताना-बाना खड़ा किया जाता है एवं पुरुषों को इन सबका स्वामी घोषित कर दिया जाता है।

निजी बनाम सार्वजनिक (Private Vs. Public)

प्रकृति बनाम संस्कृति के बहस को निजी बनाम सार्वजनिक के बहस में विस्तार दिया जा सकता है जो पुरुषों एवं महिलाओं की दुनिया को एक अलग विरोधी-युग्म में स्थापित कर देता है। निजी क्षेत्र को प्राय: घरेलू क्षेत्र के रूप में देखा जाता है जिसका कोई आर्थिक, राजनीतिक या ऐतिहासिक महत्व नहीं होता है। इसे व्यक्तिगत (पर्सनल) माना जाता है। अत: किसी को इसके अंदर झांकने की अनुमति नहीं होती है। यह सार्वजनिक क्षेत्र के प्रतिकूल होता है। निजी क्षेत्र में दूसरों की भावनाओं को समझने, आपसी सहयोग, दूसरों का ख्याल रखने तथा नि:स्वार्थ भाव एवं संवेदनाओं को बढ़ावा देने की आवश्यकता होती है। जबकि सार्वजनिक क्षेत्र एक प्रतिस्पर्धात्मक दुनिया है जिसमें आक्रामक, तार्किक एवं बिना किसी संवेदना के लक्ष्योन्मुखी बनने की जरूरत होती है। चूंकि भावुकता एवं संवेदना सार्वजनिक क्षेत्र में लाभ-कमाने के मार्ग में सबसे बड़ी रुकावट होती है इसलिए यहाँ इसे तिलांजली देने की बात की जाती है।

परिवार जो कि निजी क्षेत्र का हिस्सा होता है वह वस्तुत: सार्वजनिक क्षेत्र की ही सेवा करता है, एवं उसी के अधीन होता है। समाजवादी नारीवादी निजी एवं सार्वजनिक क्षेत्र के अंदर अलग-अलग उत्पादन प्रणाली देखती हैं। निजी क्षेत्र में जो उत्पादन होता है उसका कोई विनिमय-मूल्य नहीं होता है। अर्थात् गृह कार्य में लगे श्रम की कोई कीमत नहीं होती है। इस वजह से चाहे महिलाएँ घर में दिन भर कार्य करें उन्हें अनुपयोगी एवं मूल्यविहीन माना जाता है जबकि सार्वजनिक क्षेत्र में पुरुषों के द्वारा किए जाने वाले कार्यों को काफी महत्व दिया जाता है।

इनके अतिरिक्त चूंकि घरेलू क्षेत्र की चाहरदिवारी के अन्दर होने वाले अन्याय के प्रति राज्य भी व्यक्तिगत मामला बताकर अपनी आँखे मूंद लेता है। इस वजह से यहाँ पत्नी के साथ मार-पीट, दहेज-हत्या, पति द्वारा बलात्कार(मैरिटल रेप) एवं दूसरे संबंधियों द्वारा लड़कियों के साथ छेड़-छाड़ की घटनाएँ होती रहती हैं। यही वजह है कि नारीवादी लोगों ने ''जो व्यक्तिगत है, वह राजनैतिक है'' (पर्सनल इज पॉलिटिकल) का नारा दिया है। बाहर काम करने वाली महिलाएँ तो इसमें और भी पिसकर रह जाती हैं। बाहर के काम करते समय जहाँ उन्हें प्रतिस्पर्धी एवं संवेदनहीन बनने की आवश्यकता होती है वहीं घर के अंदर उसे दूसरों के प्रति समर्पण एवं प्रेम दिखाना पड़ता है।

परिवार एवं जेंडर का निर्माण (Family and gender construction)

महिलाओं का शोषण सर्वप्रथम घर से ही शुरू होता है। 'स्त्रीधन' का विचार दहेज में परिवर्तित हो गया है। यह दहेज माता-पिता के लिए एक दु:स्वप्न बन जाता है। खासकर वे माता-पिता जिनकी आय सीमित होती हैं उनके लिए तो यह पहाड़ जैसी समस्या बन जाती है। परिवार में लड़की के जन्म को हेय दृष्टि से देखा जाता है। लड़कियों के संदर्भ में कहा जाता है कि वे 'पराया धन' होती हैं। ऐसा इसलिए कहा जाता है कि चाहे उसके माता-पिता उसके पालन-पोषण पर कितना भी धन खर्च कर दें एक दिन उसकी शादी हो जाएगी और दहेज की एक मोटी रकम के साथ वह ससुराल चली जाएगी। इसलिए लड़कियों पर कम ही ध्यान दिया जाता है। यहाँ तक कि कन्या भ्रूण-हत्या एवं कन्या शिशु-हत्या के पीछे भी दहेज एक बहुत बड़ा कारण होता है। इनके अतिरिक्त हिन्दू धार्मिक परंपरा के अंतर्गत भी लड़कों को ज्यादा तरजीह दी गई है। इसके अंतर्गत यह मान्यता है कि बेटा ही वंश

का उद्धारकर्त्ता होता है एवं माता-पिता के साथ-साथ अपने पूर्वजों को भी नरक से बचाता है। इस कारण लड़कियों को अनेक सुविधाओं से वंचित रखा जाता है, जबकि लड़कों को सारी सुविधाएँ प्रदान की जाती हैं। लड़के की तुलना में उसे पर्याप्त पौष्टिक आहार भी नहीं दिया जाता है। काफी छोटी सी उम्र से उसे घर के काम-धंधे में लगा दिया जाता है। उसे दूसरों का खयाल रखने, दूसरों को सहयोग करने एवं खुद कष्ट सहने की शिक्षा दी जाती है। जब वह बड़ी होती है तो उसकी शादी कर दी जाती है। शादी के पश्चात् उसका पिछला जीवन समाप्त हो जाता है एवं नए परिवार के अनुरूप उसे एक नई जीवन की शुरूआत करनी होती है। परिवार के अंदर प्राय: ऐसा देखा जाता है कि महिला लोग आपस में ही संघर्ष करती हैं। ससुराल में प्राय: सास ही बहु की सबसे बड़ी दुश्मन होती है एवं परिवार के अंदर माँ कई ऐसी सुविधाएँ जो बेटे को प्रदान करती हैं, उससे बेटी को वंचित रखती है। वस्तुत: महिलाओं के बीच के आपसी संघर्ष के पीछे भी पुरुष ही जिम्मेवार दिखाई देता है। चूंकि सभी संसाधनों पर पुरुषों का ही अधिकार होता है अत: महिलाएँ उसे अपनी ओर आकर्षित कर इसमें अपने लिए ज्यादा से ज्यादा हिस्सा प्राप्त करना चाहती हैं।

इस प्रकार पितृसत्ता समाज की अनेक संस्थाओं के साथ मिलकर शोषण का एक घेरा तैयार कर देता है। परिवार एवं धार्मिक संस्थाएँ बाजार, समुदाय एवं राज्य के साथ मिलकर महिलाओं को कुछ खास भूमिकाओं तक बाँध कर रख देते हैं। वे गलत तरीके से यह साबित करते हैं कि महिलाएँ सार्वजनिक जीवन के कार्यों के लिए योग्य नहीं होती हैं। ये संस्थाएँ इन्हें संसाधनों का स्वामित्व अपने हाथ में लेने से रोकते हैं। परिवार के द्वारा उन्हें उपयुक्त शिक्षा नहीं मिलने के कारण प्रतियोगी बाजार में वे पिछड़ जाती हैं। सामुदायिक निर्णयों में भी उनकी भागीदारी को आवश्यक नहीं माना जाता। नीति निर्णयन में उनकी खास भागीदारी नहीं होने के कारण वे बाजार एवं राज्य की नीतियों पर भी कोई खास प्रभाव नहीं डाल पाती हैं और इसीलिए आर्थिक एवं राजनैतिक अधिकारों से वंचित ही रहती हैं। इस प्रकार सभी संस्थाएँ उन्हें निजी क्षेत्र के अंदर ही कैद करके रखने का प्रयास करती हैं। इसके अलावे उसका जैविक शरीर भी मातृत्व की विशिष्टता के साथ उनके लिए समस्या का सबब बन जाता है। इनकी वजह से उन्हें घर एवं परिवार के कार्यों तक ही सीमित कर दिया जाता है।

स्कूल एवं जेंडर का निर्माण (School and gender construction)

जेंडर का निर्माण केवल परिवार में ही नहीं होता है। एन्थॉनी गिडेन्स के अनुसार आधुनिक शैक्षणिक संस्थाओं जैसे स्कूल आदि के औपचारिक पाठ्यक्रम भी इस जेंडर निर्माण की प्रक्रिया में एक तकनीक का काम करता है। यद्यपि इसके द्वारा जेंडर की इस भिन्नता को कोई व्यवस्थित आधार पर तो तैयार नहीं किया जाता है तथापि इसके अंदर ऐसी कई बातें होती हैं जो इस जेंडर की भिन्नता को उभारते हैं। उदाहरण के लिए जेंडर के वर्गीकरण के लिए स्कूल यूनीफार्म की व्यवस्था एक प्रभावी तरीका है। इसमें लड़कियों को स्कर्ट पहनने के लिए दिया जाता है जो उन्हें जोखिम भरे खेल या कठिन खेल को खेलने से रोक देता है। गिडेन्स के अनुसार स्कूल की किताबों में भी जेंडर की छवि को उभारा जाता है। (गिडेन्स, 2000)। प्राथमिक स्कूलों के कहानी के किताबों में प्राय: लड़कों को स्वतंत्र एवं पहल करने वाले के रूप में प्रदर्शित किया जाता है जबकि लड़कियों को असमंजस की स्थिति में दिखाया जाता है। इसमें लड़कों के बहादुरी भी कहानी की काफी लम्बी-चौड़ी होती है।

पहले लड़कियों को स्कूल से वंचित रखा जाता था किन्तु आज लड़कियाँ अधिक से अधिक संख्या में स्कूल पहुंच रही हैं तथा चाहे ब्रिटेन हो या भारत हर जगह वे लड़कों की अपेक्षा अच्छा परिणाम ला रही हैं।

जेंडर एवं कार्यस्थल (Gender and Workplace)

घर एवं कार्यस्थल के काम के बीच विभाजन औद्योगिक क्रांति के साथ सामने आया। यहीं से से सार्वजनिक एवं निजी का विचार भी उभरा। इस विभाजन से पूर्व गृहकार्य को लेकर महिलाओं का खासा महत्व था क्योंकि इस समय घरेलू क्षेत्र ही उत्पादन का मुख्य केन्द्र हुआ करता था। अतः इसका आर्थिक महत्व था। पुरुष अपने कार्यों के लिए बाहरी दुनिया पर ज्यादा आश्रित था। इसलिए वह स्थानीय मामलों, राजनीति एवं बाजार में भागीदारी की। और इस वजह से वह सार्वजनिक क्षेत्र का अहम भाग बन गया। जबकि महिलाएँ घरेलू क्षेत्रों में ही सिमटी रहीं। पश्चिमी देशों में युद्ध के काल में महिलाएँ घरेलू कामकाज से बाहर निकल पायीं क्योंकि इस समय पुरुष युद्ध में व्यस्त थे। निश्चित रूप से भारत में यह और भी देरी से हुआ। आज स्थिति यह है कि 21वीं शताब्दी में भी भारत के संगठित क्षेत्र में काम कर रहे लोगों में महिलाओं की संख्या 18 प्रतिशत ही है। (इंडिया टुडे, 4 अप्रैल, 2005)। अधिकांशतः ये रोजगार भी जेंडर आधारित होते हैं। महिलाओं को प्रायः स्वागती (रिसेप्सनिस्ट), नर्स, फ्लाइट अटेन्डेन्ट आदि का काम दिया जाता है जबकि सेना के अधिकारी, डॉक्टर, इंजीनियर आदि के कार्यों में पुरुष ही ज्यादा होते हैं।

जो महिलाएँ बाहर काम करती हैं, उनके लिए तो समस्या और भी गहरी है। उनके ऊपर बाहर के काम के साथ घर के काम-काज का भी बोझ होता है। अमेरिकन समाजशास्त्री औलीं हाक्सचील्ड ने अपनी कृति "द सेकेण्ड शिफ्ट : वर्किंग पेरेन्ट्स एण्ड द रेवोल्युशन एट होम" में महिलाओं के ऊपर अतिरिक्त काम के भार का विश्लेषण किया है एवं बताया है कि यह महिलाओं के लिए एक "डवाँडोल क्रांति" (स्टॉल्ड रेवोल्यूशन) को सामने लाया है।

मीडिया एवं जेंडर का निर्माण (Media and gender construction)

हमारे जीवन को प्रभावित करने में मीडिया की अहम भूमिका रही है। आज मीडिया के क्षेत्र में महिलाओं का प्रतिनिधित्व एक रोचक तस्वीर पेश करता है। मीडिया में महिलाओं को एक ही तरह की भूमिका प्रदान की जाती है। वे या तो माँ या पत्नी अथवा अन्य किसी संवेदनात्मक भूमिका में होती हैं। उन्हें इस रूप में प्रस्तुत किया जाता है कि मानों वे पुरुषों को लुभाने के लिए ही तैयार बैठी हों। उन्हें घर का काम करते हुए भी पूरे मेकअप में दिखाया जाता है। कामकाजी महिलाओं को इतनी अधिक ऊर्जावान दर्शाया जाता है कि वे बाहर के काम के साथ घर के काम को भी पूरी जतन से निपटाती हैं। अर्थात् इस तरह की छवि पेश कर महिलाओं से बाहर के काम के साथ घर के भी सारे काम तन-मन से करने की आशा की जाती है। 'आज की नारी' के नाम पर ऐसी छवि प्रस्तुत की जाती है जो सार्वजनिक के साथ निजी दोनों ही क्षेत्र के कार्य के बोझ को उठाने में सक्षम होती हैं। निश्चित रूप से यह महिलाओं पर अतिरिक्त भार डालता है। टेलीविजन पर दिखाए जाने वाले विज्ञापनों के द्वारा भी महिलाओं को खुबसूरत वस्तु के रूप में प्रस्तुत किया जाता है। उदाहरण के लिए

कुछ पेंट की कंपनी अपने पेंट की तुलना औरत की खुबसूरती से करते हुए दर्शाता है कि औरत की खुबसूरती एक दिन समाप्त हो सकती है, पर उसके पेंट का रंग हमेशा वैसा का वैसा ही रहेगा।

अर्थात् महिलाओं की खुबसूरती को पेंट की तरह ही टिकाऊ होना चाहिए। इसमें महिलाओं को हमेशा चाहे वे घर का काम ही कर रही हों, अच्छी पोशाक एवं पूरे श्रृंगार के साथ दिखाया जाता है।

मास-मीडिया के द्वारा ऐसा विचार रखा जाता है कि महिलाएँ अपने लिए उपयोगी लग्जरी वस्तुओं के साथ खुश रह सकती हैं। बेट्टी फ्रिडन ने 'फेमिनिन मिस्टीक' में एक रिसर्चर के कथन का उल्लेख किया है– ''पूरी तरह से उपभोक्तावाद के प्रभाव से अभिभूत अमेरिका की गृहणियाँ पहचान, उद्देश्य, क्रियात्मकता, स्वनुभूति यहाँ तक कि यौन सुख के आनंद की अनुभूति भी वस्तुओं को खरीदकर प्राप्त कर सकती हैं''। वस्तुतः महिलाओं को उपभोक्तावाद की ओर मोड़ कर उनमें स्वतंत्रता की मिथ्या समझ उत्पन्न कर दी गई है। बहुत सारे लोग, खासकर महिलाएँ ऐसा मानती हैं कि वे वस्तुओं को प्राप्त कर खुशी एवं स्वतंत्रता प्राप्त कर सकती हैं। मास-मीडिया हमेशा औरतों को यह एहसास कराती हैं कि लिपीस्टिक एवं परफ्यूम उसके जीवन को पूरी तरह से बदल सकता है, उसके ब्वाय-फ्रेंड को वापस ला सकता है तथा उसे एक अच्छे वेतन वाली नौकरी दिला सकता है। विज्ञापनों में प्रायः सुझाव देने के रूप में जो आवाज होती है वह पुरुषों की होती है। अर्थात् यहाँ भी यह दर्शाता है कि महिलाओं को पुरुषों के निर्देशानुसार चलना चाहिए।

चाहे कोई भी वस्तु हो, वाशिंग-पाउडर से लेकर सेविंग क्रीम तक सबके विज्ञापन में औरतों का प्रयोग किया जाता है। इसके पीछे यह विश्वास होता है कि चूंकि पुरुषों के पास खरीदने की शक्ति होती है, अतः महिलाओं के शरीर को दिखाकर वे उसे अपने उत्पाद की ओर आकर्षित कर लेंगे। अतः महिलाओं का इस तरह से प्रस्तुतीकरण शुभ संकेत नहीं कहा जा सकता क्योंकि यह महिलाओं का और भी वस्तुकरण ही कर रहा है। अधिकांश फिल्मों में भी महिलाओं को द्वितीय श्रेणी की भूमिका ही दी गई है जिसे कुछ पेड़-पौधों के बीच नाचने के सिवा और कोई काम नहीं होता है।

लोकप्रिय साहित्य एवं जेंडर का निर्माण (Popular literature and gender construction)

महिलाओं के समान ही बच्चे भी एक अलग मूक (आवाजहीन) श्रेणी में आते हैं। लिज़ा पॉल ने अपने लेख ''इनिग्मा वेरिएशन्स : ह्वाट फेमिनिस्ट थ्योरी नोज़ अबाउट चिल्ड्रेन्स लिटरेचर'' के अंतर्गत बच्चों के साहित्य एवं महिलाओं के साहित्य के बीच समानता को दर्शाया है। उनके अनुसार पुरुषों के विपरीत महिलाएँ एवं बच्चे कभी भी घर की चाहरदिवारी एवं बगीचे के बाहर अकेले नहीं जाते हैं। हालांकि यहाँ पॉल 'बच्चे' की बात करती हैं किन्तु यहाँ यह छोटी लड़की (बच्ची) के लिए ज्यादा उपयुक्त बैठता है। वे राज्य के मामलों से बिना किसी चिन्ता फिक्र के घर के अंदर ही कैद रहती हैं। उनकी कहानियाँ भी उनके इस पिंजरे के इर्द-गिर्द के बातों पर ही प्रकाश डालती है। उनकी कहानियाँ जेम्स बॉण्ड की कहानियों से अलग पारिवारिक कहानियाँ होती हैं (पॉल, 1990:148)।

महिलाओं एवं बच्चों (छोटी लड़की) की कहानियों में प्रायः उनकी भूमिका अलग तरह की होती है। लीज़ा पॉल के अनुसार इन कहानियों में महिलाएँ एवं बच्चे दोनों ही समस्याओं से निकलने

के लिए धोखा एवं छल-कपट का सहारा लेते हैं। किन्तु जीवन रक्षा का यह उपाय निम्न स्तर के जीवन रक्षक उपाय के अंतर्गत आते हैं (पॉल, 1990:153)। इसके अलावे प्राय: ऐसा देखा जाता है कि दोनों ही अपने को बचाने के लिए किसी चमत्कार का इंतजार करते हैं तथा यह महिलाओं एवं बच्चों के साहित्यों में प्राय: होता है।

जबकि लड़कों के साहित्य को देखें तो उसमें ऐसा नहीं होता है। लड़के अपने शत्रु से स्वयं मुकाबला करते हैं। ये हकलेब्री फीन एवं टॉम साव्यर के साहसिक कार्यों की तरह प्रस्तुत होते हैं जिसमें दोनों एक-दूसरे को बचाते हैं। वे कभी मुसीबत से बचने के लिए आसान रास्ता (गलत रास्ता) नहीं अपनाते हैं। वे चुनौती को स्वीकार करना पसंद करते हैं। यह दर्शाता है कि कैसे लड़के एवं लड़कियों के व्यवहार को अलग-अलग तरीके से प्रस्तुत किया जाता है। हालांकि हमेशा ऐसा हो जरूरी नहीं है पर यह साहित्य के द्वारा समाजीकरण का एक तरीका है।

हम एक अत्यधिक लोकप्रिय कॉमिक सीरिज सुपरमैन को ही लेते हैं। इसकी महिला पात्र लॉइज़ लेन यद्यपि स्वतंत्र एवं आकर्षक है पर कहानी में हमेशा द्वितीयक भूमिका में ही है एवं अपने पुरुष रक्षक सुपरमैन पर ही निर्भर है। महिलाओं को हमेशा एक ही तरीके के भूमिका में प्रस्तुत किया जाता है। (एडवर्ड्स, 2004)।

कॉमिक किताबों में महिलाओं को ऐसे रूप में प्रस्तुत किया जाता है जो शादी करने के लिए उत्सुक रहती हैं जबकि पुरुषों के साथ ऐसा आवश्यक नहीं है। प्रेम-कला में महिलाओं को ''भावुकता के पिटारे'' के रूप में चित्रित किया जाता है जो अपने हालात के लिए खुद जिम्मेवार होती हैं। (सवाज, 1990:74-84)।

महिलाओं के इस तरह की छवि को हम हास्य-कॉमिक की किताब ''चाचा चौधरी'' में भी देख सकते है, जिसमें महिलाओं को हमेशा कैद या दासता की स्थिति में चित्रित किया जाता है जिसे चाचा चौधरी एवं साबू बचाते हैं। अथवा उन्हें बिन्नी चाची के रूप में चित्रित किया जाता है जो चाचा जी की स्थूलकाय एवं परेशान करने वाली पत्नी है। वह शॉपिंग करना पसंद करती हैं एवं जहाँ भी जाती हैं वहाँ एक संकट खड़ी कर देती है। इसी प्रकार लड़कियों के द्वारा पढ़ी जाने वाली परी-कथाओं में भी उसे सहनशील बनना सिखाया जाता है।

धर्म एवं जेंडर का निर्माण (Religion and gender construction)

किसी संस्कृति को स्वरूप प्रदान करने में धर्म की अहम् भूमिका होती है। पर इस धर्म के अंदर भी जेंडर के प्रति पूर्वाग्रह देखी जा सकती है। उदाहरण के लिए हम हिन्दू धर्म को ले सकते हैं जो पितृसत्तात्मक प्रभुत्व को दर्शाता है। वस्तुत: अधिकांश हिन्दू पौराणिक-कथाएँ महिलाओं के सहनशील स्वरूप को ही चित्रित करती हैं। उदाहरण के लिए हम सीता के उदाहरण को ले सकते हैं जो अपने पति राम की पूजा करती थीं तथा समाज एवं अपने पति के सभी अत्याचारों को सहन कर सकती थीं। वह अपनी पवित्रता की प्रमाणिकता के लिए अग्नि परीक्षा दी एवं निर्वासन पर अकेले जंगल में चली गई। इसी प्रकार महाभारत में द्रोपदी को पाँच भाईयों के द्वारा रखा गया एवं उसके पतियों के द्वारा उसे जुए में हार जाने पर अपमानित किया गया। फिर भी वह सीता के समान ही सारे सुखों को त्यागकर अपने पतियों के साथ जंगल गई। इससे यह स्पष्ट होता है कि भारतीय समाज में केवल महिलाओं से आशाएँ की गई हैं। वह केवल सब कुछ सहन करने के लिए है और यही भारतीय नारी

की आदर्श छवि है। ऐसा कहा जाता है कि रामायण एवं महाभारत दोनों ही की कहानी में युद्ध की जड़ सीता एवं द्रोपदी जैसी औरत ही थी। किन्तु कोई भी यहाँ पुरुषों की गलती को नहीं देखता है कि लक्ष्मण ने रावण की बहन का अपमान किया इसीलिए रावण ने सीता का अपहरण कर उससे बदला लिया।

महाभारत में भी जुए में द्रोपदी को हार जाना औरतों के दयनीय हालात को दर्शाता है और उसके बावजूद उसका अपने पतियों के प्रति समर्पण का भाव महिलाओं से अत्यधिक त्याग की अपेक्षा को व्यक्त करता है। अत: जब वे इन आशाओं पर खरी नहीं उतर पाती हैं तो वे अपराध-बोध का अनुभव करती हैं एवं अपने-आपको दोष देती हैं। किन्तु पुरुषों को अलग तरह से चित्रित किया जाता है। भगवान कृष्ण को एक महान बाँसुरी बादक के रूप में प्रस्तुत किया गया है, जिसपर गोपियाँ अपनी जान-छिड़कती थी। यहाँ वह गोपियों से जो इश्कबाजी करता था उसे ज्यादा नहीं उभारा गया है। कृष्ण के चरित्र पर भी कोई प्रश्न नहीं उठाया गया है, क्योंकि यहाँ महिलाओं के नारीत्व को कायम रखा गया था। इतना ही नहीं यदि पुरुष के पीछे महिलाएँ पागल हों तो यह उसके लिए सम्मान की बात होती है। संभवत: इसने कृष्ण को महान बनाया। हम यह भी देख सकते हैं कि पुरुष युद्ध में महिलाओं को भी ताकत से जीत लेते थे जैसे भीष्म ने अम्बा, अम्बिका एवं अम्बालिका को जीत लिया था। किन्तु महिलाओं को पुरुष पर विजय प्राप्त करने के लिए काफी त्याग एवं तपस्या करनी होती थी, जैसा कि पार्वती ने शिव को जीतने के लिए किया। इस प्रकार हिन्दू धर्म में महिलाओं को एक साँचे में ढालने का कार्य किया गया है।

इसाई धर्म में भी महिलाओं की स्थिति कुछ ऐसी ही है। इसमें भी महिलाओं की तुच्छ तस्वीर पेश की गई है। ऐसा कहा जाता है कि ईश्वर ने सबसे पहले आदम को बनाया तथा बाद में आदम की आवश्यकताओं को पूरा करने के लिए ईव को बनाया। अत: वे अनावश्यक हैं तथा उनका निर्माण पुरुषों को खुश रखना है। इसाई धर्म में ईश्वर को फादर कहा जाता है अर्थात् यहाँ ईश्वर भी एक पुरुष ही है। जीसस भी एक पुरुष था। अपने ग्रंथ बाईबिल में भी इसाई धर्म में हमेशा पुरुषों को ही महत्व दिया गया है। 1985 में एलिजाबेथ स्टेनटॉन ने अपनी कृति 'वूमेन्स बाइबिल' में कहा है कि बाईबिल ईश्वर के विचारों को प्रकट नहीं करता है। यह वस्तुत: पुरुषों के द्वारा अपने तरीके से लिखा गया है। चूंकि ईश्वर की नजर में सभी स्त्री-पुरुष समान हैं अत: इसमें महिलाओं की अनुपस्थिति या उसे नजरअंदाज किया जाना इसकी कमियों को दर्शाता है। उनके विचार को इंग्लैंड में 1870 में महत्व दिया गया जब इंग्लैंड के चर्च कमिटी ने बाइबिल ग्रंथ को संशोधित किया। किन्तु इस कमिटी में एक भी महिला सदस्य नहीं थी। चर्च के पादरी के पद पर भी मुश्किल से ही हम महिलाओं को देख सकते हैं। उन्हें नॅन (एक प्रकार की धर्मसंघिनी) का कार्य सौंपा जाता है, जो देखभाल करने एवं पढ़ाने का कार्य करती हैं। 1992 में इंग्लैंड के चर्च ने पादरी के पद को महिलाओं के लिए भी खोल दिया पर कैथोलिक चर्च अभी भी महिलाओं को इससे बाहर रखे हुए है।

इस्लाम धर्म में भी बहुविवाह एवं पर्दा-प्रथा के संस्कृति के द्वारा महिलाओं के वस्तुकरण का प्रयास किया गया है। इस्लाम धर्म के अंतर्गत पुरुषों को एक से अधिक महिला से शादी की अनुमति दी गई है जबकि महिलाओं को ऐसा अधिकार नहीं दिया गया है।

बौद्ध धर्म के अंतर्गत भी इसाई धर्म के ही समान महिलाओं को धर्मसंघिनी का कृत्य ही सौंपा गया है। अत: यहाँ भी पितृसत्तात्मक प्रभुत्व है।

जेंडर एवं इतिहास (Gender and History)

मनुष्य ने बर्बरता के युगों को भी देखा है। वह अपने हितों के लिए दूसरों को नियंत्रित करने के लिए भी सीखा है। इतिहास उसके इन कृत्यों की दास्तान है। आज भी उसकी बर्बरता की इतिहास में गूंज सुनाई देती है। उसने महिलाओं को वश में करने के लिए भिन्न-भिन्न प्रकार के तकनीकों का सहारा लिया। कई नारीवादियों के अनुसार इतिहास ही इसके 'इतिहास' को बताता है। सच्चाई तो यह है कि इतिहास में महिलाओं के लिए ज्यादा कुछ लिखा ही नहीं गया है तथा कई जगहों पर चुप्पी साध ली गई है। किंतु महिलाओं के संबंध में यह चुप्पी खुद ही इतिहास लेखन के प्रति पक्षपात को दर्शाता है।

इतिहासकार ऐतिहासिक प्रक्रियाओं को लिपिबद्ध करते समय कुछ प्रश्नों को उठाने एवं कुछ चीजों को छोड़ने के लिए स्वतंत्र होता है। अतः महिलाओं के इतिहास के प्रति एक उपेक्षित रवैया ही अपनाया गया है। ऐसा समझा जाता है कि समाज में महिलाओं के दोयम दर्जे की स्थिति को कायम रखने के लिए उसके इतिहास का लेखन ही नहीं किया गया। लेकिन उसकी यह दोयम दर्जे की स्थिति आखिर कैसे बनी? सिमॉन द् बुअर् के अनुसार बहुसंख्यकों ने अल्पसंख्यकों के ऊपर शासन किया या उसे उत्पीड़ीत किया। लेकिन अमेरिकिन नीग्रो या यहूदियों की भाँति महिलाएँ अल्पसंख्यक तो नहीं थी। धरती पर जितने पुरुष हैं लगभग उतनी ही महिलाएँ हैं। अतः जैसा कि बेबेल ने दर्शाया है कि महिलाओं को सर्वहारा के समांतर रखा जा सकता है क्योंकि इनमें से कोई भी अल्पसंख्यक नहीं रहा है फिर भी दोनों शोषित रहे हैं। पर सर्वहारा का भी अस्तित्व हमेशा नहीं रहा है। जबकि महिलाएँ तो हमेशा से ही हैं। अतः ऐसा कोई ऐतिहासिक बिन्दु नहीं दिखाई देता है जहाँ से हम कह सकें कि महिलाओं का उत्पीड़न शुरू हुआ (बुअर्, 1949)। इसलिए यह एक रहस्य ही बना हुआ है।

अब हम यहाँ उनके इतिहास को टटोलने का प्रयास कर रहे हैं। आज भी उसकी पहचान किसी की पत्नी, बहन या बेटी के रूप में होती है। लेकिन वह कौन है? इतिहास के खोए हुए पन्नों में महिलाएँ भी कहीं गुम हो गई हैं। आइए जरा इतिहास पर ही एक नजर डालें।

वैदिक काल में महिलाएँ (Women in Vedic Era)

ब्राह्मणवादी ग्रंथों में बेटे के जन्म को महत्व दिया गया है जो कि हमें महिलाओं की स्थिति पर विचार करने के लिए प्रेरित करता है। हालांकि ऐसा दावा किया जाता है कि वैदिक काल में महिलाओं की स्थिति काफी अच्छी थी। किन्तु यह परंपरागत अवधारणा कि 'बेटे के द्वारा ही माता-पिता का उद्धार होता है', ने हिन्दू समाज में पुत्र की चाहत को बढ़ा दिया। जो महिला लड़के को जन्म नहीं दे पाती थी उसे हीन माना गया। लड़की के पैदा होने पर लड़के के जन्म के समान खुशी नहीं होती थी।

इसके अतिरिक्त हम वैदिक काल में भाषा की केन्द्रीयता से भी अवगत है जिसका अपना महत्व रहा है। धार्मिक सर्वोच्चता की स्थापना भाषा से हुई, जब वेद को पढ़ने में लोग सक्षम हुए। इसकी भाषा जिसे वाच् के रूप में जाना जाता है ज्ञान का खासकर धार्मिक ज्ञान का एकमात्र मार्ग था। वाच् को वैदिक मंत्र के साथ जोड़ा गया जो कि देवभाषा थी एवं अपभाषा से विलग थी। वाच् जेंडर के अस्तित्व को दर्शाता है। चूंकि धार्मिक ग्रंथों तक महिलाओं की ज्यादा पहुँच नहीं थी, अतः वाच् तक पुरुषों की ही पहुँच थी। वाच् पुरुषों के द्वारा प्रयुक्त हुआ जबकि महिलाएँ अपभाषा का

ही प्रयोग करती रहीं। दूसरे शब्दों में वाच् तक पहुँच को लेकर पुरुषों ने महिलाओं पर नियंत्रण स्थापित कर लिया। उमा चक्रवर्ती ने वैदिक दासियों के ऊपर एवं उसके लोप होने की विस्तृत चर्चा की है(चक्रवर्ती 1989:27)।

सिक्ख महिलाओं का इतिहास (Sikh Wonen's History)

ऐसा कहा जाता है कि सिक्ख समाज में महिलाओं की स्थिति का प्रश्न कोई मुद्दा नहीं है। उनके समाज में महिलाओं का खासा महत्व है। किन्तु यहाँ भी कुछ अनुत्तरित प्रश्न हैं जो सिक्ख धर्म के इतिहास के पन्नों पर कुछ संदेह उत्पन्न करते हैं। सिक्ख धर्म वस्तुतः पुरुष प्रधान धर्म है जो हिम्मत एवं बहादुरी की बात करता है। बाद के नारीवादियों ने इसे पुरुषों द्वारा विकृत इतिहास की संज्ञा दी है। कुछ स्थानों पर सिक्ख विचारधारा में विरोधाभासों पर चुप्पी साध ली गई है। एक ओर तो इसमें महिलाओं के प्रति समतावादी दृष्टिकोण को रखा गया है जबकि दूसरी ओर इतिहास की प्रक्रिया से इन्हें बहिष्कृत कर दिया गया है। एम॰के॰ गिल के अनुसार गुरुओं के इतिहास में उनकी पत्नियों के बारे में चुप्पी साध ली गई है। गुरु नानक से लेकर गुरु गोविन्द सिंह तक सभी के इतिहास में उनकी पत्नियाँ पीछे ही रही हैं। गिल आगे कहते हैं कि दसवें गुरु गुरु गोविन्द सिंह की मृत्यु के पश्चात् उनकी तीन पत्नियों में से एक माता सुन्दरी जो लगभग 39-40 वर्ष की थी ने खालसा का राजनैतिक एवं आध्यात्मिक नेतृत्व संभाला। यहाँ यह उल्लेखनीय है कि माता सुन्दरी का कार्यकाल गुरुनानक के बाद सभी 9 गुरुओं से अधिक था (जैकॉब्स, 2000:270-286)। फिर भी उसके वास्तविक नेतृत्व के बारे में बहुत कम लोगों को पता है। इतिहास के पन्नो में एक बार फिर इस महान महिला के कृत्यों के ऊपर भी चुप्पी ही दिखाई देती है।

मुगल काल में महिलाएँ (Women in the Mugal Era)

सिक्ख धर्म की भाँति ही इस्लामिक धर्म में भी महिलाओं को सिद्धांततः पुरुषों के समान समानता प्रदान की गई है। किन्तु व्यवहार में अन्य समाजों की तरह ही यहाँ भी महिलाएँ उपेक्षित ही रही हैं।

इस संदर्भ में मुगल काल की महिलाओं को ले सकते हैं। उदाहरण के लिए बाबर की नानी आयशां दौलत बेगम ने उसके चाचा एवं मामा के बीच के झगड़े में उसकी रक्षा की थी। एक बार तो उसे उसके पति यूनूस खान को शेख जमाल-उद-दीन खान के द्वारा कैद भी कर लिया गया था। यूनूस खान को शेख के एक अधिकारी ने उसे उसकी पत्नी को सौंपने के लिए दबाव दिया। उसने कोई प्रतिरोध नहीं किया एवं अपने घर पर रात को अधिकारी से मिली तथा बाद में अपने सेविकाओं के साथ उस पर हमला कर उसे मार दिया (पालित, 2002 : 202)।

अकबर की धायी माँ महम् आँगा ने एक बार अपने प्राणों को खतरे में डालकर उसके चाचा से अकबर की जान बचायी थी। प्रायः ऐसा कहा जाता है कि महम् आँगा के रेजिमेन्ट में प्रवेश करने के लिए ही अकबर बैरम खाँ के संरक्षण से बाहर आ गया। ऐसा कहते हैं कि अपनी मृत्यु तक उसने अकबर के शासन को प्रभावित किया। इसी तरह से जहाँगीर की पत्नी नूरजहाँ बेगम ने भी जहाँगीर के शासन काल में साम्राज्य के प्रशासन को प्रभावित किया। वह अकेली महिला थी, जिसके चेहरे की तस्वीर राज्य के सिक्कों पर खुदवाई गई थी (वही, 201)। किन्तु इन महिलाओं का ऐतिहासिक विवरण पर्याप्त नहीं है।

औपनिवेशिक काल में महिलाएँ (Women in the colonial era)

औपनिवेशिक काल महिलाओं के लिए वरदान एवं अभिशाप दोनों रहा। इसका मुख्य मकसद राजनीतिक न होकर आर्थिक था। इसने सामाजिक सुधार के कई कार्य किए जिसमें सती-प्रथा पर प्रतिबंध एवं विधवा-विवाह को प्रोत्साहन प्रमुख था। किन्तु सती प्रथा जैसी कुरीतियों पर प्रतिबंध लगाने के लिए इसने हिन्दू शास्त्रों का परीक्षण किया कि उसमें ऐसी प्रथा को मान्यता है या नहीं। अत: यहाँ समाज को धर्म के आधार पर गठित एवं पुनर्गठित करने की बात हो रही थी। महिलाओं की आवाज का कोई महत्व नहीं था। हम इतिहास में राजा राम मोहन राय के विचारों को पढ़ते हैं। पर इस समय की महिलाओं के क्या विचार थे, कहीं दिखाई नहीं देता है। अत: यहाँ भी इतिहास में महिलाओं के आवाज के पन्ने गायब हैं।

निष्कर्ष के तौर पर (Conclusion)

इस प्रकार से हम देखते हैं कि कैसे संस्कृति, जेंडर एवं इतिहास आपस में मिलकर पुरुषत्व एवं स्त्रीत्व के सामाजिक संरचना को निर्मित करने का प्रयास करते हैं। हमने इतिहास के पन्नों में भी महिलाओं की आवाज एवं उनकी भूमिकाओं को गायब ही पाया। इन सबसे क्या ऐसा नहीं लगता है कि यह महिलाओं की आवाज़ को दबाने का एक सर्वसम्मत प्रयास था? वस्तुत: इतिहास संस्कृति का एक महत्वपूर्ण पहलू होता है एवं यह केवल उन पहलुओं पर गौर करता है जो किसी संस्कृति में सबसे ज्यादा प्रभावी एवं आकर्षक होता है। चूंकि हमारी संस्कृति ऐसी है जिसमें केवल पुरुष एवं पुरुषों के क्रियाओं का ही महत्व रहा है। नारीवादी संदर्भों के अलावा हमें औरत कहीं नहीं दिखाई देती है। इसका समाज में हमेशा द्वितीय स्थान ही रहा है। अत: समाज एवं संस्कृति में महत्व नहीं होने के कारण यह इतिहास में भी हाशिये पर चली गई। इसीलिए इ. पी. थाम्पसन इतिहास लेखन में दिन-प्रति-दिन के जीवन एवं सामान्य लोगों के प्रेरणाओं एवं आशाओं पर प्रकाश डालने की बात करते हैं।

जो भी हो, महिलाओं के दोयम दर्जे की स्थिति के कारण इतिहास के पन्नों में भी महिलाओं के योगदान एवं कृत्य के पन्ने गायब ही हैं। पर अब समय बदल रहा है। अब नारीवादी लोग 'अपनी कहानी' लिखने के लिए एकत्रित हो चुकी हैं और इस कहानी में वे न तो अपने जैविक शरीर के रूप में पेश होंगी और न ही दूसरे पुरुषों के साथ अपने संबंध को जोड़कर अपनी पहचान बनाएँगी। अब ये उनकी कहानी होगी जिसमें उनकी अपनी पहचान होगी।

References:

Baker, C. and D. Galasinski, 2000. *Cultural studies and discourse analysis.* London : Sage Publications Limited.

Beauvoir, S.D. 1949, *The Second Sex,* New York : Vintage Books.

Bhasin, K. 2000 *Understanding Gender,* New Delhi : Kali for Women Publications.

Chakravarti, U. 1989, Whatever Happened to the Vedic Sasis? Orientalism, Nationalism and a Script for the Past' in K. Sangari and S. Vaid (ed.) *Recasting Women :* New Delhi : Kali for Women.

Giddens, A. 2002, *Sociology,* Cambridge: Polity Press.

Gupta, D. 1991, 'Introduction' in D. Gupta (ed.) : *Social Stratification,* New Delhi : Oxford Univesity Press.

Hughes, F.A. 1990, 'Children's Literature : Theory and practice' in P. Hunt (ed.) : *Children's Literature : The Development of Criticism,* London : Routledge Publications.

Jakobsh, D.R. 2000 'The Construction of Gender in History and Religion : The Sikh case' in M. Bose (ed.) : *Faces of the Feminine,* New Delhi : Oxford University Press.

Kakar, S. 1981, *The Inner World : A Psycho-analytic Study of Childhood and Society in India,* New Delhi : Oxford University Press.

Mac an Ghaills, M. 1994, *The Making of Men : Masculinities, Sexualities and Schooling,* Buckingham:Ipen University Press.

Mani, L. 1989, 'Contentious Traditions : The Deabte on Sati in Colonial India' in K. Sangari and S. Vaid(ed.) : *Recasting Women* New Delhi : Kali for Women.

Nandy, A. 1983, *The Intimate Enemy,* New York : Oxford University Press.

Oakley, A. 1985, *Sex, Gender and Society,* England : Gower Publishing Company.

Ortner, S.B. 1997, 'Is Female to Male as Nature is to Culture in C. Gould (ed.) *Gender,* New Jersey : Hnumanities Press.

Palit, M. 2000, 'Powers behind the Throne : Women in Early Mughal Politics' in M. Bose (ed.) *Faces of the Feminine,* New Delhi : Oxford University Press.

Savage. W. 1990, *Comic books and America :* 1945-1954, (London : University of Oklahoma Press.

Shankarao, C.N. 1993, *Sociology,* New Delhi : S, Chand and Company Ltd.

Storey, J. 1993, *An Introductory Guide to Cultural Theory and Popular Culture,* Athens : University of Georgia Press.

Tharu, S. and K. Lalita. 1991, *Women's Writing in India,* Delhi : Oxford University Press.

Freud, S. 1976, *Interpretation of dreams,* London, Penguein Books.

Paul, L. 1990, 'Enigma variations : What feminist theory knows about Literature' in P. Hunt (ed): *Children's Literature : The development of Criticism,* London, Routledge Publications, Time of India, 22 Feb., 2004, It's a Women's World.

अध्याय - 13

आर्थिक विकास एवं महिलाएं
(Economic Development and Women)

अराधना नन्दा

पी.जी.अरूल

भूमिका (Introduction)

अधिकांश अविकसित देशों के विकास अनुभव दर्शाते हैं कि उनमें से अधिकतर देशों ने चाहे सकल घरेलू उत्पाद (GNP) के संदर्भ में वृद्धि के लक्ष्यों को प्राप्त कर लिया है, परन्तु इन अविकसित देशों गरीबी, असमानता और बेरोजगारी की समस्या अभी भी व्याप्त है तथा लोगों के जीवनस्तर में कोई सुधार दिखाई नहीं देता। 1991 की विश्व बैंक विकास रिपोर्ट के अनुसार, "विकास की चुनौती जीवन की गुणवत्ता में सुधार करना है। विशेषकर विश्व के गरीब देशों में उच्च जीवन स्तर के लिए ऊंची आमदनी की अधिक आवश्यकता है यह बेहतर शिक्षा, स्वास्थ्य एवं पोषण के उच्च स्तर, निम्नतम गरीबी, स्वच्छ पर्यावरण, अवसरों की अधिक समानता, विशाल वैयक्तिक स्वतंत्रता एवं समृद्ध जीवन के लक्ष्यों से भी जुड़ा है।"

आर्थिक विकास का अर्थ केवल आर्थिक वृद्धि से नहीं है। यह एक विस्तृत संकल्पना है जिसमें आर्थिक वृद्धि के साथ-साथ अर्थव्यवस्था की उन्नति के लिए आवश्यक अन्य लक्ष्य भी शामिल हैं। विकास की प्रक्रिया को केवल निवेश निर्गत एवं रोजगार से संबद्ध अर्थव्यवस्था के प्रश्न के आधार पर नहीं समझा जा सकता। यह मनोदशा अर्थात् निसहायवस्था, उपेक्षा एवं निराशाजनक स्थिति से भी समान रूप से जुड़ा प्रश्न है। माईकल टोडारो के शब्दों में, "आर्थिक विकास एक बहुआयामी प्रक्रिया है जिसमें सामाजिक संरचना, प्रचलित मान्यताओं एवं राष्ट्रीय संस्थाओं के साथ-साथ आर्थिक वृद्धि की गति में विशाल परिवर्तन करना भी शामिल है। साथ ही असमानता में कमी तथा निर्धनता की समाप्ति भी इसका ध्येय है।"

लिंग की अवधारणा का केंद्रीय मुद्दा यह है कि किस प्रकार महिलाओं को सशक्त किया जाए जिससे उनके जीवन स्तर में सुधार हों समाज में महिलाओं की असमानता के विरूद्ध संघर्ष इस विवाद का आधार है।

महिलाओं के अध्ययन के विषय में तीन प्रमुख उपागम हैं जिनका वर्णन इस प्रकार है:

1. 'चिन्तन का नव-परम्परावादी स्कूल' पश्चिम के सबसे प्रमुख स्कूलों में से एक है जो 'उपयोगिता' की संकल्पना पर आधारित है। इस स्कूल के अनुसार, किसी भी व्यक्ति द्वारा समय का निर्धारण उसकी उपयोगिता से जुड़ा हुआ है। श्रम शक्ति में महिलाओं की सहभागिता कार्य से जुड़ी उपयोगिता का फल है। श्रम शक्ति में महिलाओं की सहभागिता या विलगता न केवल मौजूदा वेतन-क्रम पर निर्भर करती है, बल्कि पारिवारिक आमदनी (पति की आय) पर भी। हालांकि वेतन का निर्धारण न्यूनतम उत्पादन सिद्धांत के आधार पर होता है परन्तु लिंग के आधार वेतन के संबंध में अन्तर किया जाता है। लिंग के आधार पर वेतन में अंतर बच्चों के पालन पोषण तथा निम्न कुशलता के कारण कार्य में गतिरोध होता है। नव-परम्परावादी ऐसी विषमता को अनुचित नहीं मानते, अपितु इसे चयन का स्वाभाविक परिणाम मानते हैं।

नव परम्परावादी विवाह को ऐसा संबंध मानते हैं जिसमें पति-पत्नी दोनों मिलकर उपयोगिता बढ़ाने में योगदान दें। दोनों की सम्मिलित उपयोगिता व्यक्तिगत उपयोगी सेवा लाभ से कहीं अधिक होती है। शादी दो व्यक्तियों की एक ऐसी संस्था है जिसमें स्त्री पुरूष को अपनाती है, क्योंकि उसमें अधिक आय अर्जित करने का सामर्थ्य है तथा पुरूष स्त्री को अपनाता है, क्योंकि वह अधिक श्रेष्ठ पालनकर्ता है।

2. महिला-अध्ययन का संरचनात्मक उपागम समाज की जटिल संरचना पर ध्यान केंद्रित करता है। पुरूष, स्त्री एवं बालक का दर्जा जाति, वर्ण, शिक्षा आदि से निर्धारित होता है। इन जटिल संरचनाओं के पीछे विभक्त श्रम बाजार संरचना है जो रोजगार, प्रशिक्षण और वेतन आदि मामलों में महिलाओं के साथ भेदभाव करती है। लिंग आधारित श्रम विभाजन 'शिकार एवं मत्स्यक' सिद्धांतों की तरह है जहां पुरूष साहसिक कार्य करेगा तथा महिलाएं बच्चों की देखभाल करेंगी। कुछ अन्य लोगों को कहना है कि ऐसा महिलाओं की जैविक भूमिका के कारण हैं। स्कूल ऑफ थॉट के अनुसार सामाजिक सुधारों, कानूनों तथा तर्कसंगत सामाजिक संशोधनों के द्वारा परिवर्तन संभव है।

3. मार्क्सवादी विधारधारा किसी भी सामाजिक स्थिति के लिए ऐतिहासिक दृष्टिकोण अपनाता है। इस दृष्टिकोण के अनुसार, महिलाओं की स्थिति को समझने के लिए उत्पादन तथा पूंजी का संचयन आवश्यक है। मार्क्सवादी विचारधारा के दो दृष्टिकोण है। एक दृष्टिकोण के अनुसार, "व्यक्ति, श्रम तथा पूंजी संबंधों का संयोजन तथा विशाल बाजार व्यवस्था में उनका संघटन महिलाओं की स्थिति को समझने की कुंजी है।

इस मार्क्सवादी विचारधारा का दूसरा दृष्टिकोण मार्क्सवादी-नारीवादी विचार के नाम से जाना जाता है। यह इतिहास को एक ऐसे संबंधों की व्यवस्था के रूप में देखता है जिसमें पुरूष शासन करता है और महिला शासित होती है। इस पितृसत्ता का आधार मनोवैज्ञानिक न होकर भौतिक है। पूंजी एवं श्रम के बीच मौलिक अंतर्विरोध के अतिरिक्त मार्क्सवादी-नारीवादी विरोध का एक अन्य आयाम भी मानते हैं तथा जाति एवं लिंग शोषण के विरूद्ध समकालिक संघर्ष का सुझाव देते हैं (हार्टमैन, 1979)। हालांकि सामान्य रूप से मार्क्सवादी चिंतकों का दावा हे कि एक पूंजीवादी राज्य न तो बाजार से और न ही परिवार से लैंगिक अन्याय को समाप्त कर सकता है।

महिलाओं का सशक्तीकरण न केवल उनके अपने हित के लिए बल्कि समस्त देश के लिए भी आवश्यक है, क्योंकि यह विकास के लिए उपलब्ध मानव संसाधनों की गुणात्मकता एवं मात्रात्मकता दोनों को प्रोत्साहित करेगा। विकास के प्रयासों की सफलता इस बात पर निर्भर करती है कि विकास का लाभ संपूर्ण जनसंख्या तक पहुंच रहा है या नहीं। यह समाज में लिंग संबंधों पर गंभीर रूप से निर्भर करता है। आधुनिक समय में, महिलाओं का सशक्तीकरण उनके मूलभूत मानवाधिकारों के संरक्षण की दृष्टि से अत्यावश्यक है। सशक्तीकरण एक ऐसी प्रक्रिया है जिसके द्वारा अशक्त (कमजोर) वर्ग अपने जीवन की परिस्थितियों पर व्यापक रूप से नियंत्रण पा सकता है। इसके अंतर्गत संसाधनों एवं विचारधारा दोनों पर नियंत्रण शामिल है। यह एक ऐसे आत्मविश्वास एवं जागरूकता का निर्माण करता है जिसके द्वारा बाह्य अवरोधों का सामना किया जा सकता है। महिलाओं की स्थिति तथा सशक्तीकरण के स्तर को लिंग तथा समाज में लिंग संबंधों द्वारा परिभाषित किया जा सकता है। लिंग केवल व्यक्ति की जैविक विशिष्टता को नहीं दर्शाता, बल्कि यह समाज से जुड़े पुरूषों एवं स्त्रियों के अधिकारों एवं भूमिकाओं को भी प्रकट करता है। चाहे वह पारिवारिक जीवन हो या श्रम बाजार लिंगों के अधिकारों कर्त्तव्यों एवं भूमिकाओं में अंतर है तथा यह अंतर वर्गों के अनुसार भिन्न-भिन्न है। ऐसा सामाजिक स्तरों में लिंग को एक मौलिक आयाम बनाने के लिए किया जाता है।

भारत जैसे विकासशील देशों में महिलाओं की स्थिति निम्न है। ऐसे बहुत से सामाजिक तत्त्व हैं जो महिलाओं की आजादी पर प्रतिबंध लगाते हैं। प्रथाएं निर्धारित करती हैं किसके पास शिक्षा एवं नौकरी के अधिक अवसर है। महिलाएं भी अपनी पारंपरिक भूमिका को प्राकृतिक मानकर स्वयं पर अन्याय करती हैं। भारत में महिलाओं के लिए निर्धनता एक अन्य कारक है जो उन्हें अपने जीवन के लिए निर्भर बना देता है।

इस स्थिति के निवारण के लिए आवश्यक है कि महिलाओं को लाभकारी शिक्षा एवं रोगजार का अधिकार प्रदान किया जाए। इससे न केवल उनकी आजीविका का समाधान होगा, बल्कि समाज में उन्हें एक प्रतिष्ठा का स्तर तथा परिवार में व्यापक स्वायत्तता भी प्राप्त होगी। अप्रत्यक्ष रूप से, उसके कारण सामुदायिक गतिविधियों में उनकी प्रत्यक्ष भागीदारी बढ़ेगी जिसके कारण उनका स्तर व्यापक होगा। महिलाओं को सशक्त करने की सभी संभव योजनाओं में सबसे प्रभावी योजना यह है कि महिलाएं स्वयं अपने हितों के लिए आगे आएं, विशेषकर वे महिलाएं जो समाज के निर्धन वर्ग से संबंध रखती हैं। इसके कारण महिलाएं आर्थिक रूप से आत्मनिर्भर बनेंगी, जो उन्हें जीवन के हर क्षेत्र में सशक्त करेगा।

भारत में महिलाओं की स्थिति (Status of Women in India)

भारत का संविधान महिलाओं के लिए विशेष प्रावधान करने के अतिरिक्त सभी नागरिकों की भांति महिलाओं को हर क्षेत्र में समानता की गारण्टी प्रदान करता है। क्रमिक सरकारें प्रगतिशील कानूनों के निर्माण द्वारा अतीत में महिलाओं के साथ हुए अन्याय को दूर करने का प्रयास कर रही है। परन्तु फिर भी आज महिलाओं की कानूनी और वास्तविक स्थिति के मध्य इतना बड़ा अंतर है।

समाज में महिलाओं की स्थिति निम्न दर्जे की है, वह शक्तिहीन है, विकास से वंचित, निर्धनता से पीड़ित तथा पितृसत्ता से शोषित है। पारंपरिक व्यवस्था न तो महिलाओं को नीति निर्माण प्रक्रिया में समान भागीदारी दे पाई है, और न ही विकास योजनाओं एवं स्थानीय कार्यक्रमों में उनके

हितों को सुनिश्चित कर पाई है। वे उपेक्षित एवं अनभिज्ञ हैं न ही उन्हें इस बात का ज्ञान है कि वे किस प्रकार निम्न मजदूरी, कुपोषणता तथा हिंसा के भय से मुक्त होकर जीवन को बेहतर बनाएं। प्रकृति ने उसे विशिष्ट जैविक शक्ति प्रदान की है, परन्तु पर्यावरण ही उसका दम घोट रहा है। अवांछित, उपेक्षित एवं कुपोषित रूप से उसका परिवार में जन्म होता है तथा पराया धन समझकर उसके विकास पर कम खर्च किया जाता है। ससुराल में उसका शोषण किया जाता है, दहेज या पुत्र की प्राप्ति न होने पर उसे कभी मानसिक रूप से तो कभी शारीरिक तौर पर उत्पीड़ित किया जाता है।

नीति नियामक जनसंख्या वृद्धि के विरूद्ध लडाई में महिलाओं का एक जनसांख्यिकीय उपकरण समझ कर दुरूपयोग करते हैं। महिलाओं की स्वास्थ्य सुविधाओं पर कम ध्यान दिया जाता है। महिलाएं नई पीढ़ी की वाहक है तथा परिवार की पोषक है परन्तु फिर भी वे वंचित की जाती हैं। वे सिर्फ एक भारवाहक पशु बनकर रह गई हैं जो सुबह से शाम तक परिवार के घरेलू कामों, ईंधन, चारे, लकड़ी की पूर्ति के लिए पिसती रहती हैं, परन्तु फिर भी उन्हें राष्ट्रीय व्यवस्था में कोई लाभ, सम्पत्ति या पहचान प्राप्त नहीं होती।

महिलाएं भारत की कुल जनसंख्या का 48 प्रतिशत भाग है। इनमें से 72 प्रतिशत औरतें गांवों में रहती हैं। 1945 में संयुक्त राष्ट्र ने लैंगिक समानता के मूलभूत मानवाधिकार की घोषणा की थी, परन्तु आज भी ग्रामीण महिलाएं लैंगिक भेदभाव एवं दमन की शिकार हैं। आजादी के 60 वर्षों के बाद भी महिलाएं उपेक्षित एवं शोषित वर्ग का जीवन बिता रही हैं। वैज्ञानिक प्रगति तथा आधुनिकीकरण भी उन्हें प्रभावित कर रहा है। सामान्यत: इनकी आय निम्न है तथा उन्हें अपनी क्षमताओं का विकास करने के समान अवसर भी बहुत कम हैं। परन्तु ग्रामीण महिलाओं में आपसी सहनशीलता है। यदि इन महिलाओं को शिक्षा, सूचना, उपयुक्त वातावरण तथा पर्याप्त कुशलता के द्वारा सशक्त किया जाए, तो ये महिलाएं सामाजिक, आर्थिक एवं सांस्कृतिक रूप से राष्ट्र को कई ऊंचाइयों तक ले जा सकती हैं।

निम्नलिखित क्षेत्र समाज में महिलाओं के आर्थिक विकास की दशा का चित्रण करते हैं :

महिलाएं एवं शिक्षा (Women and Education)

शिक्षा आर्थिक विकास को बढ़ावा देने का सबसे प्रमुख कारक है। पुरूष एवं स्त्री, दोनों को समान रूप से शिक्षा का मौलिक अधिकार दिया जाना चाहिए। महिला शिक्षा की सशक्त भूमिका बहुआयामी है, जो न केवल महिलाओं के जीवन को प्रभावित करती है, बल्कि उनके बच्चों तथा उन पर निर्भर अन्य लोगों के जीवन को भी प्रभावित करती है। शिक्षा महिलाओं को निम्न प्रकार से सशक्त करती है :

1) जीवन के कल्याणकारी निर्णय लेने के लिए जागरूकता एवं ज्ञान देकर।
2) उन्हें एक जागरूक उपभोक्ता एवं नागरिक बनाकर
3) उनमें स्वाभिमान जगाकर तथा सत्ताधारियों को चुनौती देने का सामर्थ्य देकर।
4) कार्यकुशलता एवं बेहतर रोजगार के अवसर जुटाकर उन्हें आथिक रूप से आत्मनिर्भर बनाकर।

अनेक विकासशील देश शिक्षा, रोजगार, कल्याण, स्वास्थ्य आदि मामलों में लैंगिक असमानता दर्शाते हैं। उदाहरण के लिए, दक्षिण एशिया एवं चीन की अनेक लड़कियां एवं स्त्रियां शिक्षा के संदर्भ में भिन्नता की शिकार हैं। शिक्षा में लैंगिक असमानता तथा संसाधनों की सीमितता के कारण प्रजनन क्षमता तथा शिशुओं की मृत्युदर प्रभावित होती हैं तथा अगली पीढ़ी में शिक्षा का विस्तार प्रभावित हो सकता है। दूसरे, शिक्षा में लैंगिक असमानता से आर्थिक वृद्धि की गति भी मंद हो सकती है। यह काफी सीमा तक एक महत्त्वपूर्ण मुद्दा है कि आर्थिक वृद्धि से चाहे सभी प्रकार की वृद्धि न हो परन्तु इससे व्यक्ति के जीवन स्तर में सुधार अवश्य होता है।

किसी भी व्यक्ति द्वारा अर्जित मानव पूंजी उसकी स्वाभाविक क्षमताओं तथा शिक्षा का परिणाम होता है। शिक्षा में लैंगिक असमानता अर्थव्यवस्था में मानव पूंजी के औसतन स्तर को कम कर देगा तथा आर्थिक विकास की गति भी धीमी हो जाती है। इसी प्रकार शिक्षा में लैंगिक भेदभाव के कारण आर्थिक वृद्धि पर पुरूष शिक्षा का प्रभाव कम होता जाएगा तथा स्त्री शिक्षा का प्रभाव बढ़ता जाएगा।

आनुभाविक रूप से, कम निम्न मानव पूंजी को प्रत्यक्ष रूप से आर्थिक वृद्धि में कमी लानी चाहिए। यह निवेश दर को भी कम कर सकता है और इस प्रकार यह अप्रत्यक्ष रूप से वृद्धि को कम कर सकता है, क्योंकि जिन देशों में निम्न मानव पूंजी है उनकी निवेश वापसी भी कम है। इसी प्रकार मानव पूंजी में भी गिरावट आएगी।

आर्थिक विकास पर महिला शिक्षा का प्रभाव (Effects of Women Education on Economic Development)

यदि महिलाएं इतनी शिक्षित हों कि वे औपचारिक श्रम बाजार में सक्रिय एवं प्रभावी भूमिका निभा सकें, तो वैतनिक विषमता उद्योगों में निवेश को प्रोत्साहित करेगी जिनसे महिला श्रमिकों के लिए द्वार खुलेंगे। शिक्षा में लैंगिक असमानता कम होने से नियोजक सस्ती महिला श्रमिकों को नियुक्त करेंगे। इससे निवेश को बढ़ावा मिलेगा और आर्थिक वृद्धि भी होगी। महिला शिक्षा का आर्थिक विकास पर प्रत्यक्ष एवं अप्रत्यक्ष प्रभाव पड़ता है जिसका वर्णन नीचे किया गया है।

प्रत्यक्ष प्रभाव (Direct Effects)

शिक्षा में निम्न लैंगिक असमानता का अर्थ है उच्च महिला शिक्षा। शिक्षित महिलाएं लैंगिक विषमता को कम करने का समर्थन करेंगी जिसके परिणामस्वरूप अगली पीढ़ी की मानव पूंजी में सुधार होगा तथा आर्थिक विकास को भी बढ़ावा मिलेगा। इसके अतिरिक्त घरेलू स्तर पर समान शैक्षणिक स्तरों के शिक्षा की गुणात्मकता पर सकारात्मक बाल प्रभाव दिखाई देंगे जो सामान्य असमानता को कम करने में ऐसे प्रभावों को बढ़ावा देगें। ऐसी प्रक्रियाओं से जुड़ी उच्च मानव पूंजी श्रमिकों की उत्पादन क्षमता को बढ़ाकर प्रत्यक्ष रूप से आर्थिक वृद्धि को बढ़ाने में मदद करेंगी। परन्तु प्रत्यक्ष निवेश का प्रतिफल बढ़ने से एक अप्रत्यक्ष प्रभाव भी पड़ेगा जो निवेश दर को बढ़ायेगा तथा आर्थिक वृद्धि पर निवेश के प्रभाव से आर्थिक संवृद्धि बढेगी।

अप्रत्यक्ष प्रभाव (Indirect Effects)

स्त्री की उच्च शिक्षा से प्रजनन-दर में कमी आएगी। प्रजनन में कमी आर्थिक संवृद्धि को कई प्रकार से प्रभावित करती है। प्रथम, प्रजनन में कमी से जनसंख्या वृद्धि कम होगी तथा निवेश का प्रयोग पूंजी की व्यापकता (नए श्रमिकों को पूंजी देने) की बजाय पूंजी के सुदृढ़ीकरण (प्रति श्रमिक अधिक वेतन) के लिए होगा जो आर्थिक संवृद्धि को बढाएगा। दूसरे, प्रजनन-दर में कमी से निर्भरता का बोझ भी कम होगा जिससे अर्थव्यवस्था में बचत की दर बढेगी और इसी के साथ वृद्धि दर भी बढेगी। तीसरे, एक सीमित अवधि के लिए निम्न प्रजनन-दर से जनसंख्या में श्रमिकों का अंश भी बढेगा। जब जनसख्या-वृद्धि के कारण अधिक संख्या में श्रमिक श्रम-शक्ति के रूप में बाजार में प्रवेश करते है, तो इससे अपकरणों तथा उपरी व्यय में निवेश की मांग बढ़ती है। ऊंची मांगों तथा बढ़ते हुए पूंजी प्रवाह के साथ-साथ घरेलू बचत निवेश को बढ़ावा देती है तथा परिणामस्वरूप आर्थिक संवृद्धि को भी प्रोत्साहित करती है।

स्त्री-शिक्षा को प्रभावित करने वाले कारक (Factors Responsible for Women Education)

स्त्री-शिक्षा को मुख्य रूप से प्रभावित करने वाले पांच कारक हैं जैसे- (1) जनसांख्यिकीय कारक (2) सामाजिक-सांस्कृतिक कारक (3) आर्थिक कारक (4) घरेलू कारक तथा (5) विद्यालय संबंधी कारक। इनका वर्णन इस प्रकार है :

जनसांख्यिकीय कारक (Demographic Factors)

जनसांख्यिकीय कारकों को अल्प-विकसित देशों में अतिरिक्त जनसंख्या के संदर्भ में समझा जा सकता है। इन देशों में परिवार के आकार तथा स्त्री शिक्षा के बीच एक विपरीत संबंध पाया जाता है। यह भी तर्क दिया जाता है बड़े-बड़े परिवार अपने सभी बच्चों को स्कूली शिक्षा दिलाने में समर्थ नहीं होते। लड़कों को प्राथमिकता दी जाती है। बच्चे का जन्म क्रम भी बच्चों की शिक्षा की विशेष रूप से प्रभावित करता है। शहरी क्षेत्रों में शिक्षित माता-पिता लड़की की शिक्षा के संबंध में उचित निर्णय लेते हैं जबकि गांवों में ऐसा नहीं है।

सामाजिक-सांस्कृतिक कारक (Social- Cultural Factors)

इन कारकों में परिवारों/ अभिभावकों का स्त्री शिक्षा, उनके धर्म, जातिगत/ नृजातीय, नस्ल, विवाह आदि के संदर्भ में दृष्टिकोण शामिल है जो स्त्री शिक्षा को हतोत्साहित करते हैं। शिक्षा काल में लम्बी गर्भावधि, स्त्री विवाह का सार्वजनिकीकरण, माता-पिता द्वारा स्त्री शिक्षा पर असहमति आदि कारक स्त्री शिक्षा की उपेक्षा करते हैं। स्त्री-शिक्षा, पर धर्म का प्रभाव भी महत्त्वपूर्ण है। स्त्री शिक्षा के संबंध में इस्लाम धर्म के देश अन्य देशों से बिल्कुल भिन्न हैं। विवाह, जो महिलाओं के लिए सार्वजनिक है, स्त्री को अपनी पढ़ाई जारी रखने में बाधा उपस्थित करता है। अनेक माता-पिता अपनी बेटियों को इस डर से अधिक शिक्षा नहीं दिलवाते कि एक बेहतर शिक्षित दूल्हे से विवाह करते समय कहीं अधिक दहेज न देना पड़े।

आर्थिक कारक (Economic Factos)

शिक्षा में महिलाओं की सहभागिता का आर्थिक कारकों से निकट का संबंध है। आर्थिक कारकों में प्रमुख रूप से प्रति व्यक्ति सकल राष्ट्रीय उत्पाद (Per capita GNP) श्रम बाजार कारक, रोजगार/बेरोजगारी तथा शिक्षा की प्रतिफल दर आदि शामिल है। ऐसा माना जाता है कि प्रति व्यक्ति सकल राष्ट्रीय उत्पाद का स्तर जितना ऊंचा होगा, स्कूलों में महिला सहभागिता का स्तर भी उतना ही अधिक होगा (Schuttz 1987) अधिकांश विकासशील देशों में महिला श्रमिकों की निम्न वेतन-दर स्त्रियों की शिक्षा को प्रभावित करती है। न केवल वेतन दर बल्कि रोजगार की परिस्थितियां भी शिक्षा की मांग पर व्यापक रूप से प्रभाव डालती हैं। बेराजगारी का बढ़ता स्तर भी महिलाओं को शिक्षा से वंचित करता है। जब नौकरी करने के पर्याप्त अवसर न मिलें, तो महिलाएं स्वत: पुरूषों के पक्ष में झुक जाती हैं। नौकरी करने के निर्णय का निर्धारण भी महिलाएं स्वयं नहीं करतीं बल्कि उसके माता-पिता अथवा पति करते हैं।

घरेलू कारक (Home Related Factos)

घरेलू कारकों में परिवार का सामाजिक-आर्थिक स्तर, जाति, धर्म, परिवार का आकार, पैतृक व्यवसाय, शिक्षा आदि शामिल हैं जिनमें से अधिकांश की चर्चा ऊपर की जा चुकी है केवल पैतृक शिक्षा एवं व्यवसाय को छोड़कर। कम शिक्षित माता-पिता की तुलना में बेहतर शिक्षित माता-पिता शिक्षा के आंतरिक एवं आर्थिक लाभ का महत्त्व अधिक स्पष्ट रूप में समझते हैं। पढ़े-लिखे मां-बाप, खासकर माताएं, स्त्री शिक्षा का पक्ष लेती हैं। माता-पिता का व्यावसायिक स्तर जितना बेहतर एवं ऊंचा होगा, बेटियों के स्कूल जाने की संभावनाएं भी उतनी ही अधिक होंगी।

शिक्षित महिलाओं की आय को निर्धारित करने वाले कारक (Factors determining earnings of Educated Women)

शिक्षा व्यक्ति की आय/आमदनी को निर्धारित करने वाले कारकों में सबसे महत्त्वपूर्ण कारक है परन्तु सिर्फ यही एक निर्धारक नहीं है। कुछ अन्य कारक भी हैं जैसे कि - उपार्जक की सामाजिक-आर्थिक पृष्ठभूमि तथा रोजगार संबंधी कारक जिनकी चर्चा नीचे की गई है:

शैक्षणिक भिन्नता (Educational Variables)

शैक्षणिक भिन्नता में स्वाभाविक क्षमता, शिक्षा की गुणवत्ता, परीक्षा अंक आदि शामिल हैं। मनुष्य की स्वाभाविक क्षमता का उसकी कार्य कुशलता पर प्रभाव पड़ता है। वह व्यक्ति जिसमें अन्तर्निहित योग्यता कम हैं परन्तु बेहतर बुद्धिमत्ता एवं कुशलता है, वह निम्न योग्यता रखने वाले व्यक्ति की तुलना में अधिक प्रभावी ढंग से अपने कर्तव्यों/ उत्तरदायित्वों का पालन कर सकता है। आय पर शिक्षा का प्रभाव केवल अर्जित शिक्षा के स्तर पर निर्भर नहीं करता बल्कि उसकी गुणवत्ता अर्थात् स्कूली परिस्थितियों, शिक्षा के प्रारूप द्वारा परीक्षा में प्राप्त अंकों पर भी निर्भर करता है।

सामाजिक-आर्थिक भिन्नता (Socio-Economic Variables)

सामाजिक-आर्थिक भिन्नता में पैतृक व्यवसाय, माता-पिता की शिक्षा, पारिवारिक पृष्ठभूमि, आयु, वंश, लिंग आदि शामिल हैं। आमतौर पर देखा गया है कि कम शिक्षित माता-पिता की तुलना में पढ़े-लिखे माता-पिता अपने बच्चों को अच्छी शिक्षा देने की आकांक्षा रखते हैं। पारिवारिक पृष्ठभूमि तथा ऊंचा सामाजिक स्तर आय को निर्धारित करने वाले महत्त्वपूर्ण कारक है कि परिवार में संबंधित व्यक्तियों की शिक्षा एवं आय को निर्धारित करने में पिता की शिक्षा सबसे महत्त्वपूर्ण कारक है।

रोजगार-संबंधी भिन्नता (Job-Related Variables)

रोजगार संबंधी कारकों में व्यावसायिक-संघ का आकार, नौकरी की प्रवृति, नौकरी का स्तर, रोजगार-प्रशिक्षण तथा कार्य क्षेत्र आदि शामिल हैं। यह स्पष्ट है कि प्रतिष्ठित एवं बड़े व्यावसायिक संघों में निम्न स्तर के व्यावसायिक संघों की अपेक्षा अधिक ऊंचा वेतनमान होता है। उसी प्रकार, विभिन्न क्षेत्रों जैसे कि सरकारी, निजी बैंको, निगमों आदि में भी वेतनमान भिन्न-भिन्न होता है। अत: शिक्षित व्यक्ति की आय उसके कार्य की प्रकृति, क्षेत्र एवं स्तर पर निर्भर करती है।

भारत में महिला साक्षरता (Women Literacy in India)

समस्त विश्व में शिक्षा का परम लक्ष्य साक्षरता है। पढ़ने एवं लिखने की क्षमता एक मूलभूत मानवाधिकार है। फिर भी, अनेक देशों में महिलाओं की साक्षरता-दर निम्न है। भारत में, 1947 से, साक्षरता-दर में वास्तविक सुधार दिखाई देता है। 1951 में साक्षरता-दर केवल 18.33 प्रतिशत थी जो 1991 में 52.21 प्रतिशत तथा आगे 2001 में 64.4 प्रतिशत तक बढ़ी है। 2001 की भारत की जनगणना के अनुसार, पुरूषों की साक्षरता दर 78.85 प्रतिशत तथा स्त्रियों की 54.16 प्रतिशत तक पाई गई है। अंतिम दशक में, पुरूषों की साक्षरता दर में 11.72 प्रतिशत वृद्धि के विपरीत महिलाओं ने 14.87 प्रतिशत की वृद्धि दर्शायी है। इस प्रकार 1991 में पुरूष-स्त्री की साक्षरता दर 24.84 प्रतिशत थी जो 2001 में 21.7 प्रतिशत हो गई जिसने इस अंतर को कम किया है।

भारत की साक्षरता दर 1951 – 2001

जनगणना वर्ष	साक्षर व्यक्ति (प्रतिशत में)	पुरूष साक्षरता (प्रतिशत में)	महिला साक्षरता (प्रतिशत में)	पुरूष-स्त्री साक्षरता में अंतर (प्रतिशत में)
1951	18.33	27.16	8.16	18.30
1961	28.30	40.40	5.35	25.05
1971	34.45	45.96	21.97	23.98
1981	43.57	56.38	29.97	26.62
1991	52.21	64.13	39.29	24.84
2001	65.38	75.85	54.16	21.70

स्रोत: भारत सरकार, आर्थिक सर्वेक्षण 2002-2003, पेज 223, महिला एवं सशक्तीकरण

आर्थिक संवृद्धि, गरीबी उन्मूलन, सामाजिक न्याय, सामाजिक स्थिरता तथा शांति के लक्ष्यों को प्राप्त करने के लिए सशक्तीकरण सबसे सर्वोत्तम मार्ग है। लाभकारी और रचनात्मक कार्य सभी मनुष्यों की मूलभूत आवश्यकता है। आर्थिक गतिविधियों में महिलाओं की सहभागिता महिलाओं के आर्थिक एवं सामाजिक सशक्तीकरण के लिए एक महत्त्वपूर्ण कारक है। क्योंकि सशक्तीकरण न केवल आर्थिक आत्मनिर्भरता का साधन है बल्कि यह महिलाओं में स्वाभिमान का भाव भी जागृत करता है। पिछले दशक में, श्रम बाजार अर्थात् वैतनिक कार्यों में, विश्व के अनेक भागों में महिलाओं की सहभागिता बढ़ी है। 20-54 आयु वर्ग की महिलाओं की सहभागिता बढ़ी है। 20-54 आयु वर्ग की महिलाओं की वैश्विक आर्थिक क्रिया-दर 1950 में 54 प्रतिशत थी जो कि 1996 में 67 प्रतिशत हो गई और वर्ष 2010 तक इसके 70 प्रतिशत तक पहुंचने की संभावना है। (ILO, 1996)

रोजगार में महिलाओं की स्थिति/स्तर (Women Status/ Position in Employment)

औपचारिक वेतन श्रम बाजार के बाहर महिलाएं श्रम शक्ति का एक बड़ा भाग हैं। सेवा क्षेत्रों में नए रोजगारों का चयन करने वाले समूहों में भी महिलाएं अधिक है। घर-परिवार में महिला प्रधान तथा गरीब परिवारों की औरतें अपना समय उत्पादनशील प्रक्रियाओं में लगाती हैं तथा परिवार की आमदनी में योग देने के लिए किसी भी प्रकार का कार्य करने को तैयार रहती हैं, फिर चाहे उन्हें घरेलू काम, पारिवारिक देखभाल तथा अपने अवकाश समय से समझौता ही क्यों न करना पड़े। महिलाओं के समय में लचीलापन तथा प्रयासों ने श्रम बाजार में लचीलेपन का आधार प्रदान किया है तथा उद्यमों की अनुकूलनशीलता में योगदान दिया है। हालांकि, श्रम बाजार में महिलाओं की नई और व्यापक भूमिका स्वयं उनके लिए सकारात्मक विकास की भूमिका नहीं रही है। अनेक मामलों में देखा गया है कि श्रम बाजार में महिलाओं की भूमिका को अनदेखा किया गया तथा अनेक देशों में यह धारणा अभी भी बनी हुई है कि जब आवश्यकता हो, तब महिला श्रम आसानी से उपलब्ध हो जाता है। हालांकि, महिला रोजगारों की मात्रा में वृद्धि रोजगार की गुणवत्ता में सुधार से मेल नहीं खाती। कुछ महिलाएं श्रम बाजार में इसलिए कार्य करती हैं क्योंकि वे पहले से ही पुरूषों के अधीन होती हैं या फिर सरकार क्षेत्र में नई नौकरियों से लाभ प्राप्त करती हैं। महिलाओं की अधिकांश संख्या अर्थव्यवस्था के औपचारिक क्षेत्र में स्थाई, पूर्णकालिक रोजगारों में काम करने के बजाय विशिष्ट प्रकार के वैतनिक कार्य या स्वरोजगार करना पसंद करती हैं। इन प्रकार के कार्यों से आमदनी कम होती है, प्रशिक्षण अवसरों अथवा पदोन्नति का अभाव होता है और ये कार्य अस्थाई होते हैं। महिला श्रम बाजार काफी असुरक्षित है क्योंकि उनका रोजगार अस्थाई एवं अनियमित है।

संगठित एवं असंगठित क्षेत्रों में महिलाएं (Women in organized and Unorganized sectors)

देश की श्रम शक्ति में महिलाओं का एक महत्त्वपूर्ण हिस्सा है। ग्रामीण महिला श्रमिकों में महिलाओं की अधिकांश संख्या कृषि कार्यों में मजदूरों अथवा खेतिहर के रूप में कार्य करती है। शहरी क्षेत्रों में महिला श्रमिक विशेष रूप से संगठित क्षेत्रों जैसे कि - घरेलू उद्योगों, लघु उद्योगों एवं सेवाओं, इमारतों तथा निर्माण कार्यों में लगी हुई हैं। 13 मार्च, 1999 के अनुसार संगठित क्षेत्र के रोजगारों

(सार्वजनिक तथा निजी) में महिलाओं का भाग 17.2 प्रतिशत है। हालांकि नियुक्त महिलाओं का संपूर्ण अनुपात में 1998 की तुलना में रोजगार पंजीकरण के अनुसार 0.8 प्रतिशत की वृद्धि हुई है। फिर भी, अभी तक रोजगार के स्तर पर यह संतोषजनक उपलब्धि प्राप्त नहीं कर सका है। उद्योगों में महिला कार्मिकों का विवरण दर्शाता है कि सामुदायिक, सामाजिक तथा कार्मिक सेवा क्षेत्र 55.6 प्रतिशत महिला श्रमिकों को नियुक्त करता है, कृषि तथा संबंद्ध व्यवसायों में 9.8 प्रतिशत तथा वित्तीय, बीमा, जमीन जायदाद तथा व्यापार में 4.9 प्रतिशत। 1997 में, कुल श्रम शक्ति में से 14 प्रतिशत महिलाएं कारखानों, 6 प्रतिशत खानों तथा 51 प्रतिशत महिलाएं बागवानी में संलग्न थीं। महिला श्रम शक्ति की रूपरेखा दर्शाती है कि ग्रामीण भारत की 80 प्रतिशत से अधिक संख्या में औरतें कृषि क्षेत्र में कार्यरत हैं। शहरी क्षेत्रों में, प्राथमिक से तृतीयक क्षेत्र तक महिला श्रम-विभाजन स्पष्ट है, जो दर्शाता है कि शहरी कार्य बढ़ते हुए रोजगार अवसरों का लाभ प्राप्त करने में समर्थ हैं। शहरी क्षेत्रों में, तृतीय क्षेत्र में महिला श्रम की भागीदारी 1983 में 37.6 प्रतिशत थी 1999 में बढ़कर 52.9 प्रतिशत हो गई। महिला श्रम भागीदारी का वितरण तथा रोजगार का स्तर दर्शाता है कि ग्रामीण एवं शहरी दोनों क्षेत्रों में स्वरोजगार के महत्त्व का निरंतर पतन हुआ है तथा महिला श्रम बल में 1972-73 में 31.4 प्रतिशत से 1977 तक 40.9 प्रतिशत का आकस्मिक परिवर्तन हुआ है। ग्रामीण भारत में 1999-2000 में 39.6 प्रतिशत तक का न्यूनतम ह्रास हुआ है। शहरी भारत में इस प्रवृत्ति के विपरीत नियमित रोजगार श्रेणी में महिलाओं की सहभागिता दर बढ़ी है तथा अनियमितता का ह्रास हुआ है। 1999-2000 भारत में रोजगार तथा बेरोजगार संबंधी NSSO की 55वीं जांच के अनुसार, महिलाएं पुरूषों के बाद श्रम बाजार की ओर प्रवृत्त होती हैं और इसीलिए इस कार्य में 15-29 वर्ष के आयुवर्ग के पुरूषों की भागीदारी अधिक पाई जाती है। ग्रामीण क्षेत्रों में, 40-44 वर्ष के आयुवर्ग की महिलाआं की कार्य सहभागिता दर सर्वाधिक 58.6 प्रतिशत है और 30-54 वर्ष के आयुवर्ग की महिलाओं की दर 50 प्रतिशत से ऊपर है। शहरी क्षेत्रों में, 35-39 वर्ष के आयुवर्ग में महिला श्रम सहभागिता दर 28.5 प्रतिशत है तथा 40-44 आयुवर्ग में यह दर 28.3 प्रतिशत है। जल्दी शादी तथा अनेक बच्चे होने से 15-29 आयु वर्ग की महिला श्रम शक्ति सहभागिता दर प्रभावित होती है। अनेक विकसित एवं विकासशील देशों में 15-25 आयुवर्ग की महिला श्रम शक्ति सहभागिता दर चरम स्तर को दर्शाती है।

भारत में श्रम शक्ति सहभागिता दर 1999 – 2000 (प्रतिशत में)

	ग्रामीण क्षेत्र	शहरी क्षेत्र
पुरूष	54.3	54.2
स्त्री	30.2	14.7
व्यक्ति	42.3	35.4

स्रोत: भारत सरकार, श्रम मंत्रालय, राष्ट्रीय श्रम आयोग की रिपोर्ट वोल्यूम-1, भाग-1, 2002, पृष्ठ 53

कृषि में महिलाएं (Women in Agriculture)

कृषि एवं श्रम के विस्तृत दृष्टिकोण से देखा जाए, तो देश की कृषि से संबद्ध कुल श्रमिकों की संख्या में से 38.41 प्रतिशत जुताई के कार्य से जुड़े हैं तथा 26.44 प्रतिशत कृषि श्रमिकों के रूप में कार्य कर रहे हैं। 38.41 प्रतिशत व्यक्तियों में से, 7.72 प्रतिशत पुरूष श्रमिक हैं तथा महिला श्रमिकों की

संख्या 10.13 प्रतिशत है। दूसरी ओर, पुरूष एवं स्त्री दोनों कुल कृषि श्रमिकों अर्थात् 26.44 प्रतिशत में से क्रमश: 30.69 प्रतिशत तथा 16.31 प्रतिशत भाग हैं। 1991 में जुताई एवं कृषि कार्यों में महिलाओं के लिए काम के अवसरों को प्रतिबंधित कर दिया गया था। हालांकि ग्रामीण जनसंख्या में पुरूष (51.4 प्रतिशत) तथा स्त्री एवं कन्या (48.6 प्रतिशत) का लगभग बराबर प्रतिनिधित्व है। साथ ही साथ, ग्रामीण जनसंख्या संचित श्रेणी की सूची में भी सबसे ऊपर है। लगभग 50 प्रतिशत लोग गरीबी रेखा से नीचे हैं तथा 61 प्रतिशत महिलाएं भी इस श्रेणी में शामिल हैं। कृषक परिवारों में गरीबी सबसे अधिक है। प्रति दिन, प्रति व्यक्ति के खाद्य उपभोग की दैनिक आवश्यकता के स्तर में 16-20 प्रतिशत का अभाव है।

इन सबके बावजूद, महिला कृषक कृषि-कार्य के हर स्तर पर विशाल सेवाएं प्रदान कर रही हैं। ग्रामीण भारत की महिला कृषक हजारों वर्षों से खाद्य उत्पादन के आनुवांशिक आधार का ध्यानपूर्वक रख-रखाव करती आ रही है। बीजों को बोने, चुनने, उनके संभरण तथा उगाने की परम्परा लगभग पांच हजार वर्ष पुरानी है।

अंतरानुभागीय वितरण : एक मूल्यांकन (Inter-Sectional Distribution : an evaluation)

अंर्तक्षेत्रीय विभाजन में संरचनात्मक स्थिरता भारतीय श्रम बल का एक प्रमुख लक्षण है। लगभग 70 प्रतिशत श्रम बल कृषि पर केंद्रित है। महिलाओं का लघु श्रम बल लगभग 28 प्रतिशत तक ही सीमित है। भूमि पर बढ़ती आबादी के दबाव के कारण, कार्य-स्तर के निर्धारण का चयन पुरूष करते है जो भूमि जोतने का कार्य करते हैं और महिलाएं उस भूमि में मजदूरों के रूप में कार्य करती है। ध्यान देने योग्य है कि श्रम के व्यावसायिक विभाजन में महिलाएं अधिक कुशल कार्यों की बजाय कम कुशल कार्यों की ओर जा रही हैं। विकास की प्रक्रिया तथा प्रौद्योगिकी लैंगिक रूप से तटस्थ नहीं बन पाए हैं। चाहे कौशल की अर्जन हों या पूंजी उपकरणों का, उन तक केवल पुरूष वर्ग की ही बेहतर पहुंच रही है।

श्रम बल महिलाओं की अपर्याप्त सहभागिता के अतिरिक्त, महिला रोजगारों की अनिश्चितता भी बढ़ रही है। आचार्य और पटकर (1983) के अनुसार, निर्धन महिलाओं की रोजगार अनिश्चितता पुरूष वर्ग की तुलना में चार गुणा अधिक है। रोजगार की इस अनिश्चितता का कारण उनका जनसांख्यिकीय तकनीकी एवं सामाजिक कारकों जैसे कि - जाति, वर्ग या लिंग है।

रोजगार निर्माण तथा वेतन निर्धारण की भांति औद्योगिक तथा सेवा क्षेत्रों का भी यही चित्र है। संगठित औद्योगिक क्षेत्रों में समस्त सेवायोजन की दर 1950 में 2.5 करोड़ से बढ़कर 1970 के अंत तक 5 करोड़ तक पहुंच गई परन्तु महिला रोजगार की दर में 0.28 करोड़ से केवल 0.50 करोड़ की ही बढ़ोतरी हुई। दूसरी पंचवर्षीय योजना अपनाने के बाद भारत ने औद्योगिक उत्पादन तथा उत्पादकता के क्षेत्र में तेजी से प्रगति की है। भारत अब विश्व के सर्वश्रेष्ठ औद्योगीकृत देशों में से एक है। तथापि औद्योगीकरण तथा मशीनीकरण पर दबाव के कारण तीन प्रवृत्तियों उभरी हैं : प्रथम, पूंजी प्रकृष्ट तकनीक ने सामान्य रूप से रोजगार स्थिति को प्रभावित किया है। द्वितीय, आधुनिकीकरण ने महिलाओं को पुरूषों की अपेक्षा व्यापक रूप से प्रभावित किया है। आमतौर पर महिलाएं निम्न कौशल की नौकरियों का चयन कर रही हैं। आधुनिक कौशल एवं तकनीकी के नए वातावरण में

उनके लिए संभावनाएं बहुत कम हैं। तृतीय, महिलाओं के लिए अलग से शौचालय, क्रेच सुविधाएं आदि जुटाने तथा उनके रात्रि में कार्य करने की समस्या आदि के कारण अनेक नियोजक महिला कार्मिकों का चयन करने से परहेज करते हैं।

अतः कार्यकुशलता की कमी तथा नियोक्ता निषेध के कारण संगठित क्षेत्र में महिलाओं के लिए मार्ग बंद हैं। दूसरी ओर, असंगठित क्षेत्र में महिलाओं के लिए मार्ग बंद हैं। दूसरी ओर, असंगठित क्षेत्र में, औद्योगिक तथा सेवा क्षेत्र में बड़ी संख्या में महिलाओं की नियुक्ति की जाती है? इस क्षेत्र में, रोजगार, वेतन आदि के संबंध में कोई कानूनी संरक्षण नहीं है। इसके अलावा, यह भी देखा गया कि महिलाओं की कार्य करने की स्थितियां भी संतोषजनक नहीं है।

रोजगार में महिलाओं के लिए सहायक सरकारी योजना तथा कानूनी संरचना (supportive government scheme and legal framework for women in employment)

कानूनी रूप से 1976 का 'समान वेतन अधिनियम' पुरूष एवं स्त्री दोनों को समान कार्य के लिए समान वेतन की व्यवस्था का प्रावधान करता है। सर्वोच्च न्यायालय ने तारीख 13.08.1997 को जारी अपने एक आदेश में कार्यस्थल पर महिलाओं के यौन शोषण की रोकथाम के लिए कुछ निर्देश निर्धारित किए हैं। श्रम मंत्रालय ने भी निजी कर्मचारियों के संबंध में इन निर्देशों को लागू करने के लिए 1964 के औद्योगिक रोजगार (स्थाई आदेश) अधिनियम में संशोधन किया है।

महिला-रोजगार की गुणवत्ता में सुधार शिक्षा तथा कौशलयुक्त प्रशिक्षण तक पहुंच पर निर्भर करता है। इस बात को ध्यान में रखते हुए, भारत सरकार ने महिलाओं के लिए अनेक योजनाएं बनाई है जैसे कि:

1. श्रम मंत्रालय द्वारा 1974 में महिला व्यवसायिक प्रशिक्षण कार्यक्रम शुरू किया गया।
2. इस उद्देश्य के लिए एक 'पृथक महिला सेल' का भी निर्माण किया गया है और इसे महिला व्यावसायिक प्रशिक्षण निदेशालय के साथ जोड़ दिया गया है। इस निदेशालय के अंतर्गत संस्थागत संरचना में नोएडा में एक राष्ट्रीय व्यावसायिक प्रशिक्षण संस्थान तथा देश के विभिन्न भागों में 10 क्षेत्रीय प्रशिक्षण संस्थान शामिल हैं।
3. लगभग 765 संस्थान (इनमें 231 महिला औद्योगिक प्रशिक्षण संस्थान में 534 महिला विंग (ITI) / प्राइवेट ITI शामिल हैं) शिल्पकार स्तर पर महिलाओं के लिए व्यावसायिक प्रशिक्षण सुविधाएं प्रदान करने के लिए 46750 प्रशिक्षण सुविधाएं प्रदान करते हैं।
4. महिला कार्मिकों के हित को ध्यान में रखते हुए शिशुपालन केंद्रों को स्थापित करने के लिए मौजूदा श्रम कानूनों के संवैधानिक प्रावधान भी किए गए हैं।

महिलाएं और स्वास्थ्य (Women and Health)

स्वास्थ्य सुरक्षा मानव विकास का सबसे महत्त्वपूर्ण तत्त्व है। अच्छा स्वास्थ्य न केवल विकास का अंतिम उत्पाद है बल्कि आर्थिक विकास के लिए एक अनिवार्य शर्त भी है। बेहतर स्वास्थ्य

कर्मचारियों की बीमारी के कारण होने वाले उत्पादन के नुकसानों को कम करके आर्थिक वृद्धि में योग देता है। आय वृद्धि और स्वास्थ्य के बीच एक महत्त्वपूर्ण संबंध है। अच्छा स्वास्थ्य तथा आदर्श पोषण मूलभूत मानव विकास की आवश्यकता है। इसके बिना मनुष्य की प्रजनिक क्षमता भी समाप्त हो सकती है। अत: समाज में महिलाओं की स्थिति में सुधार के लिए स्वास्थ्य और पोषण पहली आवश्यकता है।

महिलाओं के स्वास्थ्य से जुड़े महत्त्वपूर्ण मुद्दों में शामिल हैं – कुपोषण, अपेक्षित माताओं पर शारीरिक एवं पोषणकारी दबाव, तनाव रजोनिवृत्त संबंधी अन्य रोग। महिलाएं जीवन के लगभग हर चरण में कुपोषण एवं बीमारी की समस्या से जूझती है।

चाहे परिवार हो या राज्य की कल्याणकारी एजेंसियां, महिलाओं की स्वास्थ्य सुविधाओं की प्राय, अनदेखी की जाती है। ऊर्जा तथा प्रोटीन के साथ-साथ आयरन, विटामिन 'ए' तथा आयोडीन की आपूर्ति पर अभी भी पर्याप्त ध्यान नहीं दिया जाता। यह स्थिति अपेक्षित तथा दूध पिलाने वाली माताओं के लिए गंभीर है। इस प्रकार की स्वास्थ्य एवं पोषणकारी समस्याओं का सामना करने के लिए वास्तविक कदम उठाने की आवश्यकता है। चिकित्सीय एवं पोषणकारी नीतियों के नाम पर महिला कल्याण के लिए जो थोड़ा बहुत किया गया है, उसने महिलाओं के कल्याण के अनेक पहलुओं को अनदेखा किया है। अत: पहला कदम यह होना चाहिए कि युवा कन्याओं में कुपोषण, प्रजनन अवस्था की महिलाओं में सर्वाइकल तथा ब्रैस्ट कैंसर तथा ऑस्टियोपोरोसिस एवं रजोनिवृत्त संबंधी समस्याओं के लिए समान रूप से निदान किया जाए। इसके अतिरिक्त, आय एवं शिक्षा भी स्वास्थ्य में सुधार को प्रोत्साहित करते हैं इन सभी आर्थिक नीतियों में, स्वास्थ्य में सुधार के लिए निर्धन वर्ग की आय को बढ़ावा देना भी प्रभावकारी है। यह इसलिए आवश्यक है ताकि एक गरीब व्यक्ति अपनी अतिरिक्त आय का प्रयोग स्वास्थ्य-सुधार, स्वच्छ जल एवं आवास के लिए कर सके।

स्वास्थ्य के प्रोत्साहन के लिए शिक्षा के विस्तार के लिए नीतियां भी कठिन हैं। जिन लोगों ने बेहतर शिक्षा प्राप्त की है, वे स्वास्थ्य सुविधाओं की जानकारी का उन लोगों की बजाय बेहतर लाभ उठा सकते हैं जो अधिक शिक्षित नहीं हैं। पारिवारिक स्वास्थ्य के लिए लड़कियों तथा महिलाओं का शिक्षित होना लाभकारी है क्योंकि महिलाएं ही खाना बनाने, घर की स्वच्छता, बच्चों की देखभाल आदि काम तथा परिवार के स्वास्थ्य की देखभाल करती हैं। अत: परिवार का संपूर्ण स्वास्थ्य प्रमुख रूप से महिलाओं पर निर्भर है।

महिलाएं और गरीबी (Women and Poverty)

पुरूषों की अपेक्षा महिलाओं के लिए निर्धनता अधिक हानिकारक है। निर्धनता या गरीबी के अनेक आयाम है। खराब स्वास्थ्य, कुपोषण, स्वास्थ्य-सेवाओं का अभाव, अपर्याप्त आश्रय का अभाव तथा खाद्य असुरक्षा का प्रभाव निम्न आय, निम्न कुशलता, शिक्षा तथा प्रशिक्षण आदि पर पड़ता है। आर्थिक सुरक्षा के अभाव का अर्थ प्राय: प्रवसन की उच्च दर माना जाता है और ऐसा देखा गया है कि निर्धन परिवारों का आकार प्राय: बड़ा होता है। ये लक्षण निर्धनता से जुड़े हैं तथा निम्न आय का कारण हैं। सुविधाओं, भूमि, शिक्षा तथा उत्पादन के अन्य साधनों के साथ-साथ सामाजिक दृष्टिकोण के साथ महिलाओं की निर्धनता प्रत्यक्ष रूप से जुड़ी है। महिलाओं के संरक्षण के लिए कुछ कानूनी प्रावधान करने के बावजूद, वास्तविक स्थिति कुछ और है। परिवारों को निर्धनता की स्थिति से बाहर निकालने

में महिलाओं की भूमिका महत्त्वपूर्ण है क्योंकि पारिवारिक आवश्यकताओं की पूर्ति के लिए वे अपनी आय का एक बड़ा भाग परिवार पर खर्च कर सकती है।

महिला प्रधान परिवार (Women headed family)

तृतीय विश्व में अनेक परिवारों में महिला प्रधान के प्रसंग तेजी से बढ रहे हैं। पुरूषों द्वारा नौकरी की खोज में मौसमी प्रवास अथवा घरेलू शहरी श्रम बाजारों में प्रवास के कारण ग्रामीण परिवारों में अनेक महिलाएं परिवार संभालती हैं। महिला-प्रधान परिवार निर्धन होते हैं क्योंकि घर में कमाने वाले लोग कम होते हैं तथा निर्भर लोग अधिक होते हैं। निर्धनता के कारण अनेक परिवारों में विधवा महिलाएं जो परिवार की प्रधान हैं, उन्हें अनेक कठिनाइयों का सामना करना पड़ता है।

महिलाओं की आय (Women Earnings)

संयुक्त प्रधान परिवारों में 'महिलाएं अवैतनिक घरेलू श्रम करके तथा अन्य आय प्रदान करने वाले अन्य कार्यों के द्वारा पारिवारिक आय में योग देती हैं। एक व्यापक सीमा तक, महिलाओं की निर्धनता का संबंध उनके कार्य की प्रकृति तथा उनसे प्राप्त होने वाले अल्प प्रतिफल से है। आधुनिक तकनीकों तथा पूंजी तक सीमित-पहुंच उनकी निम्न आमदनी का प्रत्यक्ष परिणाम है। महिलाओं को प्राय: ऐसे कार्य करने के लिए बाधित होना पड़ता है जिनमें श्रम अधिक होता है तथा उत्पादन कम और यही उनकी निम्न आय और गरीबी का कारण है। वास्तव में, सभी विकासशील देशो में पुरूषों की तुलना में महिलाएं नौकरी तथा घर, बच्चों के पालन पोषण, खाना बनाने आदि में अपना अधिक समय एवं योग देती हैं। बच्चों की देखभाल के साथ-साथ नौकरी के कारण महिलाओं के कार्य करने के घण्टों में तो बढ़ोतरी होती है, पर उनका अवकाश का समय कम हो जाता है। गरीबी का बोझ उस स्थिति में और भी अधिक बढ़ जाता है जब महिला आधुनिक अर्थव्यवसायी के अनुरूप कार्य कौशल के अभाव में श्रम बाजार में काम की तलाश करती है।

आर्थिक योगदान (Economic Contribution)

निम्न आय के परिवारों में महिलाओं की आमदनी का महत्त्व परिवार के आनुपातिक बजट, बच्चों के पोषणकारी स्तर को बढ़ावा देने तथा विपत्ति के समय प्रयोग पर निर्भर करता है। बेहतर परिवारों की अपेक्षा गरीब परिवारों में प्रधान महिलाओं की आमदनी का अनुपातिक रूप से अधिक महत्त्व है। महिलाओं की आमदनी तथा बच्चों के पोषण में संबंध दर्शाता है कि जिन माताओं की आमदनी अधिक हैं उनके बच्चों का स्वास्थ्य एवं पोषण स्तर उन बच्चों से बेहतर है जिनकी माताओं की आमदनी कम है।

विकासशील देशों में गरीब महिलाओं की औपचारिक एवं अनौपचारिक श्रम बाजार में बढ़ती हुई सहभागिता परिवार की वास्तविक आय की कमी को पूरा कर देती है। निर्धन श्रमिक महिलाएं अपना अधिक-से-अधिक समय कृषि कार्यों तथा निम्न उत्पादकता के असंगठित क्षेत्रीय कार्यों में व्यतीत करके परिवार की आर्थिक आवश्यकताओं तथा खाद्य असुरक्षा की कमी को पूरा करती हैं।

महिलाओं को आर्थिक अवसर प्रदान करने तथा उनकी आमदनी को बढ़ाने के लिए गरीबी-विरोधी रणनीतियां बनाई जानी चाहिए।

महिलाएं और पर्यावरण (Women and Environment)

औद्योगिक विकास की तीव्र गति के प्रभाव के कारण, महिलाओं की स्थिति और भी खराब होती जा रही है, क्योंकि तीव्र गति से पर्यावरण के ह्रास के कारण वे अपनी आजीविका के लिए कठिन संघर्ष कर रही हैं। वे प्राकृतिक स्रोत जिनसे वे अपने परिवारों का भरण-पोषण करती हैं, उनका ह्रास होता जा रहा है। महिला एवं प्रकृति का संबंध भी लैंगिक समस्याओं का एक महत्त्वपूर्ण मुद्दा है जो सभी समाजों को प्रभावित करता है। चाहे सरकारी संस्थाओं की बात हो, तकनीकी की या प्राकृतिक संसाधनों के प्रबंधन की बात हो, सभी व्यवस्थाओं से संबंधित निर्णय व्यापक पैमाने पर पुरूषों द्वारा लिए जाते हैं। और इन निर्णयों के पालन की अपेक्षा महिलाओं से भी जाती है। समाज में मौजूद लैंगिक विषमता के कारण आज महिलाएं अनेक समस्याओं का सामना कर रही हैं।

प्रकृति संवेदनशील है। शहरों में लोगों के लिए प्रकृति के संबंध में जल प्रदूषण, अपशिष्ट प्रबंधन, वायु प्रदूषण, भीड़-भाड़, शोर आदि चिंताजनक विषय हैं। लोग जल, ऊर्जा, आवाजाही तथा अन्य सेवाओं की अनापूर्ति (कमी) की समस्या का भी सामना कर रहे हैं। बहुधा जैसे-जैसे शहरों का आकार बढ़ रहा है, लोगों की सुरक्षा एवं स्वास्थ्य में गिरावट आ रही है। पर्यावरण अधोगति का प्रमुख कारण अनियंत्रित औद्योगिक क्रियाकलाप एवं दूषित परिवहन व्यवस्था है जिसका मुआवजा आम नागरिक खासकर महिलाओं और बच्चों को भोगना पड़ता है। ग्रामीण क्षेत्रों में पर्यावरणीय समस्याओं का संबंध मुख्यतः उत्पादक संसाधनों जैसे कि - भूमि, मृदा, जल तथा वनों आदि से है। नदियां एवं जलाशय सूख रहे हैं तथा जंगल मरूस्थलों में बदल रह हैं। खाद्य फसलों तथा औषधि का आधार कही जाने वाली आनुवांशिक भिन्नता लगातार समाप्त होती जा रही है।

ग्रामीण एवं शहरी महिलाएं पर्यावरण अधोगति की संकल्पना से अज्ञात हैं, परन्तु उनके चयन सीमित हैं और उनके उत्तरदायित्व कहीं अधिक हैं। ग्रामीण महिलाएं सीमित संसाधनों जैसे कि ईंधन की लकड़ी, जल मिट्टी की ऊपरी सतह का प्रयोग इसलिए नहीं करती कि ये आसान विकल्प है, बल्कि इसलिए कि उन्हें इनकी आवश्यकता है ताकि वे अपने बच्चों के भविष्य के लिए कुछ बचत कर सकें। अधिकांश महिलाएं प्राकृतिक पर्यावरण को बनाए रखने की हर संभव कोशिश करती है।

महिलाओं के जीवन के लिए न केवल भौतिक पर्यावरण, बल्कि सामाजिक, सांस्कृतिक तथा बौद्धिक पर्यावरण भी समान महत्त्व रखते हैं। और हाँ, विभिन्न प्रकार के पर्यावरण एक दूसरे से पृथक नहीं है, बल्कि वे आपस में प्रतिक्रिया करके स्थिति को और खराब बना सकते हैं।

भूमिगत अधिकारों का मुद्दा तथा भूमि की प्राप्ति भी एक गंभीर मुद्दा है। प्रायः महिलाएं जिस भूमि पर काम करती हैं वह उनकी अपनी भूमि नहीं होती। ऐसे बहुत कम मामले हैं जब ऐसे भूमि के विषय में पर्यावरण सुधार संबंधी निर्णय उनके नियंत्रण में हो रहे हो। महिलाएं चाहें समान स्तर के परिणामों को प्राप्त करने के लिए कितने भी प्रयास कर लें, पर्यावरण की अधोगति निरंतर हो रही है। हालांकि यह महिलाओं के लिए प्राथमिकता का विषय है, परन्तु प्रशासन तथा नीति-निर्माताओं द्वारा उनकी किसी-न-किसी प्रकार से उपेक्षा की जाती हैं।

महिलाएं तथा कानूनी संरक्षण (Women and Legal Protection)

महिला परिवार का केन्द्र होती है और जब उसे अपने ही घर में यंत्रणा दी जाती है तो वह न केवल शारीरिक बल्कि मानसिक और भावात्मक रूप से भी झकझोर दी जाती है। हिंसा, अत्याचार तथा दहेज उत्पीड़न आदि की शिकार औरतों के संरक्षण के लिए अनेक कानून लागू किए गए हैं। पर इन कानूनों को प्रभावी ढंग से क्रियान्वित न किए जाने के कारण महिलाएं लगातार मानसिक एवं शारीरिक रूप से उत्पीड़ित की जा रही हैं। भारत का संविधान पुरूष एवं स्त्री दोनों को समान रूप से मौलिक अधिकारों की गारण्टी प्रदान करता है। अनुच्छेद 14 में कानून के समक्ष समानता की बात की गई है। अनुच्छे 15 के अनुसार 'धर्म, वंश, जाति, लिंग, जन्म स्थान आदि के आधार पर भेदभाव की मनाही है, परन्तु महिला जनसंख्या का अधिकांश भाग उपेक्षित है तथा अपने कानूनी अधिकारों से भी अनभिज्ञ है। उन्हें यह भी नहीं पता कि वे विपत्ति के समय कहां जाएं अथवा सहायता के लिए किस से संपर्क करें। परिणामस्वरूप वे शारीरिक उत्पीड़न, दहेज, सामाजिक विकृतियों तथा अन्य प्रकार की हिंसाओं जैसे कि एसिड फेंके जाने और हत्या आदि की शिकार हो रही हैं।

उपरोक्त समस्याएं खराब आर्थिक स्थिति, शिक्षा के अभाव, खासकर कानूनी शिक्षा के अभाव में खड़ी होती हैं। महिलाएं न तो अपने कानूनी अधिकारों को जानती है और न ही उन्हें इस बात का ज्ञान है कि किस प्रकार इन अधिकारों का उपयोग किया जाए। इसके अतिरिक्त न्यायिक विलंब तथा न्याय हासिल करने पर होने वाला खर्च भी समस्या को और बढ़ा देता हैं। महिलाओं को उनके दर्जे, महत्त्व, अधिकारों एवं दावों से अवगत कराने के लिए कानूनी जागरूकता अत्यंत आवश्यक तत्व है ताकि महिलाएं शांतिपूर्ण एवं सम्मानजनक जीवन प्राप्त कर सकें। केवल कानूनी जागरूकता ही महिलाओं के लिए एक बेहतर जीवन का मार्ग प्रशस्त कर सकती है तथा उन्हें एक प्रतिष्ठित एवं सुरक्षित जीवन का अवसर प्रदान कर सकती है।

महिला-हितों के संरक्षण के लिए कानून (Acts to Protect Women Interests)

1. **विवाह अधिनियम :** यह अधिनियम स्थाई निर्वाह-व्यय एवं संभरण, बच्चों की अभिभावकता तथा तलाक के संबंध में जानकारी प्रदान करता है।
2. **अभिभावकता अधिनियम :** यह अधिनियम गोद लेने कानूनी रूप से गोद लेने की शर्तों, गोद लेने के प्रभाव आदि, पत्नी, विधवा बहु, बच्चों, बूढ़े मां-बाप तथा अन्य निर्भरतशील लोगों की अभिभावकता की जानकारी देता है।
3. **उत्तराधिकार अधिनियम :** यह अधिनियम महिला-अधिकारों का संपत्ति के संबंध में, विधवा पुनर्विवाह अधिनियम, घरेलू हिंसा तथा उत्पीडन से राहत, समान कार्य के लिए समान वेतन, कामकाजी महिलाओं के अधिकारों, यौन शोषण के विरूद्ध न्याय के अधिकार आदि का वर्णन करता है।

यह बात स्पष्ट है कि यदि महिलाएं तथा लड़कियां अपने अधिकारों से परिचित हों तो वे अपने अधिकारों के लिए लड़ सकती हैं तथा पारिवारिक प्रतिष्ठा, बच्चों के भविष्य, आर्थिक समस्याओं एवं तलाक के भय आदि से छुटकारा पा सकती हैं। अत: महिला अधिकारों तथा समाज एवं महिलाओं के बीच समानता के संबंध में जागरूकता एवं ज्ञान फैलाना अत्यंत आवश्यक है। महिलाओं को अपनी

समस्याओं से मुक्त होने के लिए अपने कानूनी अधिकारों तथा मूलभूत मानवाधिकारों से परिचित होना बेहद जरूरी है। तभी एक हिंसा मुक्त समाज का निर्माण संभव है।

निर्णय-निर्माण प्रक्रिया तथा राजनीति में महिलाएं (Women in Decision Making and Politics)

महिला-आंदोलन में महिलाओं का सशक्तीकरण एक महत्त्वपूर्ण मुद्दा है। सशक्तीकरण में 'शक्ति' शब्द निहित है जिसका प्रयोग व्यक्ति तथा समूहों के बीच आर्थिक, सामाजिक एवं राजनीतिक संबंधों में किया जाता है। शक्ति की संसाधनों एवं विचारधारा पर नियंत्रण के रूप में परिभाषित किया जा सकता है। इस दृष्टिकोण से महिलाएं अशक्त हैं, क्योंकि उनका संसाधनों पर कोई नियंत्रण नहीं है। अतः महिलाओं के पास नीति-निर्माण संबंधी शक्तियां भी नहीं है, जबकि ऐसे असंख्य नीति एवं निर्णय बनाए जाते हैं जो महिलाओं को प्रतिदिन प्रभावित करते हैं।

नीति-निर्माण प्रक्रिया में बड़ी संख्या में महिलाओं की सहभागिता हो तो मौजूदा स्थिति में तेजी से परिवर्तन आ सकता है। इससे विभिन्न स्तरों पर महिलाओं की सहभागिता का लोक यदि नीति पर सकारात्मक प्रभाव पड़ेगा। महिलाओं के मुद्दे सामाजिक मुद्दों में परिवर्तित हो जाएंगे। महिलाओं के लिए सबसे जटिल भूमिका असमानता एवं अन्याय का सामना करना है। यह न केवल महिलाओं के लिए अपितु सभी के लिए एक जटिल भूमिका है। जन-जीवन में सहभागिता के अनेक पहलू हैं। इसमें ऐसी गतिविधियां शामिल हैं जिनका समूहों एवं समुदायों पर प्रबल प्रभाव पड़ता है, इसमें ऐसी शक्ति है जो निर्वाचित प्रतिनिधियों पर प्रभावी दबाव डालती है। यह नीति-निर्माण प्रक्रिया एवं राजनीति को भी प्रभावित करती है। शक्ति के महत्वपूर्ण एवं प्रभावी क्रियान्वयन के लिए बड़ी संख्या में महिलाओं को महत्त्वपूर्ण स्तरों पर प्रतिष्ठित किया जाना चाहिए। उन्हें इन उत्तरदायित्वों का वहन करने के लिए पर्याप्त साधन सुलभ कराने की आवश्यकता है। हमारा संविधान महिलाओं को समान अधिकार प्रदान करता है। महिलाएं राजनीतिक प्रक्रिया में वोटर के रूप में, निर्वाचन में खड़े होने के लिए उम्मीदार के रूप में, राष्ट्रीय संसद एवं राज्य सभाओं में विचार-विमर्श के लिए तथा विभिन्न स्तरों पर सरकारी कार्यालयों में भाग ले रही है। जनसांख्यिकीय एवं धर्मनिरपेक्ष भारत जीवन के हर क्षेत्र में महिलाओं की विशाल सहभागिता के लिए परिस्थितियां जुटाने का प्रयास किया जा रहा है और इसके लिए अवसरों की समानता की गारण्टी प्रदान की गई है। इसके बावजूद भी राष्ट्रीय एवं स्थानीय स्तरों पर राजनीति एवं नीति निर्माण प्रक्रिया में व्यावहारिक रूप से महिलाओं की सहभागिता बहुत कम है। भारत जैसे विषमता वाले देश में असमानता की समस्या का सामना करना एक बहुत बड़ी चुनौती है। यह विषमता विचारों, संस्थाओं, सांस्कृतिक एवं सामाजिक प्रतिबंधों से जुड़ी हुई है जिसका विकास शताब्दियों से होता आ रहा है। अब इस बात पर सहमति बन चुकी है कि प्रत्येक स्तर पर नीति-निर्माण प्रक्रिया में महिलाओं की सहभागिता आवश्यक है। महिलाओं का विशिष्ट अनुभव एवं दृष्टिकोण समस्याओं तथा समाधानों की परिभाषा को बदलेगा तथा उन्हें सशक्त भी करेगा। महिलाओं की सहभागिता लोकतांत्रिक प्रक्रिया का अभिन्न अंग है जो नागरिक जीवन में समानता की स्थापना के लिए अतयन्त आवश्यक है। चूंकि महिलाएं जनसंख्या का आधा भाग हैं इसलिए प्रत्येक स्तर पर नीति निर्माण प्रक्रिया में उनकी उपेक्षा करना असंगत है।

मानव संसाधनों के कल्याणकारी एवं विकासोन्मुख क्षेत्रों में महिलाओं का कुछ प्रतिनिधित्व है। इनमें शिक्षा, संस्कृति एवं महिलाएं तथा बाल विकास जेसे क्षेत्र शामिल हैं। सरकार के अन्य खंडों

में भी सीमित प्रतिनिधित्व है। परन्तु राजनीतिक क्षेत्र में पर्याप्त प्रतिनिधित्व नहीं है। राजनीतिक दल अभी भी महिला प्रत्याशियों को लेने से कतराते हैं। चुनावी अभियान का ऊंचा व्यय महिलाओं के लिए बाधा है। संसदीय सहभागिता के कुछ अध्ययन दर्शाते हैं कि महिलाओं से संबंधित मुद्दों जैसे कि - स्वास्थ्य, कल्याण, महिलाओं के विरूद्ध अत्याचार, दहेज एवं मानवाधिकारों का अतिक्रमण आदि में सक्रिय सहभागिता दिखाती है।

1995 में बीजिंग में महिलाओं से संबंधित संयुक्त राष्ट्र सम्मेलन ने विश्व को नीति निर्माण प्रक्रिया में महिलाओं की समान सहभागिता की समस्या का अनिवार्य रूप से निदान करने के लिए सावधान किया। बीजिंग मंच ने एक दशक से भी कम समय में नीति निर्माण प्रक्रिया में महिलाओं की सहभागिता दर में 10 प्रतिशत से 14 प्रतिशत तक की वृद्धि का दावा किया। इस उद्देश्य को जागरूकता निर्माण, नेटवर्किंग, गतिशीलता, राजनीतिक सुधारों तथा कानूनी कार्यवाही के माध्यम से प्राप्त किया जाएगा।

महिलाओं की सहभागिता के मार्ग की बाधाओं का निराकरण तथा संस्थात्मक सुधार ऐसी दो दीर्घकालिक रणनीतियां हैं जिनके परिणामस्वरूप लोकतांत्रिक भारत की राजनीति एवं नीति निर्माण प्रक्रिया में लैंगिक न्याय को लेकर राष्ट्रीय सर्वसम्मति का निर्माण करने में सफलता प्राप्त हुई है। भारतीय संविधान में 73वें तथा 74वें संशोधनों के द्वारा देश के ग्रामीण एवं शहरी क्षेत्रों के स्थानीय स्वशासन संस्थाओं में महिलाओं के लिए 33 प्रतिशत सीटों के आरक्षण की सुनिश्चितता प्रदान की गई है। इसके द्वारा एक आश्चर्यजनक बदलाव हुआ है। अब 1.3 करोड़ से भी अधिक संख्या में महिलाएं नीति-निर्माण प्रक्रिया में भाग ले सकती है। ये महिलाएं शासन में भाग लेकर अब महिलाओं के पक्ष में नीति-निर्णयों को प्रभावित कर सकती है।

पीने का पानी, स्वच्छता, शिक्षा, आय प्रदान करने वाले अवसर, प्रतिष्ठा की सुरक्षा, बाल रक्षा, वृद्ध लोगों की देखभाल, हिंसा से मुक्ति तथा जन-अधिकारियों की पारदर्शिता एवं जवाबदेही अब आधारिक स्तर पर राज्य की चिंता के प्रमुख विषय बन गए हैं। अब यह जानना जरूरी है कि भारतीय समाज ने देश में महिला नीति-निर्माताओं के माध्यम से एक नई क्षमता का विकास किया है। नीति निर्माण तथा राजनीतिक प्रक्रिया में महिलाओं की सहभागिता में सुधार के लिए आवश्यक है कि उनकी सहभागिता के मार्ग में आने वाली बाधाओं को पहचानकर उन्हें दूर करने का प्रयास किया जाए। बहुधा, संरचनाएं तथा सामाजिक परम्पराएं प्रमुख बाधाएं हैं जिनकी उत्पति सामाजिक परिस्थितियों से हुई है। सरकारी तथा गैर-सकारी पहल द्वारा नीति निर्माण प्रक्रिया में महिलाओं की सहभागिता को बढ़ावा दिया जाना चाहिएं यह मानना गलत है कि महिलाओं की भूमिका केवल घर तथा बच्चों का पालन पोषण करना है। लोकतंत्र को समृद्ध करने के लिए उनकी प्रतिभा का प्रयोग किया जाना चाहिए। ऐसी प्रतिभाओं की प्रत्यक्ष उदाहरण हैं - श्रीमती प्रतिभा पाटिल। 25 जुलाई 2007 को देश की सर्वप्रथम महिला राष्ट्रपति के रूप में उन्होंने राष्ट्रपति पद सुशोभित करके यह सिद्ध कर दिया है कि महिलाएं किसी भी दृष्टिकोण से पुरूषों से कम नहीं हैं। यह राष्ट्र के लिए एक गौरव की बात है तथा नारी-जाति के लिए एक आदर्श है। नीति-निर्माण संस्थाओं में महिलाओं की इस प्रकार की सहभागिता से निश्चय ही महिला सशक्तीकरण को दृढ़ करने में प्रोत्साहन मिलेगा। आशा है कि भविष्य में महिलाएं और भी नए कीर्तिमान स्थापित करेगीं। यही वह समय है जब सकारात्मक कदम उठाकर हमारे समाज की पितृसत्तात्मक मनोवृत्ति को बदला जाए तथा एक ऐसे वातावरण का निर्माण किया जाए जिससे महिलाओं में स्वाभिमान का भाव जागृत हो तथा वे अपनी क्षमता को पहचानें तथा राष्ट्र निर्माण प्रक्रिया में अपना योग दें।

महिलाओं के आर्थिक विकास में सरकार भी भूमिका (Role of Government in Women Economic Development)

महिलाओं तथा बच्चों के जीवन के संपूर्ण विकास एवं जीवन स्तर में सुधार के लिए अनेक सरकारी योजनाएं बनाई गई हैं। इन योजनाओं ने उनकी स्थिति में सुधार के लिए महत्त्वपूर्ण भूमिका निभाई हैं। परन्तु अभी भी आबादी का उपेक्षित एक बड़ा भाग इन योजनाओं का लाभ प्राप्त नहीं कर सका है। इस दिशा में अनेक गैर-सरकारी संस्थाएं कार्य कर रही हैं। इसके बावजूद वे बड़ी संख्या में जरूरतमंद लोगों तक नहीं पहुंच पाती, क्योंकि अनेक लोग इन योजनाओं की उपेक्षा करते हैं। इसके अलावा, गैर-सरकारी संस्थाओं पर आर्थिक दबाव भी है। तथापि, भारत सरकार के महिला एवं बाल विकास विभाग द्वारा तीन स्वायत्त संगठनों की स्थापना की गई है तथा अनेक ऐसी योजनाएं हैं जिनके माध्यम से गैर सरकारी संगठन वित्तीय एवं तकनीकी सहायता प्राप्त कर सकते हैं।

तीन स्वायत्त संगठन जिनके माध्यम से कल्याणकारी योजनाएं चलाई जा रही हैं, इस प्रकार हैं -

1. जन सहयोग एवं बाल विकास के लिए राष्ट्रीय संस्थान (NIDCCD)
2. राष्ट्रीय महिला कोष (RMK)
3. केंद्रीय समाज कल्याण बोर्ड (BSWB)

उपरोक्त स्वायत्त संगठनों के माध्यम से महिला एवं बाल विकास विभाग द्वारा निम्न योजनाएं चलाई जा रही हैं :

1. प्रशिक्षण एवं रोजगार कार्यक्रम सहायता (STEP)
2. महिलाओं के लिए रोजगार एवं आय प्रदान करने हेतु प्रशिक्षण व उत्पादन इकाइयों की स्थापना (NORAD)
3. कामकाजी महिलाओं के लिए डे केयर सेंटर के साथ-साथ होस्टलों का निर्माण एवं विस्तार।
4. लड़कियों एवं महिलाओं के लिए अस्थायी निवास ग्रह (SSH)
5. महिलाओं के विरूद्ध अत्याचार के निवारण के लिए शिक्षण कार्य।
6. बालिका समृद्धि योजना (BSY)
7. महिला तथा बाल विकास के क्षेत्र में स्वैच्छिक संगठनों को सामान्य अनुदान सहायता।
8. महिला एवं बाल विकास के लिए स्वैच्छिक संगठनों को संगठनात्मक सहायता।
9. अनुसंधान एवं प्रकाशन के लिए अनुदान सहायता।

उपरोक्त योजनाओं के अतिरिक्त, केंद्रीय समाज कल्याण बोर्ड (CSWB) महिलाओं के लिए निम्नलिखित, कल्याणकारी कार्यक्रम लागू करता है:

1. जागरूकता - निर्माण कार्यक्रम (AGP)
2. महिलाओं के लिए शिक्षा का सधन पाठ्यक्रम
3. सामाजिक-आर्थिक कार्यक्रम (SEP)
4. परिवार सलाहकारी केंद्र

5. कामकाजी महिलाओं के होस्टल
6. कामकाजी/बीमार महिलाओं के बच्चों के लिए क्रेच/पे केयर सेंटर।

हाल ही में, भारत सरकार ने महिलाओं के आर्थिक विकास के लिए निम्नलिखित कल्याणकारी योजनाएं एवं नीतियां लागू की हैं :

महिला संख्या कार्यक्रम (The Mahila Samakhya Programme)

यह कार्यक्रम एक ऐसा शिक्षण वातावरण तैयार करता है जहां महिलाएं सामूहिक रूप से सूचना एवं ज्ञान की मांग कर सकें तथा परिवर्तन के लिए आगे बढ़ें, एवं अपने जीवन का निर्णय स्वयं करें।

स्वयं सिद्ध (Swayamsidha)

यह महिला सशक्तीकरण की एक संपूर्ण योजना है। यह महिलाओं के स्वयंसेवी संगठनों के निर्माण पर आधारित है एवं इसका उद्देश्य गतिशीलता, जागरूकता निर्माण तथा विभिन्न योजनाओं के माध्यम से महिला का सपूर्ण रूप से सशक्तीकरण करना है।

स्व-शक्ति परियोजना (Swa-Sakti Project)

इस परियोजना को ग्रामीण महिला विकास एवं सशक्तीकरण परियोजना भी कहा जाता है। इसका उद्देश्य स्वास्थ्य, शिक्षा, आत्मबल, आय को बढ़ाने के लिए कौशल प्रशिक्षण एवं रोजगार के अवसरों के माध्यम से बेहतर जीवन स्तर के लिए संसाधन प्राप्त करने हेतु बढ़ावा देना है।

महिलाओं तथा बच्चों के लिए कृत्यक बल (Task force for Women and Children)

महिलाओं के विकास के संबंध में सरकार ने अगस्त 2000 में श्री के.सी.पंत की अध्यक्षता में महिलाओं तथा बच्चों के लिए कृत्यक बल का निर्माण किया। इसकी अप्रैल 2002 में दी गई रिपोर्ट में, महिला तथा बाल विकास विभाग के लिए एक अंर्तनुसचिवीय स्थाई समिति के गठन का सुझाव दिया गया है। इस संबंध में सरकार के संबंधित मंत्रालयों तथा विभागों ने आवश्यक कार्यवाही की पहल की है।

घरेलू हिंसा संरक्षण अधिनियम - 2002 (Protection from Domestic Vionece Bill - 2002)

व्यापक रूप से व्याप्त घरेलू हिंसा की प्रक्रिया से निपटने के लिए संसद में घरेलू हिंसा संरक्षण अधिनियम 2002 प्रस्तुत किया गया। इस अधिनियम के अनुसार संरक्षण अधिकारी घरेलू हिंसा से पीड़ित व्यक्ति को हिंसा से संरक्षण के लिए आश्रय स्थल, स्वास्थ्य सेवा तथा कानूनी सहायता प्रदान करने में मदद करेगी।

73वां तथा 74वां संवैधानिक संशोधन (1993) (73rd and 74th Constitutional Amendments (1993))

बुनियादी स्तर पर महिलाओं की राजनीतिक सहभागिता बढ़ाने के लिए 73वें एवं 74वें संवैधानिक संशोधनों के द्वारा उन्हें गरीबी के कुचक्र से निकालने का प्रयास किया गया है। ये अधिनियम शहरी स्थानीय निकायों (जिन्हें नगरपालिका नगरपरिषद तथा नगर पंचायत में विभाजित किया गया है) की भांति ग्रामीण स्तर पर भी निर्वाचन प्रक्रिया में महिलाओं के लिए 1/3 सीटें आरक्षित करने की सुनिश्चितता प्रदान करते हैं।

महिला आरक्षण विधेयक (संविधान का 84वां संशोधन) (Women Reservation Bill (84th Amendemnt of the Constitution))

संसद में अनेक बार पेश होने तथा विरोध प्रदर्शन के बावजूद लोकसभा में महिला आरक्षण विधेयक एक बार फिर पेश किया गया है। इस विधेयक के तहत महिलाओं के लिए 33 प्रतिशत के आरक्षण की मांग की गई है। पिछले कई सालों से इस विधेयक पर चर्चा तो खूब होती रही है, लेकिन संसद में पेश करना बार-बार टलता भी रहा है। चुनाव आयोग की दलील है कि आरक्षण के लिए संविधान में संशोधन की बजाय अगर इसे जन प्रतिनिधित्व कानून में संशोधन के तहत लाने का मन बनाया जाए, तो कामयाबी मिल सकती है।

महिलाओं के लिए रात्रि मे कार्य की व्यवस्था (Work for Women in the late Night Shifts)

29 मार्च, 2005 को संघीय सरकार ने फैक्ट्री अधिनियम में संशोधन का प्रस्ताव पेश किया ताकि कुछ उद्योगों में महिलाओं की प्रतिष्ठा एवं सुरक्षा को ध्यान में रखते हुए रात्रि में भी कार्य करने की अनुमति प्रदान की जाए तथा उन्हें समान अवसरों के साथ-साथ स्वास्थ्य एवं व्यावसायिक सुरक्षा भी प्रदान की जाए।

जनानी सुरक्षा योजना (Janani Surksha Scheme)

आर्थिक मामलों से संबंधित कैबिनेट समिति (CCEA) ने जनानी सुरक्षा योजना अर्थात् प्रसूति लाभ योजना पर सहमति जताई। इस योजना ने 30 मार्च, 2005 को राष्ट्रीय प्रसूति लाभ का स्थान ले लिया है। इस योजना का उद्देश्य मातृ तथा शिशु मृत्युदर में कमी लाना तथा गरीबी रेखा से नीचे के परिवारों की गर्भवती महिलाओं को लाभ प्रदान करना तथा प्रसवपूर्व देखभाल को बढ़ावा, संस्थात्मक प्रसव एवं पोस्ट मार्टम केयर के लिए प्रावधान करना है जो न केवल माँ के स्वास्थ्य के लिए आवश्यक बल्कि नवजात शिशु के स्वास्थ्य पर भी विशेष रूप से प्रभाव डालता है।

निष्कर्ष (Conclusion)

हालांकि भारतीय विकास योजना का उद्देश्य हमेशा आर्थिक विकास की प्रक्रिया से असमानता को दूर करना रहा है ताकि विकास का लाभ सभी तक पहुंच सके, परन्तु यह स्पष्ट है कि महिलाओं को इसका पूर्ण लाभ नहीं मिला। अनेक सामाजिक, आर्थिक, सांस्कृतिक एवं राजनीतिक बाधाओं के कारण, महिलाओं की सहभागिता संतोषजनक नहीं रही। चूंकि महिलाएं जनसंख्या का आधार भाग हैं, इसलिए विकास का कोई भी प्रयास तब तक पूर्ण नहीं माना जा सकता, जब तक आर्थिक विकास की मुख्यधारा में महिलाओं को शामिल न किया जाए। 90 के दशक के बाद प्रमुख रणनीति महिला सशक्तीकरण की ओर मुड़ी।

अनुभव सिद्ध पर्यवेक्षण दर्शाते हैं कि महिलाओं की स्थिति में सुधार के लिए विकास के जितने भी प्रयास किए गए है, वे सभी अधिक पोषणकारी एवं बेहतर रहे हैं। पुरूष एवं स्त्री 'प्रगति' रूपी पहिये के दो पहलू हैं। अगर भारत पांच दशक के विकास नियोजन के बावजूद भी HDI में एक अच्छा स्थान पाने में सफल नहीं हुआ, तो इस पर दोबारा दृष्टि डालने की जरूरत है। जितनी भी थोड़ी बहुत प्रगति हुई है, वह भारत जैसे बड़े देश के लिए बहुत कम है। अर्थव्यवस्था के विश्वीकरण एवं उदारीकरण के दौर में हमारे सामने एक नई चुनौती खड़ी हो गई है। वास्तव में, यदि हम इसे चुनौती के रूप में लें, तो इससे बाहर आ सकते हैं। हम कल्पना चावला, सानिया मिर्जा, किरन मजूमदार शॉ, रितु बेरी तथा और भी अन्य महिलाओं से भी कुछ बेहतर करके दिखा सकते हैं।

कल्याण तथा विकास अर्थशास्त्र पर 1998 में अर्थशास्त्र के लिए नोबेल पुरस्कार विजेता अमर्त्य सेन के विचार एवं दृष्टिकोण 2000/2001 की विश्व बैंक विश्व विकास रिपोर्ट में प्रत्यक्ष रूप से स्पष्ट होते हैं जिनके विषय का मुद्दा है कि किस प्रकार गरीब लोगों के अधिकारों, क्षमताओं एवं स्वतंत्रता का विस्तार किया जाए। समाज के कमजोर वर्गों के साथ भेदभाव एवं उपेक्षा करने वाली देश की संस्थागत संरचनाओं से निपटना एक प्रमुख चुनौती है। कानून, नौकरशाही, धर्म, रीति-रिवाज और परम्पराएं सभी अपनी-अपनी भूमिका निभाते हैं। महिला-सशक्तीकरण में राज्य सहायक भूमिका निभा सकता है। महिलाओं को उनके विकास के अधिकारों से वंचित करना मानवाधिकारों के अतिक्रमण के समान है। हमें यह नहीं भूलना चाहिए कि राष्ट्र का भविष्य महिलाओं (नारी जाति) पर निर्भर है। "वे हाथ जो पालने को झुलाते हैं, वे दुनिया भी चलाते हैं।"

References:

Amaresh Dubey, Veronica Pala and Eugene D.Thomas: 'Workforce participation of Women in Rural India: The Role of Education,' *The Indian Journal of Labour Economics* Vol.47, No.4, 2004, p.749

Bloom D. and Williamson (1998): "Demographic Transition and Economic Miracles in Emerging Asia, *World Bank Economic Review* (12(3) 419-55.

Boserup Ester (1970): Women's Role in Economic Development, St.Martin: Fertility and Labour Force participation in the Philippines (1968), working paper No.2, *World Employment Programme,* ILO, Geneva.

Doller D. and R. Gatti (1999): Gender Inequality, Income and Growth: Are Good Times for Women? Policy Research Report, *Engendering Development,* Working paper No.I, Washington D.C.

Fuller, Bruce (1986): "Raising school Quality in Developing Countries: What Investment Boost Learning 'World Bank, Discussion Paper No. II, World Bank, Washington D.C.

Government of India Economic Survey, 2000-2001.

Heyneman SP and Luxley W. (1983): "The effect of Primary School Quality on Academic Achievement across Twenty – nine High and Low Countries" *American Journal of Sociology,* Vol.88, No.6, p.1162-94.

Klasen S. and Claudia Wink (2002): *"A Turning Point in Gender Bias in Mortality? Population and Development Review* 28(2) P.285-312

Madheswaran and Sangeetha Shroff: Education, Employment and Earning for Scientific and Technical Workforce in India: Gender Issues, *The Indian Journal of Labour Economics,* Vol.43, No.1, 2000 P.121-137.

Schultz T.P. (1987): 'School Expenditure and Enrollments 1960-80: The effect of income, prices and population growth' in Gale Johnson D and Lee, Ronald D. (eds) *Population Growth and Economic Development: ssues and Evidences,* University of Wiscosin Press Madison.

Batliwala, Srilatha (1994): 'The meaning of women's Empowerment: New concepts from action' in Gita Sen, Adrienne Germaine, Lincoln chen (eds), *Population Policies Reconsidered: Health, Empowerment and Rights,"* Harvard School of Public Health, Boston.

Dixon – Mueller, Ruth (1989):'Patriarchy, Fertility and Women's Work in Rural Societies' in International Union for the Scientific Study of Population , International Population Conference, New Delhi, 1989.

Fuller, Bruce (1986) "Raising School Quality in Developing Countries: What Investment Boost Learning", World Bank, Discussion Paper No. 2, World Bank, Washington D.C.

Government of India Economic Survey 2000-2001.

Heyneman, S.P. and Loxley, W. (1983), "The Effect of Primary School Quality on Academic Achievement across Twenty-nine High and Low Income Countries", *American Journal of Sociology*, Vol.88, No. 6, p. 1162-94.

Klasen, S and Claudia Wink (2003), "A Turning Point in Gender Bias in Mortality?" *Population and Development Review*, 28(2) P.285-312.

Mathew, Eran and Sangeeta Shroff, Education, Employment and Earning for Scientific and Technical Work force in India: Gender Issues, *The Indian Journal of Labour Economics*, Vol.43, No.1, 2000, P.121-134.

Schultz, T.P. (1987), "School Expenditure and Enrolments 1960-80: The Effect of income, prices and population growth" in Gale Johnson D and Lee, Ronald D. (eds) *Population Growth and Economic Development: Issues and Evidence*, University of Wisconsin Press, Madison.

Batliwala, Srilatha (1994) "The meaning of women's Empowerment: New concepts from action" in Gita Sen, Adrienne Germain, Lincoln Chen (eds), *Population Policies Reconsidered: Health, Empowerment, and Rights*, Harvard School of Public Health, Boston.

Dixon-Mueller, Ruth (1989) "Patriarchy, Fertility and Women's Work in Rural Societies", in International Union for the Scientific Study of Population, International Population Conference, New Delhi, 1989.

अध्याय - 14

भारत में महिलाओं की राजनीतिक सहभागिता एवं प्रतिनिधित्व का मुद्दा
(The issue of women's political participation and representation in India)

डॉ. संगीता धल

लोकतंत्र एक ऐसी व्यवस्था है जिसमें नागरिक अपने सामाजिक समुदायों के लिए नीति-निर्माण प्रक्रिया में भाग लेते हैं। जब सभी निर्णय समाज के सदस्यों की सामान्य सहभागिता पर आधारित होते हैं तो उस समुदाय को हम स्वशासित समुदाय कह सकते हैं। आधुनिक लोकतंत्र में सभी नागरिकों-पुरूष एवं महिलाओं की पूर्ण भागीदारी पाई जाती है। राजनीतिक लोकतंत्र सभी नागरिकों - पुरूष एवं स्त्री दोनों को प्रतिष्ठा तथा अवसर की समानता तथा कानून के समान संरक्षण की सुनिश्चितता प्रदान करता है। यह सभी नागरिकों को समान सहभागिता का अवसर भी प्रदान करता है। संयुक्त राष्ट्र मानव विकास अनुक्रमणिका के अनुसार, सरकारी नीति-निर्माण निकायों में महिलाओं की राजनीतिक सहभागिता तथा उनकी आर्थिक सहभागिता से महिलाओं का सशक्तीकरण तथा विकास संभव है।

सी.बी. मैकफर्सन अपनी राजनीतिक सहभागिता की परिकल्पना में, लोकतंत्र के सहभागी मॉडल पर लोकतंत्र के विषय में अपने विचार रखते हैं। उनके अनुसार, "सहभागी व्यवस्था समाज में सभी प्रकार की असमानताओं को समाप्त कर देगी, परन्तु निम्न सहभागिता तथा सामाजिक असमानता आपस में इतने जुड़े जुए हैं कि मानव समाज को अधिक सहभागी राजनीतिक व्यवस्था की जरूरत है। उनका विश्वास है कि एक अच्छे समाज के निर्माण के लिए उसमें रहने वाले लोगों की जागरूकता तथा सक्रिय सहभागिता आवश्यक है।" अत: मैकफर्सन ने मौजूदा उदारवादी लोकतंत्र के नैतिक पक्ष का अवलोकन करने के पश्चात एक बार फिर से सहभागिता का मुद्दा उठाया, जो लोकतांत्रिक जीवन तथा राज्य की सफलता की कुंजी है।

महिलाओं की समान स्थिति पर जे.एस. मिल के विचार (J.S. Mill on Equal status of women)

प्रबल उदारवादी परंपरा के अनुसार, "राज्य के हस्तक्षेप से मुक्त विश्व एक गैर-राजनैतिक विश्व है तथा महिला स्वाभाविक रूप से ऐसे विश्व में अपनी जगह ढूंढ लेती हैं। फिर भी राजनीतिक एवं

सार्वजनिक जीवन में महिलाओं की स्थिति पूर्ण रूप से उपेक्षित है।" जे.एस. मिल इस तथ्य की प्रत्यक्ष रूप से आलोचना करते हैं तथा उनका मानना है कि पुरूषों एवं महिलाओं की कानूनी, राजनीतिक तथा सामाजिक व्यवस्था में पूर्ण समानता ही मानव स्वातंत्र्य तथा लोकतांत्रिक जीवन के लिए बेहतर परिस्थितियों का निर्माण कर सकती हैं। समाज एवं राज्य के पितृसत्तात्मक ढांचे के विरूद्ध अनेक उदारवादी सिद्धांतों में मिल का तर्क है कि महिलाओं के उद्धार के बिना मानवता का उद्धार नहीं किया जा सकता।

महिला अधिकारों के विषय में मिल के प्रारंभिक विचारों को उपयोगितावादी परम्परा से प्रेरणा मिली। मिल की पुस्तक 'महिलाओं की पराधीनता' (Subjection of Women) में महिलाओं के दमन के विषय में महत्त्वपूर्ण विश्लेषण किया गया है। मिल के विचार उनकी दार्शनिकता का महत्त्वपूर्ण अंग हैं। महिलाओं के संबंध में उनके विचार स्वतंत्रता, न्याय तथा चयन के अधिकार से जुड़े हैं। अन्य शब्दों में महिलाओं का उद्धार मिल की दार्शनिकता का केंद्र है। अधिकतम लोगों के अधिकतम सुख के लिए यह अनिवार्य आवश्यकता है। मिल के अनुसार, "इस लक्ष्य की प्राप्ति पुरूष एवं स्त्री अर्थात् संपूर्ण मानवता की नैतिक तथा बौद्धिक क्षमताओं के पूर्ण विकास के द्वारा ही संभव है। असमानता अपने आप में गलत है। तथा यह मानव विकास के मार्ग में सबसे बड़ी बाधा है।" अर्थात् महिलाओं का दमन मानव विकास के मार्ग में सबसे बड़ी बाधा है। श्रम के क्षेत्र में लैंगिक भेदभाव भी पुरूष एवं स्त्री के चरित्र का आंशिक एवं एकांगी विकास है। इस लैंगिक भेदभाव के कारण समाज प्रतिभा के एक बड़े भाग से वंचित हो जाता है। यदि महिलाओं को भी पुरूष के समान अपनी प्रतिभा दिखाने का समान अवसर मिले, तो मानवता की उच्च सेवा के लिए गुणात्मक मानव संसाधनों के व्यापक स्तर को प्राप्त किया जा सकता है।

मिल के अनुसार, स्वतंत्रता एवं लोकतंत्र से ही "मानव उत्कर्ष" संभव है। बौद्धिक उन्मुक्ति तथा स्वतंत्र निर्णय के विकास के लिए विचार, अभिव्यक्ति तथा कार्यों की स्वतंत्रता आवश्यक शर्तें हैं। यह मनुष्य की तर्कशक्ति के निर्माण में सहायक है। स्वतंत्रता तथा तर्कशक्ति दोनों के प्रोत्साहन तथा संरक्षण के लिए प्रतिनिधि सरकार आवश्यक है। प्रतिनिधि लोकतंत्र में सरकार उत्तरदायी होती है तथा इसमें सार्वजनिक हितों को ध्यान में रखा जाता है। व्यक्ति तथा संपत्ति की सुरक्षा तथा प्रत्येक व्यक्ति के साथ समान न्याय समाज की प्राथमिक आवश्यकताएं है। तथा यह सरकार का प्राथमिक ध्येय है। मिल ने जिन नई नीतियों का समर्थन किया है, वे हैं : महिलाओं का मताधिकार, परिवार में महिलाओं की स्थिति को दृढ़ करने के लिए विवाह कानूनों में सुधार तथा उनके लिए समान शैक्षणिक अवसरों का निर्माण।

मिल के अनुसार "महिलाओं की स्वतंत्रता जो कि उनका स्वनिर्णय का अधिकार है तथा अपना जीवन जीने की आजादी आवश्यक है। भोजन की प्राथमिक आवश्यकता के बाद सबसे महत्वपूर्ण आवश्यकता है। वह लिखते हैं कि, "स्वतंत्रता मानव स्वभाव की पहली और प्रबल आवश्यकता है।" महिलाओं को विवाह के बाद अपना भविष्य बनाने के लिए अपना रास्ता चुनने की आजादी दी जानी चाहिए। विवाह के बाद उनके अधिकार एवं जिम्मेदारियां उनके पति के बराबर होनी चाहिए। इसी से उनकी स्थिति में सुधार होगा जो समस्त मानव जाति के विकास में अपना योग देगा।

सहभागिता की संकल्पना (Concept of Participation)

सहभागिता एक स्वैच्छिक प्रक्रिया है जिसमें जनता स्वयं को प्रभावित करने वाले निर्णयों को नियंत्रित या प्रभावित करती है। सहभागिता के जरिए जनता स्वयं को संगठित कर सकती है तथा अपनी आवश्यकताओं की पहचान करने एवं अपने कार्यों को लागू एवं उनका मूल्यांकन करने में सक्षम हो जाती है। मिल, रूसो तथा बैंथम जैसे राजनीतिक दार्शनिकों ने राजनीतिक जीवन के विभिन्न क्षेत्रों में जनता की सहभागिता का समर्थन किया। तथापि, हर समाज तथा हर प्रकार की सरकार में सार्वजनिक जीवन में सहभागिता की प्रकृति तथा स्तर एक समान नहीं होता। लोकतांत्रिक प्रकार की राजनीतिक व्यवस्था सार्वजनिक मामलों में जनता की सहभागिता को अधिक सुनिश्चित करती है जबकि एक सर्वाधिकारिक तानाशाही सरकार सार्वजनिक जीवन में सहभागिता के अवसरों को प्रतिबंधित कर देती है। प्राचीन यूनान में सभी स्वतंत्र नागरिकों को लोकतांत्रिक व्यवस्था में प्रत्यक्ष रूप से भाग लेने का अधिकार था। तथापि आधुनिक समय में, अप्रत्यक्ष भागीदारी द्वारा प्रतिनिधिक संस्थाओं का सिद्धांत प्रचलित है। जैसा कि नूरजहां बावा ने कहा है कि "सार्वजनिक मामलों में जनता की प्रत्यक्ष अथवा अप्रत्यक्ष भागीदारी सहभागी लोकतंत्र की जीवनरेखा है।"

नागरिकों की सक्रिय सहभागिता कुछ विशिष्ट लोगों के निहित स्वार्थों के विरूद्ध तथा सर्वाधिकारवादी शासन की प्रवृत्तियों को रोकने में सहायक है। उदाहरण के लिए, उत्तराखण्ड में स्थानीय गांव की महिलाओं ने चिपको आंदोलन के जरिए हिमालय के जंगलों की व्यापारिक शोषण से रक्षा की। महिलाओं ने वृक्षों के अवैध कटाव पर नज़र रखी तथा अपने ईंधन, भोजन, चारे आदि के अधिकारों की मांग की। वन हमेशा से ही आदिवासी तथा निर्धन महिलाओं के लिए आजीविका का प्रमुख साधन रहे हैं। पर्यावरण विनाश ने उन पर प्रतिकूल प्रभाव डाला तथा उन्होंने सक्रिय रूप से पर्यावरणीय आंदोलनों में भाग लिया। इसी प्रकार कुछ अन्य आंदोलन भी किए गए जैसे- महाराष्ट्र में कीमतों में वृद्धि को लेकर तथा गुजरात में नव-निर्माण आंदोलन, जिसमें हजारों महिलाओं ने कीमतों में बढ़ोतरी, भ्रष्टाचार के मुद्दे उठाए तथा भारतीय राज्य की भूमिका की तीव्र आलोचना की।

राज्य के कार्यों में जनता की भागीदारी निर्णय-निर्माण प्रक्रिया की पारदर्शिता को सुनिश्चित करती है जो लोकतांत्रिक, सार्थक एवं वास्तविक प्रशासन में सहायक है। जब सरकार का उद्देश्य जन कल्याण, विकास तथा सामाजिक न्याय हो तो सहभागी लोकतंत्र इन लक्ष्यों को प्राप्त करने के लिए बेहतर प्रेरक शक्ति प्रदान करता है। अन्य शब्दों में, सहभागिता का स्तर एक कल्याणकारी राज्य की सफलता को निर्धारित करता है जो विकास एवं न्याय दोनों के प्रति वचनबद्ध है।

चूंकि महिलाएं समाज में मानव संसाधनों का एक महत्त्वपूर्ण हिस्सा है इसलिए समाज के सामाजिक-आर्थिक, राजनीतिक तथा सांस्कृतिक क्रिया-कलापों में महिलाओं की भूमिका को विशेष महत्त्व दिया जाना चाहिए। दुर्भाग्यवश, महिलाओं की भूमिका को नजरअंदाज किया जाता है तथा सरकार द्वारा विकासात्मक प्रयासों के बावजूद विकास प्रक्रिया में उन्हें कोई महत्त्व नहीं दिया जाता। उनकी स्थिति नितांत उपेक्षित या कहिए हाशिए पर है। यह एक आधारिक तथ्य है कि, संवैधानिक तथा कानूनी प्रावधानों के बावजूद महिलाओं को समानता के स्तर तथा विकास प्रक्रिया में समान सहभागिता के लिए संघर्ष करना पड़ रहा है। घर में, कार्यस्थल पर तथा राजनीति में महिलाओं का पुरूषों द्वारा दमन एक प्राबल्य सामाजिक-राजनीतिक वास्तविकता है जो अतीत से चली आ रही है। पुरूष एवं स्त्री का संबंध 'बल' पर आधारित है तथा उनके संबंधों में 'बलशाली' का कानून एक

नियंत्रित प्रक्रिया है। यह धारणा कि 'पुरूष स्त्री का प्राकृतिक रूप से स्वामी है' एक समतावादी समाज के विकास में स्त्री के समान दर्जे के मार्ग में सदा बाधक है।

भारतीय व्यवस्था में परिवार ही वह मूलभूत संस्था है, जो सामाजिक मूल्यों को संरक्षित रखता है तथा सामाजिक जीवन के महत्त्वपूर्ण कार्य संपादित करता है। महिलाओं ने सदा परिवारों में, खासकर ग्रामीण क्षेत्रों में सहनशील भूमिका निभाई है। भारतीय महिला, विशेषकर ग्रामीण समाज की महिलाओं ने सदा ग्रामीण अर्थव्यवस्था में अपना बड़ा योग दिया है। विभिन्न स्तरों पर पुरूषों की अपेक्षा महिलाएं कृषि कार्यों में अधिक संलग्न रही हैं। महिलाओं ने अपने परिवारों के लिए अन्य कार्यों द्वारा गौण आमदनी भी संचित की और इस प्रकार ग्रामीण अर्थव्यवस्था में अपनी भूमिका निभाई। तथापि, घर तथा समाज में उनके कार्यो, भूमिका तथा योगदान को हमेशा नज़रअंदाज किया गया और वह भी इस तथ्य को जानते हुए कि महिलाएं पुरूषों से अधिक कार्य करती हैं तथा अपने परिवार की आवश्यकताओं की पूर्ति में उनका एक बड़ा योगदान रहा है। इसके अतिरिक्त, सामाजिक-आर्थिक समस्याएं जैसे कि - निर्धनता, बेरोजगारी, शोषण, सामाजिक प्रथाओं आदि ने भी महिलाओं को राजनीतिक जीवन में भाग लेने से रोका है। गैर-सहभागी तथा सहनशीलता के पारंपरिक दृष्टिकोण ने भी उनके सार्वजनिक जीवन में भागीदारी को प्रतिबंधित किया है। उपरोक्त चित्रण समाज में लोकतांत्रिक संस्थाओं के विकास में एक निराशाजनक प्रवृत्ति को प्रतिबिंबित करता है। यदि महिलाओं के एक बड़े भाग को लोकतांत्रिक सहभागिता से वंचित रखा गया तो समाज के स्वस्थ विकास के लिए लोकतंत्र का भविष्य कोई सकारात्मक परिणाम नहीं लाएगा। एक महिला के सामाजिक तथा राजनीतिक जीवन में सक्रिय सहभागिता तथा महिलाओं के अपने एवं सामाजिक विकास के लिए एक अनुकूल वातावरण का होना जरूरी है। हालांकि एक पितृसत्तात्मक समाज में, महिलाओं की भागीदारी विभिन्न कारकों जैसे - जाति, धर्म, आयु तथा शिक्षा आदि द्वारा निर्धारित होती है। विश्व भर में राष्ट्रीय नेतृत्व तथा महिला कार्यकर्त्ताओं के समर्थन के बावजूद, एक वर्ग के रूप में इस पितृसत्तात्मक समाज में महिलाओं की स्थिति निम्न हैं।

नारीवादी परिप्रेक्ष्य (The Feminist Perspective)

महिलाओं की भिन्न स्थिति का कारण केवल जैविक भिन्नता ही नहीं है, बल्कि पुरूषों की वह मानसिकता भी है जो अपने आधिपत्य कायम करके नारी को इस निम्न स्थिति में रहने के लिए मजबूर करती है। महिलाएं न केवल आर्थिक रूप से पुरूषों पर निर्भर बना दी जाती हैं, बल्कि समाज के अन्य लाभों से भी वंचित कर दी जाती हैं। समस्त विश्व में महिला कार्यकर्ताओं तथा महिला आंदोलनों ने पितृसत्तात्मक आधिपत्य की समाप्ति की मांग की है, क्योंकि समाज में लैंगिक भिन्नता का यही एक मूल कारण है। वे लैंगिक समानता के लिए समाज की शक्ति संरचना में उग्र परिवर्तनों की मांग करते हैं। एक प्रारंभिक नारीवादी मैरी वोलस्टोनक्राफ्ट के अनुसार महिलाओं को स्वेच्छा से निर्णय लेने चाहिए तथा उन्हें आर्थिक रूप से भी आत्मनिर्भर बनना चाहिए। उन्होंने महिलाओं की शिक्षा की वकालत की ताकि उनका विकास हो सके। परन्तु जब तक यह समाज पुरूषों की भांति महिलाओं को भी शिक्षा, नागरिक स्वतंत्रताओं तथा आर्थिक अवसरों के समान अधिकार नहीं देता, तब तक महिला सिर्फ निजी या पारिवारिक स्तर पर ही अपनी स्वायत्तता का प्रयोग कर सकेगी।

उग्र नारीवादियों जैसे कि केट मिलेट ने नीति-निर्माण प्रक्रिया तथा राज्य के संसाधनों, लाभों तथा संरक्षण के क्षेत्र में महिलाओं की अधिक शक्ति की मांग की। उनका कहना था कि समाज में

लैंगिक असमानता को तभी कम किया जा सकता है जब महिलाओं को मौजूदा व्यवस्था में समान अधिकार एवम् नौकरी में उचित अवसर प्रदान किए जाएं। उन्होंने यह भी देखा कि चूंकि महिला शांतिप्रिय तथा जीवन से अधिक सम्बधित है, इसलिए इस परमाणु युग में यही एक आशा की किरण है जो प्रभावी भूमिका निभा सकती है। ज़िल्लाह आइनस्टाइन जैसे विचारकों ने समाज से शोषण एवं अन्याय को समाप्त करने के लिए महिलाओं की शिक्षा और कानूनी अधिकारों पर जोर डाला। महिलाओं के समान अधिकार उनकी नैतिक तथा चरित्र विकास में सहायक हैं। महिला कार्यकर्त्ताओं ने आधुनिकीकरण का समर्थन किया बशर्ते कि वह लोकतांत्रिक एवं समातावादी हो तथा महिलाओं के हित में हो। आधुनिकीकरण का प्रयास समाज में महिलाओं को रोजगार के विभिन्न अवसर तथा लैंगिक विषमता को समाप्त करने का होना चाहिए जो न केवल समाज को आर्थिक रूप से बल्कि बौद्धिक रूप से भी समृद्ध करेगा।

उत्तर-आधुनिकतावाद तथा नारीवादी विचारधारा (Post-Modernism and the Feminist Thought)

लगभग एक शताब्दी तक, नारीवाद एक सक्रिय सामाजिक आंदोलन रहा है जिसमें सामाजिक परिवर्तनों के साथ-साथ लगातार बदलाव भी आता रहा है। उत्तर-आधुनिक परिप्रेक्ष्य में, ऐसी कोई जानकारी या तथ्य प्राप्त नहीं होता जिससे यह पता चले कि 'न्याय', 'अधिकारों' तथा 'तार्किकता' के अर्थों में समय के साथ-साथ कोई परिवर्तन आया हो। इस विचारधारा के महत्त्वपूर्ण पहलू का उद्भव मानव विचारों की वास्तविकता तथा निश्चितता पर आक्षेप के द्वारा हुआ तथा इसने दर्शाया कि किस प्रकार भाषा एवं ज्ञान के द्वारा शक्ति का निर्माण होता है। उत्तर-आधुनिकतावाद का उन नारीवादियों ने स्वागत किया है जिन्होंने इसे एक नवनिर्माणात्मक सिद्धान्त के रूप में देखा गया। इस संदर्भ में, जाति तथा लिंग दोनों स्वतंत्र रूप से देखा गया। इस संदर्भ में, जाति तथा लिंग दोनों स्वतंत्र रूप से विचारात्मक आधिपत्य के विरूद्ध संघर्ष के लिए महत्त्वपूर्ण आयाम बन गए तथा नियंत्रण महत्त्वपूर्ण हो गया।

पहली बार में, उत्तर-आधुनिकतावाद को उग्र नारीवादी विचारधारा के कुछ पहलुओं के समकक्ष देखा गया जो एक नया सिद्धांत था। उग्र नारीवाद संपूर्ण परम्परागत राजनीतिक सिद्धान्त को मौलिक चुनौती देता है। यह न केवल 'महिला' तथा उसके 'दमन' के मुद्दे को सामाजिक विज्ञान के अध्ययन का प्रमुख विषय बनाता है, बल्कि सार्वजनिक/ निजी अंतर के दृष्टिकोण से राजनीति की प्रकृति को भी पुनः परिभाषित करता है।

यह धारणा कि 'व्यक्ति राजनीतिक है' उग्र नारीवाद का केंद्रीय विचार है और यह स्पष्ट है कि कोई भी आधुनिक सिद्धांत महिलाओं की आवश्यकताओं को अनदेखा नहीं कर सकता। एस.एम. ओकिन ने अपनी कृति 'न्याय, लिंग एवं परिवार' (1990) में न्याय का एक नया सिद्धांत प्रस्तुत किया है जो उदारवादी विचारधारा पर आधारित है तथा 'न्याय' की समीक्षा परिवार के अंतर्गत करता है।

उत्तर आधुनिकतावादी दृष्टिकोण से यह ज्ञात होता है विश्व के पैमाने पर महिला आन्दोलन का स्वरूप औपनिवेशिक एशिया-अफ्रीका राज्यों का अनुभव पाश्चात्य देशों की तुलना में अलग रहा है। औपनिवेशिक राज्यों के महिला आन्दोलन एवं महिलाओं के अनुभव पाश्चात्य उदारवादी राज्यों की

तुलना अधीनता या निम्न रहा है। प्रथम व द्वितीय विश्व की महिलाएँ तीसरी दुनिया के अपेक्षा काफी अग्रणी (आगे) रही हैं। फिर भी इन सब में एक मत समान है कि यह अभी भी पुरूष प्रधान समाज में अधीन एवं गौण ही है। फिर चाहे यह अन्तर थोड़ा कम या ज्यादा ही क्यों न रहे। यह अब इतना महत्व नहीं रखता।

सहभागिता तथा प्रतिनिधित्व (Participation and Representation)

उदारवादी लोकतंत्र, 'विचारों की राजनीति' तथा 'प्रतिनिधित्व' पर बल देता है। यह इस बात पर निर्भर करता है कि इसमें जनता के मतों तथा विश्वासों को किस सीमा तक अभिव्यक्त किया जाता है। लोकतंत्र के विषय में अनेक नवीन तर्क पुरूष-महिला के समान प्रतिनिधित्व तथा उपेक्षित वर्गों की राजनीतिक भागीदारी की मांग करते है। समकालीन संबंधों में महिलाओं के पर्याप्त प्रतिनिधित्व के संबंध में 'कोटा व्यवस्था' की मांग की गई है जिसे अनेक यूरोपियन राजनीतिक पार्टियों द्वारा निर्वाचित सभाओं में लैंगिक समानता को प्राप्त करने के लिए अपनाया गया है।

नए सामाजिक आंदोलनों, विश्विक देशांतरण तथा बहु सांस्कृतिक भिन्नता की राजनीति ने भी प्राय: प्रतिनिधित्व की मांग की है। विल किमलिका उपेक्षित सामाजिक वर्गों के विशेष प्रतिनिधित्व के लिए दो तर्क देते हैं। वे समाज तथा राजनीतिक व्यवस्था दोनों में वर्गीकृत भेदभाव का सामना करने के लिए समूहों के प्रतिनिधित्व की बात करते हैं। समूहों के प्रतिनिधित्व का समर्थन करने के पीछे उनका दूसरा तर्क स्वशासन का आधार है। कुछ समूह (देशी वर्ग) जिन्हें किमलिका राष्ट्र कह कर संबोधित करते हैं, उन्हें स्व-शासन का अधिकार है। ये समूह न केवल स्वशासन का अधिकार रखते हैं, बल्कि वे विशाल राजनीति का हिस्सा भी हैं और उनका नीति-निर्णायक निकायों में प्रतिनिधित्व किया जाना चाहिए।

कुछ लोकतांत्रिक सिद्धांतवादियों का मत है कि वास्तविक लोकतंत्र में प्रतिनिधित्व असंगत है। हालांकि, आइरिस, एम.यंग का तर्क है कि बड़े-बड़े समाजों में प्रतिनिधित्व तथा सहभागिता के लिए राजनीति का गहन रूप से लोकतांत्रिक एवं प्रतिनिध्यात्मक होना जरूरी है। 19वीं तथा 20वीं शताब्दी के लोकतंत्र की प्रमुख उपलब्धि थी - महिलाओं को बाहर रखने, रंग, धर्म तथा सम्पति जैसे अवरोधों को समाप्त करके नागरिकता को अधिक सार्वभौमिक बनाना। लोकतांत्रिक तथा लैंगिक समानता के स्वप्न को साकार करने के लिए वास्तविक सामाजिक-आर्थिक समानता के मुद्दे पर वाद-विवाद किए गए।

स्वतंत्रता, समानता, न्याय, सहभागिता तथा सशक्तीकरण संबंधी महिलाओं के अधिकार (Women's Rights to Freedom, Equality, Justice, Participation and Empowerment)

भारतीय संविधान लैंगिक समानता के मूलभूत अधिकार की गारण्टी प्रदान करता है। फिर भी यह एक तथ्य है कि संवैधानिक प्रावधानों तथा समकालीन सामाजिक वास्तविकताओं में एक बड़ा अंतर है। नीति निर्माण प्रक्रिया में महिलाओं का अपर्याप्त प्रतिनिधित्व ऐतिहासिक रूप से समाज की एक वास्तविकता है। महिलाओं की सहभागिता पर यह सीमा इस आधार पर लगाई जाती रही है कि

महिलाएं घर से बाहर राजनीतिक तथा आर्थिक क्षेत्र में कार्य करने के लिए स्वाभाविक रूप से असमर्थ हैं। इसीलिए महिलाएं समाज में अपनी स्थिति के लिए तथा इस प्रवृत्ति में बदलाव के लिए दशकों से संघर्ष करती आ रही हैं। राष्ट्रीय विकास के दृष्टिकोण से, महिलाओं की आर्थिक एवं राजनीतिक सहभागिता को विशेष प्राथमिकता दी जानी चाहिए, क्योंकि उनकी निम्न सहभागिता उन्हें नीति निर्माण प्रक्रिया में हिस्सा लेने से वंचित कर देगी।

राष्ट्रीय आंदोलन तथा महिलाएं (The National Movement and Women)

महिलाओं ने बंगाल विभाजन (1905) के समय से अंग्रेजी शासन के खिलाफ सामूहिक रूप से कार्य शुरू किया, और उन्होंने पुरूषों के साथ मिलकर विदेशी माल के बहिष्कार तथा स्वदेशी वस्तुओं के प्रसार में योग दिया। विभिन्न साम्राज्यवाद विरोधी आंदोलनों जैसे कि असहयोग आंदोलन, सविनय अवज्ञा आंदोलनों में बड़ी संख्या में महिलाओं ने बहिष्कार तथा शराब की दुकानों पर धरनों में भाग लिया। इन प्रतिरोधात्मक आंदोलनों में महिलाओं ने अंग्रेजी शासन की आंखों में धूल झोंकने के लिए पुरूषों के समान कार्य करने की बजाय अपनी पारम्परिक भूमिका निभाई।

संगठित महिला आंदोलनों के निर्माण में एक युगान्तरकारी घटना थी 1927 में अखिल भारतीय महिला सम्मेलन (AIWC) का गठन, जिसने राष्ट्रीय स्वाधीनता का राजनीतिक लक्ष्य स्त्री शिक्षा तथा नारी-जाति का उत्थान माना।

गांधी तथा महिलाएं (Gandhi and Women)

महिलाओं को सार्वजनिक जीवन में गतिशील करने में गांधी की भूमिका अद्वितीय रही है। उन्होंने पुरूषों की सहमति से हिन्दू-मुस्लिम स्त्रियों से अपील की और महिलाओं ने भारी संख्या में अपना योगदान दिया इसलिए गांधी ने साम्राज्यवादी शक्ति का सामना करने के लिए स्त्री-शक्ति को महत्त्व दिया। उन्होंने अपने हितों की सुरक्षा के लिए हिंसात्मक साधनों की बजाय स्त्री की सहनशीलता तथा आत्मत्याग की विशेषता पर बल दिया। उन्होंने व्यक्तिगत प्रतिष्ठा तथा समाज एवं परिवार में महिलाओं की स्वायत्त शक्ति पर जोर दिया तथा उन्होंने सीता, द्रौपदी का उदाहरण देकर उनसे प्रेरणा ग्रहण करने का आग्रह करते हुए पुरूष-स्त्री समानता पर बल दिया। उन्होंने कहा कि सभी महिलाओं को 'स्वदेशी' का व्रत धारण करके 'खद्दर' पहनना चाहिए। अनेक देशभक्त युवा महिलाओं ने आंदोलन में भाग लिया तथा राजनीति में अपनी क्षमता का परिचय दिया। उनका लक्ष्य जनता को सक्रिय करना था तथा उन्होंने अनेक क्रांतिकारी गुटों के प्रभाव में आकर अपनी बहादुरी का परिचय दिया। अत: राष्ट्रीय कांग्रेस में जगह दी तथा भावी भारत सरकार में उनकी स्थिति को सुनिश्चितता प्रदान की।

संविधान द्वारा प्रदत्त समानता का अधिकार (Right to equality Guaranteed by the Constitution)

राष्ट्र के सामाजिक, आर्थिक एवं राजनीतिक विकास के लिए महिलाओं की समानता एक अनिवार्य आवश्यकता है। यदि महिलाएं प्रतिबंधित परम्पराओं तथा पितृसत्तात्मक समाज की सीमाओं से बाहर आ जाएं तो वे सामाजिक विकास में अमूल्य योगदान देकर समाज पर महत्त्वपूर्ण प्रभाव डाल सकती

हैं। भारत के संविधान ने समानता के मौलिक अधिकार की उद्घोषणा की है। यह कानून के समक्ष समान संरक्षण, सरकारी नियुक्तियों में रोजगार के समान अवसर तथा सार्वजनिक स्थानों पर भेदभाव के निषेध की भी गारण्टी प्रदान करता है। विभिन्न प्रावधानों के होते हुए भी, भारत का संविधान महिला सशक्तीकरण के लिए उसकी संपूर्ण सहभागिता को सुनिश्चित करने का प्रयत्न कर रहा है। उदाहरण के लिए, अनुच्छेद 15 में धर्म, वंश, जाति, लिंग या जन्मस्थान के आधार पर भेदभाव की मनाही का प्रावधान किया गया है। अनुच्छेद 16 सरकारी नियुक्तियों में अवसरों की समानता का वर्णन करता है। स्वतंत्र भारत के संविधान ने लैंगिक समानता को भी मान्यता दी है। हालांकि संवैधानिक प्रावधानों तथा सामाजिक वास्तविकताओं के मध्य काफी अंतर है। इस अंतर को दूर करने के लिए लैंगिक समानता तथा महिला सशक्तीकरण के उद्देश्य से संविधान में अनेक संशोधन किए गए हैं तथा कानूनी अधिनियम पारित किए गए हैं।

प्रतिनिधिक संस्थाओं में महिलाओं के लिए आरक्षण (Reservations for Women in Representative Institutions)

स्वतंत्रता के पश्चात्, सरकार का प्रमुख कार्य ऐसी परिस्थितियों का निर्माण करना रहा है जिससे राजनीतिक एवं आर्थिक निर्णय-निर्माण प्रक्रिया में महिलाओं की सार्थक एवं वास्तविक भागीदारी को सुनिश्चित किया जा सके। भारत में महिलाओं की राजनीतिक सहभागिता का मुद्दा ऐतिहासिक रूप से उतार-चढ़ाव का रहा है। ग्रामीण विकास कार्यक्रमों में जनता की उदासीनता तथा निष्क्रिय सहभागिता की समस्या के समाधान के लिए भारत सरकार ने 1957 में बी.आर. मेहता समिति नियुक्त की। उन्हें यह आशा था कि ग्रामीण महिलाएं न केवल विकास से लाभान्वित होंगी, बल्कि विकास प्रक्रिया में सहयोग भी देंगी। इस समिति ने ग्रामीण राजनीतिक संस्थाओं में महिलाओं के प्रतिनिधित्व के सुझाव दिए तथा ऐसे साधन भी सुझाए जिनके द्वारा महिलाएं अपनी आमदनी बढ़ा सकें। तथा अपने बच्चों की स्थिति में सुधार कर सकें। अतः समिति ने सुझाव दिया कि पंचायत समिति में ऐसी दो महिला सदस्यों को नियुक्त किया जाए जिसे कुछ अनुभव हो तथा महिलाओं एवं बच्चों के लिए कार्य करने की इच्छुक हों।

1977 में नियुक्त अशोक मेहता समिति रिपोर्ट ने नीति-निर्माण प्रक्रिया तथा प्रबंधन कार्यों में महिलाओं की भूमिका को सशक्त करने पर बल दिया। समिति ने सुझाव दिया कि महिलाओं की आर्थिक स्थिति में सुधार के लिए पर्याप्त सुविधाएं दी जाएं तथा महिला सशक्तिकरण के लिए स्वरोजगार को बढ़ावा दिया जाए। उसने ग्रामीण विकास कार्यक्रमों में 'महिला मण्डलों' की भूमिका को महत्त्व देते हुए उस पर बल दिया। इसी का अनुसरण करते हुए, कुछ अन्य राज्यों जैसे कि - महाराष्ट्र, आंध्र प्रदेश व कर्नाटक ने भी पंचायत निकायों में निर्वाचन की बजाय नामांकन पद्धति स्थापित करके दो से लेकर चार महिला सदस्यों को नामांकित किया। हालांकि, व्यवहार में इससे सफलता प्राप्त न हो सकी, क्योंकि महिलाएं ऐसे कार्यों में अशक्त थी अथवा चुनाव लड़ने में असमर्थ थीं।

महिला उत्थान के संदर्भ में प्रमुख पड़ाव (Land Mark) : 1975 में गठित भारत में महिलाओं की स्थिति पर समिति (CSWI) थी। जिसने इस तथ्य पर प्रकाश डाला कि भारत में महिलाओं की विशाल संख्या अधीनता तथा उपेक्षित वर्ग का जीवन बिता रही है, और इसी के कारण समाज में लैंगिक विषमता बढ़ रही है। समिति ने बताया कि यद्यपि महिलाएं बड़ी संख्या में आर्थिक एवं

राजनीतिक क्रिया-कलापों तथा परिवर्तन की प्रक्रिया में भाग ले रही हैं, पर वास्तव में न तो वे इससे लाभान्वित हो रही हैं और न ही वे अपनी आंकाक्षाओं की पूर्ति के लिए इस बदलाव की प्रक्रिया को नियंत्रित करने में सक्षम हैं। वे अन्य कमजोर वर्गों की तरह निरंतर पीड़ित हो रही हैं। स्थानीय शासन की इकाईयों में, ऐसा बहुत कम ही होता है कि ग्रामीण महिलाएं प्रत्यक्ष रूप से निर्वाचित हों। इसकी बजाय वे नामांकित अथवा सहयोजित की जाती है। वे प्रायः पंचायत संस्थाओं की कार्यप्रणाली में उपेक्षित की जाती हैं तथा परिवार की ओर से भी प्रभावी सहभागिता के संबंध में हतोत्साहित की जाती हैं। 1975 में CSWI की रिपोर्ट के प्रकाशन के साथ पंचायती निकायों में महिलाओं के प्रतिनिधित्व के लिए नामांकन की बजाय आरक्षण की मांग की जाने लगी।

1988 में नेशनल परस्पेक्टिव प्लैन फॉर वूमेन ने सुझाव दिया कि गांवों से लेकर जिला स्तर तक कार्यपालिका - प्रधान पर 30 प्रतिशत सीटें महिलाओं के लिए आरक्षित की जानी चाहिए। अतः 1957 से 1989 तक महिलाओं की राजनीतिक सहभागिता पर प्रमुख वाद-विवाद का मुद्दा यह था कि किस प्रकार विभिन्न स्तरों पर पंचायती निकाय्ों में बड़ी संख्या में महिलाओं की सक्रिय सहभागिता को बढ़ाया जाए। परिणामस्वरूप, संसद ने 1992 में 73वां संविधान संशोधन अधिनियम पास किया, जिसके द्वारा पंचायत के निकायों में महिलाओं के लिए 1/3 सीटें आरक्षित करने का प्रावधान किया गया। इस कदम ने विकेंद्रीकरण की प्रक्रिया को बढ़ावा दिया तथा लोकतांत्रिक शासन का मार्ग प्रशस्त किया। इस अधिनियम के लागू होने के साथ, प्रत्येक अवधि पर करोड़ों महिलाएं सरकारी कार्यालयों में नियुक्त की जाने लगीं। इस संशोधन ने बड़ी संख्या में महिलाओं को गतिशीलता प्रदान की, विशेषकर ग्रामीण भारत में। इस कदम ने महिलाओं को राजनीतिक रूप से सशक्त किया तथा उन्हें निर्णय लेने के योग्य बनाया, ताकि वे अपने भविष्य का निर्धारण कर सकें। हालांकि ऐतिहासिक रूप से इस स्थिति के लिए पहले भी अनेक प्रयास किए गए थे, परन्तु 73वें संविधान संशोधन के अंतर्गत, महिला सशक्तीकरण का मुद्दा लैंगिक भेदभाव तथा सामाजिक अन्याय के विरूद्ध एक समाधान के रूप में उठाया गया।

पंचायती कार्यों में महिलाओं की सहभागिता की सुदृढ़ता (Strengthening Women's Participation in Panchayat Activities)

राजनीतिक एजेण्डा में महिलाओं की सहभागिता के महत्त्वहीन विषय को पहली बार 73वें तथा 74वें संवैधानिक संशोधनों के कारण विशेष महत्त्व दिया गया। इसके अंतर्गत पंचायती राज संस्थाओं तथा शहरी स्थानीय निकायों में महिलाओं के लिए 1/3 सीटें आरक्षित की गई। वास्तव में, इन संशोधनों ने न कवेल महिलाओं की सक्रिय सहभागिता में मदद की, बल्कि देश के 475 जिला परिषदों में ग्रामीण स्तर पर निर्णय प्रक्रिया में भी सहायता की, जिसमें से आज 158 सीटों पर महिलाएं पदासीन हैं। खण्ड स्तर पर, खण्ड समिति के 51,000 सदस्यों में से 17000 महिला सदस्य हैं। इसके अतिरिक्त, नगरपालिकाओं में लगभग 1/3 मेयर महिलाएं हैं। 1996-1997 के बीच हुए पंचायती राज संस्थाओं के निर्वाचनों में महिलाओं ने कुल सीटों में से 1/3 सीटों से भी अधिक सीटों पर भागीदारी पाने में सफलता प्राप्त की। कर्नाटक में यह प्रतिशत 43.45 प्रतिशत, केरल में 36.4 प्रतिशत तथा पश्चिम बंगाल में 35.4 प्रतिशत था।

आरक्षण के पीछे प्रमुख कारण यह था कि पंचायती राज संस्थाओं में महिलाओं की भागीदारी ग्रामीण समाज महिलाओं की राजनीतिक एवं आर्थिक शक्तियों के पुनर्वितरण के द्वारा सहायता करेगा।

शहरी क्षेत्रों की तुलना में ग्रामीण क्षेत्र जहां पितृसत्ता, निरक्षरता, निर्धनता तथा सामाजिक-सांस्कृतिक परम्पराएं अधिक व्याप्त हैं, वहां यह अधिनियम लगभग आठ लाख महिलाओं का राजनीतिक स्थापन सुनिश्चित करता है। अतः 73वें संशोधन अधिनियम का ध्येय स्थानीय स्वशासन तथा विकेंद्रीकृत लोकतंत्र के प्रोत्साहन के माध्यम से व्यापक स्तर पर महिलाओं के राजनीतिक सशक्तीकरण को प्राप्त करता है।

समकालीन स्तर पर महिला गतिशीलता के अनुभव दर्शाते हैं कि महिला सशक्तीकरण को एक समन्वित रणनीति के तहत सचेतन सामाजिक आंदोलन का रूप लेकर पितृसत्तात्मक ग्रामीण समाज की संरचना में व्यापक परिवर्तन लाने चाहिए। 1993 से पूर्व, ग्रामीण स्तर पर राजनीतिक व्यवस्था में महिलाओं की सहभागिता काफी सीमित थी। अतः चुनाव में खड़े होने तथा किसी भी प्रकार की राजनीतिक गतिविधि में भाग लेने की इच्छा का अभाव था। परन्तु 73वां संशोधन अधि नियम बन जाने से अब महिलाओं की राजनीतिक सहभागिता की दर बढ़ी है तथा वे एक स्वस्थ राजनीति की दृष्टि से सत्ता में औपचारिक पद संभाल रही हैं। एक-तिहाई सीटों के आरक्षण के कारण अब ग्रामीण महिलाएं नीति-निर्माण प्रक्रिया में प्रभावी भूमिका निभाने में सक्षम हो गई हैं। नए अधिनियम के अंतर्गत, उन्होंने उत्साहपूर्वक चुनाव लड़े और विजयी हुई तथा आरक्षित सीटें एवं अध्यक्ष पद संभाले। देश के विभिन्न भागों में ग्रामीण महिलाओं को संगठनात्मक समर्थन देने के लिए विभिन्न गैर-सरकारी संगठन भी सामने आए हैं। महिलाओं के लिए रोजगार के अवसर जुटाने के लिए व्यापक रणनीतियां बनाई गई हैं तथा महिलाओं को प्रशिक्षण-सुविधा उपलब्ध कराने के प्रावधान किए गए हैं।

सीटों के आरक्षण ने महिलाओं को राष्ट्रीय तथा राज्य-राजनीति में भाग लेने के लिए भी सक्षम बनाया है। राजनीतिक नीति-निर्माण प्रक्रिया में भाग लेने तथा उन्हें सामाजिक समानता के संघर्ष के लिए प्रशिक्षित करने के लिए भी योजनाएं बनाई गई हैं। इस योजना के पीछे मूल कारण यह है कि यदि महिलाएं निर्णय-निर्माण प्रक्रिया में शामिल होगी तो वे समानता, विकास तथा शांति के उद्देश्यों के निकट आ सकती हैं। अतः 73वां संविधान संशोधन स्थानीय स्तर पर निर्णय निर्माण प्रक्रिया में प्रभावी सहभागिता के लिए महिला सशक्तीकरण की दृष्टि से उठाया गया एक महत्त्वपूर्ण कदम है। ऐसी आशा की गई थी कि यह अधिनियम सदियों से महिलाओं पर लगाए गए प्रतिबंधों को दूर करने तथा संसद एवं विधानसभाओं में उन्हें समान रूप से उत्तरदायित्व संभालने के लिए प्रोत्साहित करेगा।

लोकसभा में महिलाओं की सहभागिता (Women's Participation in the Lok Sabha)

जनसंख्या का पचास प्रतिशत भाग होते हुए तथा संशोधन द्वारा समान राजनीतिक अधिकारों की गारण्टी प्रदान करने के बावजूद भी, सत्ता के क्षेत्र में महिलाओं का प्रतिनिधित्व हाशिए पर है। समानता की दिशा में 'महिलाओं की स्थिति पर आयोग (1974) की रिपोर्ट ने निष्कर्ष निकाला कि महिलाओं की सहभागिता के बावजूद राजनीति में महिलाओं का प्रभाव सीमित है। इसके समाधान के लिए समिति ने प्रस्तावित किया कि प्रत्येक राजनीतिक दल द्वारा महिला प्रत्याशियों के लिए एक कोटा निर्धारित किया जाए। विधान सभाओं तथा संसद में 33% सीटों के आरक्षण के लिए प्रस्तावित 84वां

संवैधानिक संशोधन अधिनियम दुर्भाग्यवश पारित होने का प्रयास कर रहा है। जब यह अधिनियम लाया गया था तब खुले तौर पर इसका अनेक दलों ने विरोध किया।

वे दल जिन्होंने तेरहवीं लोक सभा में बिल को समर्थन देने का आश्वासन दिया था, उन्होंने टिकटों के वितरण के समय संदेह प्रकट किया। कांग्रेस पार्टी ने 400 सीटों में से 51 सीटों पर महिला प्रतियोगियों का नामांकन किया, भारतीय जनता पार्टी ने 319 सीटों में से 29 सीटें, भारतीय मार्क्सवादी कम्युनिस्ट पार्टी (CPI-M) ने 73 में से 4 तथा भारतीय कम्युनिस्ट पार्टी ने 54 में से 4 सीटों पर नामांकन किया। दुर्भाग्यवश, कुल महिला प्रतियोगियों ने भी 1991 से पतनोन्मुखी प्रवृत्ति दर्शायी है।

1990 से विभिन्न देशों का तुलनात्मक सर्वेक्षण दर्शाता है कि विधानसभाओं में महिलाओं का अनुपात स्वीडन में 38%, नार्वे में 34.4%, फिनलैंड में 33.5%, डेनमार्क में 30.7%, नीदरलैंड में 21.3%, जर्मनी में 15.4%, बेल्जियम में 8.5%, यू.के. में 6.3%, तथा फ्रांस में मात्र 5.8% रहा है। राजनीति में महिलाओं के समग्र आंकड़े दर्शाते हैं कि उनका निम्न प्रतिनिधित्व अब व्यापक रूप से एक समस्या बन गया है तथा अनेक महत्त्वपूर्ण राजनीतिक दलों ने महिलाओं का अनुपात बढ़ाने के लिए साधन अपनाए हैं। यद्यपि संसद में 1998 में महिलाओं की संख्या 59 जो 2001 में बढ़कर 70 तक हो गई, परन्तु फिर भी 2001 में संसद के कुल सदस्यों में महिलाओं की संख्या केवल 8.5% है, जो काफी कम है। ये प्रवृत्तियां स्पष्ट रूप से दर्शाती है कि इन मुद्दों को शीघ्रता से उठाने के साथ-साथ सकारात्मक कार्यवाही की भी आवश्यकता है ताकि महिलाओं के विषय को राजनीतिक महत्त्व दिया जा सके और न सिर्फ बुनियादी स्तर पर, बल्कि राज्य एवं राष्ट्रीय स्तर पर भी उचित संख्या में महिलाओं को प्रतिनिधित्व मिले।

जैसा कि तालिका से स्पष्ट है कि 1952 के प्रथम लोकसभा चुनावों में कुल 499 सीटों में से 22 महिला सदस्यों को निम्न सदन में स्थान मिला जो कुल सीटों का 4.4 प्रतिशत भाग था। जैसा कि तालिका 1.1 दर्शाती है कि लोकसभा में संसद सदस्यों में 1999 में महिलाओं की संख्या 48 (8.9%) थी और यह सदस्य संख्या 1977 में 19 (3.4%) थी। अन्य शब्दों में, भारतीय लोकतंत्र के इतिहास में, संसद (लोकसभा) में महिला प्रतिनिधियों की संख्या 10 प्रतिशत तक कभी नहीं हुई। तालिका यह भी दर्शाती है कि 1991 से लेकर अब तक कुल महिला प्रत्याशियों की संख्या में लगातार गिरावट आई है। केवल 1996 के लोकसभा चुनावों में महिला प्रत्याशियों की संख्या 599 तक पहुंची। लेकिन इस अपवाद के सिवाय प्रवृत्ति में लगातार गिरावट आई है। अर्थात् 1991 में 325, 1998 में 274 तथा 1999 के चुनावों में महिलाओं की संख्या 247 थी। लगभग एक दशक बाद, विधानसभाओं तथा संसद में महिला उम्मीदवारों के लिए 33% सीटों के आरक्षण से संबंधित 84वां संविधानिक संशोधन अधिनियम अधर में ही लटक गया। संसद तथा राज्य विधानसभाओं में 1/3 सीटों पर महिलाओं के लिए शायद ही कोई आंदोलन किया गया हो। हाल ही में, संघीय गृहमंत्री शिवराज पाटिल ने महिलाओं का प्रतिनिधित्व बढ़ाने के लिए संसद तथा राज्य विधानसभाओं में अधिकतम सीटों के लिए लोकसभा में अतिरिक्त निर्वाचन क्षेत्रों का ताजा प्रस्ताव रखा है। भारतीय जनता पार्टी ने दोहरी-सदस्यता निर्वाचन क्षेत्र का विचार रखा है। अर्थात् संसद में सीटों का प्रतिनिधित्व बढ़ाने के लिए संसद तथा राज्य विधानसभाओं में अधिकतम सीटों के लिए लोकसभा में अतिरिक्त निर्वाचन क्षेत्रों का ताजा प्रस्ताव रखा है। भारतीय जनता पार्टी ने दोहरी सदस्यता निर्वाचन क्षेत्र का विचार रखा है, अर्थात् संसद में सीटों का प्रतिनिधित्व दो सदस्य करेंगे, जिनमें से एक सदस्य महिला होगी।

तालिका 1.1 1952–1999 की अवधि में लोकसभा सीटों में महिला प्रत्याशियों की कुल संख्या दर्शाती है।

वर्ष	कुल रिक्तियां	कुल महिलाएं	महिला–सदस्य संख्या	कुल सीटों का %
1952	499	51	22	4.4
1957	500	70	27	5.4
1962	503	68	34	6.7
1967	523	66	31	5.9
1971	521	86	22	4.2
1977	544	70	19	3.4
1980	544	142	28	7.9
1984	544	159	44	8.1
1989	517	189	27	5.3
1991	544	325	39	7.16
1996	543	491	39	7.18
1998	543	274	43	7.9
1999	543	247	48	8.9

महिलाएं - एक उपेक्षित वर्ग (Women - A Disadvantaged Group)

महिला सशक्तीकरण एक मौलिक मुद्दा है क्योंकि यह समाज में महिलाओं की स्थिति के व्यापक प्रश्न से जुड़ा है। सबसे चिंताजनक बात यह है कि देश के कुछ राज्यों में पुरूष–स्त्री अनुपात में निरंतर गिरावट आई है। अनेक शोधकर्ताओं का मानना है कि पुरूषों की तुलना में स्त्रियों के जीवन की निश्चितता (स्वस्थता) कम है। इसका कारण पोषण तथा स्वास्थ्य सुविधाओं का अंतर है। यह हिन्दु तथा मुस्लिम महिलाओं के विवाह तथा उत्तराधिकार कानूनों से भी सम्बद्ध है जो स्त्री के व्यक्तित्व को कोई स्थान नहीं देते। इसके अतिरिक्त शैक्षणिक अवसरों तथा आर्थिक आत्मनिर्भरता के अभाव से उपजी असमानता भी एक बडी समस्या है जिसके कारण बाजार अर्थव्यवस्था में महिलाओं की सहभागिता दर कम है। समाज में वांछित दर्जा पाने के लिए महिलाओं को अपनी लड़ाई स्वयं लड़नी होगी। सबसे पहले सदियों से चली आ रही पुरूषों की मानसिकता में बदलाव लाना होगा। अत्याधिक शोषणकारी तथा वंशानुकृत ग्रामीण शक्ति संरचना को बदलने के भी प्रयास करने होंगे।

सामाजिक, राजनीतिक तथा आर्थिक गतिविधियों में महिलाओं की सक्रिय सहभागिता एवम् विकास के लिए समाज में अनुकूल तथा सहायक वातावरण की आवश्यकता है। मौजूदा परम्परागत, पितृसत्तात्मक तथा रूढ़िवादी सामाजिक स्थितियों में, विभिन्न कारकों जैसे कि जाति, वर्ग, धर्म तथा शिक्षा आदि मौजूद हैं जो सामाजिक – आर्थिक प्रक्रियाओं में सहभागिता के स्तर का निर्धारण करते हैं। एक पितृसत्तात्मक समाज में जहां एक स्त्री प्रत्येक वर्ग एवं श्रेणी से जुड़ी हुई है, वहां उसका दमन

एवं शोषण होता है। इस प्रकार महिलाओं का राजनीतिक सशक्तीकरण ही उन्हें सामाजिक-आर्थिक शोषण से मुक्ति दिला सकता है।

महिलाओं की जागरूकता को बढ़ावा देने के लिए सशक्तीकरण

(Empowerment Enhancing Women's Conciousness)

इस संदर्भ में महिला सशक्तीकरण के मुद्दे का विशेष महत्त्व है। एक सामाजिक प्रक्रिया के रूप में सशक्तीकरण समाज में शक्ति वितरण में असंतुलन तथा शक्ति संबंधों को चुनौती देता है। आंदोलन का उद्देश्य सामाजिक समानता स्थापित करना है और वह समाज में शक्ति की संरचनाओं को अशक्त (निष्प्रभावी) करके प्राप्त किया जा सकता है। एक राजनीतिक प्रक्रिया के रूप में सशक्तीकरण एक सामाजिक प्रतिक्रिया है, क्योंकि यह परिवार तथा समाज में शक्ति असंतुलन को चुनौती देती है। महिलाओं का सशक्तीकरण निश्चय है। यह उन्हें परम्पराओं के बंधन तथा शोषण से मुक्ति दिला सकता है। अत: इसे एक नए सामाजिक परिवेश के निर्माण का साधन माना जा सकता है जो महिलाओं को स्वयं अपने निर्णय लेने के योग्य बनाएगा।

महिला सशक्तीकरण को समाज में वास्तविक सामाजिक समानता स्थापित करने का साधन माना जा सकता है। ए.एस. बाटलीवाला के अनुसार, महिला सशक्तीकरण को व्यापक सामाजिक आंदोलन के भाग के रूप में देखा जा सकता है। चूंकि समाज में महिला की स्थिति उपेक्षित है, इसलिए महिला सशक्तीकरण की प्रक्रिया समाज के अलाभान्वित वर्ग की सहायता कर सकता है। यह निम्न सामाजिक-आर्थिक वर्ग के पुरूषों को भी पारिवारिक बंधनों एवं शोषण से मुक्ति दिला सकता है। प्राचीन भारत में प्रचलित प्रथाओं के कारण महिलाओं तथा समाज के अन्य उपेक्षित वर्गों की आवश्कताओं पर विशेष ध्यान देना तथा उनकी राजनीतिक समानता के अधिकार को मान्यता देना कठिन था। इसी कारण मानव विकास के संदर्भ में हम विकास प्रयासों के अतिम लक्ष्य के रूप में देश के विकास एजेण्डा में महिला सशक्तीकरण को प्राथमिकता मिली है। नौंवी योजना का प्राथमिक उद्देश्य महिलाओं का सशक्तीकरण रखा गया। घर के अंदर तथा घर के बाहर महिलाओं के अधिकारों के स्वच्छंद उपभोग का वातावरण सुलभ कराने के लिए सरकार द्वारा हर संभव प्रयास किए गए हैं। इस संदर्भ में स्वावलंबी समूहों (Self Help Groups) का जिक्र करना आवश्यक होगा जिन्होंने महिला सशक्तीकरण की दिशा में विशेष कार्य किया है। इन समूहों ने महिलाओं की आवश्यकताओं को स्पष्ट करने के लिए एक स्थाई मंच प्रदान किया है तथा ये विकास प्रक्रिया में भी योग दे रहे हैं।

इस प्रयास से महिला सशक्तिकरण तथा सबलीकरण में आश्चर्यजनक प्रगति हुई है, क्योंकि इसने देश में अनेक स्वालंबी समूहों को गतिशील किया है। आधारिक स्तर के अनुभव दर्शाते हैं कि ये समूह महिलाओं को आर्थिक, भौतिक तथा अन्य प्रकार के संसाधन एवं जानकारी सुलभ कराने में बड़ी प्रभावी संस्थाएं सिद्ध हुई हैं। अत: सरकार ने दसवीं योजना में इन समूहों को सामाजिक परिवर्तन, विकास तथा महिला सशक्तीकरण के एजेण्ट के रूप में प्रोत्साहन देने का निर्णय किया है। महिलाओं के लिए विशिष्ट क्षेत्रीय रणनीति के तहत, सरकार ने तीन महत्त्वपूर्ण क्षेत्रों पर ध्यान केंद्रित किया है:-

सामाजिक सशक्तीकरण (Social Empowerment)

सभी मौलिक न्यूनतम सेवाएं सुलभ कराने के अतिरिक्त सकारात्मक विकास रणनीतियों एवं महिला विकास की योजनाओं द्वारा ऐसे वातावरण का निर्माण करना जिससे महिलाएं अपनी पूर्ण क्षमताओं का अनुभव कर सकें।

आर्थिक सशक्तीकरण (Economic Empowerment)

महिलाओं को आर्थिक रूप से आत्मनिर्भर बनाने के लिए प्रशिक्षण, सशक्तीकरण एवं आमदनी बढ़ाने वाली क्रियाओं के प्रावधान को सुनिश्चितता प्रदान करना।

लैंगिक न्याय (Gender Justice)

सभी प्रकार के लैंगिक भेदभाव की समाप्ति ताकि राजनीतिक, सामाजिक, सांस्कृतिक एवं आर्थिक सभी क्षेत्रों में महिलाएं अपने अधिकारों एवं स्वतंत्रताओं का अप्रतिबंधित रूप से प्रयोग कर सकें।

लैंगिक मुददों पर वैश्वीकरण का प्रभाव (Impact of Globalization on Gender Issues)

महिला आंदोलनों का इतिहास इस बात पर प्रकाश डालता है कि किस प्रकार समकालीन विषयों जैसे कि वैश्वीकरण, पोषणकारी विकास आदि में 'लिंग' एक केंद्रीय तत्व बन गया। अध्ययन यह भी दर्शाते हैं कि वैश्वीकरण के कारण, अधिकांश महिलाएं बहुत कम क्षमताओं के साथ केवल कुछ ही व्यवसायों में कार्य कर रही हैं। व्यावसायिक, लिपिकीय, विक्रय तथा सेवा कार्यों में तो महिलाओं का बहुप्रतिनिधित्व किया जाता है जबकि प्रबंधकीय एवं उत्पादन नौकरियों में अल्पप्रतिनिधित्व किया जाता है। पूर्णकालिक-रोजगार के विपरीत, 1980 के दशक से अंशकालिक कार्य करने वाली महिलाओं की श्रम शक्ति के अनुपात में बढ़ोतरी हुई है। अकेले औद्योगीकृत बाजार अर्थव्यवस्था में पचास करोड़ से भी अधिक संख्या में अंशकालिक कार्य करने वाले कर्मचारी काम करते हैं तथा उनमें से अधिकांश संख्या महिलाओं की है। भूमण्डलीकरण आर्थिक पुर्ननिर्माण गृह कार्मिकों की संख्या का विस्तार कर रहा है जिनमें अधिकतर महिलाएं हैं और उन्हें निम्न वेतन दिया जाता है। संयुक्त राष्ट्र पर्यवेक्षकों की जांच के अनुसार ये नौकरियां जो विशेषकर महिलाओं का शोषण कर रही हैं, ये संगठन से पृथक हैं तथा इनमें उन्नति के अवसर बहुत कम हैं। हाल ही में, अनेक गैर सरकारी संगठनों द्वारा वैश्वीकरण - विरोधी प्रदर्शन किए गए, जिनका मानना है कि सामाजिक असमानता के लिए वैश्वीकरण (भूमण्डलीकरण) प्रमुख रूप से उत्तरदायी है।

महिलाओं ने वैश्वीकरण (भूमण्डलीकरण) का अनेक प्रकार से अनुभव किया है। एक शिक्षित तथा व्यावसायिक रूप से योग्य महिला के लिए इसने नए अवसरों के द्वार खुले रखे हैं। परन्तु एक अकुशल महिला के लिए इसका अर्थ है बढ़ती प्रतियोगिता के दौर में आजीविका का अभाव। वैश्वीकरण मौजूदा असमानता को बढ़ाने में तथा एक गरीब महिला जो कि एक असंगठित क्षेत्र में

शोषणकारी परिस्थितियों एवं अपने अधिकारों व सामाजिक संरक्षण के अभाव में कार्य करती है, उसकी निसहाय अवस्था को बढ़ाने के लिए उत्तरदायी है।

शीत युद्ध की समाप्ति के साथ पिछले दो दशकों से, अनेक सुस्थापित लोकतंत्रीय व्यवस्थाओं के राजनीतिक एजेण्डा में सुरक्षात्मक उपायों का स्थान सामाजिक मुद्दों ने लिया है। महिला अधिकारों, सशक्तीकरण, नृजातीय अल्पसंख्यकों के अधिकारों, दुर्बल वर्गों तथा पर्यावरण संरक्षण के मुद्दों पर वाद-विवाद चलता रहा है। इस नए वैश्विक युग में महिलाओं के आंदोलन को भी विशाल लोकतांत्रिक ढांचे के अंतर्गत पर्यावरण संरक्षण, मानवाधिकार तथा मूलभूत आर्थिक अधिकारों जैसे मुद्दों के साथ जोड़ा गया है।

विकासशील विश्व के संदर्भ में, महिला आंदोलनों को गैर-लाभान्वित तथा अल्पप्रतिनिधित्व वर्गों के सामाजिक-आर्थिक अधिकारों के साथ जोड़ने की आवश्यकता है जिसमें निर्धन महिलाएं भी स्वाभाविक रूप से शामिल हैं। पोषणिकता, शिशुपालन तथा शैक्षणिक कार्यों के संदर्भ में बहुमत को उन्नत करने की पहली शर्त है महिलाओं के स्तर को उपर उठाना। हिमालय की पहाड़ियों में चिपको आंदोलन की सफलता से स्पष्ट है कि मूलभूत आर्थिक मुद्दों को राजनीतिक अधिकारों से अलग नहीं किया जा सकता। ये मुद्दे आपस में जुड़े है तथा एक दूसरे की सुदृढ़ करते हैं जिसका अर्थ है कि मानवता की उम्मीद (अपेक्षा) तथा अमीर-गरीब के बीच की खाई को दूर करना यह जितना अन्य सामाजिक-राजनीतिक आंदोलनों की चिंता का विषय है, उतना ही यह महिला-आंदोलन की चिंता का विषय भी है।

20वीं शताब्दी के आरंभ में भारतीय महिलाओं का तर्क था कि लैंगिक न्याय को हासिल करने में अभी बहुत लम्बा समय है। लेकिन फिर भी, महिलाओं की शिक्षा तथा राजनीतिक कार्यवाही ने भारत के सामाजिक एवं राजनीतिक परिदृश्य को बदल दिया। महिलाएं अब कानूनों का पात्र न होकर कानून की प्रवर्तक हो गई हैं। अनेक महिलाओं के लिए अब उनका परिवार उनकी नियति का निर्धारण नहीं करता। अब महिलाएं जागरूक हो चुकी हैं तथा स्थाई रूप से अब उनका दमन नही किया जा सकता। यह यात्रा बाधाओं से मुक्त नहीं है। फिर भी ग्रामीण क्षेत्रों की निर्वाचित महिलाओं का उत्साह तथा सच्चाई दर्शाती है कि भावी सहभागी लोकतंत्र में वास्तविक सहभागिता सुनिश्चित है। सशक्तीकरण के बीज बोए जा चुके हैं और अब इसे पुष्पित करने का उत्तरदायित्व समाज, राजनीतिक नेतृत्व तथा नौकरशाही तन्त्र पर है।

References

Anne Phillips, *The Politics of Presence: The Political Representation of Gender,Ethnicity and Race*, Oxford: Oxford University Press, 1995

Iris. M. Young, *Inclusion and Democracy*, Oxford: Oxford University Press, 2000

Will Kymlicka, *Multicultural Citizenship: A Liberal Theory of Minority Rights,* Oxford: Oxford University Press, 1995

R. Kapur and B. Crossman, 'On Women, Equality and the Constitution' in Nivedita Menon, (ed.), *Gender and Politics in India*, (Oxford: Oxford University Press

S. Batliwala, *Empowerment of Women in South Asia*, (New Delhi : Action and Development, 1993

Debal Roy, 'Peasant Movement and Empowerment of Rural Women' *Economic and Political Weekly* (Bombay), Vol: XXX , No.37, Sept.16, 1995

Susheela Kaushik, 'Why Women in Legislatures?', *National Commission For Women* (New Delhi), 19th November, 1996

Kumud Sharma, 'Grassroot Organisations and Women's Empowerment: Some Issues in Contemporary Debate',*Samya Shakti* , (New Delhi) , Vol: VI , 1992

Narayan. S. Kotvi, "The Myth of Gender Equity", *World Affairs*, Vol: 5, No.III, July-Sept. 2001

Veena Mazumdar, 'Reservation for Women', *Economic and Political Weekly*, June 10, 1989

Veena Das, "Women and Panchayati Raj" (Unpublished Report), Delhi: Delhi University, 1992.

अध्याय - 15

भारत में कानून, संस्थाएँ तथा महिलाओं के अधिकार
(Laws, Institutions and Women's Rights in India)

डॉ. निवेदिता गिरि

भूमिका (Introduction)

किसी भी समाज के विकास को उस समाज में महिलाओं की स्थिति के आधार पर समझा जा सकता है। चूंकि पुरूष एवं स्त्री दोनों समाज रूपी गाड़ी के दो पहियों के समान हैं, इसलिए समाज के विकास में दोनों की बराबर भूमिका होनी चाहिए। ऐसा माना जाता है कि ईश्वर ने इस जगत एवं इसके सभी प्राणियों की रचना की है। अत: जब वनस्पति एवं प्राणि जगत में समानता का नियम है तो फिर मानव समाज में असमानता क्यों हैं? इस असमान समाज में पुरूष एवं स्त्री एक दूसरे से उच्च एवं अधिक श्रेष्ठ कैसे हैं?

विश्व की लगभग आधी जनसंख्या महिलाओं की है। फिर भी उन्हें लैंगिक भेदभाव के कारण निम्न दर्जा दिया जाता है। वे हिंसा, शोषण एवं भेदभाव की शिकार हैं। महिलाओं के साथ दुर्व्यवहार किया जाता है, उनकी उपेक्षा की जाती है तथा उन्हें हीन समझा जाता है। घरेलू हिंसा को केवल निजी मामला समझा जाता है। शोषण तथा भेदभाव के कारण स्त्रियां स्वयं को कम सुरक्षित महसूस करती हैं।

इतिहास में अनेक प्रमाण हैं जब महिलाओं को संपत्ति समझकर पुरूषों द्वारा खेल का हिस्सा समझकर खरीदा, बेचा गया अथवा उनका हरण किया गया। महिलाओं को तो जैसे बेचे जाने वाली संपत्ति समझ लिया जाता है क्योंकि अक्सर पुरूषों को एक से अधिक पत्नियां रखने पर कोई आपत्ति नहीं की जाती, जबकि पत्नी से यह अपेक्षा की जाती है कि मृत्युपर्यन्त अपने पति के प्रति निष्ठावान बनी रहे। भारत में, सती प्रथा का प्रचलन था तथा चीन में प्राचीनकाल में एक विधवा को स्वयं को बलिदान करने की क्रूर एवं अमानवीय प्रथा का प्रचलन था।

एक अंतर जो ईश्वर ने नहीं बनाया, वह है – उपेक्षा तथा अंधविश्वास। जब तक पुरूष एवं स्त्री के बीच पूरी तरह से समानता स्थापित नहीं होगी तब तक मानवजाति के सामाजिक विकास के उच्च स्तर को प्राप्त करना संभव नहीं है। स्वामी विवेकानंद ने भी उचित ही कहा है कि "जो देश

अथवा राष्ट्र स्त्रियों का सम्मान नहीं करता, वह कभी भी न तो महान हो सकता है और न ही भविष्य में कभी बन पाएगा।"

इन सभी अवरोधों के होते हुए भी विश्व भर में महिलाओं ने लैंगिक भेदभाव तथा अन्याय के विरूद्ध प्रबल आंदोलन किए। वे हिंसा तथा दमन का विरोध कर रही हैं तथा समान अधिकारों, विकास के बड़े अवसरों, समान कानूनों तथा अपनी आजीविका के अधिकार की मांग कर रही हैं। शिक्षा के विकास के साथ-साथ अब महिलाएं स्वयं को घर की चारदीवारी में महसूस नहीं करती, बल्कि अब वह हर संभव क्षेत्र में साहसिक भूमिका निभा रही हैं। अब उनमें अपने अधिकारों के प्रति लगातार जागरूकता बढ़ रही है। उनमें इस बढ़ती एकात्मकता तथा अपने अधिकारों के लिए संघर्ष को 'नारीवाद' के रूप में अभिव्यक्त किया जाता है।

नारीवाद वास्तव में अब एक वैश्विक (विश्व स्तरीय) आंदोलन बन गया है जो विश्व के हर प्रदेश में महिलाओं के हितों को अभिव्यक्त कर रहा है। यह घरेलू, सामाजिक, आर्थिक स्तरों पर अत्याचार के विरूद्ध जागरूकता पैदा करके सचेतनता का वातावरण तैयार कर रहा है ताकि शिक्षा, स्वास्थ्य, चिकित्सा तथा अन्य अवसरों में महिलाओं को बराबर स्थान मिले तथा महिलाओं की आवश्यकताओं को भी ध्यान में रखा जा सके।

संयुक्त राष्ट्रसंघ ने इस दिशा में राष्ट्रीय तथा अंतर्राष्ट्रीय मंच का निर्माण करके अंतर्राष्ट्रीय स्तर पर नारीवाद के विकास तथा महिलाओं के आंदोलनों को प्रोत्साहन दिया है। संयुक्त राष्ट्र अंतर्राष्ट्रीय वर्ष 1975; महिला दशक 1976-1985 तथा मैक्सिको शहर, कोपेनहेगन, नैरोबी, बीजिंग में हुए संयुक्त राष्ट्र सम्मेलन असंख्य तरीकों से महिलाओं के बीच अंतर्राष्ट्रीय संबंधों को अभिपुष्ट करते हैं। परन्तु इसके बावजूद भी अधिक विकास नहीं हो सका है। महिलाओं की स्थिति के बारे में 1995-1996 की संयुक्त राष्ट्र रिपोर्ट में स्पष्ट रूप से कहा गया है कि "विश्व की 2.8 अरब महिलाएं मानव जाति की सबसे बड़ी उपेक्षित वर्ग हैं।"

हालांकि महिलाओं के अधिकारों को औपचारिक मान्यता प्राप्त हैं तथा कानूनी रूप से महिलाओं को पुरूषों के बराबर अधिकार प्राप्त हैं परन्तु संयुक्त राष्ट्र के आंकड़े तथा अन्य स्रोत दर्शाते हैं कि महिलाओं के साथ अभी भी भेदभाव किया जाता है तथा वे उपेक्षित हैं। उनके पास धन, शिक्षा तथा शक्ति का अभाव है तथा उनका आत्मसम्मान एवं दर्जा निम्न है। उन्हें जन-जीवन में कम महत्व दिया जाता है। नौकरी के क्षेत्र में कम वेतन, कार्यस्थल पर यौन शोषण, घरेलू व सार्वजनिक हिंसा का सामना करना पड़ता है। परन्तु अब महिलाओं की समानता का मुद्दा एक नई पहचान ले रहा है तथा अब लिंगों के मध्य व्यावहारिक समानता की दिशा में एक सक्रिय नारीवादी आंदोलन ने एक विचारात्मक अन्तराष्ट्रीयता का निर्माण किया है।

भारत में, स्थिति काफी जटिल है। रूढ़िगत समाज में, महिलाओं का सामाजिक, आर्थिक, शारीरिक, मानसिक तथा यौन शोषण किया जाता रहा है, कभी धर्म के नाम पर तो कभी सामाजिक मान्यताओं के नाम पर। परन्तु प्राचीन भारत में, महिलाओं की स्थिति भिन्न थी। परिवारों में कन्या शिशु का स्वागत किया जाता था। उस समय पुत्र की प्राप्ति एक अनिवार्य आवश्यकता नहीं थी। विधवाओं को पुनर्विवाह का अधिकार था। जैसा कि ऋग्वेद में भी कहा गया है, "स्त्री से ही गृहस्थी है" तथा मनुस्मृति में भी उल्लिखित है कि "जहाँ स्त्री का सम्मान होता है, वहाँ प्रभु प्रसन्न होते हैं और जहां स्त्री का अपमान होता है, वहां पर सारे पुण्य कर्म व्यर्थ हो जाते हैं।"

16वीं शताब्दी की शुरूआत में इस आदर्श का पतन हो गया। बाल विवाह, विधवा विवाह पर रोक, स्त्री शिक्षा की पूर्ण अवहेलना समाज में आम बात हो गई। भारत में विदेशी आक्रमणों तथा लम्बे समय तक विदेशी शासन के कारण स्त्री का दर्जा घटने लगा। पर्दा प्रथा, सती प्रथा, बहुविवाह प्रथा, दहेज प्रथा आदि से महिलाओं की स्थिति निम्न हो गई तथा उसे बोझ समझा जाने लगा।

पिछले दशक में पुरूष-स्त्री अनुपात में हुई गिरावट से महिलाओं की असमान स्थिति स्पष्ट है। यह ह्रास इस प्रकार हुआ - 1901 में यह अनुपात 972:1000 तथा जो 1991 में 927:1000 हो गया। 2001 की जनगणना आंकडों के अनुसार लिंगानुपात 933:1000 था। 1991 की जनगणना की तुलना में 927 के ऊपर 6 अंकों का सुधार देखा गया। हरियाणा, पंजाब, चण्डीगढ़ तथा दिल्ली में आंकड़े राष्ट्रीय औसत से नीचे हैं। भारत समेत दक्षिण एशिया के अन्य देशों के लिए यह लज्जा की बात है जहां पर पुरूषों की तुलना में स्त्रियों की संख्या इतनी कम है। आजादी के साथ महिलाओं के लिए सामाजिक सुधारों को एक नई प्रेरक शक्ति प्रदान की गई। भारत के संविधान ने महिलाओं की उन्नति के लिए प्रतिष्ठा तथा अवसरों की समानता प्रदान की।

लैंगिक असमानता के कारण महिला-अधिकारों का ह्रास (Gender inequality erode women's rights)

सैद्धांतिक रूप से, कानून अथवा सरकार की निगाह में पुरूष एवं स्त्री का दर्जा समान है परन्तु वास्तविक जीवन में ऐसा नहीं है। पुरूषों की तुलना में महिलाएं अपने अधिकारों एवं स्वतंत्रताओं के प्रयोग की दृष्टि से बहुत वंचित हैं तथा उनकी स्थिति निम्न है। इस संबंध में संयुक्त राष्ट्र का पर्यवेक्षण बताता है कि : "मानवजाति का आधा भाग कहलाने वाली महिला विश्व के कार्य-घण्टों का 2/3 भाग श्रम करती है, परन्तु फिर भी उन्हें कुल श्रम-शक्ति के 1/3 भाग के रूप में पंजीकृत किया जाता है तथा वे विश्व के भौतिक पदार्थों का केवल 1 प्रतिशत ही अर्जित करती हैं।"

यदि लैंगिक असमानता के विषय में बात की जाए तो नोबेल पुरूस्कार विजेता अमर्त्य सेन का कहना है कि "इस आक्रान्त विश्व में जहां पर स्त्री एवं पुरूष के बीच असमानता की स्थिति विद्यमान है, जिसे लैंगिक विषमता कहा जाता है, वह केवल सजातीतय प्रक्रिया ही नहीं, बल्कि कई विषम एवं अंतर्सबंधित समस्याओं का समूह भी है।

समाज में मौजूद असमानता मूलभूत लैंगिक समस्या है जो महिलाओं को उनके मानवाधिकारों से वंचित कर रही है। मानवाधिकारों के बिना उनके जीवन और स्वतंत्रता की सुरक्षा सुनिश्चित नहीं हो सकती और न ही वे सम्मानपूर्ण जीवन जी सकेगी। यहां तक कि वे एक मनुष्य के रूप में अपनी क्षमता को भी नहीं पहचान सकेंगी तथा सामाजिक उन्नति की प्रक्रिया में भाग न ले पाने के कारण वे एक संपूर्ण नागरिक की भूमिका से वंचित हो जाएंगी।

यदि ऐतिहासिक आधार पर देखा जाए तो काफी लंबे समय तक मार्गदर्शक एवं चिंतकों ने महिलाओं की मानवीय स्थिति, उनके अधिकारों एवं स्वतंत्रताओं के दावे नहीं किए तथा पुरूष ने महिलाओं की असमान स्थिति के विरूद्ध आवाज उठाने की बजाय इस स्थिति का समर्थन किया। अत: एक राजनीतिक दार्शनिक तथा स्वतंत्रता एवं समानता की वकालत करने वाले विचारक जीन जैक्स रूसो ने कहा कि "उपेक्षा महिलाओं के हित में हैं" और उन्हें राजनीति से दूर रखा जाना चाहिए। 4 जुलाई, 1776 के अमेरिका स्वातंत्र्य घोषणापत्र में पुन: यही बात दोहराई गई कि "सभी

पुरूष एक समान हैं" और इसलिए वे महिलाओं, दासों तथा संपत्तिविहीनों से अलग हैं। अगस्त 1789 में फ्रांस की राष्ट्रीय सभा द्वारा जारी मानव तथा नागरिक अधिकारों की प्रसिद्ध उद्घोषणा ने फिर से महिलाओं तथा गैर नागरिकों को बाहर रखा।

महिला अधिकार संबंधी संयुक्त राष्ट्र उद्घोषणा (United Nations Declaration on Human Rights)

10 दिसम्बर, 1948 को 'मानवाधिकारों की सार्वभौमिक घोषणा' की गई। वर्ष 2000 की मानव विकास रिपोर्ट ने मानवाधिकारों की व्याख्या करते हुए कहा है कि ये वे अधिकार हैं जो सभी व्यक्तियों ने स्वतंत्रता एवं प्रतिष्ठा का जीवन जीने तथा एक समान मानवता के आधार पर प्राप्त किए हैं।" ये अधिकार प्रत्येक व्यक्ति तथा सामाजिक व्यवस्थाओं की आचरण संबंधी नैतिकता का मानदण्ड प्रदान करते हैं तथा ये अधिकार सार्वभौमिक, अहरणीय तथा अविभाज्य हैं। इन अधिकारों के संदर्भ में मानवाधिकार अहरणीय है क्योंकि ये किसी दूसरे व्यक्ति द्वारा छीने नहीं जा सकते तथा ये अविभाज्य भी है क्योंकि विभिन्न प्रकार के अधिकारों को दूसरों के हितों को बढ़ावा देने के लिए समाप्त नहीं किया जा सकता।

सार्वभौमिक उद्घोषणा के सर्वप्रथम अनुच्छेद में कहा गया है कि "सभी मनुष्य स्वतंत्र पैदा हुए हैं तथा सभी के अधिकार एवं प्रतिष्ठा एक समान हैं तथा तीसरे अनुच्छेद में वर्णित है कि "सभी को जीवन, स्वतंत्रता एवं व्यक्ति की सुरक्षा का अधिकार प्राप्त है।" यह भी कहा गया है कि इन सभी मूलभूत अधिकारों एवं स्वतंत्रताओं का उपभोग प्रत्येक व्यक्ति बिना किसी जाति वर्ण, लिंग, भाषा, धर्म, राजनीतिक अथवा राष्ट्रीय या सामाजिक संगठनों, संपत्ति, जन्म या अन्य स्थिति के भेदभाव के बिना, करने का हक रखता है।

संयुक्त राष्ट्र मानवाधिकार आयोग तथा महिलाओं की स्थिति पर गठित आयोग की रिपोर्टों के आधार पर उद्घोषणा 'सभी लोगों तथा सभी राष्ट्रों के लिए एक 'उन्नति के एक समान मानदण्ड' निर्धारित करती है तथा इसमें यह स्पष्ट किया गया है कि मानव परिवार के सभी लोगों के समान और अदेय (अहस्तरणीय) अधिकार, विश्व में स्वतंत्रता, न्याय तथा शांति की स्थापना करते हैं। संयुक्त राष्ट्र चार्टर ने भी पुनः मूलभूत मानवाधिकारों, व्यक्तिगत मनुष्य की प्रतिष्ठा, पुरूष-स्त्री तथा बड़े एवं छोटे राष्ट्रों के समान अधिकारों को अभिपुष्ट किया।

1948 में संयुक्त राष्ट्र द्वारा 'मानवाधिकारों की सार्वभौमिक उद्घोषणा' को अपनाए आज पांच दशकों से भी अधिक अवधि का समय बीत चुका है। अब इस विश्व व्यापी उद्घोषणा के मौलिक सिद्धांतों को सर्वसम्मति प्राप्त हो चुकी है तथा बड़ी संख्या में सरकारों ने भी इसका समर्थन किया है। यद्यपि, विश्व में मानवाधिकारों को संरक्षण प्रदान करने का रिकार्ड अधूरा है तथा प्रतिदिन विश्व के विभिन्न भागों में असंख्य लोग इन आवश्यक मौलिक अधिकारों के अभाव में उपेक्षित वर्ग का जीवन बिताते हैं। उनमें भी महिलाओं की संख्या सर्वाधिक है तथा वे लैंगिक विषमता के आधार पर अपने अधिकारों से वंचित हैं। अतः जहां स्त्री एवं पुरूष को कानूनी रूप से समान दर्जा, प्रदान किया गया है, वहां सामाजिक प्राणी के रूप में वे समानता से कोसों दूर हैं।

हालांकि संयुक्त राष्ट्र उद्घोषणा के कार्यवाहक दशकों में महिलाओं के अधिकारों के विकास की काफी वकालत की गई तथा इसके लिए अनेक संघर्ष भी किए गए। 1970 के दशक में विश्व

के विभिन्न भागों में महिलाओं आंदोलनों ने इस संघर्ष को बल प्रदान किया जिसमें लैंगिक असमानता, लैंगिक न्याय की मांग तथा मानवाधिकारों की दृष्टि से नारीवादी दृष्टिकोण के मुद्दों को जोरदार ढंग से उठाया गया। महिलाओं के विरूद्ध हर प्रकार के भेदभाव की समाप्ति संबंधी समझौता (CEDAW) 1979; जून 1993 का वियना सम्मेलन तथा दिसम्बर 1993 में महिलाओं के विरूद्ध हिंसा की समाप्ति पर संयुक्त राष्ट्र उद्घोषणा - यह सभी विश्व में महिला अधिकारों की चेतना के प्रति महत्त्वपूर्ण सीमाचिन्ह के रूप में देखें जा सकतें हैं।

महिला अधिकार संबंधी अंतर्राष्ट्रीय अधिकार-पत्र (CEDAW : The International Bill of Women's Rights)

1979 में संयुक्त राष्ट्र ने महिलाओं के विरूद्ध हर प्रकार के भेदभाव की समाप्ति के लिए एक समझौता अपनाया। इसे महिला अधिकार सम्बंधी अंतर्राष्ट्रीय बिल (CEDAW) के नाम से जाना जाता है। इस बिल पर भारत सहित अनेक राष्ट्रों ने हस्ताक्षर किए हैं। सिर्फ इसलिए नहीं कि यह व्यापक रूप से अनुसमर्थित मानवाधिकारों का अंतर्राष्ट्रीय संधि-पत्र है। बल्कि इसलिए भी कि ऐसी ऐतिहासिक घटना पहली बार हुई है, इस तथ्य को जानते हुए भी कि हमारे समाज में महिलाओं के मौलिक अधिकारों को प्राय: प्रतिबंधित किया जाता है, क्योंकि समाज में महिलाओं के विरूद्ध भेदभाव के तत्त्व मौजूद हैं।

महिलाओं के अधिकारों का हनन प्राय: इन क्षेत्रों में किया जाता है - आर्थिक, राजनीतिक एवं सामाजिक अवसरों में भेदभाव, परिवार में प्रजनन संबंधी निर्णयों में असमानता तथा लिंग पर आधारित हिंसा जो न सिर्फ परिवार में है, बल्कि राज्य एवं समाज में भी। CEDAW के अनुसार, "लिंग के आधार पर महिलाओं के साथ किया गया किसी भी प्रकार का भेदभाव राजनीतिक, आर्थिक, सामाजिक, सांस्कृतिक या किसी भी क्षेत्र में उनके मौलिक अधिकारों तथा स्वतंत्रताओं के उपभोग को निष्प्रभावी बना देता है। इसलिए CEDAW महिलाओं को पुरूषों के बराबर अधिकारों की स्थापना करता है जिसमें राजनीतिक सहभागिता (अनुच्छेद 7-8), शिक्षा (अनुच्छेद 10), कार्य (अनुच्छेद 11), स्वास्थ्य (अनुच्छेद 12), ऋण सुविधाएं (अनुच्छेद 13) तथा विवाह, प्रजनन संबंधी तथा तलाक (अनुच्छेद 16) के अधिकार भी शामिल हैं। समझौते के हस्ताक्षरकर्ता राष्ट्रों का यह दायित्व है कि वे अपने-अपने देशों में हर प्रकार की लैंगिक विषमताओं को समाप्त करके महिलाओं के अधिकारों की रक्षा करेगें।

अक्टूबर 1999 में एक अन्य महत्वपूर्ण प्रगति तब हुई जब संयुक्त राष्ट्र महासभा ने CEDAW के लिए एक वैकल्पिक प्रोटोकॉल अपनाया। यह व्यवस्था उन महिलाओं को व्यक्तिगत रूप से या सामूहिक रूप से CEDAW के सम्मुख याचिका दर्ज करने का अवसर देता है जिनकी राज्य सरकारों द्वारा समझौते का उल्लंघन किया गया है। उस स्थिति में समिति समझौते तथा प्रोटोकॉल (मूल संधि पत्र) के भागीदार राज्यों में महिलाओं के मानवाधिकारों के हनन के संबंध में आवश्यक जांच कर सकती है। भारत ने कुछ शर्तों के साथ 1993 में CEDAW का अनुसमर्थन किया। उदाहरण के लिए - भारत सरकार ने घोषणा की कि 'कुछ अनुच्छेदों में किसी समुदाय के निजी मामलों में अहस्तक्षेप की नीति को स्थायी रूप से स्वीकार किया गया है।'

वियना सम्मेलन (Vienna Conference)

जून 1993 में, वियना में मानवाधिकारों के संबंध में द्वितीय विश्व सम्मेलन आयोजित किया गया। इस सम्मेलन में श्रेणीबद्ध रूप से स्वीकारा गया कि महिलाओं के अधिकार मानवाधिकार हैं तथा महिलाओं के मानवाधिकार अहस्तात्तरणीय हैं तथा यह सार्वभौमिक मानवाधिकारों का अभिन्न एवं अविभाज्य अंग हैं। इस सम्मेलन ने महिलाओं के विरूद्ध हिंसा का मुद्दा भी उठाया तथा जन एवं नागरिक अधकारों के लिए निजी अधिकारों तथा स्वतंत्रताओं की महत्ता भी स्पष्ट की। इसमें इस बात पर बल दिया गया कि सांस्कृतिक द्वेष तथा अंतर्राष्ट्रीय अवैध व्यापार के फलस्वरूप लिंग आधारित हिंसा तथा हर प्रकार का यौन उत्पीड़न मनुष्य की प्रतिष्ठा के विरूद्ध है तथा इसे समाप्त किया जाना जरूरी है। वियना उद्घोषणा में आग्रह किया गया कि राज्य को महिलाओं के विरूद्ध हिंसा को दण्डनीय अपराध घोषित करना चाहिए तथा इसकी समाप्ति के मार्ग में आने वाली बाधाओं से बचने के लिए किसी भी रीति-रिवाज, परंपरा या धार्मिक विश्वासों के आगे नहीं झुकना चाहिए।

महिलाओं के विरूद्ध हिंसा की समाप्ति संबंधी उद्घोषणा (Declaration on Elimination of Violence Against Women)

दिसम्बर 1993 में महिलाओं के विरूद्ध हिंसा की समाप्ति की संयुक्त राष्ट्र उद्घोषणा को प्रबल नारीवादी समर्थन मिला। इस उद्घोषणा में हिंसा, महिलाओं का शारीरिक शोषण, यौन अथवा मानसिक रूप से उत्पीड़ित किया जाना, घरेलू अथवा सार्वजनिक जीवन में बल प्रयोग अथवा स्वतंत्रता के अधिकार से वंचित करने जैसे कार्य भी शामिल हैं। इस परिभाषा की विस्तृत व्याख्या के अनुसार इसमें निम्नलिखित कार्य भी शामिल हैं - परिवार में या समुदाय में शारीरिक, यौन तथा मानसिक शोषण जिसमें मारना-पीटना, बालिका का यौन शोषण, दहेज संबंधी हिंसा, वैवाहिक बलात्कार तथा महिलाओं को उत्पीड़ित करने वाली अन्य पारंपरिक रीति-रिवाज, शोषण, यौन उत्पीडन तथा काम के दौरान शिक्षण संस्थाओं या अन्य किसी स्थान पर डराना-धमकाना, महिलाओं का अवैध व्यापार, बलपूर्वक वैश्यावृत्ति तथा राज्य द्वारा हिंसक कार्यों की अनदेखी करना।

संयुक्त राष्ट्र की पहल तथा राष्ट्रीय महिला आंदोलनों ने संयुक्त रूप से विश्व भर में महिलाओं के विकास को गति प्रदान की। 1975 में मेक्सिको शहर में, 1980 में कोपेनहेगन में, 1985 में नैरोबी में तथा 1995 में बीजिंग में हुए चार विश्व सम्मेलन लैंगिक समानता के समक्ष चुनौतियों का सामना करने तथा इसके मार्ग की बाधाओं को समाप्त करने के लिए आयोजित किए गए थे। 189 देशों के प्रतिनिधियों ने बीजिंग उद्घोषणा तथा उस मंच का समर्थन किया जिसमें अंतर्राष्ट्रीय मानवाधिकार मानकों के प्रति वचनबद्धता की अभिपुष्टि की गई तथा महिलाओं एवं कन्या शिशु के अधिकारों को मानवाधिकारों के अहस्तांतरीय तथा अविभाज्य अधिकारों एवं स्वतंत्रताओं के रूप में लागू करने के प्रति सहमति व्यक्त की गई। इसका उद्देश्य निजी एवं सार्वजनिक जीवन के प्रत्येक क्षेत्र में महिलाओं की भागीदारी के मार्ग में आने वाली बाधाओं को समाप्त करना भी है।

इन सम्मेलनों ने महत्त्वपूर्ण रूप से जनमत तैयार किया तथा महिलाओं के संबंध में अंतर्राष्ट्रीय स्तर पर जागरूकता को बढ़ावा दिया।

भारत में महिला अधिकारों के लिए संवैधानिक एवं विधिक प्रावधान

(Constitutional and Legal Provisions for Women's Rights in India)

भारतीय संविधान की प्रस्तावना में पुरूषों एवं महिलाओं के मूलभूत अधिकारों एवं स्वतंत्रताओं का वर्णन किया गया है। प्रस्तावना में कहा गया है कि "भारतीय संविधान देश के सभी नागरिकों को न्यायिक, सामाजिक, आर्थिक एवं राजनीतिक सुरक्षा, विचार-अभिव्यक्ति, विश्वास, धर्म और पूजा की स्वतंत्रता; प्रतिष्ठा एवं अवसर की समानता; व्यक्ति के गौरव तथा देश की एकता एवं अखण्डता को पुष्ट करता है।"

भारतीय संविधान एक विस्तृत दस्तावेज है जिसमें समानता के आदर्श को ध्यान में रखते हुए महिलाओं को पुरूषों के समान दर्जा दिया गया है। सिर्फ यही नहीं महिलाओं को उनकी आयु के अनुकूल भेदभाव की स्थिति को ध्यान में रखते हुए विशेष सुरक्षा प्रदान की गई है। संविधान द्वारा प्रदत्त निम्नलिखित मौलिक अधिकार महिलाओं के मानवाधिकारों की दृष्टि से विशेष रूप से महत्त्वपूर्ण हैं। जैसे - अनुच्छेद 14 'विधि के समक्ष समानता' के अनुसार, "राज्य भारत में किसी भी व्यक्ति को कानून के समक्ष समानता या कानून के समान संरक्षण से वंचित नहीं करेगा।"

अनुच्छेद 15 में धर्म, वंश, जाति, लिंग या जन्मस्थान के आधार पर किसी भी प्रकार के भेदभाव की मनाही है। इसके अनुसार :

(1) राज्य किसी भी नागरिक के साथ धर्म, वंश, जाति, लिंग, जन्मस्थान या इनमें से किसी भी आधार पर भेदभाव नहीं करेगा।

(2) कोई भी नागरिक धर्म, वंश, जाति, लिंग, जन्मस्थान या इनमें से किसी भी आधार पर अयोग्य नहीं ठहराया जाएगा या इस संबंध में -

(क) वह दुकानों, सार्वजनिक भोजनालयों, होटलों तथा मनोरंजन स्थलों के प्रयोग से वंचित नहीं किया जाएगा।

(ख) वह राज्य की निधि से सहायता प्राप्त कुंओं, तालाबों, स्नानघरों, सड़कों तथा आवास स्थलों, सार्वजनिक स्थलों के प्रयोग से वंचित नहीं किया जाएगा।

अनुच्छेद 15 के कुछ अपवाद हैं। यह राज्य को महिलाओं तथा बच्चों के लिए विशेष प्रावधान करने की शक्ति प्रदान करता है।

अनुच्छेद 16 'सरकारी नियुक्तियों के लिए अवसरों की समानता':

(1) सरकारी नियुक्तियों के लिए सभी नागरिकों को बराबर के अवसर मिलेंगे।

(2) राज्य के अधीन किसी कार्यालय अथवा किसी रोजगार में कोई भी नागरिक केवल धर्म, वंश, जाति, लिंग, जन्मस्थान, निवास-स्थान या इनमें से किसी भी आधार पर सरकारी नियुक्तियों के लिए अयोग्य नहीं ठहराया जाएगा।

(3) कुछ विशेष पदों के लिए निवास स्थान संबंधी शर्तें आवश्यक मानी जा सकती है।

(4) पिछड़े वर्गों के लिए सरकारी नौकरियों में कुछ स्थान आरक्षित रखे जा सकते हैं।

अनुच्छेद 21 में कहा गया है कि, "कानून द्वारा स्थापित प्रक्रिया को छोड़कर अन्य किसी तरीके से किसी व्यक्ति को जीवन या निजी स्वतंत्रता से वंचित नहीं किया जाएगा।

अनुच्छेद 22 'कुछ मामलों में बंदीकरण तथा नजरबंदी के संबंध में बचाव':

(1) किसी भी व्यक्ति को बिना कारण बताए बंदी नहीं बनाया जाएगा। बंदी बनाए गए व्यक्ति को अपनी पंसद के वकील से सलाह लेने का अधिकार होगा।

(2) बंदी बनाए गए व्यक्ति को चौबीस घंटों के भीतर मजिस्ट्रेट के सामने पेश किया जाएगा। मजिस्ट्रेट की आज्ञा के बिना किसी को भी निर्धारित समयावधि से अधिक समय के लिए बंदी नहीं रखा जा सकेगा।

ये मौलिक अधिकार महिलाओं के मानवाधिकारों की दृष्टि से काफी महत्त्वपूर्ण हैं। चूंकि मौलिक अधिकारों को न्यायिक संरक्षण प्राप्त है अत: कोई भी पीड़ित व्यक्ति अपने अधिकारों के हनन के संबंध में न्यायालय में रिट याचिका दायर करके क्षतिपूर्ति का दावा कर सकता है।

भारत के संविधान के अनुच्छेद 37 में उद्घोषित किया गया है कि "नीति निर्देशक तत्त्व देश के शासन में मौलिक स्थान रखते हैं" तथा "राज्य का यह कर्तव्य है कि वह कानून बनाते समय इन सिद्धांतों को अपनाए।" अत: संविधान राज्य को महिलाओं के लिए विशेष प्रावधान करने की शक्ति प्रदान करता है। महिलाओं से संबंधित कुछ महत्त्वपूर्ण प्रावधान इस प्रकार हैं :

अनुच्छेद 38 जनकल्याण को बढ़ावा देने के लिए राज्य सामाजिक व्यवस्था को संरक्षण प्रदान करेगा:

(1) राज्य जनकल्याण को बढ़ावा देने के लिए न्यायिक, सामाजिक, आर्थिक एवं राजनीतिक रूप से सामाजिक व्यवस्था को प्रभावी रूप से संरक्षण प्रदान करने का प्रयास करेगा।

(2) राज्य आय की असमानताओं को कम करने का प्रयास करेगा तथा राज्य न केवल व्यक्तिगत रूप से लोगों के बीच बल्कि क्षेत्रीय रूप से आवासीय लोगों के समूहों के मध्य का विभिन्न व्यवसायों में कार्यरत लोगों के बीच पद सुविधाओं तथा अवसरों की असमानता को भी दूर करने का प्रयत्न करेगा।

अनुच्छेद 39 'राज्य द्वारा अपनाई गई नीति के कुछ सिद्धांत': राज्य विशेष रूप से निम्नलिखित क्षेत्रों में संरक्षण प्रदान करेगा:

(1) सभी नागरिकों, पुरूषों एवं स्त्रियों को आजीविका के लिए पर्याप्त साधन जुटाने का अधिकार।

(2) राज्य की आर्थिक नीतियां ऐसी होनी चाहिए जिससे कि देश के भौतिक साधनों का उचित बंटवारा हो और अधिक-से-अधिक लोगों के हित में उनका उपयोग हो सके।

(3) आर्थिक व्यवस्था का संचालन इस प्रकार हो जिससे कि संपत्ति एवं उत्पादन के साधनों का केन्द्रीकरण किसी विशेष समुदाय के हाथ में न हो जाएं।

(4) पुरूष एवं स्त्री दोनों को समान कार्य के लिए समान वेतन दिया जाएगा।

(5) मजदूरों, पुरूषों एवं महिलाओं तथा बालकों का शोषण न हो तथा नागरिकों को आर्थिक मजबूरी के कारण ऐसे रोजगारों में न जाना पड़े जो उनकी आयु व शक्ति के अनुकूल न हो।

(6) बच्चों को स्वस्थ तरीके से विकास के अवसर दिए जाएंगे तथा स्वतंत्रता एवं सम्मान का वातावरण प्रदान किया जाएगा तथा बच्चों एवं युवाओं की शोषण से तथा नैतिक और आर्थिक परित्याग से रक्षा की जाएगी।

अनुच्छेद 39(A) 'समान न्याय तथा निःशुल्क कानूनी सहायता' राज्य समान अवसरों के आध ार पर कानूनी व्यवस्था को बढ़ावा देगा तथा उचित विधान एवं योजनाओं के द्वारा या अन्य किसी माध्यम से लोगों को निःशुल्क कानूनी सहायता प्रदान करेगा ताकि कोई भी व्यक्ति गरीबी के कारण न्याय से वंचित न रहे।

अनुच्छेद 42 'काम करने की उचित और मानवीय दशाओं तथा महिलाओं के लिए प्रस्तूति सहायता प्रदान करने की व्यवस्था करेगा।

भारतीय संविधान की एक महत्त्वपूर्ण विशेषता उसमें सुरक्षित मौलिक अधिकार एवं राज्य के नीति निर्देशक सिद्धांत है जो मूलभूत अधिकारों एवं स्वतंत्रताओं के लिए एक दृढ़ आधार प्रदान करता है। ये बिना किसी लैंगिक भेदभाव के समाज के हर नागरिक को प्रदान किये जाने चाहिएं। ये लैंगिक न्याय को सुनिश्चित करने के लिए राज्य को सकारात्मक कार्यवाही करने के पर्याप्त अवसर भी प्रदान करते हैं। पर जहां मौलिक अधिकारों को न्यायिक संरक्षण प्राप्त हैं तथा पीड़ित व्यक्ति रिट याचिका के जरिए क्षतिपूर्ति प्राप्त कर सकता है वहाँ दुर्भाग्यवश राज्य नीति के निर्देशक सिद्धांत वादयोग्य नहीं है जिसमें महिलाओं के मौलिक अधिकार भी शामिल हैं। इन अधिकारों के क्रियान्वयन को सरकार की इच्छा पर नहीं छोड़ा जाना चाहिए। एक न्यायपूर्ण समाज की सुनिश्चितता के लिए इन अधिकारों का भी न्यायपूर्ण होना आवश्यक हैं। महिला समूहों तथा संगठनों को भी एकजुट होकर इन अधिकारों के क्रियान्वयन के लिए संघर्ष करना होगा।

हालांकि भारतीय विधिक व्यवस्था में महिलाओं के लिए समानता को औपचारिक रूप से मान्यता दी गई है, परन्तु इस पितृसत्तात्मक समाज में महिलाओं के साथ भेदभाव अभी भी जारी है। अतः मौलिक अधिकारों तथा राज्य के नीति निर्देशक तत्त्वों के अतिरिक्त भारतीय सरकार ने महिलाओं के मानवाधिकारों की प्रत्यक्ष अथवा अप्रत्यक्ष रूप से रक्षा के लिए अनेक महत्वपूर्ण कानून बनाए हैं। ये कानून महिलाओं की स्थिति में सुधार के लिए समय-समय पर लागू किए जाते रहे हैं। इन कानूनों में शामिल हैं:-

1. बाल विवाह (प्रतिबंध) अधिनियम, 1929
2. न्यूनतम वेतन अधिनियम, 1948
3. गैर-कानूनी परिवहन अधिनियम, 1956
4. हिन्दू- उत्तराधिकार अधिनियम, 1956
5. दहेज प्रतिबंध अधिनियम, 1961
6. प्रसूति सहायता अधिनियम, 1961
7. मेडिकल टर्मिनेशन ऑफ प्रैगनैंसी एक्ट, 1971
8. समान वेतन अधिनियम, 1976
9. बंधुआ मजदूरी (नियंत्रण एवं उन्मूलन) अधिनियम, 1976

10. परिवार अधिकरण अधिनियम, 1984
11. महिलाओं के अश्लील चित्रण पर रोक संबंधी अधिनियम, 1986
12. बाल मजदूरी (प्रतिबंध तथा नियमन) अधिनियम, 1986
13. सती निवारण अधिनियम, 1987
14. प्रसव-पूर्व निदानसूचक तकनीक (दुरूपयोग के संबंध में नियमन एवं नियंत्रण), 1994
15. 73वां तथा 74वां संवैधानिक संशोधन अधिनियम, 1993
16. घरेलू हिंसा अधिनियम, 2006

उपरोक्त सभी अधिनियम महिलाओं की स्थिति में सुधार तथा महिला सशक्तीकरण की दृष्टि से महिलाओं को सबल बनाने के लिए समय-समय पर पारित किए गए हैं। वर्ष 2006 में पारित -'घरेलू दमन, हिंसा कानून' महिलाओं की हर प्रकार के शोषण, उत्पीडन, दमन, हिंसा व अत्याचार से रक्षा के लिए बनाया गया है। इन सभी कानूनों का उद्देश्य समाज में महिलाओं की स्थिति को दृढ़ करना तथा उन्हें सम्मान एवं प्रतिष्ठा का उचित स्तर उपलब्ध कराना है।

73वां तथा 74वां संवैधानिक संशोधन (The 73rd and 74th Constitutional Amendment)

यह अधिनियम स्थानीय निकायों अर्थात् पंचायती राज संस्थाओं तथा नगर निगमों/ नगरपालिकाओं की कुल सीटों में से महिलाओं के लिए 1/3 स्थान आरक्षित करता है। शासन में विकेंद्रीकरण का यह पहलू राजनीतिक क्षेत्र में महिलाओं की स्थिति को उन्नत करने की एक प्रेरक शक्ति भी है। विभिन्न सुरक्षात्मक कानूनों के अतिरिक्त, भारत में अपराध प्रक्रिया संहिता के अंतर्गत महिलाओं के अधिकारों एवं स्वतंत्रताओं के अतिक्रमण को रोकने के लिए अनेक महत्त्वपूर्ण पूर्वोपाय भी इसके प्रति अमूल्य योगदान देते हैं।

महिला अधिकारों का हनन (Violation of Women's Rights)

विश्वव्यापी स्तर पर, करोड़ों महिलाओं का जीवन हर साामाजिक-आर्थिक, राजनीतिक तथा शैक्षणिक स्तर पर हिंसा से प्रभावित है। महिलाओं के खिलाफ हिंसा ने भय का रूप ले लिया है। सितम्बर, 1995 में को महिलाओं के लिए बीजिंग में हुए चौथे विश्व सम्मेलन में तत्कालीन संयुक्त राष्ट्र महासचिव बुतरस बुतरस घाली ने कहा कि 'घरेलू हिंसा की वारदातें तेजी से बढ़ रही है।' अर्थात् उनका कहना था कि 10 देशों के अध्ययनों में पाया गया है कि 17 से 38 प्रतिशत महिलाएं अपने पति द्वारा शारीरिक उत्पीड़न की शिकार हैं। बीजिंग सम्मेलन में सरकारों ने उद्घोषणा की कि, 'महिलाओं के विरूद्ध हिंसा मूलभूत मानवाधिकारों का उल्लघंन है तथा यह शांति, समता और विकास' के मार्ग में बड़ी बाधा है। यद्यपि महिला अधिकारों के विकास का मुद्दा संयुक्त राष्ट्र की भी चिंता का प्राथमिक विषय है तथापि प्रारंभ में जब संयुक्त राष्ट्र महासभा ने महिलाओं के विरूद्ध हिंसा समाप्ति संबंधी उद्घोषणा को अपनाया था, तब दिसम्बर 1993 तक अंतर्राष्ट्रीय समुदाय द्वारा इस महिला विरोधी हिंसा के विश्वव्यापी आयाम को स्पष्ट सहमति नहीं मिली थी। उस समय

तक अधिकांश सरकारें महिलाओं के विरूद्ध हिंसा को परिवार तथा व्यक्ति के बीच का निजी मामला समझती थीं, न कि मानवाधिकारों की समस्या। जब 4 मार्च, 1994 को मानवाधिकार आयोग प्रस्ताव (1994/45) पास किया गया तो महिलाओं के विरूद्ध हिंसा की समस्या ने संपूर्ण विश्व में राजनीतिक ध्यान आकर्षित किया। इस प्रस्ताव ने विभिन्न देशों में महिलाओं के विरूद्ध हिंसा के मसलों की जांच के लिए विशेष रेपोर्टियर (Rapporteurs) नियुक्त किए। विशेष रेपोर्टियर महिलाओं के विरूद्ध हिंसा के कारणों तथा परिणामों की जानकारी देंगे तथा इसे रोकने के लिए उठाए जा सकने वाले आवश्यक कदमों के बारे में संयुक्त राष्ट्र को सुझाव देंगे।

यदि सैद्धांतिक रूप से भारत में महिला अधिकारों की बात की जाए, तो भारत का संविधान विश्व में सर्वाधिक प्रगतिशील है तथा यह पुरूषों एवं महिलाओं के समान अधिकारों एवं न्याय की गारण्टी प्रदान करता है। परन्तु व्यवहार में, सरकारी रिपोर्टों में प्रस्तुत आंकड़े, स्थानीय सर्वेक्षणों तथा सर्वाधिक महत्त्वपूर्ण, मीडिया में छपने वाले महिलाओं के अनुभव कुछ और ही चित्र प्रस्तुत करते हैं।

भारत में पारिवारिक स्तर पर ही लड़के-लड़कों के बीच भेदभाव किया जाता है। यहां तक कि कानूनी उपाय भी महिलाओं के साथ होने वाले भेदभाव को न तो पूर्णतः समाप्त करने में सक्षम हैं और न ही उनके मानवाधिकारों को सुनिश्चित करने के लिए सामाजिक परिवेश को बदलने में समर्थ हैं। दुर्भाग्य से कई कन्या शिशुओं को तो दुनिया में आने से पहले ही माँ के गर्भ में मार दिया जाता है। 1971 के 'मैडिकल टर्मिनेशन ऑफ प्रैग्नैंसी एक्ट' का उद्देश्य अनावश्यक गर्भधारण का अवसान करना तथा महिलाओं को प्रजनन प्रक्रिया के संबंध में मुक्त करना है। परन्तु व्यवहार में, अपेक्षित माता-पिता पुत्र प्राप्ति की आशा में अपनी अजन्मी बेटी का इस दुनिया में आने से पहले ही गर्भपात करा देते हैं। परिवारों में कन्या शिशु की इच्छा ही नहीं है, क्योंकि लड़कियों को पारिवारिक संपदा के रूप में स्वीकार ही नहीं किया जाता। लड़कियों पर होने वाले खर्च को फिजूल समझा जाता है, क्योंकि उसका विवाह करना पड़ता है और दहेज का लेन-देन भी किया जाता है।

लेकिन दूसरी स्थिति यह है कि माता-पिता कन्या को उस विरोधी सामाजिक परिवेश के कारण महत्त्व नहीं देते जो उनकी आजादी पर रोक लगाता है। कामकाजी लड़कियों को बराबर महत्त्व नहीं दिया जाता तथा हर संभव तरीके से उनका पुरूष सहकर्मियों के साथ पक्षपात किया जाता है। आजकल, छेड़छाड़ की अधिकांश वारदातों, लड़कियों से बलात्कार तथा हत्या के मामलों के कारण प्रगतिशील विचारों के अधिकांश माता-पिता कन्या की आशा ही नहीं करते।

भारत में, पांच हजार से भी अधिक बलात्कार के मामले तथा लगभग 13,000 अपहरण के मामले वार्षिक रूप से दर्ज किए जाते हैं। 'राष्ट्रीय अपराध रिकॉर्ड ब्यूरो' (National Crime Record Bureau) की रिपोर्ट के अनुसार, महिलाओं के विरूद्ध होने वाली वारदातों में प्रत्येक वर्ष पिछले वर्ष की तुलना में 4 प्रतिशत की वृद्धि हो रही है। बलात्कार के मामलों में 6 प्रतिशत की तथा यौन उत्पीडन के मामलों में 24 प्रतिशत की वृद्धि हो रही है। दुर्भाग्यवश, देखा गया है कि समाज में बदनामी के डर से महिलाओं के विरूद्ध किए गए अपराध के अनेक मामलों की रिपोर्ट ही नहीं की जाती। इसके अलावा, पुलिस को सूचित किए गए अनेक मामलों की रिपोर्ट दर्ज ही नहीं की जाती। ऐसे बहुत कम मामले हैं जिनमें अपराधी दोषी सिद्ध हुआ हों। भारत में किसी व्यक्ति को पीड़ित व्यक्ति की गवाही के आधार पर दोषी साबित नहीं किया जा सकता। सबूतों के अभाव में अपराधी सजा पाने से बच जाते हैं। पीड़ित व्यक्ति को सामाजिक तथा पारिवारिक रूख के कारण मानसिक यंत्रणा में गुजरना पड़ता है।

वर्तमान में महिलाओं द्वारा झेली गई हिंसा के कुछ अन्य उदाहरण दिए जा सकते हैं। राजस्थान में सती की घृणित प्रथा पुर्नजीवित हो गई है तथा हाल ही में उत्तर प्रदेश के बान्दा में भी यह प्रथा शुरू हो गई है। इसके अलावा, देश के कई भागों में बाल विवाह भी प्रचलन में है विशेषकर राजस्थान तथा मध्य प्रदेश में (आदिवासी जातियों में)। घरेलू हिंसा महिलाओं के मानव अधिकारों के लिए एक गंभीर समस्या है। इस समस्या का संबंध महिलाओं के विरूद्ध उसके घनिष्ठ संबंधी द्वारा की गई हिंसा से है जो शारीरिक, यौन या मानसिक रूप में हो सकती है। इसका संबंध पत्नी के साथ दुर्व्यवहार करने अथवा पति द्वारा मारने-पीटने, जबरन बलात्कार करने, मानसिक उत्पीड़न तथा आर्थिक शोषण से भी है।

भारत में घरेलू हिंसा से रक्षा के संबंध में कोई विशेष कानूनी प्रावधान नहीं है। हालांकि महिलाएं आर्थिक या भावनात्मक रूप से निर्भर व्यक्ति द्वारा घर के अंदर की गई हत्या, बलपूर्वक आत्महत्या, दारूण अन्याय जैसे अपराधों के संबंध में सामान्य कानूनों का सहारा ले सकती है। 1983 में, भारतीय दण्ड संहिता में एक नयी धारा 498। जोड़ी गई। इसके अनुसार, "कोई भी व्यक्ति चाहे वह पीड़िता का पति हो या पति का संबंधी, यदि वह महिला के साथ क्रूर व्यवहार करने का दोषी पाया जाता है तो वह कारावास की सजा से दण्डित किया जाएगा जिसकी समय सीमा तीन वर्ष तक बढ़ाई जा सकती है तथा उस पर जुर्माना भी लगाया जा सकता है।"

हाल तक, घरेलू हिंसा के मामले अधिकतर न्यायालयों से अथवा किस्सों में सुने गए। 1998 में, पहली बार घरेलू हिंसा संबंधी एक राष्ट्रीय तथा राज्य स्तर के आंकड़ों के एक विशाल निकाय का द्वितीय 'राष्ट्रीय परिवार स्वास्थ्य सर्वेक्षण' (National Family Health Survey) द्वारा गठन किया गया। सर्वेक्षण दर्शाता है कि सभी विवाहित महिलाओं में से 15 वर्ष से ऊपर की आयु की न्यूनतम पांच महिलाओं में से एक महिला शारीरिक उत्पीड़न की शिकार है।

घरेलू हिंसा और औरतें

सबसे ज्यादा हिंसा	
बिहार	62.2%
राजस्थान	46.3%
मध्य प्रदेश	45.8%
त्रिपुरा	44.1%
मणिपुर	43.9%
सबसे कम हिंसा	
जम्मू - कश्मीर	12.6%
मेघालय	13.1%
नागालैंड	15.4%
सिक्किम	16.5%
केरल	16.4%

स्रोत : नेशनल फैमिली हेल्थ सर्वे-3

घरेलू हिंसा अधिनियम 2006 (Domestic Violence Act 2006)

महिलाओं को आए दिन होने वाली घरेलू हिंसा से बचाने वाला घरेलू हिंसा अधिनियम 2005 में संसद में पास हुआ था। संसद की रजामंदी के बाद लगभग एक साल तक इस मुद्दे पर बहस का दौर चलता रहां तब जाकर कहीं 26 अक्टूबर, 2006 को इस अधिनियम ने कानून की शक्ल अख्तयार की। कानून ने हर महिला यानी पत्नी, बहन, विधवा, मां और लिव-इन पार्टनर हरेक को सबल बनाया। आज जो कानून महिलाओं की शक्ति बना है, उस पर काम दरअसल 1994 से शुरू हुआ था। अधिनियम का खाका सबसे पहले राष्ट्रीय महिला आयोग ने तैयार किया था। इसके बाद कई महिला संगठनों ने इसका समर्थन किया। 2002 में इस मुद्दे पर चर्चा शुरू हुई। जब यह अधिनियम बना था, उस वक्त इसमें सिर्फ विवाहित महिला, गोद लिए हुए और सगे रिश्तों की महिलाओं की ही बात की गई थी। लेकिन मौजूदा कानून इससे व्यापक हैं इसमें न सिर्फ शारीरिक, बल्कि मानसिक, मौखिक, आर्थिक और दैहिक हिंसा की भी बात की गई है। इसमें पत्नी के साथ मारपीट, उसको मानसिक रूप से सताना, बिना मर्जी उससे अश्लील काम करवाना और उसे खर्च के पैसे नहीं देना सब शामिल है। देश में घरेलू हिंसा कानून लागू होने के ठीक तीन दिन बाद तमिलनाडु जल व निकासी बोर्ड के चपरासी जोसेफ के खिलाफ मुकदमा दर्ज किया गया।

महिला विरोधी अपराधों के कारण महिला मानवाधिकारों का अतिक्रमण (Crime Against Women Undermine Women's Human Rights)

महिलाओं के साथ किए जाने वाले अपराध जैसे कि मारना-पीटना, बलात्कार, अपहरण, दहेज हत्या, घरेलू हिंसा, यौन उत्पीड़न, छेड़छाड तथा अन्य संबंधित अपराध महिलाओं के मानवाधिकारों का अतिक्रमण करते हैं, क्योंकि ऐसे अपराध उन्हें जीवन की सुरक्षा तथा समाज में उनके मौलिक मान-सम्मान से वंचित करते हैं। सभी अपराधों में बलात्कार तथा दहेज हत्या सबसे घृणित अपराध हैं। बलात्कार एक स्त्री को मानसिक रूप से झकझोर देता है तथा किसी की भी परछाई उसे शारीरिक रूप से आहत कर देती है। दहेज हत्या उस मानसिकता का परिणाम है जो एक स्त्री को उसके अपने घर में बराबरी का दर्जा तथा सम्मान देने से वंचित कर देती है।

भारत सरकार, गृह मंत्रालय के अधीन 'नेशनल क्राइम रिकॉर्ड ब्यूरो' (NCRB) समस्त भारत में महिलाओं के विरूद्ध छः बड़े अपराधों पर दृष्टि रखने का प्रयास कर रहा है। परन्तु फिर भी महिलाओं के विरूद्ध अन्य प्रकार के अपराधों जैसे कि सामूहिक बलात्कार अथवा महिलाओं का संगठित अवैध व्यापार या लड़कियों की खरीद-फरोख्त आदि के बारे में कोई व्यवस्थित रिपोर्ट दर्ज नहीं की गई है।

महिलाओं के विरूद्ध अपराधों के संबंध में वर्ष 1995-97 के NCRB आंकड़े पर आधारित अध्ययन की महत्त्वपूर्ण रिपोर्ट का उल्लेख करना आवश्यक होगा जो इस प्रकार है - 1995-97 में प्रति एक करोड़ जनसंख्या पर राजस्थान में महिलाओं के विरूद्ध होने वाले अपराधों की संख्या 2106 थी, मध्य प्रदेश में 2089, दिल्ली में 2000, महाराष्ट्र में 1752 तथा अन्य राज्यों में यह संख्या 1400 से कम थी। NCRB ने 1998 में पुनः रिपोर्ट दी कि 2010 तक महिलाओं के विरूद्ध होने वाले अपराधों की वृद्धि दर जनसंख्या दर से भी अधिक हो सकती है।

हालांकि, विश्व स्तर पर, राज्यों ने महिलाओं के अधिकारों के व्यक्तिगत अतिक्रमण होने के अनेक मामले सामने आने के बावजूद भी निष्क्रिय रूख अपनाया हुआ है। अधिकांश कानून पीड़ितों की रक्षा करने या अपराधी को दोषी सिद्ध करने में नाकामयाब साबित हुए हैं। राज्यों को यह सुनिश्चित करना चाहिए कि यदि वे एक बार राष्ट्रीय कानून अपनाएं, तो वे उन्हें पूरी तरह से लागू भी करेगें।

महिलाओं के संबंध में लोगों की मनोवृत्ति से परिवर्तन होना जरूरी है, पर ऐसा होने में बहुत लम्बा समय लगेगा। महिलाओं के मानवाधिकारों की रक्षा के लिए जितना कानूनी प्रावधानों को लागू करना जरूरी है, उतना ही जरूरी है कि समाज के विकास में महिलाओं के विरूद्ध हिंसा के प्रति जागरूकता फैलाई जाए तथा लड़कों एवं पुरूषों को स्त्री के प्रति सम्मानपूर्ण दृष्टिकोण रखने के लिए शिक्षित किया जाए। हिंसा को रोकना इसलिए भी जरूरी है ताकि समाज के विभिन्न सदस्यों के बीच विवादों का समाधान गैर-हिंसक साधनों द्वारा किया जा सके। और आज के समय में सरकार तथा गैर सरकारी संगठनों के बीच तथा न्यायपालिका एवं मीडिया के बीच सक्रिय सहयोग द्वारा महिलाओं के विरूद्ध हिंसा को रोकना भी अत्यंत आवश्यक है।

महिला अधिकारों की मॉनिटरिंग (Monitoring Women's Rights)

आर्थिक, सामाजिक एवं राजनीतिक रूप से महिलाओं की स्थिति में सुधार के लिए सरकारों ने अनेक विकास रणनीतियां बनाई हैं तथा अनेक कानून भी लागू किए हैं। वे महिलाएं जो लैंगिक भेदभाव, अपराधी वारदातों तथा हिंसा की शिकार हैं। उनके लिए ये नीतियाँ बना तो दी गई हैं, पर उनका वास्तविक लाभ महिलाओं तक पहुंचेगा या नहीं, इस संबंध में संशय है।

अतः महिलाओं के कल्याण तथा विकास संबंधी मामलों की देखरेख तथा जांच पड़ताल के लिए अंतर्राष्ट्रीय तथा राष्ट्रीय संगठन स्थापित किए गए हैं।

अंतर्राष्ट्रीय संगठन (International Organization)

संगठन के निर्माण के तुरन्त बाद से अंतर्राष्ट्रीय समुदाय ने महिलाओं के हितों पर लगातार ध्यान देना शुरू कर दिया है। 1948 में संयुक्त राष्ट्र की मानवाधिकारों की सार्वभौमिक उद्घोषणा का उद्देश्य महिलाओं को पूर्ण एवं अप्रतिबंधित रूप से आर्थिक, सामाजिक एवं सांस्कृतिक अधिकारों को उपलब्ध कराना है। इस संबंध में 1945 में संयुक्त राष्ट्र का चार्टर विश्व में महिलाओं की भूमिका को मान्यता प्रदान करने तथा लैंगिक समानता को मूलभूत मानवाधिकारों के रूप में बल प्रदान करने की दिशा में इतिहास का प्रथम अंतर्राष्ट्रीय दस्तावेज बन गया। बाद के दशकों में, संयुक्त राष्ट्र ने महिलाओं की स्थिति को उन्नत बनाने के लिए बहुमुखी प्रयासों की वचनबद्धता प्रकट की। संयुक्त राष्ट्र ने महिलाओं की स्थिति को उन्नत करने के लिए अनेक कानूनी उपायों का सहारा लिया और यहाँ तक कि विशेष एजेंसियों के द्वारा इसके कार्यों की देख-रेख की भूमिका भी निभाई। इन दस्तावेजों में अनेक मुद्दों की चर्चा की गई है जिसमें से कुछ इस प्रकार हैं :

- वैश्यावृत्ति का उन्मूलन तथा महिलाओं के अवैध व्यापार पर रोक।

- अंतर्राष्ट्रीय श्रम संगठन (ILO) में समान कार्य के लिए समान वेतन, समान वेतन के लिए समझौता, महिलाओं के राजनीतिक अधिकारों में वोट के अधिकार तथा सरकारी कार्यालयों में कार्य के संबंध में समझौता।
- विवाह के लिए सहमति प्राप्त करने, विवाह की न्यूनतम आयु के निर्धारण तथा विवाहों के पंजीकरण संबंधी समझौता।
- संयुक्त राष्ट्र शिक्षा, विज्ञान एवं सांस्कृतिक संगठन (यूनेस्को) के अंतर्गत समान शिक्षा का अधिकार।
- शिक्षा के संबंध में भेदभाव के विरूद्ध समझौता तथा CEDAW समझौते के आधार पर महिलाओं के विरूद्ध हर प्रकार के भेदभाव की समाप्ति।

1970 के दशक के अंत के बाद से संयुक्त राष्ट्र सांख्यिकीय कार्यालय, महिलाओं के विकास के लिए संयुक्त राष्ट्र अंतर्राष्ट्रीय अनुसंधान एवं प्रशिक्षण संस्थान (INSTRAW) तथा अंतर्राष्ट्रीय श्रम संगठन (ILO), महिलाओं की स्थिति का अध्ययन करने के लिए उचित क्रियाविधि के निर्माण में काफी सहायक रहे हैं। दो प्रमुख अध्ययनों : (1) द वर्ल्ड्स वूमेन 1970–1990 तथा (2) द वर्ल्ड्स वूमेन 1995 समस्त विश्व की महिलाओं के अनुभवों के आंकड़े तथा विश्लेषण प्रस्तुत करते हैं। ये अध्ययन प्राय: दीर्घकालिक असमानताओं के प्रभावों को भी उजागर करते हैं। साथ ही यह सरकारों तथा संयुक्त राष्ट्र को इन्हें रोकने के लिए उचित कार्यवाही करने की प्रेरणा देते हैं। 1990 के दशक में, महिलाओं के लिए संयुक्त राष्ट्र विकसित प्रशिक्षण कार्यक्रमों तथा विकास परियोजनाओं, सभी का उद्देश्य महिलाओं के जीवन में सुधार तथा इस दिशा में जागरूकता फैलाने की वकालत करता रहा है।

संयुक्त राष्ट्र बाल कोश (UNICEF), विश्व खाद्य कार्यक्रम (WFP) तथा विश्व स्वास्थ्य संगठन (WHO) विश्व भर में एक सौ से भी अधिक देशों की महिलाओं तथा लड़कियों के हित के लिए सहायता प्रदान करता है। महिलाओं के लिए संयुक्त राष्ट्र विकास कोष (UNIFEM) ताकि संयुक्त राष्ट्र विकास कार्यक्रम (UNDP) सम्मिलित रूप से विकासशील देशों में महिलाओं के लिए बनाई गई विकास परियोजनाओं को प्रत्यक्ष रूप से आर्थिक एवं तकनीकी सहायता प्रदान करते हैं तथा एड्स के प्रति विश्व स्वास्थ्य संगठन की वैश्विक कार्यवाही ने महिलाओं तथा लड़कियों पर एड्स के प्रभावों की तरफ अंतर्राष्ट्रीय ध्यान आकर्षित किया है। विश्व भर में महिलाओं के विरूद्ध हिंसा के मामलों में तीव्रतम वृद्धि को देखते हुए मार्च 1994 को संयुक्त राष्ट्र मानवाधिकार आयोग ने एक प्रस्ताव 1994/45 अपनाया, ताकि महिलाओं के विरूद्ध हिंसा के संबंध में तथा पीड़ितों के वास्तविक अधिकारों की सुरक्षा के लिए विशेष रैप्पोरटिअर नियुक्त किए जा सके। रेपोटियर के पास विस्तृत आंकड़े इकट्ठा करने, उनका विश्लेषण करने तथा अंतर्राष्ट्रीय, राष्ट्रीय एवं प्रादेशिक स्तर पर हिंसा को समाप्त करने के लिए उपचारात्मक सुझाव देने का अधिकार है। इस अधिदेश की तीन विशेषताएं हैं:

- महिलाओं के विरूद्ध हिंसा के कारणों तथा परिणामों के बारे में विभिन्न स्रोतों जैसे कि – सरकारों, संधि निकायों, विशेष एजेंसियों तथा अन्त: सरकारी एवं गैर सरकारी संगठनों से जानकारी एकत्रित करना तथा ऐसी सूचना पर सामूहिक रूप से प्रतिक्रिया दिखाना।
- राष्ट्रीय, प्रादेशिक एवं अंतर्राष्ट्रीय स्तर पर महिलाओं के विरूद्ध हिंसा को समाप्त करने, हिंसा के कारणों तथा परिणामों का निदान करने के लिए उपाय प्रस्तावित करना।

- अन्य विशेष रेपोर्टियर, विशेष प्रतिनिधियों, कार्यात्मक समूहों तथा मानवाधिकार आयोग के स्वतंत्र विशेषज्ञों के साथ मिलजुलकर कार्य करना।

इसके अतिरिक्त, संयुक्त राष्ट्र ड्रग्स एवं अपराध कार्यालय (UNODC) के अनुसार परराष्ट्रीय संगठित अपराध के विरूद्ध संयुक्त राष्ट्र समझौते के संपूरक के रूप में 25 दिसम्बर 2003 को एक प्रोटोकॉल अस्तित्व में आया ताकि अवैध रूप से मानव व्यापार को रोका जा सके।

1978 में हेलसिंकी में एक अन्य अंतर्राष्ट्रीय संगठन 'ह्यूमन राइट्स वॉच' महिलाओं की समस्याओं से संबंधित मामलों के लिए सम्बद्ध रूप से कार्य कर रहा है। यह संगठन विश्व में महिलाओं के विरूद्ध हिंसा तथा लैंगिक भेदभाव क प्रमाण एकत्रित करता है।

इसके अलावा, अंतर्राष्ट्रीय स्तर पर क्रियाशील अनेक संगठनों एवं अधिकांश सरकारों ने अब महिलाओं के विरूद्ध हिंसा की समाप्ति तथा महिलाओं की उन्नति के मार्ग में आने वाली बाधाओं का सक्रिय रूप से सफाया करने के प्रति सहमति व्यक्त की।

राष्ट्रीय संगठन (National Organizations)

महिलाओं के प्रति अंतर्राष्ट्रीय स्तर पर बढती हुई चिंता ने अनेक सरकारों को महिलाओं की समस्याओं का अध्ययन करने तथा उनकी सामाजिक सुरक्षा एवं स्थिति के लिए उपाय सुझाने की दिशा में उन्मुख किया है। भारत में, महिलाओं के सामाजिक एवं आर्थिक स्तर को उठाने की दिशा में सरकार एवं समाज कल्याण संगठनों के रवैये में एक ठोस परिवर्तन देखा जा सकता है।

भारत ने मानवाधिकार संरक्षण अधिनियम 1993 के भाग 2(d) के तहत राष्ट्रीय मानवाधिकार आयोग (NHRC) का गठन किया है जिसमें संविधान में वर्णित जीवन, स्वतंत्रता, समानता तथा व्यक्ति की गरिमा अथवा अंतर्राष्ट्रीय संविदा तथा भारत के न्यायलयों द्वारा जारी अधिकारों को मानवाधिकारों के रूप में स्वीकार किया गया है। हालांकि NHRC एक स्वतंत्र निकाय नहीं है तथा इसे मामलों के संबंध में दण्डित करने का अधिकार प्राप्त नहीं है, परन्तु इसे मानवाधिकारों के हनन से पीड़ित महिला के लिए अंतिम आश्रय के रूप में देखा जा सकता है।

इस प्रकार राष्ट्रीय महिला आयोग अधिनियम अस्तित्व में आया तथा भारत में पहली बार राष्ट्रीय स्तर पर महिलाओं के मुद्दों को उठाने के लिए एक शीर्षस्थ निकाय 'राष्ट्रीय महिला आयोग (NCW)' की स्थापना की गई। यह एक स्वायत्त निकाय है तथा सरकार के नियंत्रण में नहीं है। NCW सरकार के कार्यों पर नजर रखने वाला एक मानिटरिंग निकाय है। यह अधिनियम सरकार को NCW के साथ महिला संबंधी मुद्दों पर चर्चा करने का अधिदेश देता है तथा इसके सुझाव संसद में प्रस्तावित भी होंगे।

आयोग के कार्य (Functions of the Comission)

1. आयोग निम्नलिखित कार्यों में से सभी अथवा कोई भी कार्य करेगा जो इस प्रकार है:

   (a) संविधान तथा अन्य कानूनों के तहत महिलाओं की सुरक्षा के संबंध में सभी मामलों की जांच पड़ताल करना।

(b) इन सुरक्षात्मक उपायों के कार्यों की रिपोर्ट केन्द्रीय सरकार को समय-समय पर अथवा वार्षिक रूप से प्रस्तुत करना।

(c) इन रिपोर्टों में महिलाओं की स्थिति में सुधार के लिए संघ अथवा किसी राज्य द्वारा सुरक्षात्मक कानूनों के प्रभावी क्रियान्वयन के संबंध में सुझाव देना।

(d) समय-समय पर महिलाओं से संबंधित कानूनों तथा संविधान के मौजूदा प्रावधानों का पुनरावलोकन करना तथा ऐसे कानूनों की कमियों को दूर करने के लिए संशोधन के सुझाव देना।

(e) उचित प्राधिकरणों के साथ महिला संबंधी कानूनों तथा संविधान के प्रावधानों के तहत हिंसा के मामले देखना।

(f) शिकायतों की छानबीन करना।

i) महिलाओं के संरक्षण के लिए कानून लागू करना तथा समानता एवं विकास के लक्ष्य को हासिल करना।

ii) महिलाओं का कल्याण सुनिश्चित करना तथा उन्हें सहायता प्रदान करना।

(g) महिलाओं के विरूद्ध भेदभाव तथा अत्याचार से उत्पन्न स्थिति या विशेष समस्याओं के संबंध में अध्ययन या जांच पड़ताल करना तथा ऐसे दबावों की पहचान करना ताकि उनकी समाप्ति के लिए रणनीतियां बनाई जा सके।

(h) प्रोन्नत तथा शैक्षणिक अनुसंधान की प्रतिबद्धता ताकि महिलाओं को हर क्षेत्र में भागीदारी को सुनिश्चित करने के सुझाव दिए जा सके तथा उनकी उन्नति के मार्ग में आने वाली बाधाओं की पहचान करना।

(i) महिलाओं के सामाजिक-आर्थिक विकास के लिए योजना प्रक्रिया के बारे में परामर्श देना।

(j) संघ तथा किसी राज्य के अधीन महिलाओं के विकास की प्रगति का मूल्यांकन करना।

(k) कारावास, सुधारगृह, महिला संस्थान या अभिरक्षा अथवा कोई अन्य स्थान जहां महिला को बंदी बनाकर रखा जाता है, उनकी जांच-पड़ताल करना तथा आवश्यक होने पर संबंधित प्राधिकरण के संबंध में सुधारात्मक कार्यवाही करना।

(l) महिलाओं के व्यापक समूह को प्रभावित करने वाले मामलों के लिए दीवानी मुकदमा।

(m) महिलाओं से संबंधित किसी भी मामले की रिपोर्ट समय-समय पर सरकार को सौंपना।

(n) अन्य कोई मामला, जिसका संबंध केंद्रीय सरकार से हो।

2. 34 भाग की धारा 1(इ) के अनुसार केंद्रीय सरकार सभी रिपोर्ट संसद की प्रत्येक सभा के सामने विवरणिका के साथ पेश करेगी जिसमें संघ को दिए जाने वाले परामर्शों के संबंध में प्रस्ताव होंगे और यदि किसी प्रस्ताव पर अस्वीकृति हो तो उसका कारण भी बताया जाए।

3. ऐसी किसी भी रिपोर्ट या उसका कोई भाग जिसका संबंध राज्य सरकार के अंतर्गत किसी मामले से हो तो आयोग उस मामले की एक प्रति उस राज्य की विधानसभा को भेजेगा। इसके

साथ वह विवरणिका भी भेजी जाएगी जिसमें राज्य संबंधी मामलों के लिए सुझाव प्रस्तावित होंगे तथा ऐसे सुझावों की अस्वीकृति का कारण भी पूछा जाएगा।

4. 34 भाग (1) की धारा (a) या धारा (f) की 34 धारा (i) के तहत किसी मामले की छानबीन के संबंध में आयोग के पास जन न्यायालय की सभी शक्तियां होगी। जो इस प्रकार है:

(a) भारत के किसी भी भाग के किसी भी व्यक्ति की उपस्थिति का आदेश देना तथा उससे शपथ दिलवाना।

(b) किसी भी दस्तावेज की मांग करना।

(c) हलफनामे का प्रमाण प्राप्त करना।

(d) किसी भी न्यायालय या कार्यालय से कोई सरकारी रिकार्ड या उसकी प्रति की मांग करना।

(e) गवाहों तथा दस्तावेजों की जांच के लिए आयोग गठित करना तथा कोई भी अन्य मामला, जिसका दावा किया गया हो।

आयोग हर वित्तीय वर्ष के लिए इस प्रकार वार्षिक रिपोर्ट तैयार करेगा जिसमें गत वित्तीय वर्ष के कार्यों का पूरा ब्यौरा सविस्तार दिया गया हो तथा इसकी एक प्रति वह केंद्रीय सरकार को भेजेगा। केन्द्रीय सरकार विवरणिका सहित वार्षिक रिपोर्ट देखेगी तथा रिपोर्ट प्राप्त होने के बाद शीघ्र ही उसके लेखा परीक्षण की रिपोर्ट संसद के प्रत्येक सदन को सौंपी जाएगी।

आयोग द्वारा विशिष्ट क्षेत्रों में किया गया कार्य (Specific Areas of Work done by the Commission so far)

1. निम्नलिखित मामलों में जांच-पड़ताल की गई तथा रिपोर्टें प्रकाशित हुई:

(a) भारतीय कारागारों में महिला कैदियों की स्थिति।

(b) महिला तथा बाल वेश्यावृत्ति

(c) महिलाओं से संबंधित अपराधी कानूनों का संहिताकरण।

(d) दीवानी न्यायालय

(e) राजनीति में महिलाएं

(f) आदिवासी महिलाएं तथा रोजगार

(g) मौजूदा कानूनों में परिवर्तन

(h) महिलाओं के सशक्तीकरण के लिए नए अध्यादेशों का निर्माण

2. आयोग ने देश में महिलाओं की स्थिति सबल बनाने के लिए 300 से भी ज्यादा प्रबल सुझाव दिए हैं। इसके अलावा, जांच पड़ताल, कानूनों की समीक्षा की गई तथा 12 अधिनियमों में संशोधन के प्रस्ताव दिए गए जिसमें सती प्रथा निवारण अधिनियम 1987 तथा दहेज प्रतिबंध अधिनियम 1961 भी शामिल हैं।

3. कार्यस्थल पर महिलाओं के यौन शोषण को रोकने के लिए आचरण संहिता का निर्माण किया गया है। विशाखा बनाम राजस्थान मामले में सुप्रीम कोर्ट के आदेश से यह संहित सभी सरकारी कार्यालयों, मंत्रालयों तथा उद्यमों में जारी की गई है ताकि महिलाओं के प्रति नियोजक अधिक सचेत हो जाएं।

4. राष्ट्रीय महिला आयोग (NCW) ने हाल ही में महिलाओं की हत्या तथा उत्पीड़न के अनेक मामले उठाए हैं।

आयोग की सीमाएं (Limitation of the Commission)

पहली सीमा, राष्ट्रीय महिला आयोग (NCW) के पास क्रियान्यन की शक्ति नहीं है, परन्तु वह परामर्शदात्री भूमिका निभा सकता है। दूसरी, स्वायत्तता तथा एक स्पष्ट स्थिति का अभाव आयोग के कार्यों के मार्ग में बाधक है। सरकार नियामक प्राधिकरण है और इसलिए वह नौकरशाही तथा राजनीतिज्ञों के हस्तक्षेप से प्रभावित है। आयोग की एक पूर्व अध्यक्षा ने अनुभव किया कि अपने तीन वर्षों के कार्यकाल में नौकरशाही का हस्तक्षेप एक सबसे बड़ी बाधा है।

तीसरी सीमा, NCW को संसद में अथवा केबिनेट में श्रोतागण की अनुमति नहीं है। संसद में NCW की रिपोर्टें एंव सुझाव महिलाओं तथा मानवाधिकार विकास मंत्रालय के बाल विकास खण्ड द्वारा प्रस्तत किए जा सकते हैं। आयोग परामर्श दे सकता है परन्तु कोई मुकदमा नहीं चला सकता।

चौथी सीमा, आयोग अपना स्टाफ नियुक्त नहीं करता। संगठन की नियुक्ति तथा बर्खास्तगी का कार्य मंत्रालय करता है। आयोग के कार्यो में लाल फीताशाही बाधा उपस्थित करती है। आयोग की प्रमुख समस्या यह है कि इसकी राष्ट्रीय मानवाधिकार आयोग की भांति अपनी कोई जांच एजेंसी नहीं है। आयोग ने एक जाँच अधिकारी की मांग की है, परन्तु तीन वर्षो से आश्वासन दिए जाने के बावजूद इसकी व्यवस्था नहीं है। सरकार बहुधा ऐसे व्यक्ति को नियुक्त करने की आकांक्षा रखती है जो उनकी अपनी विधारधारा से जुड़ा हो। आयोग के अध्यक्ष तथा सदस्यों की नियुक्ति की मौजूदा पद्धति राजनीतिक युक्तियों पर आधारित है। इसीलिए अब तक NCW के कार्यकर्त्ताओं द्वारा निभाई गई भूमिका को सरकार का कोई प्रोत्साहन नहीं मिला है।

पांचवी सीमा, आयोग वित्तीय रूप से स्वतंत्र नहीं है। पर्याप्त कोष एवं स्टाफ के बिना आयोग सिर्फ एक निकाय बनकर रह गया है।

जो लोग आयोग के पास अपनी समस्याओं के समाधान के लिए उम्मीद लेकर आते है, वे अब प्रायः निराश लौट जाते हैं, क्योंकि आयोग के पास उनकी समस्याओं के हल के लिए पर्याप्त अधिकार, शक्तियां तथा सुविधाएं उपलब्ध नहीं है। हालांकि आयोग के पास भारत में महिलाओं को सशक्त करने का प्रबल सामर्थ्य है, बशर्ते कि उसे महिलाओं से संबंधित समस्याओं एवं मामलों के संबंध में कार्यवाही करने की पर्याप्त शक्ति प्रदान की जाए।

मानव संसाधन विकास मंत्रालय, भारत सरकार (Ministry of Human Resources Development, Government of India)

संयुक्त राष्ट्र की पहल पर भारत सरकार ने महिलाओं के कल्याण से संबंधित विकास कार्यक्रमों पर पुनः ध्यान केंद्रित किया है। महिलाओं तथा बालकों के विकास के लिए मानव संसाधन विकास मंत्रालय में एक पृथक विभाग भी स्थापित किया गया है। यह विभाग केन्द्रीय समाज कल्याण बोर्ड को अपने कार्यक्रमों के विस्तार के लिए चंदा देता है। यह विभाग अन्य मंत्रालयों/ विभागों में महिला संबंधी कार्यों की देख रेख के अतिरिक्त महिलाओं के लिए योजनाओं तथा कार्यक्रमों का क्रियान्वयन भी करता है। अन्य रणनीति विभिन्न राज्यों में विभिन्न महिला विकास निगमों की स्थापना करना है। उदाहरण के लिए, महाराष्ट्र में, महिला आर्थिक विकास महामण्डल (MAVIM), प्रशिक्षण एवं रोजगार कार्यक्रमों के लिए सहयोग (STEP) महिलाओं के लिए प्रशिक्षण व उत्पादन केंद्र, ग्रामीण एवं गरीब महिलाओं के लिए जागरूकता अभियान केंद्र, महिला प्रशिक्षण केन्द्र / पुनर्वास संस्थान, लघु आवासीय गृह तथा परिवार सलाहकारी केंद्रों, निःशुल्क कानूनी सहायता, कामकाजी महिलाओं के लिए होस्टल आदि की स्थापना की गई है।

गैर-सरकारी संस्थाएं (Non-Government Orgnaizations)

1960 तथा 1970 के दशक के प्रारंभ में, अनेक सामुदायिक कार्य समूह (CAG) महिलाओं के मुद्दों जैसे कि - कम वेतन तथा भोजन, ईंधन, चारा प्राप्त करने की बढ़ती समस्या पर ध्यान देते थे। परन्तु आज, अधिकांश CAG's महिलाओं की समस्या पर विशेष रूप से ध्यान दे रहे हैं। अहमदाबाद में SEWA जैसे संगठन अथवा मद्रास में कामकाजी महिलाओं के फोरम (WWF) अधिकतर शहरों में केंद्रित हैं तथा प्रायः विशेष मुद्दों जैसे कि - शहरी असंगठित क्षेत्रों में महिलाओं की कार्य करने की परिस्थितियों तथा वेतन आदि पर ध्यान देते हैं। शहरी महिला संगठनों जैसे कि - दिल्ली में मानुषी तथा मुम्बई में नारी केंद्र (वूमेन सेंटर) घरेलू हिंसा, दहेज प्रथा, पत्नी को मारने-पीटने तथा बलात्कार जैसी समस्याओं के प्रति विरोध दर्शाते हैं। आदिवासी क्षेत्रों में CAG's के अनेक महिला खण्ड जैसे कि श्रमिक संगठन की महिलाएं पतियों के शराब पीने के विरूद्ध लड़ रही हैं। उन्होंने अपने राजनीतिक आंदोलन के साथ जाति, वर्ग तथा लिंग को जोड़ने का प्रयास किया है। तथा महिलाओं से जुड़े NGO's इस दिशा में सराहनीय कार्य कर रहे हैं। महिलाओं के अधिकारों तथा न्याय की सुरक्षा के लिए उनके संघर्ष महिलाओं को उनके अधिकारों से अवगत करा रहे हैं तथा निःसंदेह वे महिला मानवाधिकारों की रक्षा के लिए अमूल्य योगदान दे रहे हैं।

महिला जागरूकता तथा सशक्तीकरण को बढ़ावा देने वाले महत्त्वपूर्ण मामले (Important cases Enhancing Women Conciousness and Empowerment)

केवल कानून तथा कानूनी अधिकारों की स्वीकृति ही सामाजिक व्यवस्था को नहीं बदल सकते, परन्तु कई मामलों में जो कानून आंदोलनों तथा विद्रोह को जन्म देते हैं, वे महिलाओं की आर्थिक, राजनीतिक एवं सामाजिक स्थिति को बदलने में मददकारी साबित हो सकते हैं। परिणामस्वरूप, महिलाएं अपने अधिकारों के प्रति अधिक जागरूक तथा सचेत हो सकती हैं। हस्किन के अनुसार,

"कड़े कानूनी तंत्र भी समाज के निर्बल तथा अपेक्षित वर्गों के लिए महत्त्वपूर्ण हो सकते हैं तथा उन्हें कम से कम राजनीतिक प्रक्रिया में तो भागीदार बना ही सकते हैं।"

नि:संदेह, संवैधानिक अधिनियम तथा सर्वोच्च न्यायालय के निर्देशों ने समाज में महिलाओं की स्थिति में महत्त्वपूर्ण बदलाव किया है। उन्होंने NGO's तथा महिला गुटों को भी एक आधार प्रदान किया है, ताकि राज्य तथा केंद्रीय स्तर पर उनकी आवश्यकताओं के अनुकूल उन्हें सहायक सेवाएं प्रदान की जा सकें। उन्होंने मौजूदा कानूनों में समय-समय पर व्यवस्थित सुधारों की मांग की है। उन्होंने दहेज, उत्पीड़न, हत्या, बलात्कार तथा परिवार में हिंसा जैसी समस्याएं उठाई हैं। महिला विरोधी हिंसा के लगभग सभी आंदोलनों के संबंध में एक नया कानून बना हैं।

अब यह महसूस किया जाने लगा है कि जब तक महिलाओं को पारिवारिक स्तर पर सम्मान का दर्जा नहीं मिलता तब तक वह समाज में एक आत्मविश्वासी महिला के रूप में नहीं उभर सकती। 1980 के दशक में सरकार पर महिला आंदोलनों के बढ़ते दबाव के कारण महिला संबंधी अनेक अपराधी कानूनों में अनेक परिवर्तन लाए गए। अनेक कानूनों तथा नीति-निर्णय महिलाओं को हिंसा से बचाने तथा उन्हें आर्थिक एवं राजनीतिक प्रक्रिया से लाभान्वित करने की दृष्टि से प्रेरित थे। महिलाएं अपनी निजी समस्याओं के बारे में चर्चा करने से अधिकतर घबराती हैं, परन्तु कानूनों में सुधार तथा महिला एजेंसियों के सहयोग के कारण, पत्नी को पीटने, देह व्यापार, यौन शोषण, बलात्कार जैसे हिंसा के अनेक मामलों में न्याय पाने के लिए कानूनी प्राधिकरण को रिपोर्ट की जाने लगी है।

बलात्कार तथा दहेज हत्या जैसे मामलों पर जनता तथा सरकार का ध्यान उस समय गया। जब 1979 में मथुरा बलात्कार मामला पहली बार महिलाओं के राष्ट्रीय स्तर के आंदोलन के कारण पुन: प्रकाश में आया। इस मामले में, सर्वोच्च न्यायालय ने अपने फैसले में दो पुलिस अधिकारियों को पुलिस अहाते में मथुरा के बलात्कार के आरोप से मुक्त कर दिया। निर्णय के मुताबिक, मथुरा ने पर्याप्त विरोध नहीं किया जिसका अर्थ है कि इस कार्य में उसकी सम्मति थी और इसलिए पुलिस अधिकारी पर लगाया गया बलात्कार का आरोप सच नहीं है। निर्णय ने इस तथ्य पर प्रकाश डाला कि बलात्कार के प्रयास में एक महिला के लिए यह साबित करना अत्यंत कठिन है कि इन सब कार्यों में उसकी कोई सहमति नहीं थी। मथुरा मामले में, न्यायालय ने कहा कि निष्क्रिय प्रतिरोध को सहमति ही माना जाएगा क्योंकि केवल जीवन को या अन्य किसी भी प्रकार की हानि के भय को बलपूर्वक स्वीकृति प्राप्त करने का पर्याप्त आधार माना जा सकता है, परन्तु इस मामले में ऐसा किसी भी साधन का प्रमाण सिद्ध नहीं होता, इसलिए यह मामला खारिज (रद्द) किया जाता है। सर्वोच्च न्यायालय का यह सबसे विवादात्मक (विवादास्पद) निर्णय था जिसका कड़ा विरोध किया गया तथा बलात्कार कानून में परिवर्तन की मांग की गई। अंततोगत्वा, आंतरिक तथा बाह्य रूप से प्रेस एवं इलेक्ट्रॉनिक मीडिया, दोनों ओर से दबाव के चलते संसद ने 1983 में बलात्कार कानून में संशोधन किया।

एक अन्य दहेज संबंधी मामले में शशि बाला को उसके ससुराल वालों के द्वारा जिंदा जला दिया गया था। दिल्ली महानगर के न्यायाधीश ने ये मामला खारिज (रद्द) कर दिया। ऐसा करने के संबंध में यह तर्क दिया गया कि बच्चे के जन्म के अवसर पर स्कूटर की मांग एक रीति रिवाज है और इसका अर्थ दहेज की मांग करना नहीं है। उपहारों का लेन-देन तो विभिन्न भारतीय समाजों का रीति-रिवाज हैं। यदि मांग उपहार देने वाले व्यक्ति की आर्थिक स्थिति की सीमा के भीतर हो तो उसकी गलती व्याख्या कर दी जाती है। 1984 में दहेज प्रतिबंध संशोधन अधिनियम तथा 1986 में

पुनः संशोधन के बावजूद सामाजिक रीति रिवाजों या प्रथाओं के नाम पर दहेज की व्याख्या से बचने के रास्ते निकाल लिए जाते हैं। हालांकि, दहेज के विभिन्न मामलों में न्यायालय के फैसलों के विरूद्ध भिन्न-भिन्न मंचों पर कड़े विरोध ने महिलाओं में बड़ी मात्रा में जागरूकता पैदा की है। हाल ही में दिल्ली से सटे नोएडा की निशा शर्मा के मामले से यह स्पष्ट है। निशा शर्मा ने पुलिस को अपने दूल्हे के परिवार के विरूद्ध शिकायत दर्ज कराई, क्योंकि वे दहेज की मांग कर रहे थे तथा शादी की रात को ही पुलिस ने निशा द्वारा दर्ज की गई शिकायत के आधार पर दूल्हे तथा उसके परिवार के सदस्यों को हिरासत में ले लिया। इस तरह के मामले पहले कभी नहीं सुने गए। दहेज-विरोधी तथा बलात्कार-विरोधी प्रदर्शनों का प्रमुख परिणाम यह था कि महिलाओं के जीवन में लम्बे समय से होते आ रहे अत्याचार तथा हिंसा को अनुभव किया गया।

इन आंदोलनों के फलस्वरूप महिलाओं के विभिन्न समूहों तथा संस्थाओं का गठन हुआ, जिन्होंने हिंसा की शिकार औरतों के लिए एक मंच प्रदान किया, ताकि वे इसके माध्यम से अपने अनुभव बांट सकें तथा अपनी समस्याओं के संबंध में योजनाओं पर वाद-विवाद कर सकें। इसके अतिरिक्त, इन प्रयासों ने महिलाओं के मुद्दों को न्यायोचित ढंग से हल करने के लिए नीति निर्णायकों तथा कानून के संरक्षको पर भी दबाव डाला। लिंग आधारित हिंसा के बारे में यदि राजस्थान की बात करें तो वहां हर प्रकार की हिंसा के प्रमाण सामने आते हैं तथा ऐतिहासिक रूप से वहां के सामंती समाज में महिलाओं की निम्न स्थिति की तस्वीर झलकती है। महिलाओं के विरूद्ध राज्य के इस अवमूल्यन के कारण महिलाओं में शिशु हत्या, विधवाओं पर पाबंदी, सती प्रथा, पर्दा प्रथा का प्रचलन, कन्या भ्रूण हत्या तथा दहेज हत्या के मामलों की दर तेजी से बढ़ी हैं। हाल के वर्षों में, हिंसा के प्रत्यक्ष मामलों तथा महिलाओं के विरूद्ध भेदभाव के मुद्दों से निपटने के लिए राज्य सरकार ने कुछ प्रयास किए हैं। 1984 में सरकार के कल्याणकारी प्रयासों के साथ-साथ महिला विकास कार्यक्रम (WDP) की भी शुरूआत की गई, ताकि 'ग्रामीण महिला के सशक्तीकरण' के लिए सहायता दी जा सके। WDP का उद्देश्य महिलाओं को शिक्षण एवं प्रशिक्षण, सूचना के प्रसार तथा सामूहिक प्रयासों के जरिए सशक्त करना है, ताकि अपनी सामाजिक एवं आर्थिक स्थिति में परिवर्तन के लिए वे स्वयं आगे आएं। WDP का प्राथमिक लक्ष्य यह है कि उनकी मध्यस्थता कहीं किसी विशिष्ट मामले में पीड़िता की संवेदनशीलता को न बढ़ा दे तथा दूसरे, इसका उद्देश्य महिलाओं को सशक्त करना तथा ग्रामीण एवं सरकारी एजेंसियों से उनका संपर्क स्थापित करके उनके कल्याण को बढ़ावा देना हैं। यहां कुछ ऐसे मामलों की चर्चा की गई है कि किस प्रकार WDP से प्रशिक्षित ग्रामीण महिलाएं अन्याय के विरूद्ध लड़ने में कामयाब हुई हैं। राजस्थान के जयपुर शहर की विमला राणा का मामला इसका सर्वोत्तम उदाहरण है। विमला राणा के साथ उसी के गांव के गंगाराम मीना ने कुंए पर स्नान के समय छेडछाड़ की थी। गांव की औरतों ने इस घटना पर चर्चा की तथा इस संबंध में तत्काल कार्यवाही करने का निश्चय किया। प्रारंभ में, महिलाओं के समूह ने गंगाराम को चारों आरे से घेरा ओर जोर-जोर से यह कहते हुए शोर मचाना शुरू कर दिया कि "गंगाराम डूब मरो"। विमला के परिवारजन मामले पर होने वाले खर्च के कारण पुलिस में रिपोर्ट नहीं करना चाहते थे। जब यह मामला जाति पंचायत में उठाया गया तो पंचायत के सदस्यों ने सजा के रूप में गंगाराम के सिर पर जूतों का ढेर रखने तथा 1100 रूपये का जुर्माना लगाने का फैसला किया, लेकिन इस फैसले से न तो पीड़िता और न ही ग्रामीण महिलाएं संतुष्ट थीं। क्योंकि यह फैसला रात में तथा लोगों की अनुपस्थिति में सुनाया गया था। WDP समूह ने गांव में सभा करके 'सशक्तीकरण का परिचय' देने का निर्णय किया। समस्त जिले के WDP के कार्यकर्त्ता, अतिरिक्त निर्देशक, महिला तथा बाल विभाग, महिला कार्यकर्त्ता तथा

संबंधित गांव की औरतें तथा कुछ पास के गांव इकट्ठा हुए। विमला ने सभा में खुलकर सारा मामला स्पष्ट किया तथा आग्रह किया कि वह दोषी व्यक्ति को जनता के सामने उसके सिर पर पांच बार जूते मारकर न्याय हासिल करना चाहती है। ऐसा पहली बार हुआ था जब एक गांव की महिला ने एक सार्वजनिक मंच के जरिए स्वयं पर बलात्कार के प्रयास का मामला सबके सामने रखा। इस मामले से स्पष्ट है कि आज की महिला अपने उन अधिकारों तथा कानूनों के प्रति जागरूक है जो उसकी सामाजिक सुरक्षा के लिए बनाए गए हैं तभी वह उसके लिए बिना भय के लड़ना चाहती है।

4 सितंबर, 1987 का कंवर सती का मामला भुलाया नहीं जा सकता। राजस्थान के सिकर जिले की एक राजपूत कन्या रूप कंवर को जबरदस्ती उसके पति के साथ स्वयं को बलिदान के लिए बाध्य कर दिया गया। इस घटना ने न केवल राजस्थान की महिलाओं को चौंका दिया, बल्कि पूरे राष्ट्र एवं अन्य देशों को भी स्तब्ध कर दिया। इसके परिणामस्वरूप पूरे देश को धक्का लगा और क्रोध की लहर दौड़ गई खासकर उन महिला समूहों में जो सती के नाम पर रूप कंवर की नृशंस हत्या का विरोध कर रही थीं। तत्पश्चात इस विषय पर एक बार फिर 1987 में सती निवारण अधिनियम के लिए आयोग बनाया गया जो महिला समूहों के लिए वह एक महान उपलब्धि थी।

एक अन्य मामले में, धारा 354 तथा धारा 509 के तहत एक वरिष्ठ पुलिस अधिकारी के. पी.एस. गिल जिन्हें 1988 में राज्य के डी.जी.पी. के रूप में नियुक्त किया गया था, उन पर आई. ए.एस अधिकारी रूपन देओल बजाज का शील भंग करने के आरोप में दोषी पाया गया। हालांकि सर्वोच्च न्यायालय ने अपना फैसला देने में 17 वर्षों का समय लिया, परन्तु ऐसी व्यवस्था महिलाओं के सम्मानपूर्ण जीवन के अधिकार की सशक्त करेगी तथा के.पी.एस गिल जैसे उच्च दर्जे के अधिकारी को उनकी दृढ़ स्थिति के बावजूद भी उनके अनैतिक कार्यों से बचने का रास्ता नहीं ढूंढने देगी। रूपन के लिए यह मामला दर्ज कराना काफी कठिन था, क्योंकि वह एक कनिष्ठ अधिकारी थी। देश के अनेक उच्च स्तर के लोगों ने उन्हें अपनी शिकायत वापस लेने की सलाह दी, क्योंकि गिल उस समय भारत सरकार के काफी उत्तरदायित्वपूर्ण एवं प्रतिष्ठित पद पर कार्यरत थे। परन्तु रूपन ने ऐसा नहीं किया और अपने हितों एवं सभी महिलाओं की प्रतिष्ठा के लिए लड़ाई लड़ी। यह मामला निःसंदेह महिला समूहों की आँखें खोलने वाला मामला था।

महिलाओं के संरक्षण के लिए कुछ नए विधेयकों की मांग की गई है तथा कुछ विधेयक संसद में विचाराधीन हैं। घरेलू हिंसा के विरूद्ध महिला संरक्षण विधेयक, 2000 के मामले पर संघीय मंत्रिपरिषद ने एक नए कानून का मार्ग प्रशस्त किया है जो महिला की उसके संबंधियों द्वारा घरेलू हिंसा से रक्षा करेगा। इस नए बिल का नाम अब "घरेलू हिंसा संरक्षण विधेयक 2001" है। देश की असंख्य महिलाएं जो प्रतिदिन प्रतिरक्षण, अत्याचार व उत्पीड़न सहती है, वे अब ऐसे उपचार का सहारा ले सकती हैं जो उनकी नाजुक स्थिति को संरक्षण प्रदान करेगा। घरेलू हिंसा की समस्या व्यापक रूप से विद्यमान है परन्तु इसे व्यापक रूप से अनदेखा किया गया है।

मानव संसाधन विकास के संघीय मंत्रालय के अंतर्गत महिला एवं बाल विभाग की पहल से इस बिल का मसौदा तैयार किया गया। यद्यपि महिलाओं पर घरेलू हिंसा के लिए दण्डात्मक एवं कानूनी उपचार को भारतीय दण्ड संहिता के विभिन्न भागों में स्थान दिया गया है, परन्तु नागरिक कानून मामले को संपूर्णता से नहीं देखता। मौजूदा दण्डात्मक कानून के अतिरित नया विधान न्यायालय को घरेलू हिंसा के पीड़ितों को संरक्षण देने एवं अन्य प्रकार की राहत प्रदान करने के संबंध में शक्ति प्रदान करता है। इसमें कुछ नई बातें भी शमिल की गई हैं जैसे कि – "घरेलू हिंसा की नागरिक

अवहेलना, घर में रहने का सारा अधिकार तथा सुरक्षात्मक आदेश जारी करके घरेलू हिंसा के विरूद्ध संरक्षण का अधिकार जिसमें वित्तीय सहायता तथा बच्चों की अभिभावकता जैसे आदेश भी शामिल है।"

नया विधेयक एक संरक्षक अधिकारी की भी बात करता है जो ऐसे व्यक्तियों/ संस्थाओं का चयन कर सकता है जो समुदाय में एक प्रभावी भूमिका निभा सकते हैं। राज्य सरकारें ऐसे संगठनों/ व्यक्तियों की पहचान करेगी तथा न्यायालय द्वारा जारी संरक्षण आदेशों के उचित क्रियान्वयन की सुनिश्चितता करना उनका प्रमुख कार्य होगा। संरक्षण अधिकारी को घरेलू हिंसा संबंधी मामलों की छानबीन के लिए एक दीवानी न्यायालय माना जाएगा। उसका यह कर्त्तव्य होगा कि वह पीड़ित महिला को संरक्षण प्रदान करे तथा घरेलू हिंसा से उत्पन्न पारिवारिक विवादों को पारस्परिक रूप से निपटाने का प्रयास करें। उसका यह भी कर्त्तव्य है कि वह पीड़ित महिला की प्रार्थना पर न्यायालय के मजिस्ट्रेट के सम्मुख प्रार्थना-पत्र दायर करने में मदद करे। इस विधेयक के संबंध में, महिला समूह अब इस बात के लिए दबाव डाल रहे हैं कि घरेलू हिंसा विधेयक के अधीन पहले से विवाहित व्यक्ति के साथ रह रही स्त्री को भी सहायता का दावा करने की सुनिश्चितता प्रदान की जाए।

निष्कर्ष (Conclusion)

सरकार का दावा है कि उसके राष्ट्रीय अभिकरणों ने सदा एक जागरूक नीति की तरह महिला अधिकारों के संरक्षण के लिए गैर सरकारी संस्थाओं एवं महिला कार्यकारी समूहों के साथ सम्बद्ध रूप से कार्य किया है। महिलाओं के मानवाधिकार सार्वभौमिक मानवाधिकारों का एक उदेय तथा अविभाज्य अंग हैं। अतः राष्ट्रीय, प्रादेशिक एवं अंतर्राष्ट्रीय स्तरों पर राजनीतिक, सामाजिक, आर्थिक जीवन में महिलाओं की समान एवं सक्रिय सहभागिता तथा लिंग आधारित हर प्रकार के भेदभाव की समाप्ति अब हर सरकार का प्रमुख उद्देश्य है। परन्तु महिलाओं के अधिकारों एवं स्वतंत्रताओं की प्राप्ति तथा उपभोग को महिला सशक्तीकरण से जोड़ने की आवश्यकता है तथा भारतीय समाज की सामाजिक कुरीतियों एवं जड़ से जुड़ी व्यवस्था को बदलने का कोई संक्षिप्त रास्ता नहीं है। यदि समाज में न्याय हासिल करना है तो उपेक्षा तथा निस्सहायता को समाप्त करना होगा तथा लोगों के दृष्टिकोण में जागरूकता, शिक्षा एवं कुशलता के द्वारा बदलाव लाना चाहिए और इसके लिए महिला अधिकारों, महिला की सुरक्षा तथा स्वायत्तता की दिशा में राज्य तथा नागरिक समाज के गंभीर एवं वास्तविक सहयोग की अत्यंत आवश्यकता है।

References

Agarwal, Nomita, *Women and Law in India*, Delhi: New Century Publications, 2002.

Ansari, Iqbal A., *Human Rights in India-Some Issues*, New Delhi: Institute of Objective Studies, 1998.

Chitkara, M.G. *Human Rights: Commitment and BetrayalI*, New Delhi APH Publishing Corp., 1996. Flavia Agnes, *Law and Gender Inequality: The Politics of Women's Rights in India*, New Delhi: Oxford University Press, 1999

Haksar, Nandita, Anju Singh *Demystification of Law for Women*, New Delhi: Lancer Press, 1986.

Human Rights Watch, *Human Rights Watch World Report 1998*, New Yourk: Human RightsWatch, 1997.

Indira Kulshreshtha 'Noopur', *Women: In Search of Identity.* Delhi: B.R. Publishing Corporation, 1999.

Jaising, Indira, (Ed.), *Justice for Women: Personal Laws, Women's Rights and Law Reform*, Goa: The Mother India Press, 1996.

Kant, Anjani, *Women and the Law*, New Delhi: APH Publishing Corporation, 1997.

Khana, D.P., *Reforming Human Rights*, New Delhi: Manas Publications, 2001.

Khanna, S.K., *Women and the Human Rights*, New Delhi: Commonwealth Publishers, 1998.

Mishra, Pramod, *Human Rights Global Issues*, Delhi: Kalpaz Publications, 2000.

Mukherjee, Roma *Women, Law and Free Legal Aid in India*, New Delhi: Deep & Deep Publications Pvt Ltd., 1998.

Sanajaoba, Naorem, (ed) *Human Rights: Principles, Practices & Abuse*, New Delhi: Omsons Publications, 1994.

Sanajaoba, N., *Human Rights in the New Millennium*, New Delhi: Manas Publications, 2000.

Sharma, Bela Rani, *WOMEN: Marriage Family Violence and Divorce*, Jaipur: Mangal Deep Publications, 1997.

Singh, P.K. *Human Rights and Social Justice*, Faridabad: Allahabad Law Agency, 2001.

Sinha, Sachidanada, *Women's Rights: Myth and Reality*, Jaipur: Printwell Publications, 1984.

अध्याय - 16

भारत में महिला आंदोलन
(Women's Movement in India)

डॉ॰ तपन बिसवाल

तान्या मोहन्ती

समाज में महिलाओं की स्थिति अति प्राचीन काल से ही निम्न स्तर की रही है। किन्तु महिलाओं की यह दोयम दर्जे की स्थिति कब और कैसे बनी इसका कोई स्पष्ट ऐतिहासिक विवरण नहीं है। ज्ञानोदय (Enlightenment) काल के दौर में सभी प्रकार की स्थापित संस्थाओं, मूल्यों एवं व्यवस्थाओं पर प्रश्न चिन्ह लगाये गये। महिलाओं की स्थिति के बारे में भी उन दिनों संदेह का एक वातावरण पैदा हो गया और इस पर व्यापक बहस शुरू हो गई। इस प्रकार लोग परिवर्तन की आकांक्षा करने लगे। इससे पूर्व किसी भी प्रकार के परिवर्तन की मनाही थी। प्रायः जो भी मुद्दे सुलझाए जाते थे उस पर चर्च की सहमति आवश्यक होती थी। यह एक ऐसा समय था जब समाज की संपूर्ण संरचना पर धर्म ने अपना प्रभाव जमा लिया था। अतः ऐसी परिस्थिति में किसी भी प्रकार के परिवर्तन का आशय धर्म अथवा प्रकृति के कानून के विरुद्ध जाने के समान था जो कि ईश्वर की ईच्छा के रूप में स्थापित था। जब ज्ञानोदय का प्रकाश फैला तो परिवर्तन को सम्मान मिला। यह एक मौलिक सत्य है कि जो परिवर्तन समाज के कल्याण के लिए होता है उसे भी समाज में आसानी से स्वीकृति नहीं मिल पाती है। लोग इसे एक संदेह की नजर से देखना शुरू कर देते हैं। अतः प्रत्येक परिवर्तन को कई कठिनाइयों का सामना करना पड़ता है। इसीलिए समाज में परिवर्तन लाने के लिए सामाजिक आंदोलनों का रास्ता अपनाया जाता है।

जैसा कि घनश्याम शाह का कहना है, प्रत्येक सामाजिक आंदोलन का अपना एक उद्देश्य, अपनी विचारधारा, अपना कार्यक्रम एवं संगठन होता है (Shah, Ghanshyam, 2002, p.17)। ये सभी तत्त्व एक दूसरे पर आश्रित होते हैं तथा एक-दूसरे को प्रभावित भी करते हैं। सामाजिक आंदोलनों को उन मुद्दों के आधार पर भी वर्गीकृत किया जाता है जिनके साथ वे जुड़े होते हैं। कुछ ऐसे आंदोलन भी हो सकते हैं जिनकी पहचान उनके कार्यकर्त्ताओं से होती है; कुछ आंदोलनों की पहचान उनसे जुड़े मुद्दों और उनके कार्यकर्त्ताओं दोनों से होती है।

पुराने एवं नए सामाजिक आंदोलनों में ज्यादा अंतर नहीं है। यहाँ तक कि परंपरागत श्रमिक वर्ग आंदोलन जिसे पुराना सामाजिक आंदोलन माना जाता है, उसमें भी कुछ नवीनता आ गई है।

यद्यपि किसान, राष्ट्रवादी, धार्मिक एवं यहाँ तक कि नारीवादी आंदोलन जिन्हें सामान्यत: नवीन सामाजिक आंदोलन कहा जाता है, इनका पहले भी अस्तित्व था। नवीन सामाजिक आंदोलन प्रमुख रूप से एक मध्यमवर्गीय परिदृश्य है। आज जो भी लोकप्रिय आंदोलन हैं वे ज्यादातर पहचान की खोज या प्रतिक्रियाशील सामाजिक लामबंदी में लगे हुए हैं। यद्यपि महिला-आंदोलन काफी हद तक सामाजिक आंदोलन का एक हिस्सा है तथापि दूसरे सामाजिक आंदोलनों की तुलना में यह उपेक्षित ही रहा है। किसान आंदोलन, अल्पसंख्यक अधिकार आंदोलन, धार्मिक आंदोलन एवं आदिवासी (जनजातीय) आंदोलन कुछ ऐसे आंदोलन हैं जो लोकप्रिय सामाजिक आंदोलनों के रूप में जाने जाते हैं।

'महिला आंदोलन' एवं 'नारीवाद' दो ऐसे शब्द हैं जिनका प्रयोग समानार्थक रूप में होता रहता है। कुछ हद तक भारतीय संदर्भ में ये नकारात्मक अर्थ को धारण करती हैं। दूसरे कई उत्पादों, तकनीकों एवं विचारधाराओं की भांति ही नारीवाद को भी एक आयातित विचार माना जाता है। ऐसा माना जाता है कि जिस प्रकार से तीसरी दुनिया के देशों में दवाई, कॉस्मेटिक आदि को कचरे के रूप में फेंक दिया जाता है उसी प्रकार नारीवाद भी एक फेंकी गई विचारधारा है। जिस प्रकार विकसित देशों में किसी उत्पाद पर प्रतिबंध लग जाने पर उसे तीसरी दुनिया के देश में फेंक दिया जाता है उसी प्रकार नारीवाद भी एक प्रकार की आयातित विचारधारा है, जिसका भारत में कोई मूल नहीं है।

भारत एक ऐसा देश है जहाँ की सांस्कृतिक परंपरा महिलाओं को काफी ऊँचा स्थान प्रदान करती है। अपने त्याग एवं बलिदान के स्वभाव के कारण वे इससे विपरीत थीं। भारत में नारी को माँ के रूप में देखा जाता है। अधिकांश परिवारों में छोटी बच्चियों को माता-पिता द्वारा 'देवी' का रूप कहा जाता है। माँ शब्द इनके ऊपर कई जिम्मेवारियाँ डाल देती हैं। वे प्रेम, करुणा, दया एवं त्याग की प्रतिमूर्ति मानी जाती हैं। त्याग की मात्रा परिवारों में भिन्न-भिन्न हो सकती है - जैसे ऐसा हो सकता है कि वे परिवार के अन्य सदस्यों का पेट भरने के लिए कम खाना खाए अथवा अपने परिवार एवं पारंपरिक प्रतिष्ठा को बनाए रखने के लिए अपने जीवन को समर्पित कर दे। उसने कभी न कहना नहीं सीखा। उसका स्थान भगवती के बाद नहीं है बल्कि वह स्वयं भगवती स्वरूप है। जब वह जन्म लेती है तो अपने परिवार में सौभाग्य लाती है। काफी छोटी सी उम्र से ही वह अपने छोटे भाई-बहनों का ख्याल रखने लगती है एवं रसोई-घर में अपनी माँ का हाथ बँटाने लगती है। यौवनावस्था को प्राप्त होने पर या उससे पहले ही उसकी शादी कर दी जाती है। तब वह अपने पति के परिवार के लिए सौभाग्य का संदेश लेकर आती है। उसे उसके ससुराल में 'लक्ष्मी' के रूप में देखा जाता है। प्राय: उसकी शादी अपने से उम्र में बड़े पुरुष से होती है। पर लड़की की शादी भी हमारे समाज में एक समस्या बन जाती है। दहेज की एक बड़ी रकम जो उसके परिवार वालों को इकट्ठा करना पडता है वह बेटी के जन्म के समय से ही एक बड़ी समस्या होती है। शादी के पश्चात् वह अपने ससुराल वालों की नि:स्वार्थ भाव से सेवा करती है। उसके ऊपर केवल कर्त्तव्यभाव होता है एवं कोई अधिकार नहीं होता है। चूंकि पत्नी की तुलना में पति ज्यादा उम्र के होते हैं, अत: साधारणत: पत्नी के युवा रहते ही पति की मृत्यु हो जाती है। कई समाजों में महिलाओं का यह कर्त्तव्य माना गया कि अपने पति की चिता की आग के साथ अपनी भी बली चढ़ा दें। यह उनसे अपेक्षित त्याग की चरम स्थिति थी। इस प्रकार यहाँ महिलाओं की कर्त्तव्य भावना को धर्म के साथ जोड़कर उसकी स्वतंत्रता को कुंठित कर दिया गया है।

अत: ऐसे समाज में जहाँ महिलाओं की पहचान दूसरों के द्वारा निर्धारित होती है, वहां नारीवाद एवं महिला-आंदोलन की बात करना हास्यास्पद ही होगा। वंश-परंपरा को चलाने वाली महिलाओं को

अपने परिवार के विरुद्ध जाना ठीक नहीं लगता है। यदि वह ऐसा करती हैं तो इसका तात्पर्य यह लगाया जाता है कि वह अपने धर्म के विरुद्ध जा रही हैं। इसी वजह से भारत में अब तक महिला आंदोलन अपने पूर्ण विकसित रूप में दिखाई नहीं देता है। यहाँ हमने महिला आंदोलन के छिटपुट घटनाओं को उभारने का प्रयास किया है।

महिला आंदोलन में पुरुषों का योगदान (Men's participation in women's movement)

औपनिवेशिक शासन में कई बुरी चीजों के बावजूद कुछ अच्छी चीजें भी थीं। अंग्रेजों ने सभ्य बनाने के अपने उद्देश्य के साथ बर्बर एवं असभ्य क्षेत्र में कुछ परिवर्तन लाकर लोगों को सभ्य एवं सुसंस्कृत बनाने का प्रयास किया। अंग्रेजी शिक्षा के प्रसार से कई भारतीय आधुनिक उदारवादी विचारधारा के संपर्क में आए। इसने इनके अंदर किसी चीज को देखने की एक संकीर्ण दृष्टि को समाप्त किया। इसके अलावा कुछ ईसाई मिशनरी भी थे जो धर्म–सुधार में लगे हुए थे तथा भारतीय समाज को बदलने का प्रयास कर रहे थे। इन संगठनों का मुख्य उद्देश्य भारतीय समाज को उस समय प्रचलित सतीप्रथा, बालविवाह, विधवा प्रथा एवं बहुविवाह जैसे सामाजिक कुरीतियों से मुक्त कराना या। महिलाओं को जलती चिता से बचाने के लिए कुछ पुरुष मसीहा बनकर सामने आए। 19वीं शताब्दी में भारत के कुछ क्षेत्रों में ब्रह्म समाज, आर्य समाज, प्रार्थना समाज के उदय के साथ महिला आंदोलनों के स्वर दिखाई देते हैं।

ब्रह्म समाज (Brahmo Samaj)

ब्रह्म समाज की स्थापना राजा राम मोहन राय ने 1828 में की थी। उन्होंने अपने भाई की मृत्यु के पश्चात् अपनी भाभी को काफी कम उम्र में जलते हुए देखा था। वे इस सदमे के साथ पले–बढ़े। आगे चलकर वे पाश्चात्य दर्शन के प्रमुख व्याख्याकार बने तथा यहाँ के उदारवाद से काफी प्रभावित हुए। उन्होंने पाया कि भारत के पास एक समृद्ध सांस्कृतिक धरोहर है। किन्तु समय के साथ इसमें कई सामाजिक कुरीतियाँ समा गई हैं जो स्वभाव से अमानवीय एवं असभ्य तरह की थीं। इनके संगठन ने सती प्रथा के उन्मूलन, महिलाओं के लिए शिक्षा, संपत्ति में महिलाओं की हिस्सेदारी एवं विधवा पुनर्विवाह की वकालत की। वे बहुविवाह के कट्टर विरोधी थे। उस समय उत्तर भारत एवं बंगाल में यह प्रथा काफी फैली हुई थी। ब्रह्म समाज अंतर्जातीय विवाह का भी समर्थक था। ये विश्वास करते थे कि शिक्षित महिलाएं ही अपनी स्थिति में परिवर्तन ला सकती हैं। इसने 'बोधिनी पत्रिका' के नाम से महिलाओं की एक पत्रिका निकाली। अंततः 1872 में नागरिक विवाह कानून पारित हुआ जिसने अंतर्जातीय विवाह एवं तलाक को कानूनी अधिकार दिया। आगे चलकर शादी के लिए स्वीकृत उम्र महिला एवं पुरुष के लिए क्रमशः 14 एवं 18 वर्ष निश्चित किया गया।

आर्य समाज (Arya Samaj)

1875 में स्वामी दयानन्द सरस्वती ने एक अन्य संगठन की स्थापना की जो आर्यसमाज के नाम से जाना गया। वस्तुतः ये दोनों ही आंदोलन महिलाओं की स्थिति में सुधार लाने से संबंधित अभियान

न होकर कुछ संदर्भों में एक धर्मसुधार आंदोलन था। इसने धार्मिक पाखंडों को समाप्त करने का हर संभव प्रयास किया। इसने समाज को वैदिक काल के साथ जोड़ने का प्रयास किया जो कि हिन्दुत्व का आधार हैं। वे हिन्दुत्व के आधार के रूप में वैदिक संस्कृति को स्थापित करना चाहते थे जहाँ महिलाओं को समाज में काफी सम्मान प्राप्त था। ब्रह्म समाज की भांति ही इस संगठन ने भी बालविवाह एवं जातिप्रथा जैसी कुरीतियों का विरोध किया।

प्रार्थना समाज (Prarthana Samaj)

आर्य समाज की स्थापना एम.जी. रानाडे एवं भंडारकर ने 1867 में की थी। इसका भी उद्देश्य ब्रह्म समाज के समान ही था। इसने महिलाओं के लिए शिक्षा पर बल दिया। इसके पीछे उनका उद्देश्य उन्हें एक अच्छी पत्नी एवं माँ बनाना था। महिलाओं के लिए शिक्षा की आवाज केवल विदेशी मिशनरियों एवं इन आंदोलनों में ही नहीं दिखाई देती है, बल्कि पश्चिमी शिक्षा प्राप्त आधुनिक शहरी पुरुषों के विचारों में भी देख सकते हैं जो परिवार के अंदर महिलाओं की स्थिति में सुधार लाना चाहते थे।

इसके समर्थकों में ईश्वरचन्द विद्यासागर एवं ज्योति फूले जैसे लोगों को देख सकते हैं। इनका मानना था कि औरतों को शिक्षित किया जाना आवश्यक है, अन्यथा वे समाज की हर प्रकार की सुविधाओं से वंचित ही रहेंगी। यहाँ यह भी उल्लेख करना आवश्यक है कि इस प्रकार के महिला सशक्तीकरण आंदोलनों में महिलाओं की कोई भूमिका नहीं दिखाई देती है। जब महिलाएँ अधीनस्थ थी उस समय वे मन मारकर सब कुछ सहती थीं एवं जब इन पुरुषों ने इनके मुक्ति का प्रयास किया तो उस समय भी वे खामोश ही रहीं। पुरुष उन्हें शिक्षा से दूर रखना चाहते थे। उन्होंने इसे चुपचाप स्वीकार कर लिया। इस समय जब उन्हें शिक्षा प्राप्त करने के लिए कहा गया तो इसे भी इन्होंने उसी खामोशी के साथ स्वीकार कर लिया। अतः भले ही यह पुरुषों के द्वारा प्रवर्तित हुआ तथापि महिलाओं की विमुक्ति की दिशा में हम इसे कम से कम पहला कदम तो कह ही सकते हैं। दुर्भाग्य से इसमें कोई महिला शामिल नहीं थी किन्तु इसका कारण यह था कि महिलाएं उस समय एक उपेक्षित समूह के रूप में थीं। इसीलिए इन आंदोलनों में भी कुछ कमियाँ दिखाई देती हैं। इसका सबसे बेतुका पहलू तो यह था कि इन सुधार आंदोलनों में महिलाओं की शिक्षा पर इसलिए बल दिया जा रहा था क्योंकि उनका विश्वास था कि शिक्षा के द्वारा ही महिलाओं को एक बेहतर 'गृहणी' एवं अच्छी 'माँ' बनाया जा सकता है। इसने परिवार के अंदर महिलाओं की स्थिति को सुधारने का प्रयास जरूर किया पर जहाँ तक सामाजिक व्यवस्था का सवाल था, तो वहाँ इन्होंने महिलाओं की स्थिति में सुधार लाने का कोई प्रयास नहीं किया। फिर भी इन्हें आंदोलन की बाल्यावस्था के रूप में देख सकते हैं।

स्वतंत्रता संघर्ष में महिला आंदोलन के अंश (Traces of women's movement in the freedom struggle)

1889 में कांग्रेस के बंबई अधिवेशन में दस महिलाओं ने भाग लिया। गाँधीजी ने महिलाओं से स्वतंत्रता आंदोलन में जुड़ने का आह्वान किया। वे पुरुष एवं महिलाओं के बीच समानता में विश्वास करते थे। उन्होंने जोर देते हुए कहा - ''मैं महिला अधिकार के मुद्दे पर कोई समझौता नहीं कर सकता।'' राष्ट्रीय आंदोलन ने महिलाओं को घर की चारदीवारी से निकलकर बाहर कदम बढ़ाने हेतु एक मंच प्रदान किया। इतना ही नहीं, गाँधीजी के अनुसार उनका सत्याग्रह आंदोलन भी स्त्रियोचित

गुणों से ही युक्त था। अतः वे इसे आसानी से एवं प्रभावी रूप से अपना सकती थीं। इसी तरह पंडित नेहरू भी पश्चिमी दर्शन के उदारवादी लोकतांत्रिक अवधारणा से काफी प्रभवित थे एवं नारी-मताधिकार के प्रबल समर्थक थे। उनका विश्वास था कि केवल शिक्षा के द्वारा ही महिलाओं की स्थिति में सुधार नहीं लाया जा सकता है। उन्हें आर्थिक, राजनीतिक के साथ-साथ सामजिक स्वतंत्रता की भी आवश्यकता है। भारतीय राष्ट्रीय कांग्रेस ने 1931 में स्त्री-पुरुष समानता को अपने एक प्रमुख उद्देश्य के रूप में अपनाया। 20वीं शताब्दी के पाँचवे दशक तक भारत में कई महिला संगठनों का उदय हुआ। 1917 में आयरिश महिला मारग्रेट कॉसिन ने एक राष्ट्रवादी भारतीय के साथ मिलकर वूमेन्स इंडिया असोसिएशन (WIA) की स्थापना की। 1926 में नेशनल काउन्सिल ऑफ इंडियन वूमेन्स (NCIW) की स्थापना हुई तथा 1927 में ऑल इंडिया वूमेन्स कॉन्फ्रेंस (AICW) हुआ। 1917 में वायसराय के समक्ष महिलाओं के लिए मताधिकार की माँग रखी गई। इस प्रतिनिधि मंडल में मारग्रेट कॉसिन एवं सरोजिनी नायडू जैसी महिलाएँ शामिल थीं। भारतीय राष्ट्रीय कांग्रेस ने भी इसे पूरा समर्थन दिया और अंततः महिलाओं को मताधिकार प्राप्त हुआ। सर्वप्रथम मद्रास प्रांत ने महिलाओं के मताधिकार हेतु महत्वपूर्ण कदम उठाए। पुनः 1927 में मुथुलक्ष्मी रेड्डी मद्रास विधान परिषद की सदस्य निर्वाचित हुई।

भारतीय राष्ट्रीय कांग्रेस एवं महिला संगठनों ने एक दूसरे के साथ मिलकर काफी घनिष्ठता से काम किया। ऐसा कहा जाता है कि स्वतंत्रता संघर्ष एवं महिला आंदोलन दोनों एकाकार हो गए थे। कई लोगों का ऐसा विश्वास था कि भारत को जैसे ही स्वतंत्रता मिल जाएगी महिला आंदोलन भी अपने उद्देश्यों को प्राप्त कर लेगा।

यहाँ ऐसा नहीं था कि महिलाएँ केवल कांग्रेस से जुड़ी हुई थी एवं नरमपंथी बनकर संवैधानिक तरीके से स्वतंत्रता के लिए लड़ रही थी। बल्कि उन्होंने उग्रपंथियों के साथ भी संबंध जोड़े। उन्होंने जेल में बंद राजनीतिक कैदियों एवं दूसरे अन्य सक्रिय कार्यकर्ताओं के बीच सूचनाओं का आदान-प्रदान करने में सहायता की। वे स्वदेशी आंदोलनों में भी सक्रिय रहीं और उन्होंने दुकानों से चुन-चुनकर विदेशी उत्पादों की होली जलायी। उन्होंने ब्रिटिश सरकार के विरूद्ध चलाए गए नमक आंदोलन एवं दांडी पदयात्रा में भी हिस्सा लिया। इसमें हजारों महिलाएँ गिरफ्तार हुई तथा जेल में डाल दी गईं। कई विदेशी महिलाओं ने देश से बाहर काम कर रहे क्रांतिकारी भारतीयों से संबंध जोड़ा। महिलाओं ने नेताजी सुभाष चन्द्र बोस द्वारा स्थापित आजाद हिन्द फौज (INA) के अंतर्गत रानी झाँसी रेजीमेन्ट में शामिल हुई। इसकी कमान लक्ष्मी सहगल के पास थी।

इसमें कोई संदेह नहीं है कि स्वतंत्रता आंदोलन ने महिलाओं को परंपरागत बंधनों को तोड़ने एवं पुरुषों के साथ अपनी समानता को सिद्ध करने का अवसर प्रदान किया। किंतु आगे चलकर स्वतंत्रता आंदोलन के साथ चल रहा यह महिला आंदोलन ढीला पड़ गया। यह एक ऐसे पूर्ण विकसित आंदोलन का रूप नहीं ले पाया जिसके साथ एक जनसमूह जुड़ा हुआ हो। यह शहर की उच्च मध्यमवर्गीय महिलाओं तक ही सिमट कर रह गया। यहाँ यह भी ध्यान देने की बात है कि जो गाँधी महिला अधिकार के अगुआ थे, उन्होंने ही सीता एवं दमयंती को एक आदर्श नारी के रूप में प्रस्तुत किया जो कि दमन एवं पीड़ा सहने वाली स्त्री के रूप में प्रसिद्ध है। वस्तुतः राष्ट्रीय आंदोलन 'पुरुषों द्वारा आदेशित' तो था ही साथ ही इसमें पुरूषों ने महिलाओं के साथ छल भी किया (Choudhary M. 2003, P.354)। इसमें महिलाओं का केवल अपने मतलब के लिए प्रयोग किया गया तथा उन्हें ज्यादा कुछ नहीं मिला। मारिया माइस के अनुसार – ''यह सच्चाई कि स्वतंत्रता आंदोलन में महिलाओं ने अपने लिए स्वयं ही सीमित तकनीकी क्रियाओं को अपनाया, इसने उन्हें स्वतंत्रता आंदोलन में एक

सर्वोत्कृष्ट साधन बना दिया। किन्तु उन्होंने अपने हितों की सुरक्षा के लिए किसी मुक्ति-संघर्ष के तरह की कोई रणनीति नहीं बनायी। राष्ट्रीय कारणों से इन उद्देश्यों को गौण करके उन्होंने न्यायशील महिला की परंपरागत पतिव्रता या सती स्वरूप स्वरूप को ही दर्शाया (Mies, Maria, 1980 P.121)।

सामाजिक आंदोलनों में महिलाओं की भागीदारी (Women's participation in social movements)

भारत में महिला आंदोलन विभिन्न पड़ावों से होकर गुजरा है। हालांकि हम सीधे तौर पर इसे एक संगठित आंदोलन नहीं कह सकते हैं किन्तु कई अन्य आंदोलन हैं जिसमें महिला आंदोलन के अंश दिखाई देते हैं। यद्यपि ये अलग-अलग मुद्दों से आरंभ हुई किन्तु ये महिला आन्दोलन के लक्षणों से अभिभूत थे। वस्तुतः महिलाओं की आवाज तो कई बार सुनाई दी किन्तु पुरुषों के मुद्दे को ज्यादा महत्वपूर्ण मानते हुए, या तो इस पर ध्यान नहीं दिया गया अथवा इसे दरकिनार करके बाद में भुला दिया गया। स्वतंत्रता संघर्ष में भी कुछ इसी तरह की बातें हुई। अब हमलोग ऐसे ही कुछ अन्य आंदोलनों पर नजर डालते हैं।

तेभागा आंदोलन (Tehbhaga movement)

आंध्रप्रदेश का तिभागा संघर्ष वहाँ के निजाम के खिलाफ बटाईदारों (खेतिहार मजदूरों) के अधिकारों के लिए चलाया गया आंदोलन था। इसमें गुरिल्ला युद्ध की नीति अपनायी गयी। इसे भारतीय कम्युनिस्ट पार्टी का समर्थन प्राप्त था तथा यह राज्य के दमन के खिलाफ था। इस आंदोलन में महिलाओं ने सक्रिय रूप से भाग लिया। इसमें सामान्यतः जाति आधारित उत्पीड़न का प्रश्न निहित था और इसी के अंतर्गत महिलाओं की समस्याएँ भी सम्मिलित थीं। इन आंदोलनों में महिलाओं ने सहयोगी के रूप में भाग लिया। गाँव के स्तर पर महिला आत्मरक्षा समिति बनायी गयी जिसने महिलाओं के साथ मार-पीट आदि का विरोध कर पितृसत्ता को चुनौती दी। स्वतंत्रता प्राप्ति के पश्चात् तेभागा आंदोलन को वापस ले लिया गया। भारतीय कम्युनिस्ट पार्टी इस आंदोलन की 'रीढ़ की हड्डी' थी एवं इसी के इशारे पर इसे समाप्त कर दिया गया।

तेलंगाना आंदोलन (Telengana movement)

इसी प्रकार तेलंगाना आंदोलन को भी देख सकते हैं जो कि तेभागा आंदोलन का ही समकालीन था। इसे भी तेभागा आंदोलन की ही तरह महिलाओं का व्यापक समर्थन प्राप्त था तथा वे गुरिल्ला युद्ध में शामिल थी। किन्तु ऐसा देखा गया कि उनकी समस्या ठीक से नहीं उठायी जा रही थी। इस वजह से धीरे-धीरे महिलाओं के मन में व्याप्त यह भ्रम समाप्त होने लगा कि आजादी के साथ उन्हें भी उत्पीड़न से मुक्ति मिल जाएगी। इस प्रकार उनके मन में आजादी के प्रति जो एक प्रकार का मोह था वह समाप्त होने लगा और जब स्त्री संगठन की सदस्यों ने अपने अनुभवों का काला चिट्ठा खोल दिया तो वे स्पष्ट रूप से आंदोलन से अलग होने लगीं। उनकी सभी अभिलाषाएँ चकनाचूर हो गयीं। वे केवल एक कठपुतली की तरह थीं जिनका इस्तेमाल किया गया एवं बाद में उन्हें त्याग दिया गया। इसमें वर्गीय संघर्ष को प्राथमिकता दी गई एवं एक बार फिर महिलाएँ हाशिये पर ही रहीं।

मूल्य-वृद्धि के खिलाफ आंदोलन (The Anti-price rise movement)

स्वतंत्रता प्राप्ति के पश्चात् हम कुछ आंदोलनों को देख सकते हैं जिसमें महिलाओं ने भागीदारी के साथ-साथ नेतृत्व भी किया है। 1970 का मूल्य-वृद्धि के खिलाफ आंदोलन इसी प्रकार का आंदोलन था। महाराष्ट्र के ग्रामीण क्षेत्रों में वस्तुओं की कीमतों में तेज वृद्धि हुई। समाजवादी एवं भारतीय कम्युनिस्ट पार्टी ने 'युनाइटेड वूमेन्स एन्टी प्राइस राइज फ्रंट' की स्थापना की (Kumar, Radha 1990, P.345)। इस अभियान ने तेजी से जोर पकड़ा। इन्होंने सरकार से वस्तुओं की कीमतों को निश्चित करने एवं उपयोगी चीजें उपलब्ध कराने की माँग की। चूंकि इसने सीधे तौर पर सबको प्रभावित किया था, अत: अनेकों गृहणियों ने इस प्रदर्शन में हिस्सा लिया। यह एक 'थाली-बेलन' आंदोलन था अर्थात् इसमें महिलाएँ थाली एवं बेलन के साथ सड़क पर उतरीं जो कि गृहिणी समुदाय को प्रकट करता था। वे सरकारी कर्मचारियों, सांसदों एवं व्यापारियों के पास गईं तथा उन्हें चूड़ीयाँ पहनने को दीं। यह आंदोलन 1974 के नवनिर्माण आंदोलन के नाम से गुजरात में भी देखा गया। वहाँ यह मुख्यत: भ्रष्टाचार, मुद्रास्फीति एवं कालाबाजारी के खिलाफ छात्रों के प्रदर्शन के रूप में भी देखा गया। महिलाओं ने इस आंदोलन में हिस्सा लिया और यह 'थाली-बेलन' संघर्ष का ही एक भाग बन गया। इसमें जुलूस निकाले गए तथा महिलाओं ने नेताओं की हँसी उड़ाने के लिए थाली एवं बेलन का भी प्रयोग किया। आगे चलकर नवनिर्माण आंदोलन धीमा पड़ गया। इस पर सरकार का दमन-चक्र चला जिसमें करीब 190 लोग मारे गए।

बोधगया मठ आंदोलन (Bodhgaya Math movement)

1970 के दशक में सम्पूर्ण क्रांति का भी दिन देखा गया। यह आह्वान जयप्रकाश नारायण के द्वारा किया गया था जिसका मकसद समाज में आमूलचूल बदलाव लाना था। इसमें ढेर सारे ऐसे प्रश्न उठाए गए जिसका मुख्य प्रहार शक्ति संरचना पर था। इसने घरेलू हिंसा, संपत्ति एवं संसाधनों से महिलाओं का परिवर्जन, महलाओं के प्रजनन अधिकार, कुछ आवश्यक राजनीतिक अधिकारों तक उनकी पहुँच आदि जैसे महिलाओं से संबंधित कई मुद्दे उठाए । छात्र युवा संघर्ष वाहिनी ने इसके संवाहक के रूप में जन्म लिया। हालांकि इसके प्रमुख उद्देश्यों में और भी कई बातें शामिल थीं तथापि इसने काफी हद तक महिलाओं के दयनीय हालात के कारणों को भी प्रकाशित किया। इस संदर्भ में छात्र वाहिनी के क्रियाकलापों को बोध गया आंदोलन की एक घटना में देख सकते हैं। यह गरीब किसानों का एक संघर्ष था जिसमें इन किसानों ने उन जमीनों पर कानूनी अधिकार दिए जाने की माँग की जिसपर वे वर्षों से खेती करते आ रहे थे। वे मठ के द्वारा थोपे गए सामंतवादी एवं धार्मिक निरंकुशता को समाप्त करना चाहते थे। इसमें सबसे महत्वपूर्ण जो बात थी वह यह थी कि चूंकि महिलाएँ भी इस आंदोलन में काफी सक्रिय थीं अत: इन्होंने जमीन-जायदाद पर महिलाओं के अधिकार का प्रस्ताव सामने रखा ताकि महिलाओं का भी इन संसाधनों तक पहुँच हो सके। पर जब उनकी इस माँग को बहरी सरकार के कानों में डाला गया तो पुरुष नेता एवं सरकार दोनों ने ही महिलाओं के इस माँग को खारिज कर दिया कि जमीन-जायदाद उनके नाम कर दी जाए। अत: एक बार फिर उनका इस्तेमाल हुआ और उन्हें अपने हाथों में कुछ भी नहीं मिला।

मुद्दा-आधारित आंदोलन (Issue-based movements)

1970 एवं 1980 के दशक के दौरान कुछ ऐसे आंदोलनों का जन्म हुआ जिनमें केवल महिलाओं ने भागीदारी ही नहीं की बल्कि ये कुछ मुद्दों का परिणाम भी थे, अतः इन्होंने एक ऐसी लहर उत्पन्न की कि जल्द ही इसने एक पूर्ण-विकसित आंदोलन का रूप धारण कर लिया। चूंकि यह आंदोलन अपनी पहचान एवं मान्यता के लिए संघर्ष कर रहा था, अतः हम इसे केवल मुद्दा-आधारित आंदोलन नहीं कह सकते हैं - चाहे चिपको आंदोलन जैसा पर्यावरणीय आंदोलन हो जो स्त्रीत्व पहचान को साथ लेकर आगे बढ़ा अथवा रूप कँवर या शाहबानो का मुकदमा जो समुदाय-विशेष की पहचान की रक्षा से जुड़ा था।

चिपको आंदोलनः जंगल के प्रति महिलाओं की आवाज (Chipko movement: Female voices from the woods)

चिपको शब्द का साहित्यिक अर्थ 'लिपट जाना' होता है। वंदना शिवा के अनुसार चिपको आंदोलन का ऐतिहासिक प्रमाण हमें 300 साल पहले ही देखने को मिलता है। उस समय राजस्थान की लगभग 300 महिलाओं ने अमृता देवी के नेतृत्व में अपने पवित्र खेज्री वृक्ष की रक्षा के लिए जीवन की बली चढ़ा दी थी। चिपको एक पर्यावरणीय आंदोलन था जिसकी शुरूआत 1972-1973 में हुई। इस आंदोलन के कार्यकर्ता वृक्षों के संरक्षक के रूप में पेड़ों से लिपट जाते थे। यह सर्वप्रथम उत्तरप्रदेश के गढ़वाल क्षेत्र में दिखाई दिया एवं आगे चलकर हिमाचल प्रदेश, राजस्थान, उड़ीसा एवं कर्नाटक में फैल गया। चिपको आंदोलन को प्रायः एक महिला आंदोलन के रूप में जाना जाता है क्योंकि इसके अधिकांश कार्यकर्ताओं में महिलाएँ ही थीं तथा साथ ही यह आंदोलन स्त्रियोचित गुणों पर आधारित थे। किन्तु इन सबके बावजूद इसमें शामिल पुरुषों को ही प्रसिद्धि मिली एवं वही प्रकाश में आए। इस आंदोलन ने पहाड़ी क्षेत्रों में रहने वाली महिलाओं की प्रतिबद्धता एवं नैतिक ताकत को दर्शाया जो वृक्षों की रक्षा के लिए न केवल वहाँ के स्थानीय ठेकेदारों से उलझ गईं बल्कि पुलिस के भी विरोध में उठ खड़ी हुईं। चिपको महज एक पर्यावरणीय आंदोलन ही नहीं था जो केवल वृक्षों की सुरक्षा से जुड़ा हो बल्कि यह पुरुषों की शराबखोरी एवं महिलाओं के ऊपर बढ़ रहे काम के दबाव के खिलाफ भी एक संघर्ष था। इसका कारण यह था कि ये समस्याएँ भी जंगल की कटाई के साथ काफी निकटता से जुड़ी थीं। इसके पीछे कारण यह था कि पुरुष लोगों को जंगल में पेड़ों की कटाई के लिए ठेकेदारों से काफी रुपए मिलते थे। इन रुपयों का प्रयोग ये लोग शराब पीने में करते थे। उनकी शराबखोरी की वजह से घर में महिलाओं एवं बच्चों को न केवल भूखा रहना पड़ता था बल्कि यह घरेलू हिंसा को भी बढ़ावा देती थीं। अतः चिपको आंदोलन में शराबखोरी के खिलाफ आंदोलन भी समाहित था। हजारों महिलाओं ने शराब की दुकानों का घेराव किया। आगे चलकर पाँच जिलों में इसपर प्रतिबंध भी लगाया गया। 1970 में बिमला बहन ने नवजीवन आश्रम की स्थापना की जिसने चिपको आंदोलन को एक संगठनात्मक आधार प्रदान किया। 1973 में खेल के सामान के निर्माण के लिए 300 पेड़ों की नीलामी की गई, किन्तु महिलाएँ पेड़ से लिपट गईं एवं सामान तैयार करने वालों को पेड़ नहीं काटने दिए। श्यामा देवी नामक 72 वर्षीय बुजुर्ग महिला ने महिलाओं को एकत्रित किया एवं पूरा जंगल चिपको के नारे से गूँज उठा। 1995 में जब इस क्षेत्र में भयंकर भू-स्खलन हुआ तो यहाँ की स्थानीय महिलाओं ने हीमा देवी के नेतृत्व में लोगों को यह विश्वास दिलाने का प्रयास किया कि पेड़ों की कटाई से पहाड़ को नुकसान हो सकता है और उन्होंने जंगलों

के व्यवसायिक शोषण पर पूरी तरह से प्रतिबंध लगाने की माँग की (Shiva, Vandana 1999, pp.39.70)।

इस प्रकार से हम देख सकते हैं कि जंगलों की गैरकानूनी तरीके से कटाई के प्रति आवाज उठाने में महिलाएँ कितनी सक्रिय रही हैं। इसमें जगलों की निगरानी के लिए महिला पहरेदार नियुक्त की गईं। लोग जंगलों से सूखी लकड़ियाँ एवं टहनियाँ चुनने के लिए स्वतंत्र थे, किन्तु पेड़ों को किसी भी तरह का नुकसान पहुँचाना इन्हें स्वीकार्य नहीं था। जहाँ तक जंगलों को फिर से लगाने का संबंध है तो यहाँ भी पुरुषों एवं महिलाओं के विचारों में भिन्नता थी। पुरुष ऐसे पेड़ लगाना चाहते थे जो व्यवसायिक दृष्टिकोण से लाभप्रद हों। जबकि महिलाएँ ऐसे पेड़ लगाना चाहती थीं जिनसे उन्हें ईंधन, चारा एवं ऐसी ही दैनिक आवश्यकता की चीजें प्राप्त हो सकें (Agarwal, Bina, 1999, pp.96. 142)। इस प्रकार चिपको ने उन पहाड़ी महिलाओं को जो हमेशा घर की चारदीवारी में ही कैद रहती थीं, बाहर निकालकर लोगों के बीच प्रतिरोध करने एवं अपने-आपको अभिव्यक्त करने का मौका दिया। अत: यह महज एक पर्यावरणीय आंदोलन नहीं है बल्कि एक ऐसा आंदोलन है जो महिलाओं की आवश्यकतों को पूरा करने की कामना करता है।

सती के खिलाफ बहस (The case against Sati)

हम लोग यह अच्छी तरह जानते हैं कि सतीप्रथा 19वीं शताब्दी की एक सामाजिक बुराई थी जिसे उपर्युक्त सुधारवादी आंदोलनों द्वारा समाप्त किया गया। किन्तु 1987 में पूरे राष्ट्र में उस समय सनसनी फैल गई जब राजस्थान के देवराला में रूप कँवर के सती होने की घटना प्रकाश में आयी। जब इस घटना का बारीकी से अध्ययन करते हैं तो पता चलता है कि यह आत्मप्रेरित बलिदान नहीं था बल्कि एक हत्या थी। पहले तो उसकी छोटी उम्र में शादी हुई थी। उसके ससुराल वाले एक दबंग राजपूत परिवार के थे एवं उनकी राजनीति में भी अच्छी पैठ थी। उसके पति के मृत्यु के पश्चात् उसके परिवार वालों ने निर्णय किया कि उसे सती होना चाहिए। इसे एक सार्वजनिक समारोह बनाने हेतु व्यापक स्तर पर प्रचार किया गया। किन्तु इन सबके बावजूद उनके मायके वालों को इस संदर्भ में कोई सूचना नहीं दी गई। जैसा कि उसके कुछ पडोसियों ने मधु किश्वर के साथ बातचीत में बताया कि इस समारोह से ठीक पहले रूप ने घटनास्थल से भागने का भी प्रयास किया एवं भुसौरा (भूसाघर) में छुप गई। किन्तु उसे पकड़ लिया गया। उसके बाद उसे नशे में मदहोश किया गया और उसे दुल्हन के कपड़े पहनाकर सजाया गया फिर चिता पर सुला दिया गया। तत्पश्चात् उसके पति के भाई द्वारा चिता में आग लगा दी गई। रूप कँवर की मृत्यु का काफी प्रचार हुआ एवं उसकी मृत्यु के प्रतिक्रियास्वरूप दो गुट बन गए। एक गुट उसकी मृत्यु को अपनी संस्कृति एवं परंपरा की रक्षा का दावा कर समर्थन कर रहा था। दूसरा गुट इसका विरोध कर रहा था।

प्रथम गुट के लिए तो मानों रूप कँवर एक सांस्कृतिक प्रतीक ही बन गई थी। उन लोगों ने दावा किया कि राजपूतों की पहचान खतरे में थी एवं ऐसे में उसकी मृत्यु ने मरती हुए राजपूती परंपरा में नई जान डाल दी है। उसकी मृत्यु का व्यापक स्तर पर महिमामंडन किया गया। जिस सती स्थल पर उसने बलिदान दिया था वह असाधारण स्थल बन गया। उसके ससुराल वालों ने वहाँ एक सती माता का मंदिर बनवाया एवं इसमें काफी पैसे कमाए। मधु किश्वर ने अपने लेख 'द बर्निंग ऑफ रूप कँवर' (Kishwar, Madhu, 1999, pp.55.70) में सती-स्थल के दौरे के दौरान अपने अनुभवों का जिक्र किया है। उनके अनुसार कुछ युवा लोग वहाँ नारियल बेच रहे थे तथा प्रसाद बाँटे जा रहे

थे। कुछ दूरी पर कुछ युवक लोग अपने पति के सिर को गोद में लिए, दुल्हन के रूप में सजी-धजी रूप कँवर की प्रसिद्ध तस्वीरों को बेच रहे थे। ''सती हो तो कैसी हो, रूप कँवर जैसी हो'' के नारे लगाए जा रहे थे। इसमें कोई संदेह नहीं है कि यह एक दर्शनीय स्थल बन चुका था। पास ही में रूप की मृत्यु के कीर्तिमान हेतु चुनार महोत्सव का आयोजन किया गया था। राजस्थान उच्च-न्यायालय ने राज्य सरकार को इस उत्सव पर प्रतिबंध लगाने का आदेश दिया ताकि सती की घटना को बढ़ावा न दिया जा सके। किन्तु इसके बावजूद भी इसे हर्षोल्लास के साथ मनाया गया। इसमें तकरीबन दो लाख से अधिक लोगों ने हिस्सा लिया जिनमें कुछ प्रमुख नेता भी शामिल थे। सती को पूज्य माना जाने लगा एवं इसे पतिव्रता के सर्वोच्च रूप में सराहा गया।

इस स्थल को चलाने एवं चंदा इकट्ठा करने क लिए 'सती धर्म रक्षा समिति' के नाम से एक न्यास (Trust) की स्थापना की गई। न्यास में रूप कँवर के ससुर भी एक सदस्य थे। तीन हफ्ते में ही इसने 50 लाख रूपये जमा किए। यहाँ ऐसा भी नहीं था कि सती समर्थक अभियान चलाने वले अशिक्षित थे। उनमें से सभी शहरी शिक्षित लोग थे। यह क्षत्रिय हिन्दू पहचान के लिए एक अभियान बन गया था। बनारस एवं पुरी के पुजारियों ने तो इसका समर्थन करते हुए यहाँ तक कहा कि यह केवल राजपूत संस्कृति की ही माँग नहीं है बल्कि हिन्दू संस्कृति का भी एक हिस्सा है। इसके साथ उन्होंने यह दलील दी कि सती जैसे मुद्दों को हिन्दू पर्सनल लॉ में शामिल किया जाना चाहिए। शिवसेना ने सती के समर्थन में कुछ जुलूस भी निकाले। उनका तर्क था कि यह हिन्दू महिलाओं की सच्ची इच्छा को दर्शाता है और ऐसे में इस पर किसी भी प्रकार का प्रतिबंध लगाने का मतलब होगा कि उनके सम्प्रदाय के लोगों की भावनाओं को चोट पहुँचाना। उनके अनुसार आत्महत्या करने का अधिकार भी कुछ क्षेत्रों में स्वीकृत है।

इस पर नारीवादियों ने कड़ी प्रतिक्रिया की एवं कहा कि आत्महत्या करने के अधिकार को कभी भी सार्वजनिक समारोह नहीं बनाया जाना चाहिए। मधुकिश्वर ने रानी चुहरावत के कथन का उल्लेख किया है। उन्होंने स्पष्ट कहा था कि आत्महत्या करने का अधिकार कुछ इस प्रकार का है जिसका प्रयोग अकेले में किया जाता है। सभी मामलों में परिवार के सदस्य हमेशा आत्महत्या करने से रोकने का प्रयास करते हैं। भारत एक ऐसा देश है जहाँ महिलाओं को अपने मन से कुछ भी करने का अधिकार नहीं है। जब उनकी शादी होती है तो उस समय भी उनसे पूछने का प्रयास नहीं किया जाता। फिर ऐसी स्थिति में उनके इस अधिकार को इतनी आसानी से स्वीकृति कैसे मिल गयी। रूप कँवर की मृत्यु के खिलाफ प्रदर्शन करते हुए सती समर्थकों द्वारा न केवल उन्हें खरी-खोटी सुनाई गई बल्कि उनका घेराव भी किया गया (Kishwar, madhu. OP.Cit. P-64)। इतना ही नहीं मन्द क्रान्त बोस के अनुसार आत्महत्या के समय जहाँ कोई अपनी जीवन-लीला स्वयं समाप्त करता है, वहीं सती की घटना में चिता में आग कोई और लगाता है (Bose, Mandakranta 2000, P-21)। फिर यदि हम यह मान भी लें कि रूप कँवर की मृत्यु एक स्वैच्छिक घटना थी तथा उसे न तो नशे में मदहोश किया गया और न ही उसके साथ कोई जबरदस्ती की गई तो भी यह सती की केवल एक घटना थी, जो प्रकाश में आयी। कई मामले तो संस्कृति की सुरक्षा के नाम पर प्रकाश में भी नहीं आते हैं। इस मामले ने पूरे देश को झकझोर दिया एवं सती की मूल प्रतिष्ठा पर बहस शुरू हो गयी। सती के विरोधियों ने विभिन्न स्रोतों से विरोध के व्यापक आधार प्रस्तुत किए। नारीवादियों के अतिरिक्त गाँधीवादियों एवं जाति विरोधी आंदोलन के कार्यकर्त्ताओं ने भी इसका विरोध किया। हिन्दू परंपरा के दक्षिणपंथी सुधारवादियों के साथ-साथ वामपंथी सुधारवादियों ने भी इसका विरोध किया।

उदाहरण के लिए, आर्य समाज से जुड़े स्वामी अग्निवेश ने सती के पीछे धार्मिक पाखंडों को चुनौती दी। भारत सरकार ने भी इस घटना की कड़ी निंदा की।

महिला यौन-उत्पीड़न के खिलाफ संघर्ष (Fight against sexual abuse of women)

महिलाओं को अब तक केवल पितृसत्तात्मक व्यवस्था के सहारे चुप रखा गया है। महिलाओं की छवि का निर्माण पवित्रता एवं सतीत्व से होता है एवं इसने महिलाओं को यौन-उत्पीड़न के मुद्दे को चुपचाप सहन करने के लिए विवश कर दिया। हमारा समाज इस प्रकार का है कि बलात्कार के मामले में आखिरकार पीड़िता को ही दुख झेलना पड़ता है। इसका कारण यह है कि समाज के द्वारा उसका परित्याग कर दिया जाता है जबकि अपराधी को अबाध रूप से स्वतंत्र छोड़ दिया जाता है। अतः पुरुषों के द्वारा बलात्कार को एक संस्थात्मक रूप दे दिया गया है, ताकि उसका दमन हो सके। 1970-1980 के दशक में बलात्कार के मुद्दे पर कई जगह विरोध एवं असंतोष के स्वर सुनाई दिए। 1979 में पुलिस हिरासत में बलात्कार के खिलाफ एक संघर्ष दिखाई दिया। 16 वर्षीय लड़की मथुरा के साथ वहाँ के स्थानीय पुलिस के दबाव में उन पुलिस अधिकारियों के खिलाफ मामला दर्ज किया गया। किन्तु इन पुलिस अधिकारियों को सत्र-न्यायालय एवं बाद में सर्वोच्च न्यायालय के द्वारा भी यह दलील देते हुए बरी कर दिया गया कि मथुरा का चूंकि ब्वाय-फ्रेंड है अतः वह एक चरित्रहीन नारी है। वह कुँवारी (कौमार्य से युक्त) नहीं है एवं परिभाषा के अनुसार उसे बलात्कार पीड़िता नहीं कहा जा सकता। 'बंबई फेमिनिस्ट ग्रुप फोरम अगेंस्ट रेप' जिसे अब 'फोरम अगेंस्ट ऑप्रेशन ऑफ वूमैन' के नाम से जाना जाता है, ने केस को फिर से खोलने का निर्णय किया। अंतर्राष्ट्रीय महिला दिवस के अवसर पर पूरे देश में एक राष्ट्रवादी अभियान चलाया गया एवं जगह-जगह प्रदर्शन हुए। ये सभी बलात्कार कानून में परिवर्तन एवं पुनर्विचार की माँग कर रहे थे। 1980 के दशक में हिरासत में एक और बलात्कार का मामला प्रकाश में आया जब माया त्यागी के साथ बलात्कार किया गया तथा उसे गली में नंगा घुमाया गया। इन घटनाओं ने नारीवादी संगठनों को काफी उग्र कर दिया।

इसी समय बलात्कार की नृशंसता पर संसद में भी बहस आरंभ हुई एवं कुछ संसद सदस्यों ने बलात्कारी को मृत्युदंड तक दिए जाने का प्रावधान करने की माँग की। कुछ दिनों पश्चात् संसद में एक विधेयक प्रस्तुत किया गया जिसमें यह व्यवस्था की गई थी कि अपने-आपको निर्दोष साबित करने के लिए प्रमाण उपलब्ध कराने का भार अभियुक्त के कंधे पर होगा न कि पीड़िता के ऊपर। किन्तु यह प्रावधान पूरे देश में उग्र चर्चा का विषय बन गया। पूरे राष्ट्र में यह बहस फैल चुकी थी। कई लोगों ने यह दलील दी कि यह पुरुषों के साथ बहुत बड़ा अन्याय है क्योंकि ऐसे में कोई भी महिला गलत भावना से या किसी अन्य कारण से किसी पुरुष पर आसानी से बलात्कार करने के प्रयास का आरोप लगाकर झूठे केस में फँसा सकती थी। जो भी हो इसने नारीवादियों के अंदर एक नवीन जान डाल दी। किन्तु उनका यह सुखद एहसास कुछ ही दिनों बाद 1988 में सुमन बलात्कार कांड में सुप्रीम कोर्ट के फैसले के साथ मन्द पड़ गया। मथुरा के केस की तरह ही यहाँ भी बलात्कारी की सजा को कम कर दिया गया क्योंकि पीड़िता के ब्वाय-फ्रेंड थे। यह मामला दर्शाता है कि किस प्रकार आचरण एवं व्यवहार से जुड़ी हुई प्राचीन परंपराएँ तथा कौमार्य एवं पवित्रता जैसे दृष्टिकोण भारत में न्याय के रास्ते में भी आड़े आती हैं। किसी भी पश्चिमी देश में इस तरह के रीति-रिवाज नहीं पाए जाते। प्रायः ऐसा देखा जाता है कि छेड़-छाड़ की घटना को छींटाकशी (Eveteasing) का

नाम दे दिया जाता है। 21 अप्रेल 2005 को मुंबई में एक और हिरासतीय बलात्कार की घटना प्रकाश में आयी। इसमें 17 वर्ष की एक लड़की अपने दो पुरूष दोस्तों के साथ टहल रही थी। यहाँ यह कलंकित कार्य एक कान्सटेबल के द्वारा किया गया। उसने उन्हें पुलिस स्टेशन में तलब किया एवं लड़कों को डरा कर भगा दिया। फिर लड़की को अंदर हवालात में बंद करके उसके साथ बलात्कार किया (Times of India, 8th May, 2005, New Delhi)। यह एक कटु सत्य है कि भारत में प्रति घंटे दो बलात्कार की घटना होती है एवं 20 बलात्कार के आरोपियों में से 19 स्वतंत्र घूमते हैं।

सामाजिक कार्यकर्ता कविता श्रीवास्तव के अनुसार बलात्कार हमेशा बलात्कार करने के इरादे से ही नहीं होता बल्कि इसमें प्राय: अपनी ताकत को दिखाने और उससे बदला लेने की भावना निहित होती है (Raghuraman, Shankar 8th May 2005)। इन्होंने भँवरी देवी के उदाहरण को प्रस्तुत किया है जो कि एक दलित साथिन थीं। इसका सामूहिक बलात्कार गाँव की ऊँची जाति के लोगों ने केवल इसलिए किया था कि उसने बाल-विवाह जैसी कई सामाजिक बुराइयों के विरुद्ध आवाज उठायी थी। अत: इस औरत को अपनी सीमा पार करने के कारण सबक सिखाया गया। मार्क्सवादी कम्युनिस्ट पार्टी पोलित ब्यूरो की सदस्य वृंदा करात दर्शाती हैं कि महिलाओं को समुदाय के इज्जत के प्रतीक के रूप में देखा जाता है, एवं उनके साथ बलात्कार को किसी एक समुदाय द्वारा दूसरे को चरम प्रताड़ित करने के रूप में देखा जाता है (Raghuraman, Shankar 8th May 2005)। सच-सच कहा जाए तो महिलाओं को ईज्जत का प्रतीक मान लेने से उनके प्रति यौन-दुर्व्यवहार को बढ़ावा मिला है। समान्यत: जब कोई दूसरे को तकलीफ पहुँचाना चाहता है तो उसकी माँ के प्रति गलत गाली का प्रयोग किया जाता है। इसी प्रकार जब किसी बिरादरी के द्वारा दूसरी बिरादरी की महिलाओं को गाली दी जाती है तो उसमें भी गाली का संबंध महिलाओं से ही होता है। कई बार तो निजी सम्बन्धों में होने वाले बलात्कार की घटनाएँ दर्ज ही नहीं होती हैं। चूंकि यहाँ प्राय: इनका किसी संबंधी के द्वारा ही बलात्कार होता है अत: इस डर से ही कि यह उनके परिवार की प्रतिष्ठा पर धब्बा लगा सकता है, वे चुप रह जाती हैं। इसके अतिरिक्त एक लंबी कानूनी प्रक्रिया एवं किसी के अपराध को सिद्ध करने की कठिनता उन्हें उनके साथ हुए भारी अन्याय के बावजूद भी चुपचाप रहने के लिए प्रेरित करता है (Verma, Richa and Raina, Mandakini 8th May 2005)। इसी तरह के नृशंस अपराध का मामला हम पति के द्वारा होने वाले बलात्कारों(मेरिटल रेप्स) में भी देख सकते हैं। शादी आदमी को पत्नी के साथ सेक्स करने का लाइसेंस दे देता है, इसलिए वैवाहिक जीवन में पति के द्वारा होने वाले बलात्कार को अपराध के रूप में नहीं देखा जाता है। इसमें यदि पत्नी अपने पति के विरुद्ध जाती है तो हमेशा पत्नी पर ही आक्षेप लगाया जाता है कि उसने अपने पत्नी धर्म का पालन नहीं किया है।

हाल में शांति मुकुन्द हॉस्पीटल बलात्कार काण्ड मे वार्ड के एक लड़के ने ही नर्स के साथ बलात्कार किया तथा इस प्रक्रिया में उसने न केवल पीड़िता को बुरी तरह से घायल किया बल्कि उसकी दाँयी आँख निकाल ली। इसमें अपराधी को सत्र-न्यायालय द्वारा आजीवन कारावास की सजा सुनाई गई। यहाँ बलात्कारी ने यह प्रस्ताव दिया कि उसे पीड़िता के साथ शादी करने की इजाजत दी जाय ताकि वह उसके कलंक को धो सके तथा समाज में उसे फिर से प्रतिष्ठा दिला सके। इसमें पब्लिक प्रोसक्युटर ने दलील दी कि शादी का प्रस्ताव पीड़िता के जख्म में नमक डालने का प्रयास होगा। उन्होंने कहा कि यह समाज में एक गलत उदाहरण को स्थापित करेगा। अत: ऐसे प्रस्तावों को स्वीकार नहीं किया जाना चाहिए (The Hindu, 5th May, 2005, P-1)। यहाँ ध्यान देनेवाली बात

यह है कि सामाजिक प्रथाएँ एवं कानून की पितृसत्तात्मक प्रकृति अपराधी को सजा से बचाने के लिए ही ऐसे प्रस्ताव रखवाने का दुस्साहस प्रदान करता है।

दहेज प्रथा : एक अन्य पितृसत्तात्मक हथकंडा (The dowry system: Another tool of patriarchy)

दहेज-निषेध अधिनियम-1961 को 1984 में संशोधित किया गया। इसमें दहेज के रकम की एक सीमा निर्धारित की गई किन्तु स्वयं दहेज पर प्रतिबंध नहीं लगाया गया। यद्यपि दहेज हत्या की बढ़ती हुई संख्या जो कि एक दण्डनीय अपराध है, की सभी को जानकारी है, फिर भी दहेज प्रथा को चुनौती नहीं दी गई है। दहेज को सामान्यत: स्त्रीधन के रूप में देखा जाता है जो सामान्यत: शादी के समय माता-पिता द्वारा बेटी को प्राप्त होता है। परंपरा के अनुसार स्त्रीधन को औरत की सम्पत्ति के रूप में देखा जाता है जिसपर उसका पूरा अधिकार होता है।

दहेज की समस्या की जड़ दहेज में परिवर्तन लाने या इसे समाप्त करने में समाहित नहीं है। वस्तुत: दहेज को एक सामाजिक बुराई का रूप देने में हमारी संस्कृति ही काफी हद तक जिम्मेवार है जिससे पीछा छुड़ाना अत्यंत ही दुष्कर कार्य है। सर्वप्रथम तो महिलाओं को अपने पिता की सम्पत्ति से बेदखल कर दिया जाता है। लड़कियों को पराया-धन के रूप में देखा जाता है जिसके कारण सम्पत्ति में उसे कोई हिस्सा नहीं मिल पाता। अत: इसके बजाए उसे बेटे को मिलने वाले सम्पत्ति की मात्रा के अनुरूप ही बड़ी मात्रा में धन-दौलत देकर विदा किया जाता है। मधु किश्वर के अनुसार दहेज एक ऐसा निवेश है जिसके द्वारा माता-पिता अपनी बेटी को उसके ससुराल की सम्पत्ति में उसकी हिस्सेदारी की वैधता दिलाता है। चूंकि लड़कियाँ इस तथ्य को अच्छी तरह से जानती हैं कि उसके मायके की सम्पत्ति में उसका कोई हिस्सा नहीं है, अत: वह अपने साथ दिए जाने वाले दहेज की भारी मात्रा को लेने से इंकार नहीं करती। ससुराल में भी उसकी प्रतिष्ठा इसी बात से होती है कि वह कितनी बड़ी मात्रा में दहेज लेकर आयी है। 1975 में महिला आंदोलन ने महिलाओं के प्रगतिशील संगठनों द्वारा संगठित विरोध प्रदर्शन को देखा। यह आंदोलन बड़े जोर-शोर से शुरू हुआ था पर आपातकाल की उद्घोषणा के साथ ठंडा पड़ गया। आपातकाल के पश्चात् सर्वप्रथम महिला दक्षता समिति नामक महिला संगठन ने दहेज के मुद्दे को उठाया तथा दहेज हत्या एवं आत्महत्या की घटना के प्रति लोगों का ध्यान आकर्षित किया।

1979 में स्त्री-संघर्ष संगठन ने तनविन्दर कौर की मृत्यु पर प्रदर्शन निकाला जिसने मरने से पहले अपने ससुराल वालों के खिलाफ यह बयान दिया था कि उन लोगों ने दहेज की खातिर उसे जान से मार डालने का प्रयास किया। इस घटना ने पूरे देश में आंदोलन की एक लहर पैदा कर दी। पूरे भारत में जुलूस निकाले गए। स्त्री संघर्ष संगठन ने 'स्वाहा' के नाम से एक नुक्कड़-नाटक प्रस्तुत किया ताकि लोगों में दहेज के खिलाफ जागृति उत्पन्न की जा सके। 1980 में सरकार ने एक कानून बनाया जिसमें यह व्यवस्था की गई कि कोई भी ऐसी महिला जिसके विवाह की अवधि पाँच वर्ष से ज्यादा नहीं बीती हो, की किसी भी कारण से मौत होने पर उसकी पुलिस के द्वारा छानबीन आवश्यक होगी ताकि दहेज हत्या के मामले को आत्म-हत्या का नाम देकर छिपाया न जा सके। 1982 में दिल्ली के एक सत्र न्यायालय ने दो लोगों को दहेज हत्या के मामले में दोषी पाया एवं उसे फाँसी की सजा सुनायी। इस सजा को उच्च न्यायालय एवं सर्वोच्च न्यायालय में बदल दिया गया तथा

कम करके आजीवन कारावास कर दिया गया। प्रायः पोस्टमार्टम के रिपोर्ट में जब किरोसीन या आग द्वारा हत्या होती है तो इसे हत्या साबित कर पाना काफी मुश्किल होता है क्योंकि इसमें मारने वाले लोग इसे स्टोव दुर्घटना का नाम दे देते हैं। कोई भी यह देख सकता है कि दहेज के पीछे प्रायः पितृसत्तात्मक व्यवस्था की चाल होती है। चूंकि महिलाओं को दिया जाने वाला दहेज किसी की संपत्ति में इजाफा करता है इसीलिए उसे मायके की संपत्ति में कोई हिस्सा नहीं मिलता। इतना ही नहीं वह जो दहेज लेकर आती है, उस पर भी उसके ससुराल वाले अधिकार कर लेते हैं। इस प्रकार वास्तविकता में महिला को कुछ भी नहीं मिलता है। एक बार शादी हो जाने के पश्चात् परंपरा के अनुसार अपने मायके पर एवं उसकी संपत्ति पर उसका कोई अधिकार नहीं रहता है। यद्यपि कानूनन उन्हें यह अधिकार प्राप्त है किन्तु क्रियान्वयन के स्तर पर यह निरर्थक सिद्ध होता है। यदि किसी कारणवश वह विधवा हो जाती है एवं पैसे नहीं कमा रही होती तो वह दूसरों की दया पर जीने के लिए अभिशप्त हो जाती है एवं यदि दूसरे उसका भार न संभालें तो वह गरीबी एवं अभाव में घुट-घुट कर मरने को विवश हो जाती है। इस प्रकार उसे न तो मायके में और न ही ससुराल में ही जगह मिलती है। अतः चाहे कानूनी दस्तावेज कितना भी बढ़-चढ़कर दावा करे एक विवाहित स्त्री दोनों ही परिवारों में एक उपेक्षित सदस्य के रूप में ही रहती है।

शाह बानो मुकदमा : एक दहकती आग (The Shah Bano case: A flash in the Pan)

यह सर्वोच्च न्यायालय द्वारा सुनाया गया एक ऐतिहासिक निर्णय था किन्तु इसने पूरे राष्ट्र को उद्वेलित कर दिया। शाहबानो ने 1985 में आपराधिक प्रक्रिया संहिता की धारा 125 के तहत गुजारा भत्ता के लिए सर्वोच्च न्यायालय में अपील दायर की। शाहबानो ने इसमें निवेदन किया कि उसे उसके ससुराल से 1975 में निकाल दिया गया है। 1978 में उसे मुस्लिम पर्सनल लॉ के 'तीन तलाक' प्रक्रिया द्वारा तलाक दे दिया गया है। अतः वह अपने पति से 500रू प्रतिमाह की दर से गुजारा-भत्ता चाहती है। इसमें बचाव पक्ष ने दलील दी कि उसे इद्दत काल के (यह तीन रजोधर्म चक्र के तुल्य अथवा रजोनिवृत्ति के पश्चात् तीन बार चाँद देखे जाने के अवधि के बराबर होता है) के दौरान पहले से ही 3000रू चुका दिया है। सुप्रीम कोर्ट ने शाहबानो के पक्ष में निर्णय दिया तथा मुख्य न्यायधीश चन्द्रचूड़ ने उल्लेख किया कि विभिन्न धर्मों में महिलाओं के साथ होने वाले अन्याय को देखते हुए सरकार को चाहिए कि एक समान नागरिक संहिता (Common Civil Code) का निर्माण करे। इस निर्णय की मुस्लिम धार्मिक नेताओं द्वारा तीखी आलोचना की गई। उलेमाओं ने तुरही बजाकर यह आवाज फैलानी शुरू कर दी कि इस्लाम खतरे में है। बंबई एवं भोपाल में हजारों लोगों ने इस निर्णय के खिलाफ प्रदर्शन किए। 1985 में मुस्लिम लीग के नेता एवं सांसद जी.एम. बानतवाला ने सुझाव दिया कि मुस्लिम महिलाओं को अपराध प्रक्रिया संहिता की धारा 125 से बाहर किया जाना चाहिए (Das, Veena 1999, p.460)।

प्रारंभ में कांग्रेस पार्टी शाहबानो मुकदमे के पक्ष में था लेकिन बाद में काफी दबाव के कारण वह पीछे हट गईं। राधा कुमार के अनुसार यहाँ लोगों को इसे समझने के लिए इसके सन्दर्भ एवं पृष्ठभूमि में जाकर देखने की आवश्यकता है, क्योंकि शाहबानो केस को इससे अलग करके अध्ययन नहीं किया जा सकता। उनके अनुसार यह एक ऐसा समय था जब 1984 में विश्व हिन्दू परिषद् द्वारा बाबरी मस्जिद के स्थान पर राम जन्म भूमि मानते हुए मंदिर निर्माण की माँग की जा रही थी। अतः

इस समय शाह बानो का मुकदमा बाबरी मस्जिद के मुद्दे के साथ जुड़ गया एवं मुस्लिम समुदाय के लोग बढ़ रही हिन्दु साम्प्रदायिक ताकतों से डर कर बुरी तरह से बौखलाए हुए थे। उनका डर उस समय और भी पुख्ता हो गया जब नवंबर 1984 में सिक्ख विरोधी दंगे हुए। 1986 में मुस्लिम लीग के नेता एवं सांसद जी.एम. बानतवाला के सुझाव के अनुरूप मुस्लिम महिला विधेयक (Protection on Divorce) प्रस्तुत किया। इसका कारण यह भी था कि कई मुस्लिम बहुल चुनाव क्षेत्रों में इसने अपना समर्थन खो दिया था।

नारीवादियों एवं सुधारवादियों के अनुसार इससे उनके द्वारा चलाए जा रहे संघर्ष को गहरा आघात लगा। उनको यह अहसास हुआ कि अब भी मलिाएँ किसी समुदाय विशेष के स्वाभिमान के प्रतीक के सिवा और कुछ भी नहीं हैं। इतना ही नहीं, किसी समुदाय विशेष की श्रेष्ठता इस बात पर निर्भर करती है कि उस समुदाय में महिलाओं को कितनी अधीनता में रखा गया है। 1986 में पुनः नारीवादियों, वामपंथियों एवं सुधारवादियों के द्वारा बिल के खिलाफ एक संयुक्त अपील दायर की गई। उन्होंने अपील में कहा कि किसी भी 'पर्सनल लॉ' की मौजूदगी का तात्पर्य 'पुरुष की तुलना में महिलाओं की असमानता एवं अधीनता' है। अतः धर्म को व्यक्ति एवं व्यक्ति के बीच न लाकर व्यक्ति एवं ईश्वर के बीच ही रखा जाना चाहिए। किन्तु तात्कालीन प्रधानमंत्री राजीव गाँधी ने घोषणा की – ''सेक्युलरिज्म सभी धर्मों का एक दूसरे के साथ मिलकर बने रहने का अधिकार है। अतः, यह अनुमति देता है कि सभी धर्मों का अपना पर्सनल लॉ हो। कहने का तात्पर्य है कि पर्सनल लॉ सेक्युलरिज्म की मूलभावना के अनुकूल है, अतः इसमें कोई बुराई नहीं है''।

शाह बानो भी अपने समुदाय के लोगों के दबाव में काफी प्रभावित हुई एवं अंततः जिस गुजाराभत्ता के लिए वह लम्बे समय से संघर्ष कर रही थी, उसने उसी मांग को त्याग दिया। उसे उसके सम्प्रदाय के नेताओं ने न्यायालय के आदेश को अस्वीकार करने के लिए राजी करा लिया। उसने लिखा – ''चूंकि महिलाएँ गुजारा-भत्ता के लिए विधिक न्यायालय की शरण में जाती हैं, अतः मैंने भी विधि न्यायालय में ऐसा ही किया एवं सफल भी रही........ किन्तु उस समय तक मुझे इस संदर्भ में शरीयत के नियमों की जानकारी नहीं थी (Das, Veena, op.cit., p.460)।

राजनीतिक सहभागिता की ओर महिला आंदोलन (Towards a women's movement for greater political participation)

एक लम्बे समय से यह दलील दी जाती रही है कि जब तक महिलाओं का पर्याप्त राजनीतिक प्रतिनिधित्व नहीं होगा, उनकी स्थिति में सुधार नहीं होगा। भारतीय महिलाएँ काफी सौभाग्यशाली हैं कि उन्हें भारत के एक स्वतंत्र राष्ट्र के रूप में उदय के साथ ही समान मताधिकार प्राप्त हो गया। यह इंग्लैंड, संयुक्त-राज्य एवं फ्रांस से भिन्न है जहाँ लोकतंत्र के गढ़ में एक लंबे समय तक महिलाओं को मताधिकार नहीं दिया गया था, यहाँ तक कि लोकतंत्र के उन्नायक जीन जेकस रूसो ने भी महिलाओं को नागरिकों की श्रेणी में सम्मिलित नहीं किया था। इतना ही नहीं वर्ष 2005 तक कुवैत जैसे सम्पन्न राष्ट्र में भी वहाँ के महिलाओं को मत देने का अधिकार नहीं दिया गया था। लेकिन केवल मत देने के अधिकार मात्र से उन्हें अपने अधिकारों एवं स्वतंत्रताओं को प्रयोग करने का पर्याप्त अवसर नहीं मिल जाता क्योंकि हमारे यहाँ एक लम्बे समय से सामाजिक रीति-रिवाजों की वजह से कम या ज्यादा पर सभी महिलाओं का दमन होता रहा है। अतः नारीवादी दलील देते हैं कि संसद में ज्यादा से ज्यादा महिलाओं को चुनकर जाना चाहिए ताकि उनकी स्थिति में सुधार

लाया जा सके अर्थात् वे सशक्त बन सकें। पिछले कुछ वर्षों में हमने देखा है कि कैसे संसद में महिला आरक्षण विधेयक को टालने का प्रयास किया जाता रहा है। 12वीं लोकसभा में यह बात पूरी तरह से साफ हो गई थी कि संसद में महिलाओं का पर्याप्त संख्या में प्रतिनिधित्व नहीं है। पूरे 547 सदस्यों में से केवल 32 सदस्य ही महिलाएँ थीं। अतः यह पूरी तरह से साफ है कि जब तक महिलाओं के लिए 33 प्रतिशत आरक्षण की व्यवस्था नहीं की जाती है, तब तक महिलाओं की स्थिति का यह प्रश्न संदेहास्पद ही रहेगा। महिला आरक्षण विधेयक के ऊपर जो सबसे बड़ा विरोध का स्वर उभरकर आया वह इस दलील पर आधारित था कि इस 33 प्रतिशत आरक्षण के भीतर अन्य पिछड़ी जातियों की महिलाओं के लिए उप-आरक्षण अवश्य दिया जाना चाहिए। दूसरे कुछ विरोधी इस स्वर के साथ सामने आए कि महिलाएँ अभी राजनीतिक कार्यालय संभालने के लिए तैयार नहीं हैं। उन्हें अभी शिक्षित होने एवं राजनीतिक समझ विकसित करने की आवश्यकता है। साथ ही महिलाओं के लिए आरक्षण की व्यवस्था एक प्रकार से वंश-परंपरा की राजनीति को आगे बढ़ाएगी।

हालांकि प्रधानमंत्री मनमोहन सिंह ने यह आश्वासन दिया है कि अगले सत्र में विधेयक को संसद में रखा जाएगा। ज्ञातव्य हो कि उनका यह वक्तव्य तब सामने आया जब अखिल भारतीय लोकतांत्रिक महिला संघ (AIDWA) ने डॉ. मनमोहन सिंह को उनके राष्ट्रीय साझा न्यूनतम कार्यक्रम में दिए गए वचन को स्मरण कराया जिसमें कहा गया था कि सरकार बिल को पास करवाएगी। साथ ही उन्होंने यह भी दिखाया कि सत्र के दौरान बहस की सूची में बिल को नहीं रखा गया था। कम्युनिस्ट पार्टी ऑफ इंडिया के पोलित ब्यूरो की सदस्या बृंदा कारत ने अखिल भारतीय लोकतांत्रिक महिला संघ की अध्यक्षा सुभषिनी अली के साथ 4 मई 2005 को बिल को पारित करवाने की माँग को लेकर पदयात्रा निकाली। अखिल भारतीय लोकतांत्रिक महिला संघ की अध्यक्षा ने कहा कि वे इस देश की लाखों महिलाओं का प्रतिनिधित्व करती हैं जिनका धैर्य अब समाप्त होने लगा है। डॉ. सिंह ने अखिल भारतीय लोकतांत्रिक महिला संघ से कहा कि वे बिल का समर्थन करते हैं तथा चाहते हैं कि जल्द से जल्द यह पारित हो किन्तु कुछ राजनीतिक दल इससे सहमत नहीं हैं। इतना ही नहीं यहाँ एक बनावटी संसद की भी व्यवस्था की गई (The Hindu, 5th May 2005, p.12)। इसमें पूरे देश की महिलाओं ने भाग लिया। इसमें प्रधानमंत्री को भी बुलाया गया। यहाँ इन्होंने महिला आरक्षण विधेयक पर विभिन्न राजनीतिक दलों के संकीर्ण दृष्टिकोणों की चर्चा भी की गई।

जैसा कि हम जानते हैं कि औपनिवेशिक काल में भी महिलाओं के मताधिकार का विरोध सामने आया था। इसमें यह तर्क दिया गया था कि महिलाएँ देश की सुरक्षा के लिए उपयुक्त नहीं हैं। अतः वोट देने का अधिकार उनका जन्म-सिद्ध अधिकार नहीं हो सकता है।यह तर्क दिया गया कि इससे घरेलू कर्त्तव्यों को नजरअंदाज कर दिया जाएगा। किन्तु आज यह दलील बेतुकी एवं निरर्थक लगती है एवं इसी प्रकार वर्तमान समय में भी महिला आरक्षण विधेयक के विरोध में दी जाने वाली दलीलें बेतुकी ही हैं।

महिलाओं के विकास के लिए राज्य समर्थित संघर्ष (State sponsored struggle for women's development)

आजकल महिलाओं की मुक्ति की बात काफी चर्चा का विषय है। यह विकास का पर्याय बन गया है। इसीलिए 1980 के दशक में कई ऐसे आंदोलन दिखाई दिए जो सरकार द्वारा समर्थित थे। राजस्थान में महिलाओं के विभिन्न गुटों द्वारा विभिन्न स्तरों पर महिला विकास कार्यक्रम चलाए गए। इसमें

पर्यवेक्षक के स्तर पर 1992 में प्रचेता तथा 1993 में गांवों में कार्य करने वाली साथिन को संगठित किया गया। इन कार्यक्रमों के द्वारा न्यूनतम मजदूरी, कार्य की स्थिति, नियुक्ति आदि से संबंधित मुद्दों पर रिपोर्ट तैयार की गई। किन्तु स्वैच्छिक कार्यों में शोषणकारी तत्व भी सामने आए। 1995 में कर्नाटक में बनी सहयोगिनी ने एकत्रित बाल विकास सेवा, ऑग्जूलरी नर्स मिडवाइव्स एवं कम्युनिटी हेल्थ विजीटर्स, जिसमें अधिकांशत: महिलाएँ थीं के अंदर निम्न स्तर के श्रमिकों के अंदर की बेचैनी को उद्घाटित किया। एक और राज्य समर्थित महिला विकास कार्यक्रम जो 'डेवलपमेंट ऑफ वूमेन्स एण्ड चिल्ड्रेन इन रूरल एरिया' (DWRA) के नाम से जाना गया, ने गरीब महिलाओं को संगठित करने के लिए कार्य किया ताकि वे अपने आपको ठीक से अभिव्यक्त कर सकें। किन्तु सरकार द्वारा समर्थित कार्यक्रमों की अपनी सीमाएँ थीं। जैसा कि हम लोग ऊपर भँवरी देवी के मुकदमे से अवगत हो चुके हैं। इसमें समाज की पितृसत्तात्मक व्यवस्था द्वारा उसे प्रताड़ित किया गया। उल्लेखनीय बात यह है कि भँवरी देवी जहाँ काम कर रही थी वह कार्यक्रम सरकार द्वारा चलाया जा रहा था तथा इसी कार्यक्रम के तहत उसने जो वहाँ के जमींदारों के खिलाफ आवाज उठायी एवं बाल विवाह का विरोध किया, उसका परिणाम भुगता।

भारत में महिला आंदोलन का संस्थाकरण (Institutionalization of women's movement in India)

जैसा कि उल्लेख किया जा चुका है कि औपनिवेशिक काल में ही ए.आई.डब्ल्यू.सी की स्थापना हो गई थी। इसका प्रारंभिक उद्देश्य महिलाओं तक शिक्षा का प्रसार करना था ताकि वे एक अच्छी माँ एवं कुशल 'गृहिणी' बन सकें। आगे चलकर इसने महिलाओं के कल्याण से संबंधित सभी प्रकार के मुद्दों को समाहित करके अपने क्षेत्र का विस्तार कर लिया। यह इस प्रकार का प्रथम प्रयास था। इसने ऐसे उद्देश्यों पर विचार किया जो अपने समय से काफी आगे थे। आज भी यह संस्था भारत सरकार के लिए एक दबाव समूह के रूप में काम करती है। यहाँ कुछ गैर-सरकारी संगठनों का उल्लेख करना उपयुक्त होगा जिन्होंने महिला आंदोलन को एक संस्था का रूप दिया तथा प्रतिदिन के जीवन का एक भाग बना दिया। चिपको आंदोलन को हम इस श्रेणी में रख सकते हैं। लेकिन जब हमने इसका उल्लेख किया ही है तो कुछ और दूसरे संगठनों का उल्लेख करना भी समीचीन होगा। यद्यपि स्त्री-संगठन, पी.डब्ल्यू.ओ., फोरम अगेंस्ट रेप आदि संगठनों के योगदान का उल्लेख पहले भी किया है, फिर भी कुछ संगठनों पर एक नजर डालते हैं।

सेवा (SEWA) – सेल्फ इम्पलॉयड वूमेन्स एसोसिएशन 1970 के दशक में सामने आया। यह मूलत: टेक्सटाइल लेबर एसोसिएशन का एक भाग था। किन्तु चीजों की प्राथमिकता निर्धारित करने एवं कार्य करने की अलग प्रणाली ने दोनों संगठनों को दो विभिन्न दिशाओं में मोड़ दिया। सेवा का मुख्य उद्देश्य ग्रामीण महिलाओं का आर्थिक एवं सामाजिक रूप से सशक्तीकरण करना है। इसने महिलाओं के लिए ऋण बैंक एवं सहकारी समितियाँ स्थापित की हैं।

छत्तीसगढ़ माइन्स श्रमिक संघ – छत्तीसगढ़ माइन्स श्रमिक संघ की स्थापना 1977 में हुई थी। यह मध्य प्रदेश के जनजातीय इलाकों में स्थित एक उग्र यूनियन थी। यह भिलाई ईस्पात कारखाना के द्वारा उद्योगों के मशीनीकरण एवं महिला श्रमिकों की छंटनी के खिलाफ कार्य कर रही थी। इसने महिला मजदूरों को मिलने वाले असमान मजदूरी के खिलाफ भी जंग छेड़ी।

समग्र महिला आजादी – यह महाराष्ट्र के किसानों के द्वारा लाभकारी मूल्यों के लिए चलाए जा रहे संघर्ष के संदर्भ में उभरा। आबादी को राजनीति के बारे में पूरी समझ है कि वह महिलाओं के प्रति सहायक नहीं है। अतः इसने जिला परिषद के लिए महिला पैनल को समर्थन देने हेतु एक योजना निर्धारित की।

द फोरम अगेंस्ट रेप – द फोरम अगेंस्ट रेप 1981 में मुंबई में अस्तित्व में आया। यह उपर्युक्त मथुरा एवं माया त्यागी केस में काफी सक्रिय रहा। इन दोनों ही हिरासतीय बलात्कार की घटनाओं ने शहर की शिक्षित महिलाओं को जागृत किया जो इस जघन्य अपराध के विरुद्ध कुछ करना चाहती थीं। इसने बलात्कार, गर्भस्थ शिशु के लिंग परीक्षण, कन्या भ्रूण-हत्या आदि जैसे मुद्दों को भी उठाया। इसने प्रदर्शन एवं हस्ताक्षर अभियान चलाकर कार्य किया। इसने धुलिया में श्रमिक मुक्ति संघर्ष जैसे संगठनों को भी समर्थन दिया।

प्रोग्रेसिव वूमेन्स ऑर्गेनाइजेशन – प्रगतिशील महिला संगठन हैदराबाद के ओसमानिया विश्वविद्यालय से प्रकट हुआ। यह विश्वास करता था कि महिला-मुक्ति संघर्ष के लिए एक मजबूत आधार की जरूरत है। इसने दहेज, मूल्य वृद्धि, छेड़खानी आदि के मुद्दों को भी उठाया। साथ ही इसने छात्राओं को एकत्रित किया ताकि वे अपनी सुरक्षा के लिए स्वयं संगठित हो सकें।

अपने उद्देश्य के प्रति जनसमर्थन प्राप्त करने के लिए प्रदर्शनों के अलावा जोशीले लेखों का प्रकाशन भी एक महत्वपूर्ण तकनीक है। महिलाओं के एक गुट ने 1977 में नई दिल्ली में मानुषी नामक पत्रिका की शुरुआत की ताकि सामान्य रूप से महिलाओं के दयनीय हालात को देखा जा सके। इसकी एक प्रमुख प्रस्ताविका मधु-किश्वर ने 'मानुषी' को जीवित रखने के लिए लगातार संघर्ष किया है। अब यह व्यापक रूप से पढ़ी जाने वाली प्रसिद्ध पत्रिका का रूप ले चुकी है। इसका एक हिन्दी प्रभाग भी था किंतु दुर्भाग्य से वित्त के अभाव में उसे बंद कर देना पड़ा।

1970-80 के दशक में कलकत्ता, पुणे, बैंगलोर आदि शहरी क्षेत्रों में महिलाओं के सहयोग से कई पत्रिकाएँ एवं जर्नल आने शुरू हुए। बंबई से प्रकाशित होने वाल अंग्रेजी जर्नल-फेमिनिस्ट नेटवर्क, पुणे से प्रकाशित होने वाला मराठी जर्नल 'बैजा', कलकत्ता से प्रकाशित होने वाला बंगाली जर्नल 'अहल्या', 'सबला सचेतना', प्रतिवादी चेतना आदि कुछ प्रमुख जर्नल हैं। इसके अलावा बैंगलौर से अंग्रेजी में प्रकाशित होने वाले 'वूमेन्स वॉइज' एवं पुणे से हिन्दी में निकलने वाला 'स्त्री संघर्ष' भी प्रमुख पत्रिकाएँ हैं (Sen, Illina, 2004:197)। अन्य प्रकाशन जो जेंडर पर किताबें प्रकाशित करते हैं उनमें 'काली फॉर वूमेन' प्रमुख हैं। यह दिल्ली का एक प्रकाशन गृह है। इसने महिलाओं पर किताबें प्रकाशित करके छात्रों एवं सामान्य जनों के बीच जेंडर के प्रति जागृति फैलायी और इस तरह से लैंगिक असमानता के खिलाफ युद्ध का संचालन किया।

निष्कर्ष (Conclusion)

वस्तुतः भारत में महिला आंदोलन का कभी भी एक संगठित एवं सार्वभौमिक रूप नहीं दिखाई देता है, बल्कि यह कई हिस्सों में बिखरा है। ये बिखरे हुए आंदोलन कई तरह के मुद्दों पर आधारित हैं। घरेलू हिंसा, यौन-प्रताड़ना, बलात्कार, हिरासतीय बलात्कार आदि के साथ-साथ पर्यावरणीय एवं मानवाधिकार से संबंधित विभिन्न आंदोलन इस बिखराव का उदाहरण प्रस्तुत करते हैं।

पिछले कुछ वर्षों से भारतीय महिलाओं में जागृति एवं सशक्तीकरण के लक्षण भी देखे जा सकते हैं। इसका सबसे बड़ा उदाहरण तो 2005 में देखने को मिला जब नागपुर कोर्ट परिसर में घुसकर ग्रामीण महिलाओं ने मिलकर एक अपराधी की हत्या कर दी। हालांकि पुलिस एवं न्यायिक अभिकरणों ने इसे कानून-व्यवस्था में कोताही के रूप में देखा किंतु जब हम इसका सूक्ष्म परीक्षण करते हैं तो यह महिला सशक्तीकरण को भी दर्शाता है। आज प्रियदर्शनी मट्टू केस का मामला हो या जेसिका लाल हत्याकाण्ड, महिलाओं ने इसमें बढ़-चढ़कर हिस्सा लिया है जिसकी वजह से अपराधी को सजा भी हुई है। इस कार्य में मीडिया ने भी अहम भूमिका निभायी है। इसी प्रकार देश के विभिन्न भागों में बढ़ रहे बलात्कार एवं यौन-उत्पीड़न के खिलाफ महिलाओं के प्रतिरोध का ही प्रभाव है कि संसद ने वर्ष 2006 में यौन-उत्पीड़न एवं घरेलू हिंसा के प्रावधानों को और मजबूत करने हेतु कदम उठाया।

इन सबके अतिरिक्त समकालीन दौर में अपने शोषण एवं उत्पीड़न के खिलाफ अपनी आवाज को लोगों तक पहुँचाने के लिए महिलाओं ने कुछ उग्र तरीके भी अपनाए हैं जो शायद पहले कभी नहीं दिखता था। उदाहरण के लिए मई 2007 में राजकोट में घटित एक घटना को ले सकते हैं। इसमें अपने परिवार के सदस्यों के द्वारा दहेज की प्रताड़ना से पीड़ित होकर राजकोट की पूजा चौहान अर्धनग्न होकर सड़क पर उतरी। हालांकि यहाँ पूजा ने कपड़े तो केवल अपने शरीर से ही उतारे पर ऐसा करके उसने पूरे समाज की नंगी तस्वीर लोगों के सामने प्रकट कर दी। इस घटना ने पूरे देश में सनसनी फैला दी एवं आम लोगों को भी सोचने पर विवश कर दिया। इससे पूर्व मणिपुर में भी कुछ महिलाओं ने सेना के द्वारा किए जा रहे बलात्कार एवं यौन-उत्पीड़न के खिलाफ अपनी आवाज प्रकट करने के लिए नग्न होकर प्रदर्शन किया था। अत: ये घटनाएँ दर्शाती हैं कि अब महिलाएँ अपने शोषण एवं उत्पीड़न के खिलाफ काफी सक्रिय हो रही हैं तथा खुलकर पितृसत्तात्मक व्यवस्था को चुनौती दे रही हैं।

दूसरी तरफ, पर्यावरण से संबंधित आंदोलनों में भी हम देखते हैं कि महिलाओं ने इसमें बढ़-चढ़कर नेतृत्व किया है। सुनीता नारायण के द्वारा पेप्सी एवं कोक में कीटनाशक होने का पर्दाफाश किया जाना, नर्मदा बचाओ आंदोलन में मेधा पाटकर की भूमिका, पश्चिम बंगाल के सिंगुर में सेज (SEZ) के मुद्दे पर सरकार के खिलाफ आवाज उठाने में महाश्वेता देवी एवं मेधा पाटकर की सक्रिय भूमिका, आदि में भी महिलाओं की सक्रियता को देखा जा सकता है।

किंतु अभी भी भारतीय महिलाओं के समक्ष कई तरह की चुनौतियाँ हैं। महिला आंदोलन के मार्ग में सबसे बड़ी बाधा हमारी संस्कृति से उत्पन्न होती है। जैसा कि पीछे कहा गया है, अधिकांश लोगों के बीच 'नारीवाद' एक आयातित विचार के रूप में सामने आया है। जो हमारी प्राचीन संस्कृति के विरूद्ध है। निश्चित रूप से हमारे समाज में 'नारीवाद' शब्द का एक नकारात्मक अर्थ है। एक सामान्य आदमी के लिए नारीवाद एक बेलगाम स्त्री के रूप को दर्शाता है। उनके लिए नारीवादी वही लोग हैं जिनका पारिवारिक जीवन सुखी नहीं होता। उनके अनुसार वे दूसरे परिवारों की महिलाओं को भी बहकाकर दूसरे घरों को भी तोड़ने का प्रयास करती है। वह अपने परिवार के लोगों की देखभाल नहीं करती है तथा अपने घरेलू कर्त्तव्यों का निर्वाह नहीं करती। पुरुषों के लिए तो नारीवादी मजाक की एक वस्तु बन गई है। उन्हें 'निराश आत्मा' या 'कुण्ठित आत्मा' कहा जाता है। इन सबके अतिरिक्त हमें इस बात पर भी ध्यान देना चाहिए कि हमारे यहाँ की अधिकांश नारीवादी पश्चिमी शिक्षा प्राप्त महिलाएँ हैं एवं समाज के ऊँचे घरानों से संबंध रखती हैं। वे प्रसिद्ध संगठनों में नियुक्त हैं एवं विदेशी वित्तीय सहायता को प्राप्त करने के लिए इनके पास 'सामाजिक पूँजी' है। अत: एक

सामान्य महिला अपने अनुभवों को इन नारीवादियों से नहीं जोड़ पाती है। वे समाज के उच्च सोपानों में रहना पसंद करती है जहाँ एक सामान्य महिला नहीं पहुँच सकती। अत: उसे डर होता है कि यदि वे उनसे सहायता लेंगे तो वे अपना परिवार सहित सब कुछ गँवा बैठेंगी। वे इस चिन्ता से ग्रसित रहती हैं कि एक दिन जैसे ही इन नारीवादियों का अपना उद्देश्य पूरा हो जाएगा वे इनसे किनारा कर लेंगी और ऐसी स्थिति में ये अपने दयनीय हालत में अकेले जीने को अभिशप्त हो जाएंगी। उस समय तक उसे उसके समुदाय से बहिष्कृत कर दिया जायेगा। एक सामाजिक कार्यकर्त्ता जो कि महिलाओं के लिए काम करती है आम लोगों से दूर होती है। मधु किश्वर दर्शाती हैं कि अधिकांश नारीवादियों का मकसद लोगों की तकलीफें सुनना नहीं वरन् अपना कैरियर बनाना होता है। बहुत से लोग विश्वास करते हैं कि भारतीय महिलाओं की गरीबी को दर्शाने के पीछे नारीवादियों के निहित स्वार्थ होते हैं। किश्वर इसे एक उदाहरण द्वारा समझाते हुए कहती हैं - ''जिस समय संयुक्त राष्ट्र ने यह घोषणा की कि आनेवाला वर्ष 'कन्या शिशु वर्ष' होगा सभी लोग कन्या शिशु के ऊपर सेमिनार के आयोजन, लेख लेखन, शोध एवं फिल्म बनाने में व्यस्त हो गए।'' इसके अतिरिक्त कुछ सरकारी सेवा में लगे नारीवादी भी हैं जो सरकार द्वारा अनुदान प्राप्त योजनाओं (कार्यक्रमों) का संचालन करती हैं। चूंकि ये यहाँ से जीवन निर्वाह के लिए पैसे कमाती हैं, अत: सरकार द्वारा बनाई गई किसी भी प्रकार की पितृसत्तात्मक नीतियों के प्रति आंखें मूंद लेती हैं।

यह भी एक सच्चाई है कि भारत की महिलाएँ अपने परिवार के विरुद्ध जाने का साहस नहीं कर पाती है। उन्हें इस बात से कोई फर्क नहीं पड़ता है कि उन्हें किस-किस तरह के दुख उठाने पड़ते हैं। चूंकि परिवार के खिलाफ जाने पर जो सामजिक धब्बा या कलंक लगता है उससे उनका जीवन दल-दल में फँस सकता है। अत:, वे स्वयं ही अपने को पुरुष की संपत्ति मानती हैं। सीमॉन द बुअर् दर्शाती हैं कि नीग्रो, यहूदी एवं सर्वहारा सभी अपने-आपको 'हम लोग' के रूप में पुकारते हैं। पर महिलाएँ ऐसा कर पाने के लिए ठीक से संगठित नहीं हैं। पुरुष उन्हें 'औरत' के नाम से पुकारते हैं एवं वे भी एक दूसरे को 'औरत' के रूप में ही संबोधित करती हैं। ऐसा इसलिए होता है क्योंकि महिलाएँ अपने आपको एक वर्ग या एक अलग श्रेणी के रूप में नहीं देखतीं। वे अपने आपको अपने पति एवं पिता की प्रतिष्ठा से जोड़कर देखती हैं एवं ऐसे में वे अपने अधिकारों के लिए लड़ने हेतु दूसरी महिलाओं से संबंध नहीं जोड़ पाती हैं। अब तक महिलाएँ अपने अधिकारों के प्रति भी पूरी तरह से जागरूक नहीं हैं। उन्हें जो कुछ मिलता है वे उसी में रह लेती हैं। अपने मन को यह समझाकर कि ये सभी उनके भाग्य में ही लिखा है एवं एक दिन एक दैविक न्याय का उनके उपर प्रकाश होगा तथा तब वह हर प्रकार के दुखों से मुक्त हो जाएगी, वह सब कुछ सह लेती हैं। भारत की महिलाएँ इस तथ्य को नहीं समझ पाती हैं कि वह 'दैविक न्याय' खुद उनके अंदर की ताकत में स्थित है एवं आवश्यकता केवल इसे एक दूसरे से जोड़ने की है। उन्हें अपने नाम एवं पहचान को पिता एवं पति के नाम से अलग करना पड़ेगा। अपने आपको एक व्यक्ति के रूप में पहचानना पड़ेगा, वह व्यक्ति जिसमें आकाश की ऊँचाई को छूने की क्षमता है। लेकिन अब महिलाएँ जागृत हो रही हैं। आवश्यकता केवल एक शंखनाद की है। ''दुनिया की महिलाओं एक हो जाओ। बेड़ियों के सिवाय खोने के लिए तुम्हारे पास और कुछ भी नहीं है।''

References

Agarwal, Bina "The Gender and Environment Debate" in Nivedita Menon (ed). *Gender and Politics in India*, Oxford University Press, New Delhi, 1999.

Beauvoir, Simone de, *The Second Sex*, Vintage Books, New York, 1949.

Bose Mandakranta, (ed.), *Faces of the Feminine in Ancient, Medieval, and Modern India*, Oxford University Press, New Delhi, 2000.

Chaudhuri Maitrayee, 'The Indian Women's Movement' in Maitrayee Chaudhari (ed.), *Feminism in India*, Kali for Women, New Delhi, 2004.

Das Veena, 'Communities as Political Actors' in Nivedita Menon (ed.) *Gender and Politics in India*, Oxford University Pres New Delhi, 1999.

Kishwar, Madhu, *Off the Beaten Track*, Oxford University Press, New Delhi, 1999 p.64.

Kumar Radha 'From Chipko to Sati' in Nivedita Menon, (ed.) *Gender and Politics in India*, Oxford University Pres, New Delhi 1999 p.345.

Maitrayee Chaudhari 'Gender in the making of Indian Nation State' in Sharmila Rege (ed.) *Sociology of Gender*, Sage Publication, New Delhi, 2003 pp.354.

Menon Nivedita, 'Introduction' in *Gender and Politics in India*, Oxford University Pres, New Delhi, 1999.

Mies, Maria, *Indian Women and Patriarchy*, Vikas, New Delhi, 1980, pp.121.

Sen Ilina, 'Women's Politics in India' in Maitrayee Chaudhari (ed.) *Feminism in India*, Kali for Women, New Delhi 2004 pp.197.

Shah Ghanshyam, Ed., *Social Movements and the State*, Sage Publications, New Delhi 2002.

Shiva Vandana, 'Colonialism and the Evolution of Masculinist Forestry' in Nivedita Menon (ed.) *Gender and Politics in India*, Oxford University Press, New Delhi, 1999, pp.39-70.

News Papers

Shankar Raghuraman 'Conspiracy of Silence' in *Times of India*, 8th May, 2005, New Delhi.

Richa Verma and Mandakini Raina 'Brushed Under the Carpet' in *Times of India*, 8th May, 2005, New Delhi.

The Hindu, 5th May, 2005, pp.12.

Times of India, 8th May, 2005, New Delhi.

पर्यावरण

अध्याय - 17

पर्यावरण तथा सम्पोषित विकास
(Environment and Sustainable Development)

ज्ञान रंजन स्वाईं

सौरमण्डल में पृथ्वी को इस अर्थ में एक विचित्र ग्रह कहा जाता है कि यही एक ऐसा स्थान है जहाँ जीवन विद्यमान है। पृथ्वी पर जीवन विकास के कई चरणों से होकर गुजरा है। इस विकासात्मक प्रक्रिया में प्रमुख भूमिका मनुष्य की रही। यद्यपि विकास की प्रक्रिया के प्रारम्भ से ही मनुष्य ने उपलब्धि प्राप्त करने के प्रयास किए। किन्तु इसे प्राप्त करने के प्रयास में, मनुष्य ने आज पृथ्वी के अस्तित्व को ही संकट में डाल दिया है।

विकास की धारणा का एक प्रमुख नकारात्मक बिन्दु यह है कि इसकी तुलना प्राय: संवृद्धि के साथ की जाती है। संवृद्धि व्यक्ति के लिए समृद्धि लाती है। यह अधिसंरचना, परिवहन अथवा संचार के संदर्भ में समृद्धि को सुनिश्चित करती है। परन्तु यह मनुष्य की बहुआयामी आवश्यकताओं को अनदेखा करती है। विकास एक संपूर्ण अवधारणा है। इसका सांस्कृतिक रूप से अनुकूल, सामाजिक रूप से न्यायपूर्ण, पर्यावरणिक रूप से जीवनक्षम तथा राजनीतिक रूप से सहभागिता मूलक होना आवश्यक है। प्रारम्भ में, विकास की धारणा व्यक्ति और उसके पर्यावरण के बीच संबंधों का परीक्षण नही करती थी। जबकि वास्तविकता यह है कि मनुष्य का संबंध अनेक चीजों से है और यह सभी चीजें अत: सम्बन्धित हैं। सम्पोषित विकास इन संबंधों को नए दृष्टिकोण से देखने का प्रयत्न करता है।

सम्पोषित विकास तथा पोषणकारिता का अभिप्राय (Defining sustainable development and sustainability)

1980 के दशक के अंत तक सम्पोषित विकास का विचार प्रसिद्ध नहीं हुआ था। किन्तु इस दशक के दौरान ही इस संबंध में वैज्ञानिक प्रमाण सामने आने शुरू हुए, जिसने इस बात की ओर संकेत किया कि वैश्विक स्तर पर मानव क्रियाओं का पर्यावरण पर नकारात्मक प्रभाव पड़ रहा है जिसके कुछ परिणाम सामने आ रहे हैं जैसे कि – 'वैश्विक ताप' अथवा 'ग्लोबल वार्मिंग' सम्पोषित विकास

की अवधारणा व्यापक रूप से चिंता का विषय तब बना जब कुछ लोगों ने यह निष्कर्ष निकाला कि वर्तमान दौर में प्रचलित मानव क्रियाएँ दीर्घकालीन अस्तित्व के लिए अनुकूल नहीं हैं तथा मानव समाज में परिवर्तन की आवश्यकता है।

सम्पोषित विकास का एक अवधारणा के रूप में विकास सबसे पहले 1987 में ब्रन्टलैंड रिपोर्ट के प्रकाशन के साथ हुआ। ब्रन्टलैन्ड आयोग ने सम्पोषित विकास की व्यापक परिभाषा प्रस्तुत की जिसकी दो मुख्य धारणाएँ थीं – पहली, 'आवश्यकताएँ' खासकर विश्व के निर्धन लोगों की मूलभूत आवश्यकताएं, जिन्हें अभिभावी प्राथमिकता देने की जरूरत है, तथा दूसरी, 'सीमाओं की अवधारणा', अर्थात् पर्यावरण की वर्तमान तथा भावी आवश्यकताओं को पूरा करने की क्षमता की सीमाएं जो प्रौद्योगिकी तथा सामाजिक संगठनों द्वारा लगाई गई हैं। इस रिपोर्ट में कहा गया है कि विकास हमारी आज की जरूरतों को पूरा करे, साथ ही जो आगे आने वाली पीढ़ियों की जरूरतों को भी अनेदखा न करता हो। आयोग का कहना है कि, 'सम्पोषित विकास सामंजस्य में स्थायित्व लाना नहीं है, अपितु यह एक परिवर्तन की प्रक्रिया है जिसमें संसाधनों का दोहन, निवेश की दिशा, तकनीकी विकास की स्थिति, तथा संस्थात्मक परिवर्तनों को वर्तमान के साथ-साथ भावी समय की आवश्यकताओं के भी अनुकूल बनाया जा सके (ब्रन्टलैन्ड रिपोर्ट, 1987)। यह आर्थिक विकास में उन्नति की होड़ के प्रति विश्व को सचेत करती है ताकि दीर्घकालीन विकास तो हो परन्तु प्राकृतिक संसाधनों की समाप्ति अथवा पर्यावरण को क्षति पहुंचाये बिना। ब्रन्टलैन्ड रिपोर्ट मुख्य रूप से मानव की जरूरतों और हितों पर ध्यान केंद्रित करती है। गरीब राष्ट्रों के आर्थिक विकास में वृद्धि के लिए संसाधनों का पुनर्वितरण करना इसकी चिंता का विषय था ताकि भावी पीढ़ियों के लिए सामाजिक समानता को सुनिश्चित किया जा सके। रिपोर्ट में कहा गया है कि हर व्यक्ति में अपनी मौलिक जरूरतों को प्राप्त करने का सामर्थ्य होना चाहिए। रिपोर्ट का यह भी सुझाव है कि सामाजिक समानता, आर्थिक विकास तथा पर्यावरणीय रख-रखाव एक-साथ संभव है तथा हर राष्ट्र अपनी आर्थिक क्षमता को बढ़ाने में तब तक सक्षम है जब तक वह अपने उपलब्ध संसाधनों को समान बढ़ावा देता है। हालांकि, इसकी मान्यता है कि इस समानता तथा पोषणकारी वृद्धि को प्राप्त करने के लिए तकनीकी तथा सामाजिक परिवर्तन की आवश्यकता होगी।

ब्रन्टलैंड रिपोर्ट ने सम्पोषित विकास के तीन मूलभूत तत्वों पर प्रकाश डाला है। ये तत्व हैं – (1) पर्यावरण, (2) अर्थव्यवस्था तथा (3) समाज। इसमें पोषणकारी विकास के लिए अनेक वृहत् प्रस्तावों पर भी प्रकाश डाला गया है।

पर्यावरण (Environment)

हमें तकनीकों के निर्माण तथा प्रयोग के तरीकों में धीरे-धीरे परिवर्तन लाकर अपनी संसाधन क्षमता में वृद्धि तथा उसे संरक्षण प्रदान करना चाहिए।

सामाजिक समानता (Social equity)

विकासशील राष्ट्रों को अपनी रोजगार, भोजन, ऊर्जा, जल तथा स्वच्छता की मूलभूत जरूरतों को प्राप्त करना जरूरी है। यदि इसे सम्पोषित तरीके से किया जाए तो जनसंख्या के पोषणकारी स्तर की निश्चय ही आवश्यकता है।

आर्थिक वृद्धि (Economic qrowth)

आर्थिक वृद्धि में नवीनता की आवश्यकता है तथा विकासशील राष्ट्रों को विकसित राष्ट्रों के स्तर के बराबर विकास के अवसर मिलने चाहिए। अत: सम्पोषित विकास को जीवन, कार्यशैली के तरीकों से जोड़कर समझा जाए जो लोगो को स्वस्थ तथा आर्थिक रूप से सुरक्षित जीवन जीने की योग्यता प्रदान करे और वह भी पर्यावरण को बिना क्षति पहुँचाए तथा लोगों एवं विश्व के भविष्य को खतरे में डाले बिना।

1992 के रियो विश्व शिखर सम्मेलन तक सम्पोषित विकास के विचार पर इतना बल नहीं दिया गया था। लेकिन इस सम्मेलन में विश्व के अनेक राष्ट्रों ने एकजुट होकर पर्यावरणीय ह्रास को रोकने के लिए समझौता करने तथा इसके लिए सम्भावित प्रयास करने पर दबाव डाला। इसके परिणामस्वरूप एजेण्डा-21, जिसमें 'जलवायु में परिवर्तन से संबंधित संस्थागत समझौता' तथा 'जैविक भिन्नता पर समझौता' सामने आया।

विभिन्न सम्मेलनों और वार्ताओं से सम्पोषित विकास के जो मुख्य तत्व सामने आए, वे इस प्रकार हैं:

- मनुष्य तथा प्राकृतिक पर्यावरण की परस्पर निर्भरता।
- आर्थिक व सामाजिक विकास में संबंध तथा पर्यावरण की सुरक्षा।
- एक वैश्विक दृष्टि तथा सामान्य सिद्धांतों की आवश्यकता।

मोटे तौर पर, सम्पोषित विकास के तीन तत्व है। ये तत्व हैं : 1) जीवन की गुणवत्ता, 2) एकीकृत निर्णय-निर्माण तथा 3) समानता।

जीवन की गुणवत्ता (Quality of life)

इस तत्व की मान्यता है कि समन्वित आर्थिक विकास, सामाजिक समानता तथा पर्यावरणिक गुणवत्ता सम्पोषित विकास के केन्द्र है। स्पष्टतया, कनाडावासी एक ऐसी अर्थव्यवस्था चाहते हैं जो बेहतर कार्य करे। एक स्वस्थ अर्थव्यवस्था की मांग है - रोजगार के नए अवसर, आर्थिक सुरक्षा तथा जीवन स्तर में सुधार। यह कनाडा को वर्तमान और भावी पीढ़ियों के लिए उन सामाजिक लक्ष्यों को खोजने का भी अवसर प्रदान करता है जो जीवन की गुणवत्ता के लिए अति आवश्यक तत्व हैं जैसे कि - स्वास्थ्य, शिक्षा तथा पर्यावरण की सुरक्षा।

एकीकृत निर्णय-निर्माण (Integrated decision-making)

समन्वित विकास तथा पर्यावरणीय गुणवत्ता का अर्थ है - एकीकृत निर्णय-निर्माण के प्रति विशेष ध्यान देना। पर्यावरण तथा अर्थव्यवस्था के साथ-साथ समानता के विचार का एकीकरण, सम्पोषित विकास की धारणा के मौलिक आधार हैं। आर्थिक, सामाजिक तथा पर्यावरणिक लक्ष्यों में संबंधों के प्रति एक आम सहमति की आवश्यकता है तथा उनके बीच किसी भी प्रकार के विवादों पर पूरी जानकारी तथा उपलब्ध साधनों का लाभ उठाते हुए खुले तौर पर विचार-विमर्श की आवश्यकता है।

समानता (Equity)

समानता के प्रति वचनबद्धता सम्पोषित विकास का तीसरा तत्व है। समानता के अंतर्गत अमीर-गरीब, पीढ़ियों के बीच, तथा राष्ट्रों के मध्य विकास के मूल्यों और लाभों का न्यायपूर्ण वितरण शामिल है। समानता यह भी बताती है कि हम सभी के पास अपनी मौलिक जरूरतों को प्राप्त करने के साधन हैं तथा हम सभी मौलिक अधिकार प्राप्त करने के हकदार हैं।

सम्पोषित विकास जितना पर्यावरण से संबंध रखता है, उतना ही यह समाज से भी जुड़ा है। हरे-भरे प्रदेश, शहर, नगर, गांव तथा समाज जीवन स्तर की गुणवत्ता के आधार हैं। हमें सामाजिक सम्बद्धता, सांस्कृतिक मेल-मिलाप तथा जन सशक्तीकरण की भावना को प्राप्त करने की आवश्यकता है। पोषणकारी समुदायों के निर्माण का अर्थ है - लोगों के निवास और काम करने के स्थानों में सुधार, उन्हें अपने बेहतर भविष्य में सुधार ताकि उन्हें अपने बेहतर भविष्य के लिए परिवर्तन लाने का मौका देना।

सम्पोषित विकास का अर्थ सिर्फ पर्यावरण की स्वच्छता ही नहीं है, बल्कि एक मजबूत और स्वस्थ अर्थव्यवस्था की मांग भी है। सम्पोषित अर्थव्यवस्था की प्राप्ति के लिए हमें संसाधनों का कम-से-कम और बेहतर ढंग से इस्तेमाल करने, अधिक निवेश, स्थायित्व और प्रतियोगिता को बढ़ावा देने, कार्यकुशलता बढ़ाने तथा कार्य के लिए प्रोत्साहन की आवश्यकता है। सम्पोषित विकास अर्थव्यवस्था के प्रति अल्पकालिक उपायों को अपनाने की बजाय दूरदर्शिता की मांग करता है।

यह ध्यान देने योग्य तथ्य है कि संयुक्त राष्ट्र ने इस अवधारणा के प्रचार-प्रसार में महत्त्वपूर्ण भूमिका निभाई है। मुख्य रूप से, इसमें राष्ट्र-राज्यों की सम्पोषित विकास के प्रति सहभागिता का वातावरण तैयार करके उनके मध्य दूरी को कम करने का प्रयास किया है। चूंकि भूमि, जल तथा प्राकृतिक संसाधनों पर दबाव बढ़ता जा रहा है, अतः इससे प्राकृतिक पर्यावरण का लगातार ह्रास हुआ है तथा इसने मानव सभ्यता को बनाए रखने वाली प्राणधारक व्यवस्था को नष्ट किया है।

हालांकि संयुक्त राष्ट्र ने इस अवधारणा को लोकप्रिय बनाने के लिए अनेक कदम उठाए हैं, परन्तु फिर भी बुद्धिजीवियों के बीच सम्पोषित विकास के विचार को नकारने की प्रवृत्तियां बढ़ रही है। उनका तर्क है कि 'पोषणकारिता' अधिक स्वीकृत शब्दावली है। सम्पोषित विकास का प्रयोग केवल विशिष्ट विकास की प्रक्रियाओं के लिए किया जाता है जैसे कि - ऊर्जा विकास के लिए।

पोषणकारिता एक व्यवस्थित अवधारणा है जिसका संबंध मानव समाज के आर्थिक, सामाजिक व पर्यावरणीय पहलुओं से है। इसे सभ्यता तथा मानव की क्रियाओं को आकार देने का साधन माना जाता है ताकि समाज, उसमें रहने वाले लोग और उनकी आर्थिक क्रियाएँ अपनी जरूरतों को प्राप्त करने के योग्य बन सकें, तथा जैविक भिन्नताओं तथा प्राकृतिक पर्यावरण की सुरक्षा करते हुए, वर्तमान में अपनी अधिक-से-अधिक क्षमता का परिचय दे सकें। साथ ही, इन आदर्शों को अनिश्चित काल तक बनाए रखने के लिए योजना बनाकर उन्हें क्रियान्वित कर सकें। स्थानीय वातावरण से समस्त ग्रह तक, पोषणकारिता संगठन के हर स्तर को प्रभावित करती है। पोषणकारिता लगभग पर्यावरण से सम्बन्धित है।

पर्यावरणीय पोषणकारिता की आधुनिक धारणा उत्तर द्वितीय विश्व-युद्ध काल की ओर ले जाती है, जब प्रौद्योगिकी द्वारा संचालित आर्थिक वृद्धि के आदर्श विचार की धारणा ने इस विचार को बल दिया कि पर्यावरण की गुणवत्ता आर्थिक विकास से घनिष्ठ रूप से संबंधित है। 1960 के दशक

के पर्यावरणीय आंदोलनों के दौरान इसके प्रति दिलचस्पी बढ़ने लगी। यह वह समय था जब कुछ लोकप्रिय पुस्तकों जैसे कि रेचल कारसन की कृति 'Silent Spring' (1962), तथा पॉल एरलिच की पुस्तक 'The Population Bomb' (1968), ने जनता में जागरूकता पैदा की। पर्यावरणीय पोषणकारिता को लेकर जो विचार हैं, उन्हें दो संबंधित वर्गों में रखा जा सकता है। 1968 में, यूरोपीय अर्थशास्त्रियों तथा वैज्ञानिकों का एक समूह 'द क्लब ऑफ रोम' बना। 1972 में, उन्होंने 'Limits to Growth' का प्रकाशन किया। उस समय के अर्थशास्त्रियों द्वारा की गई आलोचना के आधार पर, रिपोर्ट ने भीषण परिणामों की भविष्यवाणी की क्योंकि मनुष्य पृथ्वी के संसाधनों का इस्तेमाल करता जा रहा है। इसके हल के लिए उन्होंने आर्थिक विकास के परित्याग की वकालत की। इस आधार वाक्य का कुछ समूहों ने समर्थन किया जिन्होंने इस बात पर सहमति व्यक्त की कि मानव समाज तेजी से बढ़ रहा है और अपने संसाधनों का भी प्रयोग कर रहा है। 1975 में वर्ल्डवाच इन्स्टीट्यूट ने भी यह स्वीकार किया है। दूसरी श्रेणी में अन्य समूह बने जिन्होंने जनसंख्या वृद्धि नियंत्रण तथा आर्थिक विकास की धीमी गति पर कम ध्यान दिया तथा पर्यावरणीय मानकों की स्थापना पर अधिक बल दिया। एक सिंहावलोकन में, 'Limits to Growth' में की गई कुछ भविष्यवाणियाँ निराधार अथवा अकालिक साबित हुई। इसके द्वारा दी गई चेतावनी को आज कई लोग तर्कसंगत मानते हैं।

पोषणकारिता को समझने का एक सकारात्मक तरीका भी है। पोषणकारिता की धारणा के केन्द्र में, एक मौलिक और परिवर्तनीय मूल्यों का समूह है जिसे पर्यावरण तथा उसमें रहने वाले लोगों के प्रति सम्मान तथा समानान्तर देखभाल के रूप में व्यक्त किया जा सकता है। इन मूल्यों के समूह से पोषणकारिता का लक्ष्य सामने आता है जिससे मनुष्य और उसके पर्यावरण दोनों के कल्याण को प्राप्त किया जा सके। एक प्रकार से देखा जाए, तो पोषणकारिता की अवधारणा पर्यावरण के संरक्षण से कहीं अधिक है। यह एक सकारात्मक अवधारणा है जिसका कार्य व्यक्ति तथा पर्यावरण के लिए अधिक से अधिक कल्याण को हासिल करना है तथा तनावों या प्रभावों को कम करना है।

आज विश्व में अनेक लोगों ने पोषणकारिता के विरोध में अनेक-पद्धतियां और दार्शनिकताएं प्रस्तुत की है। उदाहरण के लिए अमेरिकन समाज के समीक्षकों का कहना है कि असामान्य आर्थिक वृद्धि पूरी तरह से पोषणकारी नहीं है तथा भविष्य में मानव सभ्यता के लिए काफी हानिकारक हो सकते हैं। पृथ्वी पर संसाधनों की सीमितता को ध्यान में रखकर इस चेतना का विकास हो रहा है कि ग्रह पर जीवन के अस्तित्व के लिए मानव की कुछ क्रियाओं पर सीमाएं लगाना आवश्यक है। कौन सी क्रियाएं विनाशकारी हैं और कौन सी हितकारी, इसको लेकर विभिन्न मॉडल विकसित हुए है। ऐसे मॉडलों में शामिल हैं – जीवनचक्र मूल्यांकन, पारिस्थितिक पदचिन्ह विश्लेषण तथा प्राकृतिक कार्यवाही (Life Cycle assessment, ecological footprint analysis and the Natural step).

पोषणकारिता के संदर्भ में 'बढ़ती हुई जनसंख्या' एक महत्वपूर्ण आलोचनात्मक मुद्दा है। अनेक अध्ययनों में बताया गया है कि पृथ्वी की वर्तमान जनसंख्या जो कि 6 अरब से भी अधिक हो चुकी है, हमारे ग्रह के अस्तित्व के लिए एक खतरा है। बहुत से संगठन जनसंख्या की वृद्धि दर को कम करने के लिए प्रयासरत हैं, परन्तु कुछ संगठनों को भय है कि अब बहुत देर हो चुकी है। दूसरी तरफ, इन प्रयासों से कहीं मानवाधिकारों का अतिक्रमण न हो। कुछ मानव अधिकार पर्यवेक्षकों की रिपोर्ट के अनुसार, चीन में यह पहले से ही घटित हो रहा है जिसके परिणामस्वरूप वहां 'प्रति परिवार - एक बच्चा' की नीति को अपनाया गया है।

सम्पोषित विकास और पर्यावरण (Sustainable development and environment)

पर्यावरण संरक्षण के बिना विकास को प्राप्त नहीं किया जा सकता। पर्यावरण की सुरक्षा सम्पोषित विकास का एक भाग है जिसके बिना विकास को सम्पूर्ण नहीं माना जा सकता। पर्यावरण हमारे जीवन का आधार है। इसमें वे सभी चीजें शामिल हैं जिन पर हम अपने जीवन के लिए आश्रित हैं जैसे – वायु, जल, धातु, मृदा, चट्टान तथा अन्य जीव। यह ध्यान में रखना जरूरी है कि हमारे पर्यावरण की दशा हमारे कार्यों से प्रभावित होती है और यह हमारे हाथ में है कि हम चाहें तो इसकी रक्षा करें अथवा उसे क्षति पहुँचाए। इन दोनों धारणाओं के बीच संबंध वापस हमें सम्पोषित विकास की धारणा की तरफ ले जाता हैं सम्पोषित विकास का विचार उस समय उभरा जब पृथ्वी का दोहन अपनी चरम सीमा पर था। इस तथ्य को जानते हुए कि (दोनों नवीनीकरण व गैर-नवीनीकरण) प्राकृतिक संसाधन सीमित हैं, मनुष्य इनका निरंतर दोहन कर रहा है इस संदर्भ में, रियो सम्मेलन तथा कुछ अन्य परिणामों का वर्णन करना आवश्यक है। जिन्होंने इन दोनों धारणाओं के मध्य संबंधों पर बल दिया।

ब्रन्टलैंड रिपोर्ट के पांच वर्ष पश्चात् संयुक्त राष्ट्र महासभा ने सम्पोषित विकास के प्रति की गई प्रगति से संबंधित रिपोर्ट की मांग की तथा 'पर्यावरण और विकास से संबंधित संयुक्त राष्ट्र सम्मेलन' (UNCED) का आयोजन किया। ब्राजील में जुन, 1992 में रियो-द-जेनेरो में पर्यावरण पर विचार-विनिमय के लिए सम्मेलन बुलाया गया था जो उस समय तक का सबसे बड़ा पर्यावरणीय सम्मेलन था। इसमें राज्यों के 100 अध्यक्षों से भी अधिक संख्या सहित लगभग 30000 लोगों को आकर्षित किया। इस सम्मेलन का उद्देश्य ब्रन्टलैंड रिपोर्ट की उपलब्धियों तथा आशाओं को बढ़ावा देना था ताकि वैश्विक पर्यावरणिक समस्याओं के प्रति दबाव पर प्रतिक्रिया प्राप्त की जा सके। साथ ही, जैविक भिन्नता, जलवायु में परिवर्तन तथा वन प्रबंधन से संबंधित महत्वपूर्ण संधियों पर आम सहमति बनाई जा सके। शायद ऐसा पहली बार हुआ जब एक विशाल पर्यावरण संबंधी सम्मेलन के द्वारा पर्यावरणीय समस्याओं के संबंध में एक अधिक प्रकृति- केंद्रित दृष्टिकोण अपनाया गया।

पर्यावरण के मुद्दे के अतिरिक्त, इस सम्मेलन में वित्त, उपभोग की दर तथा जनसंख्या दर पर भी विचार-विमर्श किया गया। विकसित राष्ट्र पर्यावरण की पोषणकारिता की मांग कर रहे हैं, परन्तु कम औद्योगीकृत विकासशील राष्ट्रों की मांग है कि उनकी अर्थव्यवस्थाओं को विकसित राष्ट्रों के बराबर आने का मौका दिया जाए।

इस सम्मेलन से निम्नलिखित निष्कर्ष सामने आए जिनमें शामिल थे-

- जैविक भिन्नता पर समझौता
- जलवायु परिवर्तन पर संस्थागत सम्मेलन
- वन-प्रबंधन के सिद्धांत
- पर्यावरण तथा विकास से संबंधित रियो उद्घोषणा तथा
- एजेण्डा – 21

सम्मिलित रूप से, ये सभी परिणाम सम्पोषित विकास के हर पहलू को छूते हैं। U.K. सहित अनेक राष्ट्रों ने अधिक पोषणकारिता को प्राप्त करने हेतु कानून पास किए तथा कई समझौते किए गए। समझौतों तथा मार्गनिर्देशों का आज भी अनुसरण किया जाता है तथा यह अनेक राजनीतिक व व्यापारिक निर्णयों को प्रभावित करते हैं।

जैविक भिन्नता पर समझौता (The convention on biological diversity)

विश्व की जैविक भिन्नता-जीवों के मध्य परिवर्तनशीलता, पारिस्थितिक, आनुवांशिक, सामाजिक, आर्थिक, वैज्ञानिक, शैक्षणिक, सांस्कृतिक, मनोरंजनात्मक तथा सौन्दर्यपरक कारणों से मूल्यवान है। जैविक भिन्नता जीवमण्डल के अंतर्गत विकास तथा जीवन की आधारभूत परिस्थितियों को बनाए रखने में महत्त्वपूर्ण भूमिका अदा करती है। यदि हम विश्व की बढ़ती हुई आबादी की खाद्य और स्वास्थ्य आवश्यकताओं की पूर्ति के लिए प्रयास कर रहे हैं, तो यह जानना जरूरी है कि हमें जैविक भिन्नता को बनाए रखने तथा उसके संरक्षण की आवश्यकता है।

जैविक भिन्नता पर समझौते ने 1994 में 153 राष्ट्रों के हस्ताक्षर के बाद अंतर्राष्ट्रीय कानून का रूप लिया। प्रारम्भ में, बहुत से विकसित राष्ट्र, विशेषकर संयुक्त राज्य ने हस्ताक्षर करने पर अनिच्छा व्यक्त की क्योंकि उन्हें लगा कि इससे उनके जीवप्रौद्योगिकी उद्योग को खतरा है। समझौते के मुताबिक इसके सदस्य राष्ट्रों का उनके जैविक संसाधनों पर अधिकार रहेगा बशर्ते कि वे उनका प्रयोग उत्तरदायित्व तथा पोषणकारिता के साथ करें परन्तु वे जैविक भिन्नता के संरक्षण को भी सुनिश्चित करें। यह समझौता इसके सदस्य राष्ट्रों के लिए निम्नलिखित मार्गनिर्देशक सिद्धातों का प्रतिपादन करता है–

- जैविक भिन्नता के उन अवयवों को पहचानना जो संरक्षण में सहायक हैं इसके बाद इन अवयवों का प्रयोग सावधानीपूर्वक किया जाना चाहिए तथा वे क्रियाएं जो इस भिन्नता को खतरा पहुचाँ सकती हैं, उन पर नजर रखी जानी जरूरी है।
- जैविक भिन्नता के संरक्षण तथा पोषणकारितापूर्ण प्रयोग के लिए राष्ट्रीय योजनाएं तैयार की जाएँ।
- जैविक भिन्नता के संरक्षण तथा पोषणकारी उपयोग को योजना तथा नीति निर्माण से जोड़ा जाए।
- मीडिया तथा शिक्षण कार्यक्रमों के द्वारा जनता को योजना तथा नीति-निर्माण की महत्ता से अवगत कराया जाए।
- संकटग्रस्त प्रजातियों तथा संरक्षित क्षेत्रों के बचाव और संरक्षण के लिए कानून बनाए जाएँ। इन क्षेत्रों के आस-पास पर्यावरणिक रूप से स्वस्थ विकास को बनाए रखना जरूरी है।
- जीर्ण हो चुके पर्यावरण तंत्रों का पुनर्निर्माण किया जाए तथा संकटग्रस्त प्रजातियों के समुत्थान को बढ़ावा दिया जाए।
- जैव प्रौद्योगिकी के द्वारा जीवों के रूपांतरण से उत्पन्न खतरों को नियंत्रित करने के तरीके निकाले जाएँ।
- वे परियोजनाएँ जो जैविक भिन्नता के लिए खतरा हैं, उनके प्रति जनता की भागीदारी का लाभ उठाया जाए।

विकसित राष्ट्रों को जैविक भिन्नता की सुरक्षा के लिए पर्यावरणिक रूप से स्वस्थ तकनीक विकसित करने का जिम्मा सौंपा गया है। विकासशील राष्ट्रों को इस समझौते की शर्तों को लागू करने में सहायता देने के लिए विकसित राष्ट्रों को चाहिए कि वे उनको आर्थिक सहायता भी प्रदान करें।

1994 में इस समझौते को लागू करने की दिशा में, यू.के. की 'राष्ट्रीय जीव भिन्नता कार्य योजना' ने देश में जैविक भिन्नता के संरक्षण हेतु समन्वित रूप से कार्य किया। इसका निरीक्षण 'यू. के. बायोडायवर्सिटी ग्रुप' के द्वारा होता है जिसमें केंद्रीय व स्थानीय सरकार, सरकारी व गैर-सरकारी संरक्षण संस्थाएं व्यापारिक, कृषि व भूमि प्रबंधन शामिल है। वर्तमान में लगभग 400 प्रमुख प्रजातियों तथा 45 प्राकृतिक आवास स्थानों के संरक्षण के लिए कार्य योजनाएँ काम कर रही हैं। वन्य जीवन संरक्षण का ध्यान प्राय: विशेष संरक्षित क्षेत्रों की ओर रहा है जिसमें वे निवास स्थान और प्रजातियां शामिल हैं जिनकी देखरेख अत्यंत आवश्यक है। परन्तु इनकी संख्या के कम होने, विखण्डित होने तथा विलुप्त होने की असुरक्षा का भय है। उनका दीर्घकालीन अस्तित्व तथा वन्य जीवन की संपूर्ण वृद्धि शहरों, नगरों तथा देहात के समग्र प्रयासों पर निर्भर करती है।

जलवायु में परिवर्तन (Climate change)

ग्लोबल वार्मिंग की वैज्ञानिक भविष्यवाणी के प्रतिक्रिया स्वरूप 'जलवायु परिवर्तन से संबंधित संयुक्त राष्ट्र संस्थागत समझौता' (FCCC or Framework Convention on Climate Change) अपनाया गया तथा 1992 में रियो विश्व सम्मेलन के दौरान इस संधि पर 162 देशों ने हस्ताक्षर किए। 26 अनुच्छेदों वाला FCCC संधि-पत्र जिसमें उद्देश्य, सिद्धांत, वचनबद्धता तथा सुझाव भी शामिल है, वैश्विक जलवायु परिवर्तन के खतरे के विरूद्ध एक एहतियातिक कदम का दस्तावेज बन गया। समझौते ने इस तथ्य पर प्रकाश डाला है कि मानव क्रियाएँ, जैसे कि जीवाश्म ईंधन का जलाना, पृथ्वी के वायुमण्डल में बड़ी मात्रा में गैंसे छोड़ रही हैं। ये गैंसे जिसमें कार्बन डाई-ऑक्साइड भी शामिल है, प्राकृतिक ग्रीन-हाऊस प्रभाव में वृद्धि कर रही है। वातावरण में बढ़ती हुई ये ग्रीन हाऊस गैंसे 'ग्लोबल वार्मिंग' का कारण बन रही हैं जो कि मनुष्य और प्राकृतिक पर्यावरण के लिये एक खतरा है।

इस समझौते का उद्देश्य एक ऐसा अंतर्राष्ट्रीय ढांचा प्रदान करना या जिसके अंतर्गत ग्लोबल वार्मिंग या वैश्विक ताप के खतरे को कम करने के लिए भावी कदम उठाए जा सकें।

समझौते का मूल उद्देश्य पर्यावरण में ग्रीन हाऊस गैसों को एक स्तर तक स्थिरता प्रदान करना है जिससे कि वे वैश्विक जलवायु व्यवस्था को अत्यधिक नुकसान न पहुँचा सकें। हालांकि विश्व में ग्रीनहाऊस गैसों का सर्वाधिक उत्सर्जन विकसित राष्ट्रों के द्वारा होता है। समझौते ने विकसित राष्ट्रों को जलवायु परिवर्तन तथा उसके नकारात्मक प्रभावों का सामना करने के लिए चुनौती दी है। विकासशील देश जिनकी अर्थव्यवस्था जीवाश्म ईंधन पर आधारित है, उनके लिए इन ग्रीनहाऊस गैसों के उत्सर्जन को कम करने में कठिनाईयों का सामना करना पड़ सकता है। इसलिए यह माना गया है कि विकासशील राष्ट्रों को उनके पोषणकारी आर्थिक विकास में बढ़ावा देने के लिए विकसित राष्ट्रों द्वारा उन्हें तकनीकी व वित्तीय सहायता प्रदान किए जाने की आवश्यकता है।

जैविक भिन्नता पर समझौते के साथ-साथ जलवायु परिवर्तन संबंधी संस्थागत समझौता सहभागी राष्ट्र को कुछ कार्यों के प्रति वचनबद्ध करता है, जिसमें कहा गया कि वे:

- ग्रीनहाऊस गैसों के उत्सर्जन की मात्रा की सूचना देगें।
- ग्रीनहाऊस गैसों के उत्सर्जन को नियंत्रित करने एवं जलवायु परिवर्तन के लिए अपनाए गए कार्यक्रमों की ताजा जानकारी नियमित रूप से प्रकाशित करेंगे।

- ग्रीनहाऊस के कारण समाप्त होते हुए पौधों व वनों के संरक्षण के लिए एक स्वस्थ प्रबंधन को बढ़ावा देंगे।
- जलवायु परिवर्तन के तटवर्ती क्षेत्रों, जल संसाधनों तथा कृषि पर पड़ने वाले प्रभावों के प्रति योजनाएँ बनाएँगे।
- उन इलाकों को संरक्षण प्रदान करेंगे जो सूखे या बाढ़ से प्रभावित हैं।

जलवायु परिवर्तन पर संस्थागत समझौते का राष्ट्रों से आग्रह है कि वे ग्रीनहाऊस गैसों के उत्सर्जन को वर्ष 2000 तक की स्थिति के अनुसार उसे 1990 के स्तर तक ले जाने में स्थिरता लाने का प्रयत्न करें। 1997 में समझौते के इस उद्देश्य को क्योटो (जापान) में हुए तीसरे सम्मेलन के दौरान संशोधित किया गया। अब राष्ट्रों को ग्रीनहाऊस गैसों के उत्सर्जन की मात्रा को 2008 से 2012 की अवधि के दौरान उसे 1990 के स्तर से भी लगभग 5 प्रतिशत और नीचे लाने की आवश्यकता है।

यदि पर्याप्त संख्या में देशों ने क्योटो मसौदे (प्रोटोकाल) का अनुसमर्थन किया, तो इस जलवायु परिवर्तन का उद्देश्य कानूनी रूप से बाध्यकारी हो जाएगा।

वन प्रबंधन (Forest management)

1992 के रियो सम्मेलन का एक अन्य प्रमुख समझौता था – वन प्रबंधन के सिद्धांत। वन-प्रबंधन के सिद्धांतों में बताया गया है कि अपनी जटिल पारिस्थितिकी के साथ-साथ वन आर्थिक विकास और हर प्रकार के जीवन के लिए अनिवार्य तत्व है। वन लकड़ी, भोजन व औषधि प्रदान करते हैं तथा उनमें जैविक भिन्नता भी निहित है हालांकि वह संपूर्ण रूप से अनावृत्त नहीं है। वे कार्बन-डाइऑक्साइड के भी भण्डार हैं जो कि एक ग्रीनहाऊस गैस के रूप में मानव क्रियाओं के फलस्वरूप पर्यावरण में फैल रही है। यह वैश्विक ताप को बढ़ाने में सहायक हो सकती है। इसके साथ-साथ वनों का वैज्ञानिक लाभ यह है कि ये जंगली जीवन को आश्रय भी प्रदान करते हैं तथा हमारी सांस्कृतिक व आध्यात्मिक जरूरतों को भी पूरा करते हैं।

वन-प्रबंधन के सिद्धांत राष्ट्रों को उनके अपने वन संसाधनों से लाभ प्राप्त करने के लिए उनके अधिकार की रक्षा तो करते हैं, परन्तु यह भी सुझाव देते हैं कि इसका प्रयोग वन संरक्षण व प्रबंधन के ढांचे के अंतर्गत होना चाहिए। ये सिद्धांत कानूनी रूप से बाध्यकारी नहीं हैं परन्तु पोषणकारिता को व्यवहार में लाने के लिए कुछ सुझाव प्रस्तावित करते हैं।

वन प्रबंधन के कुछ प्रमुख सिद्धांत इस प्रकार है:

- सभी राष्ट्रों को वृक्षारोपण तथा वनों के संरक्षण द्वारा 'विश्व को हरा-भरा' बनाने में अपनी भूमिका को बढ़ाना चाहिए।
- वनों का प्रबंधन इस प्रकार किया जाए जिससे कि वे वर्तमान और भावी पीढ़ियों की सामाजिक, आर्थिक, पारिस्थितिक, सांस्कृतिक व आध्यात्मिक जरूरतों को पूरा कर सकें।
- वनों के अद्वितीय उदारहणों को संरक्षण दिया जाना चाहिए। उदारहण के लिए -प्राचीन वनों तथा सांस्कृतिक, ऐतिहासिक, आध्यात्मिक व धार्मिक महत्व के वनों का संरक्षण।

- वनों को नुकसान पहुंचाने वाले प्रदुषणकारी तत्वों पर नियंत्रण किया जाना चाहिए।
- वनों से संबंधित योजनाएं वनों के गैर-आर्थिक मूल्यों तथा उनके प्रबंधन के पर्यावरणिक परिणामों को ध्यान में रखें। वनों के ह्रास को रोका जाना चाहिए।

पर्यावरण तथा विकास पर रियो उद्घोषणा (The Rio declaration on environment and development)

पर्यावरण तथा विकास पर 1992 की रियो उद्घोषणा अपनी अर्थव्यवस्था के विकास में शामिल लोगों के अधिकारों तथा मनुष्य की पर्यावरण को सुरक्षित रखने के उत्तरदायित्व का वर्णन करती है। यह उद्घोषणा इस मूल विचार पर आधारित है कि व्यक्ति तथा राष्ट्र का पर्यावरण और विकास के प्रति क्या दृष्टिकोण है। इसका वर्णन सबसे पहले 1972 में 'मानव पर्यावरण पर संयुक्त राष्ट्र सम्मेलन' में भी हुआ है।

रियो उद्घोषणा में कहा गया है कि दीर्घकालीन आर्थिक विकास को केवल तभी सुनिश्चित किया जा सकता है जब इसे पर्यावरण की सुरक्षा से जोड़ा जाए। अगर इसे प्राप्त करना है, तो राष्ट्रों के द्वारा एक नई वैश्विक साझेदारी कायम करने की जरूरत है जिसमें सरकारें उनके लोग, तथा समाज के आधारभूत क्षेत्रों का शामिल होना जरूरी है। इस मानव समाज को एकजुट होकर अंतर्राष्ट्रीय समझौतों के द्वारा उत्तरदायित्वपूर्ण विकास के साथ-साथ वैश्विक पर्यावरण को सुरक्षित करने की आवश्यकता है। रियो उद्घोषणा के निम्नलिखित सिद्धान्त है -

- लोगों को प्रकृति के साथ एक स्वस्थ व सामंजस्यपूर्ण जीवन जीने का अधिकार है।
- आज जो विकास हो रहा है, वह वर्तमान व भावी पीढ़ियों की जरूरतों के लिए संकट का कारण न बने।
- राष्ट्रों को अपने संसाधनों के प्रयोग का अधिकार है, बशर्ते कि वे अपनी सीमाओं से निकलकर पर्यावरण को कोई खतरा न पहुँचाऐ।
- पर्यावरण संरक्षण विकास प्रक्रिया का एक महत्वपूर्ण अंग होना चाहिए।
- यदि लोगों की जरूरतों को पूरा करने के लिए सम्पोषित विकास को प्राप्त करना है तो विश्व के विभिन्न भागों से निर्धनता को हटाना होगा और जीवन स्तर में विषमताओं को कम करना जरूरी है।
- सभी सम्बद्ध नागरिकों की सहभागिता से पर्यावरणीय मुद्दों का बेहतर ढंग से समाधान किया जा सकता है।
- सिद्धांतों के अनुसार, प्रदूषण फैलाने वाले पर जुर्माना लगाया जाए।
- सम्पोषित विकास के लिए समस्याओं के प्रति बेहतर ढंग से वैज्ञानिक समझ की आवश्यकता है। पोषणकारिता के लक्ष्य को हासिल करने के लिए राष्ट्र को चाहिए कि वे अपनी ज्ञान और तकनीक को आपस में बांटे।

सम्पोषित विकास के लिए आयोग (Commission on sustainable development)

1992 में 'पर्यावरण तथा विकास पर संयुक्त राष्ट्र सम्मेलन' (UNCED) के लिए ब्राजील के शहर रियो-द-जेनेरो में लगभग 100 से भी अधिक राज्यों के सदस्य इकट्ठे हुए। इस विश्व सम्मेलन का आयोजन पर्यावरण संरक्षण तथा सामाजिक - आर्थिक विकास से संबंधित महत्वपूर्ण समस्याओं पर चर्चा करने के लिए हुआ था। इस सम्मेलन में उपस्थित प्रतिनिधियों ने 'जलवायु परिवर्तन संबंधी संस्थागत समझौते' तथा 'जैविक भिन्नता संबंधी समझौते' पर हस्ताक्षर किए। इस सम्मेलन में रियो उद्घोषणा तथा वन संबंधी सिद्धांतों को सम्मलित किया गया तथा 'एजेंण्डा-21' एक 300 पृष्ठों की योजना को अपनाया गया ताकि 21वीं शताब्दी में सम्पोषित विकास को प्राप्त किया जा सके।

दिसम्बर, 1992 में सम्पोषित विकास के लिए एक आयोग (CSD) का गठन किया गया ताकि UNCED के कार्यक्रमों को प्रभावी रूप से कार्यान्वित किया जा सके। इस आयोग को विश्व सम्मेलन में हुए समझौते के स्थानीय, राष्ट्रीय, प्रादेशिक व अंतर्राष्ट्रीय स्तर पर क्रियान्वयन से संबंधित निरीक्षण करने एवं रिपोर्ट देने का कार्य सोंपा गया। CSD संयुक्त राष्ट्र की सामाजिक व आर्थिक परिषद (DCOSOC) का एक कार्यकारी आयोग है जिसमें 53 सदस्य शामिल हैं। इस बात पर सहमति व्यक्त की गई कि 1997 में संयुक्त राष्ट्र महासभा बैठक के विशेष अधिवेशन में विश्व सम्मेलन की उपलब्धियों पर पांच वर्षीय समीक्षा प्रस्तुत की जाएगी। वर्ष 2002 में द्वितीय पंचवर्षीय पुनर्विवेचन होना निश्चित हुआ।

सम्पोषित विकास संबंधी आयोग ने व्यापक स्तर पर अनुकूल जन अभिरूचि पैदा की। लगभग 50 मंत्री हर वर्ष (CSD) आयोग में उपस्थित होते हैं तथा एक हजार से भी अधिक गैर-सरकारी संस्थाएं (NGO's) आयोग के कार्यों में भागीदारी का आश्वासन व्यक्त करती हैं। आयोग ने संयुक्त राष्ट्र व्यवस्था के अंतर्गत सम्पोषित विकास के मुद्दों के प्रति व्यापक दूरदर्शिता का आश्वासन दिया है तथा पर्यावरण व विकास के कामों में यह संयुक्त राष्ट्र के साथ समन्वय में सुधार लाने में भी मदद कर रहा है। आयोग विभिन्न पर्यावरण तथा अन्य संबंधित मुद्दों पर सरकारी तथा अंतर्राष्ट्रीय संस्थाओं को कार्यशिविर तथा सम्मेलन आयोजित करने के लिए उन्हें प्रोत्साहन भी देता है। इन विशेषज्ञ स्तर की सभाओं के परिणामस्वरूप CSD के कार्यों में सुधार हुआ है तथा इसके द्वारा विश्व स्तर पर सम्पोषित विकास को बढ़ावा देने के लिए राष्ट्रीय, सरकारी व विभिन्न गैर-सरकारी सहभागियों के साथ आयोग को बेहतर ढंग से कार्य करने में भी मदद मिली है।

एजेण्डा - 21 (Agenda - 21)

1992 में ब्राजील के रियो-द-जनेरो में पर्यावरण तथा विकास पर संयुक्त राष्ट्र सम्मेलन अथवा विश्व-सम्मेलन के दौरान अपनाया गया एजेण्डा-21, 21वीं शताब्दी में पोषणकारिता के लिए एक दस्तावेज है। एजेण्डा-21 सम्पोषित विकास के प्रति वचनबद्धता है जिसके प्रति विश्व की अनेक सरकारों ने सहमति जताई है। जिन राष्ट्रों ने एजेण्डा-21 में भाग लेने का वादा किया है, उनकी मॉनिटरिंग का कार्य सम्पोषित विकास का अंर्तराष्ट्रीय आयोग करता है। साथ ही यह अनेक देशों में स्थानीय तथा प्रादेशिक स्तरों पर एजेण्डा-21 को आगे बढ़ाने में प्रोत्साहन भी देता है। एजेण्डा-21

पर्यावरण तथा प्राकृतिक संसाधनों के संरक्षण को मुख्य मुद्दा मानकर उसके द्वारा समाजों व अर्थव्यवस्थाओं के विकास की चर्चा करता है।

इस विश्व-सम्मेलन के समझौते, सिद्धांत तथा उद्घोषणाएं निर्धनता, भूखमरी, संसाधनों की खपत, तथा पर्यावरण के ह्रास से संबंधित समस्याओं से निपटने के लिए मार्गदर्शन प्रदान करते हैं। एजेण्डा-21 इन समस्याओं के निदान के लिए एक रूपरेखा के लिए कार्य योजना का वर्णन करता है तथा इन योजनाओं के लिए लक्ष्यों का भी निर्धारण करता है जिनमें आर्थिक विकास तथा पर्यावरण संरक्षण भी शामिल है।

एजेण्डा-21 के प्रावधान निम्न हैं:

- 21वीं शताब्दी में पोषणकारिता के लिए एक दस्तावेज है।
- यह भूमि, वायु व जल की अधोगति की रक्षा करने के लिए विकल्प प्रदान करता है।
- यह निर्धनता, अत्यधिक उपभोग, स्वास्थ्य तथा शिक्षा जैसे-विषयों पर भी विचार करता है।
- यह सभी की भूमिका को बढ़ावा देता है। सरकारें, व्यापार, मजदूर संघ, वैज्ञानिक, देशज लोग तथा युवा-सभी की सम्पोषित विकास को प्राप्त करने में महत्वपूर्ण भूमिका है तथा उनका निर्णय निर्माण प्रक्रियाओं में शामिल होना भी जरूरी है।
- यह ढांचे के अंतर्गत जो कि आर्थिक उन्नति को भी मान्यता देता है, प्राकृतिक तथा सामाजिक रूप से हानिकारक प्रक्रियाओं में कमी करने को प्रोत्साहन देता है।

वर्तमान समय में, एक राष्ट्र की समृद्धि का मानदण्ड उसकी वित्तीय स्थिति है। एक राष्ट्र के पास जितनी अधिक धनसंपदा होगी, उसकी स्थिति उतनी ही बेहतर होगी। एजेण्डा-21 इस दृष्टिकोण को भी बढ़ावा देता है कि एक राष्ट्र की सम्पन्नता उसके प्राकृतिक संसाधनों के पूर्ण मापन के लिए भी महत्वपूर्ण है। एजेण्डा-21 राष्ट्रों को पर्यावरण ह्रास के प्रति ध्यान केंद्रित करने पर भी बढ़ावा देता हैं। इसके अतिरिक्त, पर्यावरण की हानि के खतरे को कम करने के लिए, पर्यावरणीय मूल्यांकन होना आवश्यक है तथा जहाँ भी इस तरह की हानि हो, उसके लिए जिम्मेवार तत्त्वों के द्वारा उसकी भरपाई की जानी चाहिए।

एजेण्डा-21 निर्धनता को दूर करने की आवश्यकता पर भी प्रकाश डालता हें गरीब राष्ट्र जिन समस्याओं का सामना कर रहे हैं, उनमें एक बड़ी समस्या है - संसाधनों की कमी तथा पोषणकारी रूप में रहने की क्षमता का अभाव। विकसित राष्ट्रों ने गरीब राष्ट्रों को उनके पर्यावरणिक प्रभावों को कम करने तथा सम्पोषित विकास को हासिल करने में सहयोग करने का उत्तरदायित्त्व लिया है।

एजेण्डा-21 ने सरकारों से सम्पोषित विकास को उनकी राष्ट्रीय रणनीतियों के साथ जोड़ने का आग्रह किया है तथा गैर-सरकारी संगठनों एवं जनता को इस प्रक्रिया में शामिल करने के महत्त्व पर भी प्रकाश डाला है। सम्पोषित विकास को कार्यरूप देने के लिए संबंधित मुद्दों के स्थानीय, राष्ट्रीय व अंतर्राष्ट्रीय स्तर पर समाधान की जरूरत है तथा राष्ट्रों को अंतर्राष्ट्रीय समझौतों के द्वारा काम करने की आवश्यकता है जो सभी के हितों का सम्मान करें तथा वैश्विक पर्यावरण एवं विकास प्रक्रिया की सम्मिलित रूप से रक्षा कर सकें।

क्षेत्रीय एजेण्डा-21 (Local agenda - 21)

यह एक ध्यान देने योगय बात है कि सम्पोषित विकास के मुद्‌दों को स्थानीय स्तर पर लागू करने की आवश्यकता है। 1992 में रियो विश्व सम्मेलन के दौरान, संयुक्त राष्ट्र ने इस बात पर सहमति जताई कि सम्पोषित विकास को प्राप्त करने की शुरूआत सबसे पहले स्थानीय स्तर से होनी चाहिए। वास्तव में, एजेण्डा-21 की 2500 कार्य योजनाओं का दो-तिहाई भाग स्थानीय सभाओं से संबंधित है।

हर स्थानीय प्राधिकरण का एक अपना स्थानीय एजेण्डा-21 बनाना होगा, जिसमें संबंधित क्षेत्र की आवश्यकताओं के प्रति वहाँ के नागरिकों को भी चर्चा में शामिल किया जाएगा। सम्पोषित विकास के सिद्धांत का इस रणनीति का केन्द्रबिन्दु होना जरूरी है। स्थानीय एजेण्डा-21 सम्पोषित विकास को समुदाय का विषय मानता है जिसमें समाज के सभी वर्गों जैसे कि सामुदायिक समूह, व्यवसायिक तथा धार्मिक अल्पसंख्यक भी शामिल हैं। संपूर्ण समाज की सहभागिता प्रत्येक व्यक्ति को इस अवसर में शामिल होने का मौका देगी तथा उत्साह, प्रतिभा एवं विशेषज्ञता से सम्बद्ध साधनों को आगे आने का मौका देगी जो कि सम्पोषित विकास को हासिल करने के लिए अति आवश्यक है। अनेक स्थानीय प्राधिकरण, सहयोग की योजनाएं शुरू कर चुके हैं ताकि सम्पोषित विकास के बारे में विचारों या योजनाओं का आदान-प्रदान हो सके। स्थानीय प्राधिकरणों के समूह एक साथ जुड सकते हैं ताकि अपनी आवाज को बुलंद करके बड़ी-बड़ी उद्यागों को प्रभावित कर सकें।

एक प्रभावी स्थानीय एजेण्डा-21 रणनीति के लिए कुछ केंद्रीय तत्वों की आवश्यकता है, जिनकी रूपरेखा 'स्थानीय सरकारी प्रबंधन बोर्ड' (LGMB) द्वारा तैयार की जा सकती है।

1. पोषणकारिता के प्रमुख मुद्‌दों को पहचानने के लिए एक सूक्ष्मदृष्टि की आवश्यकता है तथा इस पर कार्य करने के लिए लक्ष्य निर्धारित करने की जरूरत है।
2. एक कार्य योजना इन लक्ष्यों के लिए कार्य करने हेतू व्यावहारिक रूप प्रदान करेगी, जो यह बताएगी कि कौन से संगठन इस पर कदम उठाएंगे, वे इसे कैसे तथा कितने समय में प्राप्त करेंगे।
3. इसे क्रियान्वित करने वाले प्रक्रम बताएंगे कि किस प्रकार कार्य किया जाएगा तथा उनकी सफलता का किस प्रकार मूल्यांकन किया जाए।

यह तीन बिन्दु LA-21 योजना के केंन्द्रीय तत्वों के लिए एक अच्छा सामान्य सर्वेक्षण प्रदान करते है। LA-21 सम्पोषित विकास के सिद्धांतों का अनुसरण करता है तथा वर्तमान एवं भविष्य में, प्रत्येक व्यक्ति के लिए बेहतर जीवनस्तर सुनिश्चित करने के लक्ष्य का समर्थन करता है एजेण्डा-21 की तरह, यह आर्थिक सामाजिक व पर्यावरणीय एजेण्डे के प्रति ध्यान केंद्रित करता है तथा बेहतर व अधिक प्रभावी साधनों को बढ़ावा देकर यह समस्याओं का हल ढूँढता है। इसके अनुसार सम्पोषित विकास को हमारे जीवन की गुणवत्ता से सर्म्पण किये बिना प्राप्त किया जा सकता है। हालांकि, सम्पोषित विकास को तभी प्राप्त किया जा सकता है जब पोषणकारिता के प्रति हमारी सोच में परिवर्तन आए तथा पोषणकारिता को व्यवहार में अपनाएं।

स्थानीय एजेण्डा-21 के अंग के रूप में, उदाहरण के लिए, जन तथा नगर परिषद ने सम्पोषित विकास की सफलता को खोजने के स्वयं अपने संकेतक निर्धारित किए है। इन संकेतकों में अनेक

उद्यान तथा अनेक समीप रहने वाले लोगों, शिक्षा के मानक तथा आपराधिक मामले शामिल हैं। यार्कशायर में, स्थानीय प्राधिकरण ने LA-21 के भाग के रूप में, परिवहन कार्य समूह का निर्माण किया है। इसका उद्देश्य लोगों को कार चलाने के प्रति असम्मति प्रकट करने के लिए परिवर्ति योजना बनाना है पश्चिमी यार्कशायर में किरक्लेस परिषद ने व्यापारियों, परोपकारी समुदायों तथा जनता के प्रतिनिधियों के बीच आपस में साझेदारी को बढ़ावा दिया है ताकि उन्हें पोषणकारी स्तर के विकास को हासिल करने में मदद मिल सके।

एजेण्डा-21 के क्रियान्वयन के लिए महासभा का विशेष अधिवेशन

(Special session of general assembly on implementation of agenda - 21)

अधिवेशन में इस बात पर बल दिया गया कि एजेण्डा-21 का व्यापक ढंग से क्रियान्वयन अत्यंत महत्वपूर्ण रहेगा तथा यह पहले से भी अधिक जरूरी है। "वर्ष 2002 में इसके क्रियान्वयन से संबंधित अगली विस्तृत समीक्षा में सम्पोषित विकास के प्रति बड़े पैमाने पर सफलता का प्रदर्शन होना चाहिए" - इसके प्रति आश्वासन देते हुए सभी सदस्य राष्ट्रों ने वचनबद्धता प्रकट की। उन्होंने उन सब सिद्धांतों का भी पुनः समर्थन किया जो पर्यावरण तथा विकास से संबंधित रियो उद्घोषणा तथा वन्य सिद्धांतों में शामिल हैं तथा इस बात पर भी दृढ़ विश्वास अभिव्यक्त किया कि सम्पोषित विकास की प्राप्ति के लिए आर्थिक, पर्यावरणिक व सामाजिक अवयवों को आपस में जोड़ने की आवश्यकता है। उन्होंने सार्वभौमिक सहभागिता की भावना से मिलजुलकर कार्य करने के प्रति पुनः वचनबद्धता प्रकट की ताकि वर्तमान और भावी पीढ़ियों की जरूरतों को समान रूप से प्राप्त करने के सम्मिलित प्रयास को दृढ़ता प्रदान की जा सके। विशेष अधिवेशन के अंतिम दस्तावेज में एजेण्डा-21 के क्रियान्वयन में सुधार के लिए कुछ उपाय प्रस्तावित किए गए हैं।

एक निश्चित अवधि में गैसों के उत्सर्जन को 1990 के स्तर से भी नीचे लाने के लिए विशिष्ट लक्ष्य निर्धारित करना जलवायु परिवर्तन के संबंध में एक विवादास्पद प्रश्न था। इस संदर्भ में कार्यक्रम में बताया गया है कि ऐसी वार्ताओं के लिए अनेक देशों की स्थिति अभी विकसित हो रही है इसलिए कोई पूर्व - निर्धारित निर्णय लेना उचित नहीं होगा। हालांकि, इस पर व्यापक सहमति तो है पर कोई सार्वभौमिक समझौता नहीं हुआ इसलिए विकसित देशों व अर्थव्यवस्थाओं में परिवर्तन पर जिसका वर्णन समझौते में किया गया है उनके लिए कानूनी रूप से बाध्यकारी लक्ष्यों पर ध्यान देने की आवश्यकता है। इसके द्वारा एक निश्चित कालावधि के बीच जैसे कि 2005, 2010 तथा 2020 तक ग्रीन हाऊस गैसों के उत्सर्जन में सार्थक कमी के परिणाम सामने आएंगे।

वन तथा ऊर्जा के मुद्दे भी विवाद के कुछ अन्य ज्वलंत विषय हैं। वनों के संबंध में कार्यक्रम में सुझाव दिया गया है कि वनों पर अंतःसरकारी नीति संवाद को वनों के एक अस्थाई अंतःसरकारी फोरम की स्थापना द्वारा जारी रखा जाना चाहिए। यह फोरम संभव तत्वों की पहचान करेगा तथा अंतर्राष्ट्रीय प्रबंधों व साधनों के लिए सर्वसम्मति की प्राप्ति के लिए कार्य करेगा। उदाहरण के लिए, 1999 में सम्पोषित विकास से संबंधित आयोग को कानूनी रूप से बाध्यकारी यंत्र द्वारा उसकी कार्यविधि पर सौंपी गई रिपोर्ट।

सम्पोषित विकास पर विश्व सम्मेलन, जोहान्सबर्ग 2002 (World summit on sustainable development Johannesburg 2002)

1992 में रियो-द-जनेरो में पर्यावरण तथा विकास पर आयोजित संयुक्त राष्ट्र सम्मेलन ने सम्पोषित विकास की प्राप्ति के लिए मौलिक सिद्धातों तथा योजना का कार्यक्रम प्रस्तुत किया। इस सम्मेलन ने राज्याध्यक्षों तथा सरकारों से लेकर हर वर्ग के प्रतिनिधियों और विशेषज्ञों तक के हितों के अतुलनीय वर्गीकरण को इकट्ठा किया। सम्मेलन ने सम्पोषित विकास को अंतर्राष्ट्रीय एजेण्डा का केंद्रीय तत्व मानते हुए उसका पुनः समर्थन किया तथा विश्व की घोर चुनौतियों का सामना करने के लिए उठाये जा सकने वाले व्यावहारिक तथा दीर्घकालीन कदमों के लिए मार्ग प्रशस्त किया। जोहान्सबर्ग सम्मेलन ने इसे आधार प्रदान किया तथा कार्य करने के लिए मार्ग प्रशस्त किया। हालांकि, जोहान्सबर्ग में जिन लक्ष्यों, सारणियों तथा प्रतिबद्धताओं पर सहमति जताई गई, उनमें निर्धनता तथा प्राकृतिक पर्यावरण के लगातार ह्रास की समस्या के विरूद्ध सहायता के लिए कोई विशेष हल नहीं निकला। वास्तव में, यह कोई जादू या चमत्कार नहीं था। यह केवल इस बात के प्रति आश्वासन था कि विश्व की सबसे ज्वलंत समस्याओं के लिए व्यावहारिक तथा दीर्घकालीन उपायों की आवश्यकता है।

हालांकि एक क्रियान्वयन केंद्रित सम्मेलन के रूप में, जोहान्सबर्ग में कोई प्रभावशाली परिणाम सामने नहीं आए। ऐसे कोई समझौते नहीं हुए जिनसे कोइ नई संधियाँ की जा सकें, तथा उनके स्वीकृत लक्ष्य निम्न स्तरीय वार्ताओं के वर्गीकरण के बाद छंटनी के परिणामस्वरूप सामने आए। परन्तु कुछ महत्वपूर्ण नए लक्ष्य भी अपनाएं गए जैसे कि – 2015 तक स्वास्थ्य- रक्षा में वृद्धि किए बिना जनसंख्या के अनुपात को आधा किया जाए; 2020 तक रसायनों का उत्पादन और प्रयोग इस प्रकार किया जाए जिसका मानव के स्वास्थ्य और पर्यावरण पर कोई प्रतिकूल असर न पड़े; जहां तक संभव हो सके 2015 तक रिक्त मत्स्य भण्डारों को उस स्तर तक पुनः भरा जाए अथवा उनकी रक्षा की जाए जो आवश्यकता के आधार पर अधिकतम पोषणकारी उतपादन प्रदान कर सकें। तथा 2010 तक जैविक भिन्नता को क्षति की वर्तमान दर में सार्थक कमी को प्राप्त किया जा सके।

संयुक्त राष्ट्र जलवायु परिवर्तन सम्मेलन 2005 (United Nations climate change conference 2005)

10 दिसम्बर, 2005 को कनाडा के मोंट्रियाल शहर में संयुक्त राष्ट्र जलवायु परिवर्तन सम्मेलन का आयोजन किया गया। इसमें प्रमुख निर्णय यह लिया गया कि भविष्य में मौसम में परिवर्तन के लिए अंतर्राष्ट्रीय कार्य योजना की रूपरेखा बनाई जाए। क्योटो प्रोटोकाल के अंतर्गत भावी समय के लिए वचनबद्धता के तहत यह प्रक्रिया 2012 तक कार्य करेगी। 2012 की अवधि के बाद विकसित देशों के लिए भावी समय पर चर्चा के लिए एक नए कार्यकारी समूह का निर्माण किया गया। यह अगले वर्ष मई से अपना कार्य प्रारम्भ कर देगा। विकसित देशों ने वादा किया है कि वे 2006-07 में अन्य USD 13 मिलियन के साथ स्वच्छ पर्यावरण प्रणाली की कार्यवाही के लिए कोष को व्यवस्थित करेंगे। इसके अतिरिक्त, संयुक्त क्रियान्वयन को इस यांत्रिकी के दूसरे सिद्धांत के रूप में अपनाया गया। एक महत्वपूर्ण बात यह थी कि क्योटो प्रोटोकोल के अनुपालन पर समझौता किया गया। यह निर्णय लिया गया कि प्रोटोकाल में शामिल समूह अपने लक्ष्यों के प्रति एक स्पष्ट जवाबदेही सुनिश्चित करें।

जलवायु परिवर्तन के प्रभावों के प्रति अनुकूलनशीलता भी इस सम्मेलन का एक महत्त्वपूर्ण विषय था। इसमें इस संदर्भ में एक पंचवर्षीय कार्यक्रम को अपनाया गया। यह कार्यक्रम जलवायु परिवर्तन के प्रभावों को पहचानने तथा इसके प्रति उठाए जा सकने वाले ठोस कदमों के लिए मार्ग प्रशस्त करेगा।

गैसों के उत्सर्जन में कमी लाने तथा जलवायु परिवर्तन के संबंध में अपनाई जा सकने वाली तकनीक इस चर्चा का केन्द्र था। राष्ट्रों ने विकास के प्रोत्साहन और तकनीकों के आदान-प्रदान के लिए उठाए जा सकने वाले कदमों के प्रति सहमति व्यक्त की। विशिष्ट हितों को बढ़ावा देने की एक तकनीक थी - कार्बन का संचयन तथा भण्डारण। यह एक ऐसी तकनीक है जिसमें भूमिगत कार्बन का संग्रहण भी शामिल हैं ऐसा अनुमान है कि इसमें 30 प्रतिशत न्यूनीकरण का सामर्थ्य है।

निष्कर्ष

21वीं शताब्दी मानव जाति के अस्तित्व के प्रति संकट की सूचक है। कोई नहीं जानता कि अगले 50 वर्षों में क्या घटित होने वाला है। इसलिए भविष्य के बारे में गंभीर रूप से सोचने की आवश्यकता है। सम्पोषित विकास वर्तमान और भविष्य दोनों पर एक साथ विचार करता हैं विकास एक संपूर्ण अवधारणा है। केवल वृद्धि को विकास के रूप में परिभाषित नहीं किया जा सकता। विकास को सामाजिक समानता, पर्यावरणिक पोषणकारिता तथा जन-सहभागिता के पहलुओं से जोड़कर देखने की आवश्यकता है। यह समझना जरूरी है कि हमारी आवश्यकताएं एक दूसरे से जुड़ी हुई हैं। यहाँ संयुक्त राज्य जैसे बड़े व अंतर्राष्ट्रीय अगुआ राष्ट्र के द्वारा सार्थक भूमिका निभाने की बात आती है। उन्हें यह समझने की आवश्यकता है कि एक अग्रणी राष्ट्र के रूप में, उन्हें एक उदारहण स्थापित करने की आवश्यकता है। संयुक्त राज्य निरन्तर इस आधार पर क्योटो संधि-पत्र पर हस्ताक्षर करने से इनकार करता रहा है कि इसके द्वारा तकनीकी विकास में बाधा उपस्थित होती है। अत: पहले वैकल्पिक विकास के मुद्दों पर महाशक्तियों के बीच सर्वसम्मति होना अनिवार्य है। इसके द्वारा सच्चे अर्थों में एक सार्वभौमिक विश्व का निर्माण होने में मदद मिलेगी जहाँ पर कोई भी नियामक नहीं होगा। यह एक न्यायपूर्ण और मानवतापूर्ण समाज होगा। जब तक मनुष्य एक दूसरे की सहायता के लिए आगे नहीं आएगा, तब तक सम्पोषित विकास के लक्ष्य को हासिल नहीं किया जा सकता।

References

Anderson, J., Brook, C. & Cochrane, A. (eds.) 1995. *A Global World*. New York, Oxford University Press.

Bartelmus, P. 1996. *Environmental Growth and Development*. London, Rutledge.

Bell, S. & Morse, S. 1999. *Sustainability Indicators*. London, Earthscan Publications Ltd.

Foster, J. (ed.) 1997. *Valuing Nature - Economics, Ethics and Environment*. London, Rutledge

Global Action Plan. 1999. *Achieving a Better Quality of Life*. London, Global Action Plan.

Kemp, D. 1994. *Global Environmental Issues - A Climatological Approach.* (2nd ed.) London, Rutledge.

Lovelock, J. 1989. *The Ages of Gaia - A Biography of Our Living Earth.* Oxford, Oxford University Press.

Milton, K. 1996. *Environmentalism and Cultural Theory*. London, Rutledge.

Organisation for Economic Co-operation and Development. 1998. *Towards Sustainable Development: Environmental Indicators*. Paris, OECD.

United Nations. 1992. *Earth Summit '92: The United Nations Conference on Environment and Development,Rio de Janeiro 1992*. London, The Regency Press Corporation.

United Nations Environment Programme. 1994. *Ethics and Agenda 21.* New York, United Nations.

United Nations Environment Programme. 1993. *The Global Partnership for Environment and Development: A Guide to Agenda 21.* New York, United Nations.

अध्याय - 18

संयुक्त राष्ट्र पर्यावरण कार्यक्रमः रियो, जोहान्सबर्ग तथा उपरांत

(UN Environment Programme : Rio, Johannesburg and After)

डॉ. तपन बिसवाल

प्राकृतिक पर्यावरण हमेशा से ही मनुष्य के लिए चिंता का विषय रहा है। परन्तु संसाधनों का दोहन तथा पारिस्थितिक ह्रास के मुद्दे गंभीर चिन्ता का विषय तब बने जब द्वितीय विश्व युद्ध के बाद बड़े पैमाने पर औद्योगीकरण की शुरूआत हुई। हालांकि, 1960 के दशक तक पर्यावरण क्षरण या विनाश को नियन्त्रित करने के लिए कोई कदम नहीं उठाए गए थे।

1960 के दशक में विकसित देशों की सरकारों में एक सामाजिक बदलाव आने लगा। आगे चलकर विकासशील देशों में भी ऐसे बदलाव आने शुरू हो गए। ऐसे सामाजिक बदलावों से लोगों को बेहतर जीवन स्तर की आशाएँ बँधीं, जिसने विकास से संबंधित अनेक मुद्दे सामने ला खड़े किए। पोषणकारी विकास, आर्थिक वृद्धि तथा उपभोक्तावाद आदि सभी मुद्दे पर्यावरण से जुड़े हैं। जल्द ही लोगों को इस बात का एहसास होने लगा कि पर्यावरण का विनाश हो रहा है तथा मानव क्रियाओं के कारण प्राकृतिक संसाधन शीघ्र समाप्त होते जा रहे हैं। पृथ्वी की भौतिक तथा जैविक व्यवस्था पर दबाव पड़ने लगा। बड़ी संख्या में पर्यावरणीय समस्याएं उठ खड़ी हुईं। उदाहरण के लिए - ग्रीन हाउस गैसों का निर्माण, तापमान में वृद्धि, प्रदूषण आदि तथा बड़ी संख्या में प्रजातियों पर इस स्तर पर तनाव बढ़ने लगा कि जैविक भिन्नता को बड़े पैमाने पर क्षति पहुँचने लगी।

आज वायु प्रदूषण इतनी बड़ी समस्या बन गया है कि इसके कारण प्रत्येक वर्ष तीन करोड़ लोग मृत्यु के शिकार होते हैं। तीन दशकों में कार्बन उत्सर्जन की मात्रा दुगुनी हो गई है। आज 'ग्लोबल वार्मिंग' अथवा वैश्विक ताप एक गंभीर खतरा बन चुका है। संयुक्त राज्य अमेरिका अकेला विश्व में 24 प्रतिशत कार्बन उत्सर्जन के लिए जिम्मेदार है। विश्व की 40 प्रतिशत आबादी अपनी दैनिक जरूरतों के लिए स्वच्छ जल की कमी की समस्या से जूझ रही है। विश्व के आधे नम या आर्द्रक्षेत्र समाप्त हो चुके हैं तथा 10,000 स्वच्छ जल के भण्डारों का 1/5 भाग समाप्त हो गया है। मिलावट के कारण प्रत्येक वर्ष 2.2 करोड लोग मरते हैं। 1990 तक, विश्व के 2.4 प्रतिशत वनों का विनाश हो चुका था। विश्व के कृषि क्षेत्रों का 2/3 भाग आज मृदा क्षरण (soil degradation) की समस्या से प्रभावित है। विश्व के आधे चारागाह सीमा से अधिक चरे जा चुके हैं। भारत की चारा की क्षमता

में 25 प्रतिशत की कमी है। 800 प्रजातियाँ विलुप्त हो चुकी हैं तथा 11000 प्रजातियों के विलुप्त होने का भय है। अतः पर्यावरण समस्याएँ गंभीर रूप धारण कर चुकी है। पर्यावरण तथा संसाधनों की सुरक्षा राष्ट्रों के लिए एक मुख्य मुद्दा बनता जा रहा है। जैसे-जैसे पर्यावरणीय समस्याओं के प्रति संवेदनशीलता बढ़ी है। सरकार ने पर्यावरण के संबंध में कानून और नियम बनाए हैं। इस दिशा में अंर्तराष्ट्रीय एजेंसियों खासकर संयुक्त राष्ट्र ने भी कदम उठाए हैं। संयुक्त राष्ट्र के पर्यावरणीय कार्यक्रमों पर विचार करने से पूर्व पर्यावरण समस्याओं पर एक नजर डालना उचित रहेगा खासकर ओज़ोन परत के ह्रास, ग्लोबल वार्मिंग, ग्रीन हाऊस, जैविक भिन्नता की क्षति आदि जैसी समस्याओं पर जिन्होंने अंर्तराष्ट्रीय संगठनों को इस दिशा में कार्यात्मक भूमिका निभाने के लिए बाध्य किया है।

ओज़ोन परत का ह्रास तथा ग्लोबल वार्मिंग और ग्रीन हाऊस प्रभाव जैसे वैश्विक मुद्दे (Global issues of depletion of ozone layer and Global warming and Green House Effect)

वर्तमान पीढ़ी के सम्मुख ओज़ोन परत का पराभाव तथा ग्लोबल वार्मिंग और ग्रीन हाऊस प्रभाव एक प्रमुख समस्या है। ग्लोबल वार्मिंग तथा ग्रीन हाऊस प्रभाव की प्रक्रिया को समझने के लिए, ओज़ोन परत तथा इसकी पृथ्वी को बचाए रखने की महत्त्वपूर्ण भूमिका को समझना आवश्यक है।

ओज़ोन परत - ओज़ोन (O_3) एक रंगविहीन गैस है, जो आक्सीजन का एक अपरूपी प्रकार (allotropic form of oxygen) है। इसमें ऑक्सीजन के समतुल्य तीन अणु होते हैं। पर्यावरण की खुली सतह में सूर्य की अल्ट्रावायलट किरणों के प्रभाव में आने पर ऑक्सीजन के पुनः सम्मिश्रण के फलस्वरूप ओज़ोन का निर्माण होता है। पृथ्वी की सतह से 16 कि.मी. ऊपर ओज़ोन का निर्माण होता है। यह मुख्य रूप से समतापमण्डल (Stratosphere) में पाई जाती है तथा इसका विस्तार क्षेत्र 12 कि.मी. से 35 कि.मी. तक होता है। इस भाग को ओजोन मण्डल, ओज़ोन छतरी या ओज़ोन परत कहा जाता है।

समतापमण्डल में विद्यमान ओज़ोन परत पृथ्वी के चारों ओर एक सुरक्षा कवच का निर्माण करती है। यह सूर्य से निकलने वाली हानिकारक पैराबैंगनी किरणों (UV) को अवशोषित कर लेती है और उसे पृथ्वी की सतह तक पहुँचने से रोकती है। इस प्रकार यह समस्त प्राणी जगत की रक्षा करती है। यह पृथ्वी के पर्यावरण, वायु प्रकार तथा वर्षा आदि को भी नियंत्रित करने की निर्णायक भूमिका अदा करती है।

पृथ्वी के ऊपरी वातावरण में विद्यमान इस लाभप्रद ओज़ोन आवरण को विस्तृत मानव क्रियाओं के कारण खतरा है। वर्ष 1985 में, फार्मन तथा उनकी वैज्ञानिकों की एक टीम ने पाया कि पृथ्वी पर अन्टार्कटिका क्षेत्र के ऊपर ओज़ोन परत में एक छिद्र है। इसे अंटार्कटिका क्षेत्र के ऊपर अथवा ओज़ोन छिद्र (Antarctica Hole or Ozone Hole) भी कहते हैं। ओज़ोन परत में इस रिक्तीकरण के अनेक प्रतिकूल प्रभाव पड़ सकते हैं। UV किरणें जिन्हें पहले ओज़ोन परत पूरी तरह से अवशोषित कर लेती थी, अब वह कुछ सीमा तक इस ओज़ोन छिद्र के जरिए पृथ्वी के निचले वातावरण तक पहुँच रही है। पृथ्वी की सतह पर धीरे-2 इस मात्रा में वृद्धि होती जाएगी। UV किरणों की अत्याधिक मात्रा पृथ्वी पर जीवन के लिए खतरा है।

ओज़ोन परत में छिद्र या इस खाली स्थान का एक प्रमुख कारण है – कुछ रसायनों का प्रयोग जिन्हें ऐरोसोल (aerosols) कहा जाता है जैसे कि – फ्लोरो कार्बन तथा क्लोरो फ्लोरो कार्बन (CFCs) तथा नाइट्रस आक्साइड, जो वर्तमान उत्सर्जन दर के अनुसार क्रमशः 14 प्रतिशत से 35 प्रतिशत तक ओज़ोन परत को क्षति पहुँचा रहे हैं। फ्लोरो कार्बन क्लोरिन तथा कार्बन का मिश्रण है जबकि क्लोरो फ्लोरो कार्बन में कार्बन, क्लोरिन का मिश्रण है। CFCs जिसका प्रयोग छिड़काव तथा प्रशीतक (refrigerants) के रूप में होता है, उनके साथ प्रतिक्रिया करते हैं तथा इससे क्लोरिन गैस निकलती है। यह क्लोरिन गैस ओज़ोन के साथ प्रतिक्रिया करती है तथा उसे समाप्त कर देती है। ऐसा अनुमान है कि क्लोरिन का एक अणु प्रति माह ओज़ोन के लगभग 5000 अणुओं को समाप्त कर देता है। इसी प्रकार, सल्फर तथा नाइट्रोजन के ऑक्साइड भी ओज़ोन अणुओं को खा जाते हैं तथा यह ओज़न परत को नुकसान पहुँचा रहे हैं। पराध्वनिक जेट वायुयानों तथा परमाणु विस्फोटों से होने वाला उत्सर्जन भी ओज़ोन परत को क्षति पहुँचने का कारण है। अगर CFCs को नियंत्रित करने के लिए उचित सावधानी ने बरती गई तो समस्त ओज़ोन परत के नष्ट हो होने का भय है जिसके कारण UV किरणें पृथ्वी पर पहुँचकर इस ग्रह पर समस्त जीवन को समाप्त कर देंगी।

ग्रीन हाऊस प्रभाव (Green House Effect)

वायुमण्डल के निचले भाग में डाइऑक्साइड गैस की परत विद्यमान है। UV किरणें, दृश्य किरणों तथा इन्फ्रा-रेड तरंगों से मिलकर बनी जब सूर्य की किरणों वायुमण्डल के ऊपर पड़ती हैं, तो सबसे पहले ओज़ोन परत हानिकारक UV विकिरणों को अवशोषित कर लेती है। दृश्य तथा इन्फ्रा-रेड किरणें कार्बन डाइऑक्साइड परत में से निकलकर पृथ्वी की सतह पर गिरती है। इन्फ्रा-रेड किरणों में एक विशिष्ट तापन शक्ति होती है, इसलिए वह पृथ्वी को तथा उसकी सतह की चीज़ों को गरम कर देती है। चूँकि पृथ्वी और उसकी चीज़ें गर्म हो जाती हैं, इसलिए वे भी गर्म तरंगें या इन्फ्रा रेड तरंगें छोड़ने लगती हैं। ये इन्फ्रा-रेड तरंगें लंबी तरंगें हो जाती हैं तथा कार्बन डाइऑक्साइड गैंस से बचकर वापस बाहर नहीं जा पातीं तथा वातावरण में ही अवशोषित हो जाती हैं जिससे पृथ्वी का वातावरण गर्म होने लगता है। इस प्रक्रिया को 'ग्रीन हाऊस प्रभाव' कहा जाता है जिसके लिए मुख्य रूप से कार्बन डाइऑक्साइड उत्तरदायी है। ऐसा अनुमान है कि 72 प्रतिशत ग्लोबल वार्मिंग में कार्बन डाइऑक्साइड (CO_2) की भूमिका है जबकि मिथेन 18 प्रतिशत की सीमा तक ग्लोबल वार्मिंग कि लिए उत्तरदायी हैं।

निरीक्षण में पाया गया है कि पिछले 100 वर्षों से लेकर वर्तमान समय तक CO_2 की मात्रा में 275 ppm से 350 ppm की दर से वृद्धि हुई है। यह भी अनुमान लगाया गया है कि वर्ष 2040 तक इस मात्रा में 450 ppm तक वृद्धि होने की सम्भावना है। कार्बन डाइऑक्साइड में होने वाली इस वृद्धि से जाहिर है कि पृथ्वी और उसके वायुमण्डल का तापमान भी समान रूप से बढ़ेगा। वास्तव में, ग्लोबल वार्मिंग के प्रभाव हमारे सामने आने शुरू हो चुके हैं। वर्तमान पीढ़ी मौसम में आ रहे काफी बदलाव को स्पष्ट रूप से देख रही है। शीत ऋतु देरी से आती है तथा ग्रीष्म ऋतु शीघ्र आती है तथा लम्बे समय तक टिकी रहती है। जलवायु अन्वेषण के अनुसार, 20वीं सदी में, विश्व के औसत सतही तापमान में लगभग 0.60C की बढ़ोतरी हुई है जो 1994 में लगाए गए अनुमान से अधिक है। पिछले दस वर्षों में यह अभी तक की सबसे अधिक वृद्धि है। वैश्विक रूप से 1990 का दशक सबसे गरम दशक था तथा 1998 का वर्ष 1861 से लेकर अब तक का सबसे गरम वर्ष

रिकार्ड किया गया। 1950 के दशक के बाद से, वायुमण्डल के निचले भाग में 0.10C की दर से हर दशक में तापमान बढ़ा है। इसके कारण हिमच्छादन में 10 प्रतिशत की कमी आई है तथा आर्कटिक सागर में बर्फ की मोटाई घटी है। 1750 के बाद से CO_2 की मात्रा 31 प्रतिशत तक बढ़ गई है। मिथेन की मात्रा 150 प्रतिशत तक बढ़ गई है और यह वार्मिंग प्रभाव को बढ़ाने में पांचवें भाग के रूप में भूमिका निभा रहा है।

ग्लोबल वार्मिंग के निम्नलिखित प्रभाव हैं:

1. ग्लोबल वार्मिंग के परिणामस्वरूप बर्फ की चोटियों के पिघलने के आसार है जिसके कारण समुद्र के स्तर में बढ़ोतरी हो सकती है। अत: इसके कारण तटीय शहरों जैसे कि मुम्बई, चैन्नई तथा कोलकाता जैसे शहरों के जलमग्न होने का खतरा है।
2. इसके कारण वर्षा ऋतु की स्थिति में बदलाव आ सकता है जिसका विश्व के अनेक कृषि क्षेत्रों पर प्रभाव पड़ सकता है।
3. ग्लोबल वार्मिंग जल के विस्तार में बड़े-बड़े बदलाव ला सकता है तथा इसका जल संसाधनों पर भी प्रभाव पड़ सकता है। ऊँचे स्थानों तक दक्षिण-पूर्वी एशियों में जल का प्रवाह बढ़ सकता है जबकि मध्य एशिया, दक्षिण अफ्रीका, आस्ट्रेलिया तथा भूमध्य क्षेत्रों में इसका प्रवाह घट सकता है।
4. ग्लोबल वार्मिंग के द्वारा तापमान में वृद्धि से अनेक जीवों या प्राणियों जैसे कि फायटोप्लैंकटन, जूप्लैंकटन तथा जीवाणुओं के समाप्त हाने का खतरा है जिसके कारण पारिस्थितिकतंत्र बिगड़ सकता है।
5. इसके सामाजिक - आर्थिक प्रभाव भी दिखाई देंगे। जलवायु परिवर्तन से अनेक आर्थिक क्षेत्र, विशेषकर भौतिक संरचना प्रभावित होगी। बाढ़ तथा भू-स्खलन के परिणाम-स्वरूप बड़ी मात्रा में लोगों का स्थानांतरण होगा जिसके कारण लोगों की आवास समस्या पर प्रतिकूल असर पड़ेगा।

वायु और ध्वनि प्रदूषण (Air and Noise Pollution)

प्रदूषण का संबंध वायु, ज़ल तथा भूमि में उपस्थित उन तत्वों से है जो मनुष्य तथा उसके पर्यावरण पर विपरीत प्रभाव डालते हैं, चाहे वे मानव क्रियाओं के परिणाम हो या प्राकृतिक रूप से विद्यमान हों। वायु-प्रदूषण पर्यावरण की वह स्थिति है जिसमें मनुष्य और पर्यावरण को नुकसान पहुँचाने वाली गैसों व अन्य हानिकारक तत्वों से वायुमण्डल दूषित हो जाता है।

औद्योगिक संयंत्रों, घरेलू स्त्रोतों, यातायात के साधनों तथा ताप ऊर्जा संयंत्रों से होने वाले उत्सर्जन से पर्यावरण दूषित हो रहा है। विकसित और विकासशील, दोनों देशों के शहरी क्षेत्रों में पर्यावरण प्रदूषण की मात्रा इतनी बढ़ गई है कि वह लोगों के स्वास्थ्य के लिए गंभीर खतरा उत्पन्न कर सकती है। पर्यावरण में सल्फर डाइऑक्साइड, नाइट्रोजन ऑक्साइड, कार्बन मोनो ऑक्साइड, हाइड्रो कार्बन तथा विषैले तत्त्वों की उपस्थिति का मनुष्य तथा जीवों पर हानिकारक प्रभाव पड़ता है।

पृथ्वी की वायु का लगभग 95 प्रतिशत भाग क्षोभमण्डल (Troposphere) नामक निचली परत में आता है। प्राकृतिक अवस्था में, इस हवा में 78 प्रतिशत नाइट्रोजन, 21 प्रतिशत ऑक्सीजन, 0.03 प्रतिशत कार्बन डाइऑक्साइड तथा कुछ अल्प मात्रा में अन्य गैसें व जल वाष्प निहित है। शेष 5 प्रतिशत वायु जिसमें ओज़ोन जैसी गैसें भी शामिल है, पृथ्वी की ऊपरी सतह समताप-मण्डल (Stratosphere) में पाई जाती है। वायु में प्रदूषणकारी तत्त्व प्राथमिक भी हो सकते हैं व गौण भी। प्राथमिक प्रदूषक तत्त्व है – कार्बन डाइऑक्साइड, नाइट्रोजन ऑक्साइड, सल्फर डाइऑक्साइड, कार्बन मोनो आक्साइड, CFC तथा विविक्त पदार्थ। गौण प्रदूषण तत्वों में है - अम्लवर्षा तथा ओज़ोन।

हम ध्वनि के बिना नहीं रह सकते। पर अत्यधिक ध्वनि अवांछित है। ध्वनि को मापने की ईकाई है – डेसिबल (db)। 20 db ध्वनि को फुसफुसाहट या सरसराहट कहते हैं। 60 db सामान्य वार्तालाप की ध्वनि है। 100 db तेज़ रफ्तार की ध्वनि है। 120 db गर्जन के समान है तथा 140 db वह स्तर है जब ध्वनि असहनीय हो जाती है या उत्तेजित कर देती है। अनेक कारखानों के अंदर ध्वनि 100 db से भी अधिक हो जाती है। एक वायुयान 150 db की ध्वनि करता है। यह सब मिलकर ध्वनि प्रदूषण करते हैं।

ध्वनि प्रदूषण शारीरिक व मानसिक रूप से स्वास्थ्य को प्रभावित करता है तथा अत्याधिक ध्वनि के कारण मनुष्य अपने व्यवहार में अधिक उत्तेजित हो उठता है। ऐसा अनुमान है कि शोर की स्थिति में कार्य करने की क्षमता घटती है तथा कर्मचारियों से होने वाली गलतियों में भी बढ़ोतरी होती है।

संयुक्त राष्ट्र के प्रयास (UN Efforts)

मानव पर्यावरण पर संयुक्त राष्ट्र सम्मेलन, स्टॉकहोम (स्वीडन) 1972 [UN Conference on Human Environment, Stockholm (Sweden) 1972]

उपरोक्त विवरण के प्रकाश में (अर्थात् पर्यावरण समस्याओं में वृद्धि के प्रति) 1972 में स्टाकहोम (स्वीडन) में मानव पर्यावरण पर संयुक्त राष्ट्र सम्मेलन का आयोजन किया गया। इसमें आर्थिक विकास के साथ-साथ पर्यावरण की सुरक्षा के लिए अंतर्राष्ट्रीय स्तर पर संगठित प्रयासों की शुरूआत की गई। इस सम्मेलन के आरम्भ में दो विरोधी दृष्टिकोण उभरे। पहले दृष्टिकोण ने इस बात पर बल दिया कि सम्मेलन की प्राथमिकता का विषय मनुष्य का पर्यावरण पर प्रभाव तथा प्रदूषण के नियंत्रण पर बल एवं प्राकृतिक संसाधनों की सुरक्षा को लेकर होना चाहिए। इसके विपरीत, दूसरे दृष्टिकोण का बल सामाजिक व आर्थिक विकास जैसे वास्तविक मुद्दे पर था।

विस्तार में जाए बिना, इस सम्मेलन की दो मुख्य योजनाएँ सामने आई :

1) मानव पर्यावरण के नियंत्रण तथा संचालन के लिए सिद्धांतों व कार्य योजनाओं को शामिल किया गया।

2) मानव पर्यावरण के नियमन के लक्ष्य को प्राप्त करने के लिए संस्थात्मक और वित्तीय प्रबन्धों का प्रस्ताव रखा गया।

दिसम्बर 1972 का महासभा प्रस्ताव (General Assembly's Resolution of December 1972)

15 दिसम्बर को संयुक्त राष्ट्र महासभा प्रस्ताव का अनुपालन करते हुए स्टॉकहोम सम्मेलन में मानव पर्यावरण के प्रति राज्यों के सक्रिय सहयोग की आवश्यकता पर बल दिया गया। संयुक्त राष्ट्र महासभा में 'संयुक्त राष्ट्र पर्यावरण कार्यक्रम' (UNEP) के लिए प्रस्ताव अपनाया जिसके लिए नैरोबी में इसका मुख्यालय स्थापित किया गया। इस प्रस्ताव ने '5 जून' के दिन को 'विश्व पर्यावरण दिवस' के रूप में निर्दिष्ट किया तथा संयुक्त राष्ट्र व्यवस्था में शामिल सरकारों तथा संगठनों से आग्रह किया कि वे प्रत्येक वर्ष इस दिन विश्वव्यापक क्रियाओं का निरीक्षण करें ताकि पर्यावरण की सुरक्षा के प्रति महत्त्व को पुन: सुनिश्चित किया जा सके। इसके अलावा, एक अन्य प्रस्ताव भी पास किया गया जिसमें पर्यावरण के प्रति अंतर्राष्ट्रीय सहयोग के लिए संस्थात्मक और वित्तीय व्यवस्था प्रदान की। अन्य निर्णयों में, पर्यावरण कार्यक्रम के लिए एक गवर्निंग काऊंसिल की स्थापना का प्रस्ताव रखा गया जिसके लिए एक पर्यावरण महासचिव तथा पर्यावरण कोष की व्यवस्था की जाएगी। गवर्निंग काऊंसिल पर्यावरण की सुरक्षा विशेषकर विकास में संबंधित दीर्घकालीन तथा अल्पकालीन योजनाओं का संचालन करेगी।

1970 तथा 1980 के दशकों में पर्यावरण की सुरक्षा के प्रति संयुक्त राष्ट्र के प्रयासों में काफी तेजी आई। इसके कुछ प्रमुख कार्यों का वर्णन इस प्रकार किया जा सकता है :

1. 1976 में कनाडा के वेंकूवर में मानव व्यवस्थापन (Human Settlements) से संबंधित 'यू. एन. हैबिटेट कांफ्रेंस'।
2. 1977 में अर्जेंटीना के मारडेल प्लाटा (Mardel Plata) में 'वर्ल्ड वाटर कांफ्रेंस'। इस सम्मेलन का उद्देश्य था – सभी को स्वच्छ पीने योग्य जल तथा स्वास्थ्य प्रबन्ध उपलब्ध कराना।
3. 1977 में आयोजित किया गया 'संयुक्त राष्ट्र डेजरटिफिकेशन कांफ्रेंस'।
4. 1977 में जॉर्जिया में संयुक्त राष्ट्र पर्यावरण कार्यक्रम (UNEP) तथा संयुक्त राष्ट्र शैक्षणिक, वैज्ञानिक तथा सांस्कृतिक संगठन (UNESCO) के द्वारा एक अंत: सरकारी शिक्षा सम्मेलन का आयोजन किया गया। इस सम्मेलन में 74 देशों के लगभग 400 प्रतिनिधियों ने भाग लिया।
5. 1980 के दशक में पर्यावरण की बढ़ती समस्याओं के प्रति अंतर्राष्ट्रीय समुदाय की गंभीर रूप से चिंता बढ़ी है। ओजोन की क्षति, जलवायु परिवर्तन (ग्लोबल वार्मिंग), मत्स्यिकी तथा वनाच्छादन का ह्रास, जैविक भिन्नता की क्षति, प्रदूषण आदि समस्याओं ने वैश्विक स्तर पर ध्यान आकर्षित किया है। इसके साथ-साथ, पोषणकारी विकास के मुद्दे भी समान महत्त्व रखते हैं, खासकर विकासशील देशों के लिए। यह वह समय था जब नार्वे के प्रधानमंत्री, हैवलेन ब्रन्टलैंड को पर्यावरण तथा विकास से संबंधित विश्व आयोग का अध्यक्ष नियुक्त किया गया। इस आयोग को ब्रन्टलैंड आयोग भी कहा जाता है।

इस आयोग की 'Owe Common Future' (1987) नामक रिपोर्ट अनेक मुद्दों पर विचार करती है, परंतु विकासशील देशो में पर्यावरणिक अधोगति से संबंधित गरीबी के मुद्दे पर यह विशेष ध्यान देता है।

ब्रन्टलैंड आयोग (Brundtland Commission)

1983 में संयुक्त राष्ट्र महासभा द्वारा पर्यावरण तथा विकास से संबंधित एक विश्व आयोग की स्थापना की गई। ब्रन्टलैंड रिपोर्ट ने 'पोषणकारी विकास' को मुख्यधारा से जोडा। इस रिपोर्ट ने सम्पोषित अथवा पोषणकारी विकास की विस्तृत परिभाषा निम्नलिखित शब्दों में की:

'सम्पोषित विकास एक ऐसा विकास है जो भावी पीढ़ियों की आवश्यकताओं की पूर्ति से समझौता किए बिना वर्तमान समय की आवश्यकताओं को पूरा करे।'

रिपोर्ट के अनुसार, 'विकास' की अवधारणा में दो प्रमुख धारणाएँ निहित हैं:

(1) 'आवश्यकताओं' की धारणा खासकर विश्व की निर्धन आबादी की आवश्यकताएँ जिन्हें अभिभावी प्राथमिकता दी जानी चाहिए तथा

(2) 'सीमाओं' की धारणा अर्थात् पर्यावरण की वर्तमान तथा भावी आवश्यकता को पूरा करने की सामर्थ्य की सीमाएँ जो प्रौद्योगिकी तथा सामाजिक संगठनों द्वारा लगाई गई है।

संक्षेप में, रिपोर्ट में इस बात पर बल दिया गया है कि सम्पोषित विकास का अर्थ है – प्रत्येक स्तर पर निर्णय निर्माण प्रक्रिया में अर्थव्यवस्था तथा पारिस्थितिकि दोनों को शामिल करना।

ब्रन्टलैंड रिपोर्ट के अनुसार, 'पर्यावरण तथा विकास नीतियों के उद्देश्यों का निर्धारण, वृद्धि की अवधारणा; रोजगार, भोजन, ऊर्जा, जल तथा स्वास्थ्य की मूलभूत आवश्यकताओं की पूर्ति, जनसँख्या का वह पोषणकारी स्तर प्राप्त करना जो संसाधन क्षमता में वृद्धि तथा संरक्षण कर सके; नई तकनीक का निर्माण तथा निर्णय प्रक्रिया में पर्यावरण तथा अर्थव्यवस्था के समान महत्त्व जैसी धारणाओं की योजनाओं का उद्देश्य मानव जाति तथा मानवता और प्रकृति के बीच मेल-मिलाप कायम करना है। ब्रन्टलैंड आयोग ने रियो सम्मेलन के लिए एक कार्यकारी संरचना के रूप में कार्य किया।

पृथ्वी सम्मेलन, 1992 (Earth Summit, 1992)

जून, 1992 में रियो-द-जनेरों में पर्यावरण तथा विकास से संबंधित संयुक्त राष्ट्र सम्मेलन (UNCED), जिसे 'पृथ्वी सम्मेलन' भी कहा जाता है, का आयोजन किया गया जिसमें 150 से भी अधिक संख्या में सरकारों ने भाग लिया। यह अभी तक का सबसे बड़ा संयुक्त राष्ट्र सम्मेलन था। यह सम्मेलन ब्रन्टलैंड रिपोर्ट से प्रेरित व निर्देशित था। इस सम्मेलन ने विश्व भर के लोगों को यह सोचने पर विवश कर दिया कि किस प्रकार उनकी जीवनशैली प्राकशतिक पर्यावरण और संसाधनों को प्रभावित कर रही है तथा ऐसे नए वातावरण का वे किस प्रकार सामना करेंगे जो उनके परिवेश को प्रभावित करता है। इस सम्मेलन की निम्नलिखित प्रमुख उपलब्धियाँ रही –

1) 'पर्यावरण तथा विकास पर रियो उद्घोषणा – इसमें ऐसे सिद्धांतों का वर्णन किया गया है जो इस क्षेत्र में राज्य के अधिकारों और कर्त्तव्यों को परिभाषित करता है।

2) 'एजेण्डा-21' – यह पोषणकारी विकास को प्राप्त करने के लिए वैश्विक क्रियाओं का एक व्यापक दस्तावेज है।

3) 'वन संबंधी सिद्धांत' – यह विश्व स्तर पर वनों के पोषणकारी प्रबधन से संबंधित सिद्धांतों का संकलन है।

4) 'कानूनी रूप से बाध्यकारी दो समझौते' – इसमें जलवायु परिवर्तन तथा जैविक भिन्नता से संबंधित समझौते शामिल है जिनका उद्देश्य है – वैश्विक स्तर पर जलवायु परिवर्तन पर रोक तथा जैविक रूप से भिन्न प्रजातियों का उन्मूलन।

पर्यावरण तथा विकास से संबंधित रियो उद्घोषणा (The Rio Declartion on Environment & Development)

इस उद्घोषणा में 27 सिद्धांतों को शामिल किया गया है जो विकास के पर्यावरणिक एवं पोषणकारी प्रतिमान के प्रति राष्ट्रों के आचरण का मार्गदर्शन करते हैं। उद्घोषणा के प्रमुख सिद्धांतों का वर्णन इस प्रकार है :

1) मनुष्य इस पोषणकारी विकास के विचार का केंद्र है। मानव जाति एक स्वस्थ व उत्पादक जीवन पाने का अधिकार रखती है।

2) राष्ट्रों को विकासात्मक नीतियों के अंतर्गत अपने संसाधनों के प्रयोग का अधिकार है तथा उनका यह कर्त्तव्य भी है कि वे यह सुनिश्चित करें कि वे उचित वैधानिक क्रिया के अंतर्गत कार्य करेंगे तथा उनकी क्रियाएँ अन्य राज्यों के पर्यावरण अथवा राष्ट्रीय विधान की सीमाओं के बाहर जाकर पर्यावरण को किसी प्रकार की क्षति नहीं पहुँचाएगी।

3) विकास का अधिकार प्राप्त होना चाहिए ताकि वर्तमान और भावी पीढ़ियों के लिए पर्यावरण तथा विकास की आवश्यकताओं को समान रूप से प्राप्त किया जा सके।

4) पर्यावरणिक सुरक्षा को विकास प्रक्रिया का अभिन्न अंग बनाए रखा जाना जरूरी है।

5) प्रत्येक राष्ट्र को सम्पोषित विकास की अपरिहार्य आवश्यकता के रूप में निर्धनता को दूर करने के महत्वपूर्ण कार्य में सहयोग देना होगा ताकि विश्व की बहुसंख्यक आबादी के बेहतर जीवन स्तर को प्राप्त किया जा सके।

6) विकासशील देश जो पर्यावरणिक रूप से असुरक्षित हैं, उन्हें विशेष प्राथमिकता दी जाए।

7) राष्ट्रों को पृथ्वी के पारिस्थितिकतंत्र के संरक्षण के लिए मिलजुलकर सहयोग करना चाहिए।

8) सभी लोगों के उच्च जीवन स्तर को प्राप्त करने तथा विकास के लिए राष्ट्रों को चाहिए कि वे अपने उत्पादन एवं उपभोग के गैर-पोषणकारी तरीकों को कम तथा समाप्त करें।

9) राष्ट्रों को वैज्ञानिक एवं तकनीकी ज्ञान के आदान-प्रदान द्वारा अपनी वैज्ञानिक समझ में सुधार लाना चाहिए तथा नीवन तकनीकों के स्थानांतरण को भी बढ़ावा देना चाहिए।

10) एक उचित स्तर तक सभी सम्बद्ध, नागरिकों की सहभागिता से पर्यावरणिक मुद्दों का बेहतर ढंग से हल किया जा सकता है।

एजेण्डा-21 (Agenda-21)

एजेण्डा-21 एक गतिशील कार्यक्रम है। यह एक स्वैच्छिक कार्य-योजना है। इस 800 पृष्ठों के दस्तावेज में, सरकारों के लिए एक विस्तृत रूप-रेखा तैयार की गई है जिसमें जनसंख्या नीति,

संकटमय जल-चक्र के प्रबंधन, ऊर्जा संरक्षण, नवीनीकरण ऊर्जा, पर्यावरण के प्रति नारी की भूमिका के लिए व्यावसायिक रणनीतियाँ आदि सभी के बारे में चर्चा की गई है। एजेण्डा-21 की प्रस्तावना में इसके निम्नलिखित उद्देश्यों का उल्लेख किया गया है।

हम राष्ट्रों में व राष्ट्रों के मध्य कुछ स्थाई समस्याओं का सामना कर रहे हैं जैसे - निर्धनता, भुखमरी, कुपोषण, निरक्षरता की स्थिति तथा उस पर्यावरण का निरंतर ह्रास जिस पर हम अपने जीवन के लिए आश्रित हैं। हालांकि, पर्यावरण तथा विकास के एकीकरण पर विशेष ध्यान देने से मूलभूत आवश्यकताओं की पूर्ति, सभी के लिए बेहतर जीवन-स्तर, अधिक सुरक्षित व नियंत्रित पारिस्थितिकी तथा एक सुरक्षित समृद्ध भविष्य को प्राप्त किया जा सकता है। कोई भी राष्ट्र इसे अकेले प्राप्त करने में समर्थ नहीं है।

अतः एजेण्डा-21 पोषणकारी विकास के लक्ष्य को प्राप्त करने के लिए अंतर्राष्ट्रीय सहयोग पर बल देता है। यह वर्तमान समय की ज्वलंत समस्याओं पर विचार करता है तथा विश्व को आगामी सदी की चुनौतियों के लिए तैयार करना इसका उद्देश्य है। एजेण्डा-21 एक विस्तृत दस्तावेज हैं जिसे निम्नलिखित चार भागों में विभाजित किया जा सकता है :

भाग-1 - सामाजिक तथा आर्थिक आयाम - इस भाग में विकासशील देशों में सम्पोषित विकास की गति को बढ़ाने के लिए अंतराष्ट्रीय सहयोग का सुझाव दिया गया है। इसमें संबंधित घरेलू नीतियों जैसे - गरीबी का सामना करने, उपभोग के तरीकों में परिवर्तन लाने, जनसांख्यिकीय परिवर्तन तथा पोषणकारिता, मनुष्य का स्वास्थ्य संरक्षण, पोषणकारी मानव अधिवास को बढ़ावा देने तथा निर्णय प्रक्रिया में पर्यावरण तथा विकास के समन्वयन जैसी नीतियों को शामिल किया गया है।

भाग-2 - विकास के लिए संसाधनों का संरक्षण तथा प्रबंधन - इस भाग में पर्यावरण की रक्षा, वनों के कटाव पर रोक, संवेदनशील पारिस्थितिकतंत्र का प्रबंधन, कृषि तथा ग्रामीण विकास को बढ़ावा, जैविक भिन्नता का संरक्षण, जीवप्रौधोगिकी का विवेकपूर्ण प्रबंधन, महासागरों का संरक्षण, स्वच्छजल संसाधनों की आपूर्ति व गुणवत्ता का संरक्षण तथा रेडियोधर्मी पदार्थों का सुरक्षित व पर्यावरणिक रूप से स्वस्थ प्रबंधन।

भाग-3 - विशाल समुदायों की भूमिका को दृढ़ करना - यह भाग विकास में महिलाओं, बच्चों व युवा लोगों की वैश्विक भूमिका निभाने, देशज लोगों व उनके समुदायों की भूमिका को मान्यता देने एवं लाभ प्रदान करने तथा गैर-सरकारी संस्थाओं की भूमिका को सशक्त करने का वर्णन करता है। इसके साथ-साथ श्रमिकों व उनके संघों तथा किसानों की भूमिका को सुदृढ़ करने की भी चर्चा करता है।

भाग-4 - क्रियान्वयन के साधन - यह भाग वित्तीय संसाधनों, स्वस्थ प्रौद्योगिकी के आदान-प्रदान, सहयोग, पोषणकारी विकास के लिए विज्ञान आदि से संबंधित है। यह शिक्षा, जनता में, जागरूकता एवं प्रशिक्षण, राष्ट्रीय तंत्र तथा क्षमता निर्माण के लिए अंतर्राष्ट्रीय सहयोग, अंतर्राष्ट्रीय संस्थागत प्रबंधों, अंतर्राष्ट्रीय कानूनी व्यवस्था तथा निर्णय निर्माण के लिए सूचना आदि को भी बढ़ावा देता है।

एजेण्डा-21 में पर्यावरण तथा विकास के मुद्दों की व्यापकता होते हुए भी, अनेक NGO's अन्यायपूर्ण अंतर्राष्ट्रीय आर्थिक व्यवस्था की स्थिति से न निपट पाने की असफलता के लिए इसकी आलोचना करते हैं क्योंकि यह आर्थिक व्यवस्था विकासशील देशों के पर्यावरण संरक्षण तथा मानव

कल्याण के सुधारों के मार्ग में बड़ी सुविधा है। अन्य मुद्दे जिन पर ध्यान नहीं दिया गया, उनमें शामिल है – विवादों तथा सैन्यवाद का पर्यावरण तथा विकास पर प्रभाव, अनेक विकासशील देशों को अशक्त करता ऋणबोझ तथा अंतर्राष्ट्रीय व्यापार की भूमिका। हालांकि, एजेण्डा-21 अपनी कमियों के बावजूद, प्रारंभ से उत्तर-रियो विश्व का प्रबंध करता है। यह इस बात को भी मानता है कि विकास और पर्यावरण को जोड़ने में विकसित और विकासशील देशों के संयुक्त प्रयास तथा साँझे उत्तरदायित्व को बनाए रखना कठिन है।

वन संबंधी सिद्धान्त (Forest Principles)

यह विश्व स्तर पर वनों के पोषणकारी प्रबंध को दृढ़ करने के लिए कानूनी रूप से बाध्य कुछ आधिकारिक सिद्धांतों का समूह है। वन विकास के साथ-साथ पर्यावरण के संरक्षण में भी महत्त्वपूर्ण भूमिका निभाते हैं। एजेण्डा-21 के भाग-2 में वनों के कटाव की समस्या का सामना करने के लिए कुछ सुझाव दिए गए हैं।

जलवायु परिवर्तन तथा जैविक भिन्नता संबंधी समझौते (Conventions on Climte Change and on Biodiversity)

रियो सम्मेलन में विश्व समुदाय ने दो पहलुओं पर प्रकाश डाला। ये पहलू हैं – वैश्विक जलवायु परिवर्तन को रोकना तथा जैविक रूप से विषम प्रजातियों का उन्मूलन। इसके अनुसार, जलवायु परिवर्तन तथा जैविक भिन्नता' से संबंधित कानूनी रूप से बाध्यकारी दो समझौतों पर 150 से भी अधिक देशों के प्रतिनिधियों ने हस्ताक्षर किए। पहले समझौते की मांग है कि ग्लोबल वार्मिंग के खतरे को देखते हुए राष्ट्रों को अपनी गैसों के उत्सर्जन को कम करने के लिए उचित कदम उठाने होंगे। हालांकि, इस लक्ष्य को प्राप्त करने के संबंध में कोई समय सीमा निर्धारित नहीं की गई क्योंकि उस दौरान वार्ताओं में संयुक्त राज्य अमेरिका पर इसके लिए दबाव डाला जा रहा था। अप्रैल 1993 में, अमेरिका के राष्ट्रपति क्लिंटन ने वचन दिया कि संयुक्त राज्य अमेरिका वर्ष 2000 तक ग्रीन हाऊस गैसों के उत्सर्जन को 1990 के स्तर तक कम करने का प्रयास करेगा। जलवायु परिवर्तन संबंधी समझौता 21 मार्च, 1994 से प्रभावी हुआ। जिसका 50 से भी अधिक देशों ने समर्थन किया। जैविक भिन्नता से संबंधित अन्य समझौते की मांग है कि राष्ट्र विश्व की विषम वनस्पति तथा वन्यजीव प्रजातियों के संरक्षण के लिए मार्ग प्रशस्त करे। एजेण्डा-21 के भाग-दो में जैविक भिन्नता पर हुए समझौते को बल प्रदान करने हेतु कुछ विशिष्ट सुझावों का वर्णन किया गया है। यहाँ यह उल्लिखित करना आवश्यक होगा कि अमेरिका के पूर्व राष्ट्रपति बुश ने संपति के अधिकारों के आधार पर इस समझौते पर हस्ताक्षर करने से इंकार कर दिया था। हालांकि, क्लिंटन के समय में संयुक्त राज्य अमेरिका ने अपनी स्थिति बदली तथा अब उसने समझौते पर हस्ताक्षर भी किए हैं। रियो उद्घोषणा के बाद पोषणकारी विकास की अवधारणा के लिए एक व्यावहारिक योजना की दिशा में इन दो समझौतों को पहले कदम के रूप में देखा जा सकता है।

पृथ्वी-सम्मेलन (Earth Summit)

1992 का पृथ्वी-सम्मेलन (एजेण्डा-21) पोषणकारी विकास तथा पर्यावरण के प्रोत्साहन के लिए एक मील का पत्थर साबित हुआ। विश्व के राष्ट्रों ने राष्ट्रीय तथा अंतर्राष्ट्रीय स्तर पर पर्यावरण के संरक्षण तथा सम्पोषित विकास के लिए संसाधनों के संरक्षण तथा संपोषित विकास के लिए संसाधनों के संरक्षण के प्रति वचनबद्धता प्रकट की है। 1997 में न्यूयार्क में संयुक्त राष्ट्र ने एक सम्मेलन का आयोजन किया ताकि 1992 के विश्व सम्मेलन के उपरांत पाँच वर्ष की उपलब्धियों का मूल्यांकन किया जा सके। एक सप्ताह तक चलने वाले इस सम्मेलन का 'विश्व सम्मेलन-5' का नाम दिया गया जिसमें लगभग 1000 पर्यावरणवेताओं तथा 170 से भी अधिक राष्ट्रों के दूतों व NGO's ने भाग लिया। मलेशिया की राजदूत एवं सम्मेलन की अध्यक्ष रजिया इस्माइल के अनुसार, 'अल्पकालिक परिणाम केवल सांत्वना प्रदान करते हैं।' इस बात पर विवाद की कोई गुंजाइश नहीं कि पृथ्वी के लिए गंभीर कदम उठाने की आवश्यकता है। ग्रीन हाऊस गैसों के स्तर में 2 प्रतिशत की वार्षिक वृद्धि हो रही है। कुल 13.7 करोड़ हेक्टेयर वनों का प्रति वर्ष सफाया कर दिया जाता है। वर्ष 2020 तक, विश्व की दो-तिहाई आबादी को जलपूर्ति की समस्या का सामना करना पड़ सकता है। प्रत्येक वर्ष 3 मिलियन टन विषैले तथा हानिकारिक पदार्थ राष्ट्रीय सीमाओं से बाहर चले जाते हैं। सबसे चिंताजनक बात यह है कि 1.1 अरब लोग एक डालर या उससे भी कम मात्रा अर्जित करते हैं, तो जब वे स्वयं अपनी रक्षा करने की स्थिति में नहीं हैं तो वे अकेले पर्यावरण की रक्षा कैसे करेंगे।

हालांकि, प्रतिनिधियों ने ग्लोबल वार्मिंग जैस कुछ संवेदनशील क्षेत्रों के लिए कुछ ठोस उपायों पर सहमति व्यक्त की है। पर्यावरणवेत्ताओं ने भी अंतर्राष्ट्रीय पर्यावरणीय विवादों के हल के लिए एक 'विश्व पर्यावरण न्यायालय' के गठन की आवश्यकता व्यक्त की है। शिखर-सम्मेलन 5 के 'पर्यावरण संरक्षण, संसाधनों की रक्षा तथा पोषणकारी विकास' की दिशा में एक भावी कदम था। ऐसा पहली बार हुआ जब इस मंच पर विभिन्न सरकारों के प्रतिनिधियों द्वारा दिए गए वक्तव्यों को सुना गया। सम्मेलन-5 में रियो सम्मेलन तथा उसके बाद की प्रभाव कार्य योजना तक की उपलब्धियों का गंभीर मूल्यांकन किया गया। इन व्यापक वार्ताओं के परिणामस्वरूप जहाँ पर्यावरण तथा विकास के मुद्दों पर व्यापक सहमति जताई गई, वहीं कुछ क्षेत्रों को लेकर अभी भी असहमति बनी हुई है।

दिसम्बर 1997 का ग्लोबल वार्मिंग पर क्योटो पर्यावरणीय सम्मेलन [Kyoto Environmental Summit on Global Warming (Dec.1997)]

1 दिसम्बर, 1997 को जापान के क्योटो शहर में जलवायु परिवर्तन संबंधी एक सभा बुलाई गई ताकि पांच वर्षों की उपलब्धियों पर विचार किया जा सके तथा भविष्य के लिए योजनाऐं तथा रणनीतियाँ एवं उद्देश्य निर्धारित किए जा सकें। इस सम्मेलन में 150 से भी अधिक देशों ने हिस्सा लिया। ग्यारह दिनों के अथक प्रयासों के बाद, सभा कुछ ठोस निर्णय लेने में सफल हुई। सम्मेलन के अंत में, यह निर्णय लिया गया कि यूरोपीय यूनियन, अमेरिका तथा जापान द्वारा ग्रीन हाऊस गैसों के उत्सर्जन की मात्रा में 1990 के स्तर की तुलना में क्रमश: 8 प्रतिशत, 7 प्रतिशत तथा 6 प्रतिशत की दर से कमी लाई जाएगी। इसी प्रकार, गैसों के उत्सर्जन को कम करने के लिए अन्य 21 औद्योगिकृत राष्ट्रों ने लक्ष्य निर्धारित किए। इन लक्ष्यों को 2008 से 2012 तक की अवधि में हासिल किया जाना है। विकासशील देशों ने यह विचार व्यक्त किया है कि उनकी आर्थिक स्थितियाँ उन्हें ऐसी वचनबद्धता

को स्वीकार करने की इजाज़त नहीं देती। इसलिए विकासशील देशों ने (जिनमें भारत तथा चीन भी शामिल है) कुछ समय के लिए ऐसी वचनबद्धता के लिए छूट मांगी है। इसका एक कारण यह है कि भारत में सिर्फ 803 मिलियन टन प्रति व्यक्ति उत्सर्जन की तुलना में अमेरिका में इन गैसों के उत्सर्जन की मात्रा 5228 मिलयिन टन है।

इस सम्मेलन के आरंभ में, अमेरिका गैसों के उत्सर्जन में 5 प्रतिशत से अधिक मात्रा में कमी लाने के लक्ष्य को अपनाने को तैयार नहीं था। लेकिन यूरोपीय व अन्य देशों के दबाव के कारण अमेरिका को 7 प्रतिशत के लक्ष्य को स्वीकार करना पड़ा। हालांकि इस बात पर आशंका व्यक्त की गई कि क्या अमेरिकन सीनेट इस संधि का अनुसमर्थन करेगी या नहीं। तथापि, अमेरिका ने क्योटो संधि का 2001 में परित्याग करने का फैसला किया तथा राष्ट्रपति बुश ने फरवरी, 2002 में क्योटो जलवायु-परिवर्तन संधि के लिए एक वैकल्पिक योजना की घोषणा की। उन्होंने उत्सर्जन के संबंध में एक स्वैच्छिक समाधान प्रस्तावित किया। इस स्वैच्छिक योजना के अंतर्गत अमेरिका 2002 में GDP के अनुसार 183 मैट्रिक टन प्रति मिलियन डालर को 2012 तक GDP में 151 मैट्रिक टन प्रति मिलियन डालर से उत्सर्जन में कमी लाएगा। इस योजना में व्यापार तथा उपभोक्ताओं को शामिल करने के लिए, बुश प्रशासन ने ऊर्जा के नवीनीकरण स्त्रोतों के लिए प्रत्येक पाँच वर्ष बाद 4 से 6 अरब डालर टैक्स क्रेडिट के रूप में देना स्वीकार किया।

क्योटो पर्यावरणीय सम्मेलन में जो लक्ष्य व उद्देश्य रखे जाएँ उन्हें तभी हासिल किया जा सकता है जब इसमें शामिल देश इसे अपने देशों में दृढ़ता से लागू करने का प्रयास करें। कम-से-कम 55 राष्ट्रों को क्योटो प्रोटोकोल को कानूनी मान्यता देने की जरूरत है। हाल ही में (अक्टूबर 2004) रूस, जोकि विश्व के 17 प्रतिशत ग्रीन हाऊस गैस उत्सर्जन का जिम्मेदार है, ने इसी संधि-पत्र पर हस्ताक्षर किए हैं। चीन और कनाडा ने भी इसका अनुसमर्थन किया है। केवल अमेरिका व आस्ट्रेलिया ऐसे दो बड़े राष्ट्र हैं जिन्होंने अपने आप को इस प्रोटोकोल से बाहर रखा है। रूस के प्रति हम आभारी है तथा शेष राष्ट्र अब इस ऑपरेशन में मिलकर आगे बढ़ सकते हैं। अन्य शब्दों में, यह प्रोटोकोल अब क्रियात्मक रूप ले रहा है।

यदि क्योटो सम्मेलन में निर्धारित समयावधि के भीतर उत्सर्जन की मात्रा को कम न किया गया तो तापमान में उस सीमा तक वृद्धि हो सकती है जिससे जीवन ही संकट में पड़ जाए। इससे समुद्री स्तर बढ़ सकता है तथा वनस्पति नष्ट हो सकती है। इसलिए यह अत्यावश्यक है कि राष्ट्रों को न केवल अपने हितों बल्कि संपूर्ण विश्व के हित को भी ध्यान में रखना चाहिए क्योंकि पृथ्वी का पर्यावरण एक ही है तथा अजेय है।

विश्व सम्मेलन '+10' (2002) (Earth Summit Plus Ten 2002)

संयुक्त राष्ट्र ने जोहान्सबर्ग में 26 अगस्त से 4 सितम्बर 2002 तक पोषणकारी विकास पर दस दिन के विश्व सम्मेलन का आयोजन किया। इस सम्मेलन की शुरूआत इस आह्वान के साथ हुई कि निर्धनता का सामना करने तथा वैश्विक पर्यावरण को बचाने के लिए समन्वित रूप से अंतर्राष्ट्रीय कदम उठाने की आवश्यकता है। सम्मेलन के अंत में, एक घोषणा की गई जिसे 'पोषणकारी विकास की जोहान्सबर्ग उद्घोषणा' का नाम दिया गया।

दक्षिण अफ्रीका के जोहान्सबर्ग शहर में पोषणकारी विकास पर हुए विश्व सम्मेलन में विश्व के लोगों के प्रतिनिधि इक्ट्ठे हुए जिन्होंने पोषणकारी विकास के प्रति अपनी वचनबद्धता को पुनः अभिपुष्ट किया। जनता के प्रतिनिधियों ने पोषणकारी विकास के स्तंभों – आर्थिक विकास, सामाजिक विकास तथा स्थानीय, राष्ट्रीय, प्रादेशिक और वैश्विक स्तरों पर पर्यावरण की सुरक्षा को दृढ़ता प्रदान करने का सामूहिक उत्तरदायित्त्व लिया।

उद्घोषणा में कहा गया है कि गरीबी उन्मूलन, उपभोग तथा उत्पादन के तरीकों में परिवर्तन तथा आर्थिक व सामाजिक विकास के लिए प्राकशतिक संसाधनों का प्रबंधन एवं संरक्षण जैसे लक्ष्य पोषणकारी विकास की अनिवार्य आवश्यकता है।

जोहान्सबर्ग में यह भी स्वीकार किया गया कि पोषणकारी विकास के लिए एक दीर्घकालिक परिप्रेक्ष्य तथा नीति के नियमन के लिए व्यापक सहभागिता की आवश्यकता है तथा निर्णय निर्माण और उसका क्रियान्वयन सभी स्तरों पर होना चाहिए। उद्घोषणा में इस पर सहमति जताई गई कि निजी सेक्टर में उनकी वैध क्रियाओं वाले व्यवसायों तथा सभी छोटी व बड़ी कम्पनियों का यह कर्त्तव्य है कि वे न्यायपूर्ण तथा पोषणकारी समुदायों एवं समाजों के निर्माण में अपना योगदान दें।

अब प्रायः यह बात स्पष्ट है कि प्रकृति के असंतुलन का दुष्प्रभाव समस्त मानव जाति के लिए अधिक हानिकारक एवं संकटमय है। संभवतः यह विचार अब पूरी दुनियां में स्वीकारा जा चुका है। विकास की इच्छा निःसंदेह एक वैश्विक प्रक्रिया है परन्तु यह जरूरी है कि इससे सम्पोषण के मार्ग में बाधा न आए तथा किसी के भी अधिकार क्षेत्र का अतिक्रमण किए बिना एक साथ आगे बढ़ा जाए। इसके अलावा, यह विचार केवल एक नई अवधारणा अर्थात् पोषणकारी विकास को उभरने में मदद करता है। इसीलिए, यह जरूरी है कि हमारा विकास का लक्ष्य पर्यावरण केंद्रित हो। पोषणकारी विकास भी धारणा के अंतरिम लाभों की बजाय दीर्घकालिक लक्ष्य है। हालांकि, लोगों की पर्यावरणीय मुद्दों के प्रति जागरूक करने की प्रक्रिया में गंभीर अंतर है। प्रस्तावों तथा उनके क्रियान्वयन के मध्य भी एक विशाल अंतर है। इस अंतर को कम करना जरूरी है ताकि पर्यावरण ह्रास के प्रति गंभीर कदम उठाए जा सके तथा इस समस्या के हल के लिए किए गए प्रयासों को दोनों, सिद्धांतों एवं व्यवहार में अनुभव किया जा सके। पर्यावरण ह्रास की प्रक्रिया को रोकने के संयुक्त राष्ट्र के प्रस्ताव जैसे कि 1992 का रियो सम्मेलन, सम्पोषित विकास पर जोहान्सबर्ग सम्मेलन (2002) तथा तद्पश्चात् इस संबंध में अपनाए गए अन्य अनेक कार्यक्रमों को इस दिशा में 'विशिष्ट एवं प्रशंसनीय' कहा जा सकता है।

निष्कर्ष (Conclusion)

पर्यावरण की रक्षा के उद्देश्य से किए गए विभिन्न प्रयास हाल ही की प्रक्रिया है। व्यवस्थित रूप से, इसकी शुरूआत, मानव पर्यावरण पर संयुक्त राष्ट्र सम्मेलन (1972) के साथ हुई जिसके कारण संयुक्त राष्ट्र पर्यावरण कार्यक्रम (UNEP) का निर्माण हुआ। इसने पर्यावरण तथा उसके संरक्षण के प्रति संवेदना उत्पन्न करने में महत्त्वपूर्ण सफलता प्राप्त की। इसकी महत्त्वपूर्ण बात यह थी कि इसने पोषणकारी विकास की धारणा को केंद्र में रखा तथा इस बात पर प्रकाश डाला कि वृद्धि – केंद्रित योजनाएँ इस विकास के विरूद्ध है। 1992 के विश्व-सम्मेलन ने राज्यों की भूमिका पर बल दिया। इसकी प्रमुख विशेषता यह थी कि अनेक प्रस्तावों तथा सिद्धांतों के अतिरिक्त इसमें कानूनी रूप से

बाध्यकारी दो समझौतों को शामिल किया गया। 1997 के क्योटो प्रोटोकोल का संबंध एक विशिष्ट पहलू से था। इसमें 2010 तक ग्रीनहाऊस गैसों के उत्सर्जन को कम करने की बात की गई है। इसके होते हुए भी, अमेरिका अपने एजेण्डा के नियमन की पहल कर रहा है। अमेरिका की सीनेट ने इसका अनुसमर्थन करने से इंकार कर दिया। जोहान्सबर्ग सम्मेलन (2002) का उद्देश्य सरकारों तथा निजी क्षेत्र के हर स्तर पर प्रभावी सहभागिता के प्रयासों द्वारा पर्यावरण संरक्षण को बढ़ावा देना है।

पर्यावरण संरक्षण कार्यक्रमों का संक्षिप्त सार कोई आशापूर्ण चित्र प्रस्तुत नहीं करता। यह इस बात को दर्शाता है कि अंतर्राष्ट्रीय समुदाय अपनी उम्मीदों पर कायम रहने में पूर्ण समर्थ नहीं है। कार्यकत्ताओं के बीच सर्वसम्मति का अभाव है। यह सर्वसम्मति निहित स्वार्थों की आंशिक अभिव्यक्ति है जिसमें बड़े राष्ट्र अपनी वृद्धि केंद्रित युक्तियों को जारी रखना चाहते हैं। अनेक अवसरों पर अमेरिका का कठोर रूख अपनाना तथा क्योटो संधि-पत्र पर हस्ताक्षर करने के प्रति विमुखता ने इन प्रयासों के लिए विरोधाभास पैदा किया है। इसके विपरीत, विकासशील देश अनेक महत्त्वपूर्ण सामाजिक-आर्थिक समस्याओं से जूझ रहे हैं। जिसके कारण वे ऐसे संगीन मुद्दों के प्रति वचनबद्धता व्यक्त नहीं कर सकते।

बेहतर जीवन सतर को बनाए रखने में पर्यावरण की भूमिका का महत्त्व कम नहीं है। हमारी बहुत सी समकालीन समस्याओं का संबंध प्राकृतिक ह्रास से है। एक देश की जनसंख्या, उसकी सीमाओं की सुरक्षा, नागरिकों की स्वास्थ्य व स्वच्छता तथा इसी प्रकार के अन्य विषय पर्यावरणीय तत्त्वों से निर्धारित होते हैं। पर्यावरण का ह्रास तथा पर्यावरण संरक्षण के प्रति व्यर्थपूर्ण समकालीन दश्ष्टिकोण इस अधोगति का एक बड़ा कारण है।

इस परिदृश्य को ध्यान में रखते हुए संयुक्त राष्ट्र के तत्वाधान में समकालीन प्रयासों की प्रभावोत्पादकता पर अत्यधिक बल नहीं देना चाहिए। वे उन समस्याओं के प्रति एक नई सोच, संवदेनशीलता तथा प्रतिबद्धता को व्यक्त करते हैं जो हर जगह व्यक्ति को प्रभावित करती है।

वे किसी विशेष क्षेत्र या देश में ही नहीं है। यह वास्तविक रूप से सार्वभौमिक है। अत: प्रत्येक देश तथा अंतर्राष्ट्रीय मंच का यह पवित्र कर्तव्य है कि वे पर्यावरण संरक्षण के प्रयासों को प्रभावी बनाने की सुनिश्चितता व्यक्त करें। दुनिया के लोगों ने यह अनुभव कर लिया है कि पर्यावरण की अधोगति एक मानव निर्मित प्रक्रिया है। राज्य के साथ-साथ, गैर राज्य-कर्त्ता तथा अंतर्राष्ट्रीय समुदाय भी इससे बचे नहीं रह सकते। वे अपने प्रयासों में कितने सफल होते हैं, यह तो समय के साथ ही स्पष्ट हो जाएगा।

References

Brown, L.R. 1981. *Building a Sustainable Society,* Northern. New Delhi.

Ganguly Thukral. E. (ed), 1992. *Big Dams; Displaced People.* Sage. New Delhi.

Ghai, Dharam (ed). 1994. *Development Environment: Sustaining People and Nature,* Blackwell Publishers. UK.

Goldsmith. E. and N. Hildyard. 1984. *The Social and Environmental Effects of Large Dams.* Cornwell.U.K.

Guha, Ramchandra and Madhav Gadgil. 1995. *Ecology and Equity: The Use and Abuse of Nature in Contemporary India,* Penguin.

Inglehart. R. 1997. *The Silent Revolution.* Princeton University Press. New Jersey.

Karam. P.P. 1994. *Environmental Movement in India.* Geological Review.

Krishna. Sumi. 1996. *Environmental Politics: People' sLives Development Choice,* Sage.

Nelson. B. 1993. ('Chipko Revisited. Whole Earth Review', 79:116-122-).

Ramakrishnan, P.S., *Ecology and Sustainable Development (*New Delhi, National Book Trust, 2001).

Kothari Rajni, (1988), *Rethinking Development - In Search of Humane Alternatives.* Ajanta, Delhi

अध्याय - 19

औद्योगिक प्रदूषण, ग्लोबल वार्मिंग की समस्या जीव-भिन्नता के लिए संकट

(Issues of Industrial Pollution, Global Warming, Threats to Biodiversity)

सस्मिता मिश्र

संजय मिश्र

औद्योगिक प्रदूषण (Industrial Pollution)

उत्तर-विश्वयुद्ध काल में समस्त विश्व में उग्र रूप से औद्योगिक क्रांति फैली। जनसंख्या विस्फोट, उपभोक्तावाद में वृद्धि तथा उच्च जीवनशैली ने अंधाधुंध औद्योगीकरण को बढ़ावा दिया। एक समाज एवं राष्ट्र की प्रगति को औद्योगिक उत्पादन तथा परमाणु क्षमता के मानदण्ड से आंका जाने लगा। इस होड़ के परिणामस्वरूप प्राकृतिक संसाधनों का अपरिमित शोषण किया गया ताकि उपभोक्तावाद की प्यास को शांत किया जा सके। इसके साथ-साथ, हमें क्रमशः औद्योगिक प्रदूषण जैसी एक अन्य दीर्घकालिक समस्या का भी सामना करना पड़ा है।

भारत की गणना विश्व के दस उन्नत औद्योगीकृत राष्ट्रों में की जाती है। पिछले कुछ वर्षों में, भारत ने मूलभूत उद्योगों जैसे कि धातु, पेट्रोरसायन, उवर्रक, खाद्य पदार्थों आदि के क्षेत्र में सफलतापूर्वक एक बेहतर औद्योगिक अधिसंरचना का निर्माण किया है परन्तु इसके साथ-साथ हमें औद्योगिक प्रदूषण की समांतर समस्याओं का भी सामना करना पड़ा है।

औद्योगिक उत्पादन के कारण कच्चे माल की प्रकृति में काफी परिवर्तन आया है। जैसे कि कोयले से ताप ऊर्जा का निर्माण, लौह अयस्क से लोहे तथा स्टील का निर्माण, कच्चे पेट्रोलियम से अलग-अलग प्रकार के पेट्रोलियम उत्पाद तैयार करना जैसे कि - ल्यूब्रिकेंट, डीजल, पेट्रोल, गैसोलीन आदि। धात्विक एवं प्लास्टिक तत्त्वों को रंगों अथवा अन्य रसायनों द्वारा बेहतर चमक दी जा सकती है। कपड़ों की रंगाई के लिए ब्लीचिंग तथा रसायनिक रंगाई की आवश्यकता होती है। किसी उद्योग में एक उत्पाद के लिए कच्चे धातु के खनन, धुलाई, धातु के संसाधनीकरण, पिघलाने, ठण्डा करने आदि अनेक क्रियाएं शामिल होती है। इन सभी कार्यों में प्रदूषण अवश्यंभावी है। प्रदूषण का प्रकार प्रक्रिया के अनुसार भिन्न-भिन्न हो सकता है। खनन कार्य तथा ईधन जलाने से वायु प्रदूषण, शीतलन तथा प्रज्ञालन प्रक्रियाओं से जल प्रदूषण तथा मृदा प्रदूषण, अपशिष्ट पदार्थों के अनुचित व्यवस्थापन

से भी मृदा व जल प्रदूषण फैलता है। औद्योगिक संयंत्रों, ऊर्जा संयंत्र टरबाइन, डीजल जेनरेटर उपकरण तथा ऐसी अन्य क्रियाओं से ध्वनि प्रदूषण भी होता है।

प्रदूषण फैलाने वाले तत्वों को प्रदूषक कहा जाता है। यह प्रदूषण तरल, गैसीय, ठोस अथवा भौतिक कारकों जैसे कि - ताप तथा ध्वनि के रूप में हो सकता है। ये प्रदूषण पर्यावरण पर प्रतिकूल अथवा हानिकारक प्रभाव डालते हैं।

1750 के दशक की औद्योगिक क्रांति के साथ ही औद्योगिक प्रदूषण की समस्या ने जन्म लिया। औद्योगिक क्रांति को उत्पादन हेतु ऊर्जा-चालित यंत्र की संज्ञा दी जा सकती है। 18वीं शताब्दी में, संपूर्ण पश्चिमी यूरोप में तेजी से औद्योगीकरण शुरू हुआ, परन्तु इंग्लैण्ड में इस प्रक्रिया की गति तीव्र थी।

कोयले तथा लोहे के खनन कार्य के लिए श्रमिकों की पर्याप्त आपूर्ति तथा फैक्ट्रियों में कार्मिकों की आपूर्ति ने औद्योगिक क्रांति को प्रोत्साहन दिया। 17वीं शताब्दी की वैज्ञानिक क्रांति से विशाल पूंजी निवेश एवं तकनीकी ज्ञान ने भी इसे प्रोत्साहन दिया। विशाल वन्य संसाधन, औद्योगिक ईंधन के लिए कोयले के बड़े भण्डारों की खोज भी औद्योगीकरण को बढ़ावा देने में सहायक हुए। इन सबके कारण पश्चिमी राष्ट्रों में कहीं अधिक तो कहीं कम औद्योगीकरण आया तथा 1850 के बाद बिजली एवं सस्ते स्टील के आने से इस प्रक्रिया ने जोर पकड़ लिया।

नए रसायनिक उर्वरकों, उच्च गुणवत्ता की कृषि उपज पैदा करने वाले कीटनाशकों की खोज से समस्त विश्व आधुनिक सभ्य व्यवस्था की ओर देखने लगा। अत: कृषि की परम्परागत व्यवस्था, प्राकृतिक खाद का इस्तेमाल तथा प्रचलित बीजों का स्थान धीरे-धीरे रासायनिक उर्वरकों तथा संसाधित बीजों ने ले लिया। जल के पोषणकारी प्रयोग का स्थान पानी के पंपों तथा भूमिगत जल संसाधनों के बड़े भण्डारों की खोज ने ले लिया। इस तकनीकी विकास ने कृषि उत्पादन में उग्र परिवर्तन किया तथा इसने औद्योगिक विकासों की आवश्यकता को और बढ़ावा दिया।

इंग्लैण्ड में 18वीं शताब्दी के आरम्भ में, उत्पादन के लिए मशीनों का प्रयोग बड़े पैमाने पर पहले से ही शुरू किया जा चुका था। आधुनिक भाप इंजन के आने से औद्योगिक विकास को गति मिली। भाप इंजन के प्रयोग से भिन्न प्रकार के चाक, पॉलिश, घिसाई की मशीनें, बढ़िया व सस्ते चीनी मिट्टी के बर्तन आदि बनने लगे। इन बर्तनों का मूल्य घट गया तथा खाने व पीने की चीजें अधिक स्वच्छ हो गईं।

औद्योगिक क्रांति तक, विश्व की अधिकांश जनसंख्या ग्रामीण थी। तथापि, 19वीं शताब्दी के मध्य तक, अंग्रेजों की आधी आबादी नगरों में रहने लगी तथा शताब्दी के अंत तक अन्य यूरोपीय देशों में भी ऐसा ही हुआ। 1800 तथा 1950 के मध्य में, यूरोप के अधिकांश बड़े नगरों ने आश्चर्यजनक उन्नति की। महानगरों की उत्पत्ति की गणना निम्न रूपों में की जा सकती है:

प्रथम, औद्योगीकरण वहीं आया जहाँ पर कार्य श्रम एवं कोयला आदि कच्चा माल सुलभ था जैसे- जर्मनी का रूहर शहर तथा उत्तरी फ्रांस में लिल्ली।

द्वितीय, तैयार माल की ब्रिकी के लिए शहरी क्षेत्र वहाँ स्थापित किए गए जहाँ जल अथवा रेल यातायात सुलभ हो। तथा तृतीय, लन्दन, पैरिस व बर्लिन जैसे- राजनीतिक केंद्रों को बैंकिंग एवं विपणन का प्रमुख केंद्र बनाया गया।

औद्योगिक क्रांति ने मनुष्य की इच्छाओं की काफी सीमा तक संतुष्टि की। दुर्भाग्यवश, इसने समस्त विश्व के लिए एक नई समस्या भी उत्पन्न कर दी। वह समस्या है - प्रदूषण। कृषि व्यवस्था से लेकर सामाजिक जीवन शैली में हुए बदलावों ने न समाप्त होने वाली हानिप्रद स्थिति पैदा कर दी। रसायनिक उर्वरकों के प्रयोग ने मिट्टी की उर्वरता को समाप्त कर दिया। भारी धातु तथा कीटनाशकों ने भी इसे दूषित कर दिया जिससे वनस्पति अपक्षय तथा मृदा अपरदन होने लगा। इसके कारण यह स्थिति हो गई है कि आज हम जो सब्जियां प्रयोग कर रहे हैं उनमें भारी धातु मिला है जो मनुष्य के स्वास्थ्य और जीवन के लिए अत्यंत हानिकारक है। दुनिया भर में नदियों तथा अन्य जल स्रोतों के प्रदूषण के प्रति गहरी चिंता व्यक्त की गई है। इसके कारण जलीय जीवों जैसे कि मछली का भी ह्रास हुआ है। दूषित हवा जिन शहरों का दम घोट रही है, उन शहरों की औद्योगिक चिमनियां विषैले रसायन उगल रही हैं। यदि हम भारत में भोपाल गैस त्रासदी मामले को देखें तो औद्योगिक प्रदूषण का विनाशकारी प्रभाव स्वत: स्पष्ट है। 1948 में डोनोरा के पेनसिलवेनिया शहर में, आधी जनसंख्या खांसी के कारण रोगग्रसत हो गई। 1952 में लन्दन में महामारी से अनेक लोग बीमार हो गए तथा कुछ 4000 लोग 12 घण्टों में मौत का शिकार हो गए। उद्योगों से होने वाले जल प्रदूषण ने गंगा और यमुना की शुद्धता को पूरी तरह बदल दिया है। अनेकों नदियां और जलाशय औद्योगिक प्रदूषण से दूषित हो चुके है। भूमिगत जल जिसे पानी का सुरक्षित स्रोत समझा जाता था, आज वह भी दूषित हो चुका है तथा मानव उपभोग के लिए वह भी स्वच्छ नहीं रह गया है। इन समस्याओं के कारण बीमारी एवं महामारियां तेजी से बढ़ रही हैं।

औद्योगिक प्रदूषण के स्रोत (Sources of Industrial Pollution)

वायु प्रदूषण (Air Pollution)

सामान्य वायु में 78.1 प्रतिशत नाइट्रोजन गैस, 20.93 प्रतिशत आक्सीजन तथा 0.03 प्रतिशत कार्बन डाई-आक्साइड गैस मिली होती है। शेष वायु में कुछ अल्प मात्रा में दूसरी गैसें होती हैं। इन गैसों के अतिरिक्त, वायु में जलवाष्प तथा प्रलंबित पदार्थ (suspended matters) जैसे कि - जीवाणु, धूल, बीजाणु आदि भी होते हैं। 'वायु प्रदूषण' शब्द का प्रयोग तब किया जाता है जब वातावरण में अवांछित तत्वों की मात्रा अत्यधिक बढ़ जाए। अधिकांश वायु प्रदूषक जीवाश्म ईधन जलाने जैसे कि - कोयला, ऊर्जा संयंत्रों, कारखानों, मोटर वाहनों में पेट्रोलियम उत्पादों आदि के जलाने से फैलते हैं। आज एक सौ से भी अधिक वायु प्रदूषक अनुमानित किए जा चुके हैं। कुछ सामान्य वायु प्रदूषकों की चर्चा नीचे दी गई है:

प्रलंबित विविक्त पदार्थ (Suspended Particulate Matters)

यह जल के सिवाय किसी भी तत्व का पृथक समूह होता है। ऐसे तत्व पर्यावरण में विभिन्न (पृथक) रूप में पाए जाते हैं। ये कण सूक्ष्मदर्शी होते हैं। प्रलंबित पदार्थों में धूल के कण, उद्योगों से निकला धुंआ शामिल है। ईधन दहन तथा औद्योगिक क्रियाकलाप जैसे- खनन कार्य, प्रगलन क्रियाएं अथवा उनके प्रबंधन के दौरान रिसाव से होने वाली दुर्घटना, परिवहन चालन आदि इसके स्रोत हैं। भारत में, कोयले- आधारित ऊर्जा-संयंत्रों से निकलने वाला धूसर एक संकटपूर्ण वायु प्रदूषक बन गया है। ऐसे विविक्त पदार्थ आस-पास के वातावरण में लटके रहते हैं तथा स्थिर होने में लंबा समय लगते हैं और

हमारे श्वासतंत्र में प्रवेश कर जाते हैं। सूक्ष्म विविक्त पदार्थों को अंतः श्वसनीय पदार्थ कहते हैं जो अधिक हानिकारक होते हैं। इस प्रकार के वायु प्रदूषण दमा तथा श्वास संबंधी रोग का कारण बनते हैं।

सल्फर डाई-ऑक्साईड (Sulphur Dioxide)

सल्फर डाई-ऑक्साइड अनेक औद्योगिक एवं शहरी क्षेत्रों में प्रमुख वायु प्रदूषक है। जब सल्फर युक्त जीवाश्म ईंधन जैसे कि कोयला अथवा कच्चा तेल जलाया जाता है, तब सल्फर डाई-ऑक्साइड का निर्माण होता है। जब यह सल्फर वायु में शामिल ऑक्सीजन से मिलता है, तो उससे सल्फर डाई-ऑक्साईड बनती है। ऊर्जा संयंत्र, तेल परिष्करणशालाएं, उद्योग जैसे कि- प्रगलन इकाइयाँ, कागज उद्योग, मद्य निर्माणशालाएं आदि सल्फर डाई-आक्साइड प्रदूषण के प्रमुख स्रोत हैं। वातावरण में फैली सल्फर डाई-ऑक्साईड का प्रायः आर्द्रता एवं धूप की उपस्थिति में सल्फर ट्राई-ऑक्साईड में ऑक्सीकरण हो जाता है। यह तुरन्त वायु में मौजुद जलवाष्प से मिलकर सल्फ्यूरिक एसिड का निर्माण करता है। ये रासायनिक रूप सल्फर डाई-ऑक्साइड की तुलना में अधिक उत्तेजक एवं हानिकारक होते हैं। सल्फर डाई-ऑक्साइड नेत्रों एवं श्वासतंत्र को अत्यंत नुकसान पहुंचाती है। यह पौधों की पत्तियों के लिए भी हानिकारक है। मनुष्य एवं पशु की तुलना में पौधे सल्फर डाई-ऑक्साइड गैस से अधिक प्रभावित होते हैं क्योंकि वे अधिक संवेदनशील हैं। इसके अतिरिक्त, यह गैस अम्ल वर्षा में भी योग देती है।

नाइट्रोजन डाई-ऑक्साईड (Nitrogen Dioxide)

व्यावहारिक रूप से, नाइट्रोजन डाई-ऑक्साईड हवा में सभी प्रकार की दहन प्रक्रियाओं के फलस्वरूप फैलती है। जब आग की उपस्थिति में ऑक्सीजन तथा नाइट्रोजन संयुक्त होते हैं, तो नाइट्रिक आक्साईड बनती है। नाइट्रिक आक्साईड कुछ कम प्रभावी वायु प्रदूषक है। यद्यपि, सूर्य की पराबैंगनी किरणों (UV Light) के प्रभाव से नाइट्रिक आक्साईड नाइट्रोजन डाई-आक्साईड में परिवर्तित हो जाता है। नाइट्रोजन आक्साईड का यह रूप पर्यावरण के लिए हानिकारक है। नाइट्रोजन आक्साईड से श्वास संबंधी रोग होते हैं तथा यह इन्फ्लूएन्जा से लड़ने की क्षमता को भी कम कर देता है। सल्फर डाई-आक्साईड की भांति यह गैस भी पौधों की पत्तियों को नुकसान पहुंचाती है। यह वायु प्रदूषक भी अम्ल वर्षा में योग देता है।

कार्बन मोनो-आक्साईड (Carbon Mono-oxide)

कार्बन मोनो-आक्साईड भी ज्वलनशील प्रक्रियाओं का ही परिणाम है। ईंधन के आंशिक या अपूर्ण रूप से जलने पर कार्बन मोनो-आक्साईड की उत्पत्ति होती है। इसके प्रमुख औद्योगिक स्रोत हैं - कार्बन ब्लैक, लोहा एवं स्टील, ईंट की भट्टियाँ, तेल परिष्करणशालाएँ तथा अल्यूमिनियम इकाईयां। लगभग 70 प्रतिशत कार्बन मानो-आक्साईड परिवहन साधनों के उत्सर्जन का परिणाम है। कार्बन मोनो आक्साईड मानव रक्त के हिमोग्लोबिन में मिली आक्सीजन से 210 गुणा अधिक शक्तिशाली है जो मानव शरीर में आक्सीजन के स्तर को कम कर सकती है। यहां तक कि, यह हृदय गति को भी रोक सकती है।

भारी धातु (Heavy Metals)

भारी धातु जैसे कि - सीसा, पारा, जिंक कैडमियम सामान्य वायु प्रदूषक हैं। ऐसे धात्विक प्रदूषक औद्योगिक तथा अन्य मानव क्रियाओं के फलस्वरूप हवा में निष्कासित होते हैं।

गैसोलीन के साथ ईधन के योग से वायुमण्डल में सीसे की उत्पत्ति होती है। व्यवहार में सीसे का प्रयोग ईधन की बेहतर गुणवत्ता के लिए किया जाता है। इस प्रदूषण का प्रमुख रंग उत्पादन, ऑटोमोबाइल में रंग अनुभाग तथा अन्य समान औद्योगिक प्रक्रियाएं। सीसे के प्रदूषण से मस्तिष्क को क्षति पहुंच सकती है, विकास रूक सकता है तथा उच्च रक्तचाप की समस्या भी पैदा हो सकती है।

पारे के मिश्रण का प्रयोग रंगों, सौन्दर्य प्रसाधनों, लुगदी तथा कागज के निर्माण में एवं फफूंदीनाशक उद्योगों में किया जाता है। पारा एक वाष्पशील तरल पदार्थ है। यह मानव स्वास्थ्य पर अत्यंत हानिकारक प्रभाव डाल सकता है। यह स्नायुतंत्र, यकृत, नेत्रों को क्षतिग्रस्त तथा शिशुओं को विकलांग तक कर सकता है।

जिंक प्रदूषक के प्रमुख कारक हैं जिंक प्रगलन तथा रद्दी धातु का शोधन। तांबे, सीसे तथा स्टील की परिष्करणशालाएं भी काफी सीमा तक पर्यावरण में जिंक निष्कासित करती हैं। यह मानव स्वास्थ्य के लिए बेहद विषैला पदार्थ है।

औद्योगिक क्रियाकलाप जैसे कि - निष्कर्षण, शोधन तथा कैडमियम युक्त पदार्थों का विद्युतीकरण (electroplasting) वायु प्रदूषण का एक बड़ा कारक हैं फॉस्फेट उर्वरकों तथा जन्तुनाशकों एवं तांबे, सीसे व स्टील की परिष्करणशालाएं भी काफी सीमा तक कैडमियम उत्सर्जित करते हैं। कैडमियम अत्यंत विषैला एवं प्राणघातक है तथा यह गुर्दे को नुकसान पहुंचा सकता है। यह उच्चरक्तचाप (hypertension) तथा वातस्फीति (emphysema) का भी कारण बन सकता है।

ओजोन (Ozone)

ओजोन प्रदूषण औद्योगिक इकाइयों तथा आटोमोबाइल (मोटर वाहन) से निकलने वाले नाइट्रोजन आक्साईड एवं वाष्पशील जैविक संयोजनकों के सौर किरणों से प्रतिक्रिया स्वरूप होता है। ओजोन प्रदूषण क्षोभमण्डल से लगभ 8 से 16 कि.मी. की दूरी तक पृथ्वी की सतह पर फैला हुआ है। ओजोन की मात्रा बढ़ने से मानव स्वास्थ्य को खतरा है तथा इससे फसलों को भी नुकसान हो सकता है। ओजोन के कारण आंखों में जलन तथा दमा जैसे रोग हो सकते हैं।

कुछ प्रमुख वायु प्रदूषकों, उनके स्रोतों एवं उनके मानव स्वास्थ्य पर प्रभावो की सूची-

क्र.सं.	वायु प्रदूषक	स्रोत	नकारात्मक प्रभाव
1.	सल्फर डाई-आक्साइड	ऊर्जा संयंत्र, तेल परिष्करण शालाएं, उद्योग जैसे कि-प्रगलन इकाइयों, लुगदी व कागज मिलें, मद्य निर्माण शालाएं	श्वास-संबंधी रोग

2.	नाइट्रोजन आक्साइड	ज्वलन प्रक्रियाएं	श्वसनी-शोध, इन्फ्लूएंजा से लड़ने की क्षमता में कमी
3.	आर्सेनिक	कोयले व तेल की भट्टियां, शीशे का निर्माण	लंबे समय तक संपर्क में रहने पर फेफड़ों का कैंसर
4.	कार्बन मोनो-ऑक्साइड	कोयले व तेल की भट्टियां, प्रगलन, स्टील संयंत्र	शरीर में ऑक्सीजन की कमी, हृदय को क्षति
5.	बेन्जीन	परिष्करणशालाएं, आटोमोबाइल प्रभावन	लंबी अवधि में श्वेतरक्तता (ल्यूकीमिया)
6.	कैडमियम	प्रगइन प्रक्रिया, अपशिष्टों का जलाना, कोयले व तेल की भट्टियां	लंबे समय तक संपर्क में रहने पर गुर्दे तथा फेफड़ों को नुकसान
7.	क्लोरिन	रसायनिक उद्योग, कागज की मिलें	श्लेष्मल झिल्ली पर संक्रमण
8.	फ्लोराइड्स	प्रगालक, स्टील संयत्र	बच्चों के आंखों, दातों पर प्रभाव
9.	फॉरमलडीहाइड	रसायनिक निर्माण, रंग उद्योग	आँखों, कान व दांतों पर कुप्रभाव
10.	हाइड्रोक्लोरिक अम्ल	भस्मक	आँखों और फेफड़ों पर कुप्रभाव
11.	हाइड्रोजन फ्लोराईड	खाद उद्योग, प्रगालक	आँखों और फेफड़ों में जलन
12.	पारा	कोयला, तेल की भटियां	व्यवहार में चिड़चिड़ापन
13.	नाईट्रिक अम्ल	नाइट्रोजन डाइऑक्साईड	अम्ल वर्षा
14.	नाईट्रस अम्ल	नाइट्रोजन डाइऑक्साईड और जलवाष्प	श्वास संबंधी रोग
15.	हाईड्रोजन सल्फाईड	तेल शोधक, कागज उद्योग	आंखों में जलन
16.	सलफ्यूरिक अम्ल	सूर्य रोशनी में व्याप्त सलफ्यूरिक अम्ल	अम्ल वर्षा और श्वास संबंधी रोग
17.	ओजोन	सूर्य की रोशनी में व्याप्त नाइट्रोजन आक्साईड और हाइड्रोकार्बन	अस्थमा, आंखों में जलन
18.	शीशा	प्रगालक, ऑटोमोबाइल	दिमाग पर कुप्रभाव
19.	सिलीकॉन	रसायन उद्योग,	फेफडों पर कुप्रभाव
20.	मैंग्नीज	स्टील संयत्र, ऊर्जा संयत्र	पर्किन्सन रोग

कोरिया के आर्थिक विकास के प्रथम दो दशकों के दौरान, द्रुतगामी औद्योगीकरण के पर्यावरण पर पहुंचने वाले हानिकारक प्रभावों के प्रति कुछ संवेदना व्यक्त की गई। 1980 के दशक के अंत तक कोरिया ने पर्यावरण के प्रति विशेष ध्यान नहीं दिया था, परन्तु समस्याएं इतनी तेजी से बढ़ने लगीं कि कोरियाई सरकार इन सभी समस्याओं से निपटने में असमर्थ थी। तीव्र औद्योगीकरण से जुड़ी समस्याओं में एक समस्या है - अम्ल वर्षा। अध्ययन दर्शाते हैं कि एशिया का एक बड़ा भाग अम्ल वर्षा से प्रभावित है। फैक्ट्रियों से निकलने वाला धुंआ तथा ऑटोमोबाइल उत्सर्जन सल्फर आक्साईड

के निर्माण में योग देते हैं जो अम्ल वर्षा का एक प्रमुख कारक है। 1987 के अनुसार, चीन एशिया में 20 मिलियन टन सल्फर डाई-आक्साईड उत्सर्जन के लिए अकेला सबसे बड़ा उत्पादक है। दक्षिणी कोरिया भी एक प्रमुख उत्पादक है।

1970 के दशक के प्रारंभ में, कोरिया की पंचवर्षीय योजना ने भारी उद्योगों एवं पेट्रो-रसायन उद्योग जगत में तीव्र गति से औद्योगीकरण किया। दक्षिणपूर्वी कोरिया का अल्सन क्षेत्र भारी औद्योगीकरण के लिए जाना जाता है तथा इसने बड़ी-बड़ी कोरियाई कंपनियों को आकर्षित किया है। अंतर्राष्ट्रीय व्यापार प्रशासन के अनुसार, लगभग 200 कम्पनियां अल्सन तथा ओन्सान औद्योगिक क्षेत्र के अंतर्गत कार्य कर रही है। इन क्षेत्रों में तीव्र औद्योगीकरण के परिणामस्वरूप गंभीर रूप से वायु प्रदूषण की समस्या पैदा हुई है जो आम जनता और सरकार के लिए चिंता का विषय बन गया है। हाल के वर्षों में, सिओल इन उद्योगों द्वारा सल्फर ऑक्साईड के उत्सर्जन की कढ़ाई से नियंत्रित करके वायु की गुणवत्ता में सुधार के लिए योजनाएं बना रहा है।

इन प्रयासों के बावजूद, दक्षिणी कोरियाई कंपनियों के संयंत्रों में आवश्यक प्रदूषण नियंत्रक यंत्रों को लगाने में सक्षम विशेषज्ञों का अभाव है। दक्षिण कोरियाई कम्पनियां प्रभावी जापानी कम्पनियों से सहयोग लेने का प्रयास कर रही हैं तथा तकनीकी सहयोग की दिशा में कार्य करने के लिए अभी प्रारंभिक अवस्था में ही है। अभी जो मुख्य मुद्दा है – वह यह है कि चीन की निरंतर आर्थिक वृद्धि से होने वाला पर्यावरणीय प्रदूषण सीमाएं पार करके दक्षिणी कोरिया एवं जापान- इन देशों में समस्या खड़ी कर रहा है। चीन के मौसम का प्रभाव जापान एवं दक्षिण कोरिया पर पड़ रहा है। चीन के औद्योगिक प्रदूषण के परिणामस्वरूप पीली मिट्टी चीन से उड़कर सिओल तक जा रही हे जो वहां हानिकारक वायु प्रदूषण फैला रही है।

अध्ययन बताते हैं कि अम्ल से संबंधित इस प्रकार का प्रदूषण चीन से आ रहा है। अन्य अध्ययन भी बताते हैं कि उत्तरपूर्वी एशिया से जापानी द्वीप क्यूशू तक पहुंचने वाली अम्ल वर्षा विशेषकर सर्दी के मौसम में होती है, जब क्षेत्र के साथ-साथ उत्तर-पश्चिमी पवनें तेजी से आगे बढ़ती है। चीन से आने वाली पवनें अपने साथ सल्फर आक्साईड भी लाती है जो अम्ल वर्षा का एक प्रमुख कारक है। प्रशान्त क्षेत्र में अम्ल वर्षा ने सांस्कृतिक प्रतीकों को प्रभावित किया है। कोरिया तथा जापान, जापान एवं चीन तथा कोरिया एवं चीन के बीच एक द्विपक्षीय विधान बनाया गया है। इन देशों में हुए समझौतों के द्वारा प्रशांत क्षेत्र में पर्यावरण सुधार की दिशा में प्रगति हो रही है।

पर्यावरण समस्याएं जैसे कि अम्ल वर्षा, जो आज राष्ट्रीय सीमाओं को भी पार कर चुकी है, वह लगातार एक सामान्य प्रक्रिया बनती जा रही है। अम्लीय वर्षा से दृष्टिक्षेत्र में कमी आती है, इससे झीलें एवं नदियाँ दूषित होती हैं, मत्स्य तथा जमाव रसायनिक परिवर्तनों एवं वाहनों से उत्सर्जित सल्फर डाई आक्साईड तथा नाइट्रोजन आक्साईड के परिणामस्वरूप होता है। विशेषज्ञों की राय के मुताबिक अम्ल वर्षा की समस्या में कमी लाने का एकमात्र उपाय है – सल्फर तथा नाइट्रोजन आक्साईड के उत्सर्जन को कम करना। अगर इनमें कमी न की गई तो झीलों एवं नदियों, भूमिगत जल, मृदा एवं वन भी अम्ल से लगातार प्रभावित होते रहेंगे जिससे बाद में आर्थिक एवं प्राकृतिक ह्रास होगा।

वायु प्रदूषण निरंतर औद्योगीकृत होता जा रहा है। जीवाश्म ईधन जैसे कि कोयला एवं तेल के जलाने से सल्फर डाई-आक्साईड, नाइट्रोजन तथा अम्ल वर्षा में योग देने वाले अन्य उत्सर्जनों का निर्माण होता है। पहले यह माना जाता था कि अम्ल वर्षा केवल उत्तरी अमेरिका एवं यूरोप में ही

संभव है, तथापि इसका प्रभाव इस सीमा तक फैला है कि एशियाई क्षेत्र के लिए कोई विकल्प ही नहीं बचा। 'उपभोक्ता संघीय पर्यावरण इकाई' की विश्वव्यापक जांच के अनुसार अम्ल वर्षा का जितना प्रभाव अन्य विकसित देशों में है उतनी ही यह समस्या एशियाई क्षेत्रों में भी है। इस बात के स्पष्ट प्रमाण हैं कि अम्ल वर्षा एवं वायु प्रदूषण का कारण चीन एवं दक्षिण कोरिया में तेजी से बढ़ता औद्योगीकरण एवं पर्यावरणीय मानकों का निम्न स्तर है। विश्व के पांच सर्वाधिक प्रदूषित शहरों में से तीन–बीजिंग, सिओल व शंघाई उस दिशा में स्थित हैं जहाँ जापान की हवाएं नवम्बर माह से पूरे अप्रैल तक बह कर आती हैं। यह अनुभव किया गया कि चीन एवं कोरिया के तीव्रगामी विकास के परिणामस्वरूप जापान एवं एशिया के अन्य भागों में अम्ल वर्षा से जुड़ी वायु प्रदूषण संबंधी समस्याएं सामने आई हैं।

जल प्रदूषण (Water Pollution)

जल में अवांछित तत्त्वों या अशुद्धियों से होने वाले किसी भी प्रकार के भौतिक व रासायनिक परिवर्तनों को जल प्रदूषण कहते है। ऐसे जल में दुर्गंध, अरूचिकर स्वाद, अवांछित रंग तथा ऑक्सीजन का निम्न स्तर जैसे लक्षण आ जाते हैं। प्रदूषित जल पीने, स्नान करने, धोने तथा मानव एवं औद्योगिक उपभोग के योग्य नहीं होता।

जल प्रदूषण के स्रोत हैं– उद्योगों, घरेलू काम–काज तथा कृषि कार्यों से निष्कासित गंदे पानी का बहाव। घरेलू पानी में बड़े पैमाने पर मल, प्रक्षालक, वसा, तेल इत्यादि होते हैं। उद्योगों से निकलने वाला दूषित जल जैसे कि मद्यनिर्माणशालाओं, लुगदी एवं कागज मिलों, रसायनिक इकाइयों, कपड़ा मिलों आदि से निष्कासित जल भी बड़े पैमाने पर जीव–निम्नीकरणीय प्रदूषणों से युक्त होता है। जब यह दूषित जल विभिन्न जलाशयों जैसे कि – नदियों, झीलों आदि में जाकर मिलता है, तब यह दूषित पानी जल में मौजूद सूक्ष्म–जीवियों के द्वारा अपघटित हो जाता है। ऐसे सूक्ष्मजीवी जल में घुलनशील आक्सीजन का प्रयोग करते है। जब मानव मल, वसा एवं तेल की मात्रा अत्यधिक हो जाती है, तो अपघटन के लिए जीवाणुओं को अतिरिक्त ऑक्सीजन की आवश्यकता पड़ती है। इसके कारण जलाशयों में ऑक्सीजन का स्तर घट जाता है। इसके परिणामस्वरूप जल में मछली तथा अन्य प्रजातियों के लिए आश्रय को हानि पहुंचती है।

जलाशयों में घरेलू स्रोतों से पहुंचने वाले प्रक्षालकों के कारण फॉस्फेट तथा नाइट्रेट्स की मात्रा बढ़ती है। अत: जल स्रोत अधिक उत्पादक हो जाते है। इस प्रक्रिया को 'यूटरोफिकेशन' कहते हैं। इस प्रक्रिया के फलस्वरूप जलाशयों में शैवाल का विकास होता है तथा शैवाल के अत्यधिक विकास से जलाशयों की पारदर्शिता में कमी आती है। रोशनी की कमी से असंतुलन पैदा हो सकता है। शैवाल की सहसावृद्धि से आक्सीजन का स्तर भी घटता है व जल जीवन को हानि हो सकती है। संयुक्त राज्य अमेरिका की ईरी झील इसका ज्वलंत उदाहरण है। 1960 के दशक के दौरान झील में अत्यधिक फास्फेट फैल जाने से यह शैवाल युक्त हो गई। शैवाल के विकास से मत्स्य उद्योग, समुद्र यात्रा में बाधाएं आती हैं तथा पानी में दुर्गंध आने लगती है जिससे यह मानव उपभोग के योग्य नहीं रहता।

औद्योगिक क्रियाकलापों में विभिन्न प्रक्रियाओं से भी दूषित जल प्रवाहित होता है। कपड़ों की रंगाई, चर्मशोधन शालाएँ, मद्यनिर्माण शालाएँ, लुगदी एवं कागज मिलें, कोक भट्टी संयंत्र, लोहा एवं स्टील संयंत्र, ऊर्जा संयंत्रों, औषधीय उद्योगों, विद्युत लेपन इकाइयों आदि से प्रतिदिन बड़ी मात्रा में

दूषित जल प्रवाहित होता है। इस जल में तेल एवं ग्रीस के तत्त्व, रसायन, अम्ल, क्षार भारी धातुओं के नमक, साइनाईड्स, फिनोलिक मिश्रण, विषैले तत्त्व आदि मिले होते हैं।

1950 के दशकों से बैकेल झील पर इसका प्रभाव दिखना शुरू हुआ। उद्योगों का विस्तार, जनसंख्या वृद्धि, कृषि में रसायनों का प्रयोग शुरू हुआ। नदियों पर लकड़ी का काम बढ़ा तथा बैकेल झील पर टिम्बर ले जाने का कार्य शुरू हुआ। उत्तरी तट पर लुगदी एवं कागज संयंत्र भी बनाए गए।

कतिपय वर्षों में, प्रदूषण से निपटने के लिए कुछ कदम भी उठाए गए। नदियों पर लकड़ी के कटाव कार्य को रोका गया तथा टिम्बर की आवाजाही को कम किया गया। स्थानीय लोगों में शिक्षा पर बल दिया गया। यद्यपि, ये उपाय अपर्याप्त है। प्रदूषण का भय अभी भी बना हुआ है।

आज, झील को दो स्रोतों से सबसे बड़े प्रदूषण का खतरा है - उलान-उदे का नगर तथा बैकल्स्क लुगदी एवं कागज संयंत्र (BPPP)।

संयंत्र में प्रयुक्त जल अभिक्रिया के चार चरणों से होकर गुजरता है - संपूर्ण जैविक, रसायनिक, यांत्रिक तथा अतिरिक्त जैविक उपचार। फिर भी, यह संपूर्ण रूप से हानिकारक तत्त्वों से मुक्त नहीं होता। लगभग 20 बार तनुकृत होने के पश्चात्, उसे समुद्रतट पर लगभग 40 मीटर गहराई से 150 मीटर की दूरी तक की गहरी परिक्षेपी निकास नली से निकाला जाता है। यहाँ तक कि संयंत्र से निकले प्रयुक्त जल में कुछ प्रदूषकों का निर्धारित मानक बैकेल झील के जल के निर्धारित मानक से भी अधिक हो जाता है।

इस समय, झील में प्रदूषण की दर ने पौधों एवं अन्य जीवन पर पड़ने वाले हानिकारक प्रभावों का सामना किया है। वनस्पति, जूप्लैंकटन तथा नरपा के वसा में बड़ी मात्रा में विषैले जैविक तत्त्व पाए गए हैं। नरपा के वसा में जैव-क्लोरिन जन्तुनाशक (DDT) पाया गया। हालांकि, बैकेल नरपा DDT से उस सीमा तक प्रभावित नहीं है जितना कि बाल्टिक सागर की सील मछली।

आर्सेनिक विषाक्त ने बांग्लादेश में एक नई समस्या खड़ी की है। सर्वेक्षण दशाते है कि देश के लगभग 80 करोड़ लोग आसर्निक विषाक्तीकरण के खतरे में जी रहे हैं क्योंकि भूमिगत जल का एक बड़ा भाग आर्सेनिक से दूषित है। आर्सेनिक प्रदूषण लोगों के स्वास्थ्य तथा पर्यावरण को प्रभावित कर रहा है।

आर्सेनिक प्रदूषण की जांच सबसे पहले 1993 में बांग्लादेश में जन स्वास्थ्य अभियांत्रिकी विभाग (DPHE) ने की। परन्तु यह तथ्य 1996 तक परदे के पीछे रहा। दोनों सरकारी स्तर पर किए गए नवीन सर्वेक्षणों के अनुसार बांग्लादेश के कुल 64 जिलों में से कम से कम 53 जिले आर्सेनिक प्रदूषण से प्रभावित हैं।

वर्तमान में, बांग्लादेश में 2 करोड़ से भी अधिक नलकूप पीने वाले पानी के स्रोत के रूप में प्रयोग में लाए जा रहे हैं। उनमें से, केवल 50,000 स्रोतों की ही विभिन्न सरकारी एवं गैर सरकारी एजेंसियों द्वारा जांच कराई गई है। शेष स्रोतों का अभी भी सर्वेक्षण नहीं हो पाया है।

आर्सेनिक विषाक्तीकरण की जांच नल-कूप के पानी के नमूने लेकर तथा मानव उत्तकों जेसे कि - बाल, त्वचा, मूत्र आदि के नमूनों द्वारा की गई है। भोजन तथा पानी के जरिए बड़े पैमाने पर आर्सेनिक के लगातार सेवन से अनेक प्रकार की बीमारियां, खासकर त्वचा संबंधी रोग हो सकते हैं तथा मनुष्य को शारीरिक एवं मानसिक क्षति पहुंच सकती है।

'विश्व स्वास्थ्य संगठन' (WHO) ने प्रति लीटर पानी के लिए 0.01 मिलीग्राम आर्सेनिक की अनुशांसित मात्रा निर्धारित की है। इसके लिए प्रति लीटर 0.05 मिलीग्राम की अधिकतम सीमा भी निर्धारित की गई है। DCH तथा अन्य प्रयोगशालाओं द्वारा किए गए सर्वेक्षण के अंतर्गत बांग्लादेश के संदिग्ध क्षेत्रों में नल कूप के पानी का परीक्षण किया गया है। अनेक मामलों में भूमिगत जल में आर्सेनिक की मौजूदगी अधिकतम सीमा से अधिक पायी गयी है, जो विशेष चिंता का विषय है। भारत का प. बंगाल राज्य भी भौतिक समरूपता के कारण आर्सेनिक प्रभावित क्षेत्र में आता है। परन्तु विशेषज्ञों के अनुसार प. बंगाल की तुलना में बांग्ला देश की स्थिति अधिक गंभीर है। प. बंगाल में प्रभावित क्षेत्रों से 4000 नल-कूपों के नमूने एकत्रित किए गए तथा 58 नल-कूपों में प्रतिलीटर पानी में 0.1 मिलीग्राम से अधिक मात्रा में आर्सेनिक पाया गया है। दूसरी ओर, बांग्ला देश के प्रभावित क्षेत्रों में कुछ 6101 नल कूपों की जांच की गई तथा 75 नल कूपों में बड़े स्तर पर आसर्निक की मौजूदगी पायी गई है। देश में लक्ष्मीपुर, नवाबगंज तथा फरीदपुर जिले सबसे अधिक प्रभावित क्षेत्रों में आंके गए हैं, जहां पर बड़ी संख्या में लोग आर्सेनिक प्रदूषण के कारण विभिन्न रोगों से प्रभावित हुए है।

आर्सेनिक प्रदूषण ने प्रभावित लोगों के लिए गंभीर सामाजिक समस्याएं खड़ी की हैं। वास्तव में उन्हें समाज से बहिष्कृत कर दिया गया है। उन्हें सामाजिक-कार्यक्रमों में भाग लेने की अनुमति नहीं है। आसर्निक प्रभावित गांव भी पृथक क्षेत्र में शामिल हो गए हैं।

प्रभावित क्षेत्रों में व्यापक सर्वेक्षणों तथा शोध के आधार पर विशषज्ञों ने राय दी है कि आर्सेनिक प्रदूषण के प्रति जागरूकता कार्यक्रम शुरू किया जाए तथा बीमारियों से बचने के लिए सुरक्षित सतही जल का प्रयोग बढ़ाया जाए। भूमिगत जल के अव्यवस्थित प्रयोग को आर्सेनिक प्रदूषण का प्रमुख कारण माना जा रहा है। नियमित अवधि पर नल कूपों के जल के परीक्षण तथा प्रभावित क्षेत्रों में संदिग्ध रोगियों की जांच का भी सुझाव दिया गया है। भारत में, अनेक महत्त्वपूर्ण नदियाँ जल, प्रदूषण से प्रभावित हैं। गंगा और यमुना जैसी पवित्र नदियां भी अब लोगों को स्नान के लिए आकर्षित करने योग्य नहीं रह गई हैं। यमुना नदी तो दिल्ली में एक छोटी सी निकास-नलिका बन कर रह गई है। इस नदी का जल न तो अब स्नान करने, न कृषि और न ही औद्योगिक प्रयोग के योग्य रह गया है। भूमिगत जल की भी यही व्यथा है। उद्योगों से निकलने वाले कूड़े-कचरे तथा गंदे पानी के बहाव ने कदाचित सुरक्षित भूमिगत जल को दूषित कर दिया है। राजस्थान के विचरी क्षेत्र के कुओं से निकलने वाले दूषित पानी की कहानियां भारत के अनेक भागों में आम बात है। साल-दर-साल भूमिगत जल की मात्रा के साथ-साथ गुणवत्ता में भी कमी आई है। भूमिगत जल में अवांछित स्वाद, गुणवत्ता में भी कमी आई है। भूमिगत जल अवांछित स्वाद, तेल तथा भारी धातुओं की मिलावट से युक्त है। कृषि में आधुनिक अर्वरकों एवं जंतुनाशकों के प्रयोग ने भी भूमिगत जल की गुणवत्ता समाप्त की है। अतः भूमिगत जल अब मानव उपभोग के लिए सुरक्षित नहीं रह गया है।

मृदा प्रदूषण (Soil Pollution)

वायु तथा जल प्रदूषण के बारे में अक्सर सुना जाता है। तथापि मृदा प्रदूषण भी समान रूप से विनाशकारी है। मृदा प्रदूषण का प्रमुख कारण है - खनन कार्य, उद्योगों द्वारा ठोस अपशिष्टों का अनुचित प्रकार से प्रबंधन, आधुनिक कृषि कार्यों में हानिकारक रसायनों का प्रयोग। निर्माणात्मक कार्यों के लिए कोयले, लोहे, अल्यूमिनियम तथा अन्य खनिजों का खनन, लाइमस्टोन तथा अन्य पत्थर आदि के कारण मृदा पर्यावरण में असंतुलन पैदा हुआ है। उद्योगों से निकलने वाले अनेक प्रकार के ठोस

अपशिष्ट प्रकृति के लिए हानिकारक है। ताप ऊर्जा संयंत्रों से निकलकर उड़ने वाली राख से न केवल वायु प्रदूषण बल्कि मृदा एवं जल प्रदूषण भी होता है। औद्योगिक एवं घरेलू स्रोतों के द्वारा बहिस्रावित तेलों के द्वारा भी मिट्टी दूषित होती है। ठोस अपशिष्टों की अम्लीय तथा क्षारीय प्रकृति के कारण पेड़ों तथा पौधों को क्षति पहुँचती है। सड़कों का जाल बिछालने, उद्योगों, घरेलू आवास क्षेत्रों आदि के निर्माण के लिए वनों के सफाये ने ईधन की समस्या भी पैदा की है। मृदा प्रदूषण ने भी भूमिगत जल प्रदूषण की समस्या को जन्म दिया है।

ध्वनि प्रदूषण (Noise Pollution)

एक अन्य अप्रत्यक्ष किन्तु प्रदूषण का समान एवं अभिजात पहलू है – ध्वनि प्रदूषण। ध्वनि प्रदूषण एक ऐसी अवांछित ध्वनि का स्तर है जो सामान्य जीवन में बाधा उपस्थित करे। ध्वनि को मापने की इकाई है– डेसिबल। सामान्य फुसफुसाहट के दौरान ध्वनि का स्तर 10–25 डेसिबल तक होना चाहिए, जबकि बातचीत करते समय 50 डेसिबल तथा वायुयान की उड़ान के समय 120 डेसिबल का स्तर होना चाहिए। उद्योगों में ध्वनि प्रदूषण के स्रोत हैं – सम्पीड़कों, टरबाइन पम्पों, जेनरेटरों निर्माणात्मक यंत्रों, सायरन आदि के चलने से होने वाला शोर–गुल। हालांकि यातायात की आवाजाही, वायु यातायात, रेलवे, लाउड स्पीकर आदि भी ध्वनि प्रदूषण में समान योग देते हैं। वायु एवं जल प्रदूषण की अपेक्षा ध्वनि प्रदूषण स्वास्थ्य संबंधी अधिक गंभीर समस्याएं खड़ी करता है। डॉक्टरी प्रमाण दर्शाते हैं कि ध्वनि प्रदूषण से अनिद्रा, थकावट, सिर दर्द, पाचन संबंधी समस्याएं, उच्च रक्त चाप, अल्सर, दिल की बीमारियाँ तथा बहरेपन आदि की समस्याएं हो सकती हैं।

ध्वनि प्रदूषण करने वाले विभिन्न स्रोतों के उचित प्रबंधन जैसे कि – मशीनों को नियमित तेल देने तथा उन मशीनों को ध्वनि नियंत्रक यंत्रों से जोड़कर औद्योगिक ध्वनि प्रदूषण को नियंत्रित किया जा सकता है।

औद्योगिक प्रदूषण को नियंत्रित करने के लिए उठाए गए कदम (Steps Taken to tackle Industrial Pollution)

भारत के संविधान में स्पष्ट रूप से उल्लिखित है कि "यह राज्य का कर्त्तव्य है कि वह पर्यावरण के सरंक्षण एवं रख–रखाव के लिए तथा देश के वनों एवं वन्य जीवन की सुरक्षा के लिए कार्य करे।" यह प्रत्येक नागरिक का भी कर्त्तव्य है। पर्यावरण का जिक्र राज्य के नीति निर्देशक तत्त्वों तथा मौलिक अधिकारों के अंतर्गत भी किया गया है। 1980 में भारत में 'पर्यावरण विभाग' की स्थापना की गई ताकि राष्ट्र को स्वस्थ पर्यावरण की सुनिश्चिता प्रदान की जा सके। बाद में, 1985 में यह 'पर्यावरण तथा वन विभाग' बन गया।

संवैधानिक प्रावधानों में अनेक कानूनों – अधिनियमों, नियमों एवं अधिसूचनाओं का उल्लेख किया गया है। भोपाल गैस काण्ड के तुरंत बाद 1986 में 'पर्यावरण संरक्षण अधिनियम' अस्तित्व में आया तथा इसे सुरक्षात्मक कानून के रूप में देखा जाने लगा। इसके बाद, जैसे–जैसे समस्याएं खड़ी होने लगीं, वैसे–वैसे अनेक कानून–अस्तित्व में आने लगें जैसे कि – 1989 में हानिकारक अपशिष्टों के प्रबंधन संबंधी नियम (Handling and Management of Hazardous Waste Rules in 1989)

कुछ प्रभावी मौलिक पर्यावरणीय कानूनों की सूची नीचे दी गई है :

1948 – फैक्ट्री अधिनियम एवं 1987 का संशोधन (Factories Act and Amendment in 1987) यह सबसे पहला कानून था जिसमें श्रमिकों की पर्यावरणीय स्थितियों पर ध्यान दिया गया। 1987 के संशोधन ने पर्यावरण के प्रति विशेष ध्यान आकर्षित किया तथा इसके हानिकारक प्रभावों पर भी विचार व्यक्त किया।

1974 – जल अधिनियम (प्रदूषण पर नियंत्रण एवं रोकथाम) The Water Act (Prevention and Contorl of Pollution) जल अधिनियम ने जल प्रदूषण में कमी लाने एवं इसके संरक्षण के लिए संस्थात्मक ढांचा तैयार किया। इसने जल की गुणवत्ता तथा बहिस्राव संबंधी मानक निर्धारित किए। प्रदूषण करने वाले उद्योगों को अब अपशिष्ट पदार्थों के जलीय स्रोतों में उत्सर्जन के लिए अनुमति लेना जरूरी है।

'प्रदूषण नियंत्रण बोर्ड' (CPCB) का गठन इसी अधिनियम के अंतर्गत किया गया।

1977 – जल उपकर अधिनियम The Water Cess Act (Prevention and Control of Pollution) यह स्थानीय प्राधिकरणों एवं उद्योगों द्वारा प्रयोग किए जाने वाले जल पर शुल्क अथवा कर की उगाही का प्रबंध करता है।

1978 – जब उपकर नियम The water (Prevention and Control) Cess Rules यह जल के प्रत्येक उपभोक्ता के लिए पानी के मीटरों को लगाने की दूरी तथा उनके प्रकार एवं मानक परिभाषाओं का वर्णन करता है।

1981 – वायु अधिनियम Air (Prevention and Control of Pollution) Act यह वायु प्रदूषण के नियंत्रण के लिए बनाया गया है। यह अधिनियम 'केंद्रीय प्रदूषण नियंत्रण बोर्ड' को इस संबंध में क्रियान्वयन की शक्तियां प्रदान करता है।

1982 – वायु नियम Air (Prevention and Control of Pollution) Rules यह बोर्ड की बैठकों की कार्यप्रणाली एवं उनको दी जाने वाली शक्तियों की व्याख्या करते हैं।

1982 – परमाणु ऊर्जा अधिनियम (Atomic Energy Act) यह रेडियोधर्मी अपशिष्ट से संबंध रखता है।

1986 – पर्यावरण संरक्षण अधिनियम (Environment Protection Act) यह केंद्रीय सरकार को पर्यावरण की गुणवत्ता में सुधार, संरक्षण, सभी स्रोतों से होने वाले प्रदूषण के नियंत्रण के संबंध में शक्तियां प्रदान करता है तथा इसके द्वारा पर्यावरणीय आधारों पर किसी भी औद्योगिक सुविधाओं के कार्य या उसके स्थापन पर प्रतिबंध लगा सकता है।

1987 – पर्यावरण संरक्षण अधिनियम Air Amendment Act (Prevention and Control of Pollution) यह केंद्रीय एवं राज्य प्रदूषण बोर्ड को वायु प्रदूषण की गंभीर समस्याओं से निपटने की शक्तियां प्रदान करता है।

1988 – मोटरवाहन अधिनियम (Motor Vehicles Act) यह सभी हानिकारक अपशिष्टों के उचित पैकेज, लेबल तथा आवाजाही के संबंध में व्याख्या करता है।

1989 – हानिकारक अपशिष्ट प्रबंधन नियम (Hazardous Waste Rules) (Management and Handling) इनका उद्देश्य हानिकारक अपशिष्टों के प्रबंधन को नियंत्रित करना है।

1989 – हानिकारक रसायनों के निर्माण, संभरण तथा आयात संबंधी नियम (The Manufacture, Storage and Import of Hazardous Chemical Rules) यह इस संबंध में प्रस्तुत शब्दावली की व्याख्या करता है तथा एक जाँच प्राधिकरण का निर्माण करता है।

1989 – हानिकारक जीवाणुओं / मशीनीकृत जीवों अथवा कोशाणुओं के निर्माण, प्रयोग, आयात, निर्यात एवं संभरण संबंधी नियमों का निर्माण (The Manufacture use, Import Export and Storage of hazardous Micro Organisms / Genetically Engineered Organisms or Cell Rules).

1991 – जल दायित्व बीमा अधिनियम तथा नियम एवं संशोधन (The Public Liability Insurance Act and Rules and Amendment, 1992) यह हानिकारक पदार्थों के रख-रखाव के दौरान हुई दुर्घटना से प्रभावित लोगों को तत्काल राहत के उद्देश्य से जन दायित्व बीमा प्रदान करने के लिए तैयार किया गया।

1995 – राष्ट्रीय पर्यावरणीय न्यायाधिकरण अधिनियम (National Environemnt Traibunal Act) यह किसी हानिकारक पदार्थों द्वारा व्यक्ति, संपत्ति अथवा पर्यावरण को पहुंची क्षति के लिए मुआवजा देने के उद्देश्य से बनाया गया है।

1997 – राष्ट्रीय पर्यावरण अपील-प्राधिकरण अधिनियम (The National Environment Appellate Authority Act) यह उन क्षेत्रों के संबंध में अपील की सुनवाई करेगा जहाँ पर्यावरण संरक्षण अधिनियम के तहत कुछ उद्योगों के निर्माण पर प्रतिबंध लगाया गया है या जिन्हें कुछ हिदायतें दी गई है।

1998 – जीवचिकित्सीय प्रबंधन नियम Biochemical waste Rules (Management and Handling) यह स्वास्थ्य संस्थाओं अपशिष्टों का उचित प्रकार से प्रबंधन करें।

औद्योगिक उत्पादन से होने वाले प्रदूषण तथा पर्यावरणीय ह्रास के नियंत्रण एवं संरक्षण के लिए भारत सहित अनेक विकसित राष्ट्रों ने कई कदम उठाए हैं। औद्योगिक वृद्धि को बढ़ावा देने की बजाय पर्यावरण के महत्व पर बल दिया गया है। पर्यावरण सापेक्ष उत्पादन तकनीकों को बढ़ावा देने के प्रयास किए गए है।

इसके साथ-साथ निम्नलिखित उपाय भी लाभकारी सिद्ध हुए हैं:-

1. औद्योगिक उत्पादन तथा अपशिष्टों के प्रबंधन के लिए व्यावहारिक रूप से स्वच्छ तकनीकों का चयन तथा संवेदनशील क्षेत्रों में सभी परियोजनाओं पर 'पर्यावरण एवं वन मंत्रालय' की सहमति।
2. प्रदूषण, लोगों के विस्थापन तथा जीव भिन्नता के ह्रास आदि को ध्यान में रखते हुए औद्योगिक परियोजनाओं की अवस्थिति का निर्धारण।
3. घरेलू, कृषि, औद्योगिक, ऊर्जा एवं यातायात आदि सभी क्षेत्रों में ऊर्जा संरक्षण के लिए प्रेरक एवं दण्डात्मक उपाय।

4. स्वच्छ तकनीकों को बढ़ावा, अपशिष्टों का पुनःचक्रण एवं पुनःप्रयोग तथा प्राकृतिक संसाधनों का संरक्षण।
5. प्रदूषण रोकने एवं अपशिष्टों की मात्रा में कमी करने के लिए छोटे पैमाने के उद्योगों को वित्तीय प्रोत्साहन।
6. औद्योगिक इकाईयों में विभिन्न प्रकार के प्रदूषण नियंत्रक कानूनों का क्रियान्वयन।
7. पर्यावरण- सापेक्ष मोटर-वाहनों के प्रयोग को बढ़ावा।
8. अभिक्रिया - संयंत्रों से होने वाली बहिस्रावित प्रक्रिया के लिए सामूहिक प्रयास।
9. पर्यावरणीय परीक्षण एवं रिपोर्टों का प्रारंभ ताकि औद्योगिक प्रदूषण पर नियंत्रण तथा अपशिष्ट प्रबंधन संबंधी पर्यावरण नीतियों एवं कार्यों पर ध्यान दिया जा सके।
10. जिलों में स्थापित हानिकारक इकाइयों के संबंध में आपातकालीन योजनाओं का निर्माण।
11. पर्यावरण सुरक्षा पहलुओं पर जन-जागरूकता के लिए सूचना का प्रसार तथा श्रमिकों एवं आम जनता हानिकारक तत्त्वों एवं प्रक्रियाओं के विरूद्ध सुरक्षा सुनिश्चित करने के लिए ठोस उपाय।
12. जीवन या संपत्ति की हानि के लिए जन दायित्व बीमा।
13. पर्यावरणीय प्रबंधन योजनाओं तथा कानूनों को लागू करने के लिए उद्योगों में पर्यावरण विभागों की स्थापना।
14. परियोजना की संपूर्ण लागत के एक केद्रीय तत्व के रूप में पर्यावरण संबंधी सुरक्षात्मक उपायों को शमिल करना।
15. खनन क्षेत्र में पुनर्वास तथा पर्यावरणीय प्रबंधन योजनाओं का क्रियान्वयन।
16. परित्यक्त खनन क्षेत्रों का स्थिति के अनुसार इस प्रकार सुधार किया जाए ताकि दुर्लभ भूमि संसाधनों का उत्पादक प्रयोग किया जा सके।
17. खनन को पट्टे पर देने के लिए अपेक्षित अनुबंध निर्धारित करना ताकि पर्यावरण संरक्षण के साथ-साथ खनिजों के व्यवस्थित निष्कर्षण को सुनिश्चित किया जा सके।
18. खनन कार्य में मूल्य युक्त परिष्कृत उत्पादों के उत्पादन पर बल देना ताकि अव्यवस्थित परिष्करण को कम किया जा सके।
19. खनिजों का अधिकतम संभव सीमा तक मूल्यवान एवं लाभकारी बनाना ताकि निम्न स्तरीय खनिज संसाधनों के सदुपयोग को सुनिशिचत किया जा सके।
20. खनन कार्य में उत्पादों का पर्यावरणिक रूप से सुरक्षित उत्सर्जन।
21. पर्वतीय ढलानों, प्राकृतिक जल स्रातों या झरने वाले क्षेत्र तथा जीव भिन्नता से समृद्ध क्षेत्रों में खनन तथा उत्खन्न कार्यों पर रोक।
22. उच्च कोटि के अयस्कों की चयनात्मक खनन प्रक्रिया को कम महत्व देना तथा निम्न कोटि के अयस्कों की पुनः पूर्ति करना।

गैर-सरकारी संगठनों की भूमिका (Roles of NGO's)

गैर-सरकारी संगठनों ने पर्यावरण संरक्षण के प्रति बड़ी महत्त्वपूर्ण एवं प्रशंसनीय भूमिका अदा की है। 'सियरा कलब' (Sierra Club) 1892 से इस दिशा में कार्य कर रहा है। इस क्लब की नींव अमेरिका में रखी गई तथा अब यह समस्त विश्व में कार्यरत है। यह स्वच्छ जल, उत्तरदायित्वपूर्ण व्यापार, ग्लोबल वार्मिंग तथा वैश्विक जनसंख्या आदि को रोकने के लिए कार्य करता रहा है। 'टॉक्सिक लिंक्स' (Toxic Links) हानिकारक अपशिष्ट प्रबंधन के क्षेत्र में कार्य कर रहा है। 'ग्रीन पीस' (Green Peace) ने 1971 के समय से पर्यावरणिक विनाश के विरूद्ध अभियान छेड़ा। यह संगठन लगभग 40 राष्ट्रों में कार्यशील है। 'सेंटर फॉर साईसं एण्ड एन्वायरन्मेंट' (CSE) 1992 से क्रियाशील है। इसने जल संरक्षण के क्षेत्र में प्रशंसनीय भूमिका निभाई है। इसने कोला उत्पादों तथा बोतलबंद मिनरल वॉटर में कीटनाशकों का अंश पाए जाने का खुलासा करके विश्व के अनेक भागों का ध्यान आकर्षित किया। इसने प. बंगाल में आर्सेनिक प्रदूषण, बिछरी-राजस्थान में जल प्रदूषण तथा जीव-चिकित्सीय अपशिष्टों के मुद्दे भी उठाए। कई अन्य गैर सरकारी संगठन भी उद्योगों के लिए ठोस कानून बनाए जाने पर बल दे रहे हैं। इसके अतिरिक्त, इन संगठनों ने साधारण जनता में पर्यावरण जागरूकता का प्रचार करने में भी महत्त्वपूर्ण भूमिका निभाई है। NGO's की पहल से परियोजना के निर्णय निर्माण प्रक्रिया की विचाराधीन अवस्था के दौरान इसमें जनता की सहभागिता सुनिश्चित हुई है।

इसके अतिरिक्त, पोषणकारी उत्पादन प्रक्रिया को बढ़ावा देने के लिए अंतर्राष्ट्रीय स्तर पर अनेक प्रमाणीकृत मानक जैसे- ISO 14001 स्थापित किए गए हैं। संयुक्त राज्य संगठनों ने पर्यावरण मित्र होटलों के लिए इकोटेल प्रमाणीकरण (Ecotel Certifications) बनाए हैं। अनेक देशों ने हानिकारक रसायनों जैसे कि - एजो- आधारित रंगों के निर्माण पर रोक लगा दी है। वस्त्रों की रंगाई के लिए एजो-मुक्त रंगों का निर्माण एवं अनुसंधान किया जा रहा है। हानिकारक अपशिष्ट पदार्थों के सीमा पार व्यापार पर रोक लगा दी गई है। कुछ पदार्थों का सरकारी अनुमति प्राप्त होने पर व्यापार किया जा सकता है। सीसे मुक्त पेट्रोल, डीजल में सल्फर की निम्न मात्रा एवं यूरो नियमों तथा आटोमोबाइल में परिवर्तन आए है। अनेक स्थानों पर प्लास्टिक बैगों के प्रयोग पर रोक लगा दी गई है। इसके कारण उपभोक्ताओं में भी जागरूकता का स्तर बढ़ा है। इसके परिणामस्वरूप न्यायपालिका ने भी सक्रिय सहभागिता दिखाई है। तथापि, पर्यावरण मित्र उत्पादों के प्रति उपभोक्ताओं में अधिक मांग पैदा करने की आवश्यकता है।

वैश्विक ताप (Global Warming)

ग्लोबल वार्मिंग का संबंध पृथ्वी के तापमान के औसतन वृद्धि से है, जिसके कारण जलवायु में परिवर्तन हो जाए। ऐसा इसलिए होता है क्योंकि पर्यावरण में मौजूद अनेक गैसें (जैसे कि - जल वाष्प कार्बन डाई आक्साइड तथा मिथेन आदि) सौर ऊर्जा को अवशोषित कर लेती है। इन गैसों के बिना, सूर्य का ताप अंतरिक्ष में पुनः लौट जाएगा तथा पृथ्वी का औसतन तापमान लगभग 60°F ठण्डा हो जाएगा। चूँकि इन गैसों के कारण विश्व उष्ण रहता है, इस कारण इन गैसों को 'ग्रीनहाऊस गैसें' कहा जाता है।

ग्रीनहाउस एक छोटे से कांच के घर के समान है। ग्रीनहाऊस का प्रयोग, शीत ऋतु में वनस्पति उगाने के लिए किया जाता है। ग्रीनहाऊस सौर ऊर्जा ग्रहण करके अपना कार्य करता है। ग्रीनहाऊस के कांच खण्ड रोशनी को तो अंदर प्रवेश करने देते हैं परन्तु ताप ऊर्जा को अंदर आने से रोकते हैं। इसके कारण ग्रीनहाऊस उसी प्रकार गर्म हो जाता है जिस प्रकार धूप में खड़ी कार का अंदरूनी हिस्सा गर्म हो जाता है।

पर्यावरण में मौजूद ग्रीनहाऊस गैसें ग्रीनहाऊस में लगे कांच के शीशे की भांति ही कार्य करती हैं। सूर्य की किरणें ग्रीनहाऊस गैसों के आवरण से गुजरते हुए पृथ्वी के वायुमण्डल में प्रवेश करती है। जैसे ही यह पृथ्वी की सतह तक पहुंचती हैं, भूमि जल तथा जीवमण्डल इस सौर ऊर्जा को अवशोषित कर लेते हैं। एक बार अवशोषित होने के बाद यह ऊर्जा पुनः वायुमण्डल में लौट जाती है। कुछ ऊर्जा तो अंतरिक्ष को वापस लौट जाती है, परन्तु अधिकांश ऊर्जा को पर्यावरण में मौजूद ग्रीनहाउस गैसें रोक लेती हैं जिससे पृथ्वी के तामान में वृद्धि होने लगती है। ग्रीनहाऊस प्रभाव महत्त्वपूर्ण भी है। इसके बिना, पृथ्वी मनुष्य की जीवन परिस्थितियों के अनुकूल गर्म नहीं रह पाएगी। परन्तु यदि इसका प्रभाव अत्यधिक हो गया, तो इससे पृथ्वी आवश्यकता से अधिक गर्म हो जाएगी। यहाँ तक कि मनुष्य, वनस्पति तथा पशुओं के लिए भी समस्याएं उत्पन्न हो जाएंगी।

तापमान में वृद्धि से वर्षा की स्थिति में परिवर्तन आ जाएगा, समद्री जल स्तर बढ़ जाएगा तथा वनस्पति, वन्य जीवन एवं मनुष्य पर इसका व्यापक प्रभाव पड़ेगा। जब वैज्ञानिक जलवायु परिवर्तन के विषय में बात करते हैं तो इनका आशय ग्लोबल वार्मिंग से होता है। जिसका प्रमुख कारण मनुष्य के क्रिया-कलाप हैं।

पहले-पहल मनुष्य का आगमन अमेरिका में 15,000 से 30,000 वर्ष पूर्व की अवधि में हुआ। उस समय अमेरिका का अधिकांश भाग बर्फ की विशाल परतों से ढका था। कुछ 14,000 वर्ष पूर्व, अंतिम बर्फ की परत तेजी से पिघलनी शुरू हुई। 7000 वर्ष पूर्व तक, सारी बर्फ पिघल चुकी थी। इस हिमयुग की समाप्ति से पृथ्वी पर बड़े-बड़े बदलाव आए। इन बदलावों से अनेक प्रकार की वनस्पतियों और जीवों का जीवन समाप्त हो गया। उदाहरण के लिए- हाथी जैसे प्राणी तथा अन्य बड़े स्तनधारी जो ठण्डी जलवायु में जीवित रहते हैं, वे ऊष्ण एवं शुष्क परिस्थितियों में जीवित नहीं रह सके।

14वीं शताब्दी की शुरूआत में, यूरोपियन लोग 'लघु हिमयुग' (Little Ice Age) में रहते थे। यह हिमयुग अनेक वर्षों तक विद्यमान रहा। हिमयुग के दौरान, सघन शीत ऋतु तथा अकाल के साथ-साथ हिमानियों में वृद्धि से अनेक लोग भुखमरी के शिकार हुए तथा कुछ लोगों का अपना घर छोड़ना पड़ा।

पिछले 100 वर्षों में पृथ्वी का तापमान लगभग $1^{o}F$ तक बढ़ा है। तथा 20वीं शताब्दी के चार गर्म वर्ष 1990 के दशक के दौरान सामने आए। सूर्य के तापमान में वृद्धि का काल भी पृथ्वी का तापमान बढ़ाने में योग दे सकता है। परन्तु विश्व के अनेक जलवायु- वैज्ञानिकों का विचार है कि मानव क्रियाओं के परिणाम-स्वरूप उत्पन्न ग्रीन हाऊस गैसें भी पृथ्वी के तापमान में वृद्धि कर रही हैं।

वैश्विक ताप वार्मिंग के प्रभाव (Impacts of global warming)

कदापि, सभी जलवायु परिवर्तन प्राकृतिक रूप से होने लगे। हालांकि, औद्योगिक क्रांति के दौरान, हमारी कृषि एवं औद्योगिक क्रियाओं के फलस्वरूप जलवायु एवं पर्यावरण में बदलाव आने शुरू हो गए। औद्योगिक क्रांति से पहले, वायुमण्डल में बहुत कम मात्रा में गैसों का उत्सर्जन होता था, परन्तु अब जनसंख्या वृद्धि, जीवाश्म ईधंन के जलाने तथा वनों के कटाव आदि के कारण हम पर्यावरण में अनेक गैसों के मिश्रण से प्रभावित है।

1800 के दशक के अंत से पृथ्वी की सतह के औसत तामपान में $0.6^{o}C$ की वृद्धि हुई है। वर्ष 2100 तक इस तापमान में 1.4 से $5.8^{o}C$ तक वृद्धि होने का अनुमान है। यदि न्यूनतम अनुमानित वृद्धि होने का अनुमान है। यदि न्यूनतम अनुमानित वृद्धि भी होती है, तो वह भी पिछले 10,000 वर्षों में अनेक शताब्दियों में सबसे अधिक वृद्धि होगी। यहाँ तक कि लंबे समय बाद तापमान में थोड़ी सी वृद्धि से भी जलवायु में परिवर्तन आ जाएगा और यदि मौसम में बदलाव हुआ तो जिन चीज़ों पर मनुष्य निर्भर है, उनमें भी बड़े-बड़े परिवर्तन देखे जा सकते हैं। इन चीजों में महासागरों का स्तर तथा फसल उगाने योग्य भूमि शामिल है। इनमें सांस लेने वाली वायु तथा पीने का पानी भी शामिल है। 1990 का दशक पिछली सहस्राब्दि का सबसे गर्म दशक रहा तथा 1998 सबसे गर्म वर्ष आंका गया।

विश्व की हिमानियाँ अब पिघल रही हैं हिमानियों के पिघलने से समुद्री स्तर में भी बढ़ोतरी हुई है। पिछले 100 वर्षों में, समुद्र के जल स्तर में सार्वभौमिक रूप से 6 से 8 इंच की बढ़ोतरी हुई है।

अगली शताब्दी तक यह स्तर अधिक-से-अधिक 3 फीट की ऊंचाई तक बढ़ सकता है। इसके कारण तटीय सीमा से लगे प्राकृतिक तथा मानव-निर्मित तंत्र दोनों प्रभवित होंगें तटीय क्षेत्र में बाढ़ के कारण उन क्षेत्रों में नमक के पानी के घुस जाने की आशंका है जहां यह हानिकारक है। इससे उन क्षेत्रों में पौधों एवं पशुओं के जीवन को खतरा है।

चाहे हम समुद्री जल से दूर चले जाएं अथवा बढ़ते हुए समुद्र के सम्मुख कोई अवरोध उपस्थित कर दें परन्तु ऐसे परिवर्तन के लिए करोड़ों रूपयों की लागत की जरूरत पड़ेगी। तटवर्ती बाढ़ के कारण तटवर्ती क्षेत्रों में पीने के पानी की गुणवत्ता में भी कमी आएगी।

मानव स्वास्थ्य पर प्रभाव (Impacts on Human Health)

जलवायु परिवर्तन का प्रभाव मानव स्वास्थ्य पर प्रत्यक्ष रूप से भी पड़ सकता है एवं अप्रत्यक्ष रूप से भी। उदाहरणस्वरूप, अधिक तापमान एवं आर्द्रता से तनाव तथा अन्य ताप संबंधी स्वास्थ्य समस्याएं खड़ी हो सकती है। यदि उपचार न किया गया तो गर्मी से होने वाला तनाव एक गंभीर समस्या बन सकता है। वैज्ञानिकों के अनुसार आने वाले मौसम में गर्म दिनों की संख्या बढ़ सकती है जिससे स्वास्थ्य समस्याएं भी बढ़ेगी।

अप्रत्यक्ष रूप से, पर्यावरणिक असंतुलन वायु प्रदूषण, खाद्य एवं जलापूर्ति में परिवर्तन तथा तटवर्ती बाढ़ आदि सभी संभावित प्रभाव हैं जो मानव स्वास्थ्य को प्रभावित कर सकते हैं। कुछ स्थान एवं लोग इससे अधिक प्रभावित होंगे। बालकों एवं वृद्ध लोगों को अधिक गंभीर स्थिति का सामना करना पड़ सकता है।

पर्यावरणिक तंत्रों पर प्रभाव (Impacts on Ecological System)

जलवायु परिवर्तन विश्व के निवास स्थलों तथा पारिस्थितिकतंत्रों में बदलाव ला सकता है। सभी जीव इन स्थानों पर रहते हैं तथा इन पर निर्भर हैं। इनमें से अनेक स्थान वर्षा, तापमान तथा मृदा के प्रकार के नाजुक संतुलन पर निर्भर है। मौसम में तीव्र परिवर्तन से यह संतुलन बिगड़ सकता है। तथा अनेक प्राणियों को इससे गंभीर खतरा हो सकता है।

पहले मौसम में धीरे-धीरे बदलाव होते थे तथा पौधों एवं पशुओं को नए वातावरण अथवा अन्य स्थान को ग्रहण करने का अवसर मिल जाता था पर यदि मौसम में तेजी से बदलाव आने लगे, तो वे नए वातावरण के साथ तत्काल प्रतिक्रिया करने में सक्षम नहीं होंगे। इसी प्रकार समुद्री पारिस्थितिकतंत्र भी प्रभावित होगा। इसके परिणामस्वरूप, इन सबका विलोपन संभव है। अधिसंख्य वनस्पतियों एवं पशुओं की प्रजातियां पहले से ही प्रदूषण तथा आवास स्थल के विनाश के कारण अशक्त हो चुकी हैं तथा अगले 100 वर्षों तक उनके जीवित रहने के आसार नहीं दिखते। हालांकि, मनुष्य इस प्रकार से तो प्रभावित नहीं हुआ, परन्तु उसे भी अनके समस्याओं का सामना करना पड़ सकता है। मौसम के तीव्र एवं विशाल और व्यापक घटनाक्रमों से बड़े-बड़े तूफानों, बाढ़ों एवं अकाल की स्थितियों की आशंका उत्पन्न हो रही है।

फसलों एवं खाद्य आपूर्ति पर प्रभाव (Impacts on crops and food supply)

ऐसा अनुमान है कि तापमान में यदि कुछ और डिग्री सेल्सियस की वृद्धि हुई तो अधिकांश उष्णकटिबंधीय एवं उपोष्णकटिबंधीय क्षेत्रों तथा शीतोष्ण कटिबंधीय में भी कृषि की पैदावार नष्ट हो सकती है। महाद्वीपों के अंदरूनी भागों जैसे कि- मध्य एशिया, अफ्रीकन साहेल, संयुक्त राज्य अमेरिका के विशाल मैदान आदि के सूखने का भी पूर्वानुमान है। ये बदलाव भूमि प्रयोग एवं खाद्य आपूर्ति के लिए भी विघटनकारी हो सकते हैं। परन्तु ग्लोबल वार्मिंग से उन स्थानों पर भी सूखा पड़ सकता है जहाँ पर फसलों का रोपण किया जाता है। विश्व के कई भागों में लोगों के पास खाने के लिए कुछ भी नहीं है क्योंकि वे ऐसी फसल नहीं उगा सकते जिनकी उन्हें आवश्यकता है। इसके अलावा, मलेरिया जैसी बीमारियाँ भी पैर पसार रही है। ग्लोबल वार्मिंग एक 'समकालीन' समस्या है जो काफी पेचीदा है। इसमें समस्त विश्व शामिल है और यह कई गंभीर समस्याओं जैसे कि - गरीबी, आर्थिक विकास तथा जनसंख्या वृद्धि स जुड़ी है। इससे जुझना आसान नहीं है और इसकी उपेक्षा करना इसका हल नहीं है।

प्रतिकारात्मक उपाय (Remedial Measures)

ओजोन परत की सुरक्षा के लिए 1985 में एक वियना सम्मेलन किया गया, जिसमें ओजोन ह्रास के प्रतिकूल प्रभावों के विरूद्ध मानव स्वास्थ्य एवं पर्यावरण के संरक्षण के लिए राज्य के उत्तरदायित्वों की व्याख्या की गई। इस सम्मेलन ने एक ऐसा ढाँचा तैयार किया जिसके अंतर्गत मॉन्ट्रियाल प्रोटोकॉल पर समझौता किया जाना था। मॉन्ट्रियाल प्रोटोकॉल समताप मण्डलीय ओजोन परत की सुरक्षा के लिए तैयार किया गया एक अंतर्राष्ट्रीय संधि-पत्र है। इस संधि पर वास्तविक रूप से 1987 में हस्ताक्षर किए गए तथा 1990 एवं 1992 में इसे तात्विक रूप से संशोधित किया गया। मॉन्ट्रियाल प्रोटोकॉल में

अनुबंधित किया गया है कि समतापमण्डल में मौजूद ओजोन को क्षति पहुंचाने वाले यौगिक तत्त्वों जेसे कि – क्लोरोफ्लोरो कार्बन (CFC's) हैलोन, कार्बन टेट्राक्लोराइड तथा मिथाईल क्लोरोफाम आदि के उत्पादन एवं उपभोग को वर्ष 2010 तक कमी लानी होगी।

एक दशक पूर्व, अधिकांश देशों में जलवायु परिवर्तन संबंधी संयुक्त राष्ट्रसंरचना संविदा (United Nations Framework Convention on Climate change (UNFCCC)) नामक एक अंतर्राष्ट्रीय संधि पत्र पर हाथ मिलाया थां यह ग्लोबल वार्मिंग को कम करने तथा तापमान में वृद्धि की समस्या का निदान करने की दिशा में सक्रिय रूप से उठाया गया पहला कदम था। 1997 में सरकार ने 'क्योटो प्रोटोकॉल' नामक एक अतिरिक्त संधि पर सहमति व्यक्त की। यह संधि अधिक सशक्त है एवं इसमें कानूनी रूप से बाध्यकारी योजनाएं हैं। इस प्रोटोकॉल को शीघ्र प्रभावी होने के अनुमान हैं।

क्योटो प्रोटोकॉल (Kyoto Protocol)

क्योटो प्रोटोकॉल ने तीन नए लचीले परिवर्तनों की व्याख्या की ताकि उत्सर्जन में कमी के लक्ष्य को प्राप्त करने में होने वाली संपूर्ण लागत में कमी की जा सके। यह व्यवस्था पर्यावरण से कार्बन को समाप्त करने अथवा उत्सर्जन को कम करने के लिए मूल्य प्रभावि अवसरों का मार्ग प्रशस्त करती है। चाहे उत्सर्जन को नियंत्रित करने पर होने वाली लागत की दर एक प्रदेश से दूसरे प्रदेश में भिन्न है, परन्तु इस संबंध में कहीं भी कार्यवाही क्यों न की जाए, पर्यावरण को इससे पहुंचने वाला लाभ तो एक समान ही रहेगा।

1 दिसम्बर से 11 दिसम्बर 1997 तक, 160 से भी अधिक राष्ट्र जापान के क्योटो शहर में एकत्रित हुए, ताकि विकसित राष्ट्रों में ग्रीनहाऊस गैसों के उत्सर्जन पर बाध्यकारी सीमाएं लगाने पर चर्चा की जा सके तथा 1992 के जलवायु परिवर्तन संबंधी संरचनात्मक समझौते के लक्ष्यों को प्राप्त करने के लिए सम्मति प्राप्त की जा सके। इस सम्मेलन के परिणाम-स्वरूप क्योटो प्रोटोकॉल सामने आया, जिसमें विकसित राष्ट्रों ने 1990 के उत्सर्जन के स्तर को ध्यान में रखते हुए अपनी ग्रीनहाऊस गैसों के उत्सर्जन में कमी लाने के सबंध में सहमति प्रकट की। संयुक्त राज्य अमेरिका ने स्वीकार किया कि वह 1990 को स्तर के मुताबिक 2008 से 2012 की अवधि में 7% तक उत्सर्जन में कमी लाएगा।

इस प्रोटोकॉल में 28 अनुच्छेद हैं। रूस समेत विश्व के 155 अन्य राष्ट्रों के अनुसमर्थन से यह प्रोटोकॉल प्रभावी हो गया हैं इस व्यवस्था के अनेक समझौतों में एकजुटता को सुनिश्चित किया गया है। इस प्रोटोकॉल ने एक ऐसी व्यवस्था तैयार की है जो पर्यावरणिक एकीकरण एवं समानता के साथ-साथ इस व्यवस्था की मूल्य प्रभावी आकांक्षाओं को भी पूरा कर सके।

ये तीन क्योटो व्यवस्थाएं हैं :

- संयुक्त क्रियान्वयन (Joint Implementation) अनुच्छेद 6 के अनुसार पर्यावरण से कार्बन को समाप्त करने के लिए परियोजनाएं लागू करने की व्यवस्था है।
- स्वच्छ विकास व्यवस्था (The clean development mechanism) अनुच्छेद 12 के अनुसार वृक्षारोपण क्रियाओं द्वारा कार्बन को अवशोषित करने के प्रयास किए जाएंगे।

- उत्सर्जन व्यापार (Emissions Trading). अनुच्छेद 17 के अंतर्गत 'निर्धारित राशि' की व्यवस्था के लिए लेखा-विधि ईकाईयां है जैसे- AAUs, RMUs, ERUs, CERs, TCERs तथा ICERs।

सिद्धान्त, प्रकृति एवं क्षेत्र (Principles, Nature and Scope)

माराकेश सम्मेलन (Marrakesh Accords) में बताया गया है कि क्योटो सम्मेलन Annex -1 दलों को उत्सर्जन के संबंध में कोई "अधिकार, पद या उपाधि" प्रदान नहीं करता और न ही यह सम्मेलन Annex -1 दलों को समझौते के लक्ष्य को प्राप्त करने हेतु विकसित एवं विकासशील देशों में प्रति व्यक्ति अंतरों को कम करने की कीमत पर उत्सर्जन कम करने के लिए कोई घरेलू कदम उठाने की अनुमति देता है।

माराकेश सम्मेलन की मांग है कि क्योटो प्रोटोकॉल के लक्ष्य के अंतर्गत कार्य करते हुए घरेलू कदम को महत्वपूर्ण तत्व मानते हुए प्रयास किए जाएं। हालांकि, वे घरेलू कार्यवाही के लिए कोई मात्रात्मक अनुपात निश्चित नहीं करते। प्रोटोकॉल के अनुच्छेद 5, 7 एवं 8 से संबंधित निर्णयों की मांग है कि सम्मेलन Annex -1 दल प्रोटोकॉल के अंतर्गत अपने राष्ट्रीय संचार व्यवस्था द्वारा इस सूचना का प्रसार करें कि उनकी व्यवस्था उनके लक्ष्यों की प्राप्त करने के लिए घरेलू कार्यवाही की संपूरक है। इस सूचना का निर्धारण अनुपालन समिति की 'फैसिलिटेटिव शाखा' द्वारा किया जाएगा।

योग्यता की शर्तें (Eligibility Rquirements)

इस व्यवस्था में शामिल होने के लिए सम्मेलन 1 दलों के लिए निम्नलिखित योग्यताओं की आवश्यकता है:

- वे क्योटो प्रोटोकाल का समर्थन करें।
- वे अनुच्छेद 3.7 तथा 3.8 में वर्णित निर्धारित राशि का आंकलन करें।
- उत्सर्जन का अनुपात लगाने एवं उनके क्षेत्र में ग्रीनहाऊस गैसों के उत्सर्जन को समाप्त करने के लिए राष्ट्रीय व्यवस्था में उनको स्थान प्राप्त हो।
- उन्हें ERUs, CERs, AAUs तथा RMUs के कार्यों के ब्यौरा रखने के लिए राष्ट्रीय रजिस्ट्री प्राप्त है तथा उनके द्वारा सचिवालय को ऐसी सूचना की वार्षिक रिपोर्ट देना जरूरी है।
- उनके द्वारा सचिवालय उत्सर्जन एवं उसके निराकरण के संबंध में सूचना की वार्षिक रिपोर्ट प्रस्तुत करना जरूरी है।

प्रत्येक सम्मेलन 1 दल की योग्यता उपयुक्त जानकारी की रिपोर्ट सचिवालय को सौंपे जाने पर निश्चित होगी। इस रिपोर्ट का पुनरावलोकन किया जाएगा तथा अनुपालन समिति की क्रियान्वयन शाखा आवेदन के 16 माह के भीतर शीघ्र कार्यवाही करके उत्पन्न प्रश्नों का समाधान करेगी।

माराकेश सम्मेलन व्यवसायों, गैर सरकारी संगठनों तथा अन्य प्राधिकरणों की सरकारों के प्राधिकार एवं उत्तरदायित्त्व के अधीन इन तीन व्यवस्थाओं में भाग लेने का अवसर प्रदान करता है।

सहयोग एवं समर्थन (Cooperation & support)

विकासशील देशों तथा आर्थिक रूप से विकसित होते हुए देशों के लिए सभी दलों द्वारा समझौते के क्रियान्वयन हेतु अंतर्राष्ट्रीय सहयोग एवं समर्थन प्राप्त करना कठिन है समझौते की वित्तीय व्यवस्था, विश्व पर्यावरण कोष (GEF), इसकी क्रियान्वयन एजेंसियों तथा अन्य मेजबान अंतर्राष्ट्रीय संगठनों के सहयोग के बिना असंभव है। SBI और SBSTA दोनों (UNFCCC द्वारा स्थापित दो स्थायी गौण निकाय) के पास अपने एजेण्डा के लक्ष्य हैं। इस समझौते के क्रियान्वयन के लिए अंतर्राष्ट्रीय संगठनों जैसे कि - वैज्ञानिक निकाय, संयुक्त राष्ट्र एजेंसियां तथा अन्य समझौतों का सहयोग प्राप्त करना अत्यंत मत्त्वपूर्ण एवं आवश्यक पहलू है।

जैविक भिन्नता (Biodiversity)

पिछले दो दशकों से पौधों एवं पशुओं की प्रजातियों को विलुप्त होने से बचाने के लिए चिंता प्रकट की जा रही है। समय के साथ-साथ पर्यावरणवेत्ताओं एवं आम जनता, दोनों ने अनुभव किया है कि हम अभूतपूर्व जन विलोपन के काल में जी रहे हैं। समाप्त हो चुके प्राकृतिक संसाधनों की गूंज विश्व के प्रत्येक कोने से सुनाई दे रही है। जैविक समुदाय जिनका निर्माण होने में करोड़ों वर्षों का समय लगता है, आज शहरीकरण तथा मानव क्रियाओं के फलस्वरूप वे शोषित हो चुके हैं। इसका एकमात्र कारण प्रकृति में मनुष्य का हस्तक्षेप है। जैसे कि - वनों का कटाव, चारागाहभूमि की समाप्ति तथा पर्यावरण प्रदूषण। प्रकृति में इस असंतुलन एवं संकट ने एक नई चुनौती को जन्म दिया है और वह चुनौती है - जीवभिन्नता का संरक्षण। जीवभिन्नता "जैविक भिन्नता" का संक्षिप्त रूप है। अत: संक्षेप में, जीवभिन्नता का अर्थ है भूमि तथा समुद्री एवं अन्य सभी स्रोतों के जीवों के मध्य भिन्नता एवं अंतर।

जीवभिन्नता पृथ्वी पर सबसे बड़ी भिन्नता है। मनुष्य के लिए जीवभिन्नता महत्त्वपूर्ण है क्योंकि हम इसके द्वारा निर्मित अन्य वनस्पति एवं पशुओं की प्रजातियों पर निर्भर हैं साथ ही यह इसकी प्रजातियों तथा पारिस्थितिकीतंत्रों के द्वारा वैश्विक, प्रादेशिक एवं स्थानीय स्तरों पर अनेक प्रकार की पर्यावरणिक सेवाएँ भी प्रदान करती है। जीवनभिन्नता प्रदत्त कुछ महत्त्वपूर्ण सेवाएं हैं: आक्सीजन का निर्माण, कार्बन डाई-आक्साईड की मात्रा को कम करना, जलचक्र का नियमन तथा मृदा संरक्षण। विश्व में अब यह स्वीकारा जाने लगा है कि जीवभिन्नता के ह्रास से वैश्विक जलवायु में बदलाव आ रहे हैं। कार्बन डाई-आक्साईड को कार्बन और आक्सीजन में परिवर्तित करने के कार्य में वन पारिस्थितिकी के प्रमुख तत्त्व के रूप में महत्त्वपूर्ण भूमिका निभाते हैं। औद्योगिकरण के फलस्वरूप कार्बन डाई-आक्साईड तथा अन्य गैसों के बढ़ते स्तर के साथ-साथ वनभूमि के ह्रास ने ग्रीन हाऊस प्रभाव को बढ़ाने में योग दिया है। भोजन, औषधियों तथा सभी प्राकृतिक उत्पादों का जीवमण्डल में विद्यमान विभिन्न प्रजातियों से प्रत्यक्ष या अप्रत्यक्ष रूप से संबंध है। आदिवासी समुदाय तो अपने दैनिक जीवन के कार्यों के लिए वनों से प्राप्त होने वाले प्राकृतिक संसाधनों पर प्रत्यक्ष रूप से निर्भर हैं। हालांकि शहरी समुदाय प्रकृति से प्राप्त उत्पादों का प्रयोग अप्रत्यक्ष रूप से करते हैं। यह स्पष्ट है कि मानव जाति के कल्याण के लिए जैविक संसाधनों का संरक्षण अनिवार्य है। जीवों की यह भिन्नता मानव विकास में महत्त्वपूर्ण भूमिका निभाती है। मनुष्य प्राकृतिक संसाधनों का दुरूपयोग कर रहा है जिसके कारण पारिस्थितिकतंत्र बिगड़ रहा है। इसके कारण, उपजाऊ वन एवं घास भूमि

अब मरूस्थलों एवं बंजर भूमि में बदल रहे हैं। अगर इसी प्रकार संसाधनों का दुरूपयोग होता रहा तो मानव क्रियाओं के फलस्वरूप 2050 तक लगभग 10 करोड़ प्रजातियां विलुप्त हो जाएंगी। अतः जीवभिन्नता का संरक्षण किसी भी योजना के एक केन्द्रीय तत्व है ताकि एक पोषणकारी, स्वस्थ एवं संतुलित पारिस्थितिकतंत्र का निर्माण किया जा सके।

जैविक भिन्नता के प्रकार (Types of Biodiversity)

स्थूल रूप से, जीवभिन्नता को तीन श्रेणियों में विभाजित किया जा सकता है – (i) वंशानुगत भिन्नता (ii) प्रजातीय भिन्नता तथा (iii) सामुदायिक या पारिस्थितिक भिन्नता।

वंशानुगत भिन्नता (Genetic Diversity)

यह वंश स्तर की भिन्नता है जिसके अंतर्गत भौगोलिक रूप से विभाजित पृथक जनसंख्या तथा एकल जनसंख्या में वैयक्तिक रूप से दोनों स्तर पर प्रजातियों में भिन्नता शामिल है। यह एक जाना माना तथ्य है कि पौधों एवं पशुओं की प्रजातियों का प्रत्येक सदस्य अन्य प्राणियों से आनुवांशिक रूप से एक दूसरे से भिन्न है। उदाहरण के लिए- एक गुलाब का फूल कमल के फूल से भिन्न है तथा मनुष्य भिन्नता प्रजातियों की स्वस्थ उत्पत्तिमूलक जनसंख्या के लिए आवश्यक है।

प्रजातीय भिन्नता (Species Diversity)

इस प्रकार की जीवभिन्नता से अधिक आधारिक स्तर की भिन्नता शामिल है। प्रजातीय भिन्नता में पृथ्वी पर हर प्रकार की प्रजाति की श्रेणियां शामिल है जिनका विस्तार सूक्ष्मजीवियों (वायरस, जीवाणु) से लेकर वनस्पति एवं पशुओं की बहुकोशिकीय जगत तक है। हम इस भिन्नता का आभास वनों एवं कृषि पारिस्थितिकतंत्र दोनों में कर सकते है। कुछ क्षेत्र प्रजातियों की दृष्टि से दूसरे क्षेत्रों से अधिक समृद्ध है। उदाहरण के लिए – एक व्यवस्थित या शांत उष्णकटिबंधीय वन मानव द्वारा विकसित किसी एक सांस्कृतिक कृषि भूमि या रोपण क्षेत्र की अपेक्षा प्रजातियों की दृष्टि से अधिक समृद्ध होगा।

पारिस्थितिक भिन्नता (Ecosystem Diversity)

व्यापक पैमाने पर, जीवभिन्नता में वह जैविक समुदाय शामिल है जिनमें प्रजातियों का वास है। इन प्रजातियों के चारों ओर संपूर्ण समुदाय का अस्तित्व है। किसी भी पारिस्थितिकतंत्र में कुछ ऐसी प्रजातियां होती है, जिनकी उपस्थिति संभवतः समुदाय में विद्यमान अन्य प्रजातियों के साम्र्थ्य को निर्धारित करने के लिए आवश्यक है। इन विशेष प्रजातियों को डाट प्रजातियां (Keystone species) कहा जाता है। इन डाट प्रजातियों की सुरक्षा संरक्षण की प्राथमिकता है क्योंकि पारिस्थितिकतंत्र में ऐसी प्रजातियों की हानि से अन्य प्रजातियों के पतन की आशंका हो सकती है।

हिमालय	पर्वतों की यह महान श्रृंखला वनस्पति एवं पशुओं की विभिन्न श्रृंखला का निवास स्थान है। पूर्वी हिमालय क्षेत्र भारत में दो प्रमुख जैविक विभिन्नता क्षेत्रों में से एक हैं।
चिलका	इस आर्द्रभूमि को रामसार समझौते के अंतर्गत संरक्षण प्रदान किया गया है।
सुन्दरवन	भारत का सबसे बड़ा आम्रवन
पश्चिमी घाट	भारत के दो बड़े जैविक विभिन्नता क्षेत्रों में से एक
थार मरूस्थल	इस क्षेत्र की जलवायु एवं वनस्पति हिमालय क्षेत्र की तुलना में अधिक विषम है।

जैविक विभिन्नता का परिणाम (Quantification of Biodiversim)

साधारण रूप में जीवभिन्नता को इन शब्दों में परिभाषित किया जा सकता है "समुदाय में पाई जाने वाली प्रजातियों की विशाल संख्या जिन्हें प्रजातीय बहुमुल्यता कहा जा सकता है। जीवभिन्नता परिमाणन के संदर्भ में इसका अर्थ है – एकल सांख्यिकी जिसके अंतर्गत एक प्रकार की प्रजातियां पाई जाती है। इन दो प्रकार की सूचनाओं को जोड़ने के लिए अनेक तरीके अपनाए गए। परिमाणन प्रजातियों की भौगोलिक भिन्नता पर भी निर्भर करता है। सामान्य रूप से विभिन्नता को निम्नलिखित तीन प्रकार से विभाजित किया जा सकता है :

i) **अल्फा विभिन्नता (Alpha Diversity) :** अल्फा भिन्नता एकल समुदाय में पाई जाने वाली प्रजातियों की संख्या से संबंधित है। इस पद्धति से, हम विभिन्न पारिस्थितिक तंत्रों में पाई जाने वाली प्रजातियों की मात्रा एवं संख्या की तुलना कर सकते हैं।

ii) **बीटा विभिन्नता (Beta Diversity) :** दूसरी ओर, बीटा भिन्नता का संबंध पर्यावरण में परिवर्तन के साथ-साथ प्रजातियों की रचना में परिवर्तन के स्तर से है। उदाहरण के लिए – जब हम एक विशेष स्थान पर एक विशेष प्रकार की पौधे/ पशु प्रजातियों की तुलना करते हैं। उदाहरण के लिए– जैसे दिल्ली विश्वविद्यालय के परिसर में विद्यमान किसी बगीचे में आम के पेड़ों की तुलना दिल्ली के बाहर स्थित किसी आम के वृक्ष से की जाए तो इस प्रकार की तुलना को हम बीटा भिन्नता कहेंगे।

iii) **गामा विभिन्नता (Gamma Diversity) :** इसी प्रकार, विभिन्न स्थानों पर आवास क्षेत्र के अनुसार अतिरिक्त प्रजातियों के भौगोलिक स्थानांतरण को गामा भिन्नता कहेंगे। अत: गामा भिन्नता प्रजातियों की समान आवास क्षेत्रों के भीतर स्थानांतरण की दर है।

वैश्विक स्थिति (Global Situation)

एक समय जब पृथ्वी की जैविक भिन्नता का संरक्षण पारिस्थितिक विज्ञान की बजाय एक सामाजिक चुनौती बन गया, तो विश्वव्यापी स्तर पर अनेक कदम उठाए जाने लगे। और इसकी शुरूआत 1972 के जैविक भिन्नता पर संयुक्त राष्ट्र समझौते के अंतर्गत मानव तथा पर्यावरण विकास से संबंधित

स्टॉकहोम सम्मेलन से हुई, जो 1993 से प्रभावी हुआ ताकि पृथ्वी की जीवभिन्नता के पोषणकारी प्रयोग एवं संरक्षण के लिए प्रभावी रूप से कार्य किया जा सके।

इस सम्मेलन का पुरजोर बल जीवभिन्नता के संरक्षण पोषणकारी प्रयोग तथा इसके लाभों की समान भागीदारी को लेकर था। इस सम्मेलन के लगभग 175 हस्ताक्षरकर्ता राष्ट्रों ने जीवभिन्नता संबंधी समझौते (Convention on Biological Diversity (CBD)) के प्रावधानों के अनुसार अपनी राजनैतिक सीमाओं के भीतर रहते हुए जीवभिन्नता के पोषण के लिए आभार प्रकट किया।

1992 के रियो-द-जेनेरो में हुए विश्व सम्मेलन में जीवभिन्नता के महत्व को अंतर्राष्ट्रीय समझौते के द्वारा प्रोत्साहन दिया गया। इस समझौते पर 152 राष्ट्रों ने हस्ताक्षर किए। इस संयुक्त कार्यक्रम ने वैश्विक स्तर पर जीवभिन्नता के लिए व्यापक कदम उठाने में विकसित राष्ट्रों के सम्मिलित प्रयासों को भी शामिल किया। विकसित राष्ट्रों का कार्य है - इस प्रभावी संरक्षण के लिए कोष तथा वैज्ञानिक विशेषज्ञता दोनों उपलब्ध कराना।

विश्व सम्मेलन का एक अन्य परिणाम है - एजेण्डा-21। यह भी जीवभिन्नता के संरक्षण के लिए बनाया गया है। एजेण्डा-21, 21वीं शताब्दी में सामाजिक, आर्थिक एवं पर्यावरणिक स्तर पर पोषणकारी विकास को बढ़ावा देता है। एजेण्डा-21 पोषणकारी विकास के लिए समुदाय के लोगों, विशाल समूहों, महिलाओं आदि की सशक्त भूमिका की स्पष्ट व्याख्या करता है।

इस समझौते में घरेलू संसाधनों के बाहरी हितों द्वारा शोषण की भी चर्चा की गई है जिसके अंतर्गत प्रभुसत्ता संपन्न राष्ट्रों के अपने प्राकृतिक संसाधनों के अधिकार तथा संसाधनों के प्रयोग की शक्ति के निर्धारण की भी व्याख्या की गई है। इसमें उष्णकटिबंधीय वनों के संरक्षण के लिए देशज एवं जनजातीय लोगों के अधिकारों तथा वन संरक्षण नीति की भी व्याख्या की गई है।

भारत में जीवभिन्नता का संकट (Quantum threat to Biodiversity in India)

भारत सरकार की रिपोर्ट (1996), पर्यावरण एवं वन मंत्रालय के अनुसार, देश में पौधों की लगभग 45000 प्रजातियां तथा पशुओं की 81000 प्रजातियां है जो विश्व की 7% वनस्पति एवं 6.5% प्राणि-समूह भाग है। मंत्रालय की 1997 की रिपोर्ट के अनुसार विश्व की 7.31% प्राणियों की प्रजातियों में से अकेले भारत में कुल 89,451 पशुओं की प्रजातियां पाई जाती हैं। 1999 के आंकड़ों अनुसार 49,219 पौधों की प्रजातियां विश्व की 12.5% भाग तथा पशुओं की 81,251 प्रजातियां विश्व के 6.60% भाग का प्रतिनिधित्व करती हैं। भारत की जीवभिन्नता क्षेत्रीयता की दृष्टि से देश के 33% भाग में वनस्पति के रूप में विद्यमान है तथा इसका विस्तार मुख्य रूप से उत्तर-पूर्वी, पश्चिमी घाट, उत्तर-पश्चिमी हिमालय क्षेत्र तथा अण्डमान-निकोबार द्वीप समुह तक है। आवास के अभाव के मुख्य कारण हैं - कृषि कार्य, निष्कर्षण (जैसे- खनन मत्सियकी, लकड़ी उद्योग, फसल काटना आदि कार्यों में) तथा शहरीकरण (जैसे- मानव अधिवास, कारखाने तथा संबंधित आधारभूत संरचनाएं) आवास क्षेत्र की इस कमी के फलस्वरूप आबादी एक दूसरे से बिखरी हुई है एवं अलग-थलग हो गई है। जनसंख्या का छोटा आकार हमेशा पर्यावरण के प्रति संवेदनशील एवं असुरक्षित महसूस करता है। भारत में, शिकार की चोरी एक अन्य संकट के रूप में हाल ही के वर्षों में उभरी है जो अनेक प्रजातियों (विशेषकर चीते की प्रजाति) के विलुप्त होने का प्रमुख कारण बन रहा है। हालांकि, जीवभिन्नता के ह्रास के मूल कारण हैं - निर्धनता, विशाल आर्थिक नीतियां,

अंतर्राष्ट्रीय व्यापारिक तत्व, नीतियों की असफलता, अप्रभावी पर्यावरणीय कानून के क्रियान्वयन में ढील, गैर-पोषणकारी परियोजनाएं तथा संसाधनों पर स्थानीय नियंत्रण का अभाव। जनसंख्या का दबाव तथा ईंधन की लकड़ी एवं चारे की आपूर्ति में बढ़ोतरी तथा स्थानीय समुदायों द्वारा वनों की चराई आदि से भी वनों पर दबाव पड़ा है जो जीवभिन्नता का कारण है।

भारत के पावन उपवन देश के कुछ ऐसे क्षेत्र हैं जहां पर जीवभिन्नता की बहुलता को बेहतर संरक्षण प्रदान किया गया है। भारत में थार मरूस्थल तथा हिमाचल क्षेत्र ऐसे दो प्रदेश है जो जीवभिन्नता से समृद्ध है। देश में 89 राष्ट्रीय उद्यान तथा 504 वन्यजीव संरक्षण क्षेत्र हैं, जिनमें से चिलका झील भी एक है यह झील भी एक महत्त्वपूर्ण आर्द्र-भूमि क्षेत्र है।

पिछली शताब्दी में, पृथ्वी पर जीवभिन्नता को व्यापक रूप से क्षति पहुंची है। बढ़ती हुई आबादी, उपभोग स्तर में वृद्धि तथा संसाधनों की घटती हुई क्षमता कुछ ऐसे कारक है जिनके कारण प्रकृति का दुरूपयोग एवं शोषण हुआ है। वन्यजीवों का व्यापार जैसे कि गैण्डे के सींगों के व्यापार से प्रजातियां विलुप्त हो रही है। किसी भी एक प्रजाति में असंतुलन से अन्य प्रजातियों में भी असंतुलन पैदा हो जाता है जिसके परिणामस्वरूप जीवभिन्नता का ह्रास होता है। ऐसी क्षति को रोकने के लिए भारत सरकार देश के विभिन्न भागों में जीवमण्डल आरक्षित क्षेत्रों का निर्माण कर रही है। 1999 तक 10 जीवमण्डल संरक्षित क्षेत्र स्थापित किए जा चुके थे जिनके नाम हैं - नीलगिरी, नन्दादेवी, नाकरेक, ग्रेट निकोबार, मन्नार की खाडी, मानस, सुन्दरवन, सिमिलीपाल तथा डिबरू साइकहोवा। इस दिशा में जागरूकता फैलाने के लिए अनेक NGO's भी कार्य कर रहे हैं। परन्तु केवल राष्ट्रीय उद्यानों एवं अभ्यारणों को ही कानूनी संरक्षण प्राप्त हो सका है जो भारत के लगभग 4.5% भूमिक्षेत्र पर फैले हुए हैं।

वैश्विक समाधान (Global Remedical Measures)

जीवभिन्नता को संरक्षण प्रदान करने के लिए, यह आवश्यक है कि संरक्षित क्षेत्रों की स्थापना की जाए, कुछ प्रजातियों का पुनः स्थापन्न किया जाए, पारिस्थितिकतंत्र की क्षतिपूर्ति की जाए तथा वनस्पति एवं जीवों का उचित रख-रखाव किया जाए। संरक्षण नीतियों को सूचना के विभिन्न स्तरों पर लागू किया जाना चाहिए।

वैश्विक नीतियां सार्वभौमिक रूप से पारिस्थितिकतंत्र में संकटापन्न प्रजातियों के संरक्षण के लिए अनिवार्य है। 'प्रकृति संरक्षण के लिए अंतर्राष्ट्रीय संघ' (International Union for the Conservation of Nature) जो अब 'विश्व संरक्षण संघ' (World Conservation Union) बन गया है, NGOs सरकारी एजेंसियों तथा संप्रभु राष्ट्रों के बीच संबंध स्थापित करता है। यह एक अंतर्राष्ट्रीय एवं उन्मुक्त संगठन है। 'संकटापन्न प्रजातियों का सरंक्षण' (CITES) ने अनेक विशेष प्रजातियों एवं पशु उत्पादों के गैर-कानूनी आयात एवं निर्यात को रोकने में सफलतापूर्वक कार्य किया है तथा इसने हाथियों को विलुप्त होने से बचाने की दिशा में भी कार्य किया है।

संरक्षण के उद्‌देश्य से विशेष प्रजातियों के लिए कानूनी स्तर निर्धारित करने के लिए IUCN ने आठ प्रमुख संरक्षण श्रेणियां बनाई हैं। ये श्रेणियां हैं - विलुप्त, संकटापन्न, संवेदनशील, विशेष, अनिर्धारित, संकटमुक्त, अविदित एवं गंभीर रूप से संकटकालीन प्रजातियां। IUCN श्रेणियों का प्रयोग करते हुए 'विश्व संरक्षण मानिटरिंग केन्द्र' (WCMC) ने लगभग 60,000 पौधों की एवं 2000

पशुओं की प्रजातियों को अपनी Red Data Books में अंकित किया है। 1978 में, IUCN ने Plant Red Data Books में वैयक्तिक रूप से संकटापन्न पौधों की सूची प्रकाशित की तथा बाद में, 1988 में Red List of Threatened Animals नाम से अपनी पुस्तक में पशुओं की सूची प्रकाशित की जीवभिन्नता को संरक्षित करने के लिए Red Data Books के अनेक संस्करण प्रकाशित करने के प्रयास किए गए। विश्व संसाधन संस्थान (World Resource Institute) ने घोषित किया है कि 1990 तथा 2020 के बीच लगभग 5.15% तक विश्व की अनेक प्रजातियों के विलुप्त होने की संभावना है इसलिए 1982 में IUCN ने समस्त विश्व की प्रजातियों को निम्नलिखित समूहों में विभाजित किया है :

1. **विलुप्त (Extinct) :** वे प्रजातियां जो पिछले 50 वर्षों के दौरान जंगलों में बिल्कुल नहीं पाई गई।
2. **संकटापन्न (Endangered) :** वे प्रजातियां जिनके विलुप्त होने की संभावना है या जिनका जीवन खतरे में है।
3. **संवेदनशील (vulnerable) :** ऐसी प्रजातियां जो गंभीर रूप से समाप्त हो चुकी हैं जिनकी सुरक्षा को सुनिश्चित नहीं किया जा सकता।
4. **दुर्लभ (Rare) :** इस श्रेणी में आने वाली प्रजातियों की संख्या बहुत कम है जो इस समय न तो 'संकटापन' है, न 'संवेदनशील' अपितु जिनका जीवन जोखिम में है। इनका विस्तार उन क्षेत्रों में है जो भौगोलिक रूप से प्रतिबंधित हैं अथवा ऐसे आवास क्षेत्र जो व्यापक रूप से बिखरे हुए हैं।
5. **अनिश्चित (Indeterminate) :** वे प्रजातियां जो या तो संकटापन है, संवेदनशील है अथवा दुर्लभ हैं, पर उनकी सही श्रेणी के बारे में संपूर्ण जानकारी प्राप्त नहीं है।
6. **संकटमुक्त (Out of danger) :** वे प्रजातियां जो पहले उपरोक्त श्रेणियों में शामिल थीं, परन्तु अब उनकी संख्या कम रह गई है क्योंकि इनके लिए प्रभावी उपचारमक उपाय समाधान किए गए हैं अथवा इनके ऊपर छाये संकट को दूर किया गया है।
7. **अविदित (Insufficiently, Known) :** वे प्रजातियां जिनके बारे में संशय है और इस संबध में पूरी जानकारी नहीं है वे किस श्रेणी में आती हैं।
8. **गंभीर रूप से संकटकालीन (Critically endangered) :** हाल ही में, इस नई श्रेणी को शामिल किया गया है। इसमें टाक्सा को शामिल किया गया है जिनकी संख्या पहले की अपेक्षा 80% से भी कम हो गई है। पहली 6 श्रेणियों में लगभग 1.75 करोड़ प्रजातियों का वर्णन वैज्ञानिक आधार पर किया गया है। अविदित या अंतिम श्रेणी में टाक्सा की संख्या लगभग 3.25 करोड है। IUCN ने विश्व संरक्षण योजना, पोषणकारी विकास के लिए संसाधन संरक्षण योजना का निर्माण किया है जिसमें विकास के लिए संरक्षण पर बल दिया गया है। इस योजना में तीन पहलुओं पर ध्यान केंद्रिय किया गया है – (a) अनिवार्य पारिस्थितिक प्रक्रियाओं तथा जीवनदायी व्यवस्थाओं का रख-रखाव (b) वंशानुगत भिन्नता का संरक्षण तथा (c) प्रजातियों एवं पारिस्थितिक तंत्र के पोषणकारी उपयोग को सुनिश्चित करना।

जीवभिन्नता की संकटमय स्थिति से निपटने में भारत के प्रयास (India's steps in correcting the threat perception caused by bio-diversity

ध्यान देने योग्य है कि विश्व में 4630 स्तनधारियों की प्रजातियां हैं, जिनमें से भारत के स्तनधारी जीवों की संख्या 8.5% है। विज्ञान में उन्नति तथा मानव क्रियाओं ने जैविक भिन्नता की मौजूदा अपर्याप्त संपदा को तेजी से समाप्त किया है। DDT जैसे कीटनाशक मिट्टी की उर्वरता समाप्त कर रहे हैं। इससे कैल्शियम के उपाचयन में भी इस सीमा तक बाधा आई है कि पक्षियों के अण्डे भी छालरहित होने लगे है। यदि यह प्रक्रिया 2-3 पीढ़ियों तक जारी रही तो एक दिन समस्त पक्षियों की प्रजातियां समाप्त हो जाएगी। गुर्दे की बीमारियाँ एवं गठिया रोग के लिए बनाई जाने वाली औषधियों के निर्माण के गैण्डे में सींगों व हड्डियों तथा चीते के अन्य उत्तकों का प्रयोग किया जाता है। अत: इन्हें पड़ोसी देशों में ऊंची कीमत पर बेचा जाता है। यदि ऐसा ही होता रहा तो ये प्रजातियां पूरी तरह समाप्त हो जाएंगी।

जनसंख्या वृद्धि एवं आर्थिक विकास के फलस्वरूप खाद्य श्रृंखला के संबंधों में परिवर्तन आ सकता है। उदाहरण के लिए एक शाकाहारी (गाय) जो अपने भोजन के लिए घास पर निर्भर है, वह घास के अभाव में, जैसा कि मद्रास (चेन्नई) शहर में देखा गया है, शीघ्र ही अपने खाने की आदत को बदल देगी तथा दीवारों पर चिपके सिनेमा या राजनैतिक पोस्टर खाना शुरू कर देगी। ऐसे अनेक उदाहरण दिए जा सकते हैं जब पशु चिकित्सकों ने बीमार पशुओं के इलाज के दौरान उनके पेट से प्लास्टिक की थैलियां निकाली हैं। इस प्रकार के अव्यावहारिक परिवर्तनों से पशुओं की प्रजातियां विलुप्त हो रही हैं।

जीवभिन्नता के संरक्षण की चुनौती के विषय को आज विज्ञान की शिक्षा के साथ जोड दिया गया है। हमारे दृष्टिकोण में परिवर्तन लाने की जरूरत है। यह सुझाव दिया गया है कि विज्ञान के छात्रों एवं शिक्षकों को प्रथम वैज्ञानिक पर्यवेक्षण के लिए क्षेत्र-अनुसंधान उन्हें बेहतर अवसर प्रदान कर सकता है। तथा इसके द्वारा उन्हें मूल्यवान शिक्षा प्राप्त हो सकती है। साथ ही वे पंचायती राज एवं जिला स्तर पर प्राकृतिक संसाधनों के विकेंद्रीकृत प्रबंधन के लिए प्रभावी निवेश तैयार कर सकते हैं।

काफी लंबी अवधि तक, भारतीय योजनाकारों ने जीवभिन्नता की व्यापक एवं महत्त्वपूर्ण भूमिका को अनदेखा किया। इस दृष्टि से, जीवभिन्नता की आवश्यकता निम्न रूपों में हैं,

1. पर्यावरणिक व्यवस्था को बनाए रखने के लिए जैसे- जलचक्र, भूमि की उर्वरता, मृदा अपरदन को रोकना आदि।
2. हजारों-करोड़ों लोगों जैसे- कृषक, मछुआरों आदि की आजीविका को आधार प्रदान करने के लिए।
3. औषधीय एवं स्वास्थ्य सेवा संस्थाओं के बचे माल की आपूर्ति के लिए।
4. वैज्ञानिक, औद्योगिक व अन्य क्षेत्रों में क्रांतिकारी खोजों के लिए एक आनुवांशिक आधार प्रदान करने के लिए।

आंकड़ों के अनुसार, भारत विश्व का 12वां सबसे बड़ा जैविक विभिन्नता संपन्न क्षेत्रों में से एक है। जिसमें 45000 जंगली पौधों तथा 77000 जंगली जानवरों की प्रजातियां हैं। यह विश्व का लगभग 6.5% वन्य जीवन कहलाता है। ऐसा अनुमान है कि देश के लगभग 10% वनस्पति एवं वन्य

जीव संकट की सूची में शामिल है। पिछले कुछ दशकों में भारत के लगभग 50% वन काटे जा चुके हैं, 70% पानी के स्रोत दूषित हो चुके हैं तथा घास भूमि एवं समुद्रतटों का ह्रास हो चुका है। इसके अतिरिक्त, शिकार, कीटनाशकों द्वारा विषाक्तीकरण तथा अन्य क्रियाओं के दबाव से भी जीवभिन्नता को भारी क्षति पहुंची है।

महिलाओं की भूमिका (Women's Role)

प्राकृतिक सम्पदा के प्राथमिक संपोषक किसान हैं। पर्यावरण में पौधों एवं पशुओं के संबंध में महिलाओं को विशेष जानकारी होती है। वे अनेक प्रकार के पौधों, पेड़ों, जड़ी बूटियों एवं पशुओं का प्रयोग करती हैं तथा उनके संरक्षण में उनकी प्रत्यक्ष भागीदारी है। घरेलू बाग-बगीचे तथा आंगन का प्रयोग महिलाएं अक्सर भिन्न प्रकार की जंगली एवं देशी प्रजातियों को लगाने के लिए करती है। जीवभिन्नता को अप्रतिबंधित रूप से संरक्षण की आवश्यकता है क्योंकि किसी भी प्रजाति की क्षति की पुनः पूर्ति नहीं की जा सकती।

जीवभिन्नता के तीव्र विनाश को रोकने में भारत के प्रयास, विशेषकर पिछले तीन दशकों में महत्वपूर्ण, उत्साहवर्धक एवं बहुआयामी रहे हैं। 'सीटू संरक्षण' के अधीन विश्व में संरक्षित क्षेत्रों के वृहत जाल स्थापित करने वालों में भारत का भी स्थान है। (533 राष्ट्रीय उद्यान तथा संरक्षित वन क्षेत्र) साथ ही, हमारी जैविक संपदा को संरक्षित करने के सामुदायिक प्रयास भी बढ़ रहे हैं। वनों से लगने वाले वन विभाग तथा समुदाय भी संयुक्त प्रबंधन कार्यक्रमों के लिए लगातार एक साथ आगे आ रहे हैं।

फसलों का संरक्षण (Crop Protection)

केन्द्र एवं राज्य सरकारों के समर्थन से पिछले 20 वर्षों में रसायनिक कीटनाशकों की मांग लगातार बढ़ी है। भारत में, कीटनाशक बाजार में तेजी से उछाल आया है। अगर इसका प्रयोग विवेकपूर्ण ढंग से किया जाए तो ये किसानों के लिए महत्त्वपूर्ण साधन बन सकते हैं। परन्तु इनका अनुचित ढंग से किया गया प्रयोग मानव स्वास्थ्य के लिए खतरा बन सकता है। ये मृदा एवं जल को दूषित करके खाद्य श्रृंखला में बाधक बन सकते हैं। तथा ये गैर-लक्ष्य प्रजातियों जैसे कि जन्तुओं के स्वाभाविक शत्रुओं को नष्ट कर सकते हैं तथा जंतुओं की प्रतिरोधक क्षमता को अव्यवस्थित कर सकते हैं। फसलों को संरक्षित करने के परम्परागत तरीके प्रकृति-सहचर्य व्यवस्था पर आधारित थी।

अधिक गर्म मौसम में खेतों की जुताई मृदा को नुकसान पहुंचाने वाले जीवों को उड़ाने तथा उन्हें समाप्त करने में मददकारी है। यह खरपतवार को उखाड़ने में भी मदद करती है अन्यथा यह मानसून के आने के साथ-साथ मुख्य फसलों के लिए आवश्यक स्थान, जल तथा पोषण तत्त्वों के लिए गंभीर विरोधी बन जाती है। फसलों का चक्रण बीमारियां फैलाने वाले जीवों को खत्म करने में मदद करता है। मिश्रित कृषि की परम्परागत पद्धति भी मधुमक्खियों को आश्रय स्थान देती है जो एक अच्छी परागणकर्त्ता हैं।

परम्परागत पद्धतियाँ (Traditional Practices)

अतिप्राचीन समय में, गाय के सूखे गोबर का प्रयोग सब्जियों उगाने के लिए किया जाता था। पत्तों बेलों आदि पर गोबर के अंशों की मौजूदगी नियन्त्रण को रोकती थी तथा जन्तुओं की बेधक थी। उसी तरह, गाय के गोबर की खाद तथा पानी के मिश्रण को पौधों के पत्तों-बेलों पर छिड़का जाता था जो पौधों पर पैदा होने वाले कीटों को रोकने में मदद करता था।

स्थानीय रूप से मिलने वाले पौधे जैसे कि लीची, नीमगिरी, तथा जातरोफा और इपोमिया की पत्तियों का प्रयोग पारंपरिक रूप से जैविक जंतुनाशकों के रूप में किया जाता था। आज ये उत्पाद बाजार में वानस्पतिक जन्तुनाशकों के प्रयोग के लिए उपलब्ध है। तम्बाकू की विषैली प्रकृति के कारण, इसके पौधे के काढ़े का प्रयोग कृषि में विभिन्न जंतुओं के नाश के लिए किया जाता है। परम्परागत किसान इन कीटाणुओं और जीवाणुओं के विरूद्ध लहसुन का प्रयोग भी करते हैं।

तमिलनाडु के एक गांव में, किसान हर दसवीं पंक्ति में अलग-अलग किस्म के चावल बोते हैं जो कि स्कंध भेदकों के लिए काफी प्रवीण है। कीड़े केवल इन्हीं पंक्तियों को खाते हैं और शेष पंक्तियों को छोड़ देते हैं। किसानों का कहना हे कि कृत्रिम उर्वरकों से कीड़ों की संख्या बढ़ती है क्योंकि इनमें अत्यधिक नाइट्रोजन उर्वरकों के होने से टिड्डों की संख्या बढ़ती है। धान की परिशुद्धता नष्ट होती है तथा उसके फटने, उस पर भूरे धब्बे पड़ने की समस्या एवं जीवाणुओं द्वारा नष्ट होने की मात्रा बढ़ जाती है। जैविक खाद के प्रयोग से कीट समस्या कम हो सकती है अथवा परम्परागत पद्धति का अनुसरण किया जाना चाहिए, जिसमें कीटाणुओं की समस्या कम है।

परम्परागत पद्धति का प्रयोग करने पर, फसल को चूसने वाले जन्तुओं को 4 लीटर गाय के मूत्र तथा 10 लीटर पानी में 10 ग्राम हींग के मिश्रण का छिड़काव करने से उन्हें फसलों से दूर रखा जा सकता है। उचित प्रकार से छानने के बाद 10 लीटर पानी में 3 किलोग्राम गाय के गोबर के मिश्रण के छिड़काव से धान के फटने को नियंत्रित किया जा सकता है। बेल पत्तियों के काढ़े, 100 ग्राम पत्तियों को 2 लीटर पानी में उबालकर, ठण्डा करके तथा उसे 100 लीटर पानी एवं कुछ लीटर गौमूत्र में मिलाकर तैयार किया गया काढ़ा चावल की फसल पर होने वाली बीमारियों को नियंत्रित कर सकता है।

आज कीड़ों, जंतुओं और खर-पतवार की समस्या का सामना करने के लिए जिन रसायनों का प्रयोग हो रहा है वे प्राय: मूल्यवान जीवभिन्नता को पूर्णत: समाप्त कर देते हैं। जबकि परम्परागत पद्धतियां पूरी तरह से इन प्रजातियों को समाप्त नहीं करती थी। परन्तु उनको नियमितरूप से नियंत्रित करने के लिए उनकी संख्या के अनुपात में उन्हें सीमित संख्या में धीरे-धीरे समाप्त करती थी।

जब कीटनाशकों के अत्यधिक उपयोग के प्रभाव व्यापक रूप से स्पष्ट होने लगे, तो अनेक नीतियां अपनाई जाने लगीं। अब कीटनाशकों का प्रयोग किसी विशेष जन्तु को लक्ष्य बनाकर किया जाता है। विषैला जीवन छोटा होता है। केन्द्र एवं राज्य स्तर की सरकारें कीटनाशकों पर सब्सिडी को सह रहे है अथवा उन पर कर लगा रहे हैं। इससे किसानों को यह संकेत दिया जा रहा है कि कीटनाशकों का प्रयोग पर्यावरणिक और साथ ही साथ आर्थिक रूप से भी व्ययकारी है।

निष्कर्ष (Conclusion)

जनसंख्या ने उत्तरोत्तर वृद्धि, उपभोक्तावाद की अशमनीय प्यास तथा मनुष्य की उच्च जीवन शैली ने तीव्र गति से औद्योगीकरण को बढ़ावा दिया है। औद्योगिक प्रदूषण से प्राकृतिक संसाधनों जैसे कि- जल, वन, खनिजों तथा जीवाश्म प्राकृतिक संसाधनों जैसे कि - जल, वन, खनिजों तथा जीवाश्म ईंधन आदि का व्यापक ह्रास हुआ है। विश्व की लगभग सभी नदियाँ और झीलें औद्योगिक एवं मानव निर्मित प्रदूषण भी समस्या का सामना कर रही हैं। इसके कारण जल अब मानव उपभोग के योग्य नहीं रह गया है। औद्योगिक प्रयोग के लिए नदियों, झीलों एवं तालाबों में पानी की आवश्यक मात्रा एवं गुणवत्ता की कमी ने संभवतः भूमिगत जल के विपुल स्रोत को खोजने के लिए बाध्य किया है। पृथ्वी पर उपलब्ध संपूर्ण जल में से भूमिगत जल की मात्रा 29.9% है। तथापि, ऐसे स्रोतों ने बिना सोचे समझे जल के अन्यायपूर्ण प्रयोग ने पानी की मात्रा, गुणवत्ता तथा अन्य जलीय प्रजातियों के विलोपन और यहां तक कि मनुष्य की प्यास भी तृप्त करने जैसी समस्याएं खड़ी कर दी हैं।

जीवाश्म ईंधनों जैसे कि कोयला, पेट्रोलियम उत्पाद से प्रयुक्त होने वाली ऊर्जा ने धरती के लिए असीम खतरा उत्पन्न किया है। चिमनियों से निकलने वाले काले धुएं में भी अधजले आंशिक कालिख कण होते हैं। ऐसे कण स्वास्थ्य के लिए खतरा हैं। इसके अतिरिक्त, सल्फर डाई-आक्साईड, नाइट्रोजन आक्साईड, कार्बन मोनो आक्साईड, कार्बन डाई आक्साईड, मिथेन आदि गैसें पर्यावरण में फैली हुई हैं। ऐसे प्रदूषक मानव स्वास्थ्य के लिए विनाशकारी हैं। यह पौधों की प्रजातियों के लिए भी हानिकारक है तथा इनसे जलवायु में भी परिवर्तन आ रहा है जो पृथ्वी के लिए पोषणकारी नहीं है। जैसा कि विज्ञान ने भी डाइनासोर की प्रजाति के विलुप्त होने का कारण स्पष्ट किया है। पृथ्वी अनेक स्थानों पर मौसम की संरचना में परिवर्तन अनुभव कर रही है। विश्व का सर्वाधिक वर्षा क्षेत्र कहलाने वाला स्थान अब चेरापूंजी से मॉसिनराम (Mawsynram) नरम हो गया है। ग्रीष्म ऋतु अधिक गर्म होती जा रही है और शीत ऋतु अब उतनी ठण्डी नहीं रही। विनाशकारी EI Nino प्रभाव का अनुभव होने लगा है। EI Nino प्रशांत महासागर का एक विशाल वायुमण्डलीय एवं समुद्री विक्षोभ है जो प्रत्येक 7 से 14 वर्ष के बाद घटित होता है। इसे EI Nino कहा जाता है जिसका अर्थ है - "एक शिशु" क्योंकि यह प्रायः क्रिसमस के मौसम में आता है। मध्य प्रशांत से पूर्वी प्रशांत की ओर गर्म सतही जल बहता है जो ठण्डी एवं पोषणकारी तत्वों से युक्त हम्बोल्ट तरंगों को दक्षिण अमेरिका के तट तक जाने से रोक देता है। इस असंतुलन के कारण प्लवकों की संख्या में गिरावट आई है, जिसके कारण संपूर्ण महासागर की खाद्य श्रृंखला को खतरा है तथा इससे मत्स्य उद्योग का पतन हो जाएगा। इन तरंगों के प्रभाव से व्यापारिक पवनें भी पूरी तरह से वापस मुड़ जाएंगी जिससे पेरू व इक्वेडर के प्रायः शुष्क तटवर्ती क्षेत्रों में मूसलाधार वर्षा, बाढ़ तथा भू-स्खलन की संभावना है। इसका एक अन्य परिणाम है - एशिया में मानसून की समाप्ति जो इण्डोनेशिया तथा उत्तरी आस्ट्रेलिया में भीषण अकाल ला सकता है। यह प्रक्रिया विश्व के अन्य भागों में भी व्यापक मौसमी असंतुलन पैदा कर सकती है जैसे कि - अफ्रीका और मध्य उत्तरी अमेरिका के क्षेत्रों में अकाल।

मौसम के रूपों में परिवर्तन के साथ-साथ धरती अधिक गर्म होती जा रही है तथा तापमान वृद्धि हो रही है। इसके कारण समुद्री जल स्तर में भी वृद्धि हो रही है। समुद्री स्तर में वृद्धि का अर्थ है - समुद्री जल का भू-क्षेत्र पर प्रवेश करना। इसके परिणामस्वरूप पौधों एवं पशुओं की प्रजातियों का विनाश हो जाएगा। अंतः समस्त विश्व तथा इसकी प्रजातियां जीवन की चुनौती का सामना कर रही हैं। इस स्थिति ने जागरूकता अभियानों, कड़े कानूनी उपायों, व्यापारिक आवश्यकताओं तथा

राष्ट्रीय एवं अंतर्राष्ट्रीय समझौतों को बढ़ावा दिया है। अब स्कूली स्तर से ही पर्यावरण शिक्षा को पाठ्यक्रम का महत्त्वपूर्ण अंग बना दिया गया है। विशेषीकृत अनुसंधान एवं अभियांत्रिकी पाठ्यक्रम तैयार किए गए हैं तथा समस्त विश्व में प्रस्तावित किए गए हैं ताकि सभी को बेहतर पर्यावरण प्रबंधन कार्यों के लिए औचित्यपूर्ण एवं मूल्य प्रभावी तकनीकों में शामिल किया जा सके। उपभोक्ताओं में बढ़ती जागरूकता के साथ-साथ कानून भी दिन-प्रति-दिन सख्त होते जा रहे हैं। पर्यावरण संरक्षण एजेंसियां (EPA) संयुक्त राज्य अमेरिका, साथ ही, केंद्रीय प्रदूषण नियंत्रक बोर्ड, भारत तथा अन्य देशों की एजेंसियों ने बेहतर पर्यावरण को बनाए रखने के लिए मानकों की एक श्रृंखला तैयार की है। परियोजनाओं के हानिकारक प्रभावों का समाधान करने के लिए निर्णय निर्माण स्तर पर ही औद्योगिक परियोजनाओं का पर्यावराणिक रूप से प्रभावी मूल्यांकन किया जाने लगा है। 1990 के दशक को कानूनी मानक स्थापित करने तथा 2000 के दशक के उद्योगों के लिए पोषणकारी विकास के वर्षों के रूप में अनुभव किया गया। जेनेवा आधारित अंतर्राष्ट्रीय मानक संस्थान (ISO) ने स्वैच्छिक अंतर्राष्ट्रीय प्रमाणीकृत मानक स्थापित किए हैं जैसे कि ISO 14000, ISO 9000, 2001 आदि। इसी तरह पर्यावरण-सौहार्द होटलों को भी बढ़ावा देने के लिए मानक स्थापित किए गए हैं जिसे Ecotel कहा जाता है। ऐसे मानक उद्योगों को बेहतर पर्यावरण मानक को बनाए रखने, बेहतर व्यवसायिक तथा पारदर्शी जन विश्वास हासिल करने में मदद करते हैं। उपभोक्ता भी ऊर्जा की उच्चस्तरीय क्षमता युक्त एवं पर्यावरणिक रूप से अनुकूलनीय उत्पादों की मांग करते हैं। निम्न सल्फर युक्त डीजल, पेट्रोल, CNG आदि जैसे ईधन अधिक प्रचलित हैं। तकनीकों में उग्र परिवर्तन नजर आ रहे हैं।

स्थानीय, राष्ट्रीय एवं अंतर्राष्ट्रीय गैर सरकारी संगठनों ने भी पर्यावरण जागरूकता बढ़ाने, पर्यावरण तथा स्वास्थ्य संबंधी मुद्दों को उठाने तथा अनुसंधान कार्यों एवं परियोजनाओं के क्रियान्वयन में सराहनीय भूमिका अदा की है। अनेक अंतर्राष्ट्रीय प्रयास भी शुरू हो चुके हैं। स्टॉकहाम सम्मेलन, वियना संधि, मॉन्ट्रियाल प्रोटोकॉल, रियो सम्मेलन,क्योटो प्रोटोकॉल, बासेल समझौता तथा रामसार सम्मेलन कुछ प्रमुख अंतर्राष्ट्रीय उपक्रमण हैं। इन सभी सम्मेलनों का उद्देश्य एक है और वह उद्देश्य है - विश्व का पोषणकारी विकास।

References

Green Book, Central Pollution Control Board

http://envfor.nic.in

http://unfccc.int/2860.php

http://www.unep.org

http://www.epa.gov

http://www.worldbank.org

http://www.ace.mmu.ac.uk/eae

Sustainable Development: R. K. Jain

http://www.iso.org

http://cseindia.org

Gadgil, M. *'Documenting diversity: An experiment'*. Current Science 270 (1996), 36-44.

Wood, A., Stedman-Edwards, P. and Mang, J (eds.). 2000. *The Root Cause of Biodiversity Loss,* UK: World Wide Fund for Nature. Earthscan Publications. 399 pp.

Lewis, Michael. 2003. *Inventing Global Ecology: Tracking the biodiversity Ideal in India,* 1945-1997, Orient Longman.

Odum, E.P. 1971. *Fundamentals of Ecology*, WB Saunders Publication.

अध्याय - 20

भारत की पर्यावरण नीति

(Environment Policy in India)

डॉ. शुभेन्दु रंजन राज

भारत के नियामक यंत्र अनेक वर्षों से कानूनी रूप में प्राकृतिक पर्यावरण के संरक्षण के लिए कार्य कर रहे हैं। हालांकि इन कानूनों ने बेहतर कार्य नहीं किया। चाहे इसके केन्द्र में विधानमण्डल रहा हो या फिर राज्यों ने कानून पारित किए हों एवं आवश्यकता पड़ने पर तदनुसार औद्योगिक तथा विकास कार्यों के पहलुओं का भी नियमन किया गया हो, परन्तु क्रियान्वयन में ढील, राजनीतिक इच्छाशक्ति का अभाव तथा प्रशासनिक विलंब ने इसके क्रियान्वयन में बाधा पहुंचाई है। देश भर में, सरकारी एजेंसियाँ उद्योगों, खानों तथा अन्य प्रदूषक तत्त्वों के नियंत्रण के लिए विस्तृत शक्तियों का प्रयोग कर रही है, परन्तु उनमें प्रदूषकों को नियंत्रित करने के लिए इच्छाशक्ति का अभाव है इसके कारण न्यायपालिका को सक्रिय होना पड़ा है तथा उच्च एवं उच्चतम न्यायालय ने बारम्बार इस उत्तरदायित्व का निर्वाह किया है जिसका उल्लेख भारत के संविधान के अनुच्छेद 39(c), 47 तथा 48A, 51A(g), 253 में किया गया है तथा यह राज्य पर एक साझा उत्तरदायित्व डालता है कि वह जनस्वास्थ्य के संरक्षण एवं सुधार तथा पर्यावरण के संरक्षण के लिए कार्य करे। यह 1972 के स्टॉकहोम सम्मेलन के सिद्धान्तों का भी अनुपालन करता है जिस पर भारत ने हस्ताक्षर करके पारिस्थितिकतंत्र के लिए संवैधानिक मंजूरी दी है।

1972 में मानव पर्यावरण पर संयुक्त राष्ट्र स्टॉकहोम सम्मेलन में घोषित किया गया था कि मनुष्य अपने पर्यावरण का स्वामी है, चाहे वह उसे बनाए अथवा बिगाड़े। वही उसका भौतिक रूप से संपोषण करता है तथा बौद्धिक, नैतिक,सामाजिक व आध्यात्मिक विकास के अवसर प्रदान करता है। इस ग्रह पर मानव जाति के लंबे एवं अस्वाभाविक विकास में एक चरण ऐसा आया जब विज्ञान एवं प्रौद्योगिकी ने तीव्र गति से विकास किया। इसके द्वारा मनुष्य ने असंख्य तरीकों से तथा अद्वितीय पैमाने पर पर्यावरण में परिवर्तन करने की शक्ति प्राप्त कर ली। पर्यावरण के दोनों–प्राकृतिक एवं मानव निर्मित पहलू, जीवन के लिए तथा मूलभूत मानव अधिकारों के उपभोग के लिए आवश्यक हैं। इस संदर्भ में, पर्यावरण संरक्षण अधिनियम पर्यावरण तथा उससे संबंधित मुद्दों का संरक्षण एवं उसमें

सुधार के उपाय प्रस्तावित करता है। पर्यावरण में जल, वायु, भूमि शामिल हैं तथा यह इन तत्त्वों में तथा मनुष्य, अन्य जीवों, वनस्पति, जीवाणु तथा संपदा आदि के बीच अंर्तसम्बंध है।

पर्यावरण प्रदूषण का अर्थ है - पर्यावरण में असंतुलन अर्थात् कोई भी ठोस, तरल या गैसीय पदार्थ की वह मात्र जो पर्यावरण के लिए हानिकारक हो सकती है। किसी भी पदार्थ का यदि वायु, जल तथा भूमि से मिलने के बाद उसके लक्षणों में मौलिक परिवर्तन हो जाता है तो उनका किसी भी प्रकार से प्रयोग अथवा मनुष्य या प्राणियों द्वारा जल, वायु एवं भूमि का प्रयोग उनके स्वास्थ्य के लिए खतरा बन सकता है अथवा वह प्राणघातक भी हो सकता है।

भारत के पर्यावरणीय नियमों को संरक्षण (The Panoply of India's Environment Regulation)

शहरीकरण तथा औद्योगीकरण के साथ-साथ, भारत की तेजी से बढ़ती हुई जनसंख्या ने भारत की आधारभूत संरचना तथा उसके प्राकृतिक संसाधनों पर अत्यधिक दबाव डाला है। वनों का कटाव, मृदा अपरदन, जल प्रदूषण तथा भूमि के ह्रास से स्थिति लगातार खराब हो रही है तथा इससे ग्रामीण भारत के आर्थिक विकास में बाधा आ रही है। इसके कारण, भारत के महानगरों में नगरपालिका सेवाओं का कार्यभार भी बढ़ा है तथा इससे वायु प्रदूषण जैसी गंभीर समस्या पैदा हुई है।

भारत ऐसा पहला देश था जिसने राज्य द्वारा जनस्वास्थ्य, वनों एवं वन्य जीवन की सुरक्षा के लिए पर्यावरण के संरक्षण हेतु संविधान में संशोधन किया। 1976 में 42वां संशोधन अपनाया गया तथा यह 3 जनवरी, 1977 से प्रभावी हुआ। राज्य के नीति निर्देशक सिद्धान्तों की भाषा के लिए राज्य के द्वारा न केवल एक संरक्षणवादी अवस्थिति की आवश्यकता है बल्कि यह राज्य को प्रदूषित पर्यावरण में सुधार की दिशा में कार्य करने के लिए भी बाध्य करता है। यह सरकार को हानिकारक तत्त्वों जैसे कि - प्रदूषण फैलाने वाले उद्योगों को नियंत्रित करने का अधिकार देता है।

निर्देशक सिद्धातों की भाषा का एक महत्त्वपूर्ण प्रावधान यह है कि यह अनुच्छेद "किसी भी न्यायालय द्वारा परिवर्तनीय नहीं है, परन्तु राज्य का यह कर्त्तव्य होना चाहिए कि वह कानून बनाते समय इन सिद्धांतों को अपनाए।" यह प्रावधान निर्देशक सिद्धान्तों को सरकार के मार्गदर्शन का एक यंत्र बनाता है। यद्यपि जब तक ऐसा कानून नहीं बनता, तब तक कोई भी व्यक्ति मौजूदा कानून का उल्लंघन नहीं कर सकता। यद्यपि राज्य सरकारों ने शक्तियों तथा अधिकार-क्षेत्र की सीमाओं की स्पष्ट रूप से व्याख्या कर दी है। संविधान के अनुच्छेद 253 केंद्रीय सरकार को अन्य देशों से की गई संधियों अथवा अंतर्राष्ट्रीय अभिकरणों द्वारा लिए गए निर्णयों के संबंध में, भारत के किसी भी भाग में कानूनों को लागू करने की व्यापक शक्तियां प्रदान करता है। आंतरिक पर्यावरण संबंधी मामलों में, संविधान केन्द्र एवं राज्यों के बीच विधायी शक्तियों का बंटवारा करता है। इसका वर्णन तीन सूचियों में किया गया है - संघ सूची, राज्य सूची तथा समवर्ती सूची। केन्द्रीय सरकार संघ अथवा समवर्ती सूची के किसी भी विषय पर कानून बना सकती है तथा कुछ मामलों में यह राज्यसूची में शामिल विषयों पर भी कानून बना सकती है। ऐसा करने के लिए केन्द्र सरकार को राज्य विधानमण्डल की स्वीकृति की आवश्यकता है।

राज्य सूची में शामिल 'जल' से संबंधित मामले में, अनुच्छेद 252 में कहा गया है कि संसद में जल संबंधी कानून पास करने के लिए कम-से-कम दो या दो से अधिक राज्यों के विधानमण्डलों

द्वारा प्रस्ताव पास करने की आवश्यकता है। ऐतिहासिक रूप से देखा गया है कि राज्य के अधिकार क्षेत्र में आने वाले विषयों में भारी विलम्ब हुआ है। उदाहरण के लिए, पहले बिल के मसौदे पर बहस के करीब एक दशक बाद संसद द्वारा 1974 में पहला बड़ा जलीय कानून पारित किया गया। बाद में, जल कानून में संशोधन करके 1978 तथा 1988 में दुबारा राज्य विधानमण्डल प्रक्रिया द्वारा संसद को जल संबंधी उपायों के लिए कानून पारित करने की शक्ति प्रदान की गई। 1970 के दशक में बढ़ती जागरूकता के समय में भारत ने पर्यावरण के लिए कोई प्रारंभिक प्रयास नहीं दर्शाए। वास्तव में, समय के साथ-साथ इस देश में पर्यावरणवाद तथा कानूनों के संहिताकरण का एक लंबा इतिहास रहा है। इनमें से कुछ कानून है - भारतीय दण्ड संहिता (IPC), दण्ड प्रक्रिया संहिता (CPC), 1905 का बंगाल स्मोक न्यूसेंस एक्ट, भारतीय परिवहन अधिनियम, फैक्ट्री अधिनियम, भारतीय वन अधिनियम, उद्योग (विकास तथा नियमन) अधिनियम, वन संरक्षण अधिनियम, द मार्केट शिपिंग एक्ट।

1860 में पारित भारतीय दण्ड संहिता, जल के सार्वजनिक स्रोतों या भण्डारों में जल के प्रदूषण के लिए दोषी पाए गए व्यक्तियों पर कारावास या जुर्माने की सजा निर्धारित करता है। प्रारम्भ में, संहिता की भाषा को सीमित रूप में ही लागू किया जाता रहा है। क्रियान्वयन की दृष्टि से संहिता का अर्थ बहुत संकुचित था। ऐसा इसलिए था क्योंकि इसके अंतर्गत मिलने वाली सजा तथा जुर्माना बहुत कम था। इसके अलावा, सार्वजनिक जलाशय को गंदा करने का अर्थ उन सार्वजनिक नदियों से नहीं था जिसमें सबसे अधिक प्रदूषण फैलता था। अंततः संहिता की विशिष्ट भाषा ने अभियोग पक्ष पर आरोप साबित करने का भार डाला। प्रदूषणकर्त्ता स्वेच्छा से, किसी उद्देश्य से या जानबूझकर अपगामी नदी को नुकसान पहुंचाकर अपने लिए न्यायालय में सशक्त अभियोगपक्ष के लिए समस्या खड़ी कर सकता है।

भारतीय वन अधिनियम 1927 ब्रिटिश शासन की देन है। यह विधान सरकार को प्राकृतिक संसाधनों पर निर्विरोध अधिकार प्रदान करने की तथा वनों की सुरक्षा के निरीक्षण का अधिकार देता है।

फैक्ट्री अधिनियम भी जनसुरक्षा एवं स्वास्थ्य संबंधी मामलों से जुड़ा है। इस अधिनियम की धारा 12 प्रत्येक राज्य सरकार को अपने नियमों के निर्माण की शक्ति देती है। इसमें 1950 तथा 1960 के दशकों के एकल राज्यों को भी अपने बिलों के निर्माण का अधिकार दिया गया है। यह कानून फैक्ट्रियों द्वारा जलाशय एवं नदियों में जल के प्रदूषण को रोकने के लिए संयंत्र-स्तर पर इसके लिए प्रभावी व्यवस्था के प्रबंध की बात करता है। भारतीय दण्ड संहिता की तरह इसमें भी जुर्माने की शर्त लागू भी गई है।

इसके परिणामस्वरूप, अनेक राज्यों ने फैक्ट्री अधिनियम पारित किए है। 1950 में उत्तर प्रदेश में व तमिलनाडु में, 1958 में प. बंगाल में, 1963 में महाराष्ट्र में तथा 1969 में मैसूर में यह अधिनियम लागू किया गया। प्रत्येक राज्य ने अपनी विशेष स्थितियों के अनुकूल इस अधिनियम को लागू किया। उत्तर प्रदेश में, नदियों के विन्यास के लिए राज्य जल बोर्ड की अनुमति की आवश्यकता है। तमिलनाडु में, शासक शक्ति समान उत्तरदायित्व के साथ मत्स्यिकी के भी निर्देशक है। महाराष्ट्र में, स्थानीय प्राधिकरणों को ऐसे मामलों के संबंध में कानून बनाने का अधिकार है।

पर्यावरण आंदोलन का एक विशेष कार्यक्रम था- जून, 1972 को मानव पर्यावरण के लिए आयोजित स्टॉकहोम सम्मेलन। सम्मेलन में सभी सदस्यों को स्पष्ट किया गया कि प्रत्येक राष्ट्र को जनता के स्वास्थ्य सुरक्षा तथा वनस्पति एवं प्राणी जगत जैसे मुद्दों के लिए व्यापक कानूनों को

अपनाने की आवश्यकता है। सम्मेलन के आयोजक 'संयुक्त राष्ट्र' ने हर सदस्य से देश की रिपोर्ट देने का आग्रह किया। भारतीय सम्मेलनकर्त्ताओं के अन्वेषण ने भारत के नवोदित अधिवक्ताओं को भी स्तब्ध कर दिया। स्टॉकहोम सम्मेलन ने भारत के लिए आने वाले वर्षों में पर्यावरण संबंधी नीतियों के लिए एक आरंभिक पहल का कार्य किया। यह भी सुझाव दिया गया कि अंतर्राष्ट्रीय कार्यक्रमों जैसे कि स्टॉकहोम सम्मेलन भारतीय शासनाधिकारियों को राष्ट्रीय पर्यावरण नीति को लागू करने के लिए प्रबंध करते हैं।

संविधान जल संबंधी मामलों को राज्यों द्वारा नियंत्रित करने की अनुमति प्रदान करता है। अतः इस दिशा में प्रभावित क्षेत्रों में पूर्व प्रयास किए जा सकते हैं। वास्तव में, 1950 तथा 1960 के प्रारंभिक दशकों के दौरान, अनेक राज्यों ने जल संरक्षण के लिए कदम उठाए। इस दिशा में जो कानून पारित किए गए हैं, उनमें शामिल हैं - 1953 का उड़ीसा नदी प्रदूषण अधिनियम, 1954 का पंजाब राज्य नल-कूप (ट्यूबवेल) अधिनियम, पश्चिम बंगाल का नोटिफिकेशन नं. 7 का नियमन 1957 का जल प्रदूषण नियंत्रण अधिनियम, 1963 का जम्मू-कश्मीर राज्य नहर तथा जल विकास अधिनियम। महाराष्ट्र जल प्रदूषण संरक्षण अधिनियम 1969 में पारित किया गया था।

हालांकि, 1962 में स्वास्थ्य मंत्रालय ने अतिशीघ्र एक अध्ययन समिति नियुक्त करके जल प्रदूषण मामलों पर जांच का कार्य शुरू किया था। समिति ने केन्द्र व राज्य दोनों स्तरों पर कार्य करने के सुझाव दिए। केन्द्र व राज्य सरकारों के बीच आधिकारिक प्रश्नों पर कोई हल नहीं निकल पाया परन्तु 1965 तक एक बिल का मसौदा अंतिम रूप से परिचालित कर दिया गया है जो राज्यों को प्रस्ताव पारित करने एवं उनकी ओर से विधानमण्डल को कानून बनाने का अधिकार देता है। 1969 में, जल प्रदूषण के संरक्षण से संबंधित एक बिल लाया गया। अंततोगत्वा 1974 में, जल प्रदूषण अधिनियम का एक संशोधित प्रारूप तैयार किया गया। जल प्रदूषण को रोकने के लिए एक नियामक संस्था के निर्माण ने भारतीय संसद द्वारा इस मुद्दे पर पहली बार वचनबद्धता प्रकट की। इस जल अधिनियम ने केन्द्रीय व राज्य सरकारों के स्तर पर भी प्रदूषण-नियंत्रण बोर्ड की स्थापना की।

जल अधिनियम के परिणामस्वरूप, प्रधानमंत्री इंदिरा गांधी के पर्यावरणीय नीतियों के लिए कानूनों की श्रृंखला बनाने की तरफ रूख किया। 1980 में निर्मित पर्यावरण विभाग (Department of Environment or DOE) ने केन्द्रीय सरकार के लिए एक निरीक्षक की भूमिका अदा की। DOE ने विकास परियोजनाओं के पर्यावरणीय मूल्यांकन, वायु एवं जल की गुणवत्ता की जांच करने, पर्यावरण सूचना तंत्र के निर्माण का कार्य किया। हालांकि, अपने राजनीतिक एवं वित्तीय आधारों से पहचाने जाने वाले कुछ पर्यावरणीय संघों में DOE की इस आधार पर आलोचना की है कि यह स्वीकार कर लिया कि DOE कुछ क्रियान्वयन शक्तियों के द्वारा निश्चय ही एक परामर्शदायी संस्था की भूमिका निभा सकेगी।

प्रधानमंत्री राजीव गांधी की सरकार ने इन कमियों को पहचाना तथा 1985 में अपने प्रशासन की शुरूआत से कुछ समय के भीतर ही पर्यावरण तथा वन संबंधी मंत्रालय (MOEF) का गठन किया। MOEF अधिक विस्तृत एवं संस्थात्मक है तथा इसमें संघीय मंत्री एवं राज्य मंत्री यानी दो राजनैतिक पदों के द्वारा प्रधानमंत्री के प्रति प्रत्यक्ष जवाबदेही की व्यवस्था की गई है। इस संस्था के 18 विभाग तथा गंगा परियोजना निदेशालय तथा परती भूमि विकास के लिए राष्ट्रीय मिशन नामक दो स्वायत्त इकाइयां हैं। ये इकाईयाँ वही कार्य करती हैं जो DOE को वास्तविक रूप से दिए गए हैं जैसे कि निर्देशन तथा क्रियान्वयन पर्यावरणीय मूल्यांकन तथा सर्वेक्षण का संचालन, परन्तु यह

पर्यावरण से संबंधित अन्य कार्यों को भी बढ़ावा देने का कार्य करते हैं। अपने निर्माण के समय, MOEF में 684 कार्यकर्त्ता थे। इसके 18 नए विभाग हैं जिनमें प्रदूषण नियंत्रण विभाग भी सम्मिलित है। 1989 तक, इसमें 1,171 कार्यकर्त्ता शामिल हो गए जिनकी संख्या में निरंतर वृद्धि हो रही है। इसके बजट में भी आमूल परिवर्तन आया है। 1982-83 में, संस्था का कुल बजट 138.643 करोड़ रू. की राशि निर्दिष्ट की गई थी इसकी निधि का प्रयोग केन्द्रीय बोर्ड के व्यय के लिए, राज्य बोर्ड की प्रतिपूर्ति के लिए, स्वच्छ गंगा परियोजना के बजट के लिए, प्रयोगशालाओं तथा प्रदूषण नियंत्रण योजनाओं में होता है। 1989-99 तक, संपूर्ण बजट का खर्च 18.2 करोड़ रू. था तथा 1984-85 तक, प्रदूषण नियंत्रण बजट में 169 करोड़ रू. का उछाल आया जो पिछले दो सालों के एजेंसी के संपूर्ण बजट से 30 करोड़ रू. से भी अधिक था।

MOEF की मॉनिटरिंग व्यवस्था का क्रियान्वयन भी उत्साहपूर्ण था। 1977 में, भारत में जल के लिए 18 मॉनिटरिंग केन्द्र स्थापित किए गए। 1992 तक जल केन्द्रों की संख्या 480 थी जिसमें वैश्विक पर्यावरण मॉनिटरिंग व्यवस्था (GEMS) के 51 केन्द्र भी शामिल हैं। 1984 में, देश के सात शहरों में 28 वायु मॉनिटरिंग कार्यक्रम (National Ambient Air Quality Monitoring Program) के लिए 99 शहरों में 290 केन्द्र स्थापित हो चुके थे।

केन्द्रीय सरकार अपने पर्यावरणीय प्रशासन का विस्तार करती जा रही है। प्रशासन पर व्याख्या की जिम्मेदारी डालते हुए प्राय: कानून अस्पष्ट भाषा में लिखे जाते हैं। केन्द्रीय सरकार की नीति नए कानून की बजाय मौजूदा कानूनी एवं विनियामक नीतियों पर बल देने की रही है। इससे यह आशा थी कि ऐसा करने से पर्यावरणीय कानूनों पर होने वाले संभावित विवादों से बचा जा सकता है। 1981 में वायु अधिनियम पारित किया गया तथा 1986 में, संसद ने पर्यावरण अधिनियम पारित किया, जिसे पर्यावरण के लिए सुरक्षा कानून के रूप में बनाया गया। केन्द्रीय व राज्य प्रदूषण नियंत्रक बोर्ड द्वारा प्रशासन को नए कानून लागू कराने की जिम्मेदारी सौंपी गई।

उपरोक्त वर्णित ऐतिहासिक बिल केवल प्रदूषण नियंत्रक बोर्डों द्वारा उनकी पर्यावरण संबंधी शक्तियों को लागू करने के लिए सिर्फ उपाय नहीं थे। जल अधिनियम की कमियों के कारण, कुछ राज्यों के बोर्ड, मजिस्ट्रेटों को जल प्रदूषण के नियंत्रण के लिए दण्ड प्रक्रिया संहिता (CPC) की धाराओं का प्रयोग करवाने की शक्ति में कामयाब हो सके हैं। यह संहिता दण्डनायक-गण (मजिस्ट्रेसी) को जन असंतोष को दूर करने के लिए कुछ शक्तियाँ प्रदान करती है। मध्यवर्ती वर्षों के दौरान, कुछ अन्य विशेष मामलों पर भी कानून पास किए गए जिसमें वन्य जीवन सुरक्षा अधिनियम तथा परमाणु ऊर्जा अधिनियम शामिल है।

दिसम्बर 1993 में, MOEF ने पर्यावरणीय मुद्दों को विकास भी राजनीतियों से जोड़ते हुए अपनी पर्यावरणीय कार्यकारी योजना का कार्य पूरा कर लिया। अन्य प्राथमिकताओं में, औद्योगिक प्रदूषण में कमी लाना शामिल है। सिद्धांत में MOEF पहले से ही प्रदूषण में कमी के लिए तथा संरक्षणकारी नीतियों के लिए प्रयासरत था। MOEF द्वारा अपनाई गई रणनीतियों के अंतर्गत, एक बैंक मिशन ने 'प्रदूषणकर्त्ता द्वारा क्षतिपूर्ति के सिद्धांत (Polluter Pays) के क्रियान्वयन की रिपोर्ट दी थी। MOEF ने वर्ष 1992 के आरम्भ से ही जल के उपकर में वृद्धि का निर्णय लिया पर अभी भी इसके लिए लगाई गई क्षतिपूर्ति की सीमा वर्तमान लागत से नीचे है। MOEF ने आधारभूत मानकों की तरफ ध्यान देने का निर्णय भी लिया है। इसे प्रदूषक की कीमत में शामिल किया जाएगा तथा पानी में मिलावट को रोकने तथा स्वच्छ तकनीक अपनाने की प्रक्रिया पर बल दिया जाएगा। इसमें पानी की

खपत के मानकों को भी शामिल किया जाएगा जिसमें पानी के अत्यधिक प्रयोग के लिए खर्च की अतिरिक्त देयराशि भी शामिल है।

छोटे पैमाने के उद्योगों पर ध्यान देना अत्यंत आवश्यक है क्योंकि ये भी प्रदूषण को बढ़ाने के लिए जिम्मेदार हैं। मंत्रालय केन्द्रीय जलीय अभिक्रिया संयंत्रों को बढ़ावा देने के लिए सीमित अनुदान तथा तकनीकी सहायता प्रदान करता है। इसने औद्योगिक क्षेत्रों का भी निर्माण किया है ताकि एक जैसी प्रकृति के अनेक उद्योगों को उपयोगी सेवाओं तथा पर्यावरणीय सेवाओं का मूल्य कम करने में सहयोग देने के लिए बढ़ावा दिया जा सके।

पर्यावरण संरक्षण अधिनियम, 1986 [The Environment (Protection) Act, 1986]

'पर्यावरण संरक्षण अधिनियम' पर्यावरण संरक्षण के क्षेत्र की अनिवार्य मांग है। 1986 में, भोपाल गैस काण्ड के बाद, संसद ने पर्यावरण में सभी प्रदूषणकारी तत्त्वों के कारणों का पता लगाने की दिशा में कदम बढ़ाया। छः महीने के भीतर ही शक्तिशाली उद्योगों तथा व्यापारिक हितों के सामान्य प्रतिरोध का सामना करते हुए, पर्यावरण संरक्षण अधिनियम पारित किया। इसके अंतर्गत, केन्द्रीय सरकार को मानक निर्धारित करने, औद्योगिक क्षेत्रों को प्रतिबंधित करने, दुर्घटना से बचने के लिए सुरक्षात्मक उपाय निर्धारित करने तथा हानिकारक तत्त्वों (अपशेषों) का निपटान करने, प्रदूषण के मामलों की जांच एवं शोध कार्य करने, प्रभावित क्षेत्र का तत्काल निरीक्षण, प्रयोगशालाओं का निर्माण तथा जानकारी एकत्रित करने के कार्य सोंपे गए। केन्द्रीय सरकार के कर्मचारियों द्वारा एकत्रित नमूनों (Samples) को संसद में रखा जा सकता है। 'पर्यावरण तथा वन मंत्रालय' के अंतर्गत आने वाले 'पर्यावरण, वन एवं वन्य जीवन विभाग' को प्रशासन तथा क्रियान्वयन के कार्यों के लिए प्रमुख एजेंसी के रूप में नियुक्त किया गया है।

केन्द्र या राज्य बोर्ड द्वारा निर्धारित जल स्रोत मानकों अथवा उत्सर्जन के संबंध में पौधों के लिए कुछ सीमा तक छूट है। इसके अनुपालन के लिए उनके पास एक वर्ष की अवधि है। क्या राज्य को अधिक कठोर मानक स्थापित करना चाहिए अथवा पौधों के लिए दी गई समयावधि की सीमा को घटा देना चाहिए। पर ऐसा केवल तभी किया जा सकता है जब केन्द्रीय बोर्ड को लिखित आवेदन देने पर इस संबंध में स्वीकृति प्राप्त हो जाए। यह बिल विशिष्ट औद्योगिक क्षेत्रों में विशिष्ट प्रदूषणकारी तत्वों के लिए भी मानक निर्धारित करता है। पर्यावरणिक रूप से संवेदनशील क्षेत्रों में उद्योगों पर अनुमति देने अथवा प्रतिबंध लगाने, तटवर्ती क्षेत्रों के नियमन तथा विकास परियोजनाओं के पर्यावरण पर पड़ने वाले प्रभावों के मूल्यांकन के लिए ये उपाय उद्योगों तथा खान क्षेत्रों की अवस्थिति के लिए दिशानिर्देश देते हैं। समितियों ने EIA's में निम्नलिखित सिद्धान्तों को स्वीकार किया है – पारिस्थितिक तंत्र तथा जल संसाधन का प्रबंधन, वायु एवं जल प्रदूषण नियंत्रण, वनस्पति तथा जीव संरक्षण, भूमि के उपयोग की योजना, सामाजिक विज्ञान, पारिस्थितिकी तथा पर्यावरणीय स्वास्थ्य। परियोजना की सुनिश्चितता के लिए जनता की सुनवाई भी पूर्वापेक्षित है। एक योजना एक ऐसी व्यवस्था की रूपरेखा भी प्रस्तुत करती है जिसमें निर्मित उत्पाद को पर्यावरण के अनुकूल होने पर प्रमाण-पत्र प्रदान किया जा सके।

यह कानून हानिकारक अवशेष (Waste) प्रबंधन के लिए भी नियमों की व्यवस्था करता है। यह अधिनियम प्रबंधकों के उत्तरदायित्व, प्राधिकरण को अनुमति देने की दशाओं, विन्यास क्षेत्र की दशाओं, हानिकारक अपशेषों के आयात संबंधी नियम, दुर्घटनाओं की सूचना, आवश्यकताएं अंकित करने तथा प्राधिकरण को अस्वीकार करने वाले संभावित प्रबंधकों के लिए अपील प्रक्रिया आदि को परिभाषित करता है। हानिकारक या विषैले रसायनों, जीवाणुओं, मशीनीकृत जीवाणुओं अथवा कोशाणुओं के निर्माण, संग्रहण तथा आयात के लिए भी नियम का प्रबंध किया गया है। जीवाणुओं तथा कोशाणुओं से संबंधित मामलों के लिए जैविक सुरक्षा तथा अनुमोदन समितियों को उपयुक्त क्षेत्र में काम करने वाले विशेषज्ञों के साथ सम्बद्ध किया गया है जो उसके अध्यक्ष, सहायक अध्यक्ष तथा सदस्य के रूप में कार्य करेंगे।

इस कानून की एक अन्य महत्तवपूर्ण बात भी है। पहली बार व्यक्तिगत रूप से नागरिकों को इस कानून का पालन न करने वाली फैक्ट्रियों के खिलाफ केस दर्ज करने का अधिकार प्रदान किया गया है। हालांकि, व्यक्तिगत रूप से एक नागरिक केस से संबंधित प्राधिकरण को कम-से-कम 60 दिनों के नोटिस देने के बाद ही इस संबंध में शिकायत दर्ज करा सकता है। जल अधिनियम की एक मुख्य आलोचना यह की जाती है कि यह जनता को प्रदूषणकर्त्ता के विरूद्ध मुकदमा दर्ज करने का निषेध करता है। इसके परिणाम-स्वरूप, व्यक्तिगत राज्य बोर्डों का कार्यभार बढ़ा है। गुजरात के एक कार्यकारी के अनुसार उनके बोर्ड केवल 5% शिकायतों के मामले ही देखता है।

यह ध्यान देने योग्य है कि केन्द्र या राज्य बोर्डों को प्रदूषणकारी संयंत्रों को बंद करने का कानूनी अधिकार प्राप्त नहीं है। हालांकि, उनके पास पर्यावरणीय कानूनों या मानों को तोड़ने वाले संयंत्रों को प्रभावी रूप से बंद कराने के पर्याप्त साधन हैं। उदाहरण के लिए, 'हानिकारक अपशेष कानून', 1989 के अनुसार, राज्य बोर्ड कम्पनी को हानिकारक अपशेषों का निपटान करने का अधिकार दे सकता है। बोर्ड इस अधिकार को रद्द भी कर सकता है। अतः वह उसी कम्पनी को इस कार्य के लिए प्रभावी रूप से नियंत्रित कर सकता है। वर्तमान नियम के अनुसार, राज्य बोर्ड अपने कानून की धाराओं का उल्लेख 'अत्यधिक प्रदूषित' क्षेत्रों के लिए भी कर सकता है। यह विधान बोर्ड को इस क्षेत्र में नई औद्योगिक क्रियाओं को बनाए रखने अथवा मौजूदा औद्योगिक क्रियाओं को बनाए रखने अथवा मौजूदा औद्योगिक क्रियाओं के विस्तार की अनुमति देता है। गुजरात की वापी धारा (Vapi Section of Gujarat) इसका एक उदाहरण है। एक अन्य दृष्टिकोण से पर्यावरण संरक्षण अधि नियम महाराष्ट्र राज्य को पर्यावरणिक रूप से अति संवेदनशील क्षेत्र दाहानु तालुका (Dahanu Taluka) में सम्मिलित रूप से कार्य कर रहे अत्यधिक प्रदूषणकारी उद्योगों को प्रतिबंधित करने का अधिकार प्रदान करता है। अंततः प्रदूषण नियंत्रण बोर्ड के पास एक अत्यधिक स्पष्ट साधन यह है कि वह न्यायिक दण्डाधिकारी (मजिस्ट्रेट) को मौजूदा प्रदूषण नियमों के उल्लंघन को रोकने या नियंत्रित करने की सुविधा प्रदान करता है। क्या न्यायालय को बोर्ड की इस बात से एकमत होना चाहिए कि संयंत्र की कार्यप्रणाली से कानून का उल्लंघन होता है तथा उस उल्लंघन को रोकने के लिए उसे आदेश जारी कर देना चाहिए। उस स्थिति में यह संभव है कि संयंत्र अपनी कार्यप्रणाली को जारी रखने की स्थिति में न रह पाए तथा उसे बंद होना पड़ सकता है।

न्यायपालिका की सामान्य भूमिका (The August Role of the Judiciary)

संविधान प्रत्येक नागरिक को स्वच्छ पर्यावरण में जीने का मौलिक मानव अधिकार प्रदान करता है तथा राज्य एवं प्रत्येक नागरिक पर पर्यावरण की शुद्धता को बनाए रखने का मौलिक कर्तव्य डालता है। इसे कुछ विशिष्ट पर्यावरणीय कानूनों तथा 'पर्यावरण एवं वन मंत्रालय' के साथ जोड़ा गया है। हालांकि, किसी भी व्यक्ति को यह देखने का अधिकार है कि प्रदूषण नियंत्रण से संबंधित पर्यावरणीय कानूनों को वास्तविक रूप से लागू किया गया है या नहीं। राज्य की निष्क्रियता, संबंधित प्रशासनिक विभागों तथा कानूनों को लागू कराने वाले अभिकरणों में इच्छाशक्ति का अभाव, ऐसी एजेंसियों के साथ नागरिक समाज की बढ़ती हुई दूरी तथा उनकी असफलता के प्रति उत्पन्न रोष ने न्यायपालिका की भूमिका को बढ़ाया है।

विशेष रूप से, सर्वोच्च न्यायालय ने, ओम्बुडसमैन को महत्त्व देकर कानूनों की कमी को पूरा किया है। तथा कानूनों को रेखांकित करके एवं स्वतंत्र निर्णयों के द्वारा उसके क्रियान्वयन को दृढ़ता प्रदान की है। न्यायालय ने 1980 के रतलाम मुकदमें (Ratlam case) से इस दिशा में सक्रियता दिखाई तथा भारत में पर्यावरण के अधिकार को पुनः अभिपुष्ट किया। रतलाम मामला ऐसा पहला महत्वपूर्ण मामला था जिसमें सर्वोच्च न्यायालय ने महत्वपूर्ण निर्णय दिया। इसमें न्यायालय ने नागरिक समाज की पर्यावरण के संरक्षण को लेकर कानूनी वचनबद्धता को श्रेणीबद्ध रूप से स्वीकृति प्रदान की। हमारे न्यायालयों ने अनुच्छेद 21 (जीवन के अधिकार) के अंतर्गत पर्यावरण विनाश को एक मौलिक अधिकार के अतिक्रमण के रूप में देखते हुए उदाहरण प्रस्तुत किए हैं। यह उद्घोषित किया गया है कि "पर्यावरण का संरक्षण एक संवैधानिक आदेश है तथा इस संबंध में न्यायपालिका चुप होकर नहीं बैठ सकती।" 1986 का 'पर्यावरण संरक्षण अधिनियम' पर्यावरण से संबंधित अन्य और भी प्रभावी कानूनों की व्याख्या करता है। अधिनियम के द्वारा पर्यावरण तथा तन के प्रशासन तथा पर्यावरण कानूनों एवं नीतियों को लागू करने के लिए 'पर्यावरण तथा वन संबंधी एक वृहत मंत्रालय' का गठन किया गया है। सरकार की 'पर्यावरण कार्यकारी योजना' विकास की रणनीतियों के साथ पर्यावरणीय मामलों को भी जोड़ती है। साथ ही, इसमें औद्योगिक प्रदूषण को कम करने पर भी बदल दिया गया है। पर्यावरण तथा वन मंत्रालय स्वच्छ तकनीके अपनाने पर बल देता है। औद्योगीकरण, निरंतर शहरीकरण तथा नियमों के क्रियान्वयन में ढील के कारण वायु तथा जल प्रदूषण एक विकट पर्यावरणीय समस्याएँ बन चुकी हैं।

1986 तक, पर्यावरणीय अध्यादेशों के लिए लाइसेंस की व्यवस्था थी तथा प्राकृतिक स्रोतों के संरक्षण एवं उनके प्रयोग से संबंधित अपराध के लिए दण्ड-विधान था जिसका उद्देश्य वैयक्तिक नागरिकों से नागरिक समाज के लिए उसकी क्षतिपूर्ति का हर्जाना वूसल करना था। इसमें प्रदूषण को रोकने के लिए हर्जाने, क्षतिपूर्ति या अन्य आर्थिक भरपाई की बड़े पैमाने पर अनदेखी की गई। ऐसे कानूनों के क्रियान्वयन का उद्देश्य केवल राज्य की विशेष रूप से संगठित एजेंसियों को बनाए रखना था जो सामान्य दण्ड न्यायालयों में प्रदूषणकर्त्ता पर अभियोग चलाने या उसे स्वीकृति देने का कार्य करती थीं। 1986 तक, क्रियान्वयन की तकनीकों को मजबूती प्रदान की गई।

अतः यह कानून व्यक्तिगत अभियोगपक्ष रखने तथा राज्य की एजेंसियों को प्रदूषण फैलाने वाले उद्योगों को बंद कराने की इजाज़त नहीं देता। EPA ऐसा पहला व्यापक अधिनियम था जिसने केन्द्रीय सरकार को सीधे लिखित आदेश देने, किसी भी उद्योग को बंद करने, प्रतिबंधित करने अथवा उसे नियंत्रित करने के आदेश, जन उपयोगी सेवाएं जैसे- बिजली, पानी या अन्य सेवाओं की आपूर्ति

को रोकने या नियंत्रित करने की प्रक्रिया आदि के संबंध में प्राधिकारिक शक्ति प्रदान की। केन्द्रीय सरकार को दी गई अन्य शक्तियों में शामिल है – अधिनियम का अनुपालन सुनिश्चित करना, साधनों तथा अन्य उद्देश्यों का परीक्षण तथा किसी भी स्थान से वायु, जल, मृदा अथवा अन्य किसी तत्वों की जांच के लिए नमूने एकत्रित करने का अधिकार। अधिनियम ने निर्धारित विनियामक मानकों से अधिक मात्रा में पर्यावरण प्रदूषण के विसर्जन का स्पष्ट रूप से निषेध किया गया है।

यह अधिनियम सर्वोच्च न्यायालय की शक्तियों को कम नहीं करता। न्यायालय ने समय-समय पर विभिन्न मामलों में प्रदूषण नियंत्रण से संबंधित कई आदेश व निर्देश जारी किए है। मेहता बनाम भारत संघ (1999) नामक मामले में यातायात की अव्यवस्थित स्थिति से निपटने तथा परिवहन प्रदूषण के नियंत्रण के संबंध में सर्वोच्च न्यायालय ने निम्नलिखित निर्देश जारी किए:

(क) सभी व्यापारिक अथवा परिवहन के साधन जो अपने निर्माण की अवधि से 20 वर्ष पुराने हो चुके हैं, उन्हें अक्टूबर, 1998 के बाद दिल्ली में चलाने की अनुमति नहीं होगी।

(ख) 17 से 19 वर्ष की अवधि वाले सभी व्यापारिक/ परिवहन के साधनों को राष्ट्रीय संघशासित क्षेत्र, दिल्ली में 1998 के बाद चलाने की अनुमति नहीं होगी।

(ग) 15 से 16 वर्ष की अवधि वाले सभी व्यापारिक वाहनों को 31 दिसम्बर, 1998 के बाद चलाने की अनुमति नहीं होगी।

उच्चतम न्यायलय ने यह आदेश सभी वाणिज्यिक/परिवहन के साधनों पर लागू किया है, चाहे वे संघशासित क्षेत्र दिल्ली में अथवा किसी बाहरी क्षेत्र में पंजीकृत हो। तथा जो अपनी अनुबंधित तारीख से अधिक सीमा के हो एवं जिन्हें दिल्ली में चलाने की अनुमति प्राप्त न हो। पर्यावरणीय कानूनी प्रक्रिया के लिए भारतीय परिषद बनाम भारत संघ (Indian Council for Enviro- legal action vs. Union of India) मामले में उच्चतम न्यायालय ने 600 कि.मी. लम्बी तटवर्ती सीमा के संबंध में इस बात पर बल दिया कि इतनी दूरी वाले तटवर्ती राज्यों एवं संघशासित प्रदेशों का यह कर्त्तव्य एवं दायित्व है कि वे यह देखें कि इस सीमा की तटवर्ती दूरी से संबंधित जारी सूचना का ठीक प्रकार से क्रियान्वयन हुआ है या नहीं। इसके अतिरिक्त, विनियामक क्षेत्र में उद्योगों, प्रक्रियाओं आदि के लगाने तथा उनके विस्तार पर लगाए गए प्रतिबंधों का कड़ाई से पालन किया जाना चाहिए।

इसी मामले में, न्यायालय ने बाद में यह सिद्धांत प्रतिपादित किया कि प्रदूषणकर्त्ता को इसके लिए क्षतिपूर्ति करनी होगी। यदि एक बार हानिप्रद या स्वाभाविक रूप से खतरनाक कार्य किया गया तो इसके लिए उस कार्य के जिम्मेदार/ दोषी व्यक्ति को उसके द्वारा अन्य व्यक्ति को पहुंचाई गई हानि के लिए भरपाई करनी होगी। तब इस बात पर ध्यान नहीं दिया जाएगा कि उसने इस कार्य को करते समय सावधानी बरती थी या नहीं। इस सिद्धांत के अनुसार, ऐसे नुकसान को रोकने या उसके लिए कोई उपाय ढूंढने के लिए भरपाई करने का कार्य सरकार का नहीं है क्योंकि इसका परिणाम होगा – प्रदूषण की घटना के लिए आर्थिक रूप में क्षतिपूर्ति का बोझ कर-दाता पर डालना। क्षतिपूर्ति की अदायगी का दायित्व नियमों का उल्लंघन करने वाले उद्योग पर है। वैलोर जन-कल्याण फोरम बनाम भारत संघ तथा अन्य मामलों ने प्रदूषक सिद्धांतों के संबंध में उच्चतम न्यायालय ने जो व्याख्याएं दी हैं, उसका अर्थ यह है कि पर्यावरण को नुकसान पहुंचाने के प्रति पूर्ण उत्तरदायित्त्व में केवल प्रदूषण से प्रभावित लोगों की क्षतिपूर्ति करना ही नहीं बल्कि इसमें पर्यावरण को पहुंचाई गई हानि को पूरा करने के लिए मुआवजा देना भी शामिल है। पर्यावरण उद्योगपति के लिए उपाय ढूँढना "पोषणकारी

विकास" की प्रक्रिया का एक महत्त्वपूर्ण अंग है तथा इसके लिए, प्रदूषण के जिम्मेदार व्यक्ति के लिए न केवल उससे प्रभावित व्यक्ति की क्षतिपूर्ति बल्कि पर्यावरण क्षति को पूरा करने की भरपाई भी शामिल है।

'गोवा फाऊंडेशन बनाम दिक्षा होल्डिंग प्राइवेट लिमिटेड' मामले में, न्यायालय ने कहा कि तटवर्ती क्षेत्रों में पर्यावरण संतुलन को बनाए रखने की दृष्टि से केन्द्रीय सरकार ने जो सूचनाएं जारी की हैं, उनका उद्देश्य उन क्षेत्रों में चल रही क्रियाओं पर प्रतिबंध लगाना या उनका अतिक्रमण करना नहीं है। लेकिन जो क्षेत्र अधिसूचना में शामिल हैं, उनमें ऐसे कार्यों को करने की अनुमति नहीं दी जा सकती। न्यायालय ने यह भी कहा कि ऐसी कोई भी क्रिया जो पोषणकारी विकास के विरूद्ध है, अवैज्ञानिक है तथा पर्यावरण को क्षति पहुंचाती हो, उसे करने की अनुमति नहीं दी जा सकती।

इस बात को ध्यान में रखते हुए, भारत का उच्चतम न्यायालय अनेक वर्षों से इस संबंध में निर्णय देता आ रहा है। पर्यावरण संरक्षण के विशिष्ट प्रावधानों के फलस्वरूप जो वचनबद्धता सामने आई है, इनका वर्णन राज्य के नीति-निर्देशक सिद्धातों तथा मौलिक कर्त्तव्यों में किया गया है जो पर्यावरण में सुधार एवं उसके संरक्षण के लिए राष्ट्रीय वचनबद्धता का वर्णन करते हैं। न्यायिक समीक्षा ने इस संवैधानिक आदेश को बल प्रदान किया है। अनेक वर्षों तक, विशेषकर 70 के दशक तक न्यायालय ने अपनी संवैधानिक भूमिका को काफी गंभीर रूप से लिया। सारिका मामले में न्यायालय ने कहा था - "यह मुकदमा पर्यावरण से संबंधित है।" अमेरिका के एक प्रतिष्ठित न्यायाधीश ने, पर्यावरण के महत्त्वपूर्ण विषय पर बल देते हुए कहा कि वे सरकार को बड़े व्यवसायों से उच्च स्थान देते हैं तथा इस सबसे भी बढ़कर वे वैयाक्तिक स्वतंत्रता को सरकार तथा पर्यावरण से भी ऊपर रखते हैं। पर्यावरण के मुद्दों पर न्यायालय द्वारा खासतौर से ध्यान देना जरूरी है तथा दिया भी जाएगा। इसी विचार ने सर्वोच्च न्यायालय को पर्यावरण के लिए विधि निर्माण हेतू कुछ सिद्धातों की श्रृंखला को अपनाने एवं लागू करने के लिए प्रेरित किया। न्यायालय द्वारा अपनाए गए कुछ महत्वपूर्ण मौलिक नियमों का उल्लेख इस प्रकार है :

- प्रत्येक नागरिक को स्वस्थ पर्यावरण में जीने का अधिकार है जो भारतीय संविधान के अनुच्छेद 21 में प्रदत्त जीवन के अधिकार का एक महत्त्वपूर्ण पहलू है।
- सरकारी एजेंसियाँ पर्यावरणीय कानूनों के प्रति अपने कर्त्तव्य पूरा न कर पाने के लिए कोष की अनापूर्ति, स्टाफ की कमी या अपनी निष्क्रियता के लिए किसी अन्य तरह की सफाई नहीं देगी।
- प्रदूषणकर्ता द्वारा अदायगी का सिद्धान्त (Polluter Pays Principle) भूमि से संबंधित पर्यावरणीय कानून का एक भाग है। इसके अंतर्गत कहा गया है कि प्रदूषणकर्ता न केवल पर्यावरण की क्षतिपूर्ति के लिए बल्कि प्रदूषण से प्रभावित लोगों को होने वाली हानि की भी भरपाई करेगा।
- 'सर्तकता सिद्धान्त' (Precautionary Principle) की मांग है कि सरकारी प्राधिकरण पर्यावरण प्रदूषण के कारणों को रोके या दूर करें। यह सिद्धांत उद्योगपतियों अथवा निर्माताओं पर यह उत्तरदायित्व डालता है कि वे यह स्पष्ट करें कि उनके कार्य पर्यावरणिक रूप से हानिकारक नहीं है।

- एक अन्य केस में, पर्यावरण संबंधी मामले में कहा गया है कि यह उत्तरदायित्व उन समूहों पर भी है जो अपनी यथापूर्व स्थिति में परिवर्तन करना चाहते हैं।
- सरकारी विकास एजेंसियाँ जिन पर निर्णय निर्माण प्रक्रिया का उत्तरदायित्व है, केन्द्र व राज्य सरकारों की पर्यावरण नीतियों के प्रति विशेष रूप से वचनबद्ध है।
- राज्य उन सभी प्राकृतिक संसाधनों का संरक्षक (ट्रस्टी) है, जो प्रकृति ने जनता के उपभोग के लिए प्रदान किए है। नागरिक समुद्रतर, वायु, वन तथा पर्यटक स्थलों से लाभ प्राप्त करने का हक रखते हैं। इन संसाधनों को निजी अधिकार क्षेत्र में नहीं लिया जा सकता।

वे मामले जिनमें इन नियमों की चर्चा की गई, राज्य की निष्क्रियता अथवा राज्य की अनुचित भूमिका को लेकर हो। न्यायालय ने यह स्पष्ट किया कि निजी औद्योगिक इकाइयों से होने वाले पर्यावरणीय प्रदूषण के विरूद्ध दाखिल की गई अर्जी उन निजी इकाइयों के उतने विरूद्ध नहीं होती जितनी कि भारत संघ, राज्य सरकार तथा 196 के पर्यावरण संरक्षण अधिनियम के तहत स्थापित प्रदूषण नियंत्रण बोर्ड के प्रति, जिनका काम प्रदूषण से होने वाली हानि को रोकना है। न्यायालय का काम पर्यावरण तथा विकास के प्रतिस्पर्धी दावों में संतुलन बनाए रखना है। कुछ आपत्तियाँ जैसे कि सरकार द्वारा मान्य विकास योजनाओं का पर्यावरणीय हानियों को ध्यान में न रखना या इन योजनाओं द्वारा विस्थापित लोगों के लिए पुनर्वास अथवा सहायता का प्रबंध न करना या जनजातियों अथवा आदिवासियों पर इसके प्रतिकूल प्रभावों पर ध्यान न देना आदि मामले जनहित अदालतें (PIL) देखती है। जिन क्षेत्रों में बांधों के निर्माण के लिए भूमि जब्त कर ली जाती है तथा उस भूमि से जनजातियों को बेदखल कर दिया जाता है, इस संबंध में कहा गया है कि जब तक इन आदिवासियों को एक वैकल्पिक भूमि अथवा उसका मुआवजा नहीं दिया जाता तब तक उस क्षेत्र पर कब्जा नहीं किया जा सकता। हालांकि, सरदार सरोवर परियोजना मामले में न्यायालय ने इसके विपरीत निर्णय दिया। इस मामले में, न्यायालय ने सरदार सरोवर बांध की ऊंचाई बढ़ाने को मंजूरी दे दी। नर्मदा बचाओ आंदोलन में जोरदार ढंग से कहा गया कि इसकी ऊँचाई 90 मीटर तक बढ़ाने से आवास क्षेत्र डूब जाएगा तथा इससे हजारों की संख्या में आदिवासी विस्थापित हो जाएंगे। भारत के सर्वोच्च न्यायालय ने 18 अक्टूबर 2000 को सरदार सरोवर परियोजना में यह निर्णय दिया। अधिकांश निर्णयों में, 90 मीटर की ऊंचाई तक बांध निर्माण की अनुमति प्रदान की गई है। बाद में एक निर्णय में 138 मी. तक की वास्तविक विनियोजित ऊंचाई तक निर्माण को स्वीकृति प्रदान की गई। नर्मदा नियंत्रक प्राधिकरण के राहत एवं पुनर्वास उपसमूह से 5 मी. वृद्धि के लिए स्वीकृति प्राप्त करने हेतु अनुमोदन किया गया है। यह ध्यान देने योग्य है कि इस संबंध में न्यायालय ने कोई नई बात प्रतिपादित नहीं की। 'नर्मदा जल विवाद न्यायाधिकरण' में कहा गया है कि जलमग्न होने से एक वर्ष पहले ही बेदखल किए जाने वाले लोगों को भूमि उपलब्ध कराई जाए। सर्वोच्च न्यायालय ने अपने उन्मुक्त निर्णय में यह बात स्पष्ट की। हालांकि, इसमें पुनर्वास, पर्यावरण, परियोजना की लागत एवं लाभों जैसे अनसुलझे मुद्दों के संबंध में कुछ नहीं कहा। प्राय: विकास के परिणामस्वरूप भी समाज के कमजोर वर्गों की दरिद्रता वहीं है तथा पर्यावरण का ह्रास हुआ है। हालांकि, सरकार द्वारा निर्णय-निर्माण प्रक्रिया में प्रासांगिक पहलुओं पर ध्यान न देने के कारण इसके विरूद्ध संरक्षण के लिए न्यायिक राहत से एक सीमा तक ही लाभ मिला है। यह प्रशासनिक क्रियाओं की न्यायिक समीक्षा का एक सुप्रसिद्ध सिद्धान्त है। न्यायालय ने यह आश्वासन दिया है कि पर्यावरण के सभी प्रासांगिक पहलुओं पर ध्यान दिया जाएगा तथा जिन लोगों पर इसका प्रतिकूल असर पड़ा हो, उनकी भी सुनवाई होगी। हालांकि, न्यायालय ने

यह स्पष्ट कर दिया है कि ऐसे मामलों में न्यायिक समीक्षा का क्षेत्र सीमित है। इससे प्रतीत होता है कि न्यायालय 'वेडनेसबरी सिद्धांत' का समर्थन करता है जिसके आधार पर न्यायालय उस प्राधिकरण के संबंध में अपने निर्णय में परिवर्तन नहीं कर सकता जिसे विधानमण्डल ने निर्णय निर्माण का अधिकार प्रदान किया है। चाहे नीति सही हो या गलत, इस संबंध में न्यायालय कुछ नहीं कर सकता। यदि सभी प्रासंगिक कारकों को ध्यान में रखकर निर्णय लिया गया है अथवा किसी अप्रासंगिक तत्व पर विचार नहीं किया गया तथा इससे प्रभावित व्यक्तियों की सुनवाई एवं क्षतिपूर्ति का सवाल हो तो न्यायालय इस संबंध में भूमिका निभा सकता है। यहाँ यह सवाल उठता है कि क्या पर्यावरण तथा विकास के प्रतिस्पर्धी दावों में संतुलन बनाए रखने के लिए सर्वोच्च न्यायालय के प्रयास हमेशा सही हो सकते हैं? वास्तव में, जैसा कि दिल्ली के CNG परियोजना मामले में सर्वोच्च न्यायालय ने अपनी निर्णायक भूमिका में जो कहा वह उससे एक कदम आगे ही था। एम.सी.मेहता बनाम भारत संघ नामक केस भारत में पर्यावरण संबंधी मामलों के इतिहास में उल्लेखनीय है। सर्वोच्च न्यायालय ने इसमें स्वयं को एक धर्मयोद्धा सिद्ध किया तथा विधानमण्डल की भूमिका निभाई। इसने कुशाग्रता के साथ, एक कड़े समीक्षक तथा निर्देशों के क्रियान्वयन की सफलता को जांचने वाले प्रशासक की भूमिका अदा की। इसने स्वयं को रजिस्ट्री में परिवर्तित करके इस बात पर ध्यान दिया कि डीजल बसों की CNG में बदलने की दिशा में दिन-प्रति-दिन क्या उपलब्धि हासिल हो रही है। इसने इस बात पर स्पष्ट रूप से महत्त्व दिया कि राजधानी के परिवेश की वायु की गुणवत्ता में सुधार होना जरूरी है। न्यायालय की इस संबंध में सक्रिय भूमिका निभाने का यह कारण नहीं था कि डीजल का प्रयोग जनस्वास्थ्य के लिए हानिकारक है तथा उसके स्थान पर CNG का स्वच्छ ईंधन के रूप में विकल्प प्रदान किया जाए बल्कि इसकी महत्वपूर्ण भूमिका का कारण था - इस दिशा में सन्निहित निष्कृयता तथा मामले की गंभीरता। इसके लिए न्यायालय ने केन्द्र व दिल्ली सरकार दोनों को जिम्मेदार माना इस महत्त्वपूर्ण कार्य की सफलता के लिए सर्वप्रथम प्रयास का श्रेय श्री एम.सी. मेहता को जाता है जिन्होंने पर्यावरण के प्रति लापरवाही बरते जाने के अनेक उदाहरण अदालत के समक्ष पेश किए।

निष्कर्ष (Conclusion)

यह स्पष्ट है कि भारत में मौजूदा कानूनों एवं नियमों के अतिरिक्त पर्यावरण की वास्तविक सुरक्षा का दायित्व न्यायपालिका पर है, खासकर सर्वोच्च न्यायालय पर, जिसके महत्त्वपूर्ण निर्णय ने पर्यावरण संरक्षण की दिशा में नए प्रतिमान स्थापित किए तथा भावी समय के लिए हममें उम्मीद जगाई। भारत सरकार द्वारा जनस्वास्थ्य, वन तथा वन्य जीवन की सुरक्षा के लिए नीतियों का निर्माण किया गया ताकि देश की अर्थव्यवस्था का विकास हो सके तथा पिछले 20 वर्षों में राज्य ने इस संबंध में पूर्वगामी भूमिका निभाई है। हालांकि औद्योगिक विकास ने देश की आर्थिक वृद्धि में महत्वपूर्ण योगदान दिया है, पर इसके लिए पर्यावरण को कीमत चुकानी पड़ी है। औद्योगिक प्रदूषण से न केवल जनस्वास्थ्य के लिए खतरा बढ़ने का डर है बल्कि इसमें कमी लाने के प्रयासों से भारत के सकल घरेलू उत्पाद (GDP) का महत्त्वपूर्ण अंश भी खर्च हो रहा है।

यदि न्यायालय की कल्याणकारी भूमिका न हो, तो इस बात की कोई गारंटी नहीं कि राज्य का उद्देश्य व्यापार करना है या इस स्थिति को बढ़ावा देना। अतः राज्य द्वारा पर्यावरण नीति के लिए

किए गए अनुबंध ही पर्याप्त नहीं है। केवल न्यायालय ही प्रभावी सुरक्षा की गारंटी दे सकता है जिसके द्वारा भारत के नागरिक हर क्षेत्र में बढ़ रहे प्रदूषण की समस्या से निजात पाने की उम्मीद कर सकते हैं।

References

Alagh, Y.K, Mahesh Pathak and D.T. Buch: *Narmada and Environment; An Assessment. Delhi*: Har-Anand, 1995.

Arnold, David & Ramachandra Guha (eds): *Nature, Culture, Imperialism; Essays on the Environmental History of South Asia.* Delhi: OUP, 1995.

Baviskar, Amita: *In the Belly of the River; Tribal Conflicts over Development in the Narmada Valley.* Delhi: OUP, 1995.

Gadgil, Madhav and Ramachandra Guha: *Ecology and Equity: The Use and Abuse of Nature in Contemporary India.* Delhi: Penguin, 1995.

Krishna, Sumi: *Environmental Politics; People's Lives and Development Choices.* Delhi: Sage, 1996.

Mohan, I: *The Environmental Crisis; A Socio-Economic Perspective.* Delhi: Mittal, 1997.

Shiva, Vandana: *Minding Our Lives; Women from the South and North Reconnect Ecology and Health.* Delhi: Kali, 1993.

Sinha, P.C. & K'Cherry: *International Encyclopaedia of Environmental Laws.* (15 Vols). Delhi: Anmol, 1996.

Thakur, K: *Environment Protection Law and Policy in India.* Delhi: Deep & Deep, 1997.

Venkateswaram, Sandhya: *Environment, Development and the Gender Gap.* Delhi: Sage, 1995

अध्याय - 21

भारत में पर्यावरणीय आंदोलन
(Environmental Movement in India)

संजीव कुमार

21वीं शताब्दी में, विश्वभर में 'पर्यावरणीय चेतना' के प्रति जागरूकता बढ़ी है। आधुनिक-तकनीकी-औद्योगिक समाज की पर्यावरणीय समस्याओं को पर्यावरण के लिए चिरकालिक संकट के रूप में देखा जा रहा है। पिछली दो शताब्दियों में हुए विकास के परिणामस्वरूप प्रकृति का उन्मुक्त शोषण हुआ है जिससे अपशिष्ट, प्रदूषण तथा विकिरणों से होने वाले हानिकारक प्रभावों की समस्या बढ़ी है। पर्यावरण प्रदूषण की गंभीर समस्या पर उस समय ध्यान दिया गया जब विश्व युद्ध के दौरान धूम-कोहरा, मानव-निर्मित रेडियोधर्मी पदार्थों, कीटनाशक, प्रक्षालक तथा कृत्रिम प्लास्टिक आदि ने स्वास्थ्य समस्याओं को बढ़ावा दिया।

स्वतंत्र भारत में विकास की प्रक्रिया सर्वहारी तथा पर्यावरणीय लोगों के बीच मौलिक विषमता के द्वारा अभिलक्षित होती है। रामचंद्र गुहा के अनुसार, पिछले 60 वर्षों में प्राकृतिक संसाधनों पर जो दबाव बढ़ा है तथा उसमें राज्यतंत्र का जो हस्तक्षेप हुआ है तथा ग्रामीण एवं शहरी सर्वहारियों के हितों के लिए राज्य के राजकोष से जो सहायता की जाती रही है, उसे विकास के रूप में परिभाषित किया जा सकता है। इसके कारण हाल ही के वर्षों में, इस विकास से प्रभावित लोगों ने अनेक आंदोलन किए हैं। चिपको, नर्मदा बचाओ तथा अन्य दर्जनों आंदोलनों को सामूहिक रूप से 'भारतीय पर्यावरणीय आंदोलन' का नाम दिया जाता है।

ये आंदोलन प्रत्यक्ष पर्यावरणीय ह्रास, जलाशयों के सूखने, वनों के विनाश तथा मृदा अपरदन आदि के विरूद्ध किए गए। पर्यावरणीय आंदोलन मुख्य रूप से 'समानता' के मुद्दे को ध्यान में रखकर विकसित हुए। इन आंदोलनों ने सर्वहारी तथा पारिस्थितिक लोगों के बीच बड़े पैमाने पर विवाद प्रकट किया है। जहाँ सर्वहारी लोगों को विकास नीति एवं परियोजनाओं से असंगत रूप से लाभ प्राप्त हुआ, वहाँ पर्यावरणिक लोगों की आजीविका को गंभीर समझौता करना पड़ा। अत: ये आंदोलन पर्यावरण विनाश से प्रभावित लोगों अथवा संसाधनों के दोहन के प्रति सामाजिक संगठनों की एक राजनीतिक अभिव्यक्ति है।

पर्यावरण तथा विकास से संबंधित 1972 के स्टॉकहोम सम्मेलन ने भारतीय सम्मेलनों में पर्यावरण तथा पारिस्थितिकी की अवधारणाओं पर विचार के लिए एक मंच प्रदान किया। तभी से पर्यावरणीय आंदोलन तीन व्यापक चरणों से गुजरा।

पहले चरण को 'प्रतिरोध की सुनवाई' कहा जा सकता है। यह 70 के दशक के अंत तक रहा। सामाजिक कार्यकारी समूहों के प्रयासों ने वनों के कटाव की समस्या, मृदा अपरदन तथा जल की कमी तथा देश के करोड़ों लोगों को प्रभावित करने वाली समस्याओं के प्रति ध्यान आकर्षित किया। हालांकि, कुछ समय के लिए, भारत की राजनीतिक व्यवस्था ने इन प्रतिरोधों का सामना शांतिपूर्ण ढंग से किया।

द्वितीय चरण, 1980 के दौरान आया जिसमें पर्यावरण के मुद्दे को मीडिया में जोरदार ढंग से उठाया गया जबकि राजनीतिक व्यवस्था तथा राज्य द्वारा इस मुद्दे पर इतना उत्साह नहीं दिखाया गया। औद्योगिक तत्वों के साथ-साथ पानी की कमी तथा ईंधन की लकड़ी की गंभीर कमी के द्वारा मानव स्वास्थ्य पर पड़ने वाले हानिकारक प्रभावों की वैज्ञानिक अध्ययनों तथा जांच रिपोर्ट में अंतिम रूप से व्याख्या की गई। धीरे-धीरे, पर्यावरण दोहन के प्रभाव स्पष्ट रूप से सामने आने लगे। केंद्रीय तथा राज्य स्तर पर पर्यावरण संबंधी विभाग स्थापित किए गए तथा पर्यावरणीय रूप से संवेदनशील वन संबंधी नीतियां बनाने के प्रयास किए गए।

तीसरे चरण का संबंध उन प्रचारकों तथा मुक्त बाजार-पूंजीवाद के समर्थकों से है जिन्होंने सोवियत साम्राज्य के पतन को इतिहास का अंत बताया। अब यह कहा जाने लगा कि आर्थिक रूप से केवल अमेरिका ही एक सफल मॉडल है। शेष विश्व को, जिसमें भारत भी शामिल है, स्वयं को अमेरिकी उपभोक्ता समाज के भूमण्डलीकरण से प्राकृतिक दबाव बढ़ रहे हैं।

भारतीय पर्यावरणवाद हमेशा से पश्चिमी पर्यावरणवाद से भिन्न रहा है। पश्चिमी दुनिया में पर्यावरण-प्रबंधन आंदोलन के प्रतिमान के पीछे 'सुरक्षात्मक संरक्षणवाद' की अवधारणा निहित है। हालांकि, भारतीय पर्यावरणीय आंदोलन के पीछे 'उपयोगितावादी संरक्षणवाद' की धारणा है। इसका साधारण सा कारण यह है कि यहाँ बड़े पैमाने पर लोग अपने जीवन के लिए प्रकृति पर निर्भर हैं। वे प्रकृति से प्राप्त होने वाली लकड़ी, जल, भवन निर्माण सामग्री, औषधियों तथा पशुओं के चारे आदि के लिए प्रत्यक्ष रूप से निर्भर हैं। तृतीय विश्व के किसी भी देश की अपेक्षा आज भारत में कई स्वयंसेवी संगठन पर्यावरणीय मुद्दों के प्रति सक्रिय रूचि दिखा रहे हैं। इनमें से अधिकतर समूह पर्यावरण के विषय को ग्रामीण एवं शहरी गरीबी, सामाजिक न्याय, नागरिक स्वतंत्रताओं, ग्रामीण विकास, उचित तकनीक एवं स्वास्थ्य संबंधी क्रियाओं से जोड़कर देखते हैं। इन लोकप्रिय संगठनों के अतिरिक्त स्थानीय क्षेत्र में ही अनेकों छोटे-छोटे प्रयास किए जा रहे हैं जिनमें वृक्षारोपण से लेकर स्थानीय टैंको तथा बांधों का नवनिर्माण तक शामिल है।

साधारण रूप से, भारत के स्वयंसेवी समूहों को तीन मोटे वर्गों में रखा जा सकता है जो इस प्रकार हैं:-

1) किसानों, भूमिहीनों, चलवादियों, स्थानी आदिवासियों तथा प्रवासी कृषकों के भूमि संबंधी विद्रोह। परती भूमि प्रबंधन कार्य, पेड़ों की विदेशी प्रजातियों का रोपण, मशीनीकृत कृषि तथा जन्तुनाशक, कीटनाशक, उर्वरक-निर्भर कृषि आदि से संबंधित विवाद। इस वर्ग में कुछ वन संबंधी विद्रोह शामिल है।

2) नदियों तथा समुद्री मछुआरों के जल संबंधी विद्रोह तथा बांधों पर विवाद। शहरों में हानिकारक उत्सर्जनों तथा मल विसर्जन के कारण नदियों तथा अन्य जलाशयों में मछलियों की तादाद कम हुई है तथा इससे इस पेशे को हानि हुई है। राज्यों में जल-विवाद से गरीबों की स्थिति खराब हुई है तथा इसने भी विद्रोहों को जन्म दिया है। मशीनीकृत ने भी पूरे भारत में प्रतिवाद को बढ़ावा दिया है।

3) जीव अधिकतर सक्रियतावाद के अंतर्गत शहरी मध्यम वर्ग ने पशुओं को प्रयोगशाला, जीवच्छेदन कार्यों से, धार्मिक क्रियाकलापों, सर्कसों एवं मनोरंजन जगत से तथा क्रूर परिवहन एवं बुचड़खाने में हत्या आदि से मुक्त कराने के प्रयास किए है। विद्रोहियों ने संकटापन्न प्रजातियों के मुद्दे तथा शहरी जीवन शैली में परिवर्तन की आवश्यकता की बात भी उठाई।

स्वयंसेवी क्षेत्रों द्वारा प्रयोग की गई रणनीतियां काफी प्रशंसनीय रहीं। शैक्षणिक अभियान, जिसमें संपूर्ण मीडिया का प्रयोग किया गया जैसे कि - पुस्तकें, रिपोर्ट, पत्र-पत्रिकाएं, अनुच्छेद, पोस्टर, नुक्कड-नाटक, दृश्य-श्रव्य माध्यम तथा फिल्में, जन सभाएं, जन संगठन, न्यायालय में याचिकाएं दायर करने के कार्य तथा राजनीतिक दलों एवं विशेषज्ञों का पर्यावरणीय मुद्दों जैसे कि - वन, परतीभूमि, बांध आदि पर राष्ट्रीय ध्यान आकर्षित करने के लिए पर्यावरणीय समूहों ने हर स्तर पर अनेक प्रयास किए हैं।

भारतीय पर्यावरणवाद के तत्व/लक्षण (Strands in Indian environmentalism)

भारतीय पर्यावरणीय आंदोलन का विश्लेषण करते समय, हमें इसके भौतिक, राजनीतिक एवं वैचारिक अभिव्यक्ति में अंतर करना होगा। भौतिक संदर्भ प्राकृतिक संसाधनों के लिए व्यापक संघर्ष की देन है। मोटे तौर पर कहा जा सकता है कि इन विवादों में एक तरफ विपक्ष को खड़ा किया है। जहाँ वन, जल तथा अन्य प्राकृतिक संसाधनों का प्रयोग अमीर वर्ग ने ऊर्जा एवं उपयोगी वस्तुओं के निर्माण के लिए किया है, वहीं निर्धन वर्ग को इस आर्थिक विकास के लिए सामाजिक एवं आर्थिक कीमत चुकानी पड़ी है। फिर चाहे वह प्राकृतिक संसाधनों की अनापूर्ति के रूप में हो या प्रदूषित वातावरण के रूप में अथवा बढ़ते हुए भौतिक स्थानांतरण के रूप में।

भारतीय पर्यावरणवाद की राजनीतिक अभिव्यक्ति पर्यावरण विनाश से प्रभावित सामाजिक कार्यकारी समूहों का संगठन है। संघर्ष के जरिए, जागरूकता फैलाकर तथा निर्माणत्मक कार्यों द्वारा पर्यावरण क्षेत्र में इन कार्यकारी गुटों ने विकास प्रक्रिया की तीक्ष्ण आलोचना की है। इन समूहों ने भारत में आर्थिक नियोजन की स्थिति, इसका व्यापारिक- औद्योगिक क्षेत्र की ओर एकांगी झुकाव तथा इसकी पर्यावरण विषय के प्रति उपेक्षा आदि जैसे बड़े मुद्दों को उठाया है।

वैचारिक तत्त्व दोनों मार्क्सवादी तथा गांधीवादी विचारधारा से प्रेरणा प्राप्त करता हैं मार्क्सवादी इस समस्या को राजनीतिक एवं आर्थिक संदर्भ से जोड़कर देखते हैं। वे यह तर्क देते हैं कि यह मूल्यों के प्रश्न की उपेक्षा संसाधनों की असमान आपूर्ति का प्रश्न है जो पर्यावरण ह्रास तथा सामाजिक विवादों को बेहतर ढंग से स्पष्ट कर सकता है। व्यवहार में, सामाजिक कार्यकर्त्ता सामूहिक प्रयासों के लिए गरीबों के संगठन पर ध्यान केंद्रित करते है, ताकि आर्थिक एवं राजनीतिक शक्ति के पुनर्वितरण के व्यापक लक्ष्य को प्राप्त किया जा सके। बिहार में नक्सलवादी आंदोलन इस आंदोलन का एक उदाहरण पेश करता है।

पर्यावरणिक अस्थिरता के विषय पर, कुछ समूह गांधीवादी परम्परा से भी प्रभावित दिखते है। ये समूह गांव को प्राथमिक इकाई मानते हुए ग्राम स्तर पर आधारित राज्य एवं समाज का माडल प्रस्तुत करते हैं तथा कृषक एवं खेतिहर को प्रमुख उत्पादक मानते हैं। इन समूहों द्वारा अपनाई गई कार्यपद्धतियों में गांधीवादी परम्परा के अनुसार अनशन, पदयात्राएं तथा पूजाएँ शामिल हैं। हालांकि, इस परिप्रेक्ष्य को इतिहास की एक आदर्शवादी एवं अव्यावहारिक धारणा के रूप में अस्वीकार किया जा चुका है तथा यह वर्तमान समय की मांगों के लिए अनुपयुक्त है।

भारतीय पर्यावरण आंदोलन में गांधीवाद एवं मार्क्सवाद के इस सम्मिश्रण ने इसे एक उग्र रूप प्रदान किया है। यहाँ उग्र का अर्थ सैनिक प्रदर्शन नहीं परन्तु इसमें अधिकारों के लिए संघर्ष शामिल है। इस दार्शनिकता ने दो प्रकार की पर्यावरणिक विचारधाराओं को जन्म दिया जिसे दो भिन्न धारणाओं – 'गहन पारिस्थितिकी' तथा 'पर्यावरण-नारीवाद' के रूप में समझा जा सकता है।

'Deep Ecology' शब्द का प्रयोग 1973 में अर्ने नाएस (Arne Naess) के लेख 'The Shallow and the Deep, long Range Ecology Movement' में किया गया। गहन पारिस्थितिकी उस सतही पर्यावरणवाद की तीक्ष्ण आलोचना है जिसमें पर्यावरणीय समस्याओं के प्रति आंशिक दृष्टिकोण अपनाया गया है। यह प्रकृति के संबंध में गहन एवं अधिक आत्मिक दृष्टिकोण प्रस्तुत करता है। गहन पारिस्थितिकी का तर्क है कि पर्यावरण आंदोलन को मानवकेंद्रित दृष्टिकोण की बजाय जीवकेंद्रित दृष्टिकोण अपनाना चाहिए। अर्ने नाएस के अनुसार, 'एक विज्ञान के रूप में पारिस्थितिकी यह नहीं पूछती कि एक विशिष्ट पारिस्थितिकी को बेहतर बनाए रखने के लिए किस प्रकार के समाज की आवश्यकता होगी। गहन पारिस्थितिकी वास्तविक वैज्ञानिक स्तर से भी ऊपर स्वयं तथा पृथ्वी के स्तर पर विचार करती है। गहन, पर्यावरणवाद इस समस्त जीव-जगत के अंग के रूप में स्वयं हमारा भी अध्ययन है।

गहन पारिस्थितिकी के मौलिक सिद्धातों का संक्षिप्त वर्णन इस प्रकार है:

1) पृथ्वी पर मानवीय तथा जड़ जीवन के कल्याण एवं उन्नति का अपना महत्त्व है। ये मूल्य मानव कार्यों हेतु जड़ जगत की उपयोगिता के लिए स्वयं में आत्मनिर्भर हैं।

2) जीवन के विपुल एवं विभिन्न रूप इन मूल्यों में योगदान देते हैं। साथ ही, वे स्वयं में भी मूल्य हैं।

3) मनुष्य को जैविक आवश्यकताओं की पूर्ति के सिवाय इस समृद्धि एवं भिन्नता में कमी लाने का अधिकार नहीं है।

4) मानव जीवन तथा संस्कृतियों की समृद्धि मानव जनसंख्या में महत्त्वपूर्ण कमी के अनुकूल है। जड़ जीवन के लिए इस कमी की आवश्यकता भी है।

5) वर्तमान में जड़ जगत में मनुष्य का हस्तक्षेप अत्यधिक है। और यह स्थिति लगातार बढ़ रही है।

6) अत: नीतियों में बदलाव होना जरूरी है। ये नीतियां मूलभूत आर्थिक, तकनीकी एवं वैचारिक ढांचे को प्रभावित करेंगी। परिणामस्वरूप वर्तमान समय से स्थितियां काफी भिन्न होंगी।

पर्यावरण नारीवाद (Eco feminism)

पर्यावरण नारीवाद के समर्थक भी यही तर्क देते हैं कि पश्चिम के पुरूषों की नारियों, पशुओं तथा देशज संस्कृतियों के प्रति जो मानसिकता है, उससे प्रकृति का शोषण घनिष्ठ रूप से संबंधित है। पितृसत्तात्मक समाज ने ही नारी और प्रकृति को आपस में जोड़कर देखा ताकि दोनों के शोषण को वे उचित ठहरा सकें क्योंकि ये दोनों ही नारीजातीय है तथा पुरूष समाज इन दोनों को निम्न मानता है ताकि वे पुरूष की भौतिक आवश्यकताओं की पूर्ति करते रहें।

पितृसत्तात्मक समाज में नारी एवं प्रकृति में ऐसे संबंधों के मनुष्य तथा शेष प्रकृति के लिए बड़े दुखद परिणाम हो सकते हैं। पर्यावरण नारीवाद इससे ऊपर है तथा यह शक्ति संबंधों की संभावित आवश्यकताओं को चुनौती देता है। यह शक्ति आधारित नैतिकता से हटकर पास्परिकता तथा उत्तरदायित्व के साथ आगे बढ़ने का प्रयत्न करता है। पर्यावरण नारीवादियों का विश्वास है कि प्रकृति के शोषण का तब तक अंत नहीं हो सकता जब तक स्वयं मनुष्य के शोषण का अंत नहीं हो सकता भारत में पर्यावरण आंदोलन के प्रति इस मौलिक विचार की वकालत वन्दना शिव ने की है।

सभी पर्यावरणीय आंदोलनों के कुछ सामान्य लक्षण इस प्रकार हैं :

1) सामाजिक न्याय का प्रश्न सभी आंदालनों का केन्द्र है।
2) तकनीकी के द्वारा प्रकृति की पराजय को हेय की दृष्टि से देखा जाता है।
3) सभी आंदोलन इस विचार का विरोध करते हैं कि आर्थिक उन्नति राष्ट्र की उन्नति का सूचक नहीं है। इनका मानना है कि उन्नति या विकास का पोषणकारी होना जरूरी है।
4) अधिकतर आंदोलन आकस्मिक है तथा वे व्यापक रूप से स्वयं क्रियाशील हुए हैं। ये बिना किसी संगठनात्मक समूह के निर्देशन के कार्य करते हैं।
5) पर्यावरणीय आंदोलन मुख्य रूप से निचले स्तर के आंदोलन होते हैं क्योंकि वे केन्द्रीकृत निर्णय निर्माण के विरूद्ध निचले स्तर से ऊपरी स्तर तक परिवर्तन लाने की बात करते हैं।
6) पर्यावरणवेत्ताओं की पद्धतियां मुख्य रूप से सत्याग्रही, निर्भरशील एवं सविनय अवज्ञा पर आश्रित अहिंसात्मक विद्रोह आदि पर आधारित होती हैं।

भारत के प्रसिद्ध पर्यावरणीय आंदोलनों में चिपको आंदोलन उल्लेखनीय है। यह बाहरी ठेकेदारों द्वारा स्थानीय संसाधनों को वाणिज्यिक शोषण से बचाने के लिए शुरू किया गया। टेहरी और नर्मदा के दो विद्रोहों ने पूरी दुनिया के लोगों को जागृत किया। इसने पर्यावरण प्रभाव विश्लेषण से संबंधित संवेदनशील कानूनी, तकनीकी एवं प्रशासनिक असंगतियों को उजागर किया। पर्यावरण विकास के विवाद ने एक नए मानवीकृत विज्ञान, अल्पविकास के बेहतर समाधान तथा नए प्रकार के शासन के लिए आंदोलन करने हेतू भी एक जन आंदोलन तैयार किया।

चिपको आंदोलन (Chipko movement)

भारतीय पर्यावरणीय आंदोलनों के विकास में वन संबंधी विवादों को लेकर किया गया मध्य हिमालय क्षेत्र का चिपको आंदोलन महत्त्वपूर्ण है। अप्रैल 1973 में, गड़वाल हिमालय क्षेत्र के अंदर एक गांव, 'मण्डाल' के किसानों ने पास के जंगलों के व्यापारीकरण के भय से 'पेड़ों से चिपककर' इस कार्य

को विफल किया। राज्य की वन–नीतियों के अंतर्गत इन किसानों की ईंधन, चारे तथा लकड़ी की आवश्यकताओं के खर्च को खुद वहन करने की कीमत पर बाहरी व्यापारिक हितों को बढ़ावा देने के विरोध में पर्वतीय किसानों ने आवाज उठाई। अत: चिपको आंदोलन का उदय हुआ, जिसके द्वारा वन संबंधी नीतियों तथा पर्यावरण विवाद दोनों को सम्मिलित रूप से उठाया गया।

चिपको आंदोलन हजारों आम पहाड़ी लोगों के बिना किसी निर्देशन, संगठन या नेतृत्त्व के किए गए अहिंसात्मक संघर्ष का एक आदर्श उदाहरण प्रस्तुत करता है। पिछले दशक में यह आंदोलन सिर्फ हिमालय क्षेत्र में ही नहीं फैला, बल्कि इसने भारत के अन्य भागों में भी ऐसे कई आंदोलनों को प्रभावित किया।

चिपको आंदोलन ने स्पष्ट किया कि पर्यावरणीय विवाद केवल नगरीय प्रदूषण या गैर –नवीनीकृत संसाधनों के ह्रास से ही संबंधित नहीं है बल्कि यह आधुनिक, पाश्चात्य एवं पूंजीवादी दृष्टिकोण से भी प्रत्यक्ष रूप से संबंध रखता है जो प्रकृति पर तकनीकी के माध्यम से विजय प्राप्त करके उसे अपनी सुविधाओं या सेवाओं के लिए प्रयोग करना चाहते हैं। इन मुद्दों पर प्रसिद्ध वाद–विवादों में एक गंभीर वैचारिक परिवर्तन यह आया है कि यह हमारे देश के लोगों के जीवन एवं आजीविका के लिए नवीनीकरण योग्य संसाधनों की उपयोगिता पर ध्यान केंद्रित करता है। यह स्थानीय समुदायों के लिए संसाधनों के प्रयोग तथा उसकी प्राप्ति के अधिकारों को नियमित करने की मांग भी उठाता है।

चिपको आंदोलन शुरूआत में आर्थिक विषय पर केंद्रित था। इस संदर्भ में बाहरी ठेकेदारों से वनों की रक्षा, वन्य श्रमिकों को न्यूनतम वेतन की गारण्टी प्रदान करने, प्राचीन गांवो के वन्य अधिकारों की रक्षा के लिए तथा छोटे पैमाने के स्थानीय उद्योगों को कम कीमत पर सामग्री उपलब्ध कराने के लिए प्रावधान के संबंध में मांग उठाई गई।

चिपको आंदोलन का गांधीवादी परम्परा से निकट का संबंध है। इस आंदोलन को वास्तविक नेतृत्व गांधीवादी सर्वोदय कार्यकर्त्ताओं के वर्ग से मिला तथा उनके द्वारा प्रयोग की गई तकनीकें भी गांधीवादी सत्याग्रह से प्रेरित थी। गांधीजी के शब्दों में, 'सत्याग्रह' का शाब्दिक अर्थ है – 'सत्य की ओर' अर्थात् 'सत्य की शक्ति'। सत्य आत्मा है इसलिए यह 'आत्मबल' कहलाता है। सत्याग्रही केवल 'अहिंसा' का पालन करता है तथा सत्य तक पहुंचना उसका अंतिम लक्ष्य है इसलिए अहिंसा का अर्थ इसे प्राप्त करना है। राजनीतिक एवं आर्थिक उत्पीड़न तथा शोषण का जवाब शोषित व्यक्ति मौन सम्मति से दे सकता है। इस बात को ध्यान में रखते हुए, गांधी जी ने देखा कि गरीबों के शोषण की समाप्ति केवल कुछ पूंजीपतियों के विनाश से ही संभव नहीं है बल्कि इसके लिए यह जरूरी है कि हम शोषण का सहयोग करना बंद कर दें और यही कार्य 1950 एवं 1960 के दशकों में उत्तराखण्ड की पहाड़ियों में सर्वोदय कार्यकत्ताओं तथा श्रमिकों ने किया जिसका परिणाम था – 'चिपको आंदोलन'।

दूर–दराज के गांवों में चिपको आंदोलन का संदेश पहुंचाने के लिए भिन्न–भिन्न पद्धतियों का सहारा लिया गया जैसे - पदयात्राएँ, लोकगीत तथा कहानियां आदि। चिपको अभिकर्ताओं ने गांवो के स्कूलों, मंदिरों, मस्जिदों तक यात्राएं की तथा उस हर जगह भाषण दिए, जहां लोग जमा हुए। वे अपने साथ लोकप्रिय नेताओं के रिकार्ड किए हुए संदेश लेकर जाते तथा वृक्षों के कटाव के प्रभावों के बारे में जानकारी देते। लोकगायकों ने उत्तेजित करने वाले गीत गाये, नजदीकी भूस्खलित क्षेत्र में पुस्तिकाएं

बेची गई तथा वन विनाश के परिणामस्वरूप होने वाली महिलाओं की बढ़ती मजदूरी की ओर संकेत किया।

प्रत्येक चिपको आंदोलन केंद्रीय तथा राज्य स्तर पर सरकारी नीतियों को प्रभावित करने में बहुधा सफल रहा। इसे जनहित याचिकाओं के जरिए भी सफलता मिलीं इसने जनता का ध्यान आकर्षित करने के लिए प्रदर्शनों, धरनों तथा लिखित याचिकाओं का सहारा लिया ताकि पर्यावरण एवं समाज दोनों के कल्याण के लिए स्थिति में परिवर्तन किया जा सके। पर्यावरण ह्रास तथा दस करोड़ लोगों के पुनर्वास की समस्या के विरूद्ध 'टेहरी बाँध विरोध संघर्ष समिति' ने अभियान चलाया। केवल राज्य में 'शास्त्र साहित्य परिषद' ने उस संभावित जलीय-ऊर्जा परियोजना' के विरूद्ध अभियान छेड़ा जिसके द्वारा शांत घाटी नामक अल्प वर्षा क्षेत्र के डूब जाने का खतरा था। अत: नागरिकों ने PIL का साधन के रूप में प्रयोग करते हुए बड़े लोकनीति निर्णयों में परिवर्तन लाने के लिए चुनौती दी तथा सामाजिक, आर्थिक एवं राजनीतिक सुधारों के लिए अभियान चलाया।

1980 के दशक में विभिन्न प्रादेशिक वनों के कटाव के फलस्वरूप बहुत से प्रतिबंध लगाए गए। उस दौरान तत्कालीन प्रधानमंत्री श्रीमती इंदिरा गांधी ने हिमालय के जंगलों में 1000 मीटर से ऊंचे पेड़ों के कटाव पर 15 वर्षों के लिए पूर्ण प्रतिबंध का आदेश दिया। इस आदेश को बाद में पश्चिमी घाट तथा विन्ध्य क्षेत्र में भी लागू किया गया इन सबके फलस्वरूप इस आंदोलन को विशेष सफलता मिली। इसका विस्तार उत्तर में हिमालय प्रदेश, दक्षिण में कर्नाटक, पश्चिम में राजस्थान, पूर्व में बिहार तथा मध्य भारत में विन्ध्य क्षेत्र तक हुआ।

इस आंदोलन में सक्रिय रूप से भाग लेने वालों में इन लोगों के नाम शामिल हैं - सुन्दरलाल बहुगुणा, चण्डी प्रसाद भट्ट, धूमसिंह नेगी, घनश्याम बहुगुणा, घनश्याम रतुड़ी तथा इन्दूस टीकेकर। सुन्दरलाल बहुगुणा एक गांधीवादी कार्यकर्त्ता एवं दार्शनिक तथा लोकप्रिय व्यक्ति हैं जिनकी तत्कालीन प्रधानमंत्री श्रीमती इंदिरा गांधी से की गई अपील के फलस्वरूप वनों के कटाव पर प्रतिबंध लगा तथा उनके द्वारा 1982-83 में हिमालय के पास लगभग 5000 कि.मी. क्षेत्र तक की पदयात्रा ने चिपको आंदोलन के प्रसार में महत्त्वपूर्ण भूमिका निभाई। ये वही व्यक्ति थे जिन्होंने चिपको का यह नारा दिया कि "पारिस्थितिकी एक स्थाई अर्थव्यवस्था है"। चण्डी प्रसाद भट्ट भी प्रारंभिक चिपको कार्यकर्त्ताओं ने से एक थे, जिन्होंने क्षेत्रीय हित के उद्देश्य से वन संपदा के संरक्षण एवं पोषणकारी प्रयोग के लिए स्थानीय उद्योगों पर बल दिया। धूमसिंह नेगी, बचनी देवी तथा अन्य कई ग्रामीण महिलाओं ने पहले पेड़ों से चिपककर उन्हें कटने से बचाया तथा यह नारा दिया कि 'वन और क्या प्रदान करेंगे? मृदा, जल एवं स्वच्छ हवा।' चिपको आंदोलन के कवि, घनश्याम रतूड़ी जिनकी कविताएं हिमालय से लेकर उत्तर प्रदेश तक गूंजी तथा दर्शनशास्त्र के इन्दूस टीकेकर ने संपूर्ण भारत में प्राचीन संस्कृत धर्मग्रंथों तथा समकालीन धर्मों पर आध्यात्मिक संदेश फैलाया, जिसने चिपको आंदोलन के संदर्भ में एकता का संचार किया। प्रसिद्ध महिला नेताओं सुश्री गौरा देवी तथा सुश्री गंगा देवी ने निरीक्षक दलों का निर्माण करके वर्षा वनों के कटाव को रोकने के लिए पर्यवेक्षण के कार्य में महत्त्वपूर्ण भूमिका निभाई। वास्तव में इस आंदोलन में महिलाओं ने बड़ी सशक्त एवं रचनात्मक भूमिका अदा की। उन्होंने अपने पति तथा अपने जीवन की परवाह किए बिना वनों के कटाव को रोकने एवं वन संरक्षण की दिशा में महत्त्वपूर्ण भूमिका निभाई। चिपको आंदोलन में महिलाओं की भागीदारी सिर्फ पारिस्थितिकतंत्र एवं पर्यावरण की सुरक्षा के लिए ही नहीं थी, बल्कि उन्होंने पर्यावरण के पहलू से संपूर्ण विश्व में जागरूकता फैलाई।

वास्तव में, चिपको आंदोलन ने वन्दना शिव को विकास के एक नए सिद्धान्त – 'पर्यावरण नारीवाद' के लिए प्रेरणा दी, जिसमें पर्यावरण तथा नारी के बीच संबंधों की व्याख्या की गई है इसने साहित्य के विकास तथा नारी एवं पर्यावरण पर वाद-विवाद को प्रोत्साहन दिया, जिसकी आज बाजार में एक बड़ी मांग है। चिपको आंदोलन से नैतिक बल पाकर एक अन्य पर्यावरणीय आंदोलन छेड़ा गया। यह 'नर्मदा बचाओ आंदोलन' के नाम से जाना जाता है। इसका नेतृत्व मेधा पाटकर ने किया। इस आंदोलन ने वैश्विक स्तर पर लोकप्रियता प्राप्त की।

दुर्भाग्यवश, चिपको आंदोलन का प्रदर्शन बहुधा कुछ निहित स्वार्थों द्वारा किया गया जिन्होंने विकास तथा पारिस्थितिकों के बीच वाद-विवाद में कहा कि विकास का संबंध जीवन के वस्तुनिष्ठ आधार एवं भौतिकता से है जबकि पारिस्थितिकी का संबंध गैर-भौतिक तथा आत्मनिष्ठ तत्त्वों जैसे कि – प्राकृतिक सौन्दर्य जैसे विषयों से है। विकास तथा पारिस्थितिकी के बीच इस प्रकार का गलत संबंध दर्शाकर पर्यावरण एवं स्वस्थ विकास तथा पोषणकारी वृद्धि एवं पर्यावरण विनाशक आर्थिक वृद्धि के बीच वास्तविक द्विभाजन को झुठलाया गया। वास्तविक विकास केवल पारिस्थितिक स्थायित्व पर ही आधारित है जो जैविक संसाधनों की पोषणकारी आपूर्ति को सुनिश्चित कर सके। गांधीजी तथा उनके बाद के अनुयायियों मीरा बेन तथा सरला बेन ने स्पष्ट किया कि विकास कैसे और क्यों पारिस्थितिक स्थिरता के विपरीत अनिणर्य नहीं है। शोषणकारी आर्थिक वृद्धि तथा पारिस्थितिक विकास के बीच विवाद दर्शाता है कि विकास की विनाशकारी वृद्धि पर सवालिया निशान लगाने से चिपको जैसे पर्यावरणीय आंदोलन भौतिक विकास की प्रक्रिया के मार्ग में बाधा उपस्थित नहीं करते। बल्कि वे पारिस्थितिक स्थिरता को भी बराबर ध्यान में रखते हुए जीवन के लिए स्थाई भौतिक आधार की सुनिश्चितता की सर्वोत्तम गारण्टी प्रदान करते है।

चिपको आंदोलन तथा महिलाएँ (The Chipko movement and womens)

हिमालय के उत्तराखण्ड क्षेत्र में चिपको आंदोलन को प्रायः उत्तराखण्ड के वन्य जीवन की सुरक्षा के लिए चलाए गए महिला आंदोलन के रूप में देखा जाता है। परन्तु महिलाओं की भागीदारी के पीछे जो कारण हैं, वे पर्यावरणिक एवं आर्थिक अधिक हैं। वास्तव में, उत्तराखण्ड के आर्थिक एवं पारिस्थितिक हित आपस में इतने जुड़े हुए है कि एक के बिना दूसरे को महत्त्व देना कठिन है। अगले भाग में, आंदोलन में महिलाओं की सक्रिय भूमिका की चर्चा की गई हैं

चिपको एवं महिलाएँ (Chipko and Womens)

1971 में स्थानीय लोगों द्वारा 'दशौली ग्राम स्वराज संघ' के नेतृत्व में चिपको आंदोलन की शुरूआत हुई ताकि वन्य उत्पादन पर उनके अधिकारों की रक्षा की जा सके। प्रारंभ में, उत्तराखण्ड के विभिन्न भागों में प्रदर्शन किए गए तथा वन संपदा का शोषण करने वाली संविदात्मक व्यवस्था को समाप्त करने की मांग उठाई गई। इसके साथ ही, वन संपदा को आबंटित करने की दृष्टि से स्थानीय, वनोद्योगों की स्थापना की बात की गई। वनों के प्रबंधन में स्थानीय स्वैच्छिक संगठनों एवं स्थानीय लोगों की भागीदारी को प्राथमिकता देने की भी बात उठाई गई। इन प्रदर्शनों के बावजूद 1982 में, पर्यावरणिक आधारों पर वन विभाग ने DGSS अब यह DGSM है, M अर्थात् मण्डल 'दशौली ग्राम

स्वराज मण्डल' को कृषि उपकरणों के निर्माण के लिए 12 ऑश (एक प्रकार का जंगली वृक्ष) पेड़ों को काटने की मंजूरी देने से इंकार कर दिया था। उसी समय, इलाहाबाद की एक व्यावसायिक कंपनी को उसी जंगल से खेल-कूद की सामग्री के निर्माण के लिए 32 ऑश वृक्ष देना मंजूर कर दिया गया। इस खबर को सुनते ही, चण्डी प्रसाद भट्ट ने पेड़ों को किसी दूसरी कंपनी द्वारा कटने से बचाने के लिए तथा पेड़ों के संरक्षण के लिए उन्हें गले लगाकर बचाने का निश्चय किया। उस समय तक, महिलाएं इस दृश्य से बाहर थीं।

DGSS विरोध के बावजूद 1974 में, वन विभाग द्वारा रेनी वन के लगभग 2500 वृक्षों की नीलामी की गई। DGSS ने चिपको आंदोलन की योजना बनाई। हालांकि, स्थानीय नौकरशाही ने एक चाल चली तथा क्षेत्र से स्थानीय लोगों तथा DGSS के कार्यकर्त्ताओं को दूर रखने का प्रबंध किया। एक आश्चर्यजनक घटना यह हुई कि रेनी ग्राम की 27 महिलाओं ने सफलतापूर्वक लगभग 60 आदमियों को जंगल के कुछ चिन्हित वृक्षों को गिरने से बचाने के लिए वहाँ तक जाने का मार्ग निकाला। चिपको आन्दोलन की यह सबसे बड़ी उपलब्धि थी। इस घटना के बाद इस परियोजना को नारीवादी आंदोलन बनाने के प्रयास शुरू हो गए। इस घटना के बाद, उत्तर प्रदेश सरकार ने एक रेनी जांच समिति का गठन किया और उसके सुझाव पर 1200 वर्ग कि.मी. के नदी क्षेत्र के व्यावसायिक शोषण पर रोक लगा दी गई। रेनी के पश्चात्, 1975 में गोपेश्वर की महिलाओं ने, 1978 के भ्युदर घाटी तथा 1980 में डोंगरी-पैटोली की महिलाओं ने वनों के संरक्षण का अभियान छेड़ा। डोंगरी तथा पैटोली में उद्यानकृषि फार्म के निर्माण के लिए 60 एकड़ ओक वन देने के निर्णय का विरोध किया गया। उन्होंने वनों के प्रबंधन में अपनी भागीदारी के अधिकार की भी मांग की। उनका तर्क था कि वह औरत ही है जो ईंधन, चारे, पानी आदि को एकत्रित करती है। उसके लिए जंगल का प्रश्न उसके जीवन और मृत्यु का प्रश्न है। अत: वनों से संबंधित किसी भी निर्णय में उसकी राय भी शामिल होनी चाहिए। अब ये महिलाएँ न केवल वन-संरक्षण की दिशा में बल्कि बंजर पहाड़ी ढलानों पर वृक्षारोपण का कार्य भी कर रही हैं।

1980 के दशक के प्रारंभ में, चिपको आंदोलन अन्य क्षेत्रों में भी फैला। उदाहरण के लिए, दून घाटी में खनन कार्य के विरूद्ध आंदोलन छेड़ा गया। हिमालय के निचले भाग में स्थित दून घाटी की महिलाओं ने अपना आंदोलन तैयार किया। उन्होंने अपने क्षेत्र में सिन्स्यारू खाला नदी के तट पर चल रही खुदाई गतिविधियों में बाधा डाली। यह नदी वहाँ के गांवों के लिए प्राणदायिनी नदी थी, लेकिन पिछले 20 वर्षों से उसके स्रोतों की खुदाई का काम वहां चल रहा था। इस खनन कार्य ने वहां के चिर, बंज, रिंगल तुन तथा सिन्स्यारू के समृद्ध वनों का भी विनाश कर दिया था।

चमुनादेवी तथा ईश्वरी देवी जैसी महिलाओं ने स्थानीय चिपको आंदोलन का मार्गदर्शन किया तथा दस महीनों तक बिना किसी बाहरी पुरूष के नेतृत्व के अपनी शक्ति के बल पर इसे जारी रखा। ईश्वरी देवी एवं चमुनादेवी जो कि साधारण सी महिलाएं थीं, इस आंदोलन की असाधारण नेता बन गई। महिलाओं ने इस चिपको आंदोलन में अपनी प्रतिभाशाली शक्ति का परिचय देते हुए इसे इसकी शुरूआत से दो दशकों से भी अधिक समय तक जारी रखा और पेड़ों से चिपकाने, जैविक पदार्थों को गले लगाने, लाइमस्टोन खानों को बचाने तथा अन्य कई प्रकारों से इस आंदोलन को आगे बढाया।

अप्पिको आंदोलन (Appiko movement)

चिपको आंदोलन ने भारत के अन्य भागों में भी अपना प्रभाव दिखाया। पश्चिमी घाट, कर्नाटक के उत्तर कन्नड क्षेत्र में चिपको आंदोलन ने ग्रामवासियों को अप्पिको घाटीवाली आंदोलन शुरू करने के लिए प्रेरणा दी। यहाँ, इमारती लकड़ी के लिए व्यापारिक हितों द्वारा जंगलों का विनाश किया जा रहा था। ठेकेदारों ने प्राकृतिक वनों का सफाया कर दिया था, जिसके कारण मृदा अपरदन हो रहा था तथा बारहमासी जलीय स्रोत सूख रहे थे। सिरसी के सरकानी गांव में, लोगों को उनके निकट के गांवों से ईंधन की लकड़ी, चारे तथा शहद आदि प्राप्त करने के लिए जंगलों से वंचित कर दिया गया था। सितम्बर 1983 में, इसके कारण दक्षिण भारत के युवाओं एवं महिलाओं ने 'चिपको आंदोलन' चलाया। सिलकानी तथा निकट के अन्य गांवों से युवा एवं बच्चों ने पास के जंगलों तक पांच मिल की यात्रा तय करके वहां के पेड़ों को गले लगाया। उन्होंने राज्य के वन-विभाग के आदेश से वहां पर वृक्षों की कटाई के लिए भेजे गए लकड़हारों को पेड़ों को काटने से रोका। लोगों ने पेड़ों के काटने पर प्रतिबंध लगाने की मांग की। इसके लिए वे अपनी जान देने को भी तैयार थे। यह विरोध प्रदर्शन 38 दिनों तक चला जिसने सरकार को इस कार्य पर रोक लगाने के लिए बाध्य कर दिया।

हरसी के पर्णपाती वनों में भी एक आंदोलन चलाया गया। यहाँ पर भी इमारती लकड़ी के संबंध में ठेकेदारों की लिप्सा देखी गई। अप्पिको आंदोलन ने पुनः स्थानीय लोगों को आंदोलन छेड़ने के लिए प्रेरित किया। यहाँ पर लगभग सौ पुरूषों एवं महिलाओं ने एक होकर पेड़ों को गिरने से रोका। नवम्बर में, यह आंदोलन निदगोड़ (सिद्दापुर तालुका) तक फैल गया जहाँ 300 लोगों ने इकट्ठा होकर पेड़ों को गिराने जाने की प्रक्रिया रोकरर सफलता प्राप्त की। उसी माह, अप्पिको आंदोलन ने उन ठेकेदारों के व्यापारिक हितों के लालच का पर्दाफाश किया जो वन विभाग द्वारा निर्धारित संख्या से अधिक मात्रा में वन गिराना चाहते थे। परन्तु वन अधिकारियों ने इस बात पर ध्यान न देते हुए कोई आवश्यक कदम नहीं उठाया। इस बात को छिपाने वाले ठेकेदारों, वन विभाग तथा राजनीतिज्ञों की सांठ-गांठ का भी पर्दाफाश किया गया।

अप्पिको आंदोलन अपने तीन प्रमुख उद्देश्यों में सफल रहा (1) मौजूदा वन क्षेत्र के संरक्षण में (2) खाली भूमि पर वृक्षों के पुनरूत्पादन में तथा (3) प्राकृतिक संसाधनों के संरक्षण पर उचित ध्यान देकर वन संपदा के सदुपयोग में। इन उद्देश्यों को हासिल करने में स्थानीय स्तर पर स्थापित एक लोकप्रिय संगठन 'परिसर संरक्षण केन्द्र' (पर्यावरणीय संरक्षण केन्द्र) ने एक साधन के रूप में कार्य किया। अप्पिको आंदोलन ने लोगों के जीवन में मूलभूत स्रोतों की रक्षा की जैसे कि - बाँस के वृक्ष, जिसका प्रयोग हस्तशिल्प वस्तुओं के निर्माण में होता है और उसे बेचकर लोग अपनी आजीविका चलाते है। इस आंदोलन ने स्थानीय लोगों द्वारा प्रयोग किए जाने वाले औषधीय वृक्षों को भी काटने से बचाया। आंदोलन ने पश्चिमी घाट के सभी गांवों में वाणिज्यिक हितों से उनकी आजीविका के साधन, जंगलों अथवा पारिस्थितिकी को पहुंचने वाले खतरे से सचेत किया। इसने चिपको की इस दार्शनिकता को फैलाया कि हिमालय के पश्चिमी घाट के वनों के मौलिक उत्पाद जेसे कि मृदा, जल तथा स्वच्छ हवा को वहाँ के लोगों के लिए मौलिक ही बने रहना चाहिए। शांतिपूर्ण तरीके से शक्तिशाली विरोध प्रदर्शन करते हुए 'अप्पिको' आंदोलन ने गाधीवादी मार्ग पर चलते हुए एक ऐसे पोषणकारी समाज के लिए लोगों का पथप्रदर्शन किया जिसमें न कोई मनुष्य का और न ही प्रकृति का शोषण या विनाश कर सके।

अन्य आंदोलन (Other movement)

चिलका आंदोलन (Chilika movement)

चिलका उड़ीसा में स्थित एशिया की सबसे बड़ी खारे पानी की छिछली झील है। जिसकी लंबाई 72 कि.मी. तथा चौड़ाई 25 कि.मी. है और इसका विस्तार क्षेत्र लगभग 100039 कि.मी. है। चिलका प्रवासी पक्षियों की 158 प्रकार की प्रजातियों तथा चीते की महत्त्वपूर्ण प्रजातियों का निवास स्थान है। यह 192 गांवों की आजीविका का भी साधन है जो मत्सय पालन खासकर झींगा मछली पर निर्भर है। 50000 से भी अधिक मछुआरे तथा लगभग 2 लाख जनसंख्या चिलका पर निर्भर हैं। मछली पालन तो कई शताब्दियों से चिलका क्षेत्र का परम्परागत पेशा है। मछुआरों को यहां मछली पालन का अधिकार अफगानी शासन के समय से प्राप्त हैं यहां तक कि ब्रिटिश शासन में भी मछुआरों के संघों के अधिकारों की रक्षा की गई। अत: चिलका का प्राचीन समय से मत्स्य उत्पादकों, सहकारिता तथा ग्रामीण स्तरीय लोकतंत्र का एक विशिष्ट एवं प्रेरक इतिहास रहा है। 1977-78 के वर्ष को झींगा मछली को एक महत्वपूर्ण निर्यातक उत्पाद के विकास के रूप में आंका गया। 'चिलका' शब्द झींगा तथा धन का पर्यायवाचक है। यह संपूर्ण क्षेत्र एक सोने की खान बन गया और इस रूपांतरण के कारण, यहां पर वाणिज्यिक आक्रामण दिखाई देने लगे। पहले, व्यापारी तथा बिचौलिए और बाद में राजनीतिज्ञों ने यहां अपने बाहुबल एवं माफिया तथा अंतत: राज्य सरकार की कृपा से बड़े औद्योगिक संयंत्रों की स्थापना कर ली, जो अब उस क्षेत्र में विकास लाने की घोषणा करते दिखते हैं।

1986 में, तत्कालीन जे.बी. पटनायक सरकार ने निर्णय किया कि चिलका के 1400 हेक्टेयर झींगा-प्रधान क्षेत्र को टाटा एवं उड़ीसा सरकार की संयुक्त कम्पनी को पट्टे पर दिया जाएगा। 1991 में, जनता दल सरकार ने चिलका में झींगा-प्रधान क्षेत्र के विकास के लिए संयुक्त सेक्टर से टाटा कंपनी को आमंत्रित किया। इसके कारण 50000 मछुआरों की आजीविका प्रभावित हुई तथा लगभग 2 लाख लोगों की निर्भरता एवं उनके परम्परागत अधिकार प्रभावित हुए। इस स्थिति ने गंभीर विद्रोह को जन्म दिया। चिलका के 192 गांवों के मछुआरों ने 'मछुआ महासंघ' के अंतर्गत संगठित होकर अपने अधिकारों की लड़ाई लड़ी। उन्होंने उत्कल विश्वविद्यालय के छात्र संघ के सहयोग से इस आंदोलन में भाग लिया। और यह इस संगठित संघर्ष का ही परिणाम था कि 15 जनवरी, 1992 को गोपीनाथपुर गांव में जन आंदोलन का निर्माण हो सका। इस 'चिलका बचाओ आंदोलन' ने विकास के उस प्रतिमान के विरूद्ध संघर्ष किया जिससे शांति, विकास, पर्यावरण तथा चिलका के लोगों की आजीविका को खतरा था। परन्तु उड़ीसा की सरकार ने इस पर कोई प्रतिक्रिया नहीं दिखाई। अत: चिलका क्षेत्र की समस्त जनता ने 'क्रांतिदर्शी युवा संगम' (उत्कल विश्वविद्यालय के करीब 35 छात्र) के सक्रिय सहयोग से उस बांध को तोड़ना शुरू किया जो चिलका में टाटा ने बनवाया था। इस आंदोलन के नेता, चित्तरंजन सारंगी को पुलिस द्वारा गिरफ्तार कर लिया गया। छात्रों के विरोध प्रदर्शन के फलस्वरूप उन्हें रिहा कर दिया गया। सरकार को आखिरकार दबाव में आकर अपना फैसला बदलना पड़ा जिसे दिसम्बर 1992 को आखिरकार रद्द कर दिया गया। तुलनात्मक रूप से यह सबसे छोटे संघर्षों में से एक था। लेकिन इसे सत्याग्रह एवं अहिंसा के गांधीवादी सिद्धांतों के मार्ग का अनुसरण करते हुए जो सफलता प्राप्त हुई, उसके कारण यह असाधरण आंदोलन बन गया।

भोपाल गैस काण्ड (Bhopal Gas Tragady)

भोपाल गैस त्रासदी जो 3 दिसम्बर, 1984 की मध्यरात्रि को घटी, निःसंदेह इतिहास की सबसे दुखद घटना थी। 'यूनियन कारबाईड कारपोरेशन' जो कि संयुक्त-राज्य की एक बहुराष्ट्रीय रसायन कम्पनी था, उसके द्वारा भोपाल शहर में विशाल जन्तुनाशक संयंत्र कार्य कर रहा था। 3 दिसम्बर 1984 को एक दुर्घटना घटी, जो संभवतः विषैले मिथाइल आइसोसाइनेट स्टोरेज टैंक में पानी के मिलने से घटी। इसके फलस्वरूप गर्मी पैदा होने से एक शक्तिशाली एवं अनियंत्रित अभिक्रिया हुई। परिणामस्वरूप घातक मिथाइल आइसोसाइनेट एक गैस के रूप में चारों ओर फैल गई। इस गैस ने हजारों लोगों की जान ले ली, अनेक लोगों के आंखों की रोशनी चली गई तथा आस-पास के क्षेत्र के लोगों को अनेक प्रकार से नुकसान भी हुआ। यूनियन कारबाईड फैक्ट्री के पास एक गंदी बस्ती (स्लम क्षेत्र) जैसा क्षेत्र था जहाँ पर बड़ी संख्या में लोग रहते थे। जैसे ही गैस फैलनी शुरू हुई, कुछ ही मिनटों में लगभग 300 लोग घटनास्थल पर ही मारे गए। लगभग 50000 लोगों के फेफड़े गंभीर रूप से प्रभावित हुए। मानवाधिकार कार्यकर्त्ताओं, पर्यावरणवेत्ताओं तथा मानवतावादी समूहों ने सहज रूप से इस घटना के लिए बहुराष्ट्रीय निगम प्राधिकरण की इस लापरवाही के विरूद्ध आवाज उठाई। भोपाल त्रासदी ने पर्यावरणीय जागरूकता, मानव अधिकार मुद्दों, पुनर्वास, सूचना के अधिकार, इन अपराधों तथा दुर्घटनाओं के लिये राष्ट्रीय एवं अंतर्राष्ट्रीय कानून निर्धारित करने तथा बहुराष्ट्रीय कंपनियों के संबंध में भारत की न्याय व्यवस्था जैसे मुद्दों को उठाया।

इस गैस से प्रभावित लोगों को अनेक स्वास्थ्य समस्याओं ने घेर लिया जैसे- चिरकालिक श्वास संबंधी बीमारियां, नेत्र रोग, रोगनिरोधक क्षमता तथा तंत्रिका का ह्रास, मानसिक स्वास्थ्य समस्याऐं आदि। प्रभावित लोगों में से अधिकतर समाज के निम्न वर्ग के लोग थे और इस रिसाव ने मौजूदा निर्धनता एवं दुर्बलता की स्थिति को और अधिक बढ़ा दिया। बड़ी संख्या में लोग लाचार हो गए। इलाज का ऊंचा व्यय तथा क्षतिपूर्ति की थोड़ी सी राशि ने हजारों लोगों की आर्थिक स्थिति और बदतर कर दी।

भोपाल के हजारों लोग अपने जीवन के अधिकार से वंचित हो गए तथा दस हजार लोगों के स्वास्थ्य की हानि हुई। जो लोग न्याय पाने तथा भोपाल त्रासदी के विरूद्ध अपने अधिकारों के लिए लड़ाई लड़ रहे थे, वे विफल रहे। हजारों परिवारों को बीमारी और असहाय अवस्था का सामना करना पड़ा।

इस मामले का हल अभी तक नहीं हो सका है क्योंकि तथ्यों, प्रमाणों एवं चिकित्सीय तर्कों की पेचीदगी तथा शक्तिशाली हित समूहों की लॉबीबाजी के कारण यह मामला पेचीदा बन गया है यह बात अभी अस्पष्ट है कि इसका कानूनी उत्तरायित्व कौन उठाएगा। हाँ, नैतिक जिम्मेवारी के प्रश्न का उत्तर आसानी से दिया जा सकता है यदि कोई जे.पी. नगर इलाके की उन गंदी बस्तियों का दौरा करे जिसमें 60000 लोग निवास करते हैं। यह बस्ती 200 मीटर की दूरी पर स्थित उस टावर के निकट है जहाँ पर MIC को जलाया जाता है।

नर्मदा घाटी में जन आंदोलन (The People's movement in Narmaba Valley)

आधुनिक भारत के निर्माण के लिए कभी जवाहरलाल नेहरू द्वारा वर्गीकृत बड़ी-बड़ी बहुउद्देशीय बाँध एवं नदी घाटी परियोजनाएं आज के व्यापक आंदालेनों का केन्द्रबिन्दु है। उत्तर भारत में टेहरी

तथा पोंग बांध, पूर्व में कोसी, गण्डक, बोधघाट परियोजनाएँ, मध्यभारत में नर्मदा घाटी परियोजना पश्चिम में भोपालपटनम तथा इछमपट्टी, दक्षिण में तुंगभद्रा, मालप्रभा तथा घटप्रभा परियोजनाएँ सभी प्रतिरोध का सामना कर रही हैं। इनमें से हर परियोजना ने अवस्थिति, आकार, प्राकृतिक स्रोतों के ह्रास (विशेषकर वनों, कृषि भूमि तथा वन्यजीवन का), आवाह क्षेत्र के स्थानीय लोगों के विस्थापन तथा बेघर हुए लोगों के लिए पुनर्वास तथा उचित मुआवजे के मुद्दों को उठाया है।

हाल ही में, 3000 से भी ज्यादा बड़े एवं छोटे बांधों के निर्माण तथा 25000 करोड़ की लागत वाली विशाल नर्मदा घाटी परियोजना ने गंभीर विवाद खड़ा कर दिया। एक तरफ ऐसा वर्ग था जिसमें सरकारी अधिकारी तथा संघीय एवं संबंधित राज्य सरकारों के विशेषज्ञ (गुजरात, महाराष्ट्र, मध्य प्रदेश राज्य) शामिल थे तथा उन क्षेत्रों के वे समृद्ध किसान लोग भी शामिल थे जिनको इस परियोजना से सिंचाई एवं जलापूर्ति की संभावना दिखाई दे रही थी। इसमें वे निर्माता कंपनियां भी शामिल थी, जो इससे फायदा उठाकर समृद्ध हो सकती थी, यहाँ तक कि इस वर्ग में कई ऐसे साधारण नागरिक भी शामिल थे जिनका विश्वास था कि सम्मिलित लाभों वाली इस योजना के फलस्वरूप विकास होगा एवं समृद्धि आएगी (जैसे कि - बाढ़ पर नियंत्रण, पीने योग्य जल की आपूर्ति, रोजगार के नए अवसर)। दूसरी तरफ वह वर्ग था जो इस विकास को मानव अधिकारों के अतिक्रमण के रूप में देख रहा था। वह इसे जीवन तथा आवास के अधिकार के विरूद्ध मानता था। ऐसा अनुमान लगाया गया कि इस परियोजना के फलस्वरूप लगभग करोड़ लोग पूरी तरह से विस्थापित हो जाएंगे, करीब 35000 हेक्टेयर वन भूमि तथा 200000 हेक्टेयर कृषि भूमि भी जलमग्न हो जाएगी।

नर्मदा आंदोलन (Narmada movement)

नर्मदा नदी परियोजना, पश्चिमी भारत के चार मुख्य राज्यों से संबंध रखते हुए पर्यावरणीय आंदोलन के विकास तथा विकास की राजनीति से संबंधित गतिशीलता के संदर्भ में एक महत्त्वपूर्ण मुददे के अध्ययन पर जोर देती है। भारत में किसी भी अन्य बड़ी परियोजना ने पर्यावरण विकास की समस्याओं को इतने ऊंचे स्तर पर रखकर विवाद का विषय नहीं बनाया जितना कि इस परियोजना ने। इसमें निचले स्तर से सक्रियता दिखाई दी। इस परियोजना ने समतल तथा शीर्ष स्तर की सरकारों एवं प्राधिकरण को भी इस विवाद में शामिल किया तथा राष्ट्रीय एवं अंतर्राष्ट्रीय स्तर पर निचले स्तर से कार्य कर रहे NGO's के बीच धीरे-धीरे संबंध बनाने में भी मदद की।

सरदार सरोवर परियोजना (Sardar Sarovar Project - SSP)

गुजरात की पांचवी सबसे बडी नर्मदा नदी पर एक अंतर्राज्यीय बहुउद्देशीय परियोजना का निर्माण किया गया। इस 1312 कि.मी. लम्बी नदी का लगभग 96% अप्रयुक्त जल प्रतिदिन समुद्र में जाकर मिलता है। अपनी दो प्रमुख परियोजनाओं SSP तथा NSP (मध्य प्रदेश में नर्मदा सागर परियोजना) सहित नर्मदा घाटी परियोजना भारत में अभी तक की सबसे बडी एकल नदी घाटी परियोजना है, जिसमें विश्व की सबसे बड़ी मानव-निर्मित झील है। नहर के जाल की दृष्टि से यह विश्व में सबसे बड़ा है।

SSP (नर्मदा) परियोजना का 40 वर्षों से भी अधिक लंबी अवधि का उतार चढ़ाव का समय होती है। 161 फीट ऊंचे बांध के लिए सिर्फ सिंचाई परियोजना के रूप में फसल के लिए इसके पानी की तकनीकी क्षमता के कारण यह एक बहुउद्देशीय बांध है जिसका स्तर 455 फीट तक है। तथा वित्तीय एवं अन्य प्रकार की सुविधाओं के लिए अब प्राधिकरणों ने विश्व बैंक की ओर देखना शुरू कर दिया है।

भारत सरकार गुजरात में 1946 से नर्मदा नदी पर सरदार सरोवर बांध के निर्माण के लिए योजनाएं बना रही है। 1961 में जवाहर लाल नेहरू द्वारा इसकी नींव रखे जाने के बाद से तीन राज्यों-गुजरात, मध्य प्रदेश तथा राजस्थान एक उपयुक्त जल वितरण नीति पर निर्णय लेने मे असमर्थ रहे। 1969 में, सरकार ने नर्मदा जल विवाद न्यायाधिकरण का गठन किया ताकि जल संबंधी विवाद का हल करके परियोजना का कार्य शुरू किया जा सके। दस वर्ष पश्चात्, न्यायाधिकरण एक सर्वसम्मति पर पहुंचा तथा नर्मदा घाटी परियोजना ने जन्म लिया जिसमें नर्मदा नदी तथा उसकी 41 उपनदियों को ऐसे जलाशयों की श्रृंख्ला में तब्दील करना है जिसमें 3200 बांध तथा दो वृहत बांध-गुजरात से सरदार सरोवर बांध तथा मध्य प्रदेश में नर्मदा सागर बांध शामिल है। साथ ही 3 बड़े बांधों, 135 मध्यम बांध तथा हजारों छोटे बांधों का निर्माण भी शामिल है। सरकार के मुताबिक, इस परियोजना को गुजरात तथा राजस्थान की 1.8 करोड़ हेक्टेयर भूमि की सिचाई के लिए तथा गुजरात के कच्छ एवं सौराष्ट्र के सूखे प्रभावित क्षेत्रों में सिंचाई के लिए तैयार किए गया है।

सरदार सरोवर अभी तक के प्रस्तावित सबसे बड़े बांधों में से एक है। जब यह अपनी नियोजित ऊंचाई तक पहुंचेगा तो इससे तीन राज्यों की 3700 हेक्टेयर भूमि जलमग्न हो जाएगी जिसमें 13000 हेक्टेयर की मुख्य वन भूमि शामिल है जिसका संभावित रूप से 25 से 40 करोड़ लोगों पर प्रभाव पड़ेगा। इस बांध की रूपेरखा का निर्माण निकट क्षेत्रों में 7500 कि.मी. नहरों के जाल की सिंचाई के लिए किया गया है जिसके लिए लगभग 80000 हेक्टेयर भूमि की आवश्यकता है। अनुमान है कि 245 गांवों की 100000 जनसंख्या इन जल स्रोतों से प्रत्यक्ष रूप से प्रभावित होगी, इनमें से 57.6% लोग आदिवासी या जनजाति लोग हैं।

1980-87 के दौरान Pro-Tribal NGO-ARCH-Vahini के नेता, अनिल पटेल ने गुजरात होई-कोर्ट में गुजरात सरकार के विरूद्ध तथा सुप्रीम कोर्ट में जनजातीय लोगों के पुनर्वास के अधिकारों के विरूद्ध सफलतापूर्वक लड़ाई लड़ी। सुप्रीम कोर्ट तथा उसके निर्देशों के प्रतिक्रियास्वरूप, गुजरात सरकार को दिसम्बर 1987 में पुनर्वास के संबंध में उदार नीति अपनानी पड़ी। हालांकि, राज्य सरकारों की निर्धन लोगों के प्रति पुनर्वास के दृष्टिकोण में उदासीनता दिखाई। 1989 में मेधा पाटेकर द्वारा चलाए गए Pro-tribal नर्मदा बचाओ आंदोलन (NBA) तथा SSP की रूपरेखा तथा उसकी पुनर्वास संबंधी नीतियों के क्रियान्वयन की कमियों को स्पष्ट रूप में उजागर किया। इस प्रक्रिया में, NBA ने मौजूदा प्राबल्यपूर्ण विकास प्रतिमान पर प्रश्नचिन्ह लगाया। हालांकि NBA ने अपने विरोध के जरिए एकजुटता का परिचय दिया पर उनके विरोध की पद्धतियों के बारे में हमेशा भिन्न-भिन्न मत रहे। कुछ लोग कानूनी कदम उठाना चाहते थे, कुछ अंतर्राष्ट्रीय समर्थन पाने के इच्छुक थे, कुछ राजनीतिज्ञों से संबंध विच्छेद करना चाहते थे, तो कुछ उन्हें सबल बनाने के पक्ष में थे। परन्तु इन सब विचार-विमर्शों में, एक अविवादित क्षेत्र जिस पर ध्यान नहीं दिया गया। वह क्षेत्र है - बांध के विकास के विरूद्ध ग्रामीण स्तर पर संगठित असहयोग आंदोलन को मजबूत बनाना। गांव के लोगों के सहयोग से, NBA ने सरदार सरोवर के कार्य को रोकने की मांग की। (पाटेकर के साथ एकजुट होकर लोगों ने अपने भविष्य के लिए अपनी भागीदारी की मांग उठाई।)

लोग साधारण से प्रश्न का उत्तर चाहते हैं कि सरकार उनसे अनुमति लिए बिना उनके गांवों को कैसे डुबा सकती है? उन्हें अपनी भूमि तथा फसल का मुआवजा कैसे दिया जाएगा? कार्यकर्त्ताओं का प्रयत्न था कि गांववासी उनकी जगह स्वयं अपने गांवों को बचाने के लिए कोई कार्यवाही करें।

इस संदर्भ में एक मोड़ था दिसम्बर 1990 में NBA द्वारा संगठित रूप से निकाली गई 'जन विकास संघर्ष यात्रा'। पदयात्रियों को आशा थी कि वे सरकार को सरदार सरोवर बांध परियोजना पर व्यापक पुनर्विचार के लिए दबाव डाल सकेंगे। लगभग 6000 विरोधियों ने राजघाट से मध्य प्रदेश, गुजरात तक पदयात्रा की तथा सीमार पार करके 100 फीट की ऊंचाई का संकेत बोर्ड चिन्हित किया जिस पर लिखा था 'कोई नहीं हटेगा, बांध नहीं बनेगा'। उन्हें पुलिस अधिकारियों का सामना करना पड़ा और उन्हें आगे बढ़ने से रोक दिया गया। सात लोग भूख हड़ताल पर चले गऐ तीन सप्ताह बीत गए, पर सरकार ने कोई प्रतिक्रिया नहीं दिखाई। अंतत: विरोधियों ने भूख हड़ताल पर गए सात लोगों की जान बचाने के लिए आंदोलन वापस ले लिया। इस घटना को अंतर्राष्ट्रीय स्तर पर मीडिया में दिखाया गया जिसके फलस्वरूप विश्व बैंक ने स्वतंत्र रूप से सरदार सरोवर परियोजना के पुनर्विलोकन का निर्णय लिया। अंतत: 1993 में उसके समर्थन के बिना, भारत सरकार कुछ शर्तों के आधार पर मांगे पूरी न कर सकी।

हालांकि राज्य सरकार ने परियोजना को जारी रखने का निर्णय लिया। कार्यकर्त्ताओं के गुट द्वारा जलाशय के पानी में डूब मरने की धमकी से भयभीत होकर सरकार ने अंतत: 5 अगस्त, 1993 को एक निरीक्षक दल नियुक्त किया। रिपोर्ट के सुझावों के आधार पर NBA ने सुप्रीम कोर्ट से कहा कि वे आगे के निर्माण कार्य पर रोक लगा दें। 1995 के आरंभ में सुप्रीम कोर्ट ने आदेश दिया कि सरकार सरोवर बांध के सभी कार्यों को तब तक रोका जाता है जब तक विस्थापित हो चुके लोगों के पुनर्वास का प्रबंध नहीं होता। परन्तु अक्टूबर 2000 में सुप्रीम कोर्ट ने बांध की ऊंचाई 90 मीटर तक बढ़ाने की मंजूरी दे दी।

आज घाटी के क्रिया-कलापों को बचाने के लिए संघर्ष का स्तर कम हो गया है क्योंकि हजारों लोग अपने पुनर्वास की प्रतीक्षा कर रहे हैं। वर्षा की मात्रा बढ़ने से डूबने के खतरे की बजाय अब अधिकतर लोगों ने अपने घरों में ही रहना स्वीकार कर लिया है। नर्मदा आंदोलन में, लोगों ने अपने घरों के लिए आंदोलन किया तथा पुनर्वास की मांग की। यहाँ पर कुछ नियामक प्रश्नों पर विचार करना जरूरी होगा। क्या लोकतंत्र सिर्फ बहुसंख्यक लक्ष्यों के बारे में ही है? लोकतंत्र की चिंता का विषय वास्तविक होना चाहिए, जहाँ हर नागरिक को निर्णय निर्माण प्रक्रिया में शामिल होने का अधिकार प्राप्त हो। भारत के व्यावहारिक लोकतांत्रिक ढांचे में आज एक विमर्शी एवं सहभागी मॉडल अपनाने की आवश्यकता है। लेकिन विकास तथा जनहित के नाम पर, गरीब जनजातियों की उपेक्षा की जाती है।

निष्कर्ष (Conclusion)

उपरोक्त वर्णित नर्मदा, चिपको तथा अन्य आंदोलन लोगों के जीवन तथा प्रतिष्ठा के लिए लड़े गए। ये सभी अन्यायपूर्ण विकास के विरूद्ध संघर्ष के प्रतीक हैं। ये आंदोलन उनके संवैधानिक अधिकारों की रक्षा के लिए तथा व्यवस्था के मनमाने कार्यों के विरोध में किए गए। इन आंदोलनों का महत्व सिर्फ यही नहीं कि ये मात्र उस विकास प्रक्रिया के असमान भागीदार, उपेक्षित वर्गों की आवाज है।

इन आंदोलनों का सकारात्मक महत्व इस बात में है कि यह विकास के अनदेखे पहलुओं को भी उजागर करता है।

फैक्ट्रियों का निर्माण, बड़े बांधों का निर्माण सभी आधुनिक विकास की अनिवार्य आवश्यकताएं हैं, परन्तु ये कार्य लोगों के जीवन की कीमत पर नहीं किए जाने चाहिएं। विशेषज्ञों तथा तकनीकी परिवेश द्वारा बनाई गई विकास परियोजनाएं प्राय: सामाजिक एवं मानवीय मूल्यों से उदासीन होती हैं। भारत में विकास की समस्याएं असाधारण रूप से जटिल हैं। वर्ग असमानता, भौगोलिक व्यवस्थापन तथा राजनीतिक उदासीनता भारत की पर्यावरणिक स्थिति को और बढ़ाते हैं। लेकिन मनुष्य की मौलिक आवश्यकताओं के प्रति अधिक संवेदनशीलता से यह आशा की जा सकती है कि भारत के भविष्य में विकास में सामंजस्यता लाई जा सकती है तथा पर्यावरणिक विवादों का समाधान किया जा सकता है। अंततोगत्वा, भारत के पर्यावरणीय आंदोलन की शक्ति इस बात पर निर्भर करती है कि यह किस प्रकार लोकप्रिय आंदोलन से सहसंबंध स्थापित करता है तथा भारत के सभी पददलितों के साथ कितनी सहानुभूति रखते है। पर्यावरणीय अन्याय के प्रति वास्तविक संरक्षण के लिए ऐसे सशक्त कानूनों की आवश्यकता है जो मानव अधिकारों को भौतिक विकास के साथ जोड़ सके। विकास परियोजनाएं बनाते समय राज्य को चाहिए कि वह नीति निर्माण प्रक्रिया में नागरिकों की भागीदारी को सुनिश्चित करें। उन्हें पर्यावरणिक जानकारी का अधिकार प्राप्त होना चाहिए तथा भावी समय में प्राकृतिक संसाधनों के निर्धारण के लिए भी आवाज उठाने का हक मिलना चाहिए। इस संदर्भ में विकास को अधिक पारिस्थितिक, संवेदनशील तथा न्यायपूर्ण कहा जा सकता है।

References

Bahuguna, S. 1983. *Walking with the Chipko Message. Silyara* (Tehri Garhwal District): Navjivan Ashram.

Bhaskaran, S.T. 1990. *'The Rise of Environmental Movement in India'. Media Journal.*

Brown, L.R. 1981. *Building a Sustainable Society,* Northern, New Delhi.

Centre for Science and Environment, 1982. *The State of India's Environment: A Citizens* Report. New Delhi.

Durga, B. 1979. *'The Tehri Disaster'. Seminar.*

Durga, B. 1992. *Forests, Dams and Survival in Tehri Garhwal,* Bharat Dugra, New Delhi.

Ganguly-Thukral. E. (ed), 1992. *Big Dams. Displaced People. Sage,* New Delhi.

Ghai, Dharam (ed). 1994. *Development Environment: Sustaining People and Nature,* Blackwell Publishers, UK.

Goldsmith, E. and N. Hildyard. 1984. *The Social and Environmental Effects of Large Dams,* Cornwell, U.K.

Guha, Ramachandra and Madhav Gadgil, 1995. *Ecology and Equity: The Use and Abuse of Nature in Contemporary India,* Penguin.

Guha, Ramachandra , 1999. *The Unquite Woods: Ecological Change and Peasant Resistance in the Himalayas,* Oxford University Press, Delhi.

Guha, Ramachandra and Martinez-Alier 1998: Varieties of Environmentalism: Essays North and South, Oxford University Press, New Delhi

Guha, Ramachandra, Dec 3, 1998. *'Ideological Trends in Indian Environmentalism',* Economic and Political Weekly.

Inglehart, R. 1997. *The Silent Revolution.* Princeton University Press. New Jersey.

Kalpavriksh. 1988. *The Narmada Valley Project: A Critique,* Kalpavriksh, New Delhi.

Karam, P.P. 1994. *Environmental Movement in India.* Geological Review.

Khator, R. 1989. Forests: *The People and the Government.* National Book Organization, New Delhi.

Krishna, Sumi. 1996. *Environmental Politics: People's Lives Development Choice,* Sage.

Narayan, Sunita. *'Changing Environmentalism' Seminar,* 516, Aug 2002

Shiva, Vandana. 1988. *Staying Alive: Women, Ecology and Survival in India.* New Delhi.

Shiva, Vandana and J. Bandhyopadhyay. 1986. *Chipko: India's Civilisational response to the Forest Crisis* : INTACH, New Delhi.

Vepa, R.K. 1975. *New Technology: A Gandhian Concept,* Gandhi Book House, New Delhi.

Weber, T. 1987. *Hugging the Trees: The Story of the Chipko Movement.* Viking-Penguin Inc., New York.

Guha, Ramachandra, Dec 5, 1998. Radicalized trends in Indian Environmentalism. Economic and Political Weekly.

Inglehart, R. 1997. *The Silent Revolution*, Princeton University Press, New Jersey.

Kalpavriksh. 1988. *The Narmada Valley Project: A Critique*. Kalpavriksh, New Delhi.

Karan, P.P. 1994. *Environmental Movement in India*. Geological Review.

Khator, R. 1989. *Forests: The People and the Government*. National Book Organization, New Delhi.

Krishna, Sumi. 1996. *Environmental Politics: People's Lives & Development Choices*. Sage.

Narayan, Sunita. *Changing Environmentalism*. Seminar 516. Aug 2002.

Shiva, Vandana. 1988. *Staying Alive: Women, Ecology and Survival in India*. New Delhi.

Shiva, Vandana and J. Bandhyopadhyay. 1986. *Chipko: India's Civilisational response to the forest crisis*. INTACH, New Delhi.

Vora, K.K. 1973. *New Technology: A Gandhian Concept*. Gandhi Book House, New Delhi.

Weber, T. 1988. *Hugging the Trees: The Story of the Chipko Movement*. Viking Penguin Inc., New York.

अनुक्रमणिका

अध्याय 1

भारत में जाति व्यवस्था: उत्पत्ति की कहानी, 4

समानता की तलाश में जाति: विरोधी आंदोलन, 5

दलित आंदोलन एवं उत्तरप्रदेश में बसपा, 6

जाति एवं वर्ग: समाज की एक नई हकीकत, 8

मध्यम वर्ग का उदय, 9

जेंडर, 10

नारीवाद, 11

भारत में महिला आंदोलन, 12

महिला आंदोलन के मांगों का विलय, 12

नृजातीयता, 13

नृजातीयता के प्रकार, 14

नृजातीयता की उत्पत्ति, 15

नृजातीयता को समझने के उपागम, 16

नृजातीयता एवं इसका भारतीय परिप्रेक्ष्य, 16

अध्याय 2 भाग-I

भूमंडलीकरण: अर्थ, 22

भूमंडलीकरण: जो चल रहा है।, 23

भूमंडलीकरण: एक प्रभुत्वशाली विषय, 23

भारत में भूमंडलीकरण, 27

भूमंडलीकरण: भारतीय दलितों के निहितार्थ, 28

दलितों के प्रश्न: सभ्यता का एक सकंट, 32

एक विकल्प की तलाश, 33

अध्याय 2 भाग-II

किसानों पर प्रभाव, 41

श्रमिकों पर प्रभाव, 46

महिलाओं पर प्रभाव, 48

आदिवासियों पर प्रभाव, 51

अध्याय 3

मानवाधिकार: ऐतिहासिक विकास, 60

अत्तर्राष्ट्रीय सम्बंधों में मानवाधिकार, 64

मानवाधिकार के मुद्दे: विकास, वैश्वीकरण और महिलाए, 66

नारीवादी परिप्रेक्ष्य में मानवाधिकार, 67

मार्क्सवादी परिप्रेक्ष्य में मानवाधिकार, 68

मानवधिकारों और तीसरे विश्व के संदर्भ में गाधीवादी विचार, 69

अध्याय 4

मानवाधिकारों के विकास के तीन चरण, 77

मानवाधिकार और संयुक्त राष्ट्र संघ, 78

मानवाधिकार व्यवस्था, 80

नीति-निर्धारक अभिकरण, 80

सुरक्षा परिषद, 81

आर्थिक और सामाजिक परिषद, 81

नवगठित संयुक्त राष्ट्र मानवाधिकार परिषद, 83

उप आयोग, 83

संयुक्त राष्ट्र संघ मानवाधिकार पर उच्चायुक्त, 84

व्यक्तिगत राष्ट्र राज्य बनाम अन्तर्राष्ट्रीय मानवाधिकार संवीक्षा, 85

मानवाधिकारों का सार्वभौमिक घोषणापत्र, 86

घोषणापत्र का महत्व, 87

संयुक्त राष्ट्र संघ की प्रसंविदाएं, 89

अन्तर्राष्ट्रीय सम्मेलन और प्रसंविदाए तथा वैकल्पिक प्रोटोकॉल, 89

आर्थिक,सांस्कृतिक और सामाजिक अधिकारों की अन्तर्राष्ट्रीय प्रसविदा, 89

सांस्कृतिक और राजनीतिक अधिकारों की अन्तर्राष्ट्रीय प्रसंविदा, 90

प्रसंविदा का कार्यान्वयन, 91

अभिकरणों को नियंन्त्रित करने वाली संधियाँ, 91

मानवाधिकार संधियों का पुष्टिकरण, 91

मानवाधिकार संधियों के समर्थन की स्थिति, 92

व्यक्तिगत संधि अभिकरण, 92

मानवाधिकार समित्ति, 93

रंगभेद उन्मूलन समित्ति, 93

बच्चों के अधिकारों की प्रसंविदा, 93

महिलाओं के विरूद्ध सभी प्रकार के भेदभाव की मनाही, 94

नरसंहार को रोकने तथा अपराध के दण्ड की अन्तर्राष्ट्रीय प्रसंविदा, 94

राष्ट्रीय या भिन्न देशीय, धार्मिक और भाषायी अल्पसंख्यक, 94

स्वतंत्र देशों में सजातीय लोगों के अधिकारों का संरक्षण, 94

शरणार्थियों के मानवाधिकार का संरक्षण शरणार्थियों की स्थिति, 94

मानवाधिकार संरक्षण की क्षेत्रीय व्यवस्था, 95

मानवाधिकार के संरक्षण के लिए यूरोपीय व्यवस्था, 95

मानवाधिकार के संरक्षण की अमेरिकी व्यवस्था, 95

अफ्रीका में मानवाधिकारों का संरक्षण, 95

अध्याय 5

अधिकारों की संकल्पना, 99

नागरिकता के अधिकार की स्थापना, 100

नागरिकता के सैद्धान्तिक परम्परा, 101

नागरिकता के उदारवादी विचार, 102

नागरिकता के समुदायवादी विचार, 102

नागरिकता के गणतंत्रवादी विचार, 102

उदार नागरिकता की समस्याएँ: व्यक्तिगत तथा सामुदायिक अधिकार, 104

किमलिका के नागरिकता के अधिकार के उदारवादी रक्षात्मक विचार, 104

टी.एच. मार्शल का नागरिकता का विचार, 105

नागरिकता के सिद्धांत के समक्ष समस्याएँ, 108

एंथनी गिडेन्स का नागरिकता सिद्धांत, 108

वैश्वीकरण तथा नागरिकता, 109

लोकतंत्र तथा वैश्वीकरण, 109

अध्याय 6

ऐतिहासिक और आध्यात्मिक परिप्रेक्ष्य में मानवाधिकार, 113

मानवाधिकार तथा भारतीय स्वतंत्रता संघर्ष, 114

मानवाधिकारों के प्रति संविधान सभा में वाद-विवाद, 115

नागरिक और राजनीतिक अधिकार बनाम् आर्थिक, सामाजिक और सांस्कृतिक अधिकार, 116

आर्थिक, सामाजिक और सांस्कृतिक अधिकार, 117

मानवाधिकार और भारत की न्यायपालिका, 119

मानवाधिकारः चुनौतियाँ और संभावनाएं, 121

अध्याय 7

मानवाधिकारों का दार्शनिक आधार, 125

दर्शन से व्यवहारः मानवाधिकार कानून और संस्थाओं की स्थापना, 128

मानवाधिकारः अर्थ और प्रकृति, 129

मानवाधिकार का वर्गीकरण, 130

भारतीय परिप्रेक्ष्य, 131

भारतीय संविधान तथा मानवाधिकार, 131

प्रस्तावना और मानवधिकार, 132

मौलिक अधिकार तथा मानवाधिकार, 132

समानता का अधिकार, 133

स्वतंत्रता का अधिकार, 133

शोषण के विरूद्ध अधिकार, 133

धार्मिक स्वतंत्रता का अधिकार, 134

सांस्कृतिक और शिक्षा संबंधी अधिकार, 134

संवैधानिक उपचारों का अधिकार, 134

राज्य के नीति-निदेशक सिद्धांत, 134

भारत में मानवाधिकारों की क्रियाविधि, 135

राष्ट्रीय मानवाधिकार आयोग, 135

आयोग की संरचना, 136

मानवाधिकार आयोग के कार्य, 136

आयोग की शक्तियाँ, 137

मानवाधिकार आयोग की क्रियाविधि, 138

अन्वेषण अभिकरण, 138

सुधारों के अभिकरण के रूप में, 139

राष्ट्रीय कानून तथा अन्तर्राष्ट्रीय दायित्वों की संवीक्षा करने में आयोग की भूमिका, 139

मानवाधिकार शिक्षण को प्रोत्साहित करने में आयोग की भूमिका, 140

राष्ट्रीय मानवाधिकारों की भूमिका का मूल्यांकन, 140

राज्य मानवाधिकार आयोग, 141

राष्ट्रीय महिला आयोग, 141

राष्ट्रीय अल्पसंख्यक आयोग, 142

राष्ट्रीय अनुसूचित जाति तथा अनुसूचित जनजाति आयोग, 142

अध्याय 8

दलितों के मानवाधिकार, 145

दलित और वैश्वीकरण, 147

आदिवासियों के मानवाधिकार, 149

मानवाधिकार तथा महिलाएं, 151
लिंग आधारित हिंसा: कारण तथा परिणाम, 152
महिला अधिकार बनाम मानवाधिकार, 153
भारत में महिला सशक्तीकरण, 154
महिलाएं तथा समान नागरिक संहिता, 155
महिलाएं तथा वैश्वीकरण, 156
अल्पसंख्यकों के मानवाधिकार, 157
गैर संगठित श्रमिकों के मानवाधिकार, 158
विकास तथा मानवाधिकार, 158

अध्याय 9

उपभोक्ता कौन हैं, 161
वस्तुएं क्या है, 162
सेवाएं क्या है, 162
उपभोक्ता के अधिकार तथा उत्तरदायित्व क्या है, 162
सुरक्षा का अधिकार, 162
सूचना पाने का अधिकार, 163
चयन का अधिकार, 163
सुने जाने का अधिकार, 163
उपभोक्ता शिक्षा का अधिकार, 163
निवारण का अधिकार, 163
स्वस्थ वातावरण का अधिकार, 163
बहिष्कार का अधिकार, 163
मूलभूत आवश्यकताओं का अधिकार, 163
उपभोक्ता के दायित्व क्या है, 164
उपभोक्तावाद क्या है, 164
उपभोक्तावाद में कौन-कौन से समूह सम्मिलित हैं, 165
उपभोक्ता संगठन, 165
स्वनियमित व्यवसायिक अभिकरण, 166
व्यवसायों को अधिनियमित करने वाले कानून, 167
उपभोक्ता संरक्षण अधिनियम 1986, 167
शिकायत शिकायत कौन दर्ज कर सकता है, 168
शिकायत को दर्ज करने की समय सीमा, 168
किन कारणों के आधार पर किसी शिकायत को दर्ज किया जा सकता है, 168
प्रतिबंधित व्यापारिक व्यवहार, 169
त्रुटिपूर्ण वस्तुएं, 169
उपभोक्ता विवाद निवारण अभिकरण क्या है, 170
जिला उपभोक्ता निवारण मंच, 170
शिकायतों को स्वीकार करने की प्रक्रिया, 170
वस्तुओं में ऐसी त्रुटि की जिनकी जाँच आवश्यक है, 171
त्रुटिपूर्ण वस्तुएं या सेवाएं जिन्हें जाँच की आवश्यकता नहीं है, 171
जिला मंच द्वारा उठाए जाने वाले कदम, 172
राज्य उपभोक्ता निवारण आयोग, 172
शिकायतों के निपटारे की प्रक्रिया, 173
शिकायत दर्ज करने के लिए शुल्क, 173
उपभोक्ता संरक्षण परिषद, 173

अध्याय 10

वैश्विक मानवाधिकारों का संक्षिप्त इतिहास, 175

भारत में मानवाधिकार आंदोलन : प्रारंभिक दौर, 177
ब्रिटिश काल में मानवाधिकार, 178
स्वतंत्रता आंदोलन तथा मानवाधिकार, 180
स्वतंत्रता के पश्चात मानवाधिकार आंदोलन, 181
मानवाधिकार आंदोलन तथा राष्ट्रीय आपातकाल, 181
न्यायिक सक्रियतावाद तथा मानवाधिकार आंदोलन, 182
लोकहित संबंधित मुद्दे तथा मानवाधिकार आंदोलन, 183
न्यायिक सक्रियता और मानवाधिकार कानूनों का विस्तार, 184
मानवीय प्रतिष्ठा का अधिकार, 184
जीविकोपार्जन का अधिकार, 184
शोषण तथा मानव व्यापार के विरूद्ध अधिकार, 185
आश्रय का अधिकार, 185
निजत्व का अधिकार, 185
शिक्षा का अधिकार, 186
बालश्रम अधिकार का संरक्षण, 186
महिला अधिकारों का विस्तार, 187
स्वस्थ वातावरण का अधिकार, 187
आपराधिक न्यायिक व्यवस्था से संबंधित मानवाधिकार, 188
नए आंदोलन तथा चुनौतियां, 189

अध्याय 11

पितृसत्ता की परिभाषा, 194
पितृसत्ता के संबंध में विभिन्न नारीवादी दृष्टिकोण, 197
पितृसत्ता की संरचना, 204
आर्थिक व्यवस्था में पितृसत्ता, 207
पितृसत्ता एवं संतानोत्पत्ति, 210
कामवासना एवं हिंसा, 211
संस्कृति, 211
आलोचनात्मक मूल्यांकन, 213

अध्याय 12

जेंडर का समाजीकरण, 216
जेंडर का निर्माण: मनौवैश्लेषिक दृष्टिकोण, 218
हिन्दू समाज में लड़के एवं लड़कियों का समाजीकरण, 220
पुरूषत्व एवं स्त्रीत्व का सांस्कृतिक निर्माण, 221
पितृसत्ता, 223
शरीर बनाम बुद्धि, 224
प्रकृति बनाम संस्कृति, 224
निजी बनाम सार्वजनिक, 225
परिवार एवं जेंडर का निर्माण, 226
जेंडर एवं कार्यस्थल, 227
मीडिया एवं जेंडर का निर्माण, 227
लोकप्रिय साहित्य एवं जेंडर का निर्माण, 228
धर्म एवं जेंडर का निर्माण, 229
जेंडर एवं इतिहास, 231
वैदिक काल में महिलाएँ, 231
सिख महिलाओं का इतिहास, 232
मुगल काल में महिलाएँ, 232
औपनिवेशिक काल में महिलाएँ, 233

अध्याय 13

भारत में महिलाओं की स्थिति, 237
महिलाएँ एवं शिक्षा, 238
आर्थिक विकास पर महिला शिक्षा का प्रभाव, 239
स्त्री शिक्षा को प्रभावित करने वाले कारक, 240
शिक्षित महिलाओं की आय को निर्धारित करने वाले कारक, 241
भारत में महिला साक्षरता, 242
कृषि में महिलाएँ, 244
महिलाएँ और स्वास्थ्य, 246
महिलाएँ और गरीबी, 247
महिलाएँ और पर्यावरण, 249
महिलाएँ तथा कानूनी संरक्षण, 250
महिला-हितों के संरक्षण के लिए कानून, 250
निर्णय-निर्माण प्रक्रिया और राजनीति में महिलाएँ, 251
महिलाओं के आर्थिक विकास में सरकार की भूमिका, 253

अध्याय 14

महिलाओं की समान स्थिति पर जे.एस.मिल के विचार, 259
सहभागिता की सकंल्पना, 261
नारीवादी परिप्रेक्ष्य, 262
उत्तर-आधुनिकतावाद तथा नारीवादी विचारधारा, 263
सहभागिता तथा प्रतिनिधित्व, 264
महिलाएँ- एक उपेक्षित वर्ग, 270

अध्याय 15

लैंगिक असमानता के कारण महिला-अधिकारों का ह्रास, 277
महिला अधिकार संबंधी संयुक्त राष्ट्र उद्घोषणा, 278
महिला अधिकार संबंधी अंतर्राष्ट्रीय अधिकार-पत्र, 279
वियना सम्मेलन, 280
महिलाओं के विरूद्ध हिंसा की समाप्ति संबंधी उद्घोषणा, 280
भारत में महिला अधिकारों के लिए संवैधानिक एवं विधिक प्रावधान, 281
महिला अधिकारों का हनन, 284
महिला विरोधी अपराधों के कारण महिला मानवाधिकारों का अतिक्रमण, 287
अन्तर्राष्ट्रीय संगठन, 288
राष्ट्रीय संगठन 290

अध्याय 16

महिला आंदोलन में पुरूषों का योगदान, 303
ब्रह्म समाज, 303
आर्य समाज, 303
प्रार्थना समाज, 304
स्वतंत्रता संघर्ष में महिला आंदोलन के अंश, 304
सामाजिक आंदोलनों मे महिलाओं की भागीदारी, 306
तेभागा आंदोलन, 306
तेलंगाना आंदोलन, 306
मूल्य-वृद्धि के खिलाफ आंदोलन, 307
बोधगया मठ आंदोलन, 3017

मुद्दा-आधारित आंदोलन, 308
चिपको आंदोलन : जंगल के प्रति महिलाओं की आवाज, 308
सती के खिलाफ बहस, 309
महिला यौन-उत्पीड़न के खिलाफ संघर्ष, 311
दहेज प्रथा: एक अन्य पितृसत्तात्मक हथंकडा, 313
शाह बानो मुकदमा: एक दहकती आग, 314
राजनीतिक सहभागिता की ओर महिला आंदोलन, 315
महिलाओं के विकास के लिए राज्य समर्थित संघर्ष, 316
भारत में महिला आंदोलन का संस्थाकरण, 317

अध्याय 17

सम्पोषित विकास तथा पोषणकारिता का अभिप्राय, 325
सम्पोषित विकास और पर्यावरण, 330
जलवायु में परिवर्तन, 332
पर्यावरण तथा विकास पर रियो उद्घोषणा, 334
सम्पोषित विकास के लिए आयोग, 335
एजेण्डा-21, 335
क्षेत्रीय एजेण्डा-21, 337
एजेण्डा-21 के क्रियान्वयन के लिए महासभा का विशेष अधिवेशन, 338
सम्पोषित विकास पर विश्व सम्मेलन, जोहान्सबर्ग 2002, 339
संयुक्त राष्ट्र जलवायु परिवर्तन सम्मेलन, 2005, 339

अध्याय 18

ओजोन परत का ह्रास तथा ग्लोबल वार्मिंग और ग्रीन हाउस प्रभाव जैसे वैश्विक मुद्दे, 344
ग्रीन हाउस प्रभाव, 345
वायु और ध्वनि प्रदूषण, 346
संयुक्त राष्ट्र के प्रयास, 347
ब्रन्टलैंड आयोग, 349
पृथ्वी सम्मेलन, 1992, 349
एजेण्डा-21, 350
पृथ्वी सम्मेलन, 350

अध्याय 19

औद्योगिक प्रदूषण, 359
औद्योगिक प्रदूषण के स्रोत, 361
औद्योगिक प्रदूषण को नियंत्रित करने के लिए उठाए गए कदम, 369
गैर-सरकारी संगठनों की भूमिका, 373
वैश्विक ताप, 373
वैश्विक ताप के प्रभाव, 375
मानव स्वास्थ्य पर प्रभाव, 375
पर्यावरणिक तंत्रों पर प्रभाव, 376
फसलों एवं खाद्य आपूर्ति पर प्रभाव, 376
सिद्धांत, प्रकृति एवं क्षेत्र, 378
योग्यता की शर्तें, 378
योग्यता एवं समर्थन, 379
जैविक-भिन्नता, 379
जैविक-भिन्नता के प्रकार, 380
जैविक-भिन्नता के परिणाम, 381
वैश्विक स्थिति, 381

भारत में जीवभिन्नता का संकट, 382

वैश्विक समाधान, 383

जीवभिन्नता की संकटमय स्थिति से निपटने में भारत के प्रयास, 385

महिलाओं की भूमिका, 386

फसलों का संरक्षण, 386

परम्परागत पद्धतियाँ, 387

अध्याय 20

भारत के पर्यावरणीय नियमों को संरक्षण, 392

पर्यावरण संरक्षण अधिनियम, 1986, 396

न्यायपालिका की सामान्य भूमिका, 398

अध्याय 21

भारतीय पर्यावरणवाद के लक्षण, 407

पर्यावरणीय नारीवाद, 409

चिपको आंदोलन, 409

अप्पिको आंदोलन, 414

चिलका आंदोलन, 415

भोपाल गैस काण्ड, 416

नर्मदा आंदोलन, 417

सरदार सरोवर परियोजना, 417